2021年四川外国语大学资助项目
四川外国语大学国际教育学院协助出版

美国中小学教师教育课程史研究

王少勇　著

WUHAN UNIVERSITY PRESS
武汉大学出版社

图书在版编目(CIP)数据

美国中小学教师教育课程史研究/王少勇著.—武汉:武汉大学出版社,2023.5

ISBN 978-7-307-23591-5

Ⅰ.美… Ⅱ.王… Ⅲ.教师教育—课程设置—教育史—美国
Ⅳ.G659.712

中国国家版本馆 CIP 数据核字(2023)第 026803 号

责任编辑:周卫思 刘紫娟　　责任校对:刘小娟　　装帧设计:吴 极

出版发行:**武汉大学出版社** (430072 武昌 珞珈山)
(电子邮箱:whu_publish@163.com)
印刷:广东虎彩云印刷有限公司
开本:720×1000 1/16 印张:28.75 字数:572 千字
版次:2023 年 5 月第 1 版 2023 年 5 月第 1 次印刷
ISBN 978-7-307-23591-5 定价:92.00 元

序

百年大计，教育为本；教育大计，教师为本。2018年《中共中央 国务院关于全面深化新时代教师队伍建设改革的意见》指出，要建立以师范院校为主体、高水平非师范院校参与的中国特色师范教育体系。中国是一个有着五千年悠久历史的文明古国，重教兴学、尊师重道是其优良的教育传统，但中国传统教育历来以长者或学者为师，无论官学，还是私学，抑或书院，教师主要依据自身学习及治学的体认、经验来向学生传授有关知识、技能等。在中国古代的文化语境中，"教"几乎是"学"的同义词，可见教师远远未达到专业化的程度。从世界范围来看，旨在实现教师专业化的师范教育起源于近代欧洲，尤以法国和德国领先。19世纪前后，美国、日本等国在推进教育现代化的过程中也开始创建师范教育。在中国，从晚清直至新中国成立后，相继导入了日本、美国、苏联的师范教育模式，并在此基础上逐渐建立起适合本国国情的师范教育体系，因而在中国师范教育建设和发展的进程中，世界发达国家的师范教育经验均成为不可或缺的理论及实践资源。从这个意义上来说，广泛借鉴世界各国师范教育建设和研究的经验，真正做到既扎根本土又面向国际，这对于目前我国教师队伍的建设乃至中国特色师范教育体系的构建都具有重要的理论价值和现实意义。

《美国中小学教师教育课程史研究》聚焦美国师范教育(在美国，师范教育一般称作教师教育，为了行文的统一本序通称为师范教育)的课程问题，从课程这个关键的视角对两百余年美国师范教育建立与发展的历史轨迹做了全面而系统的回顾与梳理。本书以时间为基本线索，把两百多年美国师范教育课程的历史划分为发轫时期的教师教育课程(1789—1860年)、师范学校时期的教师教育课程(1861—1910年)、师范学院时期的教师教育课程(1911—1945年)、大学化时期的教师教育课程(1946年至20世纪70年代)、多元化模式时期的教师教育课程(20世纪80年代至21世纪初)等五个阶段，在此框架内论述了每个阶段教师教育课程建设的背景、教师教育课程思想、教师资格证书制度对教师教育课程设置的影响等主要方面，并把五个阶段美国教师教育课程的特点分别归结为"技术性"取向、"职业化"取向、"专业主义"取向、"科学主义"取向、"学科融合"取向，最后在上述内容的基础上分析了影响美国教师教育课程的诸多因素及体现其教师教育课程的价值观，概括出美国教师教育课程的主要特点及存在的问题，并揭示了美国教师教育课程改革动向、趋势及对我国的启示。全书思路清晰、结构合理、逻辑缜密。本书作者查阅了大量中外文相关文献，其中参考外文专著、期刊论文和硕博学位论文五百余种，从而使整个研究建立在扎实的文献史料的基础上，并努力做到“论从史出”、“史论结合”、实事求是，大大增强了论述的说服力和可信度。总体而言，本书堪称近年来国内学界关于美国教师教育课程史研究的代表作之一，在一定程度上也可以说是一项研究美国师范教育的高水平的新成果。

古人云“他山之石，可以攻玉”。通读本书，不难发现两百余年来美国师范教育的历史对我国师范教育建设具有不可忽视的借鉴价值，这主要表现在：(1)处理好“移植化”与“本土化”的关系。美国在创建师范教育的过程中主要移植了近代欧洲的教育理论和学说，如19世纪下半叶美国的师范教育深受裴斯泰洛齐教育学说的影响，同时美国学者根据本国的实际情况和需要设计了新的实物教学法，在师范学校引进了数学、心理、地理、音乐和绘画等课程；再如赫尔巴特的教学理论也曾对美国的师范教育产生巨大影响，美国师范学校的教师结合本土教育的实际对“五段教学法”做了新的诠释和运用，使经过改造的“五段教学法”成为这一时期美国师范学校及中小学普遍使用的教学法。可以说，从欧洲“舶来”的教育理论和学说正是经过成功的“本土化”改造，才在美国有效地克服了“水土不服”的困境。(2)处理好“理论性”与“实践性”的关系。在世界各国师范教育的历史上，教育理论与实践的二元分离是长期困扰师范教育建设和发展的重要原因，美国师范教育在处理“理论性”与“实践性”的关系方面也进行了可贵的探索。譬如美国师范教育十分重视开展教学实践活动，一般把这种实践活动分为短期分散的预备实习和持续完整的全学期正式实习。威斯康星大学麦迪逊分校教育学院将教育实习分级展开，设计出具有连贯性和递进性的实践课程系列，并将之贯穿到教育、教学的全时段中。(3)处理好“师范性”与“学术性”的关系。如上所述，教育不仅有自身系统的理论和学说，而且是一项具有很强的实践操作性的工作和活动，因而中小学教师既要掌握好语文、数学等学科知识，又要具备开展教育、教学工作和活动的各项技能、技巧，这就使得师范教育必须处理好“师范性”与“学术性”的关系。美国在师范教育发轫时期和师范学校时期就遇到这个问题，进入师范学院时期和大学化时期后这个问题日渐突出。“师范”究竟主要是培养教师开展教育、教学工作必须具备的基本技能、技巧，还是旨在使学生形成科研中所表现出的、可与综合性大学同类系科相比的学术水平及能力，学者们各抒己见、莫衷一是，后经大量的研讨和长期的实践，终于形成了以下共识：教师的专业化发展要求教师既要具有广博精深的学术性，又要具有师之所以为师的师范性。“学术性”与“师范性”并重成为师范教育及教师专业化的主要特征，并促使美国师范教育走上“学科融合”的发展之路。凡此种种，均值得我国师范教育借鉴与参考。

本书作者曾在浙江大学教育学院教育史专业外国教育史方向攻读博士学位，在读期间，他学习勤奋，乐于钻研，在中外教育史、比较教育学、高等教育学等方面打下了较为广博、扎实的专业基础，毕业后到四川外国语大学教育学院任教并从事研究工作。本书是在其博士学位论文的基础上整理完成的。在本书付梓之际，他索序于我。我作为他的博士研究生导师，对他取得的成绩感到由衷的喜悦，遂写下上述文字，以资鼓励；同时，我也想借此机会把这一成果推介给学界同人和广大读者，并希望它有助于促进我国学界关于师范教育及教师专业化的研究。

是为序。

肖　朗

2021 年仲夏于浙江大学西溪校区

（本序作者系中国教育学会教育史分会副理事长，浙江大学教育学院教授、博士生导师，浙江大学中外教育现代化研究所所长）

目　录

绪　论

学校是我们经济的命脉，我们未来的心脏。

在我们国家没有什么比教师的质量更重要的了。

——约翰·I. 古德莱德(John I. Goodlad)[①]

百年大计，教育为本；教育大计，教师为本。纵观当前世界教育改革的趋势，提高教育质量已成为各国教育政策的核心。各国政府都已充分认识到，教育质量在很大程度上取决于教师的质量，根本上取决于教师教育的质量。教师教育课程在中小学教师培养中发挥着重要作用，是提高教师教育质量的关键环节。因此，在教师教育的改革与发展过程中，教师教育课程改革已成为研究的重点。“他山之石，可以攻玉”，美国是世界上最发达的国家，其科学技术、经济实力都在世界上领先，这与其拥有大量的高科技人才有着重要的关系，从这一点上来说，美国的基础教育和高等教育是成功的。美国基础教育和高等教育的成功在一定程度上反映了美国教师教育模式和教师教育课程的科学性、合理性。美国教师教育的发端可以追溯到 1789 年[②]，经过 200 多年的改革与发展，其教师教育机构、教师教育内容和形式以及与教师专业相关的规范都发生了巨大变化。随着美国教师教育发展到高等教育领域，伴随着教育改革和教育研究的发展，美国教师教育经历了数次变革。教师教育课程的演变与其文化历史背景有关，研究美国 200 多年的教师教育课程的历史可为我国改革和完善教师教育课程提供借鉴，具有较强的理论和现实意义。本书从美国社会和教育发展的历史背景和脉

---

① GOODLAD J I. Teachers for our nation's schools[M]. San Francisco: Jossey-Bass Inc., 1990: Ⅺ.

② CREMIN L A. The heritage of American teacher education[J]. Journal of Teacher Education, 1953, 4(2): 164.

络出发，运用文献法、比较法、个案法等，从基础教育与教师教育的发展及改革、教师教育课程思想、教师资格证书及教师教育认可制度对教师教育课程的影响、教师教育课程设置等几个方面对美国教师教育课程发展演变的历程进行了研究。

一、研究教师教育课程的缘起及意义

教师教育是教育事业的工作母机，是提升教育质量的动力源泉。习近平总书记在一系列关于教师教育工作的重要讲话中多次强调，各级中共党委和政府要从战略高度来认识教师工作的极端重要性，把加强教师队伍建设作为基础工作来抓。[①] 实施教师教育振兴行动计划，建立以师范院校为主体、高水平非师范院校参与的中国特色师范教育体系，推进地方政府、高等学校、中小学"三位一体"协同育人。研究制定师范院校建设标准和师范类专业办学标准，重点建设一批师范教育基地，整体提升师范院校和师范专业办学水平[②]。

（一）问题的提出

教育是一项公益事业。教育通过推动经济和社会发展来改变生活。教育促进和平和社会包容，在消除贫困工作中发挥着关键作用。教育有助于儿童和青年发挥自己的潜力。[③] 如果方法得当，教育能够迸发出无与伦比的力量，培养出有能力、会思考、积极参与社会且掌握技能的公民，探索如何为所有人建设更加安全、绿色和公平的世界[④]。教育决定着人类的今天，也决定着人类的未来。人类社会需要通过教育不断培养社会需要的人才，需要通过教育来传授已知、更新旧知、开掘新知、探索未知，从而使人们能够更好认识世界和改造世界、更好创造人类的美好未来[⑤]。

---

① 于溯．2030，我们应该培养什么样的教师——庆祝第三十三个教师节暨2017·中国教师发展论坛综述[J]．民主，2017(11)：19-21.

② 中共中央　国务院关于全面深化新时代教师队伍建设改革的意见[EB/OL]．(2018-01-31)[2018-11-25]．http://www.gov.cn/zhengce/2018-01/31/content_5262659.htm.

③ 阿祖莱，赖德，福尔，等．受教育权亦即拥有合格教师的权利[EB/OL]．(2018-11-16)[2018-12-05]．http://unesdoc.unesco.org/images/0026/002657/265734c.pdf.

④ 联合国教育、科学及文化组织．教育造福人类与地球：为全民创造可持续的未来[EB/OL]．(2017-05-16)[2017-08-11]．http://unesdoc.unesco.org/images/0024/002457/245745c.pdf.

⑤ 习近平谈教育发展：教育兴则国家兴，教育强则国家强[EB/OL]．(2018-09-10)[2018-10-11]．http://cpc.people.com.cn/n1/2018/0910/c164113-30282062.html.

21世纪以来，世界各国都将教育置于战略发展的高度，教育在经济、国防和科技等领域的国际竞争中的重要性愈发突显，从而引发了世界范围内的教育改革，尤其是旨在提高中小学教育质量的基础教育改革。课程改革是基础教育改革的重要内容，伴随着基础教育课程改革的推进，教师质量成为教育改革的重点。正如联合国教科文组织国际21世纪教育委员会所认为的那样，“教育质量和教师素质的重要性无论怎样强调都不过分”“提高教师的素质和动力，应该是所有国家优先考虑的问题。”①联合国教科文组织、国际劳工组织、联合国儿童基金会、联合国开发计划署负责人认为：“受教育权亦即拥有合格教师的权利。”②教师必须获得优质的职前教育，在加入教师队伍前获得有效引导，并在整个职业生涯中有机会获得高质量的专业发展以提高技能。那么如何提高教师质量呢？如何提高教师教育的质量呢？这些问题成为各国教育改革的重点。20世纪以来，很多国家（尤其是世界发达国家）试图通过教师专业化来提高教师的质量。确认教师职业的专业性、推进教师专业化进程，一直是有关国际组织和各国政府努力的目标，也是世界发达国家提高教师质量的重要战略。1955年召开的世界教学专业组织会议率先讨论了教师的专业化问题，推动了教师专业组织的形成和发展。1966年国际劳工组织和联合国教科文组织首次以官方文件的形式对教师专业化做出了明确说明。它提出：“应把教育工作视为专门的职业，这种职业要求教师经过严格、持续的学习，获得并保持专门的知识和特别的技术。”③而教师应具备哪些知识？掌握怎样的技能？如何培养教师的这些知识和技能？这些问题实际上涉及教师教育机构让未来教师学习什么、设置什么样的课程等内容，一直是各国政府、教师教育机构、教育协会、教育专家和关心教师教育的非专业人士所思考的问题。当今世界的综合国力竞争，说到底是人才竞争，人才越来越成为推动经济社会发展的战略性资源，这使得教育的基础性、先导性、全局性地位和作用更加突显④。因此，必须坚持把教育摆在优先发展的战略位置，普及教育，培养具有创新能力和国际视野的高品质人才。各国政府都意识到，教育的关键在于教师，而教师的培养则仰仗教师教育，因而都重视教师教育改革。教师

① 联合国教科文组织总部. 教育：财富蕴藏其中[M]. 北京：教育科学出版社，1996：140.

② 阿祖莱，赖德，福尔，等. 受教育权亦即拥有合格教师的权利[EB/OL]. (2018-10-21)[2018-12-05]. http://unesdoc.unesco.org/images/0026/002657/265734c.pdf.

③ 教育部师范教育司. 教师专业化的理论与实践(修订版)[M]. 北京：人民教育出版社，2003：3.

④ 顾明远. 习近平教育思想指引中国教育改革和发展前进方向[EB/OL]. (2017-07-27)[2018-06-21]. http://www.china.com.cn/opinion/theory/2017-07/27/content_41293389.htm.

教育课程的改革是关乎教师教育改革成败的一个关键因素，而教师教育课程是教师专业化的重要保证，必须把教师教育课程的改革作为教师教育改革的重中之重。因此研究教师教育课程具有重要意义。

没有课程史的知识，我们会得到不完整的知识，因为现在的知识毕竟是过去经验的结果。如果现在要比以往做得更好的话，我们就需要理解和依赖于我们先辈的贡献。[①] 课程史是课程领域的全部记忆，没有它，我们就不能对当代的问题有一个全面的了解；如果没有人能够查明从前发生的事情，我们只好重新发明教育之轮，而无法认识到过去已有的成功与不成功的教育模式。[②] 显然，研究课程史的重要性是毋庸置疑的。

世界发达国家的教师教育经历了由起步到成熟的过程，它们起步早，历史久，在这方面积累了丰富的经验，同时也留下了可资借鉴的教训。与其他国家相比，美国教师教育虽起步晚，但发展快，近两个世纪以来，在教师教育的理论和实践等方面，美国一直走在世界的前列，形成了较为有效的中小学教师培养制度。

(二)研究的意义

1.现实意义

教师教育被称为教育发展的航母，教师教育的改革成败实际上决定了整个教育、教学改革的成败。而教师教育的课程改革成败又是决定教师教育改革成败的关键因素之一，教师教育课程设置改革已经成为世界上大多数国家教育发展的普遍趋势。

(1)贯彻国家教育改革方针政策的需要

《中国教育现代化 2035》提出，建设高素质专业化创新型教师队伍。[③]《加快推进教育现代化实施方案(2018—2022 年)》明确指出，提高教师教育质量，实施教师教育振兴行动计划，大力培养高素质专业化中小学教师。建设高素质专业化创新型教师队伍，坚持把教师队伍建设作为基础工作，为教育现代化提供人才

① 坦纳 D，坦纳 L．学校课程史[M]．崔允漷，等译．北京：教育科学出版社，2006：Ⅱ．

② 坦纳 D，坦纳 L．学校课程史[M]．崔允漷，等译．北京：教育科学出版社，2006：Ⅲ．

③ 中共中央、国务院印发《中国教育现代化 2035》[EB/OL]．(2019-02-23)[2019-03-11]．http://www.moe.gov.cn/jyb_xwfb/gzdt_gzdt/201902/t20190223_370857.html.

支撑。[①] 一支适应中国教育现代化发展需要，主动思考和实现教育变革的高素质教师队伍，是中国教育现代化的关键。[②] 这对教师培养质量提出了新的要求，有助于建设高素质的教师队伍。如果我们想很好地落实上述国家政策，借鉴发达国家的经验来探索新的教师教育专业化课程体系是路径之一。

(2)基础教育课程改革的客观需要

我国新一轮基础教育课程改革提出了很多新的理念和策略，对教师素质也提出了很高的要求。例如，以学生发展为指向，重构学科内容标准及呈现方式，突出大观念下学科知识技能的结构化和学科实践，确立学科与跨学科整体育人的观念。然而，目前教师的素质尚不能很好地满足课程改革的要求，教师的素质亟待提高，教师教育面临诸多困境，特别是在课程与教学方面，传统的教师教育课程与社会需求不相适应，教师教育课程结构与内涵的调整，成为教师教育中不可或缺的一环。[③] 当前，我国基础教育课程设置主要依靠的是自身的师资力量，还没有达到《教师教育课程标准(试行)》所规定的课程开设标准和门类要求。究其原因，基础教育阶段需求未能及时反馈到地方高校，再加上地方高校重基础理论课程，轻能力训练课程，进而造成相关师资较为匮乏。因此，必须及时了解基础教育阶段的需求，并立足于教师观念与知识和教师技能培养，改革课程设置，培养出满足基础教育课程教学需要的具有改革精神和实践能力的新型教师。[④]

(3)教师专业发展的内在需要

当前，在终身教育这一理念的影响下，教师专业化问题在我国越来越得到重视，并成为学术界研究的焦点，被提升到“建立高水平、有活力的教师教育体系的根本保证”，以及提高教师质量、加强教师队伍建设、促进教师教育改革和发展的重要策略的高度。教师的专业发展，需要教师在具备基本的专业知识和技能的同时，更具有崇高的职业道德。但是，教师职业道德教育、职业素养教育是我国现阶段教师教育的薄弱环节。因此，研究教师教育课程对教师专业发展具有重要意义。[⑤]

---

① 中共中央办公厅、国务院办公厅印发《加快推进教育现代化实施方案(2018—2022年)》[EB/OL].(2019-02-23)[2019-03-11].http://www.gov.cn/xinwen/2019-02/23/content_5367988.html.

② 于溯.2030，我们应该培养什么样的教师——庆祝第三十三个教师节暨2017·中国教师发展论坛综述[J].民主，2017(11):19-21.

③ 靳玉乐，肖磊.教师教育课程改革的价值诉求[J].教育研究，2014，35(5):121-127.

④ 谷晓红.地方高校教师教育课程设置之重构[J].哈尔滨学院学报，2017，38(5):138-141.

⑤ 刘捷.专业化：挑战21世纪的教师[M].北京：教育科学出版社，2002:311.

(4)改革高等师范院校教师教育课程现状的需要

根据文献研究，我国高等师范院校教师教育课程设置存在的主要问题如下①：

①课程观念保守。

重“学术性”，轻“师范性”。我国教师教育课程存在着所谓“师范性”与“学术性”之争，传统观念认为，强调“师范性”就会牺牲“学术性”，教育学科的强化就意味着学术水平的降低。这种观念足以证明教育学科作为“师范性”支撑学科，其“学术性”未被真正理解和认可，教育学科未获得其应有的学术地位。

重“理论传授”，轻“实践训练”。与理论课程相比，实践课程比重小、课时少、实用性差。

重“传统”，轻“现代”。教师教育课程重视经典的传统知识的传授，而对于现代的新信息、新理论的深度研究和解读传授则涉及不多。

②课程学术性过强，缺乏主动适应基础教育课程改革的意识。

我国高等师范院校课程在某种程度上没有表现出主动适应基础教育课程改革的意识，学术性过强，无法满足基础教育课程改革的需要。基础教育课程改革提出的先进理念未能在高等师范院校课程中得以体现与践行，更没有起到引领基础教育课程改革与发展的作用。

③教育技能课程封闭，教育实践课程单一。

我国高等师范院校课程中的教育技能课没有突出“训练”的本质，没有遵循教师技能形成的身心规律，被当作知识传授式的课程进行封闭式的设计，这使得学生获得的是程序性知识而非策略性知识。教育实践课程类型单一，除了教育见习与教育实习外，没有别的类型，甚至有的学校只有教育实习一种类型。教师是一种“双专业”的职业，它不仅需要具有相关专业的素质，了解“教什么”，也需要具有教育教学的相关理念、知识和技能，知晓“如何教”，这就是对教育专业课程提出的要求。

① 钟启泉，王艳玲．从“师范教育”走向“教师教育”[J]．全球教育展望，2012，41(6)：22-25；白苗苗．职前教师教育课程质量调查研究——以N大学学生满意度为例[D]．兰州：西北师范大学，2018：46；王晓岚．教师教育课程设置与实施的问题及对策研究——以S省三所院校为例[D]．临汾：山西师范大学，2018：41-43；周飞．高校教师教育课程设置问题及对策研究[J]．黑龙江教育学院学报，2019，38(1)：25-27；董新良，闫领楠，赵越．教师教育课程一体化构建：问题、理念及对策——以地方高师院校为例[J]．教师教育研究，2020，32(1)：1-7；邱敏，田玉萍，张秀平．教师教育课程现状中的问题与优化措施研究[J]．黑河学院学报，2020，11(8)：92-94，100；张燕．教师教育课程一体化建设问题与策略分析[J]．牡丹江教育学院学报，2021(11)：49-51.

④在课程的设计上，对教育实践课程的内容和方式改革重视程度不够。

教学实习对于教师教学经验的养成具有十分重要的作用。但教育实习的改革如果仅仅在延长实习时间上发力是远远不够的。从20世纪70年代起，国外变革教育实践课程的首要尝试是延长师范生在中小学校实习的时间。然而，人们很快就认识到，延长师范生在中小学的实习时间只是改善教育实践课程的必要条件而非充分条件，改革教育实践课程的关键在于要改变传统教育实践课程的设计与组织。

另外，实习的时间安排也值得反思。对于教师而言，“理论的实践化”固然重要，“实践的理论化”更是必需。高等师范院校在实践课程与理论课程的安排上，先理论后实践的惯性做法依然盛行，将教育实践融入整个职前培养的过程之中，优化实践课程设计尚需时日。

⑤在课程的辐射面上，学科专业的限定性强。

受“单科型”教师培养目标的影响，在课程设置的辐射面上，仍然表现出限定性强、对相关学科课程不够重视的倾向。

⑥在课程的功能定位上，注重技能训练，忽视教育教学研究能力的培养。

基础教育需要具备创新能力的研究型教师，而非单纯的授课型、管理型或身教型的教师。课程改革所倡导的研究性学习的开展、校本课程的开发、教育教学改革的实施和推动无一能离开研究型教师的贡献。

⑦课程结构失衡。

必修课与选修课比例不合理。在当前教师教育课程体系中，必修课与选修课比例不协调，必修课“一统天下”，选修课开设较少，整个课程体系灵活性和弹性不足。

⑧课程内容陈旧。

受学科传统的制约，课程内容难以更新。当前教师教育课程不仅理念没有全面更新，结构没有根本改变，而且课程内容陈旧，过分强调体系性、完整性、学科性，导致教师教育课程的前瞻性、应用性、实践性不强。

从教育类课程本身来看，以“教育学”“心理学”“教学法”三门课程（俗称“老三门”）为主体的教师教育课程，主要研究“教育学、心理学的基本原理”，以学科的体系性、逻辑性为特征，不能反映教育研究的最新理论成果，而且缺乏对中小学实践的研究，使高等师范教育与基础教育的改革和实践脱节。

⑨职前职后课程割裂。

职前培养和职后培训的课程体系各自为政，总体上说，中小学教师的在职培训课程既不针对教师在教育教学中遇到的实际问题，又不反映教育理论的前沿动态，不能体现出在职前教育基础上的发展性、上升性、连续性和整合性。要适应教师教育一体化发展趋势的要求，就必须对课程加以整合，做到职前培养与职后培训课程的一体化。这种一体化发展的实质是教师成长的连续性、阶段性和发展性的统一，它要求对教师专业发展进行全程规划、全面设计、通盘考虑。

结合国家的有关教育政策，可以把我国高等师范院校教师教育课程设置改革的努力方向归纳如下：

①创新教师教育课程理念。

教师教育课程在中小学和幼儿园教师培养中发挥着重要作用，是提高教师教育质量的关键环节。要围绕培养造就高素质专业化教师的目标，坚持育人为本、实践取向、终身学习的理念，实施《教师教育课程标准（试行）》，创新教师培养模式，强化实践环节，加强师德修养和教育教学能力训练，着力培养师范生的社会责任感、创新精神和实践能力。①

②改革课程教学内容。

把社会主义核心价值体系有机融入课程中，精选对培养优秀教师有重要价值的课程内容，将学科前沿知识、教育改革和教育研究最新成果充实到教学内容中，特别应及时吸收儿童研究、学习科学、心理科学、信息技术的新成果。要将优秀中小学教学案例作为教师教育课程的重要内容。加强信息技术课程建设，提升师范生信息素养和利用信息技术促进教学的能力。

③优化教师教育课程结构。

以邓小平的“三个面向”为指导，构建体现先进教育思想、开放兼容的教师教育课程体系。适应基础教育改革发展需要，遵循教师成长规律，科学设置师范教育类专业公共基础课程、学科专业课程和教师教育课程，将学科理论与教育实践紧密结合，确保教育实践课程不少于一个学期。按照《教师教育课程标准（试行）》的学习领域、建议模块和学分要求，制定有针对性的幼儿园、小学和中学教师教育课程方案，保证新入职的教师能基本适应基础教育新课程的需要。

2. 理论意义

从宏观上来说，本书以美国中小学教师教育课程为研究对象，通过对美国中小学教师教育课程的起源、演变、发展与完善的梳理，有助于更好地认识美国中小学教师教育课程体系，增进对美国教师教育课程问题的认识，丰富我国的教师教育的理论体系和当前的外国教育史研究。

从微观上来说，本书以美国中小学教师教育课程发展的历史进程为背景，重

① 教育部关于大力推进教师教育课程改革的意见[EB/OL].(2011-10-08)[2018-06-21]. http://www.moe.gov.cn/srcsite/A10/s6991/201110/t20111008_145604.html.

点研究美国在中小学教师教育课程方面针对不同时期存在的问题所提出的不同解决方案。在了解美国的政治、文化、经济等的同时，分析影响美国中小学教师教育课程发展的主要因素，这是对当前的外国教育史研究的一种研究视野的拓展。在已有的研究成果中，尚未发现一部对美国有着200多年历史的教师教育及其课程进行专题研究的专著。因此，对美国教师教育课程进行历史考察能够进一步丰富已有的研究，能够进一步拓展我国与外国教育专题史的研究领域。

二、教师教育课程研究回顾

围绕美国教师教育课程的发展演变这个主题，通过从中国高校人文社会科学外文图书联合目录、中国各高校图书馆和公共图书馆、CALIS联合目录、中国知网学术搜索、中国学术期刊网、万方数据库、读秀学术搜索、人大复印报刊资料全文镜像、中外硕博论文数据库等查询有关研究资料，笔者发现学者们主要从以下几个方面进行了探讨。

（一）国外对美国教师教育课程的相关研究

通过对国外文献的检索，尚未发现一本对美国200多年来的教师教育课程的历史进行全方位、综合性论述的著作。但是，也有不少学者对美国教师教育课程进行过相关研究，这为本书的研究提供了具有重要参考价值的文献。

1. 关于美国教师教育历史方面的研究

埃尔斯布里（Willard S. Elsbree）撰著的《美国教师：民主制度下的职业演变》（*The American Teacher：Evolution of a Profession in a Democracy*）一书，梳理了美国教师教育从殖民地时期到第二次世界大战前的发展轨迹，侧重从教师教育的方法演变、教师资格证书的改革、教师协会的组织和工作以及公众对教师的态度等方面对美国教师教育进行了较为详细的论述。[①]

斯泰尔斯（Lindley J. Stiles）、巴尔（A. S. Barr）、米尔斯（Hubert H. Mills）、道格拉斯（Harl R. Douglass）合著的《美国教师教育》（*Teacher Education in the United States*）介绍了影响美国教师教育的国家组织、地方机构以及一些非营利组织机构，并详细地阐述了第二次世界大战后美国教师教育机构的种类、从不同类型机构毕业的未来教师、教师教育机构的授权、教师教育培养模

① ELSBREE W S. The American teacher：Evolution of a profession in a democracy[M]. New York：American Book Company，1939.

式以及未来教师的专业准备等。[①]

莱姆利斯(J. Lemlech)和马克斯(Merle B. Marks)合著的《美国教师:1776—1976》(*The American Teacher*:1776—1976)一书,把美国教师教育的历史划分为五个时期:①1776—1823 年,民族主义时期;②1820—1860 年,教育的觉醒和创造力时期;③1860—1920 年,教师专业发展时期;④1920—1945 年,"更好的教师,更好的教学"时期;⑤1945—1975 年,教师教育解决社会问题时期。该书论述了美国教师教育演进的过程,其中涉及不同时期的教师教育课程。[②]

沃伦(Donald Warren)撰写的《美国教师:在职期的职业历史》(*American Teachers*:*Histories of a Profession at Work*)一书重点研究了美国教师教育问题,该书分析了什么样的申请者可以成为教师、教师的工作场所以及教师资格认证等方面的内容。[③]

莱文(Robert Alan Levin)撰写的博士学位论文《准备小学教师:匹兹堡大学和基恩州立学院的历史观点》(*Preparing Elementary Teachers*:*The University of Pittsburgh and Keene State College in Historical Perspective*)用翔实的资料和比较的方法来考察匹兹堡大学和基恩州立学院培养小学教师的历史。[④] 这两所学校都是从 20 世纪初开始培养小学教师,研究的时间段是 1910 年至 20 世纪 80 年代。莱文希望通过研究这两所学校培养小学教师的历史,尤其重点研究和对照两个学校小学教师教育课程内容,为 20 世纪 90 年代教师教育及其课程设计提供借鉴。

卢卡斯(Christopher J. Lucas)撰著的《美国教师教育:21 世纪的改革议程》(*Teacher Eduction in America*:*Reform Agendas for the 21st Century*)中的第一部分,介绍了美国教师教育的历史演变,回顾了从殖民地时期以前就已开始的教师招聘和资格认证制度、南北战争时期教师女性化的趋势、19 世纪上半叶州立师范学校的建立、20 世纪初师范学校逐步转型为州立师范学院,以及第二次世界大战后教师教育所遭受的不间断的批评,总结了美国教师教育面临的各种各样的问题,介绍了当今美国教师教育培训的形式、国家和州的课程标准、教师

① STILES L J,BARR A S,MILLS H H,et al. Teacher education in the United States [M]. New York:Ronald Press Co. ,1960.

② LEMLECH J,MARKS M B. The American teacher:1776—1976[M]. Bloomington:Phi Delta Kappa Educational Foundation,1976.

③ WARREN D. American teachers:Histories of a profession at work[M]. New York:Macmillan Publishing Company,1989.

④ LEVIN R A. Preparing elementary teachers:The University of Pittsburgh and Keene State College in historical perspective[D]. Pittsburgh:Carnegie-Mellon University,1990.

资格认证标准以及评估等，并对美国未来教师教育的发展方向提出了建议。[①]

傅磊斯(James W. Fraser)撰写的《美国教师培养历史》(*Preparing America's teachers：A History*)是一部描写美国200多年教师教育的历史的杰作[②]。作者用翔实的史料描述了从1750年到当代的美国的中小学教师教育，记录了不同时期各种各样培养中小学教师的机构，对不同时期的教师教育都进行了个案研究。该书是记载美国教师教育史的重要文献，为研究各阶段的美国教师教育课程提供了重要的资料。

2.关于美国教师教育思想方面的研究

博罗曼(Merle L. Borrowman)的《美国教师教育纪实历史》(*Teacher Education in America：A Documentary History*)[③]和《教师教育中的自由教育和技术教育：美国教师教育思想的历史考察》(*The Liberal and Technical in Teacher Education：A Historical Survey of American Thought*)[④]两本专著，从历史的角度对美国教师教育思想进行了系统的考察，为研究20世纪60年代早期以前的教师教育课程思想提供了较为丰富的史料。在前一本书中，作者以美国教师教育中的通识教育和技术教育争论为主线来呈现美国教师教育思想的发展历程，记录了从19世纪中期至20世纪中期一些著名教育家、心理学家和哲学家有关教育的一般问题和教师教育问题的论述，包括杜威、桑代克、巴格莱(William C. Bagley)、罗素、康茨(J. Kants)等。该书中既有名家有关教育和教师教育问题的理论阐述，也有对当时教师教育实践问题的分析，内容涉及教育学的学科性质、教育的社会学和心理学性质、教育理论与实践的关系、师范学校的发展和师范学院的困境等问题。在后一本书中，作者依然以美国教师教育中的通识教育和技术教育争论为主要线索，考察了19世纪30年代到20世纪中期人们关于这一问题的争论。作者将1900年以来人们对教师教育中的通识教育和技术教育的关系的理解概括为三种基本态度，抑或三种立场的教师教育思想：第一种立场被称为"纯粹的立场"，存在于师范学院和文理学院，它们坚持各自机构的单一目

① LUCAS C J. Teacher education in America：Reform agendas for the 21st century[M]. New York：St. Martin's Press，1997.

② FRASER J W. Preparing America's teachers：A history[M]. New York：Teachers College Press，2007.

③ BORROWMAN M L. Teacher education in America：A documentary history[M]. New York：Teachers College Press，1965.

④ BORROWMAN M L. The liberal and technical in teacher education：A historical survey of American thought[M]. New York：Bureau of Pub，1956.

的;第二种立场认为将通识教育和技术教育截然分开的学习是错误的,试图将两者整合起来;第三种立场被称为用折中主义处理通识教育和技术教育。

朗(Delbert Long)和里格尔(Rodney Riegle)合著的《教师教育——学校改革有效性的关键》(*Teacher Education:The Key to Effective School Reform*)一书,主要介绍了 20 世纪一些重要的美国教育家关于教师教育的观点,包括杜威、赫钦斯(Robert Hutchins)、贝斯特(Arthur Bestor)、科南特(James Conant)、布拉梅尔德(Theodore Brameld)、伊里奇(Ivan Illich)等人的观点,并详细地介绍了 2000 年后美国教师准入标准、职前培训、在职培训以及教师教育改革和未来的走向等内容。①

纳欧(Wesley Null)和拉维奇(Diane Ravitch)所主编的《被遗忘的美国教育英雄:教育教师的伟大传统》(*Forgotten Heroes of American Education:The Great Tradition of Teaching Teachers*)主要汇编 9 位美国教育家关于如何培养教师、如何构建好的教学专业等方面的文章,并对如何构建教师教育课程发表了看法。② 在前言里,编者论述了为何要编这本书,为何要称呼康德尔、巴格莱、哈里斯等人为教育"英雄",为何选编他们的一些文章和杜威的一些文章作为这本书的内容。编者认为这 9 位教育家的教育思想需要得到人们的注意和重新思考,这些教育家关于如何构建教学专业的观点在当今的时代没有过时,有助于重构 21 世纪教学专业。

3.关于师范学校方面的研究

哈珀(Charles A. Harper)撰著的《公立教师教育一百年:州立师范学校向师范学院的转型历程》(*A Century of Public Teacher Eduction:Story of the State Teachers Colleges as They Evolved from the Normal Schools*)是一部专门研究美国州立师范学校的著作,内容涉及美国州立师范学校的建立及最初 100 年的发展历史。③ 作者利用翔实的史料,考察了美国州立师范学校从最初的建立到在全美范围内的推广,再到向师范学院转型的早期历程,分析了师范学校的性质及贡献。该书是记载美国州立师范学校建立过程的重要文献,其中的课

① LONG D,RIEGLE R. Teacher education:The key to effective school reform[M]. Westport,CT:Bergin and Garvey,1999.

② NULL J W,RAVITCH D. Forgotten heroes of American education:The great tradition of teaching teachers[M]. Greenwich, CT:Information Age Pubilshing,2006.

③ HARPER C A. A century of public teacher education:Story of the state teachers colleges as they evolved from the normal schools[M]. Washington,D. C. :American Association of Teacher College,National Education Association,1939.

程资料有重要的参考价值。

巴盖斯(Elizabeth Tyler Bugaighis)撰写的博士学位论文《释放潜能:妇女和宾夕法尼亚州立师范学校,1890—1930》(*Liberating Potential*:*Women and the Pennsylvania State Normal Schools*,1890—1930)把宾夕法尼亚州立师范学校作为典型个案来研究美国师范学校,试图重新解释美国师范学校的意义,指出教师教育是其主要目的,也可有为大学升学、商业服务等多目的功能;从性别角度考虑,师范学校对女子的教育和就业有重要意义。论文还详细介绍师范生的课程及其变化,为研究该时期课程和师范学校向师范学院转型的课程提供了重要参考资料。①

奥格伦(Christine A. Ogren)所撰写的《美国州立师范学校——"善行的伟大工具"》(*The American State Normal School*—"*An Instrument of Great Good*")是近年来专门研究美国州立师范学校的杰作,史料翔实,观点新颖。② 该书的内容可大致分为两部分:第一部分简略回顾了美国早期(1840—1860年)州立师范学校的状况,认为州立师范学校的成立具有革命性的意义,但学生入学要求低、课程学术水平低是必然的;第二部分是该书的主体,作者主要从学术课程和智力生活、教师教育项目如何培养教师专业化的意识、学生的公共生活等方面来记叙高峰时期的州立师范学校状况。另外,奥格伦撰写的博士学位论文《美国女子教育:师范州立学校的经验,1870—1920》(*Education for Women in the United States*:*The State Normal School Experience*,1870—1920)把教师教育和女子教育结合在一起来描述师范学校全盛时期的状况,颇具新意。③ 该论文选择7所州立师范学校作为个案研究,与以往的关于师范教育的研究不同,积极肯定师范学校的作用,指出师范学校为边远地区和受限制的学生(尤其是女生)提供了正式的高等教育,开发了他们的智能及其专业和社会的潜能,可就在师范学校达到高峰之际,师范学校开始模仿大学机构,支持女子教育的气氛消退。总之,作者认为师范学校在全盛期为女子提供的教育值得肯定。该论文包含7所学校的课程内容,为研究这一时期的教师教育课程提供了重要参考。

---

① BUGAIGHIS E T. Liberating potential: Women and the Pennsylvania State Normal Schools,1890—1930[D]. Park:Pennsylvania State University,2000.

② OGREN C A. The American state normal school:"An instrument of great good"[M]. New York:Palgrave Macmillan,2005.

③ OGREN C A. Education for women in the United States:The state normal school experience,1870—1920[D]. Madison:University of Wisconsin-Madison,1996.

4.关于教师教育机构转型方面的研究

潘博恩(Jessie M. Pangburn)所著的《美国师范学院的演进》(*The Evolution of the American Teachers College*)将视角聚焦于美国师范学校向师范学院转型的历程,重点论述了1890年、1930年导致教师培养体制发生变化的主要因素,并从师范学院课程的扩展、教师专业课程内容的变化及新的课程目标三个方面探讨了师范学院课程的发展及师范学院运动的扩展等。①

弗斯特(Arthur Charles Forst)撰写的博士学位论文《从师范学校到州立大学:东部的康涅狄格州立大学成长和发展(1889—1959)》(*From Normal School to State College: The Growth and Development of Eastern Connecticut State College from* 1889 *to* 1959)旨在调查和分析东部的康涅狄格州立大学1889—1959年的历史和教育政策。② 作者在论文中特别强调大学的目的、入学标准、学习课程等方面的问题。论文中包含了不少师范学校、教师学院和州立大学的第一手课程资料,为研究美国教师教育课程转型和课程案例提供了宝贵的素材。

贝克(Janet M. Baker)撰写的博士学位论文《宾夕法尼亚州的师范学校过渡到师范学院情况的组织分析》(*An Organization Analysis of Pennsylvania's Normal School Transition to Teachers College Status*)用组织理论来分析从1919年到1937年宾夕法尼亚州的师范学校过渡到师范学院的经过,主要研究在过渡期间学校的使命、课程和管理机构发生了什么变化及变化是怎样发生的。③

康利(Susanne H. Conley)撰写的博士学位论文《从师范学院到州立大学:马萨诸塞州公立高等教育从1945年到1970年的变化》(*From Teachers Colleges to State Colleges: Aspects of Change in Massachusetts Public Higher Education from* 1945 *to* 1970)研究了马萨诸塞州公立师范学院1945—1970年的历史,其主要内容可分为两个部分:第一,介绍1945—1970年四所学院的机构背

---

① PANGBURN J M. The evolution of the American teachers college[M]. New York: Teachers College, Columbia University, 1932.

② FORST A C. From normal school to state college: The growth and development of Eastern Connecticut State College from 1889 to 1959[D]. Storrs: University of Connecticut, 1980.

③ BAKER J M. An organization analysis of Pennsylvania's normal school transition to teachers college status[D]. Cambridge: Harvard university, 1987.

景;第二,揭示外部和内部机制对学院演变的影响。[①] 该论文试图解决四个问题,其中一个问题是"学校从师范学院发展到州立大学,其课程是如何变化的"。

5.关于教师资格证方面的研究

佩罗(Paul G. Perrault)撰写的博士学位论文《四个州的教师资格证和教学资格的演进,1890—1930》(*The Evolution of Teacher Certification and the Qualifications to Teach in Four States*,1890—1930)首先介绍了美国早期教师资格证的历史和资格证对课程的规定,然后论述了密歇根州、马萨诸塞州、俄勒冈州和弗吉尼亚州的教师教育机构在1890—1930年的演变情况,重点论述了教师资格证和教学资格的演变,尤其是对教师教育课程要求的演变,从而为研究美国教师资格证对教师教育课程方面的要求提供了宝贵的史料。[②]

6.关于教师教育课程及其他方面的研究

戴约(G. P. Deyoe)所撰写的《州立师范学校和师范学院的课程实践和政策的某些趋势》(*Certain Trends in Curriculum Practices and Policies in State Normal Schools and Teachers Colleges*)旨在分析州立师范学校和师范学院的功能和服务的范围。[③] 该书所收集的资料基本上来自美国当时的州立师范学校和师范学院,样本几乎涉及了所有的州,时间跨度为30年,每隔10年抽样一次,其中包含的课程资料都是原始的一手资料,为笔者考察这个时间段的教师教育课程提供了重要的参考资料。

韦勒(L David Weller)撰写的博士学位论文《爱荷华州立大学本科生教师教育项目的历史,1869—1968》(*A History of Undergraduate Teacher Education Programs at Iowa State University*,1869—1968)主要描述本科生教师教育项目的发展情况,也讨论了影响教育课程的总体趋势。[④] 作者不仅试图阐述这个时期美国教育发展的大致背景,而且把教育每个方面的趋势同爱荷华州立大学教师教育项目的历史发展联系起来。该论文提供了分阶段连续的课程资料,为

---

① CONLEY S H. From teachers colleges to state colleges: Aspects of change in Massachusetts public higher education from 1945 to 1970[D]. Boston: University of Massachusetts Boston, 2007.

② PERRAULT P G. The evolution of teacher certification and the qualifications to teach in four states, 1890—1930[D]. Ann Arbor: University of Michigan, 2010.

③ DEYOE G P. Certain trends in curriculum practices and policies in state normal schools and teachers colleges[M]. New York: New York Bureau of Publications, 1934.

④ WELLER L D. A history of undergraduate teacher education programs at Iowa State University, 1869—1968[D]. Ames: Iowa State University, 1975.

笔者研究大学教师教育课程案例提供了珍贵的史料。

泰勒(Starlene Anita Johnson Taylor)撰写的博士学位论文《田纳西州立大学教师教育项目的历史》(*The History of the Teacher Education Program at Tennessee State University*)分析了田纳西州立大学作为师范学校、师范学院和大学的不同历史时期的教育作用。① 该论文追溯了田纳西州立大学从1912年到1987年教师教育发展的历史,作者用翔实的资料考察了田纳西州立大学教师教育项目的建立、成长、发展和目的,其中所反映的课程内容为人们开展课程案例研究提供了重要的参考资料。

海尔顿(Julie A. Helton)撰写的博士学位论文《教师培养项目内容的历史分析:从1839年的师范学院开始到2007年的学区替代认证计划》(*A Historical Analysis of Teacher Preparation Program Content Beginning with Teacher Normal Colleges in* 1839 *through School District Alternative Certification Programs in* 2007)探索了1839—2007年美国教师教育中教师培养项目内容,以预测学习项目内容的趋势,尤其是教育理论、教学方法和学科内容方面课程的动态。② 该论文从有代表性的教师教育项目中选择教师教育学习计划来做个案考察,使用了很多原始的课程档案资料,同时对课程趋势进行分析。通过研究,作者认为从公立学校成立到2008年,美国培养未来教师的教师数量基本上是短缺的,美国培养未来教师的教师数量的不足导致了教师教育项目内容的巨大差异。该论文所使用的翔实史料,尤其是课程方面的资料对本书有重要参考价值。

以上外文文献为笔者研究美国教师教育课程提供了丰富而翔实的资料,是本书得以完成的基础。

(二)国内对美国教师教育课程的相关研究

笔者通过检索国内文献,发现:国内学术界很少有深入系统地研究美国200多年的教师教育课程历史演变与发展的硕博论文,尚未有对美国200多年来的教师教育课程的历史进行全方位、综合性论述的著作。国内对美国教师教育课程的探讨主要散见于外国教育史研究以及世界或美国教师教育概况介绍的论著中,也有部分期刊和硕博论文研究或涉及了美国教师教育课程,现将有代表性的

---

① TAYLOR S A J. The history of the teacher education program at Tennessee State University[D]. Nashville:Tennessee State University,1988.

② HELTON J A. A historical analysis of teacher preparation program content beginning with teacher normal colleges in 1839 through school district alternative certification programs in 2007[D]. Orlando:University of Central Florida,2008.

中文文献归纳如下。

1. 关于美国教育史方面的研究

滕大春的专著《今日美国教育》《美国教育史》及其主编的《外国教育通史:第四卷》、《外国近代教育史》均涉及美国教师的培养。[①] 1994 年,克雷明(Lawrence A. Cremin)著、单中惠和马晓斌译的《学校的变革》专门写美国进步主义时期的教育,其中部分内容涉及美国进步主义时期的教师教育[②]。北京师范大学出版社 2002—2003 年出版了三本克雷明专著的中译本:《美国教育史——殖民地时期的历程(1607—1783)》《美国教育史——建国初期的历程(1783—1876)》《美国教育史——城市化时期的历程(1876—1980)》,这三本书是国内有关美国教育史最为系统的中文译著,为研究美国教师教育课程的历史提供了背景知识,其中也有对美国教师教育课程或多或少的论述。[③]

2. 关于美国教师教育思想方面的研究

刘静的《20 世纪美国教师教育思想的历史分析》对研究美国教师教育课程有较大参考价值。[④] 该书第一章回顾美国文理学院、师范学院和现代大学参与教师教育的过程以及它们各自的教师教育理念;第二、三、四章集中论述学术取向、专业取向、社会取向的三种教师教育思想在不同历史社会条件下的主张、表现形式、相互之间的关系及其对教师教育实践的影响。该书结语对三种取向的教师教育思想进行了总结和比较。

戴伟芬的《美国教师教育课程思想 30 年》对研究美国教师教育课程有一定的借鉴价值。[⑤] 该书以 20 世纪 80 年代以来美国教师教育课程思想为考察对象,从课程价值论出发,立足于教师教育课程思想的三种价值取向及其核心思想,围绕教师教育课程结构及其教师培养目标,构建了三种价值取向下关于教师教育课程结构及其教师培养目标的六种教师教育课程思想流派,力图探索 20 世

① 滕大春.今日美国教育[M].北京:人民教育出版社,1980;滕大春.美国教育史[M].北京:人民教育出版社,1994;滕大春.外国教育通史:第四卷[M].济南:山东教育出版社,1992;滕大春.外国近代教育史[M].北京:人民教育出版社,2002.

② 克雷明.学校的变革[M].单中惠,马晓斌,译.上海:上海教育出版社,1994.

③ 克雷明.美国教育史(三)[M].朱旭东,王保星,张弛,等译.北京:北京师范大学出版社,2002;克雷明.美国教育史(二)[M].洪成文,丁邦平,刘建永,等译.北京:北京师范大学出版社,2002;克雷明.美国教育史(一)[M].周玉军,苑龙,陈少英,等译.北京:北京师范大学出版社,2003.

④ 刘静.20 世纪美国教师教育思想的历史分析[M].北京:北京师范大学出版社,2009.

⑤ 戴伟芬.美国教师教育课程思想 30 年[M].北京:北京师范大学出版社,2012.

纪80年代以来美国教师教育课程的理论与实践。

王清媛的硕士学位论文《20世纪上半叶美国教师教育思想发展研究》对研究美国教师教育课程有一定启发。[①] 该论文基于比较借鉴的研究目的，深入剖析20世纪上半叶美国教师教育思想发展变革，在自身国情的基础上借鉴美国教师教育改革的成功经验，找寻国际化与本土化的最佳结合点，为我国教师教育的发展提供启示。

朱旭东等著的《教师教育思想流派研究》对研究美国教师教育课程史有一定的启发价值。[②] 该书依照教师教育思想发展的现实逻辑，梳理了教师教育思想发展的实践路线与思想主旨及其实践影响，在思想和实践的互动中把握教师教育发展的基本路线，具有较强的学理性与实践启发价值。

此外，金传宝的博士学位论文《从乡村教师到教育领袖——巴格莱教育思想研究》、徐红敏的硕士学位论文《哈蒙德教师教育思想述评》、李朝阳的硕士学位论文《古德莱德的师范教育改革与思想研究》、刘向荣的博士学位论文《科南特教育思想研究》、许柳青的硕士学位论文《试论科南特的教师教育思想》、郭爱芳的硕士学位论文《巴格莱教师教育思想研究》、靳夏丽的硕士学位论文《约翰·古德莱德教师教育思想及实践的研究》等为研究有关教育专家的教师教育课程思想提供了一些可供借鉴的资料。[③]

3.关于美国教师教育课程方面的研究

林木的《世界各国教师教育课程》有一章专写美国的师范教育课程，分别介绍初等师资训练课程和中等师资训练课程。[④] 李其龙和陈永明主编的《教师教育课程的国际比较》设置专章讨论美国教师教育课程，从教师教育的目标、课程设置和几点思考三方面做了较为系统的论述。[⑤] 王泽农和曹慧英主编的《中外教师教育课程设置比较研究》有一章专论美国教师课程设置及其特点，着重介绍

① 王清媛.20世纪上半叶美国教师教育思想发展研究[D].开封：河南大学，2014.

② 朱旭东，等.教师教育思想流派研究[M].北京：北京师范大学出版社，2017.

③ 金传宝.从乡村教师到教育领袖——巴格莱教育思想研究[D].保定：河北大学，2005；徐红敏.哈蒙德教师教育思想述评[D].福州：福建师范大学，2006；李朝阳.古德莱德的师范教育改革与思想研究[D].开封：河南大学，2007；刘向荣.科南特教育思想研究[D].保定：河北大学，2006；许柳青.试论科南特的教师教育思想[D].福州：福建师范大学，2005；郭爱芳.巴格莱教师教育思想研究[D].上海：上海师范大学，2010；靳夏丽.约翰·古德莱德教师教育思想及实践的研究[D].沈阳：沈阳师范学院，2015.

④ 林木.世界各国师范教育课程[M].台北：台湾开明书店，1964.

⑤ 李其龙，陈永明.教师教育课程的国际比较[M].北京：教育科学出版社，2002.

了美国中小学教师职前培训的现行体制、美国教师教育课程的设置及其特点。[①]上述著作都采用比较的方法研究当代美国的教师教育课程，为本书提供了课程研究的理论指导和若干资料。

王海燕的硕士学位论文《当代俄美高等师范教育课程比较》、骆琤的博士学位论文《中美教师教育实践课程比较研究》、陈旭的硕士学位论文《中美教师教育课程设置比较研究》、胡雅瑾的硕士学位论文《中美两国教师教育课程比较》、黄丽娜的硕士学位论文《美国综合大学中教育学院课程设置研究》等都是比较教育专业的硕博学位论文[②]，饶武的《美国教师教育课程演进及其对我国的启示》是教育学原理专业的硕士学位论文[③]，谢赛的《儿童学习结果取向的美国教师教育课程研究》是课程与教学论的博士学位论文[④]，王美君的硕士学位论文《20世纪50年代至90年代美国教师教育课程改革》、张立萍的硕士学位论文《二战后美国教师教育课程改革"学术性"与"师范性"之争》等是教育史论文[⑤]。它们均为美国教师教育课程研究提供了若干有价值的资料，也为总结美国教师教育课程的特点提供了可资借鉴的思路。

4.关于美国教师教育制度方面的研究

郭志明的《美国教师专业规范历史研究》堪称国内第一本研究美国教师教育制度史方面的专著，它运用了丰富的史料，并从美国教师专业化的历史发展角度梳理了师范教育机构转型的整个过程，通过对美国教师专业规范和机构化培养历史过程进行系统研究，揭示了美国教师专业化的历史特点与发展规律。[⑥]

洪明的专著《美国教师质量保障体系历史演进研究》探讨了美国200多年的教师质量保障体系发展的历史过程，分析了各个阶段美国教师质量保障制度与实践的特点，指出美国当前一方面建立了职前、入职和在职三位一体的专业取向的教师质量保障系统，另一方面新辟了选择性教师质量保障路径，形成了两大系

---

① 王泽农，曹慧英.中外教师教育课程设置比较研究[M].北京：高等教育出版社，2003.

② 王海燕.当代俄美高等师范教育课程比较[D].北京：首都师范大学，2000；骆琤.中美教师教育实践课程比较研究[D].上海：华东师范大学，2009；陈旭.中美教师教育课程设置比较研究[D].西安：陕西师范大学，2010；胡雅瑾.中美两国教师教育课程比较[D].苏州：苏州大学，2007；黄丽娜.美国综合大学中教育学院课程设置研究[D].保定：河北大学，2006.

③ 饶武.美国教师教育课程演进及其对我国的启示[D].南昌：江西师范大学，2006.

④ 谢赛.儿童学习结果取向的美国教师教育课程研究[D].上海：华东师范大学，2012

⑤ 王美君.20世纪50年代至90年代美国教师教育课程改革[D].天津：天津师范大学，2012；张立萍.二战后美国教师教育课程改革"学术性"与"师范性"之争[D].济南：山东师范大学，2014.

⑥ 郭志明.美国教师专业规范历史研究[M].北京：中国社会科学出版社，2004.

统共六个保障层级并存的局面。[①] 该书的构思和阶段划分对本书有启示作用，对研究影响教师教育课程设置的因素有所启迪。

王保华的《国际教师教育机构认证制度研究》包含美国教师教育机构认证制度研究专章。[②] 周钧的《美国教师教育认可标准的变革与发展——全美教师教育认可委员会案例研究》主要研究全美教师教育认可委员会(简称 NCATE)的历史。[③] 这两部著作均涉及美国教师教育课程的有关内容，为本书提供了影响课程设置因素的资料。

贾国锋的博士学位论文《战后美国教师教育专业标准演进研究》详细地考察了全美教师教育认可委员会。[④] NCATE 作为美国最具权威性的教师教育认证机构，自 1952 年成立以来，积极致力于教师教育专业标准的制定、完善与认可，曾先后出台并实施了多个颇具影响力的教师教育专业标准，极大地推动了战后美国教师教育的专业化发展。该论文为研究全美教师教育认可委员会对教师教育课程设置的影响提供了翔实的资料。黄俊丽的硕士学位论文《美国教师培养认证委员会(CAEP)认证模型研究》分五个部分阐述 CAEP 认证模型，对研究 CAEP 对课程设置的影响有一定的启示。[⑤]

5. 关于美国教师机构转型方面的研究

王凤玉的专著《社会变革与教育机构转型：美国师范教育机构转型研究及启示》研究了美国师范教育机构的两次转型。19 世纪末 20 世纪初，美国师范教育机构开始了历史上的第一次转型，从师范学校升格为师范学院。第二次转型出现在第二次世界大战后，美国为了适应新的世界政治格局，推动社会的发展，缓解原有高等院校的压力，开辟新的教育资源，美国师范教育因此选择了综合化的发展道路。此后，美国师范教育的培养模式从封闭的、定向式的培养模式走向了开放的、非定向式的培养模式，并对入学标准与课程内容以及整个培养训练过程进行了重大调整，实现了一次真正意义上的机构转型。[⑥] 该专著包含了很多课

① 洪明. 美国教师质量保障体系历史演进研究[M]. 北京：北京师范大学出版社，2010.

② 王保华. 国际教师教育机构认证制度研究[M]. 武汉：华中师范大学出版社，2007.

③ 周钧. 美国教师教育认可标准的变革与发展——全美教师教育认可委员会案例研究[M]. 北京：北京师范大学出版社，2009.

④ 贾国锋. 战后美国教师教育专业标准演进研究[D]. 保定：河北大学，2014.

⑤ 黄俊丽. 美国教师培养认证委员会(CAEP)认证模型研究[D]. 曲阜：曲阜师范大学，2018.

⑥ 王凤玉. 社会变革与教育机构转型：美国师范教育机构转型研究及启示[M]. 北京：人民出版社，2008.

程论述内容，对本书研究有较重要的参考价值。

杜秀萍的硕士学位论文《美国师范教育机构转型研究》从历史的角度追本溯源，运用历史文献法、因素分析法和比较法，探讨美国师范教育逐渐大学化的过程以及综合性大学实施师范教育的目前状况和未来的发展方向，分析影响其发展的各种因素并试图从中总结规律和经验。[①] 该论文中含有论述课程的相关内容，对本书也有一定的参考价值。

以上这些中文文献为理解各历史时期美国教师教育的发展提供了不同的视角和观点，不同程度地涉及了美国教师教育课程，也为笔者研究各个阶段美国教师教育课程提供了全方位、动态的教育背景，是本书重要的二手资料。

（三）国内外研究现状评析

综上所述，就目前收集到的资料来看，国外学者对美国教师教育的研究的分类概况如下：第一，傅磊斯、卢卡斯和莱姆利斯等人分别研究美国不同历史时期教师教育的演变，尽管他们的著作中都涉及教师教育课程，为研究美国教师教育课程提供了若干史料，但都比较零碎。第二，虽然博罗曼、纳欧、拉维奇、朗和里格尔等人的著作为研究美国教师教育课程思想提供了丰富的史料，但尚未系统地分析某些教师教育专家的教师教育课程思想。第三，奥格伦、哈珀和巴盖斯等人有关美国师范学校的著作或博士学位论文主要研究某个时期、某个州或某所学校的师范教育历史，为研究某个时期教师教育课程提供了帮助，但课程研究只是这些著作和博士学位论文的一部分。第四，潘博恩、康利和弗斯特等人的著作或博士学位论文主要从不同的角度研究教师教育机构转型，尽管这些著作或博士学位论文为本书提供了丰富的教师教育课程及课程案例史料，但其研究内容只涉及课程的某个方面、某个阶段。第五，佩罗撰写的博士学位论文《四个州的教师资格证和教学资格的演进，1890—1930》为研究教师资格证对教师教育课程的影响提供了珍贵的史料，可它只涉及某个时期四个州的教师教育课程的内容。第六，海尔顿的博士学位论文《教师准备项目内容的历史分析》为研究美国教师教育课程提供了丰富的史料，但该博士学位论文主要通过研究教师准备项目的内容来预测学习项目内容的趋势，而未涉及教师教育课程思想及其影响教师教育课程的因素。总之，国外学者对美国教师教育的历史研究成果很丰富，但仍存在着这样或那样的局限性，尚未发现系统的、综合的研究美国200多年教师教育课程历史的博士学位论文或专著。

国内学者对美国教师教育的研究主要分为以下几个方面：第一，刘静的《20

① 杜秀萍．美国师范教育机构转型研究[D]．开封：河南大学，2008．

世纪美国教师教育思想的历史分析》主要研究20世纪学术取向、专业取向、社会取向的三种美国教师教育思想；戴伟芬的《美国教师教育课程思想30年》主要考察了20世纪80年代以来美国教师教育课程思想；王清媛的《20世纪上半叶美国教师教育思想发展研究》深入剖析了20世纪上半叶美国教师教育思想发展变革，尽管为研究美国教师教育课程思想提供了帮助，可它不涉及具体的美国教师教育课程设置，且研究的时间跨度短；金传宝、刘向荣、靳夏丽等人的硕博论文分别研究单个美国教育专家的教师教育思想，为研究有关人物的教师教育思想提供了启发和帮助，可这些硕博论文只是零星地提到有关教育家的教师教育课程主张，没有展开深入的探讨。第二，我国研究美国教师教育课程的学者主要从比较教育、课程与教学思路和教育原理的角度，为研究美国教师教育课程提供了一些零星的课程资料及理论指导，可研究的课程内容主要涉及美国某个时期的教师教育课程设置及特征；有的从教育史的角度，研究美国某个阶段的教师教育课程，均缺乏系统性和连贯性。第三，郭志明的《美国教师专业规范历史研究》主要对美国教师专业规范和机构化培养历史过程进行系统研究，尽管该书涉及较多的课程内容，对本书提供了较大的帮助，可它未设具体的章、节来专门研究美国教师教育课程，有关内容零星地穿插在该书中。洪明的专著《美国教师质量保障体系历史演进研究》主要研究美国200多年的教师质量保障体系发展的历史过程，尽管对研究影响美国教师教育课程的因素有帮助，可该书很少涉及课程内容。周钧和王保华的专著及贾国锋的博士学位论文分别涉及美国教师教育机构认证制度和教师教育认证机构的相关内容，尽管对研究影响美国某个时期教师教育课程的因素有较大帮助，可都没有具体地研究美国教师教育课程设置。第四，王凤玉的专著和杜秀萍的硕士学位论文主要研究美国师范教育机构的两次转型，尽管为研究美国某个时期教师教育课程提供了一些资料和参考，可这些文献只是概略地提到教师教育课程。总之，到目前为止，尚未发现国内学者从历史的视角对美国200多年历史的教师教育课程进行系统的研究。

鉴于上述原因，本书试图对美国教师教育课程从开端到当代进行全面而系统的考察。

三、核心概念界定

(一)教师教育

教师是指受一定社会的委托，以培养人才为职责的专门教育工作者。教师是“学校中传播人类科学文化知识和技能，进行思想品德教育，把受教育者培养成一定社会需要的人才的专业人员”[①]。近代以来，科学技术迅速发展，知识迅猛增加，社会经济发生巨大变化，对人的科学文化、思想品德和身体素质等均提出更高要求，教师的社会功能随之变化和增强。教师不仅要传授知识，还要培养和发展受教育者的智力和能力，对他们的学习和全面成长进行指导；同时对社会团体、学生家庭成员负有联络、辅导、咨询和服务的责任，成为促进社会民主化、平等化和教育社会化的积极力量，受到国家的承认和社会的尊重。[②]

我国一直把教师培养称为“师范教育”，把培养教师的院校称为师范大学、师范学院、师范专科学校、师范学校等。根据古籍的解释，所谓“师范”，是“可以师法的模范”。“师范”是从“师”引申来的。西汉扬雄在《法言·学行》中说：“务学不如求师。师者，人之模范也”。而把“师范”连在一起使用的，最早见于《后汉书》，内曰：“君学成师范，缙绅归慕。”这里“师范”一词，主要是指对从师人员的一种要求，即作为教师应该成为人们学习和师法的模范。在西方，“师范”(normal)一词来源于法文 normale，其原意为木工的“矩规”“标尺”“模型”，引申义为“规范”，后来表示培养教师的一种专门机构，国人遂将其译成“师范学校”，此后又简称为“师范”。在近代，“师范”等同于师范学校或师范教育，并沿用至今。[③]

根据各类教育工具书，师范教育被定义为“培养师资的专业教育”或“培养和提高基础教育师资的专门教育”，它包括职前教师培养、初任教师考核试用和在职培训。但实践中的师范教育往往并非如此。从形式上看，师范教育主要指在师范院校进行的教师职前教育。从内容上看，师范教育主要侧重于学科的专业教育，虽然设置了“教育学”“心理学”“教材教法”“教学实习”等课程，但这些课程在整个课程设置中所占比重较小。

在教育普及程度不高、教师需求量不大、教师待遇较低、教师以接受职前培训为主的情况下，师范教育这一概念是适用的。但随着科学技术知识更新加速，教育普及程度提高，教师地位不断提高，教师需要不断更新其知识结构和提高其教育教学水平，发达国家的教师培训出现了职前培训和在职进修并举的情况，“教师教育”的概念逐步取代“师范教育”这一概念，并成为世界通用的概念。这标志着教师培养进入了一个新的历史阶段。

“教师教育”从内容上来说，包括人文科学教育、学科教育、专业教育和教学实践；从顺序上来看，有职前教育和在职教育；从形式上来看，有正规的大学教育和非正规的校本教师教育；从层次上来看，有专科、本科和研究生教育。可以说，

① 教育大辞典编纂委员会.教育大辞典[M].上海：上海教育出版社，1997：700.

② 教育大辞典编纂委员会.教育大辞典[M].上海：上海教育出版社，1997：700.

③ 饶武.美国教师教育课程演进及其对我国的启示[D].南昌：江西师范大学，2006：1.

教师教育是职前教育和在职进修的统一，是正规教育与非正规教育的结合，是多层次、全方位、立体式的教师终身"大"教育。[①]"教师教育"这一概念与英文中的"teacher education"对应。1987 年版的《教学和教师教育国际百科全书》(*The International Encyclopedia of Teaching and Teacher Education*)将教师教育分为职前、入职和在职三个阶段，并认为这三个阶段是一个连续的过程。[②] 1996 年版的《教师教育研究手册》(*Handbook of Research on Teacher Education*)也认为，教师教育包括培养未来教师的职前培养计划(preservice programs)、新教师入职培训计划(induction programs)和在职教师培训计划(in-service programs)。我国也有学者指出，教师教育就是现在世界各国较为通用的包括与教师的培养、任用和进修三个阶段相对应的教育。[③]

(二)教师教育课程

任何一种教育活动都会涉及给教育对象"教什么"的问题，从这一点来看，课程是教育的一个永恒的话题。"课程"一词源于拉丁语，意为"跑道"。在学校教育中，其原意主要是指学习学科内容的进程。然而，这一具有简单起源和明确内涵的教育术语在其历史发展进程中却发生了诸多变化，成为教育领域里最复杂的现象之一。尤其是在现当代的学校教育中，课程被赋予了多种多样的、难以理解的内涵，呈现出模糊性和不确定性的特征，正如斯考特(R. D. V. Scotter)等所言，"课程是一个用得最普遍但却定义最差的教育术语。"[④]目前，还没有一个能被广泛接受的关于课程的定义。

有的国内学者认为，"课程"是课堂教学、课外学习以及自学活动的内容纲要和目标体系，是教学工作和学习活动的总体规划及其进程。[⑤]"课程实践在本质上是一种价值创造活动，因而必须遵循一定的价值原则。任何课程建构如若不优先考虑价值取向问题，如若没有哲学价值论的引领，都将陷入盲目和混乱，从而以失败而告终。"[⑥]有的外国学者指出："课程是甄存、适应和创造文化的载体

---

① 黄崴.教师教育体制:国际比较研究[M].广州:广东高等教育出版社,2003:5.

② 周钧.美国教师教育认可标准的变革与发展——全美教师教育认可委员会案例研究[M].北京:北京师范大学出版社,2009:13-14.

③ 陈永明.现代教师论[M].上海:上海教育出版社,1999:73.

④ SCOTTER R D V,HAAS J D. Foundations of education:Social perspective[M]. 1979:272. 转引自郝德永.关于课程本质内涵的探讨[J].课程·教材·教法,1997(8):6-11.

⑤ 张燕镜.师范教育学[M].福州:福建教育出版社,1995:20.

⑥ 靳玉乐.论基础教育课程发展的新理念[J].教育理论与实践,2002,(4):5.

和工具。"[①]在高等教育领域,"课程经常被人们当作高等教育的'黑匣子'。"[②]《美国新教育百科辞典》将课程定义为"在学校的教师指导下出现的学习者学习活动的总体"[③]。课程是含义非常复杂的概念之一,至今没有能被普遍接受的确切的定义。从狭义上说,课程是指各级各类学校为了实现培养目标而开设的学科及其目的、内容、范围、活动、进程等的综合;[④]指学校借以实现其目标、完成其任务、具有教育性的主要手段和媒介,其本质是使学生在学校中获得进步与提高、促使学生全面发展;通常指学校所开设的学科门类。

1991年出版的《简明国际教育百科全书》对不同的课程定义进行了总结,大致归纳出以下九层含义:①课程是学校为了训练团体中的儿童和青年思维及行动方式而组织的一系列可能的经验;②课程是在学校指导下学习者所获得的所有经验;③课程是为了使学生取得毕业资格、获取证书及进入职业领域,学校应提供给学生的教学内容及特定材料的总体计划;④课程是一种方法论的探究;⑤课程是学校的生活和计划,是一种有指导的生活事业,课程成为构成人类生活能动活动的长河;⑥课程是一种学习计划;⑦课程是在学校指导下,为了使学习者在个人的与社会的能力方面获得不断的有意识的发展,通过对知识和经验的系统改造而形成有计划和有指导的学习经验及预期的学习结果;⑧课程基本上包括五大领域的训练学习——掌握母语并系统地学习语法、文学和写作,数学,科学,历史,外国语;⑨课程是关于人类经验的范围不断发展的、可能的思维方式——它不是结论,而是结论产生的方式,以及那些所谓真理的结论产生和被证实的背景。[⑤]

对课程的不同理解,必然会演绎出不同的学校面貌。从社会整体环境看,课程既是社会的产物——社会生活的表达和结果,又是学校教育的手段——指导学生学习的工具,学校教育课程必然要从多种维度的协调一致中加以建构、整合。课程只有被放在环绕着整个学校教育的大环境中加以界定,才能成为学校发挥教育作用的中介。因此,课程可以被理解为学校借以实现其目标、完成其任

---

① 陈锡恩.美国大学课程的改造[M].檀仁梅,廖汉,译.北京:商务印书馆,1948:ii.

② 阿特巴赫.比较高等教育:知识、大学与发展[M].人民教育出版社教育室,译.人民教育出版社,2001:226.

③ 王秀珍.基础教育课程改革与教师教育改革协同发展研究——以美国20世纪末教育改革为例[D].天津:天津师范大学,2010:12.

④ 陈玉琨,代蕊华.课程与课堂教学[M].上海:华东师范大学出版社,2002:175.

⑤ LEWY A. The international encyclopedia of curriculum[M]. Oxford: Pergamon Press,1991:115.转引自郝德永.关于课程本质内涵的探讨[J].课程·教材·教法,1997(8):6-11.

务的、有教育性的主要手段和媒介，课程的本质在于使学生在学校中获得进步与提高，从而使学生获得全面发展。

根据上述对课程的理解，可以认为教师教育课程是教师教育机构的课堂教学、课外学习以及师范生自学活动的内容纲要和目标体系，是教学工作和师范生学习活动的总体规划。教师教育课程是教师教育实现师资培养目标、促进师范生有效发展的重要教育手段与途径。它是一种特殊的课程体系，是教师教育教学内容与活动的总方案，带有浓厚的师范气息。教师教育课程是教师教育观念与手段在教育内容、方式、方法上的反映，是实现教师教育目标的关键。教师教育课程的改革与发展，是课程的社会制约性与人的主体发展要求在教师教育领域的独特反映，也是教师教育课程特殊性的动态表现。1987 年版的《国际教学和教师教育百科全书》认为“教师教育课程”(teacher education program or curriculum)由普通教育(general education)、K-12 学校(幼儿园至高中)教师需掌握的学科内容(specific subject mastery for preprimary-, primary-, and secondary-school teachers)、心理学(psychology)及教育理论与实践(educational theory and practice)四部分构成。[①] 尽管具体的教师教育课程因国家和文化的不同具有差异，但仍具有一定的共性。一般而言，教师教育课程内容包括四个方面：学科研究(subject-matter studies)、教育基础研究(foundation of education studies)、专业研究(professional studies)及教育实习(education practicum)。[②] 我国教育部师范教育司编写的《教师专业化的理论与实践(修订版)》对教师教育课程做出了类似的界定，认为教师教育课程是教师专业化发展的重要保障，基本上由普通教育课程、学科专业课程、教育专业课程三个部分组成。[③]

教师教育课程是教师教育改革的重点，是整个教师教育系统的心脏。课程的内容与结构，关系到未来教师的培养和国民整体素质的提高。因此，课程在教师教育中具有独特的地位和作用。教师教育课程设置得科学合理，不仅有助于明确教师教育的办学思想并实现其培养目标，从而在教师教育观念上达到具有具体而清晰的认识的目的；而且直接促成新教师的培养，从而有效地满足社会对

---

① LANDSHEERE G D. Concepts of teachers education[M]//DUNKIN M J. The international encyclopedia of teaching and teacher education. New York: Pergamon Press, 1987: 79-80.

② BEN-PERETZ M. Curriculum of teacher education programs[M]//ANDERSON L W. International encyclopedia of teaching and teacher education. New York: Pergamon Press, 1995: 543.

③ 教育部师范教育司. 教师专业化的理论与实践(修订版)[M]. 北京：人民教育出版社，2003: 278.

教师日益提高的要求。

本书将研究范围限定为教师入职前在师资培养学校接受的教师教育，主要对本科生层次的教师教育课程进行研究。本书所指的是广义的教师教育课程，其外延包括中小学教师教育专业的所有课程，美国各州几乎所有的教师教育课程都由普通文理课程、任教学科课程和教育专业课程三部分构成。

四、研究思路与方法

（一）研究思路

美国教育史学家布鲁巴克(John S. Brubacher)曾这样说过："历史不会完全雷同，但会重演。"[①]为了借鉴历史的经验，对美国教师教育课程的发展历史进行系统研究是十分必要的。教师教育课程设置对于人才培养质量具有关键性的意义和作用，因而进行教师教育课程的研究已成为世界教师教育研究的主流和热点。美国是世界上教师教育最发达的国家之一，笔者对美国教师教育课程进行研究是为了借鉴其成功经验和失败教训，以促进我国教师教育课程的改革和完善。

本书旨在研究美国教师教育课程的历史演变，在此基础上分析和归纳出美国教师教育课程的主要特点、影响因素及未来发展趋势，并密切联系当前我国教师教育课程中存在的问题，探讨美国教师教育课程改革对我国教师教育课程改革的启示。在具体研究思路上，拟以美国教师教育课程的发展演变为主线，以美国教师教育历史上每个阶段的教师教育课程特点、课程影响因素和一些有代表性的教育家的课程思想为研究对象，分析概括出美国教师教育课程发展的总体特征，从而比较完整地呈现美国教师教育课程发展的全貌。

本书试图将美国教师教育课程的演变历程分为五个历史阶段：

①发轫时期(1789—1860年)[②]。这一时期美国人开始意识到需要专门的教师培养学校，并受欧洲的师范学校的影响而开始建立专门培养教师的师范学校。在这一时期，尽管出现了师范学校，可是其他培养教师的教育机构比师范学校更多，如一些文法学校、文实中学、高中和大学等也参与培养教师。19世纪初也是

① BRUBACHER J S. A history of the problems of education[M]. New York: McGraw-Hill Company, 1965: XI.

② CREMIN L A. The heritage of American teacher education[J]. Journal of Teacher Education, 1953, 4(2): 164.

美国公立学校普遍建立的时期，这大大推动了教师培训机构的发展。本书认为这一阶段是美国教师教育的发轫时期。

②师范学校时期（1861—1910 年）。美国教育史学家克雷明把它称作教师教育的扩张时期。[①] 在这一时期，虽然师范学院和大学教育系或教育学院已经零星出现，且在后期还有较大发展，但师范学校一直存在，并在小学教师的培养中扮演着主要角色。有研究美国教师教育历史的学者认为，1870—1920 年是美国师范学校的全盛期，大多数美国师范学校从 1910 年开始向师范学院过渡。[②]本书把这一阶段称为师范学校时期。

③师范学院时期（1911—1945 年）。在这一时期，师范学校纷纷升格为师范学院，定向培养教师的师范学院广泛建立，师范学院的发展达到顶峰。与此同时，进步主义教育运动对师范教育有很大影响，大量教育类课程进入教师教育课程体系，教育专业课程地位突出。本书把这一阶段称为师范学院时期。

④大学化时期（1946 年至 20 世纪 70 年代）。在这一时期，一方面师范学院纷纷升格成州立大学或并入大学成为教育学院，另一方面大学成立教育学院或教育系，开发教师教育课程，对师范生进行职前培养、入职及职后培训，换句话说，就是将教师教育作为一个专业纳入大学，按大学的运作规范和要求发展学科，即教师教育除了要注意发挥教师的职业功能外，还要提高学术性和专业性。本书把这一阶段称为大学化时期。

⑤多元化模式时期（20 世纪 80 年代至 21 世纪初）。在这一时期，以 1983 年“国家处于危险之中——教育改革势在必行”报告的发表为标志，报告中列举了美国教育的种种弊病，并分析了产生这些弊病的原因，认为教师质量是影响教育质量的一个重要因素。在教师教育大学化的基础上，教师“专业发展学校”（Professional Development School，PDS）和“选择性教师教育”（Alternative Teacher Education，ATE）等许多新型教师教育机构和模式相继出现，这标志着美国教师教育模式已朝着多元化的方向发展。20 世纪 80 年代以来，美国教师教育模式主要有综合性大学模式、文理学院模式、专业发展学校模式、选择性教师教育模式等。[③]

---

① CREMIN L A. The heritage of American teacher education[J]. Journal of Teacher Education，1953，4(2)：164.

② OGREN C A. Education for women in the United States：The state normal school experience，1970—1920[D]. Madison：University of Wisconsin-Madison，1996：i-ii；OGREN C A. The American State Normal School："An instrument of great good"[M]. New York：Palgrave Macmillan，2005.

③ 赵华兰．美国教师教育多元化模式研究[D]．开封：河南大学，2009：18-20.

在阶段划分上，本书有以下几点需要说明。第一，本书对美国教师教育课程演进历史的阶段划分的象征性意义大于实质性意义，也就是说，阶段划分是相对的，并非绝对的，主要是为了叙述和理解上的方便，并非某种精确固定的标准。第二，教师培养机构的转型不是一个“或有或无”“非此即彼”的过程，从历史发展角度看，它是一个以新机构来替代旧机构的过程，但在每一个具体的历史阶段中，常常存在着新旧机构并存的现象，其中，新机构处于发展壮大的上升状态，旧机构处于渐趋消亡的衰落状态，这是美国教师培养机构转型的一个显著特点。如在本书所界定的师范学校时期，美国大学教育学院、师范学院与师范学校是并存的，美国大学涉足教师教育领域甚至有与师范学校一样久远的历史；在师范学院时期，师范学校和大学教育学院也都同时存在；在大学化时期，师范学院也同时存在。因此，本书虽然就美国教师教育课程的历史过程进行了阶段划分，但在各阶段历史事实的陈述中，并不完全拘泥于阶段划分的时间界限，而是以主题或问题发展的内在逻辑为线索展开论述。

需要特别说明的是，本书主要研究美国培养职前中小学教师的教育课程，所以诸如哥伦比亚大学、哈佛大学、斯坦福大学等不在本书考察之列，因为这类大学的教育学院重点培养教育管理和教育研究等方面的人才。此外，需要说明的是，尽管早期美国师范教育理念是在欧洲的影响下形成的，可美国师范学校既继承了欧洲师范学校的特点，又拥有自己的特色，美国师范学校把其他国家的先进经验同该国的实际相结合，建立了具有自身特色的师范教育事业。因此，本书第二章第三节介绍了裴斯泰洛齐(Johann Heinrich Pestalozzi)、赫尔巴特(Johann Friedrich Herbart)教育思想及达尔文进化论等思想和学说对美国师范学校课程的影响，而第三、四、五章相应部分却未介绍有关内容，致使从表面上看本书各章节内容的安排有不协调之处，这是因为在师范学校时期之后，美国的教育，特别是教师教育开始引领世界潮流，所以受外国思想和学说的影响较小。

(二)研究方法

本书主要采用文献法、比较法和个案法，对美国教师教育课程的演进过程进行分析与评鉴，力求史论结合、实事求是，进而达到研究目的。

1. 文献法

文献法是人文社会科学研究中较为常用的一种方法，是教育史研究中普遍采用的一种行之有效的方法，也是本书所采用的主要方法。文献法一般分为文献搜集、文献考证和文献诠释三个环节，最终所要达到的目的就是通过文献来重现或者还原史实，并揭示历史规律。具体而言，在文献搜集环节，运用文献法搜集相关的资料，尽可能获得一手资料，通过对所收集的资料整理、分析，并进行筛选分类后，获得与论文选题有关的历史材料，使下一步的分析建立在可靠的资料基础上，为本书的框架设计提供整体思路及理论上的准备。在文献考证环节，力求对相关资料做必要的内部和外部考证。在文献诠释环节，力争做到用事实和证据说话，在历史撰述中尽力做到史论结合。

2. 比较法

比较法是通过对不同时间和空间条件下的复杂历史现象进行对比，分析异同，发现本质，从而探寻历史共同规律和特殊规律的研究方法。本书涉及对美国教师教育课程在各个不同历史发展阶段的研究，这就必然涉及美国教师教育课程不同时段的纵向比较，分析其在不同阶段的发展特点与趋势；对同一历史阶段的不同教师培养机构的课程进行横向对比，分析各自的特点与表征方式。

3. 个案法

个案法是近年来非常盛行的一种研究方法，其目的是将宏观描述与微观分析结合起来以增强研究结果的说服力及可信度。美国是一个典型的联邦制国家，各州都有权制定自己的法律，教育权分属各州所有，且各州的具体情况皆不相同，即使在同一州，教师教育培养机构的课程也会有差异。教师教育的课程设置等由各州自行决定，使各州的教学内容和教学形式存在差异。同一个州中，各院校教师教育专业的课程设置也不完全相同，有些院校会做一些变动以提高教育质量。因此，本书在研究过程中，拟运用个案研究的方法，以具体的学校为个案，对美国教师教育课程进行深入剖析，力求以典型个案来佐证美国教师教育课程的特征。

第一章　发轫时期的教师教育课程（1789—1860年）

> 有什么样的教师，就会有什么样的学校，因此，我们必须建立教师预备学校。
>
> ——布鲁克斯(Charles Brooks)[①]

美国最初的师范教育是移民对欧洲师范教育借鉴和创新的产物。从殖民地时期到19世纪初，美国的中小学教师教育尚处于起步阶段。美国西部开拓时期，对教师的培训和专业素质要求以及资格认定等都流于随意，没有明确具体的标准，更没有体制化的保证。随着社会的发展，教育越来越为人们所重视，师资的培养和培训也逐步成为一个重要的现实问题。从殖民地时期到建国初期，虽然美国的教师培训还处于初始阶段，但人们持续不断地倡导教师培训，以及文实学校的师资培训班和导生制学校培训教师的实践活动，为美国师范教育的建立和发展奠定了基础。美国基础教育的发展对师资培训的专门机构产生了现实的需求。俄亥俄州于19世纪20年代中期颁布了第一个教师资格证书法令，为教师行业提供了制度保障。十几年后，马萨诸塞州又创办了师资培训的专门机构——师范学校。这些举措随后在美国得到推广，为后来兴起的一场遍及美国的师范学校运动奠定了基础。在这个过程中，许多教育思想家、实业家以及其他有识之士为美国师范教育在入学条件、课程设置以及日常管理等方面逐渐规范化做出了卓越的贡献，从而促进了美国师范教育事业的发展和教育改革的深入。

① HARPER C A. A century of public teacher education[M]. Washington，D. C.：American Association of Teacher College，National Education Association，1939：18.

一、殖民地时期教师培养

近代国家意义上的美国，其主体民众是外来移民，因而近代的美国师范教育，最初也是由移民从欧洲引入的。1607年，英国移民在新大陆建立起第一个殖民地。随后，英国又在北美洲大西洋沿岸建立了12个殖民地。移民大多是为摆脱封建暴政、宗教压迫和贫困而从欧洲各国迁移至北美地区的。① 殖民地时期的美国，除了本土印第安人之外，主要由来自欧洲拥有不同信仰的移民组成。在欧洲人到达美洲之前，欧洲已经具有了高度发达的文化，出现了职业教师，有关教育理论的著作也相继问世。随着欧洲移民的到来，这些教育理论对美国教育产生了巨大的影响，推动着美国教师的出现。

（一）欧洲职业教师对美国早期教师的影响

从古希腊出现职业教师后，经过一千多年的时间，西方教育实践和教育理论有了较大的发展，教学从最初单纯的实践趋向有理论指导的实践，教师职业标准也趋向统一，但总体而言，教师的社会地位还是比较低下的。② 随着欧洲移民陆续到美洲，他们的教育思想和教师观念也在美洲大陆传播开，并逐渐占据了主导地位，给美国的教育深深打上宗主国教育的烙印。这些移民中的高素质人员，肩负传教任务，开化了美洲大陆民众的思想，成为美洲大陆的教师。

在欧洲，随着社会的进步和手工业的发展，到中世纪时出现了学徒制，学徒既可以从师傅那里学到手艺，又可以学到基本的读、写、算的相关知识和技能。在德国和英国，学徒制发展得比较成熟。除手工业者、医生外，教师也可以通过学徒制进行培养，这为美国早期教师培养提供了模板。随着德国移民和英国移民的到来，学徒制在美国得以快速地发展。殖民地时期的美国，其教师培养方式深受英国的影响，美国在英国学徒制的基础上，发展了最早的教师培养方式——艺徒制。③

（二）前殖民时代的教育与教师

1.印第安人的教育与教师

在欧洲人到达美洲之前，每个印第安部落都有一套综合的或正规或非正规

① 来安方.美国概况[M].2版.上海：上海外语教育出版社，1994：201.

② 单中惠.西方教育问题史[M].北京：人民教育出版社，2011：286.

③ 陈亚辉.美国早期教师及其培养研究[D].开封：河南大学，2014：19.

的教育和培训制度来教育他们的儿童和青少年[①]。他们通过长期的生产、生活劳动,已经积累了丰富的社会经验和生产技术,形成了独特的社会结构及文化特征。[②] 尽管印第安人的教育会因部族的不同而有所差异,但是,不同部族中教育的基本元素还是相似的,男孩和女孩在被正式承认并被接受为部族社会成熟的一员之前,都必须掌握一定的技巧,了解一定的知识。[③] 印第安儿童必须从小掌握生存、学习生活所需的知识,当他们还是幼童时,就开始接触他们群体所共享的智慧与传统。[④] 此时的教育是生活的一部分。孩子们从一出生,就被各色的人包围着,这些人都可以充当孩子的教师。印第安部落的巫医、酋长以及年长者,都肩负着向下一代传授知识和文化的重任。他们将一些必要的技能、知识与看法传递给后代。与欧洲所采用的传统的学校教育制度相比,印第安人的传统教育是自发的、自由的,以口耳传授为主,这很难被看作一种教育制度,自然也就谈不上现代意义上的"教师教育"。

2. 早期职业教师的出现

印第安部落的巫医、酋长以及年长者只担任了日常生活中的教育者,北美最早的教师当属最早来到新大陆的西班牙传教士。西班牙人在他们广袤的帝国范围内建立了一个庞大的传教组织,建立了一些由教会发起的学校。这些学校的教师由西班牙传教士担任,他们大多在西班牙和墨西哥的天主教学院里接受过教育。[⑤] 当哥伦布第二次登陆美洲的时候(1493—1496 年),12 个天主教传教士随他踏上了美洲的土地,开始在加勒比海地区传教。到了 1512 年,西班牙国王颁布《要求通告》(*Requisimiento*,即"印第安法"),要求把对印第安人的传教活动列为殖民者的首要任务,许多殖民地的官员也都亲自主持这种活动,还要求所有传教士都必须由国王委派,教堂、修道院、学校等都必须由国王批准后方可设立。[⑥] 西班牙人对印第安人的宗教教育,在开始时是利用强迫印第安人服劳役的机会来进行的。1512 年,西班牙国王颁布《布尔吉斯法》(*Laws of Burgos*,即

① WEBB L D. The history of American education:A great American experiment [M]. New Jersey:Prentice Hall,2005:54-55.

② 滕大春.外国教育通史:第三卷[M].济南:山东教育出版社,2005:288.

③ 厄本,瓦格纳.美国教育:一部历史档案[M].周晟,谢爱磊,译.北京:中国人民大学出版社,2009:4.

④ 厄本,瓦格纳.美国教育:一部历史档案[M].周晟,谢爱磊,译.北京:中国人民大学出版社,2009:54.

⑤ FRASER J W. Preparing America's teachers:A history[M]. New York:Teachers Colleges Press,2007:12.

⑥ 滕大春.外国教育通史:第三卷[M].济南:山东教育出版社,2005:288-289.

“农奴法”)后,殖民地的官员把印第安人集中到西班牙人居留地附近居住,这样可以方便印第安人去教堂做祈祷,接受宗教教育。此外,天主教传教士还给当地的人们讲授西班牙语及其他知识,他们还特选一些印第安儿童送往欧洲接受集中训练,使之成为印第安人传教士和翻译人员。[①] 不过,这些早期的传教和教育活动,由于印第安人的反抗,并没坚持多久就停止了。可以说,这些传教士是美国最早的教师。

(三)殖民地时期美国的教师及教师培养

在殖民地时期,美国教师的职业发展非常艰难,特别是高等学院的教师,由于教师人数太少,校长与教师的关系基本上是雇主与雇员的关系。[②] 而且教师的主要职责是教学而不是研究。[③] 同时,教育学生的人,不但有学校教师,还有父母、家庭教师、神职人员、领唱者、医生、工匠和店主等。[④] 所以,教师们很难组成志趣相投的同行团体,教师很难成为一种专门的职业。[⑤]

美国殖民地时期教育的一个突出特点是在兴学、组织机构和质量方面有巨大差异。在殖民地初期,讲解宗教教义和进行教义问答是流行的教育方式。移民初到美洲,事务纷繁且困难重重,没有足够的精力投放在设校工作方面,他们后来开始办学。殖民地学校最初常常是私人捐资兴办的,因此各地兴学的方式和过程极不一致。和欧洲一样,美国当时主要有三种类型的学校:把大部分时间致力于读、写和宗教教育的小学;为年轻人上学院做预备的中等学校和文法学校;教传统文理学科的学院,它尤其强调语言、数学和经典名著的教授。[⑥]

不同宗教信仰和经济背景的人定居在几个地区,所以美国各地早期的教育发展很不相同。在加尔文教派定居的新英格兰,从一开始就有很强的办学意识。例如,自从 17 世纪 40 年代早期以来,马萨诸塞的城镇都设有公共税收支持的学校。而中部和南部倾向于保持自古以来的、私人的、慈善的英国教育传统模式。总的来说,在殖民地的各个地方很少有人上学,许多上学的人上学的时间短并缺乏规律性。殖民地的教师储备有很大差异,有些人可能还没有具备简单的读写

---

① 滕大春.外国教育通史:第三卷[M].济南:山东教育出版社,2005:289.

② 赵曙明.美国高等教育管理研究[M].武汉:湖北教育出版社,1992:47.

③ 贺国庆.德国和美国大学发达史[M].北京:人民教育出版社,1988:88.

④ 克雷明.美国教育史(一)[M].周玉军,苑龙,陈少英,译.北京:北京师范大学出版社,2003:149.

⑤ 科恩.美国高等教育通史[M].李子江,译.北京:北京大学出版社,2010:25.

⑥ CREMIN L A. The heritage of American teacher education[J]. Journal of Teacher Education,1953,4(2):164.

能力,但有些已具有硕士学位。一般来说,最好的文法学校教师和一些新的实科中学教师在美国学院或英格兰和苏格兰的大学接受教育。其他中等学校教师可能在学院接受一年或两年教育,也许有的只受过文法学校教育。至于小学教师,尽管有些受过学院教育,但大部分小学教师接受的是中学教育或小学教育。在大部分地区,对小学教师的基本要求是维持课堂秩序。人们普遍认为教师拥有越多知识就教得越好。

殖民地时期,虽然各州对教师的要求各不相同,但教师的入职标准仍以宗教信仰和道德品质为主,对教师智力水平和教育背景的要求并不高。特别是在政府没有控制权的旧地学校,只要求教师得到教师许可证,而只要交纳以烟草折合的规定的费用就可获得教师许可证。①

在殖民地初期,美国文化素质高的教师多是来自欧洲的移民,他们多数在欧洲接受过正规的高等教育。17世纪之后,随着殖民地学院的兴起,美国本土逐渐培养了自己所需的教师。同时,殖民地时期的美国借鉴欧洲的学徒制,发展了艺徒制。

总之,在殖民地时期,对当时还属于精英层次的中、高等教育领域的教师,学术上的要求为接受过大学教育;对于小学教师来说,则不要求有高中文凭或学院学历。成为教师只需要当地牧师与宗教机构共同组成的学校董事会的批准。一个人只要会读、写和被认为有好的道德品质,那么其就能成为教师。在殖民地时期,虔诚和人品好几乎是所有地方对教师的明确要求,只要具有授课领域方面的知识,任何人都可以当教师。选择“聪明、受过良好教育”的人当教师主要适用于中等和高等教育领域,初等教育领域则近乎无标准。在殖民地时期,政府和民间对教师教育都不感兴趣。换句话说,在这个时期,人们还没有意识到未来教师需要专门培训。另外,美国建国初期的教师培养和殖民地时期的教师培养没有多大变化。

二、公立学校运动与教师教育

随着美国基础教育的发展,人们对专门的师资培训机构即师范学校产生了现实的需求。19世纪是美国历史上的重要时期,特别是1814年与英国争夺加拿大殖民地取得胜利后,美国很快走上了独立发展的资本主义道路,为教育的发展奠定了物质基础。人口快速增长、工业革命以及劳工运动给社会带来了巨大

① 布莱克.美国社会生活与思想史:上册[M].许季鸿,聂文杞,等译.北京:商务印书馆,1994:119.

的变化。19世纪初,美国发起免费公立小学运动,促进了普及义务教育的实施和推广,随着免费公立小学的普遍开设,对合格教师的需求也就自然地被提上议事日程。随着社会的进步,教育越来越为人们所重视,师资的培训也逐步成为一个现实问题,这就为美国教师培养机构的兴起奠定了社会基础。

(一)公立学校运动兴起的直接动因

1.公立学校运动兴起的思想基础

美国公共教育思想是在经历清教主义、共和主义、民族主义洗礼的过程中形成和发展的。在这三个阶段,美国的公共教育思想各有其所处时代的特点。尤其是美国建国后,在民族主义情绪空前高涨的情况下,公共教育思想得到了新的发展和突破。美国独立战争一结束,美国人民就指望着学校和教师承担一种新的功能——政治性功能。①

在普通美国民众看来,宗教、道德和知识对于一个好的政府和人民的幸福来讲是必需的,学校教育以及其他所有的教育方式都应该永远受到鼓励。美国革命的领导者们也认识到教育在形成国家意识上发挥着重大的作用。杰斐逊、韦伯斯特等都认为,教育对于培养理性的公民和道德高尚的母亲是必要的。他们督促为建立免费的学校制度而立法,从而使教育更具实用性、统一性和国家性。针对这个问题,托马斯·杰斐逊在写给乔治·华盛顿的信中指出:"我心中有这样一个公理,那就是我们的自由只有掌握在人民自己的手中才是安全的,并且他们受过一定的教育。"②詹姆斯·麦迪逊也曾写道:"一个民众的政府而民众没有知识或者没有学得知识的手段,那它只是笑剧的序幕,或者是悲剧的序幕,或者可能二者兼有。"③

19世纪中期的公立学校运动就是在美国公共教育思想的指导下进行的。它不仅继承了19世纪中期以前的公共教育思想,而且从实践层面对这种思想进行了验证。当然,由于具体的社会条件的差异,公立学校运动又进一步加深和发

① PERKINSON H J. The imperfect panacea: American faith in education, 1865—1976 [D]. New York: Random House, 1977: 7. 转引自高磊. 公立学校运动与美国公共教育的现代化(1830—1860)[D]. 上海:华东师范大学, 2008: 18.

② PERKINSON H J. The imperfect panacea: American faith in education, 1865—1976 [D]. New York: Random House, 1977: 8. 转引自高磊. 公立学校运动与美国公共教育的现代化(1830—1860)[D]. 上海:华东师范大学, 2008: 18.

③ 范斯科德,克拉夫特,哈斯. 美国教育基础:社会展望[M]. 北京师范大学外国教育研究所,译. 北京:教育科学出版社, 1984: 9-10.

展了美国公共教育思想。这一点,可以从贺拉斯·曼的公共教育思想中看出。贺拉斯·曼结合时代的特点和要求,在继承传统的公共教育思想的同时,又取得了新的突破。从政治教育思想和非教派的道德教育思想两个方面来看,不难发现贺拉斯·曼的教育思想的独特之处。[①]

2. 公立学校运动兴起的实践基础

(1)美国国家公共福利职能的完善

经过艰苦而卓绝的斗争,美国人民赢得了独立,建立起自己的国家。关于美国独立的重大意义,美国学者戈登·伍德在《美国革命的激进主义》一书中说,“这一极为重要的剧变不仅从根本上改变了美国社会的性质,而且决定性地影响了随后的历史进程。”[②]正如他所说,美国发生了巨大的变化,其中也包含着美国的国家职能的发展。

起初,在美国人看来,国家的主要职能就是保护私有财产不受侵犯,维护个人的权利。麦迪逊说:“必须有效地保护私人权利和稳定地实施法律。妨碍私人权利和法律实施,比其他任何事情也许更为有害。”[③]

随着社会的不断进步与发展,美国在向现代化迈进的过程中,其主要国家职能开始从保护私人财产逐渐发展到促进公共福利。在美国历史的发展过程中,我们可以明显地感知到,“公共福利”的内涵是随着主权、战争、关税、银行、交通、救济等逐渐发展、丰富起来的,教育是这些事物发展的产物。[④] 美国国家公共福利职能的完善使得公共教育和公立学校的发展成为可能,为公立学校运动的兴起创造了条件。

(2)慈善学校运动的影响与弊病

由于美国的经济和社会生活发生了巨大的变化,在 17 世纪末到 18 世纪初,美国兴起了慈善学校运动。这场运动主要是为解决贫困、流浪儿童的受教育问题,减少青少年犯罪等严重的社会问题。慈善学校的重要意义在于它第一次尝试着将学校作为使儿童适应工业社会生活方式和改造社会的工具,将学校与公共事务联系在一起,或者说,将学校作为一种公共事务。[⑤]

---

① 高磊. 公立学校运动与美国公共教育的现代化(1830—1860)[D]. 上海:华东师范大学,2008:19.

② 齐世荣. 15 世纪以来世界九强的历史演变[M]. 广州:广东人民出版社,2005:367-388.

③ 杨生茂,陆镜生. 美国史新编[M]. 北京:中国人民大学出版社,1990:109.

④ 季苹. 美国公立学校的发展研究[M]. 北京:高等教育出版社,2002:38.

⑤ 季苹. 美国公立学校的发展研究[M]. 北京:高等教育出版社,2002:38.

慈善学校运动是美国在全社会内把学校作为公共事务的开端，它强调的“公共福利”的观念为公立学校的建立提供了重要的前提和依据。上述观念成为19世纪30年代公立学校运动兴起的强有力的社会思想基础。慈善学校运动唤醒了人们关于公共教育的意识，第一次在较大的社会范围内引起了人们对于教育事业的关注，尤其是对公共教育事业的关注，并为公立学校运动提供了实践经验。

慈善学校解决了一定数量的贫困儿童受教育的问题，但是它本身存在着致命的缺陷。首先，它只为贫困的儿童提供教育，这种教育的水平是最低的，并且儿童还要承受被贴上贫困标签的社会压力。而家长往往出于社会的压力，拒绝让贫困儿童接受类似的教育，造成了大量贫困儿童的失学。其次，慈善学校带有鲜明的贫富差距色彩，它严格区分了穷人与富人。这种教育给受教育者的感觉是出于富人的施舍，他们才有机会接受教育。显然，慈善学校践踏了人民的尊严，尤其是贫困阶层的尊严，它仅仅是出于人道主义的同情，丝毫没有照顾到受教育者的合法权利。随着美国社会的快速发展，这些缺陷暴露无遗，充分说明慈善学校远远不能满足社会的需要。费城慈善联合会对此在1818年提出了一种新的方案，指出“这种趋向只有通过立法手段来获得改进，办法是废除慈善学校，设置兼收贫、富儿童的学校，实施全民教育”[①]。

(二)公立学校运动概况

在殖民地时期，1642年马萨诸塞殖民地教育法包含了三条规定以及相应的监管和惩罚措施：第一条，要求家长让其子女学会阅读并知晓死刑法的内容；第二条，要求家长对其家庭成员进行宗教规训；第三条，要求家长和师傅为儿童提供充分的职业技能培训。该教育法确立了马萨诸塞殖民地教育事务的公共性，自此，政府对教育事务的介入逐步向纵深发展。该法不仅推进了马萨诸塞地区教育的公共化，也在短时间内影响了北美其他的殖民地，尤其是新英格兰各殖民地政府，各殖民地开始仿照马萨诸塞殖民地进行教育监管立法。该法作为一部教育监管法案，规范了殖民地儿童的教育，要求所有家长教育儿童学习阅读、社会规则、宗教与职业技能，力图与马萨诸塞死刑法等法律共同维护社会秩序与经济繁荣、维系马萨诸塞作为宗教共同体的使命。该法是一次影响深远的教育立法，是美国公共教育的源头。[②]

殖民地时期的教育虽然是建立在伴随移民者而来的欧洲传统基础之上的，

---

① 滕大春.美国教育史[M].北京:人民教育出版社,1994:278

② 李昂,张斌贤.参与奠定美国公共学校制度的历史基础——1642年马萨诸塞殖民地教育法研究[J].河北师范大学学报(教育科学版),2019,21(1):59-66.

但也是殖民地社会和文化发展的结晶。殖民地时期孕育了当代美国教育系统的核心基础,其中最基本的和最重要的就是地方控制,在第一位市镇议员为当地的学校做抉择的几百年后,地方市民委员会依然要在为本地雇佣教师、选择教科书和教材、为某些学校提供资金支持等方面做决定。[①] 另一个重要基石就是殖民地时期的三级学校教育体系,这成为美国学校教育体系发展的基础。殖民地时期,美国虽然没有普遍适用的统一学制,甚至各殖民地内部也没有统一的学制,例如在新英格兰地区大多数小学实行七年制,中学实行三年制,且学校教育体系中缺少小学和中学的衔接,但是新英格兰地区明确的初等、中等和高等教育的分级做法却构建了美国学制的基本框架,对美国的教育发展起到了重要的奠基作用。

殖民地时期的教育处于初创阶段,提高居民素质,使儿童接受基本的知识技能教育是当务之急。因此在殖民地时期教育制度中占据主导地位的是双轨制的基础教育,学校主要有两类,一类为教授"4R"课程使儿童习得阅读、写作、算数和宗教知识的城镇学校,另一类为适应殖民地社会生产需求的艺徒制的学校,而这两类学校中又以第一类为主。第一类学校的教育是宗教性质的,其教师比较专制,教师通常以恐吓的方式激励学生,使他们遵守学校秩序,在这种教育模式下,简单的背诵和记忆成为主要的教学方式。这些旨在提高殖民地居民整体基本素质的学校在理论上面向殖民地社会的各阶层招生,但实际上仍有很多女孩和贫困儿童无法进入学校接受基础教育。殖民地时期的初等教育机构为美国建国初期提供了实体基础,而殖民地时期初等教育中存在的问题,也为美国建国后初等教育改革指引了方向。建国初期,国家的领导人提出了各种各样的教育制度方案,尽管杰斐逊和拉什提出的州立公共教育制度没有完全得以实现,但是导生制学校、主日学校和幼儿学校等仍为广大贫困儿童提供了受教育的机会,扩大了整个社会受教育范围,虽然初期并没有完全实现"免费的""普及的"设想,但从殖民地时期就得以确立的为广大居民提供广泛的、"免费的"、"普及的"教育成为支持公共学校发展的理论基础,并成为美国教育制度的核心。[②]

殖民地时期带有浓厚古典主义色彩的拉丁文法学校成为美国中等教育的开端。建国后,更具实用主义的文实学校取代了拉丁文法学校,成为美国中等教育主要的教育机构。文实学校打破了拉丁文法学校带有贵族性质的招生要求,面向社会各个阶层招收学生,中等阶层家庭出身的学生占据很大比例,此外女学生

① 韦布.美国教育史:一场伟大的美国实验[M].陈露茜,李朝阳,译.合肥:安徽教育出版社,2010:112.

② 刘超楠.北美殖民地时期清教徒的教育活动及其影响[D].保定:河北大学,2018:48.

也占有一定的比例，这样兼容并收的招生原则扩大了美国中等教育的覆盖面。同时，还出现了专门的女子文实学校，这一时期的女子文实学校以19世纪新英格兰地区出现的中等教育性质的女子学院为基本的办学范式。而美国中等教育为就业做准备的理念和初步实践从殖民地时期开始萌芽，19世纪20年代，波士顿兴办为就业做准备的中学，1827年马萨诸塞州出台了美国第一项要求建立公立中学的法律，虽然这部法律并未被真正执行，但其意义早已超越其所处的时代，产生了深远的影响。此后，美国中等教育的发展愈发成熟，南北战争以后，中学毕业生的就业率大大超过了其升学率。[①]

在殖民地时期，各地办学属于地方自治。建国后，美国在宪法中规定实行地方分权制，由各州负责设校办学，分权化的学区管理方式推动了各学校入学人数的增长。同时美国人民具有强烈的教育参与意识，在他们看来，参与教育是光荣之事，为教育效力是公民的职责，教育不能完全由政府包办而公民袖手旁观。

美国殖民地时期教育深刻影响着公立学校运动。一方面，殖民地时期普及教育理念的形成和初步实践，是公立学校运动兴起的重要前提，为学校的公共资助奠定了征税办学的基础。另一方面，殖民地时期教育对公立学校运动也有一定的消极影响，主要表现为种族歧视、性别歧视、各地普及教育情况不均衡等。在美国独立前后，杰斐逊、拉什和韦伯斯特等清醒地认识到教育对于新生共和国的重要意义，从而提出普及教育的构想。虽然他们的构想并没有迅速转变为现实，但是，采取导生制的星期日学校、慈善学校完全可以看作普及教育的先期实践。这些构想和实践，反映了独立之后美国教育的重要发展。正是在这个意义上，克雷明认为，“美国革命不仅仅是政治革命，而且也是教育革命。它将至少为一代人在教育普及上的努力集中在一起，又为教育发展注入了重要的新鲜血液。它推动了教育理论和实践的重要革新，这些革新被普遍看作这个共和国生存和繁荣的关键。它促进了对教育事务的讨论，从而达成了广泛的共识，即共和政府培养全体公民的修养和心智，是最高的公共职责。”[②]这些构想和实践为公立学校运动的兴起进一步奠定了基础。

独立之后，美国政治、经济、人口、宗教等方面都发生了巨大的变化，这些变化共同推动了公立学校运动的兴起。[③] 从政治上来看，宪法的制定和施行从法律上赋予了各州政府教育的权力和责任，民族主义的盛行激发了人们对公立学

① 刘超楠．北美殖民地时期清教徒的教育活动及其影响[D]．保定：河北大学，2018：49.

② 克雷明．美国教育史（二）[M]．洪成文，丁邦平，刘建永，等译．北京：北京师范大学出版社，2002：11.

③ 但柳松．美国公共学校运动研究[D]．天津：天津师范大学，2014：49.

校培养共同价值观的期待,选举权的扩大增加了普及教育的需求。从经济上来看,经济的增长为征税办学奠定了坚实的物质基础,增加了工人阶级的教育需求;经济发展的不平衡导致了公立学校发展的地区差异。从人口上来看,人口增长为公立学校的普及提供了稳定的生源;人口的流动有利于学习和借鉴欧洲先进的教育理论和实践,促进了西部地区公立学校的发展;人口分布的东西差异、城乡差异,导致这些地方公立学校存在差异。从宗教上来看,宪法规定的政教分离原则,推动了教育世俗化的进程;教会对教育的重视,进一步宣传了普及教育的理念;天主教与新教之间的矛盾,推动天主教学校体系的建立。公立学校运动反映了一种社会和财政因素冲突的复杂模式:统治精英关心他们自己的社会和经济地位,工厂主热心于有充足的受过培训和训练的劳动力,工人阶级希望通过公立学校提升其在美国的社会经济地位。毫无疑问,在很大程度上,贺拉斯·曼等改革领导人的改革动力是通过公共教育改良美国社会。①

美国建国后,资本主义经济的迅速发展、西部开拓、移民和人口的激增以及巨大的都市运动,对学校教育的发展提出了新的要求。与此同时,工业化和经济增长也为学校教育的发展创造了较好的物质条件。各级学校日趋完善。大约到18世纪末,州立大学开始创建;19世纪20年代起,公立中学开始问世;19世纪30年代开始,公立教育运动勃然兴起,初等教育快速发展,师范学校也随之建立。②

早在1779年,美国《独立宣言》的起草人杰斐逊就在弗吉尼亚州议会上提出了"更广泛地传播知识"的提案,要求建立一种免费的公立学校制度,以便使每一个公民都有权利受到好的教育。尽管这个提案最后没有被通过,但预示了19世纪美国公共教育的发展。长期受英国欺压的殖民地一朝变为独立自由的民主国家,建国之初,恰是初等教育发展的良机。早在建国前夕,美国就深受18世纪法国启蒙运动的启发,人们认为教育是开发民智、促使国家进步的动力。建国后,根据《独立宣言》所阐述的自由民主原则,要求教育机会平等的呼声日益高涨。然而,在19世纪30年代以前,美国初等教育的发展仍很缓慢。因此建国初期,美国初等教育满足不了新国家的政治和社会的需求。

19世纪初开始的免费公立小学运动有力地推动了普及义务教育的落实和现代教育制度的确立,同时也促进了美国教师教育的发展。免费公立小学运动首先缘于人口增长导致的学生增多和学校发展,但更为重要的是,人们逐渐认识

① 里帕.自由社会中的教育:美国历程[M].於荣,译.8版.合肥:安徽教育出版社,2010:98.

② 滕大春.美国教育史[M].2版.北京:人民教育出版社,2001:176.

到了公共教育的重要性，即如果要使每个公民都能很好地参与到国家事务和社会生活中来，就必须让所有人接受一定程度的教育，而不论其社会等级与地位如何。在社会开明人士看来，对所有人开放的免费公立学校，有助于缓解阶级矛盾，防止社会动荡，同化移民，促进礼仪的学习，传授共同的政治和社会意识形态，使人们在维护公共利益的前提下团结起来，最终将有利于社会经济的繁荣。① 总之。免费公立小学运动试图通过在规范合格的小学里逐渐灌输统一的价值观来改善社会。

公共教育的思想扎根于普选权的扩大、公务员候选资格的放宽、工业化的发展、劳工运动的兴起、民族主义的出现等。因此，公共教育的思想迅速广泛传播，尤其是在东北部、中部和中西部各州。美国各个地方的领导者认为：如果每个公民准备参与国家大事，那么他们应当接受基本教育。这些领导者的看法不久后在州立法中有所体现。② 长期对公立学校感兴趣的马萨诸塞州在 1827 年成为第一个对所有人实施免费小学教育的州。1829 年 10 月，《纽约自由调查者》(*New York Free Inquirer*)报道：费城的工人阶级代表将教育作为改革的首要任务并提出要建立一个公平的、综合的教育制度，这种教育制度基于为本州的每个孩子提供从早期教育一直到大学教育的入学机会和良好的师资。1930 年决心反对“所有贬低工人阶级的企图”的波士顿工党宣称，立法者的首要任务之一就是建立一项能让所有人受益的教育制度。到 19 世纪 30 年代便产生了声势浩大且影响深远的振兴教育运动，即免费公立小学运动。

尽管仍然有人坚持学校应该是私立事业，但由政府出资兴办免费的、义务的和对所有人开放的学校的思想逐渐被民众接受。1837 年，马萨诸塞州州长埃弗雷特就宣称，在该年度要确保资源优先供给教育方面，让所有的适龄人都能接受教育，其主张得到了广泛的支持。“受教育应是每个公民的权利”成为当时最响亮的口号。据统计，到 19 世纪 50 年代，约有 81000 所公立小学建立起来并很兴旺——每个学校的在校生人数约为 370 人，而且东部几乎所有州的公立小学招收了该州四分之三的学龄儿童。③ 随着公立小学逐渐发展和入学人数不断增加，一个紧迫的问题产生了：教师的供给满足不了公立小学对教师的需求。

---

① LUCAS C J. Teacher education in America：Reform agendas for the 21st century[M]. New York：St. Martin's Press，1997：10-11.

② CREMIN L A. The heritage of American teacher education[J]. Journal of Teacher Education，1953，4(2)：164.

③ LUCAS C J. Teacher education in America：Reform agendas for the 21st century[M]. New York：St. Martin's Press，1997：12.

总体而言,公立学校运动是在许多政治、社会和经济因素的共同作用下产生的,这些因素不仅变革了教育,而且使 19 世纪的其他社会机制发生了变化。公立学校运动的主要目标之一是增加州政府对教育的支持,它也在一定程度上实现了教科书和教学的标准化,并提高了教师的素养,加强了师资培训。私立学院和文实中学开始承担起正规的师资培训的职责。在公立学校改革者提倡培养高素质教师的影响下,州立师范学校成立了。[①]

(三)教师培养机构概况

美国教师教育不仅以欧洲文化和知识遗产为基础,而且以美国新的社会意识为基础。美国独立战争后,一方面旧的政治、经济和社会模式不断变化,另一方面倡导平等主义和普通人权利的思想出现了。男子普选权的扩大、官员候选人范围的扩大、工业化的诞生和民族主义的高涨都越来越强调每个公民受教育的必要性。另外,移民持续增多,产生了加强教育来满足他们的期望和确保进步的现实要求。因此,普遍的公共教育和有能力的、受过良好教育的教师队伍开始创造一种克服文化、语言和宗教差异的社区新意识。

1. 文实中学的师资训练班

到殖民地后期,美国商业和贸易的发展对教育提出了新的要求。例如,新英格兰的船主要求领航员能够绘制航海图,在开疆扩土时需要测量员,每一个大型的农商企业中都需要簿记员和抄写员。同时,城市生活的萌芽孕育了大量的休闲时间,产生了对"文明社会中的技艺"的需求。[②] 而原有的拉丁文法学校的古典主义课程已经不能满足这些新兴中产阶级的要求。在一些经济发达地区,出现了许多私立商贸学校,它们被称为"英语学校"(English school),主要教授算术、簿记、机械、测绘、航海等实用性学科,教给年轻人谋生的知识和技能。但是这些学校的影响并不长久,它们是文法学校向文实中学转换的一种过渡形式。美国文实中学出现于 18 世纪中期,在本杰明·富兰克林等人的倡议下,文实中学不仅成为美国独立后的主要的中等教育机构,而且成为培养美国本土教师的机构之一。

文实中学最早创立于英国,18 世纪中叶传入美国,是顺应资本主义发展的需要而产生的由拉丁文法学校向实科中学转变的一种学校形式,也是美国建国

① 韦布.美国教育史:一场伟大的实验[M].陈露茜,李朝阳,译.合肥:安徽教育出版社,2010:137.

② WEBB L D. The history of American education: A great American experiment[M]. New Jersey: Prentice Hall, 2005: 89.

后中等教育学校的主要类型。文实中学在美国内战爆发前大量存在，内战结束之后逐渐融进扩展的中学和文理学院。同文法学校为学生升入学院准备的那种狭窄、僵化的课程相比，文实中学更注重实用知识传授，其课程内容也更为广泛，包括文、实两种。

富兰克林对于美国文实中学的建立做了积极的尝试。18 世纪初，北美工商业快速发展，急需大量中等水平的技术人员，而原有的拉丁文法学校由于教学内容陈旧，无法满足当时社会的要求。一些经济贸易发达的城镇遂出现了许多私立学校，针对当地需要纷纷开设算术、簿记、测绘、机械、航海等学科，教给青年人谋生就业的知识与技能。一些有识之士也积极倡导设立重在为就业青年服务的中等教育学校，富兰克林就是其中著名的代表人物。他于 1749 年发表了《关于费城青年教育的倡议》，强烈要求建立既传授古典学科又教授实用课程，旨在为升学与就业做准备的中等教育机构。

在独立初期的几十年里，美国唯一提供师资来源的训练机构是文实中学的师资训练班。在师范学校产生之前，要求教师接受专门培养的呼声已经时有所闻。有感于"我们正为缺少好教师而深深地折磨着"①这一现实，富兰克林建议，应当改变教师缺少专门教育的现状，让文实中学担负起培养教师的职责。由于当时很多贫穷家庭的孩子无法接受中等教育，富兰克林主张让"贫困者等一类人胜任教师工作"。② 1789 年《马萨诸塞杂志》主编也提出过一项建议，要求每个州都建立"使年轻的绅士们适合从事大学和学校工作"的学校。③

人们支持和扩大文实中学的观点之一是文实中学应当为小学培训良好的教师。最早的师资培养就是在文实中学实施的。1751 年，富兰克林在费城设立了第一所文实中学，其中就有师资训练班。在建校之初，富兰克林曾称"国家目前急需优秀教师……劣质的教学会毒害儿童"。④ 学校明确规定：教学目的之一是训练少数人当教师，使"大量的穷苦人将有资格担任学校教师，教育儿童读、写、算和美国英语语法"⑤；同时，还要使他们具备良好的道德品质。文实中学将把

---

① WICKCRSHAM J P. A history of education in Pennsylvania[M]. Lancaster: Inquirer Publishing, 1886: 60.

② WICKCRSHAM J P. A history of education in Pennsylvania[M]. Lancaster: Inquirer Publishing, 1886: 60.

③ CREMIN L A. The heritage of American teacher education[J]. Journal of Teacher Education, 1953, 4(2): 164.

④ JOHNSON J H. American education[M]. Iowa: Brown Company, 1982: 235.

⑤ MONROE P. Founding of the American public school system[M]. New York: Macmillan Company, 1940: 492.

他们直接推荐给县内各个学校,为本县提供合格教师。这可谓美国最早的师范教育的尝试。但这种师资训练仅仅是使学生掌握小学普通课程内容,水平很低,根本谈不上教育专业知识和技能的训练。

1785 年,长老会神职人员马克考克(Samuel McCorkle)在北加利福尼亚创建的巴那塞斯中学(Zion-Parnassus Academy)是最早的文实中学之一。该校甚至还设置了培养小学教师的教师教育系(department for the education of school-teachers)。就读于该系的学生大多为男生,大部分来自贫寒而又笃信教义的家庭。这些学生可免费就读,毕业后即到该教派所办的教会学校担任教师,这些教师同时也是神职人员。[①] 19 世纪早期,宾夕法尼亚的一些私立中学和学院也开始为学生开设专门的教师培训课程。

到 19 世纪初,改善师资培训成为人们更关心的事。1812 年,耶鲁大学的丹尼尔·奥姆斯尔德在学生毕业典礼上,作了《康涅狄格的教育状况》(*The State of Education in Connecticut*)的报告,提出建立培养教师的文实学校,传授未来教师将教授的各科知识,并指导他们理解教学的方法。不久,另一位耶鲁大学教师也建议在普通学校和学院之间成立师资培训机构,帮助未来教师掌握丰富知识。但他们的理想没有实现。直到 1820 年,被称为"马萨诸塞学校制度和师范学校之父"的詹姆斯·卡特,提议建立"教师培训机构",并在报纸上公开呼吁建立这类机构。在多方的努力下,文实学校培养师资的做法才受到州政府的重视。1812 年,纽约州州董事会(the Board of Regents of the States of New York)宣称"对教师的培训必须主要依靠学院和文实学校",并鼓励建立州立文实学校。

在中学里设置教师教育课程是美国在师范学校产生之前提高教师质量的一种重要方式。在美国公立小学兴起、教师需求急剧增加之际,建立师范学校只是少部分州尝试增加师资数量和提升教师质量的措施之一,不少州一开始并没有考虑建立师范学校,而是采用以公共资金来支持中学培养教师的传统做法。这种做法在中等教育比较发达的大城市中较为普遍,如纽约州在 19 世纪二三十年代就对私立中学进行补贴,以扶持其教师教育课程的发展。19 世纪二三十年代是文实中学培养教师的鼎盛时期,在文实中学培养教师是当时的普遍做法。许多原来无法接受中等教育的女性正是通过这一渠道接受了中等教育。[②]

文实中学后来逐渐兴盛,成为当时中学的主要形式。在公立小学运动兴起初期而师范学校尚未产生时,文实中学内设师资训练班的做法为各州所仿效,其中纽约州的文实中学对师资培养最为重视。1812 年,纽约州立法机关认为"对

① 洪明.美国教师质量保障体系历史演进研究[D].福州:福建师范大学,2008:47.

② 洪明.美国教师质量保障体系历史演进研究[D].福州:福建师范大学,2008:47.

教师的培训必须主要依靠学院和文实中学”[1]，并鼓励文实中学兼负师资培训任务，利用现有机构发挥效益。1834 年，纽约州议会更率先制定法律，把全州划分为八区，每区选择一所文实中学开办师资训练班，为全州的小学提供合格教师，并由州政府拨款给予援助。

文实中学师资训练班的出现与发展，为当时美国的初等教育培养了符合要求的小学教师，有效地缓解了当时的师资短缺问题，在师范学校产生之前为美国的师资培养做出了重大贡献，并在师范学校产生后的一段时间里依旧发挥着一定的作用。例如，在美国南北战争期间，纽约州大约 50％教师毕业于这些文实中学。[2] 师资训练班的出现，使师资培养第一次被纳入较正规的学校体系，对于美国教师教育的开展具有重要的历史意义。

由于社会历史原因与文实中学自身的局限性，文实中学内的师资训练班也存在着很多问题。首先，私立的性质限制了文实中学内师资训练班的发展规模。一方面，文实中学的学费昂贵，有子女的普通家庭都很难负担得起，更不用说穷苦家庭了；另一方面，文实中学的师资训练班旨在为小学培养合格教师，而小学教师的工资又很微薄，昂贵的培训费用与微薄的工资形成了极大的反差。因此，入学者数量很少，以至于师资训练班所培养的教师还不到实际需要的小学教师的十分之一。其次，文实中学并不重视师资训练，更没有实施教学实习，学校里的师资训练任务常常受其他任务冲击而处于次要地位。它所开设的课程与普通中学的课程并没有明显的区别，只是增加了一些教授小学的普通课程，几乎不传授教育理论知识，不采用观察与实习方法。因此，文实中学的教师教育训练过程简单、分散，没有形成一个系统的教师教育体系。到了 19 世纪 30 年代，随着公款兴办小学运动的蓬勃开展，教师少、学生多的矛盾日益突出，师资训练班越来越不能满足小学对师资的需求，势必会被以培养小学教师为目的的师范学校所取代。应该说，文实中学内的师资训练班对于解决师资不足的问题只能起到过渡缓冲的作用，一旦专门的教师教育机构出现，它必定会被淘汰。

19 世纪中期之后，随着公立中学的快速发展，私立或半私立的中学逐渐被公立中学取代，其教师培养的任务也开始移交到公立中学。各州开始承担更多有关培养未来教师的职责，许多公立中学也同样开设了“师范系”(normal department)来培养小学教师。师范系的开设使公立中学直接与文实中学竞争，最

---

① MONROE P. Founding of the American public school system[M]. New York: Macmillan Company, 1940: 493.

② 拉格曼. 一门捉摸不定的科学：困扰不断的教育研究的历史[M]. 花海燕，等译. 北京：教育科学出版社，2006：5.

终致使文实中学的师资培训班消失。[①]

2. 导生制师资训练班

在师范学校产生前，教师培养的另一种途径——导生制师资训练班在 19 世纪最初 30 年中流行于美国的部分城市。导生制(monitorial system)，又称贝尔-兰卡斯特制(Bell-Lancaster system)，由 18 世纪英国国教牧师安德鲁·贝尔和贵格派传教士约瑟夫·兰卡斯特分别创立和推广，它是在英国正规教师培训机构尚未建立之时，为解决教师缺乏的问题而生的，主要是帮助教师培训导生，是英国最早的初等教育师资训练方式。[②] 其主要做法是从学生中挑选年龄大、学业较好的学生充当导生，教师先把初步的读、写、算知识和宗教教义教给导生，再由导生转教给其他学生。这样一名教师在导生的帮助下，能够同时教上百名学生。导生制师资培训班于 19 世纪初传入美国，1818 年兰卡斯特亲自到美国推广这种制度。导生制花费低廉，不仅可以节约大批经费开支，而且极大程度上满足了平民子女接受初等教育的需求，因而在美国经济并不发达的 19 世纪初期盛行一时，并从小学扩展到部分中学。实行导生制的中学也培养小学教师。

导生制师资训练班曾经与文实中学的师资训练班相竞争。1820 年，纽约州(美国导生制学校的发源地)州长向该州立法机关建议："在本州大约有 20 所学校采用导生制，另外，还有几所学校模仿了导生制……在这些学校中，有些年轻人已经接受导生制师资训练，希望这一制度得到推广。目前普通学校的每个教师平均约教 50 名学生。无论人数多少，采用导生制是重要的。"[③]1826 年，他又向立法机关建议，要求每县设一所用于师资培养的导生制中学。可是他没能说服立法机关。此外，导生制从纽约发展到费城等其他城市，使用导生制训练教师的学校日益增多。但在当时，文实中学由于组织完善且拥有政府支持，因而培养的教师更多，影响更大。

导生制师资训练班在其流行的几十年里，极大地缓和了当时经费困难、师资短缺的局面，对于美国建国后初等教育的发展起了重要的促进作用。采用导生制，可以通过少量教师教会大量学生，为更多贫困儿童提供受教育的机会。同时，用学生施教既节约了开支又培养了教师，解决了当时教育师资不足的燃眉之急，满足了人们对教育的需求。另外，充当导生的学生必须用心学习才能掌握所

---

① ANGUS D L, MIREL J. Professionalism and the public good: A brief history of teacher certification[M]. Washington, D. C.: Thomas B. Fordham Foundation, 2001:14.

② 单中惠. 西方教育问题史[M]. 北京：人民教育出版社，2011:286-289.

③ MONROE P. Founding of the American public school system[M]. New York: Macmillan Company, 1940:491.

教知识，这样有利于学生自主学习能力、独立工作能力和创造能力的培养。实行导生制的学校由于学生人数众多，实行分班制，各班都有导生负责教学，为了监督、联系各导生，还设有总导生一职。因此，学校内部有一套比较严密的教学程序和管理制度，这与当时不分班级教学、管理制度薄弱的学校相比，具有一定的进步性。

然而，试图用导生来替代教师毕竟不是解决师资短缺问题的根本方法，其缺陷是显而易见的。由于学生所学知识有限，水平不高，教学过程极易变得机械、生硬，课堂纪律混乱，根本谈不上什么真正的教学，导生制师资训练班实质上不过是扫盲班而已。贺拉斯·曼(H. Mann)曾指出："人们只要看一看由一个毫无经验的儿童所给予的重复的、啰唆的、盲目的、骗人的教育，与一个熟练教师的发展的、改造的，以及几乎是创造性的能力之间的差异，人们只有去理解一下'教育人'这一词的广泛含义和意义，就会以十足的不屑的态度去看待贝尔博士的吹嘘。"[①]可见，在当时的历史条件下，导生制师资训练班只是一种短期的、暂时的解决经费不足和师资短缺问题之策。由于其自身的缺陷，导生制师资训练班只流行了 20 余年就被淘汰了，人们自然会企望建立更理想的师资训练机构。

从殖民地时期到 19 世纪初，美国并未出现正规、独立的师范教育机构。殖民地时期，由于生产力水平低、经济落后，人们并没有认识到师范教育的重要性，甚至不认为教师是一种专门的职业，更不需要设置专门的教育机构培训教师。教师工资微薄，社会地位低下，较少有有才之人向往。几乎所有教师任期都很短，长期任教者寥若晨星。

美国独立后，为了适应社会的需要，逐渐对师资培训进行了一些可贵的尝试，开展了文实中学内设师资训练班和导生制师资训练班训练教师的初步活动。它们为当时的教育发展和后来专业师范教育机构的出现，做出了很大贡献。相较而言，文实中学培养的教师虽然数量有限，但教学水平相对较高，组织也较为完善，又有州政府的资助，因此，在师资培养上比实行导生制的学校更有优势。由于各方面条件的限制，这些早期实践培养的教师数量有限，质量也很低，但在一定程度上反映出人们对教师和师范教育的重要性有了初步认识，体现了美国师资训练从无到有的过程，为以后独立、正规、专业的师资训练机构的出现开了先河。

① MONROE P. Founding of the American public school system[M]. New York：Macmillan Company，1940：492.

3. 教师学校①

在师范学校发展的同时,美国的中西部地区还存在一种教师培养速成学校——教师学校。从某种意义上说,这种短期和临时的机构与师范学校越来越重视教师的正规培养的趋势是相矛盾的,但它因能灵活便捷地适应地方学校对教师的数量需求而受到地广人稀的农村地区的欢迎。

教师学校完全是由美国独创的。教师学校的思想最初是由特罗伊女子学院的创建者威拉德(Emma Willard)和康涅狄格州第一任教育委员会秘书亨利·巴纳德(Henry Barnard)共同发展的。巴纳德一开始把"教师班"(后来被人们广泛地称作教师学校)作为师范学校的一种替代机构,因为他很希望在康涅狄格州创办贺拉斯·曼发起的师范学校。可是他没能说服康涅狄格州的立法机关并获得经济上的支持,因此他不得不转向开设教师学校。1839 年秋季,他在哈特福德(美国康涅狄格州首府)建立了第一个教师学校。在该教师学校,巴纳德进行了实验,为 26 名男士提供 6 个星期的教育——"教授法课程"和复习公立小学要教的课程。另外,教师学校也进行教学方法的实际讨论,同时为哈特福德当地学校提供参观机会。

巴纳德认为,教师学校实验的目的是"通过给学生提供复习和扩展公共小学学科知识,以及最好的学校安排、教学和管理知识的机会来培养好的小学教师。课程由有经验的教师和著名的教育者来讲授"。②

第一所教师学校和后来其他教师学校的成功迅速引起了人们的注意。大约在同时,在纽约州的斯威特(Samuel N. Sweet)开始思考开设暂时的教师学校,并提出了一个与巴纳德进行的实验很相似的计划。1843 年,他在伊萨卡进行了实验。他的教师学校持续了两个星期,然后由丹曼(J. S. Denman)——汤普金斯县的督学继续实施。在后来的两年里,类似的教师学校在这个州的 39 个县建立,大约有 1000 名教师获得培训。

1844 年,波士顿的福欧(Willian B. Fowle)参观了纽约州的几所教师学校,然后在波士顿报纸上刊登了其有趣的参观见闻。贺拉斯·曼看到报道后立即跟一个朋友谈起教师学校,并利用这个朋友资助的 1000 美元在马萨诸塞州办起了教师学校,并计划在这个州的 4 个城镇办 4 所教师学校,每所学校招收未来教师的人数限制在 100 人(男、女分别 50 人)。公众对教师学校的兴致很高,因为那

① 杨献碧,王少勇."移动的或巡回的"师范学校——美国教师学校探究[J]. 辽宁师范大学学报(社会科学版),2013,36(3):369-375.

② MATTINGLY P H. The classless profession: American schoolmen in the nineteenth century[M]. New York: New York University Press,1975:64-65.

时的马萨诸塞州州长参加了 1854 年关于教师学校的第一次会议。1856 年马萨诸塞州立法机关拨款 25000 美元支持办教师学校。[①]

其他州纷纷效仿纽约州和马萨诸塞州办起了教师学校。1845 年,罗得岛州成功地使建立教师学校成为州公共学校行政长官的法律责任。“未来教师在教师学校里可能要熟悉最好的和成功的方法——安排学科和管理公共学校纪律。”[②]同时,一个与早期罗得岛州教师学校联系在一起的“示范学校”建立了。

1845 年,教师学校在俄亥俄州建立;1846 年,佛蒙特州、新罕布什尔州、密歇根州和伊利诺伊州出现教师学校;1847 年,在缅因州和新泽西州组建教师学校;1848 年,宾夕法尼亚州确立教师学校。到 1860 年,至少有 12 个州建立了教师学校。1867 年之后,皮博迪基金极大地刺激了教师教育机构在南方的发展。

最初,学生到教师学校上课是完全自愿的,学生被要求承担自己的费用。1846 年,马萨诸塞州开始使用公共资金提供奖学金,以抵消在职教师被强制性就读教师学校的费用。随着时间的推移,足够的私人和公共资金被提供给就读于教师学校的未来教师。换句话说,教师学校同时为在职教师和未来教师提供教师教育。

教师学校每年集中学习一次或两次,通常利用已有的学区设施。夏季集中学习 2～8 周。标准课程是理论和教学实践方面的短期课程。这些课程是由像贺拉斯·曼这样著名的教育学者来讲授的。大多数教师学校的普通教育模式是白天上正式的课程,晚上举行营火会、民谣歌唱大会,以及非正式讨论一些感兴趣的教育话题。例如,1847 年在纽约梅斯维尔的一个县的教师学校,讨论了两个亟须解决的问题:第一个问题是建议怎样防止学生上课低语,第二个问题是有关道德教学的有效方法。

在对宾夕法尼亚州的教师学校进行的一项研究中,罗斯(Carmon Ross)把教师学校放在适当的历史环境中来考察。教师学校和师范学校的组建是由同样的改革运动促成的。它们也常常是由同样的人来倡导建立的。师范学校和教师学校都是对 19 世纪 30 年代国家学校危机的一种应对。就像 1837 年的一份教育协会请愿书中所讲的,这种危机是“在任何城镇,无论什么时候,缺乏好教师已使努力提高学校教育质量的人们受挫。”美国教育协会的调查显示,教师队伍中充满了“不合格教师”,只有建立统一的专业准备制度才可能改变这种状况。改

① ELSBREE W S. The American teacher:Evolution of a profession in a democracy[M]. New York:American Book Company,1939:156.

② KNIGHT E W. The story of teacher training[J]. The High School Journal,1927,10(7):199.

革者认为,在可能以师范学校为主导培养教师的地方,它只提供至少一年的课程;可是在师范学校不存在的地方,需要提供包括师范学校课程内容的短期课程。教师学校将会暂时满足这种需要,直到政治压力和经济繁荣允许为每个人提供更高水平的教育为止。

19 世纪 30 年代出现的教师学校除了包括与师范学校同样的一般课程——学科内容知识和教授方法技巧,还反映了师范学校的另一个方面——它们受州或学区控制,它们不是私立机构,教师没有办学自主权。

像贺拉斯·曼、皮尔斯(Cypus Peirce)和埃弗雷特(Edward Everett)这样的师范学校倡导者也完全认同巴纳德的教师学校目标,认为教师学校是师范学校的缩影。用皮尔斯的话来说,师范学校是一种"固定的教师学校"。[①] 也就是说,师范学校用长期项目使教师学校制度化,因为师范学校和教师学校有着同样的课程和目的,即提高公立小学教师培养目标,要求他们必须精通小学任教学科内容,这也意味着他们必须掌握教学艺术和管理班级的技能。另外,他们也要学习教师职业道德方面的知识。

尽管教师学校的基本结构已经得到很好的确立,但同师范学校相比,教师学校的价值取决于开办这些学校的管理者的声望和魅力。加劳德特(Thomas Gallaudet)是位于哈特福德的美国聋哑救济院的创始人,威拉德创建了特罗伊女子学院,由这样的人领导的教师学校给学生提供了极好的心灵启迪的体验。但是许多教师学校的教育质量参差不齐,开办时间时断时续。

当巴纳德在罗得岛州时,他向县督学和管理教师学校的管理者发出了一封完善教师学校的公开信。信的内容大致如下:①复习这个州公立学校通常所教的课程,使用每个学科最好的教学方法范例来复习小学课程,特别注意学校学生在同样学科可能遇到的相同困难;②要熟悉有关学校组织、学生分类和教学的理论实践的讲座和讨论;③晚上的公共讲座和讨论一般被认为是关于引起父母和公众兴趣,教育主题,公共学校组织、管理和提高方面的话题。

除了适度变化之外,令人惊讶的是,在后来的 80 年里,教师教育机构的课程基本没有变化。这说明教师学校没有根据教育发展变化情况,对课程做相应的调整来更好地满足农村小学教师的需求,这为它以后的消失埋下了伏笔。

教师学校在教育和教学方面投入的极大热情弥补了学习内容缺乏的不足。1858 年,伊利诺伊州的督学强调了教师学校的重要性,认为教师学校确实让许多教师接受了训练。很多教师接受过教师学校培训:1849 年缅因州有大约 36%

---

① MATTINGLY P H. The classless profession: American schoolmen in the nineteenth century[M]. New York: New York University Press, 1975: 63.

的教师，1859 年威斯康星州有大约 20%的教师，19 世纪 50 年代末密歇根州大约有 15%的教师。在正处于开发期的中西部地区，由于人口分散、流动频繁等，教师学校更受欢迎。历史学者马廷林曾断言："在 19 世纪中期，教师学校是美国最流行的教师培训机构，它接触教师的生活多于任何其他教育机构。"[①]教师学校的普及持续到 19 世纪末。在 19 世纪大部分时间里，在大多数情况下，教师学校为未来教师和在职教师提供了单一目的的教师培训。[②]即使到了 20 世纪初，大多数教师还是在教授短期理论课程和进行教学实践的教师学校中接受训练，而不是在师范学校。[③] 尽管教师学校做了很多"唤醒教师良知"的工作，但它未能实现改革者永久培养教师的目的。

4. 师范学校

(1)美国师范教育产生的历史原因

美国在取得美英战争(1812—1814 年)胜利后，进行了工业革命，走上了独立发展资本主义经济的道路。工业的发展、城市的兴起、进步势力的成长、选举权的扩大以及移民的大量涌进，使教育在社会生活中的作用越来越重要、明晰。人们对教育的需求也日益迫切，普及教育的思想开始植根于越来越多美国人的头脑之中。以上种种因素促使美国在 19 世纪 30 年代爆发了席卷全国的公立学校运动，并以此为起点开始了美国的教育大觉醒时代。各州纷纷通过立法确立了州立学校制度，划拨大量经费发展教育事业，创办了大量公立初等学校。公立学校数量的增加、规模的扩大、学习年限的延长、入学人数的激增，使得对教师的需求量增大，对优秀教师的需求尤为迫切。以前的文实中学和实行导生制的学校对于教师的训练有其自身的缺陷和不足，难以满足公立学校发展的需求。一些进步人士和教育家们普遍认为，缺少受过全面而系统训练的教师是公立学校教学质量低下的主要原因；另外，教师的地位与待遇也有待改善，若不解决这一问题，必将影响公立学校的发展与社会的进步。为此，一些教育家积极奔走呼吁，创办培训合格教师的专门机构迫在眉睫。

美国与欧洲国家交往频繁，欧洲先进的师范教育理论与实践为美国发展师范教育提供了现成的学习榜样。众所周知，师范教育起源于欧洲，德、法、英等国

---

① ORGEN C A. The American state normal school："An instrument of great good"[M]. New York：Palgrave Macmillan，2005：21.

② LUCAS C J. Teacher education in America：Reform agendas for the 21st century[M]. New York：St. Martin's Press，1997：22.

③ 韦布. 美国教育史：一场伟大的实验[M]. 陈露茜，李朝阳，译. 合肥：安徽教育出版社，2010：137.

的师范教育发展都先于美国。法国与德国早在 17 世纪就有了师范教育设施，英国稍晚，但也在美国之前开始发展师范教育。19 世纪 30 年代以后，欧洲的师范教育已经有了相当大的发展，其中尤以德国发展师范教育的成绩最为显著，措施最为严格。德国的师范教育学校规定只招收接受过 8 年义务教育的国民学校毕业生，学制 6 年，除开设国民学校所需要的课程外，为了扩大师范生的知识面，提高其掌握知识和独立思考的能力，还开设了物理、动植物学、历史、教育学等课程，并且要求学生通过严格的毕业考试后方可毕业。对当时各国来说，这样的教师培养水平是很高的。

当时欧洲，尤其是德国师范教育的理论与实践对于亟待解决师资问题的美国来说，无疑具有很强的吸引力，也为美国树立了榜样。特别是当法国哲学家、教育家库森(Victor Cousin)的《关于普鲁士教育的考察报告》于 1835 年译成英文在纽约出版后，人们对师范学校产生了更大兴趣。这篇报告是库森在 1831 年考察德国教育之后完成的，并被提交给法国教育部。库森认为，“德国，尤其是普鲁士的经验，不能为我们所丢弃……一个民族的真正伟大不在于从其他国家不借用什么，而在于借用所有有益的，完善其所拥有的。”[①]他指出德国的初、中等教育及师范教育远胜于法国，建议法国制定初等教育法令，建立初等学校及初等师范学校，并提出了“教师创造学校”的主张。他的这篇报告成为法国初等教育及师范教育的第一部完整立法——《基佐法案》的基础，极大地推动了法国师范教育的发展。1835 年，这篇报告在美国出版时，泰勒(J. O. Taylor)曾在为该报告写的前言中指出：“普鲁士公共教育系统的许多方面不适合于美国，而且在政府体制上更是迥然不同，但从其教育措施所产生的巨大成效看，它的一些最有用、最实际的课程是可以学习的……知识和智力及道德方面的关系，在每个教育系统中和不同的政府形式下是不改变的。”[②]这篇报告传到美国后，曾被马萨诸塞州、密歇根州、新泽西州及纽约州等当作法律文件一版再版。当时，几乎所有的教育家都读过这篇文章，“教师创造学校”的思想极大地坚定了他们创办师范学校的决心和信心。此后，去欧洲访问的美国人便络绎不绝，有关欧洲师范教育的教育杂志及报道纷纷出现，继而兴起了开办师范学校之风。

此外，早期的教育家们为美国师范学校的建立与发展也做出了不可磨灭的贡献，其中著名的有“美国师范学校之父”詹姆斯·卡特(James G. Carter)、“美

---

① EDWARDS N. The school in the American social order[M]. Boston: Houghton Mifflin Company, 1963: 10.

② EDWARDS N. The school in the American social order[M]. Boston: Houghton Mifflin Company, 1963: 14-16.

国公立学校之父”贺拉斯·曼、号称康涅狄格州的“贺拉斯·曼”的亨利·巴纳德等人。他们不仅推动了美国公立学校的发展,而且促成了美国师范学校的产生。

(2)美国师范教育的产生

在公立学校运动中,教师培养方面最值得一提的是师范学校的创立和发展。教师学校随机性太强,并且主要适合在职教师的进修。公立学校教师收入偏低,而文实中学费用较为昂贵,其师资训练班因此难以吸引大量学生。无论是从数量,还是从质量,教师学校和文实中学作为教师培养机构,都很难满足普及公共学校教育的需要。

随着公立学校运动的兴起和发展,对公立学校教师数量和质量的巨大需求很快产生。19 世纪早期流行的文实中学师资训练班和导生制师资训练班无法满足这一需求,教学的专业性问题进入人们的视野,这促使人们重新考虑教师供给和质量保障的方式——建立师范学校。经过教育家们的努力,美国师范教育终于在 19 世纪二三十年代逐步建立和发展起来了。

①私立师范教育机构的产生。

1823 年,塞缪尔·霍尔(Samuel R. Hall)在佛蒙特州的康科德市创办了美国第一所私立师范学校,掀开了美国师范教育发展史新的一页。学校修业年限为 3 年,并设有附属小学供学生实习之用。学习课程包括公立学校所教的科目和一些教学技能方面的训练。塞缪尔·霍尔认为学校管理是师资培训不可缺少的课程,遂在学校开设讲座,讲授学校管理法。后来,讲座的内容经整理成书出版,成为美国师范学校的第一本教育学教材——《学校管理讲座》,被各地师范学校采用。

在师资培养上,塞缪尔·霍尔提出,教师不仅要传授知识,而且要做青少年的良师益友,在履行公民义务和道德规范等方面都应成为学生的楷模。在此期间,托马斯·格兰迪特(Thomas H. Gallaudet)的《师资教育计划》的出版,极大地充实了师资培训的课程内容,推动了美国师范学校的发展。1830 年,霍尔又在马萨诸塞州的安多弗创办了一所师范学校。同一时期,美国的其他各州也都开始试建私立师范学校,为普通学校培养小学教师。

嗣后,各地相继办起了不少此类机构。1880 年美国私立师范学校已达 114 所,1900 年为 118 所,在校生达 20000 人,该年毕业生为 1600 人。虽然在经费、师资等方面私立师范学校不如州立师范学校,但私立师范学校作为州立师范学校的重要辅助机构一直经久不衰。19 世纪末,私立师范学校在数量上仍多于州立师范学校。由于私立师范学校在人数及设备上次于州立师范学校,因此,随着州立师范学校的发展,私立师范学校的数量逐渐减少,截至1934年只剩28所。[①]

②公立师范教育机构的产生。

美国地方政府最初并不重视兴建师范学校,在州立师范学校产生之前,师资培训主要在州给予经济援助的文实中学进行。19世纪30年代,纽约州、宾夕法尼亚州、印第安纳州、威斯康星州等还以公共资金资助私立师范学校。然而,一方面,私立师范学校毕业生人数有限,满足不了当时对小学教师的迫切需求;另一方面,私立师范学校的教学工作由私人决定,不受州政府控制,毕业生的质量难以保证。因此,随着公立小学运动的发展,公立师范教育机构的创办便被提上议事日程。

在詹姆斯·卡特和贺拉斯·曼等教育家的努力下,马萨诸塞州立法机关于1838年颁布了美国第一个《师范学校法》(*Normal School Act*),决定拨款筹建州立师范学校。1839年7月,马萨诸塞州在莱克星顿建立了美国第一所州立师范学校,开全国州立师范教育体系之先河。颇具声誉的赛若斯·皮尔斯(Cyrus Pierce)被任命为校长。虽然在报纸上做了广泛的宣传,并在马萨诸塞州的政治、经济和慈善界引起了广泛关注,但在开学第一天,只有3名年轻女士入学。尽管报名入学者寥寥无几,但作为美国师范教育发展史上的一次重大突破,其历史意义不容低估。该所师范学校1844年9月迁至西牛顿,1853年11月又迁移到弗莱明海姆,持续至今。大约在莱克星顿师范学校建立10年后,马萨诸塞州教育委员会通过表决,宣布将此前所有被称作"师范学校"的学校正式冠名为"州立师范学校"。

1839年9月4日,马萨诸塞州建立了第二所师范学校,不久迁至西菲尔德。1840年9月9日,在布里奇沃特开办了第三所师范学校。这所师范学校先后培养出美国师范教育的26位杰出的先行者,在整个美国师范学校教育拓展中起到了重要的作用。对早期美国教育影响很大的爱德华兹(Richard Edwards)、科尔伯恩(Dana Colburn)、摩尔(Ira Moore)、盖奇(George M. Gage)、赫维特(E. C. Hewect)、萨莫尔(Arthur Sumner)等人都毕业于该校。他们将布里奇沃特的火种传播到罗得岛州、缅因州、康涅狄格州、佛蒙特州、新泽西州、伊利诺伊州、密苏里州、密西西比州、明尼苏达州和加利福尼亚州,推动了师范教育运动在密西西比河谷和太平洋沿岸的蓬勃发展。[②] 到1860年,全国共有州立师范学校12所。

① 邹海燕.十九世纪的美国师范教育[D].武汉:华中师范大学,1986:16.

② 王凤玉.美国师范教育机构的转型:历史视野及个案研究[D].上海:华东师范大学,2007:28.

需要特别指出的是，由于公立学校教师待遇偏低，师范学校的学生主要是女性。[①] 马萨诸塞州师范学校的创立，标志着美国公立师范学校运动的开始。此后，其他各州相继仿设州立师范学校以培养初等教育师资。到南北战争前，美国已有 12 所州立师范学校。

州立师范学校是美国公立师范教育制度的主体，与州立师范学校并存的公立师范学校还有市立和县立师范学校。这些师范学校存在的主要原因是州立师范学校培训的教师的数量不能充分满足学校对教师的需求，只占所需教师总数的 16％～18％。[②] 为了弥补州立师范学校教师供应不足的缺陷，一些市、县就建立了自己的师资训练机构，为该地区培养教师。二者同州立师范学校并没有本质区别，只是所属行政机构不同而已。市立师范学校通常被称为“市立培训学校或培训班”(the city training school or class)，多由实行导生制的学校发展而成，教学设备简陋。到了 19 世纪末，人口在 30 万以上的城市中，约有五分之四办起了师范学校。县立师范学校的发展一般比州立和市立师范学校晚，主要面向农村，以培养该县公立学校教师，尤其是乡村教师。市立及县立师范学校虽然在师资条件、教学设备上不如州立师范学校，但在州立师范学校培养的教师数量难以满足学校对师资急需的情况下，为当地培养输送了一定数量的教师，发挥了其应有的作用。

应当指出，在 19 世纪上半期，首批师范学校和一些文实中学的师资训练班没有影响其他教师培养机构培养小学教师，文法学校、常规的文实中学和新建立的高中继续像以前一样培养小学教师，而文理学院和刚产生的州立大学像以前一样主要培养中学教师。[③]

教师培训机构的专业化，不断提升着公立学校教师队伍的素质。教师越来越被认为需具有专业技能，而不再是任何人都可以从事的职业。在公立学校运动时期，虽然还无法确保每位教师都受过专门的职前培训，但是教师应该接受专门的职业培训的思想却深入人心，师范教育的观念已经初步形成。

---

① SPRING J H. The American school 1642—2000[M]. New York：McGraw-Hill，2000：143.

② PANGBURN J M. The evolution of the American teachers college[M]. New York：Teachers College，Columbia University，1932：22.

③ CREMIN L A. The heritage of American teacher education[J]. Journal of Teacher Education，1953，4(2)：163-170.

三、发轫时期的教师教育课程思想

教师教育机构对人才的培养最终要落实到具体的课程上，人才培养目标只有通过课程实施才能得以实现。教师教育课程质量的高低直接决定着人才培养水平的高低，而教师教育课程的质量水平则受制于体现教育价值观的教师教育课程思想的发展水平。课程思想是教育者对课程实践的一种先行价值判断，是教育者对教育目的的要求、对知识的价值选择以及学生对教育的需求在理论上的综合反映，是课程实践得以顺利进行的先决要素和理论基础。任何课程变革必定要有一定课程思想的引领才能顺利进行，这是因为“课程实践在本质上是一种价值创造活动，因而必须遵循一定的价值原则。任何课程建构如若不优先考虑价值取向问题，如若没有哲学价值论的引领，都将陷入盲目和混乱，从而以失败而告终”①。从这种意义上说，考察课程思想的发展演变，可以揭示出教育家或教育学者是如何根据社会和教育的发展状况来构筑自己的课程思想并指导教师教育课程实践的，以及各种社会因素在教师教育课程发展变革过程中所发挥的作用。

在课程发展史上，由于时代背景不同以及人们的政治立场、哲学倾向各异，人们对课程价值产生了不同认识，从而出现了不同的课程价值追求。社会、学校和知识领域的不断发展和变化推动着课程思想的不断革新，其中最直接的原因是社会价值观的变化，使得教育家对“什么知识最有价值”这个问题作出了不同回答。英国比较教育专家霍尔姆斯(Brian Holmes)继英国哲学家、教育家斯宾塞之后，在《比较课程论》(*The Curriculum：A Comparative Perspective*)一书中提出“什么知识最有价值?”的问题。他从比较和历史的角度来考察，认为所有课程理论都基于对该问题的回答。事实上，无论是公开声明还是默许，牧师和教师对该问题所给出的答案都决定着学校的教育内容。他们在为公众服务的时候也只选择他们认为有价值的知识传给下一代。② 在教师教育实践中，一个始终受到教育家高度关注的核心问题就是教师教育机构应该开设什么课程、传授给学生什么样的知识，这个问题实际上就是考量教育家认为什么知识对学生的发展最有价值。教育家在对这个问题做出回答时，不仅受到传统价值观念的影响，更受到现实的各种价值观念的影响，因此教育家对此问题的回答，是他们在综合衡量各种价值观念的基础上做出的，隐含着其对教师教育培养目标的认识取向，反

---

① 靳玉乐.论基础教育课程发展的新理念[J].教育理论与实践，2002(4)：5.

② 霍尔姆斯，麦克莱恩.比较课程论[M].张文军，译.北京：教育科学出版社，2001：1.

映出他们所信奉的知识价值观并直接决定着他们的课程思想主张。知识的价值是随着社会和科学技术的进步而不断发展变化的，是对社会价值变革的反映。社会价值观的变革必然引发知识价值观的改变，进而催生教育家课程思想的变革。

在1860年之前关于教师教育的课程存在着四种观点。第一种观点（主要是保守学院和中学的管理层）强调形式训练，坚持使用古典语言和传统非功利的文理学科。持有这种观点的人认为完成中学教育和高等教育（如有可能）将会确保教师掌握小学任教学科知识和有效地执教这些学科的能力。这部分人认为学生在文理课程中受到的严格教育本身可能就是很好的教学准备。第二种观点与第一种观点有密切的联系。持有第二种观点的人比较灵活，他们渴望使用新发展科学和实践学，认为需要简单地复习小学学科，然后更多地学习中学高级课程。他们建议通过有益的暗示来获得教学的方法，而不是集中学习教学原则。第三种观点强调更加系统地处理教学方法，认为需要学习学科内容，但是只需要学习小学的学科内容。在师范课程里，这种观点的实现需要与处理教学的理论原则结合起来。第四种观点也重视系统地处理教学方法。从更加实际的意义上讲，持这种观点的人把师范学校的工作看作发展“教学艺术”的一种。因此，他们相信掌握教学方法最重要，主张把将要教的学科内容以专业化的形式传授给学生。[①]

（一）贺拉斯·曼的教师教育课程思想

贺拉斯·曼是19世纪美国著名的教育家，被誉为“美国公立学校之父”。他倡导设立免费公立学校，坚持为每一个儿童争取教育机会，倡导和参与建立州立师范学校，促进了教师职业的专业化，为美国的教育普及和社会进步做出了不可磨灭的贡献。

贺拉斯·曼心中理想的师范学校课程体系包括学习学科知识、习得教学技能和培养教师专业品格的课程。教师教育培训机构所要培养的教师必须在专业知识、专业技能以及专业情意上面符合条件，这样才能成为一名合格的教师。[②]

① BORROWMAN M L. The liberal and technical in teacher education: A historical survey of American thought[M]. New York: Bureau of Pub, 1956: 49; CREMIN L A. The heritage of American teacher education[J]. Journal of Teacher Education, 1953, 4(2): 163-166.

② 罗晶晶. 贺拉斯·曼的师范教育思想研究[D]. 上海：上海师范大学，2018：34.

1.培养目标

贺拉斯·曼认为,优秀教师应该具有精心组织的语言,正确的、有吸引力的发音和语调,以及优雅的行为;他们的指导是有益的,灵魂是善良的,他们具有一种无法形容的魅力。在他看来,教师是一种崇高的职业,教师被社会赋予了更高的期待,所以对教师专业素质的要求也越来越高。教师不仅需要具有丰富的学科知识,还需要具有切实可行的教学方法和热情洋溢的教学态度,这样才能真正地赢得学生的喜爱和信任,取得优异的教学效果。

(1)专业知识

贺拉斯·曼普及教育的理想,在很大程度上就是普及知识的理想。作为教师,丰富、专业的学科知识是教学的必要前提。一个不能用他的才能为学生活动提供资源的教师,必须放弃教书这个活动。当一位教师拥有丰富的知识,并且掌握了他的全部课题时,他才可以轻松地接受学生的尊重和敬仰。当教师上课的时候,教师应该对这门课程很熟悉。只有这样,他才可以把全部注意力都放在课堂上,而不是通过看他的课本来开展教学。教师提出问题的时候,他的注意力应该放在学生和学生的解释上,而不是在自己的课本上。在课堂上,教师需要进行从最简单的词语解释到人文学科的深刻探讨,需要对阅读、书写、语法、修辞、逻辑、算术、几何、测量、三角学、历史、哲学等课程都有一定的了解,在无止境的、反复的练习中思考。贺拉斯·曼说过,教师的课本、教师的图书馆应该在教师自己的脑海里,并且可以迅速地、毫不中断地从自己心中的丰富资源中提取出所需的任何知识,而不是仅仅依靠教科书。

(2)专业技能

①尊重。

贺拉斯·曼认为,一位学识渊博的教师,如果不懂得使用合适的教学方法,那么,他便不能教好学生。教师既不能通过倒灌的方法传输知识,也不能用任何力量直接注入知识,强行进入学生的心灵。① 教师必须在得到学生的同意之后,才能开始传授知识。如果学生没有同意接受知识,那么教师是无法有效传授知识的。那么,拥有什么心态的学生最容易接受知识呢?当然是自信的、信赖的、尊重的、喜爱的心态。因此,教师的首要职责就是唤醒学生心中的情感。教师必须在进入课堂的第一天里唤醒学生的情感,而不是把希望放在以后的日子里。

---

① MANN H. Twelfth Annual Report[R]. Washington, D. C. :Hugh Birch-Horace Mann Fund of the National Education Association,1848:89. 转引自罗晶晶.贺拉斯·曼的师范教育思想研究[D].上海:上海师范大学,2018:35.

②合作。

传统教育中,在开设一所学校的时候,一套一套的法律法规也会随之产生。在学校的第一天或半天内,一些教师口头上宣布学生要遵守的规则,以及学生的违规行为将受到的惩罚;另一些教师则准备成文的法律法规和特定的惩罚,并将这些张贴在学校里一些显眼的地方,以对犯规者发出警告。贺拉斯·曼对此持有强烈的反对态度。在他看来,这种做法已经将学生和教师放置于敌对的位置上。没有人能够有意识地遵守理性和义务的法则,直到他明白了其中的道理。对于学校的繁荣和教学质量的提高来说,有一些观点是绝对必要的,教师要管理学生、对学生负责就必须依赖于师生间的合作,比如学生准时和规律出勤,教师为学生提供教科书和其他学习辅助工具。教师应该作为学生的朋友和榜样,与学生处于平等地位,与学生合作。教学的过程应该被认为是教与学的合作、教师与学生的合作。[①]

贺拉斯·曼不否定学校制定法律法规的必要性,只是强调学生与教师之间的平等关系,认为任何法律法规的制定都要在学生与教师合作的基础之上,这样学生才会自愿去服从、遵守师生之间的约定,进而达到自我管理的境界。[②] 教师与学生的合作就是教与学的合作,课堂不再以教师为主,而采取以教师为主导、学生为主体的新型模式。这种新型模式打破了传统的以教师为主,以教师的权威为主的课堂模式,具有显著的进步意义。

③启发。

我们常见的课堂场景是,教师在学生面前拿着一本书或一张卡片,教师说"a",学生跟着读"a";教师说"b",学生跟着读"b";教师说"c",学生跟着读"c"。在贺拉斯·曼看来,在这个过程中,学生除了模仿声音之外,没有使用其他的能力。鹦鹉也可以做同样的事情,那么我们为什么要把时间浪费在这种没有意义的事情上呢?贺拉斯·曼反对以字母表认读的形式教导孩子开始阅读,反对传统的阅读教学法,认为教师只是教给学生字母,并没有任何意义。[③]

贺拉斯·曼认为每个孩子都有五种感觉,连同各种肌肉和精神能力,所有这些都必须保持活跃的状态。因此,教师教学方法的改进包括为这些感官、肌肉和

---

① 罗晶晶.贺拉斯·曼的师范教育思想研究[D].上海:上海师范大学,2018:36.

② MANN H. Twelfth Annual Report[R]. Washington, D. C.: Hugh Birch-Horace Mann Fund of the National Education Association, 1848:111. 转引自罗晶晶.贺拉斯·曼的师范教育思想研究[D].上海:上海师范大学,2018:36.

③ MANN H. Twelfth Annual Report[R]. Washington, D. C.: Hugh Birch-Horace Mann Fund of the National Education Association, 1848:132. 转引自罗晶晶.贺拉斯·曼的师范教育思想研究[D].上海:上海师范大学,2018:36.

能力提供有趣和有用的活动。

(3)专业情意

①热爱工作。

贺拉斯·曼强调,作为教师的基本先决条件是对工作的热爱。他一定不会仅仅是一个雇工。教师获得报酬是应该的,但是,教师也需要忘记他的报酬。为了不产生单调和不愉快的感觉,教师一定要把他的工作看作一个新鲜的工作。学校的教师被放置在一个永恒的旋转轮上,每天或每年都要完成同样的劳动和任务,这种想法是错误的。从最真实和最高意义上说,教师的劳动永远是一个新的过程,教师每天都在发展他新的能力,即使使用同样的书籍,教授相同的课程,但仍需日复一日地思考,不断改进课程。教师教完一批学生,送走一批学生,又将迎来新的学生,这就是教师的责任。欢迎新的团体,为生命的旅程做准备,这永远是,也必须是一个新的工作。

②关爱学生。

贺拉斯·曼一直在质疑将体罚作为维持秩序的手段,以此来推动学校进步的做法。他指出,在荷兰,体罚已经过时了,并且有法律明确说明禁止在所有情况下使用体罚。不管什么原因,体罚都不能出现。在阿姆斯特丹的免费学校里,贺拉斯·曼看到教师的举止、教学模式,以及他们对学生的尊重和爱护,这是在其他地方很难见到的。在学校中,没有什么比教师和学生之间的爱和信心更有必要和有价值。所以,贺拉斯·曼在师范学校的培养对象上更加倾向于女性,他认为女性天生温柔,对孩子具有慈爱的情感,而这在教学工作上是非常必要的。贺拉斯·曼在第七份年度报告中描述了普鲁士学校里的师生关系——教师和学生之间和谐、美好的关系。他从来没有看到体罚,从来没有听到尖锐的谴责。在普鲁士,这种师生间美好关系的维系似乎是教师的责任之一,教师通常鼓励学生,表达"好""正确""完全正确"等,或者用缓慢而温和的声音来表达"不"。[①] 在当时的马萨诸塞州,体罚依然很普遍。波士顿调查委员会曾经指出,在一所有400 名学生的公立学校中,教师平均每天鞭打学生 60 次左右。这让贺拉斯·曼十分愤慨,他认为对公立学校进行改革迫在眉睫,不能关爱学生的教师不能称得上是好的教师。

总之,贺拉斯·曼认为要培养的教师就是在专业知识、专业技能和专业情意上都符合标准的高质量教师,这样的教师才是师范学校需要培养的。

① MANN H. Seventh Annual Report[R]. Washington, D. C.: Hugh Virch-Horace Mann Fund of the National Education Association,1843:125. 转引自罗晶晶. 贺拉斯·曼的师范教育思想研究[D]. 上海:上海师范大学,2018:38.

2.课程内容

贺拉斯·曼在马萨诸塞州第一所师范学校对未来教师进行专业培训的课程如下。

①对普通学校教授常见学科：拼写、阅读、写作、语法、地理和算术。

②时间允许的高级研究(古代语言除外)。

③教师的身体、精神和手工发展。

④教授每个常见学科的科学和艺术(即原则和方法)。

⑤学校管理的艺术，即组织一天的工作、奖励、惩罚和纪律。

⑥教学实践和管理模范或实验学校(practice school)。[①]

贺拉斯·曼为早期师范学校设计的课程代表了美国早期教师培训的内容，与实行导生制的中学和文实中学的师资培训班里设置的课程相比，不仅重视教师的学科专业知识，而且对教师的教学方法、管理手段以及教师的身心健康发展都有一定的关注，突破了学科专业的范围。贺拉斯·曼认为训练未来教师不仅要使他们充分地了解将来所要教授的科目知识，还要掌握教学方法，只有这样，教师才能在以后的课堂上有效地传授知识。贺拉斯·曼要求学校委员会仔细审查教师的品格，因为教师的品格对学生有很大的影响。在培养学生的过程中，教师善良的性格和积极的语言是重要的。贺拉斯·曼还强调了理论与实践相结合的重要性，提出每一所师范学校都应该设立附属实验学校，供学生实习，进行教学实践，这也是师资训练的关键内容。在贺拉斯·曼开设的三所师范学校里，师范生还经常讨论这样一些问题，比如，“怎样才能将孩子吸引到学校里来?”“学生需要哪些知识?”“用什么样的方法才能让学生更好地接受知识?”等。

贺拉斯·曼坚持认为，只有用精心设计的课程和训练才能培养出优秀的教师。他曾在《第十二个年度报告》中指出：“教学在所有艺术中是最困难的，在所有科学中也是最深奥的。”[②]

总之，贺拉斯·曼完善了师范教育的课程体系，其为美国第一所州立师范学校设置的课程除了包括丰富的学科知识外，还增加了教育专业课程，包括学习过程、课堂管理、教学方法等。此外，贺拉斯·曼还非常重视实习的作用，重视理论与实践相结合，他为第一所州立师范学校设立了附属实验学校，专供师范生实习，锻炼他们的实际教学能力，为他们正式走上工作岗位做准备。贺拉斯·曼在理论和实践的层面上努力完善师范教育的课程体系，使得师范学校的毕业生，在

① 罗晶晶.贺拉斯·曼的师范教育思想研究[D].上海:上海师范大学,2018:39.

② 赵祥麟.外国教育家评传:第三卷[M].上海:上海教育出版社,2003:391.

知识、能力和情感上都能满足初等教育的需要。

(二)詹姆斯·卡特的教师教育课程思想

詹姆斯·卡特是马萨诸塞州的教育改革家,一生致力于美国师范教育与公立教育事业。在公立学校复兴时期,詹姆斯·卡特被称作“美国师范学校之父”。他作为马萨诸塞州的立法委员,和贺拉斯·曼一起倡导建立和发展公立学校事业。公立学校运动刚刚开始时,詹姆斯·卡特就率先在波士顿的报纸《爱国者》上发表论文,阐述他的师范教育思想,后来这些论文被汇编成《普通教育论文》一书出版,流传很广。

詹姆斯·卡特的教师教育课程思想包括了以下四个方面。

第一,强调未来教师要对将来要教的学科做充分准备。作为州教育改革者,詹姆斯·卡特对当时的师资状况极为不满,并对教师能力差、工作流动性大等现象提出了严厉批评。为此,他强烈倡议举办师范学校,对教师进行专业训练,为普通学校培养教师,并要求州政府把师范学校作为公立学校制度的一个组成部分加以建立和维持。他相信教育水平只有通过培养合格教师才可能得以提高,因而要求教师在师范学校里接受专门教育。

第二,重视教育科学和教学方法方面的课程。詹姆斯·卡特强调,师范学校在训练教师的过程中,“必须创造出一种它自己所特有的学问和科学,这种科学是发展儿童智慧和在儿童不同年龄阶段传授知识的科学”[①]。他认为在教育科学可能取得进展之前,教师必须理解未成年人的心智哲学(mental philosophy),研究人类心理。他还认为,科学教师也应当学习语言哲学。他也提议建立一个教育科学方面的图书馆。

第三,重视教学实习。詹姆斯·卡特强调建立示范学校作为师范学校组成部分的重要意义。[②] 在这种学校里,不同年龄的儿童学习不同学科,未来教师可从中获得实际教学所需要的经验。

第四,重视体育。詹姆斯·卡特认为体育是师范学校课程的重要组成部分,这门学科包括身体各种器官的发展。[③]他认为,关于儿童生理学方面和体操方法

① COHEN S. Education in the United States:A documentary history[M]. New York:Random House,1974:1303.

② GUTEK G L. An historical introduction to American education[M]. New York:Harper & Row Publishers,1970:134.

③ GUTEK G L. An historical introduction to American education[M]. New York:Harper & Row Publishers,1970:134.

的书，应当被添加到师范学校的图书馆中。

总之，詹姆斯·卡特和贺拉斯·曼都认为师范学校不仅要使未来教师很好了解小学学科课程，而且要对师范生进行教育方法的训练，并让他们进行教学实习。[①] 詹姆斯·卡特认为未来教师应通晓要教授的小学学科，学习还没有发展好的教育科学，利用机会去观察他们的教师并在附属实验学校里磨炼自己的教学技巧。事实上，詹姆斯·卡特的教师教育课程思想包含了后来美国师范学校课程的三个典型特征：第一，强调对任教学科的学习；第二，重视教育理论的课程；第三，重视教学实践方面的课程。

(三)史杜威和皮尔斯的教师教育课程思想

19 世纪美国的圣经学者史杜威(Calvin E. Stowe)和马萨诸塞州第一所州立师范学校的校长皮尔斯都对师范学校的课程发表了自己的看法，并在实践中运用他们的教师教育课程理论，引起了人们的重视。

1. 史杜威的师范学校课程思想

史杜威认为，师范生首先应当完全通晓小学学科，然后他们要集中于专业训练。他也建议学习课程应包括教育史、心智哲学、教师的道德教育、教育科学和教学艺术、健康规则和心理发展规律等。[②]

史杜威认为师范学校应至少设置 3 年课程。因此，学生也应当分为 3 个年级。相对于其他专业的学习时间，3 年时间是很短的，因为其他专业学习一般在更成熟的年龄开始，并且其他专业的学生在学习基础课程后才学习专业。总之，3 年时间对掌握教学艺术来说，是不够的。[③] 为了提高师范生的质量，史杜威率先提出延长师范学校课程年限。

史杜威认为师范学校应当设置以下课程。

①公立中小学要教的所有课程。

史杜威把公立中小学的学生(年龄通常在 6～16 岁之间)分成三大组：第一

---

① OGREN C A. The American state normal school:“An instrument of great good”[M]. New York:Palgrave Macmillan,2005:14;LUCAS C J. Teacher education in America:Reform agendas for the 21st century[M]. New York:St. Martin’s Press,1997:19.

② STOWE C E. Common school and teachers seminaries[M]. Boston:Marsh,1839:85, cited in BORROWMAN M L. The liberal and technical in teacher education:A historical survey of American thought[M]. New York:Bureau of Pub,1956:54.

③ BARNARD H. Normal school and other institutions,agencies and means designed for the professional education of teachers[M]. Hartford:Case,Tiffany and Company,1851:104.

组学生年龄在 6～9 岁之间,第二组学生年龄在 9～12 岁之间,第三组学生年龄在 12～16 岁之间。他给每组学生都设计不同的教育话题。实际上,这些话题就是公立中小学的课程。他认为对这些话题的完整教育是公立中小学必不可少的。他建议尽可能对未来教师实施学科课程教学。[①] 不难看出,在师范学校早期,史杜威对师范生学习基础教育所开设的所有学科课程的要求较高。

②心智哲学。

史杜威认为,教师应当知道怎样保持在健康的心智状态,但如果教师忽略心理本性和敏感性,勤奋努力的教师可能会产生不良工作后果,因为教师在一个方向通过明智的努力获得好的东西可能被在另一个方向获得的不好东西所抵消(由于过程出现问题)。史杜威认为,要对好东西的来源进行分类,分析它的特殊本质和原因,分析它应用到教育的目的;也要对错误的东西进行分类,做同样的分析,思考避免它的办法。显然,他认为学习心智哲学很重要。[②]

③教育史。

史杜威认为,教育史包括如下内容:对不同年龄和国家教育制度精确的概括;产生教育制度的环境;教育制度建立的原则;教育制度要达到的目的;教育制度的成功和失败,它们的永久性和变化;影响个人品质和民族特性的程度;教育制度是怎样在创建者的预先计划中产生的;等等。

史杜威认为,为了获得成功,前辈的经验要被看作有价值的、不可缺少的帮助。任何专业忽略它的历史都是错误的。如果律师不知道法律的历史,但能把工作做好,这难道不奇怪吗?在每门学科和艺术里,我们应当认识到它的历史价值。令人奇怪的是,教育史几乎完全被忽略了,很少有人去研究它。人自从成为文明人以来,一直是教育者,多样的公共教育制度被依法采纳和维持。这些公共教育制度已经产生了强有力的和持久的影响。不能忽视前辈们的教育发现和经验,换言之,不能忽略教育史。[③] 不言而喻,史杜威要求师范生重视教育史的学习。

此外,史杜威还认为以下方面的内容将来也应被纳入教师教育课程之中。

---

① BARNARD H. Normal school and other institutions, agencies and means designed for the professional education of teachers[M]. Hartford: Case, Tiffany and Company, 1851: 104.

② BARNARD H. Normal school and other institutions, agencies and means designed for the professional education of teachers[M]. Hartford: Case, Tiffany and Company, 1851: 107-110.

③ BARNARD H. Normal school and other institutions, agencies and means designed for the professional education of teachers [M]. Hartford: Case, Tiffany and Company, 1851: 111-113.

①关于教育科学和教学艺术。

史杜威认为，科学是一种哲学分类，是对所有可观察到的事实的整理和对这些事实的调查。教育科学的事实，和其他任何科学的事实一样丰富和有趣。未来的教师应当熟悉这些事实，对它们进行分类和整理，并找出规律。混淆教育与传授是错误的，因为把教育理解成传授只是理解了教育普通意义的一小部分，教育还包括所有无关联的影响，这些影响结合在一起形成智力和道德品质。可是，传授只是把知识直接从一个人传达给另一个人。因此，他认为师范生应当学习教育科学方面的知识。另外，史杜威认为，教学艺术不是科学，因为它不可能只通过学习教育理论获得，而必须通过实践。师范学校是师范生可以依靠实践获得教学艺术的地方。但是，像其他艺术一样，教学艺术也依靠科学原理。一方面，理论教育将主要限制在发展教学艺术和建立原则上。另一方面，教学艺术只有在理论与实践紧密结合中才能掌握。显然，史杜威既主张师范生不仅要学习教育科学方面的知识，而且要求他们将教育理论与实践结合起来学习教学艺术。

②关于健康规则和心理发展规律。

史杜威认为，身体护理和心理培育一样重要。因为从一般事实来说，没有好身体，大脑就不能正常工作，青年受教育时期是健康成长的最关键时期。学习过程中的刺激和诱惑对身体发展的影响极大，因而教师应当理解健康规则和心理发展的规律。除非教师投入学习，否则他是不可能理解这些规则和规律的，而这些规则和规律是教师必备的知识。正如使学生心理不受伤害且保持健康状态是教师的一项神圣职责一样，照护好学生的身体同样重要，使学生身体与心理同样受到保护和同步发展。可是，一个人如果不学习有关知识，他怎么知道如何去做呢？显然，在师范学校早期，史杜威重视师范生关于健康规则和心理发展规律相关知识的学习，这是具有前瞻性的。

③关于未来教师的道德教育。

史杜威认为，教师职责缺乏宗教牧师职责的神圣性，教师要认识到他们的职业不是获利的职业或者致富的事业，不是致富的动机使人们从事教师这一项职业，而是有更高的动机，即对做善事的热爱、对小孩的特殊的爱。如果教师没有仁爱心和对小孩缺乏爱，那将是很可怕的事情。史杜威认为，对于教师来说，其他品质——自控、纯洁的心灵、品德——的提升也是不可缺少的。显然，他重视提高师范生的道德教育。重视教师的道德教育在当今仍具有重要意义，因为师德教育就是教师的灵魂教育，教师离不开它。

2. 皮尔斯的教师教育课程思想

1841 年，美国第一所州立师范学校——莱克星顿学校的第一任校长皮尔斯指出，他的学校主要从事普通课程的教学（初等学校所设学科的教学）和教学方法的传播(主要指他自己的教学经验)。① 他强调除了学习小学学科之外,还应特别学习自然史、心智哲学、道德哲学、生理学、代数、簿记和几何。

皮尔斯是"学科内容专业化处理"的早期代表实践者。他有两个指导原则:一是学术学科、教学艺术和教学实习的教学应当混合进行;二是"教学艺术必须获得最重要的关注。无论如何,它的作用是独特的,它不应当从属于和并行于其他任何学科。"②

总之,史杜威和皮尔斯赞成合理的、广泛的普通教育科目、心智哲学和教学艺术的学习和实践。他们坚持所有学习科目都应当从专业的角度组织和交叉在一起。在实践中,史杜威、皮尔斯教师教育课程的理论在19世纪早期占主导地位。③

(四)费尔普斯的教师教育课程思想

美国新泽西州首府特伦顿州立师范学校的第一任校长费尔普斯(William F. Phelps)认为:①自由政府完全依靠广泛传播的智力和品德;②这些品德和智力只能通过公立学校获得;③公立学校的效率依靠训练良好的教师;④教师适合承担培养服务国家的公民的职责。他指出:"当这些不证自明的事实逐渐被理解和认识,师范学校将会与人们的需求共同扩增并与政府的权力、尊严和重要性相结合。"④显然,费尔普斯高度重视师范学校的作用,其教师教育课程思想主要包含以下几个方面。

第一,费尔普斯提出了制定师范学校课程的指导思想。费尔普斯在1859年用下述话表达了师范学校应当是什么和做什么的观点:"美国师范学校的伟大目的是强化对美国制度的认同。也就是说,这种制度将与美国人的性格和天赋相协调。师范学校必须训练一些信徒,这些信徒将去宣传美国理想和在学校日常生活中实施它。师范学校应当是这样的机构:在此机构里每一种练习和每一种

① BORROWMAN M L. Teacher education in America: A documentary history[M]. New York: Teachers College Press, 1966: 54.

② BORROWMAN M L. The liberal and technical in teacher education: A historical survey of American thought[M]. New York: Bureau of Pub, 1956: 54.

③ BORROWMAN M L. The liberal and technical in teacher education: A historical survey of American thought[M]. New York: Bureau of Pub, 1956: 55.

④ PHELPS W F. Relations of normal school to society: Second annual report of the New Jersey State Normal School[R]//BORROWMAN M L. The liberal and technical in teacher education: A historical survey of American thought. New York: Bureau of Pub, 1956: 59.

影响应当具有塑造最好教师的特点；教师的工作就是培养人；人能够理解他们崇高的使命是什么，人有能力在生活的剧院里应当扮演什么角色。”[①]从上述讲话中可知，费尔普斯制定师范学校课程的指导思想如下：①制定师范学校的课程时必须密切联系人民的需求，并用完全理解美国民主生活的意思和特点来设计课程及其方法；②师范学校课程必须重视培养未来教师为完成教其他人理解和欣赏人类居住世界的复杂性的伟大任务而做出更加充足的准备的思想和能力；③师范学校课程必须重视教师的道德品质培养。

第二，费尔普斯提出了师范学校课程的具体内容。他建议师范学校课程应包含许多通常在学院和中学教授的所谓的“高级学科”，这些课程包括代数、几何、自然科学（化学、地质学及物理）和道德哲学。费尔普斯建议把普通教育课程内容限制为拼写和单词分析、阅读和朗诵法、算术、地理、绘画和音乐。他谴责师范学校较低的学术标准，但陈述了师范学校课程的一个主要前提：“所谓的小学学科的完整的和科学的知识对于良好学术是绝对必要的。当这些学科被适当使用时，它们有助于养成注意、秩序和方法的习惯。这将推动学生的未来进步”。[②]

第三，费尔普斯强调教育实践课。他说：“我把示范学校看作师范学校的组成部分。我认为没有示范学校，师范学校是不完整的。”[③]显然，费尔普斯很重视教师教育的实践。

总之，费尔普斯尽管提出了师范学校课程应包括学院和中学教授的所谓的“高级学科”，可他不主张师范学校让学生接受必要的小学学科以外的通识教育。他重视未来教师的公民道德培养和教育学实践课。

四、教师资格制度的初建及其对教师教育课程设置的影响

教师资格制度，又称教师资格证书制度，它是在一定的历史条件下，国家对从事教师职业、专业或教育教学活动的人所应具备的条件或身份的一种强制性的规定，是国家对教师实行的法定的职业许可制度，是国家对专门从事教育教学

① HARPER C A. A century of public teacher education[M]. Washington, D. C. : American Association of Teacher College, National Education Association, 1939: 63-64.

② HARPER C A. A century of public teacher education[M]. Washington, D. C. : American Association of Teacher College, National Education Association, 1939: 64.

③ HARPER C A. A century of public teacher education[M]. Washington, D. C. : American Association of Teacher College, National Education Association, 1939: 65.

工作人员的最基本要求,是公民获取教师岗位的法定前提。[①]

教师教育制度是指在一定的社会历史条件下,国家对教师培养和培训体系、结构模式的基本规定,主要是对教师教育的内涵、性质、功能、结构,教师教育的基本内容、课程、考核,教师教育的模式、过程,教师教育的机构等的规定。

教师资格证书制度与教师教育制度之间存在着密切的关系。一方面,教师资格证书制度制约着教师教育制度。教师资格作为从事教师职业的准入条件和标准决定着教师教育的内容、过程、方式、考核等,对教师教育具有导向和制约作用。另一方面,教师教育制度的发展也促进教师资格证书制度的发展。随着教师教育的发展,教师专业化水准的不断提高,教师资格的要求也会相应提高或变化。

总之,教师资格证书制度,是对教师职业发展的监督和保障,是对教师入职条件进行严格的审查,是确保教学质量的重要手段。这一制度又是教师教育发展的指示器,它反映出教师职业的实际需求,在一定程度上规范着教师教育发展的方向和水平。反过来,教师资格证书制度又紧密依附于教师教育和教师职业的发展。

(一)美国教师资格证书制度的萌芽时期

美国独立之前,在这片土地上生活的主要是印第安人与欧洲移民。而欧洲移民的文化与教育也不过是移植各自的宗主国的有关做法,在教师资格与任用方面也是如此。

美国教师资格证书制度由来已久,早在殖民地时期即已萌芽。在美国的殖民地时期,由于当时学校主要由教会管理,因此,教师资格的审定主要由地方社区的牧师负责。殖民地时期早期,通常由一个或多个牧师来决定谁具有教学资格,这种评判标准主要以"良好的道德"为基础。尽管当时对教师的从业资格要求很低,但在美国教育史上,除了罗得岛州和马里兰州外,几乎所有殖民地区都要求教师必须有正统教派的宗教信仰、品行端正且遵守政府的法令规定。在之后的几个世纪中,这种情况虽然有所改观,但宗教信仰仍是教师资格审定首要的考虑因素。1654年,马萨诸塞州最高法院曾指出:"慎重起见,不允许思想不端正、具有社会公害性和有悖于基督教的人在大学或学校从事教育工作。"[②]

① 王宪平,唐玉光.教师资格制度与教师教育制度关系研究[J].教师教育研究,2004(5):22.

② LUCAS C J. Teacher education in America:Reform agendas for the 21st century[M]. New York:St. Martin's Press,1997:7.

美国独立战争前，英国移民分别在美国北部、南部和中部实行殖民统治。由于当时生产力低下，经济落后，教学内容极为有限，主要要求学生掌握一些简单的读、写、算知识以满足阅读宗教书籍的需要。在这种情况下，教师很少接受专业训练，如当时的妇女学校就是一些稍能读写的家务妇女向家长收取学费，聚集少数年幼的儿童在家中厨房里开展教学，故亦称"厨学"，教的是字母、计算、祈祷和教义问答，并选读《圣经》的一些句子。[①]"教师熟悉所教学科"就能被认为已经具备了教学资格。教师的教学技能也很欠缺，"只需具有管理厨房的技能并且擅长使用大羽毛笔"[②]。当时教师的选择与任用，也无严格的标准和程序，主要由政府官员、城镇或学校的领导以及地方公务员决定。1749 年，科学家富兰克林提出了《宾夕法尼亚青年教育的建议》，倡议建立面向实际的新型中等学校，并于 1751 年在费城开办了美国第一所文实中学，该中学的主要职责之一就是对少数人进行师资训练，"使穷苦人将有资格担任学校教师，教儿童读、写、算及国语语法"。[③] 学校将经过训练的人员推荐给本地各所学校担任教职。虽然地方政府开始对从业教师提出了有关道德和宗教方面之外的素质方面的一些要求，但由于当时的师资训练尚未形成系统的教育体系，因此尚未形成严格规范的资格要求。

独立战争后，美国的教育开始得到发展。在整个 18 世纪，聘用和解雇教师的权力转移到了当地市政官员的手里。他们负责学校的建立和监管，并通过税收和适当收取学费为学校筹措经费。18 世纪中期，当地行政委员会具有雇用教师的权力，教师有时在当地居民大会上公开选举产生，更多由学校的校务委员会聘任。这种做法尽管存在明显的缺陷，但一直持续到 19 世纪初。教师资格的认定是随意的，或者根本无须认定，许多人得到教师的工作是通过家庭关系或者因为没有竞争对手。在美国建国初的 50 年中，教师工资的提高以及工作条件的改善极为有限。尽管在 19 世纪二三十年代，教师工资略有增长，但还是低于技工、铁匠、砖匠、清洁工等体力劳动者的平均工资。正如美国教育家塞缪尔·霍尔在 1829 年所做的评论那样，社会对教师的尊重并不比"体力劳动者"多，教师的学术资格也没有受到应有的重视。[④]

---

① 刘新科. 国外教育发展史纲[M]. 北京：中国社会科学出版社，2002：223.

② LUCAS C J. Teacher education in American: Reform agendas for the 21st century [M]. New York: ST, Martin's Press, 1997: 6.

③ LUCAS C J. Teacher education in American: Reform agendas for the 21st century [M]. New York: ST, Martin's Press, 1997: 6.

④ HALL S R. Lectures on school keeping[M]. Boston: Richardson. Lord & Holbrook, 1829: 16.

从19世纪30年代末开始,一些城镇开始试行通过自行设计的笔试来选拔教师,以确保从教人员能够胜任未来的教学工作。尽管如此,教师的素质仍不尽如人意。正如佛蒙特州的一位督导所言:“在本州的一些较大的城镇,教师竟然常常流连于酒馆,以至于有时酒后无法正常进行教学,更有甚者酒后出席学校的某些仪式。”[①]阿默斯特学院院长汉弗莱(Heman Humphrey)在19世纪早期的讲话中也多次提及:“没有好的教师,就不可能有好的学校。许多自愿从教的人员在诸多方面,如拼写、阅读、书法、地理及语法等都有欠缺。如果能够找到胜任的教师,现在的大部分教师都将被解雇,并且建议他们去做家务或农活。”[②]

(二)早期教师资格证书制度的诞生

19世纪以前,为了让孩子们接受教育,家长们总是希望将他们交给那些具有良好品德且十分优秀的人,所以只重视政治与宗教的条件,而忽视教师是否掌握所教授学科的知识,也没有考虑教师的技能、教学艺术和教学经验是否会影响教师作用的发挥。但进入19世纪后,当审查和核准教师资格证的权力从牧师转到当地的官员手里后,这种情况有了较大的改变。

殖民地时期,尽管政府对从业教师提出了一定的要求,但教师的任免完全掌握在审查人员及学校董事会成员的手中。此外,想从教的人还必须得到当地一个或多个牧师的同意。美国独立战争后,为了确保公立学校的教育质量,充分发挥教师资格证书在教师管理中的作用,美国现代意义上的教师资格证书以1825年俄亥俄州立法部门颁布的第一个教师资格证书法令为标志。[③] 它规定了教师的入职标准、资格审查及证书的颁发等,从而建立了美国最早的教师资格证书制度。它对规范教师的任用标准、加强教师职业专业化有着重要的意义,同时也标志着政府对教师职业进行规范化管理的开始。

具体说来,在拓荒岁月以及战争时期,民不聊生,地方经济困顿,教师素质低下,充当中小学教师者多是些酗酒、无赖之徒,他们被雇为教师是因为“价廉”,而他们之所以当教师是因为没有其他行业任用他们。那时根本不存在教师执照或证书之类的东西。即使是在和平年代,课堂里的教师仍有许多是“骗子”,他们滥竽充数。随着时间的推移,各殖民地依据各自的自然和社会条件,渐渐地发展起

---

① ELSBREE W S. The American teacher: Evolution of a profession in a democracy[M]. New York: American Book Company, 1939: 179.

② HARPER C A. A century of public teacher education[M]. Washington, D. C.: American Association of Teacher College, National Education Association, 1939: 13.

③ 郭志明.美国教师专业规范历史研究[M].北京:中国社会科学出版社,2004:24.

了教育，并渐渐地意识到教育在移民工作中的重要性，所以各自依照其宗主国的传统，发放一些教师执照。各地发放教师执照或资格证书的目的在于保护儿童，使其免受不合格教员的影响。美国独立之后，各地发放的教师资格证书不同且未建立起证书在不同地区的互认，从而影响公立学校的正常运作。为了充分发挥教师执照或证书在教师管理中的积极效应，就必须发放有一定的统一性的证书，这样，1825 年，教师资格证书制度在美国诞生了。①

1825 年，县教育行政部门独掌管理权，俄亥俄州中等民事法庭被授权在各县任命 3 个普通学校教师考试官员。这三个考官的职责是考核教师并发放教师资格证书。1845 年，佛蒙特州仿效此法，在各县任命一个县督学，其主要职责包括两个方面：第一，考核待聘者；第二，在各县发放有效期为一年的教师资格证书。至 1860 年，美国已普遍建立起了这种县府管理机构，并且成立了考试委员会。② 至 1880 年，这已经成为一个传统。其官员多是些有经验的教师或管理者，需持有不低于文法学校水平的资格证书。他们承担了很多原先由地方城镇当局掌管的教育方面的职责，其中最早和最重要的职责是设计和组织教师考试并发放资格证书。

县府管理的教师资格证书制度基本上继承了殖民地时期某些地方的一些做法。在聘用教师时有政治和宗教方面的要求，这些是国家刚刚独立时的必然要求。选择教师和确定教师宗教之外的资格标准的权力都掌握在招聘委员会和法律指定的考试官员手中。教师的选择程序也在法律中做了规定。一般来说，选择程序涉及三方面的要求：管理学校的能力、道德品质和教书的能力。③

管理学校的能力是主要要求，但对其的判断主要依据待聘者的外表和年龄，对于原已任教的人来说，还须有他先前聘用单位的一些推荐信。而道德品质的判断则依据其老师或一些著名人士或原来聘用单位的推荐信。教书的能力是通过考核来鉴定的。尽管各县的考试在范围和细节上都存在着很大的差异，但总的说来，它们都涉及基础教育的一些学科领域。

早在 1847 年，偶尔也涉及一些教育理论方面的内容。1847 年，哥伦比亚州、俄亥俄州各县的教师考试试卷中有 50 道题，涉及一般学科、政府、文法、阅读、注音法、书法、算术、地理、名词解释和教学理论知识。④

---

① 陈振华.美国教师资格证书制度透视[J].高等师范教育研究,1996(2):75.

② 郇雨刚.美国教师资格证书制度的历史考察[J].内蒙古师范大学学报(教育科学版),2006(3):22.

③ 陈振华.美国教师资格证书制度透视[J].高等师范教育研究,1996(2):76.

④ 陈振华.美国教师资格证书制度透视[J].高等师范教育研究,1996(2):75.

南北战争之后,州教育行政部门掌握管理权,开始建立州教育管理机构,同时出现了教师资格证书制度的州集权管理趋势。州教育管理机构掌管教师资格证书有利于提高教师资格证书的效度,消除有资格的教师在州内自由调动的所有不必要的障碍。到 19 世纪末,发放教师资格证书的政府机构有两个级别:其一,州级,即州督学、州考试委员会、州师范委员会、大学评议会;其二,县级,即县督学、县考试委员会。但是至 1903 年,在许多地方,州教师资格证书制度已经取代了县府管理的教师资格证书制度。州考试委员会制定考试试卷,并定期委托县督学去组织考试,然后,县督学把考生答卷上交给州考试委员进行判阅。县督学只是州教育管理机构的一个代理人,有时代理州督学发放资格证书。州教育管理机构发放的所有证书在全州范围内有效。州教育管理机构控制了教师资格证书制度,同时又控制着教师培训,甚至掌握着地方教师的任用权。①

州教育管理机构掌管教师资格认证后,随着时代的发展、社会要求以及中小学课程内容的不断变化、教师专业组织的不断影响等,教师资格标准在不断变化中日益提高。

美国的教师资格标准因州而异,但一般情况下都包括以下几项:年龄、健康状况、美国公民资格、忠于州和联邦政府、学历、相应的专业训练。许多州对新教师要求有其母校的推荐信,对有教学经历的教师则要求有其原来任教学校的推荐信。

(三)美国教师资格证书制度对教师教育课程的影响

州是美国宪法所赋予的教育管理的法定主体,其下属县市的教学许可实际上来源于州的授权。从 19 世纪 20 年代开始,州开始回收这种权力,力图使州而不是县市控制教师入职,以履行保护社会公众利益之责。州政府机关通过法律授权对教师资格证授予实施控制来影响职前教师教育课程。

1825 年,俄亥俄州第一个教师证书法令由州立法部门颁布生效,标准由州教育部门制定,教师资格的审查和证书的颁发由地方政府来执行。法令详细规定了教师资格审查员的任命、任期及职责问题,对教师入职的具体要求体现在地方证书里。

19 世纪前半期,俄亥俄州没有出现对教师进行系统培训的教师机构,所以通过考试来考察教师的资格就成为当时控制教师质量的重要手段,它主要审查教师是否具有基本的品质、是否接受过短期培训或能否通过一定的考试。俄亥

① 邬雨刚.美国教师资格证书制度的历史考察[J].内蒙古师范大学学报(教育科学版),2006(3):22.

俄州1825年颁发的第一个教师证书法令的第11部分和第12部分分别规定:每个县每年指定三个合适人选为免费公立小学审查团,服务期为1年,他们的职责是审查每个教师职位申请人,如合格就发给他们有效的证书。无证者不得在任何乡村学校执教,不得领取法定的工资和福利。1825年地方证书规定:1年或3年期限的小学教师证书申请者和特殊教师证书申请者,在通过考试的基础上,还要有30小时的培训,其中包括15小时的教学工作。[①] 这是美国最早的教师资格证书的要求,它只规定了教师在普通知识和教学实践方面应该达到的要求和得到的培训,这些规定标志着对教师进行专业规范的开始。

俄亥俄州1831年教师证书法令开始规定教师达标的具体课程要求,即必须在读、写、算方面合格,并规定有效期为1年。[②] 证书规定教师达标的学科范围,这一点在1838年的教师证书法令中得到进一步强调,并一直保持到20世纪30年代,成为美国教师资格证书制度的一条基本原则,为后来"专业证书"的出现奠定了基础。

俄亥俄州推出的教师资格证书制度影响很大,其他州纷纷效仿并提出各自不同的要求。1845年,佛蒙特州建议以书面的形式考核教师;同年,缅因州也采取了同样的方式。缅因州教育委员会秘书在1848年的年度报告中指出:通过书面考试回答问题的方式在该州的许多镇已被采用,并在新英格兰地区普遍盛行。当时普遍的做法是州确定一般要求和最低标准,具体规定则由地方来制定。这样,各州之间、各地方之间对教师质量的要求差异很大,标准不一。教师考试制度规定教师职位申请人必须通过相关考试,在普通知识和教学实践方面达到相应的要求并接受培训,才能获得证书。19世纪中叶以后,对教师的要求有了新的变化。尽管各县的考试在范围和细节上有很大差异,但都涉及基础教育的一些学科领域,1847年偶尔也涉及一些教育理论方面的内容。教师资格证书考试对教育教学问题进行测试,表明其对教师工作专业特点的关注,意味着对19世纪早期教师教育课程中教学法课程的拓展。

到19世纪中期,美国大多数州要求教师通过地方组织的考试才能获得州教师资格认证证书。许多州还对教师资格考试的学科内容做了具体的规定,除读、写、算技能外,一般涉及基础教育领域的学科科目,如美国史、地理等,有的也涉及普通教育和教学理论方面的知识内容。[③]

总之,在美国教师教育发轫时期,一些州颁布教师资格证书法令,要求教师

① 郭志明.美国教师专业规范历史研究[M].北京:中国社会科学出版社,2004:25.

② 郭志明.美国教师专业规范历史研究[M].北京:中国社会科学出版社,2004:26.

③ 洪明.美国教师质量保障体系历史演进研究[D].福州:福建师范大学,2008:75.

通过资格考试才能从教。教师资格证书法令或规定开始逐步确定合格教师的课程要求。不言而喻,这对教师培养机构的课程具有指导作用。

五、"技术性"取向的教师教育课程设置

在教师教育发轫时期,随着19世纪美国公立学校运动的开展和初等义务教育的普及,学校对教师的需求量激增,教师开始摆脱兼职身份,成为一个独立的职业。在这个时期的早期,教师教育课程主要限于任教学科的范围,比如,拼字法、阅读、作文、语法、修辞、逻辑等。教育类课程只有心智哲学和教学科学与艺术两门。19世纪中期,教师资格考试开始增加与教育教学问题相关的试题。在它的影响下,教师教育课程也开始涉及这些问题。在这些问题中,与教育、教学问题及学校、课堂管理有关的部分占有不小的比例。教师教育教学内容上的这一变化,与教师资格考试中增加教育学问题是一致的,它标志着19世纪中期以来,教师培训不再局限于所教学科的内容,体现了人们对教师工作专业特点的认识在加深。

(一)"技术性"取向教师教育课程设置概况

在美国独立战争结束后最初的几十年里,美国师资状况与殖民地时期并无多大区别,文实中学、教师学校和私立学院是最主要的教师培训机构,同时教师教育也在几个实行导生制的学校中进行。在公立学校运动初期,而师范学校未出现时,文实中学被广泛用来培养小学教师。它主要提供文理学科教学,而不提供专业教学,没有见习和实习。它的教师教育项目以学术传统——教师只要理解任教学科内容就能教学——为基础,也有少数建立了师范学部并提供了教学方法课程。文实中学在美国内战爆发前数目最多,内战后逐渐融进扩展的中学和文理学院,中学和文理学院的教师教育项目逐渐被师范学校和大学的教育学院取代。①

19世纪20年代,由于各州纷纷通过立法确立了学校制度,公立学校运动在美国蓬勃发展。随着公立学校的普遍开设,文实中学不能满足对合格教师的要求,创办新的教师教育机构成为当务之急。在欧洲师范教育思想的影响以及美国教育家的努力之下,美国的师范学校终于诞生了。

① U. S. Office of Education. National survey of the education of teachers[R]. Washington,D. C. :U. S. Government Printing Office,1933;ELSBREE W S. The American teacher:Evolution of a profession in a democracy[M]. New York:American Book Company,1939:146.

第一所专门培养教师的机构是塞缪尔·霍尔于1823年在佛蒙特州康科德市创办的第一所私立师范学校。它不同于同时期的文实中学，因为它设置了一些"教学艺术"课程和限制招生人数来专门培养具有良好教学技能的小学教师。[①] 这所专门的教师教育机构给未来教师提供时长3年的课程，让师范生冬季在农村小学获得教学实践。[②] 后来其他地方也纷纷效仿，创办类似机构。

1839年7月，美国第一所州立师范学校在马萨诸塞州建立。1839—1840年，马萨诸塞州教育部门通过法律的形式规定了第一批师范学校的课程，这些课程代表了19世纪早期教师培训的内容。这些内容主要限于小学学科的范围，如拼字法、阅读、作文、语法、修辞、逻辑、记账、宪法、州和美国的历史等。在总共26门课程中，教育类课程只有心智哲学和教学科学及艺术两门。[③] 最早州立师范学校的学习时间是一年，而且附设一所实验学校供学生在校长指导下开展实习。在附设的实验学校里，"学生学到的教学科学知识被应用，使教学艺术从科学中产生而不是从经验中产生。"[④]

19世纪中期，教师资格考试开始增加与教育教学相关问题，例如，"你读过哪些有关教学方面的书籍？""你订阅了什么样的教育报刊？"[⑤]在此影响下，师范学校的课程内容也开始涉及这些问题。1850年，康涅狄格州立师范学校的课程设置比较集中地反映了19世纪中期美国教师培训的内容。在初、中、高三个班级总共开设的39门课程中，教育类课程仍然只有心智哲学，但为指导师范生学习，该校教师将相关学科的一些内容以问题的形式列举出来，供师范生参考。在这些问题中，与教育、教学问题及学校、课堂管理有关的部分占有不小的比例。诸如，"当学生犯错误时，你是如何惩罚他们的？身体上的惩罚，限制其行为，延迟其放学，不许他上课，惩罚他做作业，或者是其他方法？""你是否注意为避免学

① ELSBREE W S. The American teacher: Evolution of a profession in a democracy[M]. New York: American Book Company, 1939: 146.

② KNIGHT E W. The story of the training of teachers[J]. The High School Journal, 1927, 10(6): 164.

③ HILLESHEIM J W, MERRILL G D. Theory and practice in the history of American education: A book of readings[M]. Washington, D.C.: University Press of American Inc., 1980: 308.

④ KNIGHT E W. The story of the training of teachers[J]. The High School Journal, 1927, 10(6): 167.

⑤ 张维仪. 教师教育：改革与发展热点问题透视[M]. 南京：南京师范大学出版社，2000：97.

生精神上受挫,经常表扬鼓励学生?"[①]在总共 214 个问题中,有 73 个与教育、教学及管理有关,占到总数的 34%。可见,这一时期对教育教学问题的关注度比以前提高了。师范学校教学内容上的这一变化,与资格考试中增加教育学问题一致。

总之,除了学习任教学科内容,早期教师教育机构主要关注教学技巧和方法,其主要目的是为教师职业做准备。因此,这个时期的教师教育课程可以被称作"技术性"取向的课程,这也标志着教学专业传统的开端。当时,几乎所有的教师教育机构的教学内容包含学校管理教育、教学原理课程、复习小学科目、如何观察和教学实习。[②]

(二)康涅狄格州立师范学校教师教育课程设置

1850 年,康涅狄格州建立该州第一所师范学校,其教师教育课程设置可代表 19 世纪中期美国师范学校的课程设置情况。[③] 同年,亨利·巴纳德为该所州立师范学校制定了一个明确的课程计划,该课程计划与早期的师范学校课程计划已有较大的区别。

1. 师范学校学生的入学条件

康涅狄格州于 1850 年开办的第一所师范学校,学习纽约州限制人数,以及马萨诸塞州规定申请者的个人品德、年龄、学科成绩、合格后的教学誓约等做法,确定学校的目标;用最好的教学方法和管理方法培养教师,使他们具有一定能力;规定接纳的学生不得超过 220 人,且学生应符合两个条件。其一,未来免费公立学校的教师要在年龄、品德、才能和学业成就方面(通过相应考试)达标;其二,申请者应向检查员递交书面申请,并表明自己的教学意向。[④]

2. 师范学校学生学习时间

每年分为两个学期——夏学期和冬学期,每个学期开课两次。冬学期第一次开课时间为每年 12 月的第一个星期三,持续上课 14 周。冬学期第二次开课时间为每年 3 月的第三个星期三,持续上课 6 周。夏学期第一次开课时间为每年 5 月的第三个星期三,持续上课 12 周。夏学期第二次开课时间为每年 8 月的

---

① 郭志明. 美国教师教育课程变迁与教师专业化[J]. 教育科学,2004(5):1-2.

② HARPER C A. A century of public teacher education[M]. Washington,D. C. :American Association of Teacher College,National Education Association,1939:46-47;ELSBREE W S. The American teacher[M]. New York:American Book Company,1939:146.

③ 郭志明. 美国教师专业规范历史研究[M]. 北京:中国社会科学出版社,2004:46.

④ 郭志明. 美国教师专业规范历史研究[M]. 北京:中国社会科学出版社,2004:42.

第三个星期三，持续上课 6 周。师范学校的文凭将颁发给那些在规定的时间内完成课程学习和实习，同时被学校董事会认为已经准备好做教学工作的学生。每个学生的学习时间因其年龄、成绩、道德品质、教学技巧的展示和管理能力等方面的差异而有所不同。①

3. 师范学校课程设置

学习的课程：①公立小学课程，要求完整复习；②公立中学课程；③教学的艺术及其模式，这种类型课程包括教育的历史和进步、教学和训练的哲学、基于青少年心理特点的知识、通常在公立小学环境里应用的原则。

学生被分为初级班、中级班和高级班三个班。所有新生开始都被编进初级班学习，直到他们掌握小学课程。中级班的学生主要学习中学通常教授的课程。高级班的学生包括那些已熟悉小学和中学课程的学生或者已经在教学中很成功的学生。学校所有的课程都要与中小学教授内容紧密结合。② 教学的艺术和管理学校的实习在几所示范学校进行。

初级班的课程主要有阅读、拼字法、语言分析、地理和地图绘制、英语语法和作文、算术、口语和写作、美国历史、铅笔和蜡笔绘画、声乐和演说。

中级班的课程主要有修辞阅读、语言构成分析、语法和作家的文体、语音和词源分析拼字法、英语语法、写作和演说、代数、算术复习、生理学和卫生学、植物学、自然哲学、天文学、绘画和声乐。

高级的课程主要有修辞阅读、拼字法、评论、语音和词源分析、写作和演说、逻辑、心智哲学和修辞学、宗教和自然神学、几何和三角、化学、自然地理和气象学、《失乐园》的修辞分析、绘画和声乐。③

初、中、高三个班级总共开设 29 门课程，总体上体现了 19 世纪中期师范学校在教师培训中以任教学科为主的特点，教育专业课只有心智哲学，未开设教育学和教学法相关的课程。

另外，学生须在示范学校进行教学实习，大致有三分之一的学习时间在教学实习中度过，这被认为是教师培养方案中最为基本的一个环节和步骤，是实习的

① BARNARD H. Normal school and other institutions, agencies and means designed for the professional education of teachers[M]. Hartford: Case, Tiffany and Company, 1851: 48.

② BARNARD H. Normal school and other institutions, agencies and means designed for the professional education of teachers[M]. Hartford: Case, Tiffany and Company, 1851: 48.

③ 郭志明. 美国教师专业规范历史研究[M]. 北京：中国社会科学出版社，2004：47.

重点。[①]

总之,康涅狄格州立师范学校教师教育课程体现了以任教学科为主的特点,同时为学生开设了普通中学的学术课程和其他职业课程。

(三)马萨诸塞州教师教育课程设置

1. 师范学校的入学条件

马萨诸塞州立师范学校作为美国最早的师范学校,它对学生的入学要求在当时具有代表性。1839 年,州教育委员会为首批师范学校制定了以下入学标准:

作为入学的先决条件,候选人必须宣誓表明自己接受师范学校培养后愿意当学校教师。如果学生属于本州的人,并且愿意在本州当教师,那么学费是免费的;否则,要收取学费,学费与附近好的文实中学的学费一样。如果学生在州立师范学校完成一年学习之后即从事教师工作,但离开本州或在私立学校或文实中学当教师,这种情况被看作违背誓言,要追缴学费。

男生必须年满 17 岁,女生必须年满 16 岁。他们必须身体健康,没有不适合从事教师工作的任何疾病。他们必须参加考试来证明自己精通拼字法、阅读、写作、英语、地理、语法和算术。他们必须证明自己有良好的智力和道德品质。入学考试在每学期开始举行,每年分三学期[②]。

2. 师范学校学生学习时间

1839 年,马萨诸塞州教育委员会也为首批师范学校制定学习时间。在西纽镇和布里奇沃特的师范学校,学生学习时间最少是一年,且必须是连续的三个学期(每年三个学期)。

3. 法律规定的师范学校课程设置

1839—1840 年,马萨诸塞州教育部门通过法律的形式,规定了第一批师范学校课程。州立师范学校首先要学习的课程是法律规定的将来要教的公立小学学科课程,这些课程包括拼字法、阅读、写作、英语、语法、地理和算术。当师范生学完这些课程后,需进一步学习较高级的课程:①拼字法、阅读、语法、作文、修辞和逻辑;②写作和绘画;③算术、代数、几何、簿记、航海、测量;④地理、统计和心

① HARPER C A. A century of public teacher education[M]. Washington, D. C.: American Association of Teacher College, National Education Association, 1939: 56-57.

② BARNARD H. Normal school and other institutions, agencies and means designed for the professional education of teachers[M]. Hartford: Case, Tiffany and Company, 1851: 56-57.

智史；⑤人的生理学和卫生学或健康规律；⑥心智哲学和音乐；⑦马萨诸塞州和美国的宪法及历史；⑧自然哲学、天文学和自然史；⑨虔诚和道德原则（基督教的普遍要求）；⑩有关上面提到的所有学科的教学艺术和科学。另外，还包括宗教学习，如所有师范学校每天都要读圣经。

相关法律还规定，每所师范学校都要有一所附属实验或示范学校供学生实习，示范学校由师范学校的校长控制。师范学校的学生在示范学校里帮助教学，并应用学到的教育科学知识。师范学校的校长每天视察示范学校，观察学生是否有在实践中应用所学的教学原则。有时，他也会和自己的学生一起去听示范学校教师的课，然后回到师范学校讨论，通过讨论发现优点和缺点，把理论与实践联系在一起，使学生提高理论水平。

4.州教育委员会对师范学校的课程的规定

1849年12月，州教育委员会对师范学校的课程设置等做出如下规定：

①师范学校只能在学期开始时接纳新生。

②在学期开学第一天举行师范生候选人入学考试，师范学校董事会的秘书和一位成员必须到场。

③每个师范学校董事会规定新生入学的两个阶段。

④西纽镇师范学校的候选人必须许诺要在学校连续学习四个学期。其他两个师范学校的候选人则是连续三个学期。

⑤师范学校校长在每个学期结束时，要向师范学校董事会汇报学校教学情况。如果他们发现有些学生不愿意做教师，就将这些学生除名。

⑥师范学校的学习课程将从复习小学课程开始。这些课程是阅读、写作、拼字法、算术、地理和生理学。

⑦师范学校学生将完整复习小学课程，学习小学课程扩展的学科或与它并行的学科，以及教学的艺术及其模式。

⑧高级课程将被平等地分为三大块：第一块包括代数、地质学、簿记、测量；第二块包括自然哲学，天文学，道德和心智哲学，自然史（尤其是本国的），关于大气、水和动植物生长的化学；第三块包括在结构和历史方面对英语语言批评研究和英语语言历史概论的文学，美国史，古代和中世纪的历史地理。

⑨"教学艺术及其模式"包括有关教学和训练的哲学教育，艺术进步的历史，艺术在我们教育制度中的应用，不断监督下的教学训练。

⑩在师范学校董事会的同意下,师范学校的人数可以适当扩大。[①]

马萨诸塞州教师教育课程比较集中反映了 19 世纪早期师范学校课程设置的情况。州立师范学校的办学目的比较单一,即为小学培训教师,强调实践知识和技能的掌握,教学方法上注重模仿、记忆和重复。但师范学校很少将自身功能仅仅定位为教师培训,因此,师范学校除开设任教科目、教育理论与实践课程外,还开设了一定数量的职业课程。这种课程设置主要是为了适应 19 世纪早期美国教育发展状况。由于当时中等教育及职业教育不发达,师范学校的建立及随后的扩展自然吸引了那些文化水平不高、入学动机也较复杂的求学者。因而,师范学校必须兼顾多种教育需求,既开设教师培训课程,又开设一些职业培训课程,在某种程度上充当中等教育和职业教育提供者的角色。从课程设置的比重来看,普通课程比重过大,课程难度偏低,旨在使学生掌握小学的学科知识。

小　结

美国的中小学教育及教师教育借鉴了欧洲教育几千年曲折发展的宝贵经验,并进行了创新,这成了美国发展教育的优良传统,使美国人民受益匪浅。“殖民地时期的教育为美国教师教育的建立奠定了基础,对美国教育发展产生了巨大的影响。”[②]美国借鉴欧洲国家的先进理念与实践,开展了文实中学师资训练班、导生制师资训练班的实践活动,创建了教师学校和师范学校,为公立学校运动奠定了基础。正如库森在 1831 年考察德国教育之后向法国教育部提出的报告中所说的,“德国,尤其是普鲁士的经验,不能为我们所丢弃。……一个民族的真正伟大不在于从其他国家不借用什么,而在于借用所有有益的,完善其所拥有的。”[③]善于借鉴和创新是美国人发展教育的优良传统,他们也因此受益匪浅。

在教师教育发轫时期之前,美国对教师质量的要求是学术定向的,即认为只要具有授课领域方面的知识,任何人都可以当教师。在教师教育发轫时期,主要存在着四种培训小学教师的教师教育机构——文实中学师资训练班、导生制师

① BARNARD H. Normal school and other institutions, agencies and means designed for the professional education of teachers[M]. Hartford: Case, Tiffany and Company, 1851: 57-58.

② EDWARDS N. The school in the American social order[M]. Boston: Houghton Mifflin Company, 1963: 12. 转引自王萍. 美国中小学教师教育发展研究[D]. 武汉: 华中师范大学, 2012: 30.

③ EDWARDS N. The school in the American social order[M]. Boston: Houghton Mifflin Company, 1963: 12. 转引自王萍. 美国中小学教师教育发展研究[D]. 武汉: 华中师范大学, 2012: 30.

资训练班、教师学校和师范学校。这一时期，尚未出现专门培养中学教师的教师教育机构，只是在文理学院和大学开设一些教育方面的课程。在师范学校成立之前，师范教育并未引起美国高等院校的重视。师范学校的建立推动了教学向专门职业转化，并由此促进了美国师范教育的发展。

美国师范教育基本上是与美国教师资格证书制度同时发展起来的。由于当时师范学校数量有限，且以中等水平的通识教育为主，层次较低，培养目标单一，仅培养小学教师，因此很多学校以帮助学生通过教师资格考试为办学目的。19 世纪中期以后，由于教师资格考试开始增加教育学方面的问题，因此，州立师范学校的课程也开始涉及该方面的内容。又由于教师资格证书开始具体规定教师达标课程的要求，因此教师资格证书开始对教师教育课程产生影响。始于马萨诸塞州并进而扩展到全国的公立学校运动，为师范学校的产生和发展提供了必要性。公众对公立教育体系的支持和各州立法机关对师资培养工作的重视，则为师范学校从私立教育机构转为公立教育机构并在数量上迅速增长提供了可能性。

教师教育的倡导者贺拉斯·曼、詹姆斯·卡特、史杜威、皮尔斯和费尔普斯等人提出师范教育的主要内容和目标应包括三个部分：其一是在未来任教科目方面使师范生打下牢固的基础，其二是向师范生传授教学的科学和艺术，其三是指导师范生进行教学实习。这些教育家的教师教育课程思想体现在师范学校的课程设置中。

在教师教育发轫时期，师范学校课程设置极为简单，主要有两类：其一是普通小学所开设的课程；其二是有关教学理论和方法的课程，包括教学艺术、学校管理、教学实习等。师范学校只负责培养初等学校的师资，学制初期为 1 年，后来延长至 2 年，相当于中学水平。师范学校的学生学习历史、心智哲学和教学理论，课程与一般中学大体相当。与普通中学不同之处是师范学校开设各科教学法课程，但由于就读师范学校的学生水平甚低，师范学校往往成为补习学校，学院与文实中学所提供的文理训练（传统的古典教育）在师范学校并不存在。综观教师教育发轫时期美国的教师培训机构，教师教育内容尚未以“计划”的形式出现，而主要以课程的形式出现，课程内容以学科专业内容和教学法为主，其目的在于帮助未来教师掌握其所要任教学科的专业知识和教学技能，因而其课程设置总体上呈现“技术性”的基本取向。

尤其值得注意的是，从殖民地时期到建国初期，美国的教师教育课程都非常重视实践课程。从“艺徒制”培训，到文实中学的师资培训班、导生制师资培训，再到教师学校与初期的师范学校，不仅仅传授教师基本的文化知识，更重视教育实习，侧重传授教师的个人教学经验和培养学生的实际教学能力。这为以后美国教师教育强调实践课奠定了基础。

第二章 师范学校时期的教师教育课程(1861—1910年)

> 把教学比作艺术,从许多方面看都是十分有益的。把教学比作艺术就是承认教师素质的基本意义,这些素质包括对学生存在的困难有洞察力、有直觉印象、能敏感地意识到学生的困难、对学生的需要同情并理解。
>
> ——巴格莱(William Chandler Bagley)[①]

19世纪后半期,工业和科技时代的开端对美国教育的发展产生了深远影响。1867年联邦教育机构的建立和1890年第二个《莫里尔法案》(*Morrill Act of* 1890)的通过表明联邦政府和教育的伙伴关系的强化,[②]这有助于各个层次的公共教育继续扩展,公立中学的兴起成为这一阶段教育发展的主要标志。公立和私立师范学校均致力于培养教师,这些学校的学生大多数只有小学文化程度,因此教学内容的水平只相当于中学程度。然而,19世纪末,学院和大学开始提供大学程度的教师培养课程和项目。1907年美国国会通过的《纳尔逊修正法案》(*Nelson Amendment*)表明,联邦政府对教育的参与扩展到教师教育。[③] 到1918年,所有的州都实施了义务教育。在师范学校时期,尽管仍保持较早时期的重视古典学科知识的传统,可人们逐渐认识到实用知识的价值和需求。各级各类学校的课程更加强调实用知识,如手工、工业和商业课程出现在中学课程里,这也逐渐反映了美国生活的变化。

---

① 巴格莱.教育与新人[M].袁桂林,译.2版.北京:人民教育出版社,2005:144-145.

② WELLER L D. A history of undergraduate teacher education programs at Iowa State University,1869—1968[D]. Ames:Iowa State University,1975:90.

③ WELLER L D. A history of undergraduate teacher education programs at Iowa State University,1869—1968[D]. Ames:Iowa State University,1975:152-153.

一、公立中小学扩展与教师教育

19世纪后半期到20世纪初，美国义务教育在经济发展的刺激下，在全国范围内迅速发展、普及。学校的迅速发展和义务教育的实施，使教师的需求量迅速上涨，也使教师问题受到教育领导者及当地政府的重视。规范教师资格，培养合格教师，成为确保公立学校发展的当务之急。这促进了教师教育机构的发展，尤其是公立师范学校的进一步的发展，使其向专业化方向迈进。

(一)公立中小学的扩展

1861—1865年的南北战争为美国成为一个工业化国家开辟了道路，到19世纪末，美国工业生产总值已跃居世界首位，美国的政治、经济、社会结构、文化教育等都发生了重大的变化，为20世纪美国的现代生活奠定了基础。随着美国经济的强大，文化教育上的独立意识逐渐增强，这为美国公立学校运动的继续发展和公立中学运动创造了有利的条件。美国经济进一步发展，大工业生产过程中科学技术含量日益增多，劳动者在生产过程之外进行专门学习的要求日益迫切。同时，现代工厂制度的建立，带来了生产管理方式的巨大变化，对培养新一代管理者和中高级人才的中等教育提出了新的要求。在初等教育普及的基础上，中等教育的发展成为当务之急。

然而，公立中学的发展经历了一个缓慢的过程。据不完全统计，1870年美国仅有500所中学，这时公立中学的观念尚未深入人心。1874年，密歇根州对"卡拉马祖诉讼案"(Kalamazoo Case)做出的判决，[①]确立了中学作为公共教育的一部分，经费由地方税收负担，从而加速了公立中学的普及。

这一时期，教育如何迎接南北战争后新形势的挑战已成为一个迫切的和重要的问题。已在美国教育传统中扎下根来的公立学校在南北战争后获得了迅速的发展，有人甚至认为，公立学校影响了美国大部分儿童。对公立学校发展的强有力支持和资助，首先应归功于普及教育法令的颁布。1870年，实施义务教育法的州已增加到十几个。1885年，有14个州和6个未成立州的地区颁布了义务教育法。[②] 1891年，有26个州(当时全国只有48个州)实施了义务教育。到

① 克伯雷.外国教育史料[M].华中师范大学教育系，西南师范大学教育系，西北师范大学教育系，等译.武汉：华中师范大学出版社，1991：656-657.

② CUBBERLEY E P. The history of education[M]. New York：Houghton Mifflin Company，1920：817.

1900年时,有32个州颁布了普及教育法令。美国国会也开始讨论一些旨在促进公立学校发展的提案。例如,新罕布什尔州的参议员布莱尔(H. W. Blair)在他的提案中就明确提出,联邦政府应该对需要进一步普及教育的州和地区提供资助,接受联邦政府资助的州和地区必须具备一些条件,其中第一个条件就是那里已建立了为所有儿童服务的公立学校制度。布莱尔的观点引起了极大的反响,几乎在每一个州里,都有人们组织起来推进公立学校的发展,如推动该州颁布兴学法令,大造教育舆论,增加教育税收。南部地区在公共教育方面与过去相比也有了很大的进步。[①] 1918年,随着密西西比州和亚拉巴马州这最后两个州通过义务教育法,美国用了将近60年的时间,基本上普及了初等义务教育。

公立学校运动的发展,首先表现在入学人数的增加上。由于州政府兴办和管理教育已成为共识,以及普及义务教育已成为一种不可抵挡的趋势,公立学校数量激增并延长了入学年限。据统计,1898年公立学校入学人数已占5~18岁青少年的90%。其次表现在课程内容的扩展上。为了适应南北战争后工业化发展的需要,公立学校的课程内容继续拓宽。19世纪80年代末,公立学校将近80%的学习时间放在阅读、书写和计算上;到1900年时,对自然科学基础以及手工训练课程的重视程度已在阅读、书写和计算之上,并强调关注儿童能力的培养及其与实际的联系。1893年,美国全国教育协会(National Education Association,NEA)还任命了"十五人委员会",专门研究了公立学校的课程问题。最后则表现在教学方法的改革上。南北战争后,由于瑞士教育家裴斯泰洛齐教育思想的影响,越来越多的公立学校开始采用直观教学的方法;到1890年时,随着德国教育家赫尔巴特教育理论的传播,很多公立学校已根据"五段教学法"来组织课堂教学。[②]

19世纪二三十年代,美国城市迅速工业化,建设事业亟须人才,可文实中学是私立的或半公半私学校,容量有限;并有不少文实中学倾向于升学准备工作,成为变相的拉丁文法学校,难以培养出足够的适用的人才,换句话说,它已满足不了社会发展的需求。因此,1821年在波士顿诞生了第一所公立中学,这是美国中等教育史上的创举。由于中学的成长壮大和促进美国初等教育发达的公立学校运动相配合,各州逐渐建立起公立中学。

公立中学发展的初期以波士顿创立的中学为肇端,到19世纪30年代以费城于1838年创立的中学为提高,到19世纪50年代以芝加哥市于1856年创立的中学为优良。古德(T. L. Good)在《美国教育史》中称此三校为"按照政府计

---

① 单中惠.美国公立学校运动新论[J].教育评论,2000(3):59-60.

② 单中惠.美国公立学校运动新论[J].教育评论,2000(3):59-60.

划设置的组织最完善和设备最优良的中学"[①]。

南北战争后,美国加速成为工业强国。到1870年左右,农业机械化大体告成,这时建设事业亟须科技人才。另外,中产阶级家庭收入增多,广大青年有条件进入中学深造。南方在过去是教育落后之地,在这个时候也发展起来了。这些原因促成公立中学的飞速发展。从1821年公立中学问世直到南北战争前的1860年,除新英格兰及东部少数州设校较多外,有些州或少或无,远未普遍设置中学。1890年,中学数量和学生人数按几何级数增长。为适应这种趋势,1900年兴起农村并校运动,过去无法设中学的地区纷纷设置中学;与此同时,由于工厂减少雇用童工,各地议会议员见到青少年流浪街头,违法乱纪,遂制定严格的就学法令,强迫学龄儿童、青年入学并延长其在校年限。公立中学在这些有利条件之下进入繁荣时期。[②]

南北战争前,东部各州的大城市首先设置中学,一些文实中学经费困难,也被市政机关改为公立中学。南北战争后,各州议会决定在各地普遍设置中学,情势又进一步。有的是地方拨款,有的是小学改建成中学。同时,教会也开办大批中学,收容了许多学生。中学扩增必然需要增加大量中学教师,中等教育规模的扩展和教育制度的改革刺激着教师需求量的增加。1880—1900年是美国基础教育发展最迅速的时期,美国教师增加了三倍,从126822人增加到450000人(包括公立中小学和私立中小学的教师),同时,教师与适龄儿童(5～19岁)之比从接近1∶100变化为1∶50,这种发展速度在教育史上是罕见的。[③]

(二)教师教育机构概况

美国内战后,公立学校扩展,尤其是公立中学数量的急剧增加,强化了对受过良好教育的教师的需求,致使培养师资的专门机构涌现,这成为师范学校繁荣的主要原因之一。各种类型的师范学校(包括私立的和教派的)获得很大发展,成为有资格的教师的主要来源。[④] 大多数州都对教师教育进行立法,拨款创建

① 滕大春.美国教育史[M].2版.北京:人民教育出版社,2001:199.

② 滕大春.美国教育史[M].2版.北京:人民教育出版社,2001:356.

③ WARREN D. American teachers: Histories of a profession at work[M]. New York: Macmillan Publishing Company, 1989: 24.

④ U. S. Office of Education. National survey of the education of teachers[R]. Washington, D. C.: U. S. Government Printing Office, 1933: 32, 52; ELSBREE W S. The American teacher: Evolution of a profession in a democracy[M]. New York: American Book Company, 1939: 146.

和维修师范学校,1910年每个州至少有一所公立师范学校。[①] 随着由政府以税收来建立和支持教师培养机构的观点日益流行,师范学校发展加速,从新英格兰一直传播到中西部地区。据统计,1874年,全美有67所州立师范学校,其中4所私立师范学校;1875年,全美有25个州建立了州立师范学校,招收的学生达23000人;[②]1886年,全美有州立师范学校103所,市立师范学校22所,县立2所;而到1898年,州立师范学校发展到166所,私立165所;1900年,师范学校的招生从1870年的1万人增至7万人。[③] 这样,经过七八十年的发展,到19世纪末,美国师范教育的雏形已逐步形成。各州基本上有了州立师范学校,公立师范教育制度已经在各州确立。自此,初等学校师资的培养有了正式机构,这是美国师范教育发展史上的第一个里程碑,预示了美国师范教育在未来的大发展。1910年,美国联邦教育署[④](the United States Office of Education,1980年成立教育部)统计,全美共有264所师范学校,大约招收132000名学生;其中,151所州立师范学校招收大约94000名学生,40所城市和县师范学校大约招收17000名学生,73所私立师范学校招收大约21000名学生。[⑤]

19世纪后期,下述因素为教师教育的改革和发展创造有利的背景:第一,中学入学人数快速增加不仅使得中学对有教师资格证书教师的需求加大,而且使人们相信受过中等教育的师范生不可能满足这种要求,这也有助于逐渐把教师的入学要求提升到中学毕业;第二,文理学院抵制引进教师教育项目,可州立大学较愿意满足社区要求,引进教师教育项目;第三,大学和中学的专业团体对教师资格证规定的间接影响;第四,州政府和当地政府也开始提出对未来中学教师的要求,并组建管理教师资格认证的机构来满足其要求。

在这一背景下,为了提高教师的教育水平,在美国出现了由专门的高等师范学院来代替中等师范学校的趋势。1890年,尽管纽约州奥尔巴尼市首先把原有的师范学校升格为州立师范学院,可第一所转型成现代意义上的师范学院是伊斯兰提的密歇根州立师范学院,它于1897年正式获得立法机关的认可。其他各

① KNIGHT E W. A century of teacher education[J]. The Educational Forum,1945(9):149-161.

② LUCAS C J. Teacher education in America:Reform agendas for the 21st century[M]. New York:St. Martin's Press,1997:28.

③ PANGBURN J M. The evolution of the American teachers college[M]. New York:Teachers College,Columbia University,1932:22.

④ 这是美国教育部的雏形,当时只起到收集、统计和发布全国教育资料和信息的作用。

⑤ CREMIN L A. The heritage of American teacher education[J]. Journal of Teacher Education,1953,4(2):164.

州纷纷向之看齐，许多师范学校先后被淘汰，或升格为师范学院，招收高中毕业生，学制为四年，担负培养小学与中学教师的双重任务。

培养中学师资兴趣的日益增长使得教育作为一门学科在大学和文理学院出现。19世纪20年代末，马萨诸塞州的阿默斯特学院(Amherst College)讨论过教师培养，而第一个大学教育系于1831年在宾夕法尼亚州的华盛顿学院设立。1832年，纽约大学设立教育学讲座来指导"公立小学教师"，可没有证据表明它提供了教师培训课程。1850年，布朗大学组建师范系，4年后建立了罗得岛师范学校。很明显，在东部地区，师范学校承担了培养教师的主要责任。

在美国中西部，教育学科首先主要扎根在新建的州立大学，中学教师日益增长的需求和新机构的公共责任意识明显地刺激了这项建设事业。发展高中的思想在中西部表现得尤为强烈，因为那里比较缺乏根深蒂固的私立中学的传统。艾奥瓦大学依靠1855年建立的师范部，在1873年组建了第一个常规性的教育学讲座，其目的是"为高级学校准备教师"。不久，其他大学纷纷模仿，建立了师范系或设立常规的教育学课程。1900年之后，诸如哥伦比亚大学(通过它的教师学院)、纽约大学、芝加哥大学、斯坦福大学这样的大学成为培养教育专业研究生的中心。受到这些大学的影响，文理学院打破了以前的沉默状态，也开始构建教师教育项目，其中一些甚至创设了教育学学士学位。

二、师范学校时期的教师教育课程思想

美国南北战争后，关于教师教育课程的设置主要存在着以下几种观点。[①]

①文理学院的教师教育课程观——在文理学院中，很多教授一致认为标准大学学习项目就是最好的教学准备，换言之，以任教学科知识作为教师的准备就足够了。[②] 这与殖民地时期和19世纪上半叶文理学院里的教授认识相同：古典教育(classical education)完全能满足教师培养的要求，即接受过文理教育的毕业生完全能够胜任教学工作并能做得更好。[③] 至于教育学(pedagogy or education)，他们认为不需要专门学习，因为传统文理教育包含了教育学知识，掌握了

---

① CREMIN L A. The heritage of American teacher education[J]. Journal of Teacher Education, 1953, 4(2): 164.

② BORROWMAN M L. Teacher education in America: A documentary history[M]. New York: Teachers College Press, 1965: 5.

③ LUCAS C J. Teacher education in America: Reform agendas for the 21st century[M]. New York: St. Martin's Press, 1997: 98; Merle L. Borrowman. Teacher education in America: A documentary history[M]. New York: Teachers College Press, 1965: 1-3.

学科专门知识就等于学会如何开展教学工作。

②师范学校的教师教育课程观——在师范学校里，教育学被理解为“教学实践”或者“教学艺术”，而不是“教学理论”，教学是一种技艺，是一种技术性的工作，而教师则是掌握这些技艺的技术人员，“他们忽略接受文理教育，只要掌握任教所需的学科知识，同时要节俭、勤勉、献身于工作，服从监督指导。”[①]显然，师范学校在课时设置上表现出明显的“技术性”倾向，忽视文理学科内容。

19世纪末，当师范学校入学标准为学生具备中学文凭时，部分管理人士认为没有必要让师范学校去重复中学和学院可以提供的通识教育，师范学校应该提供严格的专业课程。对于严格的专业学校应当做什么，当时存在两种冲突的观点。

第一，强调“任教学科内容专业化”。持这种观点的人期望从教师教育课程中获得的教学知识不同于已接受的通识教育，为此要求在专业学校里尽量实现“任教学科内容专业化”。例如，师范学校开设的地理科应与中学、学院开设的课程有所区别，尽管课程名称一样。总之，这种观点支持教师教育职前培训应当围绕专业目的来组织和开展。

第二，强调用特殊方法进行教师培训。持这种观点的人认为，足够的通识教育应当在专业教育之外，并主张师范学校不应当承担学术学科教育责任，师范学校应当接收已经完成足够通识教育的学生，让学生同时接受通识教育与专业教育会导致两者的质量都降低。持这种观点的人宣称，师范生应当学习各科教学所需的特殊原则并在附属的实验学校中实践这些原则。受谢尔登(Edward A. Sheldon)领导的奥斯威戈运动的刺激，持这种观点的人把附属的实验学校看作专业教育的核心。不难理解，这种观点获得许多师范学校狂热者的衷心支持。[②]

③综合性大学的教师教育课程观——在综合性大学里，许多教授把教育课程看作学术课程和教师工作的中介。持这种观点的人认为，中学教师的最好准备是教育原理、教育史和广泛的通识教育；教育学，即教育理论，以研究为导向，与教学实践相分离。[③] 综合性大学教育学院或教育系把教育理解为“应用科学”，将教师视为掌握教育科学知识的专家，专业教育应当在大部分通识教育完

① SHEN J P. The school of education: Its mission, faculty and reward structure[M]. New York: Peter Lang Publishing, 1999: 16.

② BORROWMAN M L. The liberal and technical in teacher education: A historical survey of American thought[M]. New York: Bureau of Pub, 1956: 89-90, 97.

③ SHEN J P. The school of education: Its mission, faculty and reward structure[M]. New York: Peter Lang Publishing, 1999: 20-22.

成之后再进行。[①]

(一)哈里斯的教师教育课程思想

哈里斯(William Torrey Harris)是著名的哲学家,也是著名的教育家,一贯支持将免费公立教育作为民主社会的基础。他认为,学生应当学习人类文明最伟大成果;好的教育必须有"自我疏远"的过程,在这个过程中,学生分享远离他自己时代的其他时代的生活和文化,然后用批评的观点看待自己的时代。他的观点与进步主义要求和个人经历紧密结合,形成鲜明对照。[②] 哈里斯也很关注教师教育。他赞同大学设立更多教育教授职位,称赞师范学院为培养教师所做的工作,支持创建和维持以培养教师为单一目的的教育机构。他也赞成大学里面专门致力于培养教师的教育学院和教育系。哈里斯的教师教育课程思想以他的哲学观为基础。

哈里斯通过研究教师培养学校的方法,发现受过专业教育的毕业生优于没有受过专业教育的学生,因为专业教育能给毕业生提供作为教师的必备技术,并长久地激励毕业生提高教学专业的能力。他称赞培养小学教师的师范学校,同时要求用不同方法培养幼儿园、小学、中学、大学和研究生院的师范生。[③] 哈里斯根据中小学教育阶段的不同情况,对中小学教师教育课程展开论述。

1. 师范学校应当重视培养未来中小学教师的观察方法

哈里斯认为师范学校对未来教师的观察方法的形成有很大影响,一般人看到结果,可没有注意产生结果的方法。一方面,尽管没有受过师范学校教育的教师可能会成为好教师,但这种类型的教师很难理解他是怎样获得自己的素养,也不能从观察其他好教师的工作中获得教益,因为他不容易理解后者使用的方法——他没有获得观察方法的习惯。另一方面,师范学校毕业生在参观学校后能学到一些新思想或一些方法的新设计,在工作中能够不断提高专业技巧。他指出,非师范学校毕业的教师在工作 3～5 年后,其专业技巧达到顶点,之后,其专业技巧倾向于退化,因为他们的方法建立在常规方法——某种机械习惯上。

---

① BORROWMAN M L. The liberal and technical in teacher education: A historical survey of American thought[M]. New York: Bureau of Pub, 1956: 91.

② NULL J W, RAVITCH D. Forgotten heroes of American education: The great tradition of teaching teachers[M]. Greenwich, CT: Information Age Publishing, 2006: 307.

③ NULL J W, RAVITCH D. Forgotten heroes of American education: The great tradition of teaching teachers[M]. Greenwich, CT: Information Age Publishing, 2006: 373-375.

2. 关于小学阶段的教师教育课程

哈里斯认为,初级学校和文法学校——小学的两个阶段——的方法是建立在遵循符号的心理习惯上,因为常规阶段紧跟符号阶段而来。在常规阶段,为了收集、保留经验和教训,孩子们努力掌握表达文明的符号,这些符号如书写和印刷的字母表、算术符号、地理、语法和历史中的专门术语等。

哈里斯说明了小学的教育方法如何不同于幼儿园的教法。从技术意义上说,幼儿园的教育不要求精确,它是一种宽松的教育形式,忽略了模仿的真实情景。例如,小孩模仿农民播种或割草,但不使用种子或割草的镰刀。实际上,如果人们仔细地观察就会发现,小孩没有严密地模仿手的移动。在符号或模仿阶段,一件东西代替另一件东西,一个行为替代另一个行为。因此,在幼儿园,孩子的思想和行动只是达到原始的统一,幼儿园的教育也仅仅是训练他去寻找统一而不是发现统一。但是,模仿和象征能极大地促进孩子的注意力和身体技能的发展,同时也使他获得理解周围人的感情和动机的能力。①

哈里斯认为,小学阶段的教学方法的主要特点是定义精确。好的师范学校要向未来小学教师传授怎样选择典型事实作为具体材料,用验证的方法说明哪里需要多少的实际经验,但处处要利用小孩的经历来说明。他指出,为了让未来教师适应这样工作,师范生都应复习小学课程——读、写、算术、地理、历史和语法。在他看来,孩子们不能很好地把观察方式与观察结果区分开,也不能区别他们所看到的和他们相信的东西。因此,小学教育一定要更多涉及事实而不是宽广的、一般的原则,小学教育目标要直接呈现。训练教师能使未来教师更好地理解孩子认识上的缺点和更熟练地发现起过程作用的事实。简而言之,如果一个人想描述小学教师的成功,他将会说小学教师在给学生呈现典型事实,刺激学生,分析和找出事实里面的规律这方面很成功。

哈里斯主张,师范生不仅要掌握书本里或教师陈述的学习科目,而且要批判地研究陈述的方法和获得批评的观点。因此,师范生应带着问题学习课程,如果他们这样做,他们将会一天天地提高。在一年里,他们掌握了最佳的学习方法,从照本宣科记忆转变到批评调查。以前,师范生可能对逐字逐句地重复课本知识和对理解不做探究的学生很满意;现在,他们可能探寻学生对课本知识的理解和教会学生怎样思考——如何独自调查。因为未来教师已经养成了把一种陈述与他自己的实际经验的结果相比较的习惯,这使他比他所教的学生更高明。

---

① NULL J W, RAVITCH D. Forgotten heroes of American education: The great tradition of teaching teachers[M]. Greenwich, CT: Information Age Publishing, 2006: 376-378.

3. 关于中学阶段的教师教育课程

哈里斯认为，未来中学教师应集中学习人文学科和社会学科。因为中学生学习的课程是在小学生学习课程的基础上改编的，它主要涉及"正式学业"，即与读、写和数字计算等文科相关的学业和获得使用思考工具专业用语的学业。同时，他还强调未来中学教师需要学习更高深的学业，即大学或学院的学业，这是因为任何一门科学都是由二级事实构成的，而中学教师需要处理学生在把所有初级事实结合在一起和把它们变成二级事实的这样一种倾向当中可能存在或出现的不足和问题。

哈里斯主张，未来中学教师必须学会怎样强化学生的综合能力。尽管中学生在小学已经掌握了一定的知识，可 14 岁以下的孩子仍然没有获得关于人性的知识，对世界也没有深刻的认知。他能掌握孤立的细节，但不能进行关联和综合。如果细节很复杂，他也不能理解整个过程。中等教育要求学生掌握处理更大事实的方法，这些事实包括系统整理的、完整的事实集合。每个事实都是综合或结合的，因为每一个事实把一系列事情和事件聚集在一起，同时也排除其他系列的事情和事件。中等教育涉及二级事实。二级事实是由一组系统的、整理过的事情和事件组成，这样的集合就是科学。中学生要学会把事实和事件关联成科学的整体。因此，如果未来中学教师对学生有益，他必须学会怎样提高学生的综合能力。

总之，哈里斯从哲学的角度论述了其关于教师教育课程的观点，认为培养教师的机构应当根据教育的阶段来培养未来的教师，强调未来的中小学教师都应学习相应的教学方法。

(二)费尔姆雷的教师教育课程思想

费尔姆雷(David Felmley)在 19 世纪 80 年代做过课堂教师和中学管理人员。1890 年，他在伊利诺伊州立师范学校数学系当过教授。1900 年，他成为这所师范学校的第六任校长。①

1. 重组教师教育课程的原因

首先，费尔姆雷认为，师范学校应适应公立学校的变化，必须和公立学校制度一起发展。许多州建立了专门培养公立学校教师的师范学校，它们成为公立学校体系的一部分。19 世纪七八十年代，公立学校的学习计划发生了巨大变

① NULL J W, RAVITCH D. Forgotten heroes of American education: The great tradition of teaching teachers[M]. Greenwich, CT: Information Age Publishing, 2006: 296.

化,音乐和绘画已经从大城市扩展到每个乡村,自然课、手工训练、理家技能、农业和工业技术、经商的特殊教育、体育、规定的学校教育和实践都成为中学的常规课程。人们逐渐认识到培养未来教师不是让他们主要掌握心理学、普通方法或课堂管理的一般规则,而是让未来教师精通任教学科知识和欣赏教育价值。因此,未来教师需要丰富的学识,需要有关的算术、地理、历史、科学、卫生、诗歌、故事、音乐、绘画、工业技术、缝纫、戏剧和游戏的详细知识,也需要一些丰富的设计——这些设计是熟练地教这些学科必不可少的。

其次,费尔姆雷认为,重组师范学校课程要考虑未来教师不同的学习目的,通过设置不同的师范学校课程来满足这些不同的新要求。例如,对于那些把教学作为其他职业的跳板的教师,给他们提供两年标准师范学校课程;对于那些已经决定长期从事更高年级教学的有经验的教师,给他们提供正规高级课程;对于那些准备在师范学校花几年时间的学生,应当给他们提供等同于 4 年中学课程的培养计划。

再次,费尔姆雷认为,重组师范学校课程要考虑学生的入学水平。他认为,随着学习 4 年课程的公立中学的发展,中学毕业生流入师范学校,应当逐渐地调整师范学校的课程计划,以适应新情况。

最后,费尔姆雷认为,重组师范学校课程要考虑培养目标。学习一般原则的教师不可能有才智把这些原则成功地应用到任何岗位。在美国西部的大多数州,师范学校已经不断录取大量注定要成为高中教师、校长和督学的男生并提供满足他们需求的课程。40 年前的师范学校似乎过分重视方法,而认为学科知识是次要的。尽管师范学校稍微地意识到扩展学生的价值,但它们理想的培养的人物不是学者和专家,而是教师。这些教师充满热情,能机智、熟练地使用操作方法及技巧。师范学校课程——通常是 3 年——针对所有学生,不论他们将来在哪个地方、哪种学校从事教学活动。因此,他强调师范学校应当培养不同类型的教师,如小学低年级教师、农村小学教师和中学英语教师等①。

2. 所有类型的教师教育课程必须包含的内容

费尔姆雷认为,所有类型的教师教育课程必须包含如下内容:①心理学,而且所有高年级教师都应当学习青春期心理学;②任教学科知识、特殊方法和教学设计;③某些学校技艺——画、唱、朗读、演讲;④政治和社会经济、历史和文学。这些课程将使学生保持与外部世界接触,在文明社会中显示学校的功能,且有助

① NULL J W, RAVITCH D. Forgotten heroes of American education: The great tradition of teaching teachers[M]. Greenwich, CT: Information Age Publishing, 2006: 298-305.

于提高学生对当代社会问题的兴趣。

3.根据师范生的学习目的为其提供不同的教师教育课程

费尔姆雷认为,应当为下列有不同学习目的的师范生提供不同的教师教育课程:①必须在4年大学的最后两年为准备在优质中学教特别学科的学生提供任教学科课程、中学管理和教学问题的适当课程;②必须为希望成为督学、校长的学生提供大量教育史、心理学和道德、学校管理和其他学科的高级选修课;③在大多数州,教师教育机构必须继续为那些有当教师天赋的、年龄大的、愿意成为教师的学生提供两年的学习课程;④对于希望在农村学校教学的学生,应当为他们准备两年的学习计划。

需要指出的是,费尔姆雷重视实习学校与师范学校的配合,以便为师范生提供优质的教学实习。

总之,费尔姆雷关于教师教育课程的主要观点:①强调实习学校作用;②教师教育课程要密切联系公立学校课程,要与公立学校课程的变化保持一致;③根据师范生的学习目的,提供不同的教师教育课程;④根据培养目标,提供不同的教师教育课程;⑤重视未来教师任教学科课程和教师专业课程的学习。

(三)佩恩的教师教育课程思想

佩恩(William H. Payne)担任过公立中学教师、督学和密歇根大学的教学法讲座主持人,他利用自己的特殊身份及教学经验,发表了对教师教育及其课程的看法,尤其针对中学教师的培养。

1.对师范学校效率的质疑

佩恩从三个方面对师范学校效率提出质疑。第一,佩恩强调了许多人(包括中学的支持者)对师范学校的关切——师范学校花费高且只是提供了的中等教育,师范学校应该强调专业学习。第二,佩恩认为,当师范学校提供专业教育时,不应当过分依靠课本中提供的技巧,因为过分依赖课本会导致教师相信书上的方法能够支持任何一门学科教育,他指出师范学校课本只是提供了教一门学科许多方法中的一种。第三,他支持师范学校努力在教学技巧之外探索教学原理等更广泛的主题,并相信广泛和系统地审视教学才能更好地为未来的专业做准备,且认为这是师范专业最需要的。显然,他对教师"规则"和"教科书技巧"的担忧表明他对大多数师范学校看待教学“方法”的方式持怀疑态度。[①]

2. 教师教育课程观——教师教育的学科知识和方法同等重要

佩恩鼓励教师去发现更好的教学“原则”,并明确有力地表达教师教育的中心原则:“成功地教学涉及两个要素——学科知识和方法。”[②]佩恩认为,无论现在还是将来,教师教育都应围绕这个重要原则进行。当时,人们——尤其是中学领导——对学科知识和方法是教师教育项目必要的组成部分持普遍怀疑态度。然而,佩恩认为,两者都是教师教育课程不可或缺的内容。他强调:“教师必须拥有材料知识和知道如何传授它。缺少两者中任何一部分都不能使教学成功。”[③]显然,佩恩认为教师教育既要重视教什么,也要强调怎样教,这样才能培养出合格的教师。

(1)教学是一门演绎的科学

佩恩认为,学科知识和方法是教师必须准备的知识,这是对前辈们提出的教师培养观点的继承。他认为,为了知道“目标”,未来教师需要掌握“广博的文化”知识和特殊的科学方法。他认为教学艺术可以教授给学生,但不是通过师范学校倡导的方式,而是帮助未来教师学会识别所有教授活动背后隐藏的相关原理、规律和准则,[④]而这种识别就是方法。他把教学看作演绎的科学,从这种意义上讲,教师被鼓励发展教学的普通原理,然后再把这些原理应用于实践。

佩恩虽然谈论教学法的优点,可从来不认为教学法可以取代未来教师所教学科的学术知识。1889 年,他在探讨学科知识和方法时说:“一方面,学术是教师教育的基础,没有什么可以替代它……教学能力形成的最初的、珍贵的材料是广博的、自由的、精确的学术知识。另一方面,教师离不开方法,它是把教师与学者区分开的特殊知识,这种特殊知识包括历史知识、理论和教学艺术。”[⑤]

---

① MUCHER S S. Subject matter and method in the preparation of high school teachers: Pedagogy and teacher education at the University of Michigan, 1871—1921[D]. Ann Arbor: University of Michigan, 2003: 101-104.

② PAYNE W H. Normal training[J]. The Michigan Teacher, 1868, 3(9): 303.

③ PAYNE W H. Normal training[J]. The Michigan Teacher, 1868, 3(9): 303.

④ MUCHER S S. Subject matter and method in the preparation of high school teachers: Pedagogy and teacher education at the University of Michigan, 1871—1921[D]. Ann Arbor: University of Michigan, 2003: 123-126.

⑤ PAYNE W H. Chancellor's address at the opening of the fifteenth session of the Peabody Normal College[R]. Nashville, TN: Cumberland Presbyterian Publishing House, 1889: 10-11.

(2)大学“学科”对培养教师所起的作用

佩恩认为,教师需要成为学科知识的专家,大学“学科”知识本身对培养教师很重要。他认为学习大学“学科”有以下三个主要作用。

第一个作用是大学“学科”通过使未来教师拥有分辨现象的能力,而不是通过单一的例子来促进教师训练。佩恩相信这种训练能使教师掌握使用原理来解决新个案的能力,而且这种训练能提高其判断力、辨别事物的能力,从而得出正确的结论。这种训练的目的在于使教师区分细微的、本质的差别和透过表象看本质。

第二个作用是培养未来教师对某门学科的热爱。佩恩的意思是大学“学科”不只使学生开阔思路,因为这种目的与具体学科领域紧密相连。他说:“一个喜欢知识和意识到拥有这种知识的人自然地渴望把它传给他人。”佩恩相信对学科的热爱有助于创造和培育对学科的热情。他认为,如果教师不对学科进行深刻理解,就会发现传授“没感受到热情”的知识是很困难的。①

第三个作用是提供“工具知识”。佩恩相信未来教师要想系统地了解一门学科,就必须掌握学科内容的“教育价值”。他认为,“每门学科都有一些独特的价值。这些价值来自学科构成,而不是人工设置的。”②具体而言,这些价值不仅是良好教学的基础,而且对于要教的学科领域也是独特的。如果化学或文学教师对这些学科的主要目的持不同观点,他们将会遵循不同路线和采取不同的方法;如果教师不清楚他所教学科要实现的目标,他怎么可能把握教学艺术?因此,学校教学的第一要素是学科价值的知识。③ 他认为教师学习学科内容知识的方式稍微不同于其他学科。他在 1879 年给学生讲课时说:“教师掌握的知识要超过他日常教学的学科内容,不只是学科知识塑造教师,而且预设目标的知识也塑造教师。”④

总之,佩恩的教师教育课程思想可以归纳为:学科内容是未来教师最重要的准备基础,同时教学方法——尤其当方法被理解成反思性的教学法时——也是未来教师必须掌握的。他驳斥了培养教师的知识在大学没有立足之地的观点,

① PAYNE W H. Syllabus of a course of lectures on the science and art of teaching[M]. Adrian,MI:Charles Humphrey,1879:31-32.

② PAYNE W H. The education of teacher[M]. Richmond,VA:B. F. Johnson Publishing Co,1901:136.

③ PAYNE W H. The education of teacher[M]. Richmond,VA:B. F. Johnson Publishing Co,1901:145-146.

④ PAYNE W H. Syllabus of a course of lectures on the science and art of teaching[M]. Adrian,MI:Charles Humphrey,1879:32-33.

并对学科内容知识只是教师成功教学的需要这一观点提出挑战。佩恩断言教师受益于学科内容知识和方法两个方面。

依据上述内容,哈里斯、费尔姆雷、佩恩等教师教育专家的主要课程观点可以概括为:①掌握将来要教的学科内容最重要;②重视教学方法的学习;③根据不同的培养目标提供不同的教师教育课程;④重视教学实习。可以说,他们的主张体现了师范学校时期教师教育课程的基本特点:①强调未来中小学要教的科目;②重视向师范生传授教学的科学和艺术;③重视指导师范生进行教学实习。不难理解,受教师教育专家课程观的影响,这一时期教师教育机构除了为师范生讲授中小学开设的科目外,还开设了较多的教育理论课程(尤其是在19世纪末到20世纪初,开始设置大量的教育理论课程),建立实习学校或利用公立学校来作为实习学校,并在19世纪末开始设置不同教学岗位的课程。但是教师教育专家过分强调教师培养的专业性,这引起了当时许多教育界人士的批评,从而引发了19世纪末有关教师教育的专业性课程与学术性课程的激烈争论。

三、教师资格证书制度及外来思想对教师教育课程的影响

在师范学校时期,影响师范学校课程设置的因素增多,本书探究的因素是在美国教育史上影响较大的因素。随着美国各州教育管理机构的建立,教师资格证书出现了州集权管理的趋势,基于教师资格考试的教师资格证书制度开始在全国范围内建立。教师资格考试的内容更注重候选人的学术能力,并开始逐渐增加与教育教学问题相关的试题。在其影响下,师范学校的课程内容除了所教学科的内容之外,也开始增加教育理论相关知识。在这个时期,除了教师资格证书制度,在奥斯威戈运动的推动下,裴斯泰洛齐教育理论和方法也对美国师范学校的课程设置产生了巨大的影响,裴斯泰洛齐提出的"直观教学法"影响最大;而在赫尔巴特的教育思想影响下,师范学校课程中出现了教育学、心理学、小学课程研究等理论课程,"五段教学法"取代了"直观教学法"。显然,裴斯泰洛齐和赫尔巴特的教育理论为师范学校的教育理论课程增添了新内容。另外,达尔文的进化论间接影响了师范学校课程的设置,因为它冲击了学校原来的生物学课程,从而引起了师范学校道德、科学和专业课程的变化。

(一)教师资格证书制度对教师教育课程的影响

1. 教师资格证书制度概况

1825年,俄亥俄州颁布了教师资格证书法令,这是美国历史上第一个由州政府颁布的有关教学许可证书的法令,标志着美国教师质量问题在更广范围内

和更高层次上得到了重视，预示着美国教师质量管理的重心开始从地方基层转向州。该法令规定，教师的资格标准由州教育部门制定，教师的资格审核和证书颁发由地方政府执行。具体来说，就是在州教育部门的授权下，由县市派审查员或建立教师资格审查委员会，负责对教师资格进行审核。审查委员会一般由3～5人组成，任期为1～2年，[①]负责对教师的考核和教学许可证书的发放工作。俄亥俄州确立的教师资格标准、地方政府审核教师资格和发放证书的教师入职质量管理模式具有重要的历史意义，它承认了州政府在教师质量管理中的中心地位，即在美国历史上首次确认了州在教师资格认证方面的权威。

在俄亥俄州的带动下，美国其他各州逐渐建立由州控制的教师入职质量审核机制。19世纪40年代，各州纷纷开始将教师资格证书标准的制定、教师资格审核和颁证的权力收回。南北战争结束后，美国教育管理权从地方基层向州转移的势头进一步加强，各州纷纷建立起了教育管理机构，教师资格证书制度的州集权管理趋势也进一步强化。19世纪末，大多数州实现了对教师资格证书的州一级的控制。不过，在控制程度上，以“半控制”和“合作”管理模式居多，采取该模式的州达35个。纽约州成为第一个由州完全控制、具有统一的教师资格证书制度的州，罗得岛州和亚利桑那州也在19世纪末实现了所有新教师都由州认证。随着州对教师资格证书管理的进一步加强，到了20世纪20年代中期，实施“半控制”和“合作”管理模式的州只剩下7个。其他的全部转变为采用“州完全控制”或“州基本控制”模式，采用该模式的州达到了40个，其中采用“州完全控制”的州有36个。[②] 到1937年，对教师资格证书系统实施完全控制的州更是达到了41个之多。

教师资格证书管理由县市向州的转移过程中，出现了县市教师资格证书和州教师资格证书并存的局面，证书的类型和相关规定还显得较为复杂，其中涉及如何处理县市教师资格证书和州教师资格证书的关系问题，如何处理师范学校的教师培养和州教师资格考试的关系问题，以及如何让教师资格证书反映出不同层级的教师资格，使之建立在教师申请者相应水平的年龄、经验和考试成绩的基础上的问题。围绕着上述问题，美国各州都依据自身的需要和对教师质量的理解，建立了各州自身的教师资格证书制度，各有各的做法，极不一致。一时，各种不同层次和类别的教师资格证书都被开发出来了。有的州根据申请者在教师考试中的分数，将县级教师资格证书分为多个级别，如三种级别或四种级别；有

① 郭志明.美国教师专业规范历史研究[M].北京：中国社会科学出版社，2004：27.

② ANGUS D L，MIREL J. Professionalism and the public good：A brief history of teacher certification[R]. Washington，D. C. ：Thomas B. Fordham Foundation，2001：2.

些州根据申请者在教师资格证书考试中所通过的考试科目的多少颁发证书，多通过一门或几门科目则所获教师资格证书的级别就可上升一个或几个档次。[①]

新泽西州 19 世纪 60 年代的教师资格证书制度比较典型地反映了这一历史时期美国教师资格证书的情况。现以 1867 年时的新泽西州为例，对该州的教师资格证书的基本情况加以说明。这一阶段，新泽西州已经形成了县级和州级两个层次的教师资格证书体系。县级证书分为三级，第一级可全州通用，第二和第三级仅限于县内使用。第三级证书要求申请者年龄满 16 岁，并通过拼写、阅读、写作、地理、数学和英语语法科目的考试。第二级证书要求申请人年龄满 17 岁，具有一年教龄，考试科目除与第三级证书相同的那些科目外，还要加考美国史、簿记、教学的理论与实践。第一级证书要求申请者年满 18 岁，具有两年教学经验，考试科目除第二和第三级证书涉及的那些科目外，还要加上生理学、英语作文、代数、美国宪法、新泽西学校法等。每门考试都有 10 道题目。这些题目的难度较大，在上述考试实施 10 年之后，即在 1876 年，在 2122 名申请者中，通过率仅为 25%。[②]

除了县颁布的三级证书外，州的“考试委员会”也颁发了州级证书。州级证书也分为三级。第三级证书面向年龄为 19 岁的申请者，要求有三年教学经验，需通过的考试科目包括拼写、阅读、书法、簿记、地理、英语语法、算术、代数、几何、三角函数、美国历史与宪法、通史、修辞、哲学、英语与美国文学、化学、地质学、植物学、生理学、教学理论与实践、新泽西学校法等。新泽西州于 1867 年开始，允许师范学校毕业生无须通过上述科目考试就可以获得州第三级教师资格证书。第二级证书面向 21 岁的申请者，要求有四年教学经验，考试科目与第三级证书相同，证书有效期为 5 年。第一级证书面向 25 岁的申请者，要求有五年教学经验，考试科目除与第二和第三级证书考试相同之外，还要增加以下内容：一是要求考生在 16 篇教育论文中选出 3 篇，就此 3 篇教育论文所涉及的课题接受考核；二是要求考生就考官提供的题材，在课堂发表演讲；三是要求考生为大城市中的学校设计一份管理规划。

新泽西州后又分化出市级教师资格证书，县、市、州教师资格证书并存的局面持续了近半个世纪。据统计，1908 年，新泽西州全部 10602 名教师中，持县教师资格证书的有 2759 人，持州教师资格证书的 3566 人，持市教师资格证书的有 4277 人[③]。新泽西州在 1911 年的立法规定中再次重申由州教育厅授权城市当

① 洪明.美国教师质量保障体系历史演进研究[D].福州：福建师范大学，2008：70.

② 洪明.美国教师质量保障体系历史演进研究[D].福州：福建师范大学，2008：71.

③ 洪明.美国教师质量保障体系历史演进研究[D].福州：福建师范大学，2008：72.

局给师范学校的毕业生发放证书，不过这是临时证书，师范生要想获得正式证书，还必须完成两年的教学工作。1911 年之后，获县、市级教师资格证书的人数才大大减少。

总之，19 世纪 20 年代美国已经出现了教学许可由县市向州转移的趋势。州立师范学校成立之后，这种转移还在进行之中，并出现了加剧的势头。由县市与州共同负责教学许可的局面一直持续到 20 世纪上半期，且形式也极为多样。但总的来说，这一时期州在教师资格审核中的权力逐渐强化，教师资格审核的重心不断上移。

2. 俄亥俄州教师资格证书制度对教师教育课程的影响

1831 年，俄亥俄州对 1825 年的教师资格证书法令进行了修改，对教师提出了要求，即必须在读、写、算方面合格，并规定证书有效期为一年。证书规定了教师知识所要覆盖的学科范围，这一规定一直保持到 20 世纪 30 年代，成为美国教师资格证书制度中的一条基本原则。①

19 世纪末，当教育学成为教师培训课程的一个必要组成部分时，各州对教师资格证书考试规则也进行了修改，以便与师范教育新的侧重点保持一致。教师要获得教师资格证书必须通过一门"教育理论与教学技巧"的考试，其内容包括心理学、教育学与教学法等。1906 年，大约有四分之三的州提出这项要求，申请者无论想取得哪一级别的教师资格证书都要参加一门教育学课程的考试，主要涉及教育理论与教学技巧等方面的知识；有时也会要求考一些其他科目，如学校法、心理学或教育史等。至于教育学课程方面考试科目的规定，各州的情况存在着较大差异，但从 1900 年起各州在突出教育学课程方面已达成共识。②

19 世纪中后期，俄亥俄州教师资格证书制度发生了很大的变化。如 1853 年的法令第 44 条规定审查员的任期为两年，教师资格证书只限在该县内使用，期限为两年。法令的第 45 条规定了从事教师职业的基本要求：申请者必须通过考试，同时要有好的道德品质，能满足拼写法、读、写、算、地理、英语、语法等方面的教学要求。小学高年级教师除了满足这些基本要求外，还必须达到高年级课程的要求。③ 这是继 1831 年教师资格证书对基础科目详细规定之后对这一要求的进一步肯定，并提出了"要符合高年级课程"的新要求。1873 年该州的法令又增加了颁发艺术、语言等特殊学科证书的标准，表明教师资格证书制度呈现出明细化的趋势。

---

① 洪明. 美国教师质量保障体系历史演进研究[D]. 福州：福建师范大学，2008：75.

② 秦立霞. 美国教师资格认证制度及其效应研究[D]. 西安：陕西师范大学，2008：58.

③ 郭志明. 美国教师专业规范历史研究[M]. 北京：中国社会科学出版社，2004：30.

1864年,俄亥俄州出现了由州教育部门制定的可以在全州范围内使用的终身教师资格证书,也叫通用证书。取得该证书的具体要求如下:①参加考试的高中教师必须接受60小时的培训,同时要有50个月的教学经验;小学教师要接受30小时的培训,同时有50个月的教学经验;特殊学校教师的要求与小学教师要求相同。②无须参加考试的高中教师,要完成4年的学院课程,同时要有50个月的教学经验;小学教师要完成2年的师范课程,同时有50个月的教学经验,或接受45小时的培训,同时要有100个月的教学经验;特殊学校教师要完成2年的课程学习,同时有50个月的教学经验;含学前教育的初级小学的教师的要求与小学教师的要求相同;职业学校教师要有50个月的教学经验。③取得高中、小学、特殊学校、初级小学或职业学校的教师资格证书,则要求有24个月的教学经验;取得5年或8年期限的中、小学或特殊学校的教师资格证书,则要求有10小时的额外培训。①

1864年的教师资格证书法令可谓俄亥俄州教师资格证书制度发展的一个转折点,在要求教师掌握任教学科的知识的基础上,开始关注教师的从教技能,这是教师职业向专业化发展的最早体现,它标志着俄亥俄州终身证书或通用证书开始使用。终身证书的要求比地方证书的要求明显地提高了,其中最大的不同是在资格考试中增加了"教育理论和实践"的考试内容。在这之前,教师资格证书只关注申请者对任教学科知识的掌握程度,终身证书在此基础上开始关注申请者如何组织学科知识,如何把这些知识教给学生,这是专业要求在教师入职标准中的最早表现。新证书对教师的要求也有明显提高,而且多样化了。未参加学院或师范学校学习的申请者,除了要有一定学时的培训和教学经验之外,必须通过指定的考试;完成学院或师范学校学习的申请者,除了课程学习之外,还必须有一定的教学经验,这一部分人无须参加考试。未受系统学校培训的申请者,必须参加"教育理论与实践"的考试,这是对过去仅考查任教学科知识水平的突破。接受过师范学校或学院系统培训的申请者,在学校已学到一些教育理论,故无须参加这一考试。这是对师范学校的要求和鼓励,是公立学校发展和对教师进行职业培训的需求增加的结果。早在1856年,个别地区就已在考试中增加教育理论试题。当时,一些教育官员开始认识到,掌握学科知识并非衡量教师能力的唯一标准。于是,考试中出现了这类题目:教道德的最好方法是什么?你读过哪些有关教学方面的书籍?你订阅了什么样的教育刊物?②

① 郭志明.美国教师专业规范历史研究[M].北京:中国社会科学出版社,2004:31.

② 张维仪.教师教育:改革与发展热点问题透视[M].南京:南京师范大学出版社,2000:97.

19 世纪 80 年代以前，俄亥俄州要求获得终身证书的中学、小学教师必须通过考试，同时要有 50 个月的教学经验、受过 60 小时或 30 小时的培训；无须参加考试的中学、小学教师必须完成 4 年或 2 年学院或师范学校课程，同时要有 50 个月的教学经验。

到 19 世纪末，俄亥俄州尽管还没有形成全州统一的教师资格证书制度，尚无统一的证书发放标准，但对教师入职的要求已经从接受随意的审查发展到通过考试和参与学科培训，从强调单纯的任教学科知识发展到增加教育理论并强调观察和实践。

3. 艾奥瓦州教师资格证书制度对教师教育课程的影响

1900—1917 年，艾奥瓦州立学院开始培养中小学教师。艾奥瓦州的教师资格证书制度对艾奥瓦州立学院的教师教育课程有较大的影响。

1900—1917 年，艾奥瓦州立学院的学生可以通过许多方式获得教师资格证书。在这段时间，艾奥瓦州立学院的毕业生不需要参加资格考试，只要完成 6 学期课时的心理学课程和 14 学期课时的教育学课程，就能获得 5 年有效的一级州教师资格证书。为了让毕业生能拿到教师资格证书，艾奥瓦州立学院设置了心理学和教育史的课程。赛斯纳(Orange Howard Cessna)教授负责的哲学系从 1901 年到 1904 年提供心理学、伦理学和教育心理学三门相关课程。虽然心理学与教师教育的相关性仍不清楚，但心理学是继续讲授的基本课程，是“一门心理学的基础和大纲的选修课程”。这门课程提供给艾奥瓦州立学院的所有大四学生。[①] 伦理学也是一门选修课程，它同样提供给所有大四学生。教育心理学旨在学习心理学的原理。1904 年，新组建的心理学系继续提供心理学、伦理学和教育心理学课程，此外，还提供一门新课程——教育的历史和方法，它包含教育史大纲和教学方法处理。[②] 1905—1906 年，心理系不再提供教育心理学和教育史的课程，但仍然开设心理学和伦理学课程。在这两年里，艾奥瓦州立学院提供的教育课程最少。1907 年，引进高级心理学课程，但这门课程仅仅是心理学课程的扩展，一直延续到 1911 年。至于教育史，1908 年的历史系设置了一学期的教育史课程。1909 年，教育史变成两学期课程。1910 年，教育史课程的名称改为普通和工业教育史。1911—1912 年，历史系和农业教育系提供了类似的两学期的教育史课程。

① WELLER L D. A history of undergraduate teacher education programs at Iowa State University，1869—1968[D]. Ames：Iowa State University，1975：108.

② WELLER L D. A history of undergraduate teacher education programs at Iowa State University，1869—1968[D]. Ames：Iowa State University，1975：111.

1907 年,第 31 次艾奥瓦州议会通过一项立法,将授予州立师范学校和大学毕业生资格证书的权利移交给州教育审查委员会。这次立法规定:只有学完州立师范学院规定课程的毕业生,才能获得州教师资格证书。[①] 根据艾奥瓦州教育审查委员会报告,1908—1910 年,艾奥瓦州立师范学院增加了教师资格证书要求的教育专业课程,这是为了满足艾奥瓦州立师范学院一些学生的要求,因为他们希望一毕业就能获得有效期为 5 年的教师资格证书。[②]

1910—1912 年,艾奥瓦州立学院的毕业生只要完成 6 小时的心理学课程和 4 小时的教学方法课程就可以获得统一的县资格证书。从 1912 年到 1917 年,所有完成 4 年学业的艾奥瓦州立学院的毕业生均可以获得统一的县资格证书。从 1914 年开始,没有完成规定的 20 小时的教育学和心理学课程的艾奥瓦州的毕业生被授予三级教师资格证书。

1911—1914 年,为了满足对农业、家政学和手工训练专业教师的不断需求,一种特殊资格证项目被设立。从 1911 年开始,如果艾奥瓦州立学院家政学的学生的学习项目包括 6 小时心理学课程,则该学生有资格获得这种特殊州资格证书。一年后,这种资格证项目扩展到农业和工程学的毕业生。除了心理学要求之外,工程学的学生还被要求完成最低 2 小时的车间工作。特殊资格证颁发的范围只包括农业、家政学和手工训练专业的学生。不过,1914 年,这个资格证项目被终止。此后,对这些学习领域感兴趣的学生被授予统一的县资格证书,也就是说,他们同音乐、绘画、德语、法语、体育文化、修辞、英语、写作、英美文学、历史和政治科学、代数、几何和三角函数、生理学、地质学、植物学、动物学、物理、化学、天文学领域的学生一样被授予统一的县资格证书。[③]

(二)裴斯泰洛齐对美国教师教育课程的影响

裴斯泰洛齐是近代瑞士杰出的民主主义和人道主义教育家。[④] 为了普及初等学校教育,他明确提出了"教育心理学化"的口号,以要素教育为基本理论依据,努力简化教学方法,提出了初等学校的分科教学法。他的初等教育思想体系为 19 世纪欧洲国民教育普及奠定了方法论的基础,并对世界许多国家产生了深

---

① WELLER L D. A history of undergraduate teacher education programs at Iowa State University,1869—1968[D]. Ames:Iowa State University,1975:107-108.

② WELLER L D. A history of undergraduate teacher education programs at Iowa State University,1869—1968[D]. Ames:Iowa State University,1975:113.

③ WELLER L D. A history of undergraduate teacher education programs at Iowa State University,1869—1968[D]. Ames:Iowa State University,1975:114.

④ 滕大春. 外国近代教育史[M]. 2 版. 北京:人民教育出版社,2002:134.

远的历史影响。为了确保教学遵循自然，裴斯泰洛齐提出以下主要教学策略：①在介绍抽象概念前使学生先接触具体物体；②在介绍社会环境前使学生先接触学校周围的环境；③在介绍复杂的练习前使学生先接触简单的练习；④坚持循序渐进地、缓慢地开展教学活动。[①]

19 世纪，现代意义上的师范学校在世界范围内建立并发展起来，裴斯泰洛齐的儿童观、教学艺术观、教学方法论以及教学心理化的教育理念，成为这一时期师范学校教育教学的理论基础。裴斯泰洛齐认为，为了激发儿童的兴趣、保证教学的正确思路，教师需要一定的"教学技术"，教育史上最早的教学技术的含义也可以说由此而来。这种教学技术与学徒制在实践中形成的监督、看管式的外部控制的教学技术有着本质的区别，它需要掌握一系列新的教学方法，需要系统的学校培训才能实现，这就是师范学校产生的基础。裴斯泰洛齐的贡献是使教师培训由一种个别化的学徒制转向一种社会化的学校教育，从而推动了教师培养的革命。[②]

1. 裴斯泰洛齐教育学说传入美国

19 世纪初，裴斯泰洛齐教育学说传入美国。19 世纪上半期，许多教育家翻译了关于裴斯泰洛齐教育方法的文章，参加和宣传了裴斯泰洛齐的教育改革实验，研究和应用了裴斯泰洛齐的教育学说。1860 年，美国掀起宣传和普及裴斯泰洛齐教育学说的"奥斯威戈运动"，普遍采用他的直观教学法，裴斯泰洛齐的教育学说由此在全美传播开来。美国在 19 世纪 40 年代和 50 年代开展的国民教育运动中学习裴斯泰洛齐教育学说，建立师范学校来培养新的师资。

19 世纪早期，马科雷（William Maclure）是最早把裴斯泰洛齐教育学说引入美国的人物之一。他把裴斯泰洛齐的教育、科学的发现及探求联系起来了。[③]亨利·巴纳德在 19 世纪晚期任美国联邦教育署署长，他把裴斯泰洛齐教育学说的基本原理介绍给美国的教育家。裴斯泰洛齐的教育思想后来被谢尔登采纳，他将裴斯泰洛齐的实物课整合到纽约的奥斯威戈师范学校的教师培训中。美国一些进步的教育改革，如强调环境、利用实物和依靠感觉经验，都体现出裴斯泰洛齐教育思想。

---

① 奥恩斯坦，丹尼尔. 教育基础[M]. 杨树兵，等译. 8 版. 南京：江苏教育出版社，2003：147.

② 郭志明. 美国教师专业规范历史研究[M]. 北京：中国社会科学出版社，2004：35.

③ 奥恩斯坦，丹尼尔. 教育基础[M]. 杨树兵，等译. 8 版. 南京：江苏教育出版社，2003：148.

2. 裴斯泰洛齐教育学说对美国教师教育课程的影响

裴斯泰洛齐相信教师的工作就是培养和激发儿童的好奇心，允许儿童自然能力的显露。裴斯泰洛齐认为对于儿童来说，记忆和背诵教科书的材料是不恰当的，主张儿童应当从自然物体、图画、活动和野外旅行中学习，因为他相信感官是所有学习的核心，在教学中教师应充分利用感官。这种方法要求教师认真备课并在获得物体和使用它们来促进学习方面发挥独创性。①

19世纪四五十年代，裴斯泰洛齐教育学说开始缓慢地影响美国师范教育课程。早在1839年，曾任马萨诸塞州立师范学校校长的皮尔斯在教阅读方法课时即体现了裴斯泰洛齐教育思想的影响。皮尔斯指导他的学生在上课时使用图画。斯威夫特(Harry Swift)在她的日记中记载道："在你开始教学生阅读之前，教他们普通事件，关于学生周围的事情……以及所有看得见的物体。"②在《教学的理论与实践》里，佩奇(Charles Page)总结道："让教师详细想他要讲的内容，然后他可能容易选择教学材料；如果教师有机智，他能使小孩不断询问和观察。"③据记载，1865年，迪金森(John Dickinson)依据裴斯泰洛齐教育学说采取了"分析的、客观的方法"，他解释说，方法"是客观的"，因为这种方法要求通过观察获得；方法也是分析的，因为方法在获得物体知识的分析过程中使用。迪金森也断言："学生应当凭借自己心中的活动获得知识。"④

19世纪60年代，裴斯泰洛齐教育学说真正在美国师范学校扎根，这在很大程度上要归功于纽约奥斯威戈师范学校校长谢尔登和他的同事。19世纪50年代末和60年代初，谢尔登是奥斯威戈学校的督学，他倾心于建立在裴斯泰洛齐教育学说基础上的方法，曾赴加拿大多伦多学校观察裴斯泰洛齐教学法，1861年在纽约州开办了奥斯威戈师范学校。受该校实物教学法教师琼斯(Margaret E. M. Jones)的启发，他创新了实物教学理论，从而形成著名的奥斯威戈方法。奥斯威戈方法的主要原则是：从感官开始；训练小孩不只是听，也要做，即训练动手能力；把每个物体分解成要素，每次陈述一个要素；使每一课都有重点。事实

① OGREN C A. The American state normal school: "An instrument of great good"[M]. New York: Palgrave Macmillan, 2005: 35-36.

② OGREN C A. The American state normal school: "An instrument of great good"[M]. New York: Palgrave Macmillan, 2005: 36.

③ OGREN C A. The American state normal school: "An instrument of great good"[M]. New York: Palgrave Macmillan, 2005: 36.

④ OGREN C A. The American state normal school: "An instrument of great good"[M]. New York: Palgrave Macmillan, 2005: 36.

上，实物教学法为教任何物体提供了一个范本，因此，它是一种可以传给未来教师的教学法。1862 年，一个著名教育专家组参观了奥斯威戈师范学校后，出版了一份观察报告，这份报告宣称：实物教学体系极好地培育了孩子的感觉能力，使之具有清晰的概念、准确的表达能力。因此，这种教学法能为孩子学习科学和积极生活做准备。这个教育专家组建议：在可以实施这种教学法的任何地方，都部分地或完全地采取实物教学体系。[①]

受美国教师协会的倡导，又有一个专家小组参观了奥斯威戈师范学校，并在 1865 年报告了实物教学法。这个专家小组觉得奥斯威戈方法稍显肤浅，但是仍肯定其一般原则。这些报告以及奥斯威戈师范学校毕业生到全国其他地方师范学校任教，推动了谢尔登教师教育课程思想及奥斯威戈方法的传播。[②] 其重要内容之一是教师上课应遵循裴斯泰洛齐制定的以下原则。

①活动是儿童的规律，使儿童习惯于做，即培养儿童的动手能力。

②按自然顺序培养儿童的能力，即首先塑造心灵，然后装备它。

③上课从感觉开始，不要告诉孩子他自己能观察的东西。

④把每一学科分解成要素来教。

⑤教学要逐步进行。

⑥让每一课都有直接或间接的意义。

⑦开发思想。

⑧讲课要从已知到未知、从特殊到一般、从具体到抽象、从简单到复杂。

⑨先综合、后分析不是学科顺序，而是自然顺序。

1861 年，伊斯兰提师范学校校长韦尔奇（Jack Welch）认可“训练儿童感官的实物教学法”的重要性。两年后，密歇根州教育委员会的报告提出：应当修改师范学校学习课程，以便使所有学生都能通过裴斯泰洛齐的小学教学法来接受教育。该报告促使伊斯兰提师范学校开设包括类似“地理实物课程”“拼写实物课程”等教师教育课程。1864 年，明尼苏达州威诺那师范学校重开时，校长菲尔普斯（John Philps）强调实物教学法的重要性，这所师范学校中的一位早期历史学者解释“教学的理论与实践”反映了奥斯威戈运动的影响或美国的裴斯泰洛齐

① OGREN C A. The American state normal school:“An instrument of great good”[M]. New York:Palgrave Macmillan,2005:37.

② BORROWMAN M L. The liberal and technical in teacher education:A historical survey of American thought[M]. New York:Bureau of Pub,1956:115-117;HARPER C A. A century of public teacher education[M]. Washington,D. C. :American Association of Teacher College,National Education Association,1939:122-124;OGREN C A. The American state normal school:“An instrument of great good”[M]. New York:Palgrave Macmillan,2005:37.

主义。1865年恩波利亚的年报列举了实物教学法,并将其纳入"教学的理论与艺术"中,解释说:"实物教学法是依据裴斯泰洛齐教育学说的思想——教师采用有关实物、教具将教学内容生动形象地展示出来,学生通过观察、思考获得知识的一种教学方法。"[①]韦斯特菲尔德师范学校校长迪金森在19世纪60年代末继续通过"实物课"来开展教育。

19世纪中期以后,受裴斯泰洛奇教育思想的影响,师范学校课程开始关注教育问题。这一时期,裴斯泰洛奇的教育思想对美国的影响主要体现在师范学校的建立上,这种影响是通过德国教师学校和法国师范学校来间接实现的,也是在"奥斯威戈运动"促成下实现的。在裴斯泰洛奇的教育理论与实践的影响下,尊重儿童、了解儿童、研究儿童等新的教育思想开始出现,这些新的教育思想在师范学校的培训课程中表现为心理学课程的增加、新教学方法的使用等,这些成为19世纪60年代以后师范学校课程发展的新特点。

谢尔登根据裴斯泰洛齐教育学说,设计了自己的实物教学法并成功实施。此后,美国师范学校纷纷仿效。美国教师教育课程受裴斯泰洛齐教育学说影响明显的地方在于:引进心理算术、口语学习、初等数学、自然学习、家乡地理和写作、绘画和音乐等课程。[②] 1860—1880年,奥斯威戈方法流行于师范学校,直到大约1890年赫尔巴特主义在教师教育机构流行,它的重要性才逐渐降低。[③] 实物教学法改进了教师教育方法课。

尽管实物教学法给教学带来了一定便利,但它仍然是不成熟的理论,正如爱德华兹(Nick Edwards)在教师协会上的提醒:"我们已经获得了一些不成熟的果实。"在伊利诺伊州立师范学校的一次讲课中,他说:"实物教学法倾向于机械地发展言语表达和使教师的工作更容易。"[④]换句话说,实物教学法是公式化的和非理论性的,这也许是它最终被抛弃的原因之一。

(三)赫尔巴特对美国教师教育课程的影响

赫尔巴特是德国著名的哲学家、心理学家和教育家。他对裴斯泰洛齐教育

① OGREN C A. The American state normal school:"An instrument of great good"[M]. New York:Palgrave Macmillan,2005:37.

② ELSBREE W S. The American teacher:Evolution of a profession in a democracy[M]. New York:American Book Company,1939:232.

③ ELSBREE W S. The American teacher:Evolution of a profession in a democracy[M]. New York:American Book Company,1939:397.

④ OGREN C A. The American state normal school:"An instrument of great good"[M]. New York:Palgrave Macmillan,2005:37.

学说很感兴趣，把裴斯泰洛齐的思想重新系统地阐述为一种包括道德教育和系统教学的教育方法。赫尔巴特认为教育应当包括知识和道德，并且每种学科都应和其他科目联系起来。赫尔巴特的追随者发展了流行的五步教学法：①准备——通过参考以前的学习，促进学习者为新的课程做准备；②介绍新课；③联想——将新的课程同以前学习的思想或材料联系起来；④系统化——用事例阐明重要的概念；⑤应用——考查新课的观点，验证是否掌握。[①]

1. 赫尔巴特教育思想在美国的传播

19 世纪 80 年代后期，在赫尔巴特弟子齐勒尔（Tuiskon Ziller）、莱因（Wilhelm Rein）等人的不断努力下，德国掀起了赫尔巴特教育运动。此时，倾心于赫尔巴特教学法的各国学子汇聚在耶拿大学、哈勒大学、莱比锡大学等德国赫尔巴特研究中心，这其中就包括美国的德·伽莫（Charles De Garmo）、麦克默里兄弟（Charles and Frank McMurry）等人，他们回国后成为美国教育界重新认识赫尔巴特教育思想的桥梁人物。赫尔巴特教育思想在 19 世纪 80 年代末传入美国，到 1910 年以后逐步退出美国教育改革的舞台，赫尔巴特教育思想在美国风行了 20 多年，根据各个阶段其理论传播的不同特点，大致可划分出以下几个时期。

①1885—1892 年，美国教育界重新认识了赫尔巴特教育思想。在德国求学的美国学子回国后，在美国组建了多个赫尔巴特教育思想的非正式研究团体，其中伊利诺伊州立师范学校、哥伦比亚师范学院等成为美国赫尔巴特教育思想的研究中心。面对赫尔巴特教育思想在美国广泛的传播，德·伽莫和麦克默里兄弟等人意识到了成立全国性的赫尔巴特研究机构的重要性，于是在 1892 年美国国家教育协会的夏季会议上，在他们的提议下成立了赫尔巴特俱乐部。以此为契机，美国的赫尔巴特研究和推广工作进入了一个新的阶段。

②1892—1910 年，美国教育界接受并传播赫尔巴特的教育思想。可以说，当赫尔巴特教育理论，尤其是其教学法的思想重新被美国教育工作者认识后，美国人投入了远比德国人更高的热情来探讨和实践这一理论。一位曾经翻译赫尔巴特教育著作的美国人在 1895 年激动地说："美国教育家已经开始在赫尔巴特教育理论所营造的气氛中生存、活动和处理一切问题了。"[②]

③1910 年以后，赫尔巴特教育思想的影响逐步消退。从赫尔巴特教育理论重新踏上美国教育领域的那一天起，其立足在哲学和观念心理学基础上的系统完整的教育理论就为包括美国进步主义教育运动在内的教育改革提供了思想的

① 奥恩斯坦，丹尼尔. 教育基础[M]. 杨树兵，等译. 8 版. 南京：江苏教育出版社，2003：149.

② 滕大春. 外国教育通史：第四卷[M]. 济南：山东教育出版社，1992：614.

灵感。但是任何教育理论都不可能单独持久地影响教育的全部,赫尔巴特教育理论也是如此。19 世纪末以后,以杜威为代表的美国本土实用主义教育理论,以实验和调查、而不是以反思和内省为基础的实验心理学,以达尔文的生物进化论为指导的课程设置相继出现。总之,伴随着新的理论形式和研究方法的出现,赫尔巴特教育思想逐渐退出了美国人的视线。①

2. 赫尔巴特教育思想对美国教师教育课程的影响

赫尔巴特学说以赫尔巴特教学理论为基础,把心理学理论系统地转化为引起和培养儿童兴趣的具体教学方法。德·伽莫的《教学方法要义》(*Essential of Methods*)、C. A. 麦克默里(Charles A. McMurry)的《普通教学方法》(*General Method*)以及麦克默里兄弟合著的《背诵教学法》(*The Methods of Recitation*)使赫尔巴特教育思想广为流行并被引进师范学校。19 世纪 90 年代早期,伊利诺伊州立师范学校的麦克默里在其著作《如何背诵》(*How to Conduct a Recitation*)中仔细地解释了"五段法"(the five formal steps of instruction),随后"五段法"成为美国师范学校教师教育科学方法的核心。在师范学校方法课上,19 世纪 90 年代和 20 世纪初的师范生学习利用"五段法"来备课和上课。C. A. 麦克默里说:"我们准备探究所有学科的心理方法。"②

美国赫尔巴特主义者积极践行了赫尔巴特的课程理论。1895 年,当 C. A. 麦克默里发表《课程研究》(*The Course of Study*)的时候,他已经在自己任职的伊利诺伊州立师范学院培训学校中试行了赫尔巴特的课程理论;而 F. M. 麦克默里(Frank M. McMurry)也积极参与哥伦比亚大学的一些附属培训学校,如斯拜尔学校、贺拉斯·曼学校的课程改革。1903—1904 年,斯拜尔学校的《教师学院工作报告》(*Teacher College Record*)还详细地介绍了斯拜尔学校 5 个年级的课程规划,其突出的特点是以历史和自然研究为中心,将科学、烹饪、缝纫、绘画、体育、数学、文学等知识有机地整合为一个整体。1898—1907 年,加利福尼亚、宾夕法尼亚等州的州立师范学院培训机构也开始了赫尔巴特课程理论的实践活动。③

---

① 荣艳红.赫尔巴特教育思想的传播及其对美国初等教育课程与教学论的影响[J].河北大学学报(哲学社会科学版),2007,37(2):72.

② HERBST J. And sadly teach: Teacher education and professionalization in American culture[M]. Madison: The University of Wisconsin Press, 1989: 145-146.

③ MCMURRY D. Herbartian contributions to history instruction in American elementary schools[M]. New York: Bureau of Publications, Teachers college, Columbia University, 1946: 128.

当伊利诺伊州立师范学校成为美国赫尔巴特学说运动中心时，赫尔巴特学说指导全美州立师范学校的教育和调查。例如，在纽约，赫尔巴特学说在波兹坦很流行，甚至在传入实物教学法并广为流行的奥斯威戈也是如此。赫尔巴特学说像野火一样在美国燎原，尤其对密西西比河上游地区的师范学校影响更大。历史、文学教学方法和新心理学被增加到师范学校专业教育之中，教师训练学校的课程被制定出来，其中小学学科课程被分成训练学科、内容学科和动机学科，统觉、关联、社会目的、道德教育和背诵方法被称为新词。赫尔巴特学说迅速从师范学校传播到若干城市学校里，不久便出现在各地学校的课程里。[①]

(1)赫尔巴特学说对奥斯威戈师范学校教师教育课程的影响

赫尔巴特学说思想在师范学校课程里的实施可能首先出现在奥斯威戈师范学校。奥斯威戈师范学校在运用实物教学法的过程中已经掀起了教授法的第一次革命。谢尔登对 1897 年奥斯威戈师范学校课程的描述如下："在实验学校里，学习两种类型的课程……一种类型是科学课程，另一种是历史和文化课程。第三种课程从前两种衍生出来，它可以称作语言学习课程，这种课程包括所有表达模式——符号和记号、口头和书面演讲……至于教历史和文学，我们用关联的方式并通过各个年级来实施……这种课程反映了赫尔巴特学说的影响。"[②]

19 世纪 90 年代早期，谢尔登邀请一位赫尔巴特学说的支持者来奥斯威戈师范学校，希望他能帮助教师和学生把他们的方法牢固地建立在心理学和哲学基础上。显然，谢尔登至少与史密斯(Margaret K. Smith)一样曾认为赫尔巴特的思想和儿童研究交织在一起。谢尔登一直与霍尔(G. Stanley Hall)保持书信联系，信中曾提到怎样开始系统的儿童研究。史密斯在 1887 年结束两年欧洲留学生活回到美国，留欧期间他主要在耶拿大学学习了赫尔巴特学说。史密斯的主要兴趣在心理学，他在 1893 年写了一篇关于儿童研究的论文，该文赞扬了赫尔巴特心理学，认为它是儿童研究的起源，开始把儿童研究、生理心理学、赫尔巴特学说结合在一起。这种结合是 19 世纪 90 年代师范学校发展赫尔巴特教学法的典型做法。

(2)赫尔巴特学说对科罗拉多州立师范学校教师教育课程的影响

施内德(Zachariah Xenophon Snyder)是科罗拉多州立师范学校校长，他利用学教育的长处和优势创造了独特的师范学校课程。他担任校长的第一年引入

① ELSBREE W S. The American teacher: Evolution of a profession in a democracy[M]. New York: American Book Company, 1939: 317.

② CRUIKSHANK K A. The rise and fall of American Herbartianism: Dynamics of an educational reform movement[D]. Madison: University of Wisconsin, 1999: 740-744.

林纳尔(Gustav Adolf Lindner)的《经验心理学手册》(*Manual of Empirical Psychology*)和杜威的书作为心理学课程指定用书,第二年引入赫尔巴特的书作为指定教科书。同时,他也使用他自己写的书。直到1894年他是该校唯一的心理学和教学法的教师,直到1900年他是该校唯一的哲学和教授法实践的教师。他对赫尔巴特学说的强调反映在若干文章中,这些文章或以赫尔巴特学说为主题或把赫尔巴特学说原理融入其他主题里。

然而,他不只是赫尔巴特学说的追随者。作为在科学思考方面坚定的达尔文主义者,施内德寻求把教学法奠基于心理学的全面方法之上。他认为这种全面方法与基因心理学、儿童心理学、种族心理学、生理心理学、实验心理学相一致。赫尔巴特学说的教学法思想适合这种方法,赫尔巴特学说的理想教师教育也符合施内德的主要观点——通过师范学校提供的准备来培养学者、思想家和教师。1896年,他为示范学校制定出一个详细计划,而示范学校课程和师范学校课程都包含赫尔巴特学说的很多要素。

施内德强烈的科学爱好使其在教师教育项目中对心理学各个方面都有充分的关注。在项目中,他提供了生理心理学的高水平实验学习,心理学史和种族心理学学习,种族智力、良知和意志的研究。施内德尝试确定教师教育课程的总结构,他认为准备从事教师的人应当接受系统的教学法训练。很明显,他寻求和赫尔巴特学说同样的相关统一。

1896—1897年,施内德增设了师范学校和儿童研究部,同时组建一个教学法研讨班,这个班主要讨论与示范学校相关的所有教学法问题。施内德凭借这个班,确保不同系的学生参与的工作均与教学实践相关。学习课程围绕三个中心展开——科学、历史和文艺,并开始于童话、神话和寓言。1898年,一个运用了赫尔巴特学说的完整的课程已经形成。从总体上说,在20世纪的第一个15年,科罗拉多州立师范学校仍然是赫尔巴特学说的实践学校。

(3)赫尔巴特学说对伊利诺伊州立师范大学教师教育课程的影响

人们普遍认为在美国形成了以德·伽莫与麦克默里兄弟为旗手、以伊利诺伊州立师范学院为主要阵地的美国赫尔巴特运动。19世纪80年代初期,伊利诺伊州立师范学院把自身建成著名的教师教育机构并激励教师去西部从教。伊利诺伊州立师范学院相信教育科学的存在,强调实际教学对教师培养的重要性,尊重方法,把对受过良好训练的教师的判断放到首位,热情地鼓励和扶持选择教学专业的学生。这个机构发展得很快,当德·伽莫和C. A. 麦克默里在19世纪80年代早期去欧洲时,这个学校的师范部招收大约500名学生,其示范学校拥有 300 多名学生，在当时的美国没有其他机构可以与之相比。[①]

尽管德·伽莫是第一个把赫尔巴特思想从德国带回美国的人，但他对教师教育课程的影响似乎是间接的，除了引入实物教学作为教授阅读的一种方法。按照传统，教学法和心理学由校长教授。1888—1889 年，高级教学法被引入课程体系，该方法依据福禄培尔的教育观点并试图结合受教育儿童的特点和被教学科的特征，它主要围绕下列问题展开：

①学科基本的支配思想是什么？

②学科发展的自然顺序是什么？

③就学科而言，每个年级理想的学习课程是什么？

④在学生品德培养方面，学科的具体教育价值是什么？

⑤在学习课程里，一门学科同其他学科的关系是什么？

德·伽莫确实在师范学校的质量提升方面产生了重要的影响，也可以肯定地说德·伽莫对课堂实施的赫尔巴特教学法的方向产生了相当大的影响。1891 年至 1892 年，库克(John W. Cook)担任伊利诺伊州立师范学院的校长，德·伽莫离开了这所学院。F. M. 麦克默里成为中间年级[②]和小学年级的训练教师。该学院依然使用休伊特的教学法和心理学教科书，并且增加了杜威的心理学的内容。库克使示范学校或训练学校成为优先发展的重点，这促使示范学校建立了一座独立的教学楼。在 F. M. 麦克默里的指导下，示范学校开始考虑“小学教学的目的、学习课程、学科之间关系和教学方法”。

1892 年，C. A. 麦克默里代替 F. M. 麦克默里成为中间年级和小学年级的训练教师。示范学校课程仍然不变，可是第二和第三学期的教学法课程被重组。它由小学六个年级的特殊方法课程组成，包括历史、文学、自然科学、阅读和语言。到 1893 年，师范学校和示范学校课程进行了大的修改，制定了独立的学习课程和学习大纲，课程内容体现了赫尔巴特学说的课程思想。考虑到许多学生只能住校一年，一年三个学期的课程包括所有学科和赫尔巴特学说的教学法。赫尔巴特学说的教学法被安排在第一个学期。地理在前两个学期学习，美国史在第三个学期学习，这两门课程都注意不同年级教学的方法和主题，文学和历史的关联也得到详细展示。在第二个学期中，教学法课程开始关注背诵原则。第三学期集中学习自然科学的特殊方法，不能继续学习的学生至少学习科学独立研究的方法论，可以继续学习的学生将集中学习动物学、生理学、植物学、物理和

① CRUIKSHANK K A. The rise and fall of American Herbartianism: Dynamics of an educational reform movement[D]. Madison: University of Wisconsin, 1993: 771-792.

② 中间年级：7～10 年级。

化学的特殊教学方法。除了在师范学校的实践工作外,学生们使用 C. A. 麦克默里的《普通教学方法》来准备教学。在将近 10 年里,伊利诺伊州立师范学院成为美国赫尔巴特运动的中心。

作为教育研究的理论依据,赫尔巴特学说使得大学把教学法作为大学课程,并作为教师教育课程的重要组成部分。作为实际教学方法,"五段法"被许多教师用作课堂教学组织的指导原则。赫尔巴特学说对美国教师教育课程的积极贡献主要表现在三方面:①他强调历史和文学作为一个文化核心将有助于丰富课程;②他的方法论及其逻辑结构鼓励教师精心备课;③他影响了学科内容与教育方法论的组织。[①]

美国的赫尔巴特运动虽然昙花一现,但对美国的学校教育产生了不可估量的影响,它唤醒了人们对美国学校教育现实的关注,促进了美国学校教育目的、教学方法、师资建设等一系列重要方面的改进和发展。美国赫尔巴特学派所宣扬的"相关"原则,虽然并没有在实践中得到充分运用,但唤醒了教育者对课程设置的关注,使他们意识到学校课程并不是一个个独立的、割裂的个体,而应该是一个有机的整体。美国赫尔巴特学派宣扬的"统觉""兴趣"概念虽然随着心理学发展而遭到否定,但它们使美国的教育者第一次以一种全新的视角来审视教师的教学方法、学生认知和成长的过程。关于美国赫尔巴特运动,无论它的教育理念是"科学的"还是"非科学的",[②]都不能否认正是由于它,"教育学"才真正开始进入美国学校,它为美国现代学校教育的发展奠定了基础。正如帕克(Francis Parker)所评价的那样,"在美国,没有任何一场教育运动能像赫尔巴特主义那样给美国的学校、给美国的教育带来如此大的变化。"[③]

美国赫尔巴特运动是一场适时的教育运动,它出现在美国社会与美国学校教育充满危机和变革的时代,也出现在美国教育特别是美国师范学校对教师培训的内容和方式充满困惑的时代。[④]当时美国的教育家们虽然都认识到美国中小学教师的教学水平、教学方法亟须提高与改进,教师不仅要接受专业培训,更要接受职业培训,但是对于教师培训的内容、方式,其认识仍处于模糊不清的阶段。美国赫尔巴特运动后期将"科学主义"与心理学的方法引入教育学,塑造了

① GUTEK G L. An historical introduction to American education[M]. New York: Thomas Y. Corwell Company,1970:182.

② MOULTON G L. The American Herbartian: A portrait from his yearbooks: Part Ⅱ [J]. History of Education Qarterly,1963,3(4):196.

③ 张斌贤,陈露茜. 赫尔巴特在美国[J]. 教育学报,2006,2(5):26.

④ DUNKEL H B. Herbartianism comes to America: Part Ⅰ[J]. History of Education Quarterly,1969,9(2):227.

科学的教育学的基础，为教师培训的方法、原则提供了指导思想，而大部分美国赫尔巴特学派的成员都积极参与教育培训的实践，虽然教师培训的内容和方式也曾受到艾略特(Charles Eliot)与赖斯(Jane Rice)的批判，[①]但教师培训的内容和方式在美国中小学合理的课程设置与良好的师资培训方面所做的贡献是不可磨灭的。

(四)达尔文进化论对教师教育课程的影响

1870—1930 年，范式转移发生在师范学校的课程里，这种变化反映了对达尔文进化论的理解、接受和应用。达尔文进化论主要被概述在《物种起源》(*On the Origin of Species*)和《人的由来》(*The Descent of Man*)之中。达尔文的进化论使师范学校的道德、科学和专业教育课程发生了巨大变化，因为它破坏了神的意志的观念——它是 19 世纪课程的基础，因为自然界里没有预设的目的或神的干预的观念创造了一场智力和文化的革命。这场革命的根源是领悟进化不是目的论的，换句话说，进化不是有意的，这在科学家和教育家之间产生了很大的矛盾。尽管他们反复地努力来将科学与有先见之明的计划进行结合，可是理论和哲学理解产生了变化，从而导致课程与宗教远离结盟。

下文拟以美国马萨诸塞州最早的三所州立师范学校——弗雷明汉、布里奇沃特和韦斯特菲尔德师范学校为例来说明达尔文进化论对教师教育课程的影响。科恩(Randi L. Korn)借助鲁宾(Bob Reuben)在 1996 年研究著名高等教育机构所使用的三个阶段理论和库恩(Thomas S. Kuhn)的范式转移理论，论证了达尔文进化论对师范学校的教育方法和科学课程的影响。[②]

1. 课程的范式转移和演进

鲁宾发现从古典学院到大学的转变发生在三个重叠的阶段——1870—1900 年(宗教)、1900—1920 年(科学)和 1915—1930 年(人文学科)，有资料表明师范学校课程转变也发生在这三个阶段。1870 年，达尔文的理论已经开始影响科学家思考物种怎样变化，影响心理学家思考人的环境怎样变化。在科学阶段，课程和范式转变用了大约 15 年。在大学里，理论知识的研究很受欢迎，师范学校的小学教育课程开始以同样方式演进，但它集中于应用知识而不是理论知识。

---

① DUNKEL H B. Herbartianism Comes to America: Part Ⅰ[J]. History of Education Quarterly, 1969, 9(2): 227.

② KORN R L. The responses to Darwin in the normal school science and educational methods curriculum: 1870—1930[D]. Boston: University of Massachusetts Boston, 2009: 193-196.

在20世纪初之前,达尔文还未影响教师教育课程,教育被信仰支配,这种信仰即所有真理来自上帝和《圣经》中上帝所讲的话。许多教育家和科学家相信真理的统一性和依照这种假设做自己的工作,这构成了一个范式。师范学校在达尔文进化论的影响下进行范式转移——从有先见之明的设计到自由意志和从真理的统一到经验科学。从根本上讲,范式转移改变了对上帝、自然和人的信仰。进化论否定了《圣经》对创世纪的叙述,这意味着神的智能是没有根据的,科学可以被检测和证明是真的,可上帝的存在和《圣经》的真理不可能被证明。于是这种信仰——全能的和仁慈的上帝作为课程的主要信仰和确定什么是有道德的方式——动摇了。进化论带来了《圣经》真理、人类仁慈和宗教信仰之间的分歧,于是教育者们首选重新定义宗教信仰来帮助重构课程。在试图取代上帝的真理过程中,重构课程带来了古典学院和师范学校的差异。

在科学阶段,师范学校和大学的教师对利用自然和改造自然很感兴趣。这创造了服务社区的科学研究。20世纪初,师范学校开始研究进化心理学。韦斯特菲尔德师范学校发展成一个非常注重研究的中心,其关注的焦点为食物产品上的细菌研究和遗传心理学。韦斯特菲尔德师范学校的学生在实验室工作,以便试验改变种子和黄豆的性能、分析酒精和香烟、预防细菌污染牛奶和创造消毒剂来减少疾病传播。他们从事社会福利工作和波克夏社区的工作。

然而,上述研究工作在1915年受到董事会秘书斯奈登(David Snedden)的阻挠,因为他认为师范学校不需要进行这么高级的研究,教师只需要学习小学课程和怎样培养孩子成为美国的好公民。因此,尽管统一真理被破坏和自然选择的概念被接受,可韦斯特菲尔德师范学校的转型依然受阻。师范学校被阻止像大学那样发生转变,因为斯奈登相信教师教育课程基于道德行为,而不是信仰和宗教。这使大多数心理学理论框架在课程中的地位和作用被削弱。一方面大学发展其他方式来扩展教育,另一方面斯奈登主张以道德行为作为课程体系的基础,这确实不利于师范学校进行完全的范式转移。①

在布里奇沃特师范学校,进化危机创造了一种维持人全面发展的教育的需求,社会学学者李尔斯(Hane Lears)把这种需求称作"真实的经历"。这所师范学校增加了学生在学校花园了解自然的机会,允许学生为了科学而多观察自然。校长鲍溢登(Arthur Boyden)采纳霍尔的观点——儿童应当体验乡村来观赏自然的风景,城市的生活是不自然的,生活在城市不了解乡村的儿童是有缺陷的。

① KORN R L. The responses to Darwin in the normal school science and educational methods curriculum:1870—1930[D]. Boston:University of Massachusetts Boston,2009:197-200.

显然，霍尔认识到已经存在的现代社会和统一的身体、心理和精神之间的分裂。布里奇沃特师范学校的校长艾伯特(Bune Albert)和鲍溢登是儿童运动和学校花园运动的倡导者，他们开发了一种全面的、跨课程的项目。这种项目把自然课程和其他学术学科的精神联系起来，自然提供了人们可以沉思生命的起源、设计植物和讨论在人的性格发展中自然与养育的启示，也提供了社会福利工作事项，学生应该在学校学习保护生态环境和地球资源的知识。

2. 课程中的科学内涵演变

大学的影响和达尔文进化理论的应用通过课程改变了师范学校的教学方法。化学成为实验和观察的主题，教学方法从讲课变成实验室实验和田野工作，观察生活成为学习的重要方面。尤其是师范学校学生详细地观察学校里的孩子和自然环境中的动物，这种观察包括相互作用、行为、运动和进步。

在科学阶段，大学的一个主要变化在于心理学成为学科和教育方法课程的框架。大约1880年，是弗雷明汉、布里奇沃特和韦斯特菲尔德师范学校放弃了伦理学而接受心理学作为教学法学习的转折点。早期的课程包括遗传心理学、儿童研究、生理心理学和普通心理学。[①]在达尔文的进化论传播后，学习心理学的方法发生了显著的变化。在19世纪和20世纪之交，心理学是心灵的科学，它的学习包括意识心理、心理与道德行为、身体活动、想象力、感觉和记忆发展的学习。儿童发展在1904—1910年被称作遗传心理学，它包含遗传进化的观点和影响人的发展因素。

19世纪90年代，美国师范学校普遍受到了詹姆斯(William James)的影响。他注意到影响学生生活的行为习惯问题，认为教师的职责在于培养积极的习惯。詹姆斯认为实物教学课程提供给孩子在生活环境中需要的经验。在达尔文的进化论传播后，詹姆斯进一步发展了这个思想。他认定习惯发展是一个进化过程，随着人类演变，他们的习惯也在演变，确保生存发展习惯的能力随时随地地演变，被看作心理演进的器官——大脑促进了心理学作为进化学科的学习。

杜威和他的学生克伯屈(William H. Kilpatrick)的影响也存在于专门化的学科中。杜威在1915年详述了提供实物教学课程的方法论，他坚持认为这些课程必须关注儿童道德、社会发展和特殊的学术主题，因为完整的经历帮助儿童成长为明智地参与美国社会的公民。因此，在课程中补充完整经验使积极习惯得以发展成熟的观点属于进化观点，因为它动摇了社会遗传是不变的传统观念。

① KORN R L. The responses to Darwin in the normal school science and educational methods curriculum：1870—1930[D]. Boston：University of Massachusetts Boston，2009：201-204.

尽管研究人员努力发展心理学并将其作为一门学科,可师范学校董事会不允许大学教师把它作为一门专业来开设。20世纪初,严格心理学课程转变成一系列缺乏理论框架的方法课程。1923年,学校董事会的理事注意到渴望专业课程的师范学校的教师,开始构建教师教育课程,但教师教育课程的理论与实践缺乏联系。到20世纪20年代末,每个师范学校都提供了一系列与实践科学课程相关的教育方法课程(教师教育课程的一部分),如弗雷明汉提供了两门内容课程——实践科学课程一、课程二和两门方法课程——实践科学方法课程一、课程二。

3.课程中的方法内涵演变

19世纪教师教育课程的专业化意味着自由主义的文化知识的发展,这种知识旨在训导学生心理和教学生怎样在社会生活。专业学校的教师教育者设计包括学术内容和教学内容的课程。19世纪师范学校校长具有创新性,他们吸纳来自大学的心理学和儿童研究的新领域的许多现代思想。在达尔文的进化论传播之前,师范学校很清楚其目标是培育全面发展的人(educate the body,mind and spirit in unity)。实际上,师范学校学生学习模仿神学家旨在发现真理、自然美和人的性格,这种观念构成宗教阶段的师范教育的范式,它把学生学习的学术课程统一起来以帮助学生探索意志、心理和感觉。这种师范教育的范式创造了富有理想和直觉的教师——教育学生的艺术家。达尔文的进化理论传播后,要求培育整个心灵的教学艺术性被经验知识的方式转移所削弱,师范学校的学生在教育课程中被传授科学的方法来使自己具备学校和社会需要的品质,詹姆斯即建立了这样的理论——学问来自怎样处理感官,认同这个理论的教师必须承认学生的学习经验是学习过程的一部分。

20世纪早期的教育测试运动依靠科学调查和实验性证据来判断学生的智力及教育成效,这是定量的。可是,教师必须理解经验怎样影响每个学生的学习过程,这又是定性的。教育测试运动使教师教育采用统一的规范性的方法,但仅允许教师比较测试的分数,无法应对每个学生所拥有的千差万别的个人经验。当实验及测试成为规范性的或自动化的时,教师教育便成为流水线生产,而事实上人们不可能批量生产成功的学习经验。①

在达尔文进化论传播之前,有教学的科学和艺术,教学的艺术成为教师训练课程的一部分。弗雷明汉、布里奇沃特和韦斯特菲尔德师范学校的校长检查和

① KORN R L. The responses to Darwin in the normal school science and educational methods curriculum:1870—1930[D]. Boston:University of Massachusetts Boston,2009:205-208.

合并新领域和学科，他们也重视教师教育定性的方面。达尔文进化论的传播，推动把教师作为科学家来训练的运动，要求教师教育者公开承认教学是科学和工艺并使之合理化。教育专家艾斯纳(Eliot Eisner)宣称如果只依靠科学手段来训练教师，教学就会变成控制行为和限制人性潜力的方式。艾斯纳注意到以当时的状况来说，教育只接触到了人类学习的表面，他认为教师的角色更接近谈判代表而不是木偶操纵者和工程师；甚至当教师成功塑造学生可观察到的方面时，他们仍被挡在学生内心世界之外——除非教师能接触学生心灵。

总之，达尔文进化论带来的科学方法对培养全面发展的人产生了负面影响，因为它使教学从艺术转向科学，且过分强调教学的科学性，否定教学的艺术性。但教师教育需要艺术和科学，若没有艺术性，教学将会僵化。

4. 道德教育的变化

进行道德教育一贯是师范学校课程的一项重要功能。1870—1900 年，道德教育在师范学校课程体系中的位置从普通教育课程发展到科学实验室训练。但是，直到 1930 年，道德教育还被固定在师范学校核心的课程位置上。

美国教育的历史与道德教育相结合。美国教育的创建者相信教育和受过教育的人是民主社会的主要成分。因此，创建者支持公共教育(包括道德教育)和支持女子作为这种教育的教师。教师教育的首批支持者相信女子最适合教养孩子和灌输基督教道德，因为女子被认为是“社会道德监护人”。在宗教阶段，师范学校的教学把课程与品质联系在一起。

达尔文进化论创造了重新定义道德和社会标准的需求。重要的两个变化在于以下两个方面。第一，师范学校里的教育方法和科学课程确保教师道德不仅适合生存，而且与社会规范保持一致。因此，强制地选择具体的、预先决定的、基于确立标准的过程——展示适应性——对科学和人文学科阶段的课程极为重要。这个过程展现了公民自然选择的范式，人与自然作斗争成为科学阶段品德形成的基础，这种情况持续到整个人文学科阶段。教师通过课程训练来完成促进社会进步的任务，因为师范学校教育的目的首先是改进教师的适应性，然后使教师提高学生的适应性。换句话说，公民的自然选择不是自然的，因为师范学校的学生被强制地接受好公民的思想观点，课程缺乏达尔文进化论描述的自然选择的随机性。① 第二，世俗知识变成了世俗道德，它得到了自由主义者、新教的理想主义者的赞同。服从、诚实和克己的自由主义的新教价值是美国好公民的

① KORN R L. The responses to Darwin in the normal school science and educational methods curriculum：1870—1930[D]. Boston：University of Massachusetts Boston，2009：209-213.

性格特征,师范学校运用这些价值来评估其学生。1915年后师范学校采用智力测试,到20世纪20年代智力测试完全成为课程的一部分。在教育测量课程里,师范学校的学生学习可能用于孩子身体、社会和心理进步的不同的测试,他们也讨论怎样把测试用于未来课堂教学,而教这种课程的方法是使用实验室和实验。总之,这一时期师范生忙于接受和反思这种测试,师范学校也受定量而不是定性的措施的影响和限制,结果使师范学校学生在人文学科阶段依靠测试学会"设计"公民,而不是发展儿童独立思考和行动的能力。

5. 多元文化的基础

在近代美国,教师教育总是包含迪金森所说的"公共义务",这个义务从1870—1900年的个人转变到1900—1920年的社区,继而转变到人文学科阶段的美国公民。总体上来讲,这种转变反映了社会的改变。在20世纪之前,美国文化以这样的观念为基础——个体意志和遗传的性格表明个体的生存和有益于社会的能力,其中包含智力和道德。进化论拓展了这个观念,品格培养遂成为一项国家运动,这引发了多元文化的开端。

在发展多元文化方面,师范学校受到大学的启发。高等教育的社会科学家把进化论用于人类社会,重新定义社会真理,并指望通过强化超越人类意志以外的文化和社会障碍的意识来提高美国社会价值。师范学校的管理者对高等教育取得的进步感兴趣,他们邀请外部人士来做关于如何教育聋、哑和身心有缺陷儿童的讲座。在人文学科阶段结束时,师范学校课程开始包括教授身心有缺陷的儿童的方法。1921年后,教育方法课程包含教授阅读、理解和测量正常儿童等方面技能。人们开始认识到,教师的道德教育应包括承认和尊重美国公民的多样性,帮助学生学习民主社会的责任;生活在多元文化社会的教师应当被训练来帮助学生讨论和尊重多样化的信仰制度,包括宗教、经济和社会差异。教育的一个目的是训练具有新教价值的公民,然而公民训练也包括怎样参与民主社会、保存自然资源和开发劳动力,促进公民的教育在尊重和重视种族和性别的差异方面取得很大进展。

四、"职业化"取向的教师教育课程设置

在师范学校时期,教育理论课程的出现是教师教育课程史上的进步。受裴斯泰洛齐教学思想的影响,美国师范学校在19世纪中期以后开始普遍关注教育教学理论问题。裴斯泰洛齐关于儿童发展和教学过程的新概念,给师范学校的发展指引了新的方向,改变了传统课堂教学的过程,由此,心理学成为师范学校的引导性学科。19世纪末到20世纪初,加上赫尔巴特教育思想等因素的影响,

教育专业课程开始大量被纳入教师教育课程。

(一)"职业化"取向的教师教育课程设置概况

美国内战以前,绝大多数小学教师没有接受过专业训练。1860 年后,人们已普遍接受师范学校作为培养小学教师的机构。由于公立高中的数量扩增,对高中教师的需求急增,师范学校参与培养高中教师,因此不得不提高教师教育项目标准。1865 年,马萨诸塞州设立 2 年师范学校课程,这逐渐变成当时美国大多数师范学校的最低标准。1869 年,有些学校采取最低 3 年课程。1870 年,一个 4 年的课程被引进。此后,随着师范学校希望向更高层次发展,师范学校课程年限逐渐延长的趋势更明显。[①] 师范学校尽力把师范课程逐渐扩展成授予学士学位的大学层次的专业项目并试图把项目年限延长到 4 年,在师范课程里增加通识课程和学术课程。由于不同的州经济发展情况有差别,师范学校的质量也有很大差异。如在南部较贫困的地区,教师教育课程只有一年。19 世纪末,有些机构在中学后教育的基础上提供 4 年的教师教育项目。[②]

在师范学校时期,文理学院和大学开始缓慢地引进中学教师教育项目。文理学院和大学在 19 世纪上半期,试图参与中学教师教育项目,可没有成功。直到 19 世纪末,它们才成功地把教育作为学科引进课程学习,培养中学教师。随着教师教育新形式的快速发展,教师教育课程的扩增,教育作为学科内容不断扩展,[③]这促进了教学理论的发展,从而提高了教师教育项目的质量和促进了教学专业化。

在师范学校时期,受裴斯泰洛齐和赫尔巴特的教育思想以及达尔文进化论的影响,师范学校开设了广泛的教育专业课程。第一类教育专业课程是教育基本理论,所有的师范学校均开设了教育心理学,也有一些学校开设了教育哲学。第二类教育专业课程是教育史,师范学校普遍开设这一课程,这一时期教育史比其他教育专业课程更为有名。第三类教育专业课程是概论性的学科,涉及教学的理论和技术。最后师范生在示范学校里工作或实习。[④] 例如,1889 年 9 月康涅狄格州第二所师范学校创办,它的课程设置与 1850 年师范学校课程设置最大

---

① WRIGHT F W. The evolution of the normal schools[J]. The Elementary School Journal,1930,30(5):371.

② CREMIN L A. The heritage of American teacher education[J]. Journal of Teacher Education,1953,4(2):164.

③ CREMIN L A. The heritage of American teacher education[J]. Journal of Teacher Education,1953,4(2):163-170.

④ 布鲁柏克.教育问题史[M].吴训元,主译.合肥:安徽教育出版社,1991:486.

的不同是教育专业课程有了大量增加，在该校 2 年的 43 门课程中，有 16 门新增加的课程，其中教育学、心理学、课程研究、示范小学的观察、实习等课程占到 1/3。在美国教育史上，这是教育专业课程第一次大量进入教师培训过程中，它表明教师培训突破了任教学科的范围，开始在教育理论方面取得发展。[①] 教育理论课程的普遍开设，使教师培训的内容得以增加，促使培训时间从 2 年延长到 4 年。于是，一些师范学校升格成师范学院。学院层次上的教师教育的开展是美国 19 世纪末 20 世纪初高等教育发展的新方向，它标志着高等教育层次上的教师教育的开展，也标志着教师的职业规范开始具有与其他专门性职业相同的起点，还标志着教师培训开始由一般的职业培训进入专业培训。

需要特别指出的是，师范学校时期有两个重要组织影响着教师教育项目的标准：州教育部门和自发的教育专业协会。19 世纪下半期至 20 世纪初，州教育部门通过建立标准、监督教师资格考试和颁发证书来逐步影响教师教育项目的标准。例如，当州要求未来中学教师学习教育课程时，文理学院和大学开始引进这些课程服务学生，从而促使资格证书和教师教育项目的这种关系一直持续下来。教育专业协会主要通过三种方式来影响项目标准：第一，最早和最普通的方式是它们为教育管理者提供机会来交流教师教育的理论和实践的观点；第二，它们任命委员会来研究机构共同的问题，并提出建议；第三，它们通过认证来影响。[②]

截至 1910 年，美国中小学教师教育模式有四个显著特点：第一，美国中小学教师由不同机构的不同教师教育项目培养；第二，州教育部门和自发的教育专业协会不断加大对教师教育项目的影响；第三，许多教育者已经相信中小学教师都需要学习教育专业来装备通识教育和任教学科内容；第四，除了职前教师教育外，还需要在职教师教育。[③]

1. 师范学校课程设置

美国师范学校的课程设置在南北战争前后是有区别的。南北战争前，师范学校课程设置极为贫乏，主要有两类：其一是普通小学所设的学科课程；其二是有关教学理论和方法的课程，包括教学艺术、学校管理、教学实习等。此时，“师范学校只负责培养初等学校的师资，学制初期为 1 年，后来延长至 2 年，相当于

① 郭志明. 美国教师教育课程变迁与教师专业化[J]. 学科教育，2004(5)：2.

② CREMIN L A. The heritage of American teacher education[J]. Journal of Teacher Education，1953，4(2)：163-170.

③ CREMIN L A. The heritage of American teacher education[J]. Journal of Teacher Education，1953，4(2)：163-170.

中学水平。学生学习历史、心智哲学和教学理论。"[①]师范学校都附设有示范学校作为实习场所。以马萨诸塞州第一所师范学校为例，它设置的课程有阅读、写作、数学、地理、语法、作文、哲学、音乐、绘画、生理、几何等。这与一般中学开设的课程大体相当，与普通中学课程的不同之处是师范学校开设各科教学法的课程。但是由于就读师范学校的学生水平甚低，师范学校往往成为补习学校，没有像学院与文实中学一样提供文理训练。

南北战争后，随着各门教育学科的产生和对欧洲教育理论的学习，教育课程日趋繁多。19 世纪后期，受到裴斯泰洛齐和赫尔巴特教育思想的影响，师范学校的课程发生了变化。一种变化是将学科专业知识专业化，另一种变化是强调教学方法和技能培训。在前一种变化中，学科专业知识的教学法成了主要课程，这类课程注重培养未来教师反思其自身学习中小学科目的经验，以便将来指导学生学习。在后一种变化中，最先推崇直观教学法，学生主要学习教授不同科目的方法并进行实践。"五段教学法"在 19 世纪末取代了"直观教学法"在师范学校的中心地位，这种方法强调教学技能的养成。[②]

到 19 世纪末，师范学校教育专业课程明显增多，教育理论性科目也相应增加。例如，芝加哥师范学校教学法与课程委员会所提供的一份报告体现了这种课程改革的趋势，它指出 19 世纪末师范学校的教育专业课设置情况：教育实习及观察课占总课时的 28%，教育史课占 10%，教育科学占 21%，初等教育方法占 24%，心理学占 15%。[③] 1890 年，有的学者对当时师范学校的专业课程做了总结，即"包括 13 周教育史、27 周教育科学、31 周的小学教学方法、20 周的培养道德品质的科学(一周连续 5 天，每天 45 分钟)。教学实践包括 50 小时的学校观察，每次 45 分钟，然后进行教学实习。"[④]由此可见，有关教育专业的课程种类已大大增多，所占课时总数也大大增加，使师范生有可能获得较为丰富的教育理论和心理学的知识，致使教学工作能够建立在教育学、心理学的基础上，从而提高了教学工作的科学化水平，同时也说明师范学校课程大部分是技术性的。

---

① BUTTON H W, PROVENZO E F. History of education and culture in America[M]. New Jersey: Prentice-Hall, 1989: 12.

② HOUSTON W R, HABERMAN M, SIKULA J P. Handbook of research on teacher education[M]. New York: Macmillan, 1990: 213.

③ PANGBURN J M. The evolution of the American teachers college[M]. New York: Teachers College, Columbia University, 1932: 28.

④ PANGBURN J M. The evolution of the American teachers college[M]. New York: Teachers College, Columbia University, 1932: 14.

2. 文理学院教师教育课程设置

文理学院是美国早期以来培养教师的一种机构。一般来讲,文理学院在其成立的特许状上就注明其目的是培养牧师和中小学教师,为此,许多文理学院制订了教师教育计划。文理学院有这样一种认识:培养教师就是培养个体和公民,使他们具备仁慈的品性和杰出的才能。基于这一认识,在 19 世纪上半叶之前,有观点坚持认为文理教育等同于教师教育。本着这种观点,早期文理学院的教师教育内容大多出自古希腊、古罗马的经典著作。① 文理学院教师教育课程的设置一方面通过传统的教科书向学生传授普通知识,培养学生终身学习的习惯和技能,培养学生的仁慈和社会责任感;另一方面培养学生的教育思想,如课程中设有心智哲学和道德哲学,讨论人生的意义、教育在社会中的作用、学习的本质、人类发展及教学方法等。

美国南北战争以前的中学教师,一般由大学和文理学院来培养,但并未经过专门的师范教育训练。南北战争结束后,公立中学运动使中学教师需求快速增加,同时大批师范学校也随之出现,使教育家们逐渐认识到中学教师和小学教师一样,除了必须具备文理知识外,也必须接受专门的师范教育训练。因此,一些文理学院也提出要开设教育学科的课程,以适应培养中学教师的要求。

19 世纪后期,随着现代大学的建立以及社会学、生物学和自然科学的发展,文理学院的古典课程受到了现代大学的挑战,教师教育计划逐渐开始平衡文理教育和学科专业教育的内容。② 尤其是 19 世纪末和 20 世纪初,文理学院教师教育的特点是通识教育占优势,注重师德和个性发展的培养,重视教学研究和本科生教学,同时设置教育类课程和学科专业课程,这使得学生有机会思考如何将教育学内容运用到学科教学中。③ 这些都促使文理学院教师教育课程放弃"文理教育等同于教师教育"的传统观点。④

3. 综合性大学教师教育课程设置

19 世纪中期以后,综合性大学相继设立教育学讲座,教育系和教育学院开

① LUCAS C J. Teacher education in America: Reform agendas for the 21st century[M]. New York: St. Martin's Press, 1997: 98-99.

② HOUSTON W R, HABERMAN M, SIKULA J P. Handbook of research on teacher education[M]. New York: Macmillan, 1990: 214.

③ GOODLAD J I. Teachers for our nation's schools[M]. San Francisco: Jossey-Bass, 1990: 80-82.

④ BORROWMAN M L. Teacher education in America: A documentary history[M]. New York: Teachers College Press, 1965: 1.

设教育类课程。综合性大学将教育视为应用科学，推崇“教育是科学”的观点。20 世纪初，随着综合性大学教育学院和研究生院的发展，基于综合性大学的教师教育模式得到了广泛认可。早先把裴斯泰洛齐和赫尔巴特的教育思想作为教育科学理论基础，后又借助新建的、正在发展的社会科学（尤其是心理学和社会学）的实验和定量方法，希望把教育学建成真正的科学学科。哥伦比亚大学师范学院院长拉赛尔(James Earl Russell)等人在 20 世纪初提出了一个标准的适用于本科生的教师培养计划，主张适当的教师教育计划应包括四个基本部分：“通识文化或知识”；“特别学术”（指跨学科的综合的和概要的学习）；“专业知识”，或系统调查理论和教育实践；技能教育，或实践教授法专门知识。每一部分都在传统的四年制本科教师培养计划中占有一席之地，并成为最为通用的教师培养模式。[①] 拉赛尔的教师教育模式成为之后教师教育最普遍的模式。

总之，综合性大学的教师教育，一方面把普通文理教育作为基础，另一方面也强调技能的训练，兼顾学术性与专业性的要求。

(二)弗雷明汉师范学校教师教育课程设置概况

在美国第一所州立师范学校课程设置的前 30 年里，师范学校的大多数课程由必要的任教学科内容组成，一半课程涉及小学学科和教这些学科的方法或教学艺术，只有少部分课程学习教育基础。1861 年美国第一所州立师范学校改名为弗雷明汉师范学校，尽管在 19 世纪 60 年代，这所师范学校学制延长为两年，但如果是有教学经验的学生则可以在一年半学完课程。根据 1865 年师范学校课程目录，常规课程的时间是两年；但已经有教学经验的和教学合格的学生可以在一年半学完课程，最短时间可能是一年。道德哲学课程变成心理和道德哲学，同时添加了一门教育基础课程——学校规则，它被看作教育基础和教学方法要求的结合，即“教学理论和艺术”。其他课程是复习小学科目内容和教学训练课程。在第三学期，学生和教师进行评课练习。据推测，师范学校教师试图满足马萨诸塞州总督埃弗雷特的期望——每门课程的一半内容用于教学方法的学习，然而没有证据表明这种期望被达成。[②]

19 世纪 70 年代，当耶鲁大学和哈佛大学制订首批研究生计划时，弗雷明汉

① LUCAS C J. Teacher education in America：Reform agendas for the 21st century[M]. New York：St. Martin's Press，1997：101-102.

② HELTON J A. A historical analysis of teacher preparation program content beginning with teacher normal colleges in 1839 through school district alternative certification programs in 2007[D]. Orlando：University of Central Florida，2008：86-91.

师范学校通过增加一个培养中学教师的两年计划来扩大规模。根据 1876 年师范学校课程目录,录取的大多数师范生准备不足,因此师范生完整复习小学学科的内容实属必要。师范学校的目标是准备教学,这个目标一开始就受到关注,且在课程的最后一年尤其突出。学生在最后一年里,通常通过作为实习学校的助手和单个班级的教师,有机会不断地观察、评价他人的教学,同时进行教学实习。两年的课程也包括心理和道德哲学以及教学的理论和艺术。1879 年的课程目录还包括一个有关任教学科方法目的的解释,复习小学学科的内容被认为是必要的,但要和学习任教方法结合在一起。除了描述教学艺术之外,心理学被描述成"心灵的科学"和"所有真正的教学基础"。

1880 年,马萨诸塞州教育委员会通过投票规定师范学校的课程,引进的立法规定师范生必须有完备的知识:首先,学习小学要教的学科内容;其次,学习教这些学科的最好方法;最后,进行适当的心理学训练。学习的第一年致力于学科内容训练;第二年包括一门新课程"教育科学和教学艺术"和一门新的基础学科"教育史",而行为科学被包含在心理学课程中,旨在揭示行为科学的原则。

19 世纪 90 年代,弗雷明汉师范学校制定了一个"普通两年课程",其中包含心理学、教育史、教育原理、教学方法和训练、学校组织,在培养教师的第一年没有强调学科内容知识。另外,根据马萨诸塞州学校法,下面这些学科的教学方法被强调:①英语——阅读、语言、修辞、作文、文学、历史;②数学——算术、簿记、代数、几何;③科学——小学物理和化学、地理、生理学、矿产、植物和动物;④绘画、声乐、体育、手工训练。除了强调教育基础和教学方法课程之外,师范学校还引进一个教师教育项目,规定如果大学和高中毕业生能提供优秀的学术成绩以及适合教学的证据,他们可以选择在一年里学完所有课程,在成功学完所有课程后,他们可获得教师资格证书。

1900 年,弗雷明汉师范学校的课程通过两种方式扩增:第一种是在星期六提供一种类型的专业准备,其实相当于开设在职教师培训课程;第二种是增设家政系,因为其毕业生很容易在公立和私立学校找到工作。

1903 年的课程目录首次强调"健康状况"。在整个学习期间,所有师范生都要在体育馆接受训练,这种训练有双重目标:第一,增强师范生体质,使之能够适应严格的学校学习;第二,为师范生将来开展这方面的教育作准备。

另外,美国南北战争后,弗雷明汉师范学校在为女性准备的教师教育项目里继续安排学习英语、数学、历史、科学、绘画、声乐、体育和手工训练以及教这些课程的原理和方法,也提供关于人的身心知识、教育原理的学习课程,以及这些原理在学校组织、学校管理和教学艺术中的应用实践机会。

(三)宾夕法尼亚州立师范学校教师教育课程设置概况

宾夕法尼亚州立师范学校的校长们承担学术事务上的责任,对学生和教师进行监督。除了教学、保障纪律和实施董事会通过的政策外,1857 年师范学校法授予校长们确定入学标准、课程和学习期限长短的权力。① 因此,宾夕法尼亚州立师范学校校长们的主要责任之一是设计小学教师教育课程。他们通过把师范学校训练的流行思想与自己作为学生、教师和教师教育者获取的知识结合在一起来确定教师教育课程。教师教育课程的设计体现了校长们关于理想教师的哲学理念,因为校长们在设计课程时必须思考:教师的作用是什么? 哪些知识和特征对教学是必要的?②

师范学校校长们共同负责决定学习课程、入学标准和学期长短。他们和督学每年在一起开会时都要对学习课程、入学标准和学期长短进行评估,并做出相应决策。从 1890 年到 1930 年,宾夕法尼亚州立师范学校课程经历了五次修改,致使教师教育课程从强调学术课程转变到更强调专业技巧和教授法的学习。

1. 1890 以前的教师教育课程情况

1890 年前的宾夕法尼亚州立师范学校的课程目录列举了几项学习课程:年龄较大的师范生的准备课程类似于示范学校的课程;已经学习这些准备课程的学生或拥有相当于小学学科知识的学生——依据法律规定可以教小学——可以学习两年小学师范教育课程。换句话说,师范学校学生的入学条件是具备小学学科知识。宾夕法尼亚州立师范学校的这种入学要求一直持续到 1920 年。初等教师教育课程包括小学学科——阅读、写作、算术、拼写、地理、语法和历史——复习,两个学期的教学理论,最后一个学期的教学实习。这些课程主要是为了培养农村小学教师。

除上述课程之外,宾夕法尼亚州立师范学校还提供两类教师教育课程。第一类是科学教师教育课程,集中于理科和数学,它的学习时间是两年。这种类型的教师教育课程培养的是准备在英语中学从教的未来教师,但该类课程在 1902 年被放弃了。米勒斯维尔师范学校提供了 7 年的科学教师教育课程并培养总共 88 名师范生。第二类是四年古典教师教育课程,它旨在培养在古典中学任教的教师,内容涉及许多希腊古典文献。古典教师教育计划在 1878 年被师范学校校

① BUGAIGHIS E T. Liberating potential: Women and the Pennsylvania state normal schools,1890—1930[D]. Park:Pennsylvania State University,2000:79-78.

② BUGAIGHIS E T. Liberating potential: Women and the Pennsylvania state normal schools,1890—1930[D]. Park:Pennsylvania State University,2000:95-98.

长委员会的决议正式终止，然而一些师范学校用某种方式继续开展古典教师教育。科学和古典教师教育计划旨在提供接近大学的教师教育课程。另外，学生学习教师教育课程有着经济激励。1866 年，宾夕法尼亚州拨款资助了 17 名将来愿意在该州教学两年的学生。1867 年，师范学校规定学生必须注册学习教学的科学和艺术，同时负担学生的吃、住和额外花费。

宾夕法尼亚州立师范学校教师教育课程主要集中在对小学学科内容的复习上，这与宾夕法尼亚州立师范学校服务的农村学生的教育背景联系在一起。一些学生直接从 8 年级进入师范学校，因为中等教育机会太少，也因为文实中学学费昂贵且招生人数少。直到 19 世纪 90 年代，师范学校校长们开始努力地修改师范学校课程，提高师范学校课程质量。

2. 1894 年师范学校课程修改

1888 年和 1889 年有 4 篇批评师范学校课程的系列文章分别刊登于《宾夕法尼亚学校杂志》(*Pennsylvania School Journal*)，这些文章可能是促使师范学校校长们考虑修改课程的原因之一。有人批评州立师范学校专业课程的缺陷，尤其是卢特霖(William Noetling)，时任宾夕法尼亚州教师协会副主席，认为教学实习所用时间不能保证培养一位成功的教师。他评估了学习课程的实施，发现两年学习课程中的所有专业课程都放在第二年进行，认为科学新领域的学科应当立即引入师范学校课程，因为这些学科为理解儿童心理发展提供基础。

1894 年的课程修改试图延长学习时间，可最初两年初等教师教育课程没有变化，学生要学完初等教师教育课程后才能注册学习新课程。学生要学习学校管理、教小学学科的方法、教育史、教学实践和写专业学科论文，也要学习数学、历史和艺术。新增加的教师教育课程集中在一年开设。从理论上讲，新课程计划把师范学校课程的学习时间延长到 3 年，这种新教师教育课程包括教育哲学、教学讲座、拉丁语和理科。师范学校科学课程学习的计划时长超过常规师范课程，它的学习时间是一年，强调数学、理科和拉丁语学习。此外，还有 5 年的高级课程，包括科学、心理学、方法和重要理论家的原著的学习。教师教育课程时间的延长(3 年或 5 年)在 1896 年生效，可供选择的教师教育课程模式对学生没有多大影响，因为没有人学习高级课程，大多数学生继续学习两年教师初等教育课程。[①]

1900 年，州立师范学校课程与文实中学和公立中学的课程相似。尽管一些

① BUGAIGHIS E T. Liberating potential: Women and the Pennsylvania state normal schools, 1890—1930[D]. Park: Pennsylvania State University, 2000: 99-102.

文实中学和公立中学也培养小学教师,可在理论方面,师范学校不同于文实中学和公立中学,因为师范学校的目标是教给未来教师传授学生知识的技巧。然而,人们很难评估宾夕法尼亚州立师范学校在多大程度上坚持这种目标,因为教学知识不同于学术知识。教学知识要求把未来教师学习科目与学生怎样学习这些科目结合在一起,把学科内容知识与传递给学生信息的最好方法融合在一起,为后来被称作“专业化”的课程学习打下了基础。

3. 1900 年师范学校课程修改

1898 年的师范学校校长会议记录里的讨论表明宾夕法尼亚州立师范学校校长们把该州的师范学校与其他州的师范学校进行对比,校长们对两年初等师范学校课程表示满意。但爱丁波罗师范学校校长弗里克因格(John R. Flickinger)在他的文章《师范学校的变化》(*Changes in the Normal School*)中总结道:当他回顾师范学校课程时,他对课程感到羞愧,并且忍不住要批评,因为他很愤怒把终身教师资格证书给予不能胜任的人,即把毕业证授予能力平凡和只学习最低要求课程的人。1899 年,另一位师范学校校长埃尔顿(Jason Eldon)响应这种观点并告诫:五花八门的学习课程和不好的师范学校政策促成学生实现毕业目标。他不提倡更加严格的课程,因为他认识到师范学校吸引的学生是当地条件较差的农村学校的学生。另外,宾夕法尼亚州没有对那些有抱负的未来教师学习师范学校课程给予奖励措施。到 19 世纪 20 年代末,宾夕法尼亚州提高要求——师范学校学生必须拥有两年学习的毕业证书。

1900 年,宾夕法尼亚州督学致该州的所有师范学校校长一封公开信,要求他们考虑把师范学校课程学习时长至少扩增到 3 年。经过各个师范学校充分讨论之后,在 1900 年 11 月的师范学校校长会议上采纳了 3 年的新课程的建议,此新课程的一个特点是增加了理科、英语和美国文学学科。第一年,教学法学习被限制在学校管理课程中;第二年,学生研究心理学和教学方法;第三年,学生学习教育史、教学法,并参加师范学校实习和写教育主题的论文。新课程的另一个特点是增加了两门补充课程,这使学生获得教学法学士和硕士学位。学生要获得学士学位,则必须学习增加的教学法课程并通过州考试委员会的考试。而要获得硕士学位,则要完成 3 年的新课程,具有两年教学经验,学完补充阅读课程和通过另外一次考试。1900 年的课程修改成功地延长了师范学校课程学习时间,但未能从根本上改变课程的构成。

4. 1910 年师范学校课程修改

20 世纪初,一场关于师范学校课程中学术课程(中小学学科课程)和专业课程(教育类课程)平衡的争论在宾夕法尼亚州立师范学校校长们之间展开。这个争论涉及师范学校使命、课程要求和入学标准。几个师范学校校长倡议重组师范学校,以求将培养教师作为师范学校的唯一目标。有的师范学校校长认为尽管美国师范学校都不同程度地提供专业课程,可宾夕法尼亚州立师范学校更加注重学术课程。在1898年的校长会议上,有的师范学校校长要求不断增加专业课程,而有的校长则怀疑师范学校能否提供专业课程。

米勒斯维尔师范学校出版的《师范学校杂志》(*The Normal Journal*)刊登的一篇社论有助于理解为何学术和专业课程对培养师范生都必不可少。教师教育的目的在这篇文章里被定义为"理解学生的特点、被教的知识以及用来帮助学生学习原理和方法"。米勒斯维尔师范学校通过两种不同的教育途径来达到这一目的。其一,类似文实中学或学院,开设学术课程,以帮助师范生学习掌握好未来要教的小学课程。其二,学习专业课程,因为专业课程是从教师的角度来考查从学术课程获得的知识,专业课程学习的目的是理解怎样帮助他人学习。1900年,米勒斯维尔师范学校课程目录继续用同样的方式来表现师范学校特色。

某些善意的批评人士宣称师范学校应当是纯专业学校,这意味着师范学校不应当开设学术课程,师范学校应当致力于教学法、心理学和教育哲学等课程的提供。然而,一些学生需要从教师的角度来复习小学学科课程。总之,对下述问题未能达成统一意见:是用学科内容专业化的方式还是分别教授的方式来学习学术课程和专业课程?师范学校的学生应当怎样获得教什么和怎么教的知识?

在宾夕法尼亚州,缺乏中学的农村地区的师范学校作出妥协,即把师范学校课程限制在专业课程上。实际上,州立师范学校不存在入学标准。1903年,有些师范学校校长仍然坚持单一目的,对宾夕法尼亚州的师范学校对任何想进来的人都开放的做法表示不满。在同样的会议上,有些校长倾向于赞成目前的安排,在这样安排中,学生先学习学术课程,然后学习专业课程。他们认为在邻近地区有高中之前,不要把师范学校的入学标准提高到具有高中文化程度。

尽管1910年师范学校新课程增加了教育专业课程,可仍然保留了学术课程。由于提高入学要求的建议未被采纳,师范学校继续提供中等程度的学术课程,并将学制延长到4年。第一年,教学法讲授学校管理和学校法;第二年,学生学习普通方法;第三年,学生学习心理学和观察、生理学和学校卫生、历史和地理方法;第四年,学生学习专业课程,包括教育史、算术、语法的教学方法和进行教学实习。尽管师范学校校长就课程问题进行了争论,可1910年与1900年的师范学校课程没有多大区别。

1910年,师范学校课程分配给学习小学学科课程和专业课程的时间略有增加,对中学课程的强调显示师范学校需要发挥其培养中学师资的作用。但如何把师范学校变成严格的专业学校的问题仍然没有解决，因为在很大程度上，师范学校和高中提供的课程重叠。尽管师范学校校长们强烈地呼吁设置更多专业取向的教师训练，可在这轮课程修改中，这种呼吁未得到积极响应。尽管宾夕法尼亚州立师范学校校长们支持师范学校的中心使命——通过提高教师教育质量来改善公立学校的教育质量，但由于种种原因，他们发现很难把师范学校的作用限制在教师教育的范围内。

从19世纪90年代到1915年，师范学校校长们就师范学校的使命展开了激烈争论，这些争论涉及师范学校的作用，说明校长们之间有不同的观点和描述了外部力量对师范学校的影响。校长们需要平衡当地公民要求和州政策的关系，这样就会导致在师范学校中心使命的问题上做出妥协，并使师范学校教育作用泛化[①]。

5. 争议和妥协：师范学校多目的的特点

师范学校在历史上被视作教师教育机构，教师教育是其主要目的。宾夕法尼亚州议会虽然依法规定了师范学校的专业功能，可在师范学校存在的大部分时间，它的目的不是单一的。米勒斯维尔、印第安纳和库茨敦师范学校的课程目录显示，师范学校把训练教师放在优先地位，可在不同时期，它们又偏离这个目的，鼓励学生不从教。早在1856年，米勒斯维尔师范学校的第一个目录陈述它不排斥不愿从教的人，尽管师范学校的“特殊目标”是培养教师。1890年，“师范学校”被解释成为教师的学术和专业做准备的学校。米勒斯维尔师范学校声称它不同于中学和学院，因为它的目的是具体的和技术的。[②] 同样，印第安纳师范学校于1875年发布的第一个学校课程目录表明，师范学校的主要目的是“培养和训练优秀教师”，它对所有符合年龄的人开放。库茨敦师范学校的情况也一样。

19世纪90年代，师范学校已撤销古典课程，这种课程在传统上是为进入大学做准备的。然而，它们开始公开地提供大学准备课程。在印第安纳，1890—1891年的师范学校课程目录记载有3名女生和1名男生学习大学准备课程。1893年米勒斯维尔师范学校组建了古典课程和大学准备系，到1902年这个系有6名教师，许多大学招收该校的毕业生。

那些不想从教而想上大学的学生发现宾夕法尼亚州立师范学校给他们提供

---

① BUGAIGHIS E T. Liberating potential: Women and the Pennsylvania state normal schools, 1890—1930[D]. Park: Pennsylvania State University, 2000: 104-110.

② BUGAIGHIS E T. Liberating potential: Women and the Pennsylvania state normal schools, 1890—1930[D]. Park: Pennsylvania State University, 2000: 111-123.

了其他课程选择：①1878 年，印第安纳师范学校的商业学院课程招收学生学习簿记、银行学和仓库标记等课程。1886 年学校的课程目录记载，学生可以通过刻苦学习在三个月完成商业课程的学习。1907 年印第安纳师范学校改进的课程反映了学校的重组。印第安纳师范学校的商业学院宣称，每个职业成功的男人和女人都应该认识到完备的商业教育的优势。这个项目旨在为那些准备从商的学生和那些准备在中学商业科从教的学生服务。印第安纳师范学校因为具备在这些领域发展的优势，被允许授予学士学位。1927 年学校转型成师范学院之后，学位授予的领域包括公共音乐、商业教育和师范艺术。另外，1893 年，印第安纳师范学校增加了一个绘画系，提供 28 周的课程。1913 年，它已演变成拥有 7 名教师的艺术学院，提供两年师范艺术课程来培养公立学校的艺术教师和督学。②1890 年，米勒斯维尔师范学校提供商业、声乐、器乐和应用化学课程，据说这是为学生研究医学做准备。到 1900 年，学生可以选修学习打字或速记课程，这作为商业课程或被独立设置。③1894 年春，库茨敦师范学校的 17 个男生和 2 个女生选修学习速记课程，很少有学生学习打字课程。到 1899 年，它组建商业系，学生可以按自己的进度学习课程。课程目录没有表明这些课程与教师训练有关。

师范学校也为农村学生实现不同的目的做准备。大多数学生利用师范学校作为从教的途径。但在 1920 年之前学生选择师范学校是为了获得中等教育、注册商业和艺术课程的学习以及为上大学做准备。宾夕法尼亚州立师范学校功能多样化成为师范学校校长之间争论的一个主要原因。1898 年的会议记录显示参与争论的两派各持己见：一派主张师范学院不能对那些不愿从教的学生开放；另一派建议扩展拉丁语和现代语言的课程设置以使那些想上大学的和想教中学的学生受益，强调古代语言和现代语言学习可以使师范生在将来争取中学校长的职位时更具竞争力。一些人指责师范学校模仿大学设置古典课程，模仿文实中学设置多种课程。由于不同机构之间存在生源的竞争，师范学校课程的范围扩大和师范学校的功能多样化，使得其他类型的学校对师范学校产生了敌意。

(四)哥伦比亚大学师范学院教师教育课程设置概况

哥伦比亚大学始建于 1754 年，原名“国王学院”(King’s College)。美国独立战争之后的 1784 年，国王学院改名为“哥伦比亚学院”，1896 年又改名为“哥伦比亚大学”。作为美国综合性大学中师范学院的“开山之作”，哥伦比亚大学师范学院宣称它的历史就是"美国师范教育的历史"。[①] 毋庸置疑，哥伦比亚大学师范学院的培养模式为其他许多大学所效仿，其培养的教师也遍布美国。

1. 纽约教师培训学院教师培训课程

哥伦比亚大学师范学院的前身纽约教师培训学院创建于1887年，它的建立标志着一个新的教师培训时代的到来。巴特勒(Nicholas Murray Butler)把对教师职业培训的理念带到了纽约教师培训学院，并努力将他的理念付诸实践。

1889年，纽约教师培训学院从纽约市政府得到临时许可，把学院作为"纯粹的职业学校"，获得学士、硕士和教育学博士学位的授予权。其主要目标是："教授历史、哲学、教育学、心理学、教学的科学和艺术，同时还有手工培训、教学法及其各分支科目。"[②]学院下设教师培训学校、儿童师范学校和特殊课程培训部。在巴特勒编写的第一本《信息通报》(*Circular of Information*)中，纽约教师培训学院被描述成一个职业学院，而不是通常意义上的"师范学校"。学院要求以中学毕业作为入学条件，修学年限为2年。它开设的主要课程有心理学、教育学、教学法、观摩、美英法德学校的组织和管理、幼儿园的理论和实践、自然科学、历史以及在儿童示范学校的实习等；同时，还包括手工培训方面的所有课程，如工业艺术、机械制图以及木工工艺等。该学院向男、女学生开放，并欢迎有特长的学生就读。

纽约教师培训学院在进行教师培训的同时，大力倡导和推进工业教育方面的手工培训，并把它引进公立学校。为宣传教师培训及手工培训，该学院出版了一些相关刊物，如《教育传单》(*Educational Leaflets*)、《教育专论》(*Educational Monographs*)、《教育评论》(*Educational Review*)等，并开设一系列讲座。

在巴特勒的带领下，纽约教师培训学院在教师培训和手工培训方面的独特优势日益凸显出来，它成为来自全美和欧洲的教育朝圣者的麦加，"成为教育研究和实用教育的象征"。[③] 在纽约教师培训学院日益走向辉煌之时，1891年，巴特勒从院长的职位上引退，由曾经担任哥伦比亚学院哲学部、伦理学和心理学部主任的赫维(Walter L. Hervey)任新院长。1892年12月，纽约教师培训学院从

---

① WARREN D. American teachers: Histories of a profession at work[M]. New York: Macmillan Publishing Company, 1989: 242.

② 王凤玉.美国师范教育机构的转型：历史视野及个案研究[D].上海：华东师范大学，2007:118.

③ 王凤玉.美国师范教育机构的转型：历史视野及个案研究[D].上海：华东师范大学，2007:118.

纽约市政府获得了永久的许可,并更名为"纽约师范学院"。[①] 1894年,它成为哥伦比亚学院的师范学院,两年后成为哥伦比亚大学的师范学院。

2. 哥伦比亚大学师范学院教师教育课程

纽约师范学院转型后,重组活动悄然开始。从转型至1926年,它主要面向研究生、本科生及专科生等不同层次的需求,因此,它也相应开设了不同学历层次的课程。研究生教育主要面向师范学校的教师、学校校长、督导及中等学校教师,他们在学业成绩合格后将分别获得两种不同的毕业证书:一种是用来证明其专业能力的高级毕业证,另一种是用来证明其学术能力的中级毕业证。在本科教育层面,4年的学士学位课程被分成两个阶段。前两年主要学习普通课程,为随后的学习做准备;后两年主要学习专业院系本科课程,这些课程是为艺术科、绘画科、家政科等方面的未来教师和督导开设的。另外,为某些特殊的学生提供了特殊课程,因为这些学生未能取得本科入学资格,但在某一领域展示出一定的能力,他们可以在完成2年的学业后申请特殊毕业证。[②]

1925年,该院取消了实践艺术学院和四年制的本科课程。1926年,所有本科课程都被取消。从这一年开始,除了某些必修的技术课程之外,师范学院的所有课程都按照研究生的水准重新组建。哥伦比亚大学师范学院在研究生培养方面一直居于领先地位,它将注意力集中到对高级教育领导者的专业培养上,开始专门对有经验的教师、教育管理者、师范学校和教师学院的教师进行专业培训,从而形成了以研究生教育、专业人员和管理人员的在职教育为重点,同时开展教育研究的专业教育模式。从此,哥伦比亚大学师范学院成为美国教师培养领域中研究生教育的先锋。

纽约师范学院成为哥伦比亚大学专门的教师培养机构后,随着新的培养目标的确立,其入学标准也随之提升。为了招收优秀的学生,师范学院作出以下规定:研究生需要在师范学院或规定的其他院校完成大学本科课程及学术培养课程,如仅仅完成毕业所需的学术课程,则并不能获得研究生头衔,他们还需要修学一些教育方面的本科课程,并具有一定的教学经验和科研能力,本科生必须事先在师范学校及职业技术学校修完2年课程,而且必须在中学毕业后才可修这些课程。

1900年12月3日,大学和师范学院双方又对授予学士学位协议进行了补

① 王凤玉.美国师范教育机构的转型:历史视野及个案研究[D].上海:华东师范大学,2007:118.

② 王凤玉.美国师范教育机构的转型:历史视野及个案研究[D].上海:华东师范大学,2007:125-127.

充。具体规定:设立“教育学学士”学位,授予那些在师范学院完成 4 年的大学课程学习和专业培训的学生。此外,允许师范学院在大学管理委员会的监督下设置和管理这些课程。师范学院转型成哥伦比亚大学的一个机构后,在 1900—1915 年得到了迅速的发展,无论在教学水平、课程设置,还是在管理层面上,都发生了较大的变化,为师范学院发展提供了更为广阔的空间。例如,1905 年,师范学院修改了理学学士学位课程设置,某些教育方面的课程成为必修课,并规定任何领域的普通毕业证书只能授予学位生,特殊证书将授予非学位生。

在转型为哥伦比亚大学的一个机构之前,师范学院的学科大致分为教育类和应用学科两大类。教育类涵盖了教育学各领域,包括心理学、教育哲学、比较教育、教育史、教育社会学以及教育经济学等;应用学科包括美术、家政学、工业美术、科学、健康与体育、音乐和护理学等。1902 年,师范学院又划分为 5 个系,即教育史与教育哲学系、教育管理系、教育心理学系、初等教育系、中等教育系。

原先的师范学院中,至少一半的系科是通过实用培训确立起来的,因此,实用培训课程在哥伦比亚大学师范学院中仍占据重要的位置。随着诸多科学方面的课程的设立,对于教室和教师的需求增加了。为了应对这一局面,师范学院于 1909 年修建了格雷斯·道奇大厅。同年,成立了家政学院,其包括 11 个系:家庭艺术教育系、营养学系、生化学系、食品及烹饪系、纺织与缝纫系、家庭艺术与美术系、家庭管理系、医院经济学系、生理学系、细菌学与卫生系、家庭结构与卫生系。

转型后的师范学院,因为没有任何可借鉴的先例,只能根据教育的需求对师范学院的情况做出相应的调整。在拉塞尔院长任职期间,已经明确提出培训教师的相关理念,并且开始实施未来的课程模式。正如拉塞尔所说的,一个合理的教师培养计划应该包含四个基本的要素:“一般修养”、“特定的学科知识”、“专业知识”(教育理论和实践方面的系统的研究)、“专业技巧”(教师的专门技术)。这一理论自提出以后,其中的每一部分都在传统的四年制本科教师培养计划中占有一席之地,并成为最为通用的教师培养模式。

拉塞尔所讲的“一般修养”不仅指一般大学教育的内容,还包括使学生能够了解各个学科领域之间的内在联系、知识的统一性,同时还必须激发学生对知识的崇拜、对真理的热爱。“特定的学科知识”是指学生不仅进行学术方面的学习,而且要掌握应用知识的途径,用学会的知识来解决实际问题。“专业知识”是指更多地了解学生的心理需要,更多地了解与教师、学生和社会相关的学校管理方面的知识。“专业技巧”是指培养学生掌握教学技巧来处理教学中可能遇到的各种问题。

随着师范学院职能的扩展,学院的大门对所有能接受该学习强度的学生敞开。同时,师范学院与一些南方的慈善家建立了密切的联系,其直接结果就是学院设立了很多南方奖学金。拉塞尔赞同进步主义教育提出的教育与"环境"联系起来的主张。早在 1898 年,他就建议建立一所"示范学校",在这所学校里不仅要教授学生一般知识课程,而且要努力使学生对工业和家庭艺术、美术感兴趣,培养学生诚实的道德品质以使其成为好公民。

总之,自 1900 年哥伦比亚大学师范学院课程改革之后,美国师范教育课程的变化不大,基本上是围绕拉塞尔院长提出的普通教育、专业教育、技能培养等方面发展的。可以说,哥伦比亚大学师范学院的培养模式为其他许多大学所仿效。

3. 哥伦比亚大学师范学院的教学实习

教学实习是师范教育的一个重要组成部分。在实验学校实习的模式是一种新的组织形式,其目的是为教师培训理论的发展提供一个实习和检验的场所,把理论学习与教学实践结合起来,帮助学生进行教学的实际锻炼并获得相关的教学经验,为学生毕业后顺利进入职场做好准备。

(1)贺拉斯·曼学校

贺拉斯·曼学校的前身是 1884 年由工业教育协会建立的一个仅有 4 名学生、2 名教师的小规模学校。直到 1887 年纽约教师培训学院建立,才采用了该名称,因为需要有这样一个机构作为教育专业学生实习的"舞台"。①

最初,哥伦比亚大学师范学院把贺拉斯·曼学校当成课程设置和教学方法实习的场所,不久之后,由于学生数量的急剧增加,无法开展广泛深入的实习活动。19 世纪末,贺拉斯·曼学校已成为美国中产阶级眼中的一所优秀的教育机构,很多父母都迫切希望把他们的孩子送到该校学习。因此,该校规模迅速扩大。在 1894 年搬迁至新建的哥伦比亚大学师范学院主楼后,该校一直在师范学院主楼的二楼,可以共享学院图书馆、商店及实验室等资源。尽管学费很贵,但这丝毫没有影响其入学率。1900 年,贺拉斯·曼学校已有 1900 名在校生,外加经常有大量的师范学院学生和来访者到此听课,学院主楼的二楼经常人满为患。为了解决这个问题,1914 年秋,新的贺拉斯·曼男校在布鲁克斯的瑞沃戴尔落成,所有六年级以上的男生都搬迁至此。学生就读于该校的主要目的是为大学入学做准备。由于要满足大学入学的要求,贺拉斯·曼学校后来设置了一些实习限制。1898 年,哥伦比亚大学师范学院不得不考虑建立另一所学校以便进行

① 王凤玉.美国师范教育机构的转型:历史视野及个案研究[D].上海:华东师范大学,2007:136.

教学实习。

总之，到 1927 年之前，贺拉斯·曼学校已经发生了巨大变化，它在建立之初被当作教学实习的基地或实验室，到 20 世纪 20 年代中期已逐渐成为一所示范学校。贺拉斯·曼学校是成功的，因为它为那些准备进入学术界和职场的学生提供了好的教育。

(2)斯佩尔学校

贺拉斯·曼学校成为一所示范学校后，哥伦比亚大学师范学院即开始建立另一所新的实验学校，并选中了位于师范学院院内北部的一所教学幼儿园作为校址，将学生送到那里开展教学实践。这所学校就是斯佩尔学校。

从建校开始，斯佩尔学校就注重健康和体育教学。[①] 在这样一所免费学校里，多数学生来自贫穷的家庭。因此，那些院系以此为试点，进行了大规模的教学实习。到 1915 年，师范学院尽管认为斯佩尔学校是成功的，但也意识到它应该更加关注中等教育以及特殊儿童教育的问题。后来，师范学院就中等教育层次实习问题同纽约公立学校进行了合作，公立第四十三中学成为师范学院的附属学校，负责初中男生的教育。公立第四十三中学主要提供常规科目的教师，师范学院提供音乐、美术及工业教育这种特殊科目的教师。师范学院中等教育系的托马斯·布里格斯(Thomas Briggs)教授被任命为该校的教育顾问。在这种模式下，除了为社区女生开设的烹饪课以外，其他具有斯佩尔学校特色的社会服务课程都被取消。但这种模式仅仅持续了 4 年，1917 年随着林肯学校的开设，师范学院与斯佩尔学校终止了合作。

小　结

在师范学校时期，美国资本主义突飞猛进地向前发展，工农业的飞速发展对劳动者的素质提出了更高的要求。一方面对中小学的课程提出了新要求，另一方面也直接推动了义务教育的全面普及，这使得了中小学需要大量的教师。教师的大量需求使师范学校进入了一个繁荣时期，使得师范学校在 19 世纪末 20 世纪初走上了向师范学院转型以跻身于高等教育行列的道路；同时，这也使 19 世纪末文理学院和大学参与中学教师培训。因此，教师教育的课程发生了变化。

这一时期关于教师教育课程的设置主要存在着以下几种观点：①在文理学院中，人们普遍认为标准大学学习项目就是最好的教学准备，即以任教学科知识

① 王凤玉．美国师范教育机构的转型：历史视野及个案研究[D]．上海：华东师范大学，2007：137-138.

作为教师的准备就足够了;②在师范学校里,教育学被理解为"教学实践",主张不接受文理教育,主张只要掌握任教所需的学科知识;③在综合性大学里,许多教师把教育课程看作学术课程和教师工作的调节中介。

哈里斯、费尔姆雷和佩恩等教育家的课程思想对教师教育课程设置影响较大,裴斯泰洛奇和赫尔巴特的教育思想也有较大影响,教师资格证书制度则强化了对教师课程的要求。这些因素促使教师教育课程突破了任教学科的范围,开始在教育理论方面得到发展。另外,达尔文的进化论引起了师范学校道德、科学和专业教育课程的巨大变化,这主要体现在教师教育课程的文理教育内容中。

随着师范学校运动的扩展,教师教育学制延长至 2 年,其课程包括小学科目和部分中学科目,以及教育学科目,如教育史、心理学、教学方法、观察和实践等。同时,强调未来教师在师范学校进行教学实习。19 世纪末 20 世纪初,师范学校的学制有 2 年、3 年和 4 年,师范学校在各州的发展是不平衡的,各州在学制年限、课程设置、教学时间、任用标准及待遇等方面也有较大的差别,尚未形成完善的师范教育体系。为了获得并稳定生源,满足学生的不同要求,师范学校在提供教师培训课程的同时,也为学生开设了普通中学的学术课程和其他职业课程。

文理学院和大学培养中等学校师资的课程也有变化。南北战争前,文理学院和大学培养中等学校师资时,仅注意教授教师所需要的学科知识,并不注意教育和教学所需要的专业能力的养成。南北战争后,它们开始设置教育讲座,以满足时势之需。19 世纪末 20 世纪初,它们普遍在教师教育课程中增设教育学课程。20 世纪初,美国教师教育机构的课程进行扩充,一般包括普通文化科目、准备到中小学任教的科目和教育专业科目,另外还有教育参观和实习。①

总之,在师范学校时期,教师教育课程的内容仍然以学科专业课程和教学法为主,其目的是帮助未来教师掌握从教学科的知识和教学技能。因此,这个时期的教师教育课程表现出"职业化"的基本取向。除了以学科专业课程和教学法为主外,教育教学理论问题开始受到美国师范学校的普遍关注,教师培训过程中渗入了大量的教育学、心理学等教育专业课程;与此同时,师范学校的课程发生了变化,其一是学科知识专业化,其二是强调教学方法和技能的培养。②

---

① 滕大春.美国教育史[M].2 版.北京:人民教育出版社,2001:403.

② HOUSTON W R, HABERMAN M, SIKULA J P. Handbook of research on teacher education[M]. New York: Macmillian, 1990: 213.

第三章 师范学院时期的教师教育课程(1911—1945 年)

> 为什么教师要研究心理学、教育史、各科教学法一类的科目呢?有两个理由:一、有了这类知识,他能够观察和解释儿童心智的反应——否则便易于忽略;二、懂得了别人用过有效的方法,他能够给予儿童以正当的指导。
>
> ——杜威[①]

1911—1945 年,美国经历了两次世界大战。在这两次世界大战之间,美国经历了 20 世纪 20 年代的巨大繁荣和 20 世纪 30 年代的经济大萧条。旨在解决美国经济问题的罗斯福新政使得美国政府权力在美国前所未有的扩张。随着 1917 年《史密斯-休斯法案》(Smith-Hughes Act)的通过,联邦资金的 700 多万美元被拨给全国职业教育的学校项目和教师培养项目[②]。然而,普通教育项目仍然没获得资助。初等学校项目继续强调满足每位学生的要求,而中等学校课程强调培养学生适应"生活"的能力(它体现在中等教育的七项基本原则中)。尽管师范学院继续替代师范学校,资格证书发放标准被提高了,大学参与教师教育有了新的发展,但受过培养的合格教师仍然供不应求,这对教师教育课程的设置产生了一定的影响。应该说,独立设置的师范学院和突出教育学科的课程体系成为这一时期实现教师专业化的主要途径。

---

① 杜威. 思维与教学[M]. 北京:商务印书馆,1936:248.

② WELLER L D. A history of undergraduate teacher education programs at Iowa State University,1869—1968[D]. Ames:Iowa State University,1975:276-277.

一、中小学基础教育改革与教师教育

盛行于美国20世纪上半叶的进步主义教育运动影响了美国的中小学基础教育改革。中小学的教学与生活联系起来,知识与技能的实用性得到加强,逐步形成了美国20世纪上半叶的适应生活的中小学基础教育改革方向。中小学基础教育改革的新方向对教师教育计划、目标以及课程实施等方面都产生了直接的影响,从而引领了教师教育的新方向。

(一)中小学基础教育改革

1.进步主义教育运动

进步主义运动的兴起是美国社会各种矛盾发展演变的结果,其旨在消除各种社会弊端,重建社会价值体系和经济秩序。进步主义运动从争取妇女选举权、市政改革到经济领域的反托拉斯运动,从救济穷人和改善工人待遇的社会正义运动到自然资源保护,囊括社会生活的各个方面[①]。毋庸置疑,无论作为社会改革运动,还是作为思想变革运动,进步主义运动对19世纪下半叶至20世纪初期的美国文化和教育产生了巨大的影响。正如美国学者阿瑟・林克(A. S. Link)和威廉・卡顿(W. B. Cotton)所指出的:“进步主义运动是现代美国社会保障制度的起步,其最大贡献在于推翻一直牢牢支撑现状的保守思想,在于为社会福利国家提出一种哲学体系。”[②]作为一次文化重建运动,进步主义运动与教育变革有着千丝万缕的联系,它所提倡的新的文化价值观念以及它所营造的社会改革氛围,促成了进步主义教育运动的产生和发展,并对20世纪美国教育的改革起到了导向作用。进步主义的哲学、社会学、伦理学等思想都对进步主义教育产生了重要的影响,为进步主义教育理论与实践的发展提供了取之不尽的源泉。新的改革理念促进了进步主义教育运动,改革了传统教育,并构建了与社会发展相适应的新教育体制。

2.进步主义教育运动与中小学基础教育改革

20世纪上半叶,进步主义教育运动盛行于美国。“作为一种自发的、美国式

① 王凤玉.美国师范教育机构的转型:历史视野及个案研究[D].上海:华东师范大学,2007:63.

② 林克,卡顿.1900年以来的美国史:上册[M].刘绪贻,王锦瑭,李世洞,等译.北京:中国社会科学出版社,1983:84.

的教育革新运动，进步主义教育运动以1883年帕克(Francis W. Parker)创办芝加哥库克县师范学校附属实习学校为开端，并以其后20年间杜威教育哲学的形成和一系列进步主义学校的建立为运动全面兴起的标志。"[①]它是以杜威教育哲学为主要理论基础，以进步主义教育协会为组织中心，以改革美国的学校教育为宗旨的一场教育改革运动。进步主义教育运动积极回应着进步主义运动倡导的社会改革，并在这一过程中不断构建着自己的理论与实践模式，为整个20世纪美国教育的发展奠定了基础。

1919年4月进步主义教育协会(Progressive Education Association)成立，它旨在推动进步主义教育思想的传播和进步主义学校的改革，以期影响整个美国的学校教育。20世纪30年代，各类学校都开始改革教学内容。中学里各种劳动课、家政课、商业学科的比重加大，与社会生活联系更加密切，教学的实用性也不断增强。20世纪30年代以后，进步主义教育运动开始关注美国的中等教育。其中，"八年研究"(1933—1941年)为美国中学的发展指明了新的方向，即中学的课程设置应同时兼顾入学与就业两个方面。在某种程度上，这一目标突出了教育的职业职能。在该目标的指引下，中学改变了系统传授知识的传统做法，重视教学与社会生活的紧密联系，重视知识与技能的实用性；中学普遍建立选课制，给予学生更多的在学习上的选择权，满足学生的多种需求。在这种教育取向的影响下，普通学校的人数增加了，注重儿童个人经验的活动课程迅速发展，系统传授知识的教学被视为传统主义遭到批判，知识与技能的实用性得到加强，教学方法从单纯讲授转向注重解决问题的能力的培养，逐步形成了美国20世纪前期的适应生活的教育改革方向。实用主义教育理论指导下的教学方法，如设计教学法、道尔顿制和分组教学法对基础教育产生了相当重大的影响。新的教学方法突出学生在学习中的选择权，当时比较突出的表现是在初中三年级就开始实行选课制，高中普遍采用选课制。例如，在学生不到百人、仅有几名教师的高中，所开的选修课也有30余种。这种影响一直持续到1957年美国全面展开教育改革之前。正如克雷明所说，"在教育政策委员会看来，20世纪50年代的教育明显是进步主义教育运动合乎逻辑的产物。"[②]这些都是教育适应社会生活的表现，它对传授知识的传统教学方式提出了挑战，要求教师从系统传授知识向引导学生适应生活转变。无疑，基础教育发展的新方向对教师培养计划、目标以及课程实施等方面都产生了直接的影响，从而引领了教师培养的新方向。

① 张斌贤. 社会转型与教育变革：美国进步主义教育运动研究[M]. 长沙：湖南教育出版社，1998:45.

② 克雷明. 学校的变革[M]. 单中惠，马晓斌，译. 上海：上海教育出版社，1994:364.

(二)教师教育培养机构概况

1. 师范学院发展

20 世纪,随着农业社会向工业社会转变步伐的加快,生产和通信技术的发展,社会中的每个人都接受教育变得更加必要。受不断发展的专业工会主义支持的劳动团体要求社会和教育改革。美国更多地参与世界事务促进了新的人道主义哲学和道德问题的产生,从而不断关注民生,增强社会意识,强调青年人的需求。新的民主理想,以及对人的行为和儿童发展的理解,要求重新评估教育方法、教师的作用以及学校教育的目的。随着科学和技术的发展,新的学科领域产生了,再加上物质财富和休闲时间急剧增加,为延长义务教育时间提供了机会。所有这些因素使得各种类型的教育产生了变化。例如,大学和文理学院除了提供更多有声望的和学术性强的课程之外,还提高了学生入学的标准,并对教师教育课程的数量和质量提出了新的要求。为了给不断增加的高中学生提供训练,许多相关机构增设了更广泛、更高级的课程,这些课程主要以任教学科内容为基础,而不是方法课。因此,师范学校为了生存必须扩展,开始大力探索项目多样化和提高教学质量的方法,也探索如何使教师获得更高资格和学位的课程。可是,这不可避免地会产生一些严重问题,如必须确保财政和公众的支持、获得合法授予学位的权利、保留师范学校的身份认同以及吸引优秀的教师和学生。

从师范学校过渡到师范学院的模式首先出现在美国中西部和西部。在相对短的时间内,伴随着师范学校的消失,这种转型很快就完成了。到 19 世纪末,阿帕拉契山脉以外的许多州的师范学校已经开始扩展课程,包括中等教育训练和一些非专业学科。这些学校把自身看作大学来迎合当地的需求,而不是仅仅作为小学方法训练的机构。然而在美国东部的许多州,由于反对的呼声较多,这种过渡相对较慢,大多数师范学校在随后的许多年内仍继续作为专门培养教师的机构。[①]

一些教育专家要求师范学校提高标准,以便能够授予学位。在 1880 年之前,师范学校尝试过许多学位项目实验,但这些实验没有一个是有声望的或质量高的,年限通常少于 4 年,仅有学位之名,如教育学士、教学法学士等,而无授予学位之实。首批学位于 1905 年在伊斯兰提被授予之后,许多机构积极争取并被授予相似的权利。1907 年,伊利诺伊州的四个师范学校获得这种权利,1915 年

① WESLEY E B. NEA: The First 100 Years[M]. New York: Harper and Brothers, 1957:88; HARPER C A. A century of public teacher education[M]. Washington, D. C.: American Association of Teacher College, National Education Association, 1939:136-137.

后，美国中西部和西部的许多培养机构提供更高质量的学术项目，提高师范学校标准。一般来说，随着时间的推移，大学对这种发展更敏感。例如，1911 年，加利福尼亚大学把学生在州立师范学院两年的学习当作大学一年的学习，其他大学也有类似规定。[①] 到 1920 年，大多数高等教育机构逐渐认可师范学校或师范学院的学分，这种做法鼓励师范学校继续重组。1913 年美国仅有 12 所师范学院，1920 年已达 50 所，1928 年增加到 137 所，1933 年达 146 所。[②] 20 世纪 40 年代，大部分师范学校已改名为师范学院，而师范学校的名称几乎消失，到 20 世纪 50 年代美国已有不少于 200 所师范学院。[③]

师范学院相对于师范学校的其他重要变化有：入学要求提高；通过增加更多的学习科目和更高质量的选修课来丰富和扩展课程；随着教师工资的提高，教师人数得以增加，师生比降低，学校设施得以改善；通过多样化训练来培养不同类型的教学人员；培养项目一般延长到 4 年，但事实上因为受训练的教师极其缺乏，所以要求所有未来教师接受 4 年学习项目是很难做到的。[④]

到 1920 年，师范学校和师范学院"技术"课程平均增加到大约 20 门。[⑤] 在随后的 10 年里，许多普通课程大大增加。[⑥] 很显然，这需要使职前课程标准化。在 20 世纪 20 年代，使职前课程更加标准化的尝试已经开始。例如，1926 年在全国范围内执行了师范学院协会的标准和指导方针，师范学校和师范学院获得了正式的认可。师范学院主动建立高标准，不仅是为了提高自身地位、吸引优秀学生和有更大机会通过认可，更是为了确保它们培养的学生有资格读研究生。1920—1935 年，大多数师范学校升格为师范学院。到 20 世纪 40 年代，师范学

① PEMBERTON S M. Institutional factors in the education of teachers: An historical preview[Z]. Washington, D. C.: National Institute of Education, 1974.

② LUCAS C J. Teacher education in America: Reform agendas for the 21st century[M]. New York: St. Martin's Press, 1997: 55.

③ RYAN K. Teacher education: The 74th year book of the national society for the study of education[M]. Chicago: University of Chicago Press, 1975: 1-24.

④ HARPER C A. A century of public teacher education[M]. Washington, D. C.: AATC, 1939: 138-139; COTTRELL D P. Teacher education for a free people[M]. New York: American Association of Colleges for Teacher Education, 1956: 27-28.

⑤ MONROE W S. Teaching-learning theory and teacher education 1890—1950[M]. Urbana: University of Illinois Press, 1952: 368.

⑥ CRABB A L. The Development of the Normal School[Z]. New York: AATC 14th Yearbook, 1935: 108-113.

院数量最多,大约有 300 所公立和私立的师范学院。[①]

然而,这些变化并没有确保单一目的的教师教育机构的独霸地位。尽管在 1900 年之后,师范学校和师范学院的招生人数增加了 300%,[②]可到了 20 世纪 20 年代,同其他教师培养机构相比,它们的招生人数依然很少,而且它们发现自身很难与大学竞争,其中的一些私立机构被迫关闭。到 1925 年,尽管大多数小学教师继续由这些机构培养,可只有三分之一的教师由师范学院和师范学校培养。[③] 州的相关部门加大了对单一目的的教师教育机构的支持力度,可这些机构仍然有许多财政问题。因此,它们不愿意把入学要求提升得过高,以免学生——特别是本地学生——不报考。

不过,为了满足公众接受更多高等教育的需求,师范学院比师范学校装备得更好,学术标准更高,更容易实施改革。其原因主要有四个:第一,凭借更高质量的项目和设施,它们的规模得到扩大,目的更加多样化;第二,它们能及时地提供新专业,能更灵活地把学术和教授法的课程结合在一起;第三,它们能提供较多类型的教师,并能更好地与公立学校联系;第四,它们的教师水平更高,尽管其中的一些教师因缺乏公立学校教学经历、过分重视学术或仅把师范学院作为谋取更高声望职位的跳板而受到批评。[④]

幸存下来的私立教师培养机构也要适应新的形势。例如,代表大多数教派机构的天主教教师准备从福音传道哲学教学转向专业化教学。1927 年的数据显示,至少接受两年训练的公立学校教师和天主教教师比例分别为 50.6%和 57.2%;接受 4 年训练的高中教师相应比例分别是 75%、66%。允许每个主教教区有一所师范学院的俄亥俄州在培养天主教教师方面处于领先地位。[⑤]

进入 20 世纪 40 年代,无论是公立的还是私立的师范学校,最初的改革都很彻底,尽管从整体上讲改革后的师范学院仍然维持单一目的,更强调教育专业学习,但新的师范学院在项目上与文理学院和大学相比几乎没有区别。

---

① ORNSTEIN A C. Past and present trends in teacher education[J]. American Secondary Education,1981,11(3):10.

② U. S. Office of Education. National survey of the education of teachers[R]. Washington,D. C. :U. S. Government Printing Office,1933:31.

③ PEMBERTON S M. Institutional factors in the education of teachers: An historical preview[Z]. Washington,D. C. :National Institute of Education,1974.

④ WEBB H A. To train a teacher[J]. Peabody Journal of Education,1959,37(3):132-144.

⑤ BUETOW H A. Historical overview of Catholic teacher training in the United Stated[J]. School and Society,1972,100:165-172.

2. 大学和文理学院的教师教育发展

截至 1906 年，美国至少已有 9 所大学建立了教育学院。在大约 18 所大学中，教育系已经与其他系具有同等地位。1910 年，美国高等教育机构建立了 156 个全面的教师教育项目。到 20 世纪 30 年代，大约已有 600 个高等教育机构开设了教师教育课程。1948 年，196 个高等教育机构提供的教师教育项目得到官方认可。1950 年，开设教师教育项目的美国大学多达 1200 所。[①]

大学和文理学院参与教师教育的原因主要有：对教育资格证的需求提升，教育经费增加，可使用资金增多，大学教师地位提升，存在把教育作为学术学科来研究的需求，中学教育扩张。此外，公立学校教师也鼓励大学和文理学院参与教师培养，因为它们比师范学校有更高的声望和更多的公众支持。教学是一种暂时的、不稳定的活动，但通过学术声望和技术专长，高等教育机构有能力把教学塑造成有学问的、有尊严的和稳定的职业。因此，20 世纪从初期直到 20 年代末，大学和文理学院的招生人数持续增加，大多数州立大学都发展了能够培养本科生和研究生的教育学院，这些教育学院引进了新项目，培养包括教师在内的其他教育人员。与师范学校已经演进的半融合的课程对照，大学和文理学院倾向把它们的项目分解成任教学科课程、通识课程和教育专业课程，而且把更多的学时分给任教学科和文理学科而非教育专业课程，项目结束后再开设教育专业课程。这样安排是为了既被学术人员和教育专家接受，同时也被教师资格认可机构批准。[②]

私立大学也沿着类似的路径发展，这导致了项目和机构的激烈竞争，致使像哈佛大学、芝加哥大学和斯坦福大学这样的机构专门集中开展研究生教育和教育研究来维持自己的声望，而像耶鲁大学和普林斯顿大学这样的机构则中断了教师教育项目。哥伦比亚大学师范学院在院长拉塞尔的领导下，在培养研究生方面表现得很出色，它所践行的进步主义哲学对许多其他培养机构有很大影响，对职前教师教育课程的未来方向也有深远影响。[③]到 1933 年，三分之一的小学教师、十分之七的初中教师和五分之四的高中教师都是由大学、文理学院和初级

① LUCAS C J. Teacher education in America：Reform agendas for the 21st century[M]. New York：St. Martin's Press，1997：60.

② NEA. Joint recommendations of the committee of seventeen on the professional preparation of high school teachers[Z]. New York：NEA，1907：536-538.

③ CREMIN L A. The education of the educating professions[M]. Washington，D. C.：American Association of Colleges for Teacher Education，1978：56-59.

学院培养出来的,[①]但大多数培养教师的机构是大学。事实上,少数文理学院终止了教师教育项目,它们大部分转向培养中学教师,甚至到 1949 年,368 所文理学院中仍然有 302 所只提供中学教师训练。[②]

总的来说,大学和文理学院有助于提高教师培养标准,发展教师教育的新思想和改善教师教育课程。它们提供了研究基础,提升了教学地位,出版了许多有价值的论文、教科书和专著。同师范学院相比,它们通常提供较高的薪水、较好的设施,师生比较低,并且有较强的师资队伍。不过,大学和文理学院也有许多问题,尤其在培训教师的初期。它们的教师队伍里很少有受过教授法训练或有课堂经验的教师;它们与公立学校几乎没有联系;其专业课程的理论性很强,而与实践缺乏联系。这不仅是因为教授法课程地位低,也与教授法课程内容的不确定和不一致有关。然而,1910 年之后,这种情况获得了极大改进,由于大多数机构引进了教学实习,教授法在实践中得到检验,受到更多公立学校的肯定。不过,它们还是因为过分强调研究生学习,理论过于专业和抽象,且不是应用和实践知识而受到了很多批评,[③]有几个机构被指责引导学生偏离教学而专注研究。另外,它们有时还因课程的扩增不是为了满足教育的需求,而是为了满足教师的兴趣而受到指责。

第一次世界大战以后,初级学院也得到了扩增。许多机构的初级学院开始培训教师,其中大多数学生继续去高等教育机构完成本科项目的学习。到 1933 年,美国有 514 所初级学院训练教师,它们大多数分布在加利福尼亚州、得克萨斯州和艾奥瓦州。不过,这些项目的开展使得教师教育产生了新问题。[④] 1933 年的《全国教师教育调查》(*National Survey of the Education of Teachers*)建议:这类学院或停止参与教师培训,或集中为其他专业提供普通教育。大多数初级学院接受了这个建议,因此在随后的 20 年里,几乎所有初级学院都终止了教师教育项目。

---

① U. S. Office of Education. National survey of the education of teachers[R]. Washington,D. C. :U. S. Government Printing Office,1933:76.

② CREMIN L A. The heritage of American teacher education[J]. Journal of Teacher Education,1953,4(2):163-170;WOODRING P. The development of teacher education[J]. Teachers College Record,1975,76(6):1-24.

③ ELSBREE W S. The American teacher[M]. New York:American Book Company,1939:331;HOLMES M J. The present provision for the education and training of secondary teachers in the United States[M]. New York:NSSE 4th Yearbook,1905:63-82.

④ U. S. Office of Education. National survey of the education of teachers[R]. Washington,D. C. :U. S. Government Printing Office,1933:79.

二、师范学院时期的教师教育课程思想

《20世纪美国教师教育思想的历史分析》一书从价值取向上将20世纪美国教师教育思想划分为“学术取向”“专业取向”“社会取向”。该书作者认为，诸如“能力本位”“技术取向”“工艺取向”“行为主义取向”“人本主义取向”“传统技艺取向”“临床取向”“经验分析取向”“诠释取向”“好雇员取向”“改革者取向”“反思性专业人员取向”“社会有效性取向”“发展主义取向”“教学有效性取向”“合作模式”等体现的是不同哲学理念或心理学视角之下教师教育所具有的不同侧重点，但它们都包含着一个共同的信念，即对科学的信念，相信教育科学研究可以为教学和教师教育提供可靠的基础。由此，教学应该是一种专业，具备独特的知识体系，教师需要接受专门的培训才能胜任教学工作。因此，可以将它们称作“专业取向”类型。而“学术取向”这一类型的教师教育模式，其基本理念是对教育科学的怀疑以及由此而来的对教育专业培训的忽视，主张培养教师掌握文理学科基础知识和任教学科知识。这一取向与“专业取向”在教育科学和教学知识的认识上存在较大分歧，而且对教师教育实践影响很大。这二者是美国教师教育中占据主导地位的两种价值取向。“社会取向”位于这两种主导价值取向之外，其基本理念是强调教育的社会功能、教师的社会责任和道德责任，强调教师教育要关注种族、阶级和性别等社会问题，培养教师作为民主社会建设的参与者和领导者的责任和能力。[①] 美国教师教育思想的发展伴随着美国教育改革和教师教育改革的历史进程，因而这三种取向的教师教育思想在不同历史社会条件下存在着不同的主张及表现形式，它们之间的关系以及各自对教育实践的影响也不相同。

20世纪之前参与教师教育的三种机构各自所持的教师教育传统理念可以概括如下：第一，文理学院的教师教育注重文理教育和教师的学科知识培养，构成教师教育的“学术传统”；第二，主要培养小学教师的师范学校形成注重教学方法和技术的教师教育传统；第三，培养教育领导者的现代大学则注重教学的理论和科学研究，形成了主张教师专业化培养的教师教育传统。文理学院教师教育的“学术传统”奠定了20世纪美国学术取向教师教育思想发展的基础。注重教学技能和方法的师范学校，以及注重教育科学研究的现代大学则是专业取向教师教育思想的源泉。随着教师教育在20世纪的进一步发展，尤其是师范学校逐步发展为师范学院和州立大学中的教育学院，技术取向的教师教育思想没有得

① 刘静.20世纪美国教师教育思想的历史分析[M].北京：北京师范大学出版社，2009：30.

到重视,但仍然对教学专业化取向的教师教育产生了一定的影响。[①]

19世纪末到20世纪初,伴随着中等教育的急剧扩张,大学和文理学院开始参与中学教师培训,此时学术界开始关注教师教育。而随着20世纪三四十年代大部分师范学校逐步升格为师范学院,有关教师教育的争论逐渐增多,大部分都集中在教师教育的学术性和专业性问题上。20世纪初,进步主义教育运动爆发,社会重建主义教育思想也影响到教师教育,促使社会重建主义教师教育思想开始萌芽。

教师教育课程思想是教师教育思想不可或缺的组成部分,因此,20世纪的教师教育课程思想也可分为上述三种取向。在20世纪初至第二次世界大战结束期间,学术取向的教师教育课程的支持者大多是文理学院教授和大学中的学术学科教授,他们将教学视为常识或艺术,从而否定教育科学存在的可能性。他们批评大学中的教师教育课程的琐碎且肤浅,主张取消大学中的教师教育课程,认为教师所需的全部准备就是对任教学科知识的全面掌握。换句话说,这个时期学术取向的教师教育课程思想更多强调教师应该接受文理教育和学习任教学科知识,否认学院提供专业课程的功能,否认教育科学的存在。

这一时期专业取向的教师教育课程思想的支持者强调,教师除了掌握必要的任教学科知识之外,还必须掌握教育原则或教育科学,这样才能保障其专业地位。他们认为可以从生理学、心理学、伦理学、社会学和政治经济学等学科的基本原理和规律中衍生出教育的基本原理,从而引申出处理各类教育情景的方法,这些基本原理和规律应该成为教师教育最重要的内容。他们认为学校应当承担更多的社会责任,而教师应该参与更多的教育决策。因此,要培养教师做出明智的教育决策,教育基础课程就应当是教师教育不可缺少的内容,而且这些内容应该以整合的方式呈现给未来教师,讲授这些内容的教师也应该是具有相应的良好教育背景的学者。

处于萌芽时期的社会重建主义教师教育课程思想的基本主张体现在1933年美国首次开展的全国性的教师教育调查所产生的六卷本成果——《全国教师教育调查》的第三卷中。在这卷中,佩科(Wesley E. Peik)为大学和学院的教师教育课程提出了改革建议。他提出的课程改革原则是:"教师在快速变化的文明发展过程中占据重要的位置。重要的是教师教育课程应当根据社会变化和需求

① 刘静.20世纪美国教师教育思想的历史分析[M].北京:北京师范大学出版社,2009:48.

做出回应。”[①]在遵守这个原则的前提下，他建议教师教育的通识教育计划应当更重视社会学、美术、经济、管理、生物和哲学，同时建议这些课程围绕有关问题来实施。他甚至建议开设“教育的社会功能”这一特殊课程作为非教师通识课程的一部分。至于教师的专业课程，他建议开设特殊方法课程、学校组织课程以及教育、社会和普通心理学课程。然而，他没有提出开设旨在使学校对社会问题做出回应的任何特别的专业教育课程。社会重建主义教师教育课程思想的代表人物有克伯屈等。

(一)杜威的教师教育课程思想[②]

杜威是20世纪美国著名的哲学家和教育家，他从自己独特的哲学、心理学和社会学观点出发，构建了实用主义教育思想体系，对美国乃至世界上许多国家都产生了广泛而深远的影响，特别是他的哲学理论及教育思想对教师专业化运动的广泛兴起产生了深远的影响。

1. 杜威的教师观

在杜威的课程思想中，教师是连接儿童、学科、社会的重要纽带，对学生成长具有指导作用。教师应成为有着民主的理念、丰富的社会经验、敏锐的思维方式，并以与学生平等身份参与到教学活动中的学生的支持者、合作者和指导者。因此，为了有效地发挥教师在学生发展中的作用，杜威对教师提出了以下几点具体的要求。[③]

首先，教师要有丰富的社会经验。杜威认为教师是最直接影响学生的群体，他们应该有丰富的社会经验，对教学的历史性和社会性要有深刻的认识，并具有高水平的理解力、辨别力和思维力。教师是社会的代表，应该对于所处时代的社会运动和教育整体都有理智的认识，即教师心中应该有一个社会目标，并将之恰当地延伸至课程中，实现课程与社会的融合。正如杜威所言：“教师不是简单地从事于训练一个人，而是从事训练适应社会生活的人。”[④]

---

① BORROWMAN M L. The liberal and technical in teacher education: A historical survey of American thought[M]. New York: Bureau of Pub, 1956: 212-213.

② 本节参考和使用：王少勇.“基于实践工作”的教师教育课程思想研究——杜威教师教育课程思想初探[J]. 金华职业技术学院学报，2012，12(3)：1-6.

③ 张秋慧，郭志明.“学生中心课程论”与教师——杜威课程思想中的教师观[J]. 天津师范大学学报(基础教育版)，2008(4)：26.

④ 单中惠. 现代教育的探索：杜威与实用主义教育思想[M]. 北京：人民教育出版社，2002：399.

其次,教师要有良好的教育技巧和方法。这个要求的前提条件就是教师不应该以成人的标准判断儿童的生活价值。杜威认为,一个拥有好的教育技巧和方法的教师能巧妙地利用自然和社会环境,在儿童能力范围内为其成长服务;能及时发现儿童的长久兴趣并以之激发儿童学习,使儿童得到发展和成长;能将系统的学科知识转化为儿童的直接经验,使儿童的经验保持着连续性,儿童拥有求知的热情和探究的渴望。

再次,教师要有丰富的知识。杜威强调教师应有四方面的知识,即有关儿童的知识、社会的知识、教材的知识和教育技术的知识。教育技术的知识是教师工作的工具,也是教师更好地将前三者融合、促进的条件。杜威认为,教师必须了解儿童特有的需要、能力及其表现,只有在这个基础上,教师才能合理地选取恰当的教育方案。同时,教师还要了解教材及其与儿童生长的经验的联系,这是实现教材心理化的关键。杜威将学校视为一种社会形式,课程教材也必然体现社会的特征。那么如何在以儿童的生活经验为基点的同时,使课程知识与社会知识融合?其中当然离不开兼具这四类知识的教师。①

最后,教师要具有崇高的人格魅力。杜威非常重视教师的人格影响,他认为,教师对儿童的影响不仅是课业上的影响,而且是课业与人格影响的融合,一个有责任心的、积极的教师不仅传播知识,而且激励儿童拥有更完满的、更有意义的人生。

总之,在杜威的课程思想中,教师不只是简单地起辅助作用,更不是像传统教育中所说的是监督者、控制者,而是有着民主的理念、丰富的社会经验、敏锐的思维方式,并以与学生平等身份参与到教学活动中的学生的支持者、合作者和指导者;教师既要了解、尊重儿童的内部条件,也要不断优化教材内容、教学方法等外部客观条件,忽视了哪一方面都不会取得最理想的教育效果。

2. 教师教育的重要性

在教育中,杜威既给予儿童很高的地位,又和所有伟大的教育家一样,不否认教师的作用,对教师的重要性有着足够的认识。杜威是从学校教育和社会两个方面去看待教师的作用的。一方面,他从学校教育的角度认为,教师在学校教育中发挥着重要的作用,这种作用不仅表现在教师在课堂内对学生的引导和帮助上,也表现在对学校教学工作和教师职业的责任感上。杜威曾多次指出,"在所有教育改革中,最重要且最可控的事情就是那些实施它的人的个性和训练。

① 张秋慧,郭志明."学生中心课程论"与教师——杜威课程思想中的教师观[J]. 天津师范大学学报(基础教育版),2008(4):26.

生活中的一切事情最终都要归结到人，而学校生活中的一切事情都要归结到教师。”“教师教育是教育改革中的战略要点。只有从这样一个堡垒出发，才能经济有效地进行战斗，才可能使教育改革取得成功。”①显然，杜威尤其强调教师在教育改革中的作用。在杜威看来，“只有完善教师标准、提升教师的教育理念和理想、改善教师的工作条件，教育事业才能取得进步。更好地教育教师，并提供一种更好的学校生活，使学生可以在那里发现他们自己，是教育改革的连体孪生子。”②另一方面，杜威从社会的角度又认为，教师还应成为公众舆论的领导者和指导者，应在学生形成公众观念的过程中发挥一定的作用，用他自己的话来说，“教育是社会进步和改革的根本途径；教师从事的不仅是个体的训练，而且是正确的社会生活的形成；在这个意义上，教师是上帝智慧王国的真正先知和引导者。”③

基于对教师教育作用的认识，杜威非常重视教师素质的培养及提高，这是他极力主张提升教师教育水平的一个重要原因。

3. 杜威教师教育课程思想的主要内容

杜威基于其教师观及其对教师教育重要性的认识，提出了独特的教师教育课程主张。

(1)教师教育课程的实践知识与理论知识的关系

美国教育研究界和实践领域对于教师实践性知识到底是什么仍处在探究阶段，传统教育理论领域对这一类型的知识也还持保留态度，因为相对于传统的知识类型而言，教师实践性知识在被冠以“知识”地位时，其在性质、合法性、构成内容等方面仍存有不少争议。而且，教师教育课程的实践知识和教育理论知识之间似乎还呈现出一种对立关系。那么，杜威怎样看待教师教育课程中这两种知识之间的关系？

杜威认为“意义”从解决了问题的情境中浮现出来。这种“意义”或“价值”可看作一种认知性经验带来的结果，即杜威所理解的“意义”，是通过观察、思考和行动证实而获得的“知识”。杜威把这种获取知识的方法称为“实验法”。④ 这种

---

① DEWEY J. Significance of the school education[M]. Carbondale:Southern Illinois University Press,1924:274.

② DEWEY J. Significance of the school education[M]. Carbondale:Southern Illinois University Press,1924:274.

③ CREMIN L A. The transformation of the school:Progressivism in American education,1876—1957[M]. New York:Alfred A. Knopf,1961:100.

④ DEWEY J. Democracy and education[M]. New York:The Free Press,1997:338.

知识观意味着对“心灵—世界”二元论下的知识论框架的消解，因为这表示我们是“不断发展的宇宙”中的一个参与者，而不是一个独立于“完全宇宙”的旁观者。在这个意义上，杜威把知识看作一种参与模式。[①] 这种知识在教师身上即体现为“教师实践性知识”，特别是与教师的有关教育教学行动与那些行动产生的结果之间关系的知识[②]。

然而这种靠“实验法”获得的知识只表示过去某种行动和结果的关系，在杜威看来，这种知识不代表普遍的确定性，但它的意义指向未来。杜威认为，“知识(knowing)由这样一种操作组成，即它能给经历过的客体一种形式；在这种形式里，未来事件的走向所依靠的关系会稳定地经历。”[③]所以，毕斯塔(G. Biesta)和巴布勒斯(N. Burbules)认为，“认知性经验”会让我们觉察到当我们以某种方式行动时，我们将会经历到某种未来事物。[④] 但是，这种行动和结果之间的联系不代表确定性，只意味着对未来事物“控制”的一种可能性。如此，杜威的“知识”概念与他的“推断”概念密切相关。在杜威看来，“推断”是对时空上较远的事物所做的回应，是指向未来的。不难看出，遵循推断的行动没有排除“不确定性”和“风险”。

传统的理论与实践二分现象和理论指导实践的偏见，导致理论似乎等同于实践的指令。但通过“实验法”获得的实践性知识则不会提供给教师行动的准则和指令。杜威认为这是因为这种知识就未来而言具有不确定性，而且教师应将其教学行动和实践置于教师个体的“知性主动性”(intellectual initiative)之上。这种主动性恰恰来源于杜威所说的实验理念(laboratory ideal)，要求教师具有反思性。[⑤] 杜威曾批判过教师教育课程的教育理论和教育实践的二分对立，在他看来，二者实际上是一同来源于并反馈回个人经验之中的。[⑥] 他认为实践可

① DEWEY J. Democracy and education[M]. New York:The Free Press,1997:338.

② 陈向明，赵康. 从杜威的实用主义知识论看教师的实践性知识[J]. 教育研究，2012(4):113.

③ DEWEY J. The quest for certainty[M]. New York:Minton,Balch & Company,1929:295.

④ BIESTA G,BURBULES N. Pragmatism and educational research[M]. Oxford:Rowman & Littlefield,2003:47.

⑤ NULL J W,RAVITCH D. Forgotten heroes of American education:The great tradition of teaching teachers[M]. Greenwich,CT:Information Age Publishing,2006:569-572.

⑥ NULL J W,RAVITCH D. Forgotten heroes of American education:The great tradition of teaching teachers[M]. Greenwich,CT:Information Age Publishing,2006:569-578.

以作为一个实验工具来帮助师范生或教师理解和生成真正的教育理论，[①]或者说实践可以阐明知性方法（基于教育理论的教育教学方法）和使其具体化，[②]然后反馈到真正的实践当中。反过来，教育理论也可看作一种工具以帮助个人达到实践中的目的。[③] 但是杜威强调更为重要的是上面提到个体教师的“知性主动性”，因为实践与理论是融合于个人经验中的，而如果有知性主动性的参与，则会产生更具价值的经验。

基于杜威对这种理论和实践的关系的认知，不难看出杜威认为教师教育课程的理论性知识和实践性知识都帮助我们在实践中观察、理解和反思我们遇到的新的情境和问题，预测未来的结果并参与到行动计划中去。因此，从杜威的知识论立场来解释，教师教育课程的理论性知识和实践性知识都可以看作工具，其功能都是为了明智，并最终为了更好的实践。既然这两种知识都可以看成工具，就其性质来讲，讨论两者地位的高低意义不大；它们的不同之处也许只在于它们在实践中所扮演的角色。

（2）关于实践工作

杜威假设教师已接受了足够的专业教育，但还是要涉及一定量的实践工作。实践工作的主要问题是其目的是什么，因为实践工作可能有两个完全不同的控制目的，它们能够彻底地改变实践工作所用的时间、条件和方法。一方面，进行实践工作是为了让未来教师在训练工作中掌握其专业的必要工具，学会控制课堂教学和管理的技巧并使之熟练，就这个目标而言，实践工作具有学徒制的性质。另一方面，我们可以建议将实践工作作为构成真正的、重要的理论教育的工具，形成学科知识和教育知识的工具，就这个目标而言，实践工作具有实验室的性质。[④]

第一，杜威指出实习学校主要目的是给师范生提供观察的场所。师范生在实习学校的观察不是为了看好教师怎样教学，或者获得将来可能用于自己教学的“要点”，而是为了获得心理观察和反思的材料，把学校作为一个整体的教育观

---

① NULL J W，RAVITCH D. Forgotten heroes of American education：The great tradition of teaching teachers[M]. Greenwich，CT：Information Age Publishing，2006：584-587.

② NULL J W，RAVITCH D. Forgotten heroes of American education：The great tradition of teaching teachers[M]. Greenwich，CT：Information Age Publishing Inc.，2006：585-587.

③ NULL J W，RAVITCH D. Forgotten heroes of American education：The great tradition of teaching teachers[M]. Greenwich，CT：Information Age Publishing，2006：585-587.

④ BORROWMAN M L. Teacher education in America：A documentary history[M]. New York：Teachers College Press，1965：142-144.

察的场所来看。

第二,通过将那些已获得心理洞察力和熟悉教育问题的实习教师作为助手,更加紧密地引入儿童生活和学校工作。这个阶段的实习教师不需要从事许多直接教学,但要在帮助课堂教师上课中起作用。可以利用许多方式来实施这种帮助并使之真正产生效果,这种帮助不只是对训练实习教师有假定的价值,也对学校、儿童有用。

第三,这种实践经验能使实习教师从对更多心理和理论的洞察向更多课堂教学和管理的技术要点的观察过渡,从而使师范生较早接触实地教学来为承担更大责任的工作做准备。

第四,如果实习教师能做有更多责任的工作,并很快地达到规定的要求,那么应当给他们安排实地教学工作。如果实习教师在任教学科内容、教育专业理论以及观察和实践方面已经准备充分,就应当给予这些具有实践经历的学生可能的、最大限度的自由。他们不应当受到严密监督,他们的教学方法或内容也不应当受到详细的、直接的评判。应当让实习教师实施自己的智力创新,而且他们应当被期望这样做,因为在判断自己方面,善于利用自身的能力较之采用任何固定方法更为重要。

当然,比较内行的人要对实习教师做的工作和得到的教育结果给予评价。但是,要有足够的时间让实习教师学会处理教学中的突发事件,也要让实习教师取得足够的经验。这种经验能使实习教师提高他人对自己对所做工作批评的基本忍受度。而且,专家或指导教师的工作应当被引导来使实习教师用批判的眼光看待自己的工作,使实习教师找出他自己已经成功和失败的方面,以及发现促成成功和导致失败的可能原因,而不是对实习教师工作的特别方面给予明确的和具体的批评。

不言而喻,批评应当引导实习教师根据原则对他的工作进行深思,而不是诱导他识别某些特殊方法是好的或是坏的。无论如何,对智力批评的最大歪曲是让实习教师教许多简短的课程,监督他教的每节课,几乎在每节课结束后都及时批评他上课用的特别的方法,指出成功和失败的地方。这种批评只能使实习教师掌握一些教学的诀窍和手段,而无助于努力把实习教师培养成善于深思的和独立的教师。而且,虽然这种教学应当具有广泛性和持续性,以便给学生时间熟悉教学并积累一些经验,可教学在目的方面应当集中而不是混杂地展开。实习教师持续承担某一门学科的教学工作,从而获得对这门学科的感知认识,这比让实习教师在实习期间同时承担多门学科的教学要重要得多。换句话说,实习教师需要的不是太多的技巧,而是明确无误的观念,即教师要理解学科发展意味着什么,因为这种观念将成为其自我判断的基础。

第五，杜威认为在学徒制阶段让实习教师发挥主动性是很重要的，因而监督不应当太多，批评不应当太具体。这个中间的见习阶段的优势不在于监督人员使实习教师可能永远继承他们的方法和理念，而在于激励和启发。如果公立学校条件能够达到他们应当有的条件(达到实习规定的要求)，如果所有督学和校长有他们应当有的知识和智慧，如果他们有时间和机会来利用他们的知识和智慧去关注他们身边较年轻教师的发展，那么学徒制阶段的价值主要在于及时发现和排除不适合教学的人。[①]

(3)为师范生提供反思型思维及与之相联系的“教学五步法”教育

杜威在其《教育中理论与实践的关系》(*The Relation of Theory to Practice in Education*)一文中批驳了当时的教师培训形式把师范生的注意力固定在错误的方向上，即固定在教学方法的外显形式上，而不是学生的思维过程上。师范生学会的是如何管理课堂，但不会了解学生是如何思考的或如何确定他们是否在帮助学生思考。他们可以模仿教学实践，但不能解释这些教学实践背后的原理或理念，因为他们所学的只是教学的方法(“how”s of teaching)而不是教学的原理(“why”s of teaching)，他们将会沉溺于盲目的实验、武断的决定或生搬硬套、墨守成规的习惯中[②]。

杜威早在其1933年出版的著作《我们如何思维》(*How We Think*)中就对反思型思维作过论述。他把反思型思维界定为“对任何信念或假定形式的知识，根据其支持理由和倾向得出的进一步结论，所进行的积极主动的、坚持不懈的和细致缜密的思考”[③]，并将反思型思维与那种毫无系统，缺乏证据，建立于错误信念和假定之上，或盲目顺从于传统和权威的思维做了比照。在杜威看来，序列(sequence)与后果(consequence)这两个术语是反思型思维的核心，思维只有在逻辑上是有序的并且包含对决策后果的考虑才能称得上是反思型的。反思型思维既回顾假定与信念以确保它们是建立在逻辑和证据上的，也展望某一特定行动进程的意义或后果。它拒绝以表面价值接受任何事物，探讨“感觉的证据”和事物存在的方式[④]。反思型思维者对呈现在他们面前的任何思想观念都持批判的态度，他们权衡各种对立的主张以寻求证据，从而有助于他们解决疑问与困

---

① BORROWMAN M L. Teacher education in America: A documentary history[M]. New York: Teachers College Press, 1965: 171.

② BORROWMAN M L. Teacher education in America: A documentary history[M]. New York: Teachers College Press, 1965: 140-171.

③ DEWEY J. How we think[M]. Chicago: Henry Regnery, 1933: 9.

④ DEWEY J. How we think[M]. Chicago: Henry Regnery, 1933: 76.

惑。基于这样的认识，杜威提出了著名的反思型思维五步说。这五步包括："①感觉到的困难；②困难的所在和界定；③对不同解决办法的设想；④运用推理对设想的意义所作的发挥；⑤进一步观察和试验它引导到肯定或否定，即得出可信还是不可信的结论"。[①] 那么，为什么反思型思维在教学中也是必要的呢？用杜威的话来说，其原因在于"它把我们从单纯的冲动和日常活动中解放出来……使我们能够以预见指导我们的活动，能够按照预定的目标或我们意识到的目的来制订计划，能够以深思熟虑和带着目的的方式开展行动……当我们行动时能够知道我们在做些什么。它把那种单纯的食欲性、盲目性和冲动性行为转变为理智行为"。[②] 在杜威看来，教育的一个根本目的就在于帮助人们获得反思习惯，以便他们能够从事理智行动；教育"存在于形成清醒敏锐的、谨慎细致的和周到缜密的思维习惯之中"[③]。因此，对教师来说，要提供能够培养反思型思维习惯的教育，其本身就必须是反思型思维探究者。

杜威认为最能使教师展现出对儿童具有指导作用的地方，当属教师对儿童思维方法的培养，因为教师是培养学生思维方法的领路人。杜威将学生掌握思维的方法置于教育的中心地位，他认为"思维就是明智的学习方法"，"就是有教育意义的经验的方法"。杜威说："教育在理智方面的任务是形成清醒的、细心的、透彻的思维习惯。"理智因素应在人的总体素质中居于主导地位，所以他要求"必须以反省思维作为教育的目的"[④]，"学习就是要学会思维"[⑤]。教师的任务就是要使儿童学会思维，这是儿童成长的中心内容，也是个体经验改造要达到的首要目标。

与之相适应，杜威认为教师在教学过程中也要根据思维的五个阶段来设计教学方法，即下述的"教学五步法"。"教学方法的要素和思维的要素是相同的。第一，学生要有一个真实的经验的情境——要有一个感兴趣的连续的活动；第二，在这个情境内部产生一个真实的问题，作为思维的刺激物；第三，他要占有知识资料，从事必要的观察，对付这个问题；第四，他必须负责有条不紊地展开他所想出的解决问题的办法；第五，他要有机会和需要通过应用检验他的观念，使这个观念意义明确，并且让他自己发现它们是否有效。"[⑥]杜威指出这五个阶段的顺

---

① DEWEY J. How we think[M]. Chicago:Henry Regnery,1933:72.

② DEWEY J. How we think[M]. Chicago:Henry Regnery,1933:17.

③ DEWEY J. How we think[M]. Chicago:Henry Regnery,1933:78.

④ 杜威.我们怎样思维·经验与教育[M].姜文闵,译.北京:人民教育出版社,1991:63.

⑤ 杜威.我们怎样思维·经验与教育[M].姜文闵,译.北京:人民教育出版社,1991:13.

⑥ 杜威.民主主义与教育[M].王承绪,译.北京:人民教育出版社,1990:18.

序不是固定不变的，教师可以灵活运用，以避免这五个阶段成为呆板机械的程式。

综上所述，不难发现，杜威提倡教师教育计划应提供未来教师培养反思型思维及与之相联系的“教学五步法”的教育。

(4)教师教育的课程结构

课程设计是教育过程的一个中心环节，任何一种教育思想都要具体体现到课程结构的设计里，才有可能成为一种实践。杜威对教师教育课程结构的论述，集中体现了他对教师素质的思考，具有明显的独特性。杜威为未来教师设计的课程是综合的、多样的，既有任教学科的内容，又有教育专业学科、心理科学和教学法的知识；既有一般的文化素质的培养，又有伦理道德方面的修养和陶冶。值得注意的是，杜威课程思想的独特性不仅体现在课程组成要素上，更体现在他对这些要素之间的关系的论述上。在其主张的教师教育课程结构中，一般通识教育是前提，任教学科知识是基础，教育专业知识是主线，教育实践工作是重要环节，专业精神则是灵魂。杜威在这方面的观点可归纳如下。

①未来教师应接受学士学位水平的教育。

在杜威看来，学士学位的课程要求，可以保证教师有一个较高的发展起点，是很有必要的。他曾预言，用不了多久，美国所有的教师教育都会放在大学教育学院里，而不是在中等学校或初级学院。[①] 这一预言很快就变成了现实，在20世纪二三十年代，美国掀起了一场师范教育的升格运动，普遍把中小学教师的教育标准提高到学士学位的水平，这实际上是为了保证未来教师有一个比较深厚的文化背景和比较扎实的任教学科知识。

②教育专业课程是教师教育课程的核心。

美国教师教育的历史告诉我们，早期的教师教育工作带有学徒制性质，主要是让未来教师掌握基本的任教学科知识。随着教育科学和心理科学的发展，教师教育工作也开始注重教学技巧的传授和学习，于是就出现了美国教师教育课程设置和实施中的“学术性”和“专业性”之争，直到今天，这一争论也并未得到很好解决。这种争论的焦点不是不要哪一方面的知识的问题，而是如何平衡这两类课程在教师教育中的比例问题。

杜威认为，未来教师要学习所要任教学科的知识，这是毋庸置疑的，但学科教师并不等于学科专家，在教师教育中，首要的是教育理论方面的教育，而不是任教学科知识方面的教育，任教学科知识只是保证良好学科教学的一个前提和基础，但如果一个教师没有教育理论方面的知识，或者这方面的知识比较贫乏，

① NULL J W, RAVITCH D. Forgotten heroes of American education: The great tradition of teaching teachers[M]. Greenwich, CT: Information Age Publishing, 2006: 587-588.

那么其就不可能成为一个好教师。他曾谈到几何专家和几何教师的区别，认为前者所编的教材是逻辑的，后者的讲授是心理的①，他提倡将教材心理学化，而这个任务只有掌握了教育理论知识的教师才能完成。正如杜威所说："教学的问题在于使学生的经验不断地向着专家所已知的东西前进。所以，教师必须既懂得教材，还须懂得学生特有的需要和能力。"②他还说："为什么教师要研究心理学、教育史、各科教学法一类的科目呢？有两个理由：一、有了这类知识，他能够观察和解释儿童心智的反应——否则便易于忽略；二、懂得了别人用过有效的方法，他能够给予儿童以正当的指导。"③由此可见，杜威更强调教师教育的"专业性"，这体现了他作为一个世界著名教育思想家的远见卓识，因为"专业性"是教师区别于学科专家的根本要求，是教师不可替代的根本。试想，如果没有"专业性"，教师和学科专家的区别体现在哪里呢？美国 20 世纪 60 年代兴起的结构主义课程改革，不就是在学科专家的指导下进行的吗？历史已证明，不考虑儿童身心发展规律，没有教育科学的指导，任何教育改革都不可能取得成功。不断有人发出这样一个疑问，即"如果教育理论真的有效的话，为什么有些没有学过教育理论的人，却比某些学过的人教得还好?"对此，杜威回答道，这个问题证明学术本身可能是一种训练和培养好教师的非常有效的工具，但从长远看，如果那些精通任教学科又学过教育专业理论的教师，他们会教得更好，因为只有掌握学科内容、了解学生的心理活动并提高学校管理技术，教师才能成为真正的好教师，才能成为学生心灵生活的启发者和指导者。④ 显然，杜威非常强调教育专业理论对于教师整体教学水平提高的重要性。不过，需要指出的是，杜威也很重视师范生对任教学科的学习。杜威认为，"师范学校和高等学校都应当给学生提供足够的任教学科内容的教学。如果教师训练学校的教学让学生获得的是关于外部的事实和规律，或用智力来处理材料的特定技巧，那么这样的任教学科内容教学是欠缺的或不充分的。师范生所需要的学术知识和方法知识是不可分离的。"⑤

---

① DEWEY J. Significance of the School Education[M]. Carbondale:Southern Illinois University Press,1924:274.

② 杜威. 民主主义与教育[M]. 王承绪，译. 北京：人民教育出版社，1990:200.

③ 杜威. 思维与教学[M]. 孟宪承，俞庆棠，译. 北京：商务印书馆，1936:248.

④ BORROWMAN M L. Teacher education in America:A documentary history[M]. New York:Teachers College Press,1965:150-152.

⑤ NULL J W, RAVITCH D. Forgotten heroes of American education:The great tradition of teaching teachers[M]. Greenwich,CT:Information Age Publishing,2006:582.

③就教育专业课程而言，理论学习重于实践工作。

a. 实践工作的双重目的。

杜威认为，实践工作有双重目的：一个是学徒制的目的，另一个是实验室的目的。前者可使接受训练的教师们有效地掌握其专业的必要工具，掌握班级教学和管理的技巧，熟练并精通教学工作。后者则把实践工作作为进行重要理论教学的工具，作为教材和教育原则的知识。这两种目的之间的差别非常大，会从根本上改变实践工作的数量、条件和方法。但是，这两个目的都是片面的、狭隘的。前者非常直接而实际，旨在立即培养一个高效的教师；后者则是提供这些技巧所需要的智力方法和材料，以使未来教师较好地掌握他正在学习的教材以及科学、哲学和教育史的教育意义。因此，他认为，必须把二者结合起来。“如果实践工作在发挥实验室对物理或化学专业的学生所起的作用时，可以保证更深入地理解它的各种原则，却不能同时保证获得教育和管理班级的一些技巧，那将是非常奇怪的。如果获得这些技巧的过程，也不能同时为启迪并丰富教材和教育理论服务，那同样是很奇怪的。”[①]这表达了他关于教师教育课程中理论学习与实践工作的关系的指导思想。

但是，尽管杜威认为应该把这两种目的结合起来，但他更倾向于实验室的目的。杜威认为，掌握实际的班级管理技巧和具体的教学法的问题与掌握一般的教育理论和原则的问题都是未来教师需要面对和解决的。每一个问题本身都很广泛但很重要，都要求有兴趣，要非常专注。但是，二者还必须有所侧重，在他看来，在教师教育中，实践工作的目的主要在于教育理论上的反思和收获，而不是具体的教学技巧和方法的获得。通过考察建筑师、工程师、医生、律师等专业人员的教育历史，杜威提出从学徒制目的发展到实验室目的是历史的进步，因为学生在训练学校度过的时间是有限的，必须最大限度地利用这些时间；而学校无力提供学习和使用技能的充分条件，只有职业生涯才能为学习与完善更具技术性的技能提供充分的时间。他进一步认为，“实践工作学校”实际上是一个妥协的产物，在理论上它们同日常情境类似，但实际上与真实的情境相比，它们只能提供一个远离真实情境的仿制品，它们简化或排除了真实学校的一些显著特征，在那里“儿童最好的兴趣”受到了过多的干涉和监督，这种情景就像是教学生游泳，却不让他们下水练习一样。

b. 理论学习优先于实践工作。

有人认为，除非师范生立即开始教学工作，否则理论指导只是理论的、深奥

① NULL J W, RAVITCH D. Forgotten heroes of American education: The great tradition of teaching teachers[M]. Greenwich, CT: Information Age Publishing, 2006: 571-572.

的、遥远的，并因此是相对无用的，只有“实践”才能提供专业学习的动机，并且为教师教育课程提供材料。针对这种看法，杜威认为，实际情况并不是这样的，在某种恰当的理论指导中已经包含了实践的因素和意义，理论学习应优先于实践工作。他说，“在进入实践工作之前，学生必须受到了教育理论和教育史、教材、观察和实验室类型的实际工作的训练。在某些时候教师必须获得它的技巧；并且如果条件允许，在当学生时，或在其他情况下获得这种技巧是有优势的。”①在杜威看来，理论学习可以过渡到实际技巧的掌握，获得心理学的观察力和解释力的学生，最后会继续观察以获得更高超的教学技巧，即一个好教师在进行任一学科教学中所运用的各种方法和工具。如果上述过渡顺畅的话，它不会有产生传统和榜样的复制者、追随者的倾向。这种学生能够把一个好教师必备的那些非常重要的实践技巧，转化成它们的心理对应物；不仅知道它们确实在起作用，而且知道它们如何和为什么会起作用。因此，他们会成为正确运用和改造实践技巧的独立专家和评判家，因为对于一个教师来说，他想要的与其说是技术性技巧，不如说是一种对教育发展的清醒认识，在一些典型事例中，进行一个学科的教育发展，就意味着对管理方法的掌握，随后就可以把它作为在其他情况下进行自我评判的一个标准。②

杜威认为，在教师教育中，实践工作环节应安排在整个学习的过程中，而不是结束时。这种安排能够使学生更好地理解所学的教育理论和原则，能够促进学生持续地成长，而不是过早地陷入一些僵化的技能技巧的学习中，更不是使他们丧失独立性和主动性。只有这样，教育革新才有可能出现，教育事业才能取得进步。这种将教学实习安排在整个学习过程中间的好处，并不在于督察官员可以把教师变成永远遵照他们的观念和方法的人，而在于通过与成熟且有同情心人的长时期接触所获得的启迪。而且，这种实习具有及时发现和排除不胜任教学者的作用，它可以迅速地把不胜任教学工作的人鉴别并排除出来③。

由此可见，杜威认为未来教师不是要获得管理课堂和学生的技巧，而是通过实践工作掌握教学和教育的本质。他不是不重视教育教学方法技巧，而是尤为强调在掌握一般原理的基础上的创造性应用。实践工作不是帮助未来教师立马

① BORROWMAN M L. Teacher education in America：A documentary history[M]. New York：Teachers College Press，1965：153-154.

② BORROWMAN M L. Teacher education in America：A documentary history[M]. New York：Teachers College Press，1965：153-154.

③ NULL J W，RAVITCH D. Forgotten heroes of American education：The great tradition of teaching teachers[M]. Greenwich，CT：Information Age Publishing，2006：587.

成为一名优秀的教师,而在于使他成为一个深思而警觉的教育专业学生。

④专业精神的养成是教师教育的灵魂。

在教师教育中,杜威尤其强调未来教师应养成一种专业精神,这也是他的教师教育思想的一个重要特色。在杜威看来,教育改革要取得进步,教育要真正发挥它在社会和儿童个体中的作用,就需要高素质的教师,而教师素质的一个重要表征就是专业精神的养成。杜威曾说:"教师不是简单地从事于训练一个人,而是从事于适当的社会生活的形式。每个教师应当认识到他的职业的尊严;他是社会的公仆,专门从事于维持正常的社会秩序并谋求正确的社会生长。"[①]虽然杜威没有给出这种专业精神的具体内涵,但他认为这种专业精神表现在两个方面:其一是在学校工作中,它表现在教师对待教学工作的态度上,而且更多表现在对教师职业的方法和材料的兴趣上,表现在教师的持续成长上;其二是认识到对一般公众的责任感,教师要作为社会的领导者和指导者,承担起引导学生形成公众观念的责任。他对当时的教师专业发展情况并不满意,在他看来,当时美国教师的专业精神十分缺乏,但他又认为不能把责任完全归咎于教师,教师只应负一部分责任。专业精神缺乏的直接原因在于教师缺乏动力,但教师专业发展的根本动力来自教师所拥有的权利,特别是一定的自主权,而现实情况却是教师受到了过多的限制,在教育教学中没有一定的自主权,因此也就必然会缺乏主动性和积极性[②]。

正是从上述思想出发,杜威才更强调教师教育过程中对教育理论的学习,更重视实践工作的理论意义。在他看来,教学虽有技巧,但它有赖于一些原则才能取得一定的教育成效。一个实习教师还不能同时注意这二者,通常的结果是,他们掌握了某个方法的外在形式,而不能把这个方法真正用于教育实践。如果是那样的话,学生就不能根据他所学的教学原则调整其实际的教学方法,而只能模仿他所看到的在保持秩序方面比他更有经验、更成功的教师的做法,并根据别人的要求去做。[③] 这样,在实习教师未来的教学中模仿原则将发挥极大的作用,这会扼杀个人的洞察力以及主动性、创造性,并且会把传统的管理习惯固定下来,与心理学、逻辑学和教育史中的有关原则之间的联系相对就较少。这必然导致教育理论与实践的脱节,因为理论与实践并没有进入实习教师的个人经验中,更

① 赵祥麟,王承绪.杜威教育名篇[M].北京:教育科学出版社,2006:11.

② DEWEY J. Professional spirit among teachers[M]. Carbondale:Southern Illinois University Press,1924:109-112.

③ BORROWMAN M L. Teacher education in America:A documentary history[M]. New York:Teachers College Press,1965:153-154.

不用提在实习教师的个人经验中一起发展。因此,杜威特别强调,即使在学徒制阶段,也应使学生发挥更多的责任感和主动性,而不能过多监督和批评学生,使学生局限在狭隘的教学和管理细节上。

4.评价

杜威教师教育课程的思想是其教育思想的一部分,也是其教育哲学思想在教师教育课程上的具体体现。他对教师教育的重要性有着极其深刻的认识,他大力提倡提高教师教育的水平,因此在教师教育课程思想方面提出了许多精辟的见解。在当时美国教师教育中,盛行的是“技术性”的教师教育课程思想,不少人认为教师要掌握的教育素养就是具体的教育教学方法,可杜威却大胆地提出教育理论素养的重要性,这充分体现了他作为一个伟大教育家所具有的非凡的勇气与洞察力。他关于教师教育课程中“学术性”和“专业性”、实践知识与理论知识之间的关系的论述,提倡为师范生提供反思型及其相联系的“教学五步法”的教育,也对我国当前的教师教育具有参考价值。但是,杜威关于教师教育课程的论述也存在着一定的局限性,虽然他试图辩证地来看待矛盾中的双方,但可以明显地觉察到,他更强调教育理论的重要性,这似乎脱离了教学实践的基础。杜威关于教师素质及其教育的思想,存在着某种理想化的成分。

杜威教师教育课程思想的核心是实践工作。他认为实践工作的目的有两种定位:一种是学徒制观点,另一种是实验室观点。杜威认为:“一方面,我们可以带着这样的目的来继续实践工作——这样的目的就是在训练工作中,让教师掌握他们专业的必要工具,学习课堂教学与管理技巧,掌握教育工作的技巧并使之熟练。在这种观点之下,从本质上讲,实践工作就是学徒制。另一方面,我们可以建议将实践工作作为进行真实和重要理论教育的工具,作为学科内容知识和教育原理知识。这就是实验室观点。”①

显然,这两种观点并非相互排斥,而可以相互作用,然而它们是不同的。杜威坚持以实验性质的探究方式取代传统学徒式的技术培训,希望通过理性思考和探究的方式使未来教师对教学产生更深刻的理解,最终的目的在于为实施教学提供理智的判断和明智的方法。这种观点与研究型大学对质疑精神、科学实验、发明、发现和进步的承诺一致。杜威的实践工作观念的核心是:教学实习的意义不再局限于教学技术培训,还包括培养教师作为专业人员的理想思考和判断能力,试图将教育理论与实践结合起来。

① BORROWMAN M L. Teacher education in America:A documentary history[M]. New York:Teachers College Press,1965:142-144.

杜威的教师教育课程思想在20世纪上半叶产生了较大的影响。杜威提出的"实践工作"在当时教师教育机构的具体体现是教学实习出现了新的模式，即实验学校的实习模式。它除了与传统示范学校一样为实习生提供教学实习的场所之外，还为教师培训理论的发展提供了实验场所。1948年，美国师范学院协会(American Association of Teachers Colleges)决定将"教学实习"(student teaching)一词更换为"专业实验室经验"(professional laboratory experience)。变更术语意味着真正教学之前的直接经验将有助于理解通识教育和教育理论课程中的概念，从本质上讲，这与杜威提出的"实践工作"的观点相一致。美国师范学院协会的民意调查在9项原则上达成一些共识，其中之一就强调了实验室经验的三重功能：①给学生提供机会来考察理论的使用价值和学生对理论的理解，从而将理论应用于实践；②帮助学生洞察教学活动对自己专业素养的要求；③提供机会让学生在教师指导下开展真正的教学活动。[①]

(二)巴格莱的教师教育课程思想[②]

威廉·钱德勒·巴格莱是美国现代杰出的教育家、要素主义教育流派的创始人和主要代表人物。他终其一生都在为美国的师范教育事业而奋斗。他不但把自己的一生献给了教育事业，而且始终为促进教师素质和地位的提高而奔走呼吁，时刻关注着中小学教育的进步，并不遗余力地向人们阐释教师在促进社会进步中的重要作用。

美国教育评论家埃德尔·M.赫恩(Kandel M. Hearn)高度赞扬了巴格莱对美国师范教育的贡献，称他为"教师之师"，认为他对改进师范教育做出的贡献确立了其在教育史上的地位。巴格莱指出，在学校里进行的真正意义上的持久的改革，其成功与否，取决于教师的质量。他还意识到，教师培养不力以及教师社会地位的低下是制约学校发展的瓶颈。他把大部分精力都用在提高教师的社会地位和整体素质方面。他在关于要素主义教育的著述中，详尽地论述了教育应该是什么，人们的注意力这才大多集中在他对要素主义运动的贡献上，此后才经常把他的名字和要素主义教育思想联系在一起。他关于如何改进师范教育的

---

① BORROWMAN M L. The liberal and technical in teacher education: A historical survey of American thought[M]. New York: Bureau of Pub, 1956: 226-227.

② 本节参考和使用：杨献碧，王少勇."任教学科专业化"的教师教育课程思想——巴格莱教师教育课程思想探析[J].教育科学，2012，28(2)：31-36；肖朗，王少勇.巴格莱与20世纪美国教师教育课程思想[J].天津师范大学学报(社会科学版)，2012(3)：65-71.

许多设想为人们理解其思想提供了极好的参照。[①]

美国学者坎德尔(I. L. Kandel)在纪念巴格莱的文章中对他作了如下的评价:巴格莱认为,学校就是社会为某种特定目的所建立的机构,而这一特定目的就是改善人类的现状。他从未为了创造某个理论而对其详加阐述,他仅仅把自己看作一位教师,首先关注的是教师在教室里所面临的日常问题,他把一生都献给了教师教育事业,因为他深知,任何教育制度的发展和完善都完全取决于教师的能力。[②]

1. 要素主义:巴格莱教师教育课程思想的理论基础

巴格莱是美国要素主义教育哲学的主要代表人物,这种教育哲学旨在通过探讨"教育的要素"(essentials of education)来重新解释和定义"教育是什么",从而为巴格莱的教师教育课程思想奠定了理论基础。

(1)教育是社会进化的"一种基本因素"

巴格莱十分重视教育,在其代表作《教育与新人》中从人类社会诞生、发展与延续的角度强调教育的重要性。他认为,社会进化就是学习的知识不断地积累和精炼的过程[③],在此过程中人类不断积累经验,社会才能不断发展与进步,对知识的积累和精炼不可能一蹴而就,不可能仅由一代或几代人就能完成,因此,可以说社会进化从人类诞生到今天,再从今天到未来,是一个极其漫长而久远的过程,而能够把人类的过去、现在与未来联系起来,使知识的"积累和精炼"过程永不间断的活动就是教育。新生一代通过教育活动获得的知识、技能、经验等均属"社会遗传"[④],而社会遗传不同于生物遗传,需要建立专门的教育机构,需要专职的教育人员,需要对人类已有的经验进行提炼,因此,从广义上说,教育是社会进化的"一种基本因素",而教育机构作为有组织的社会机构,其主要功能是把精神遗产一代一代传递下去。[⑤] 这一重要功能如果被人类忽视,那么人类社会就会出现灾难,所以从根本上讲,人类面临的最大危机"来自人类自身",来自人

① 巴格莱:教师之师[J]. 卡潘学会会刊,1967(10). 转引自郭明. 巴格莱的教育思想对我国教师教育改革的启示[J]. 洛阳师范学院学报,2007(4):153-154.

② KANDEL I L, BAGLEY W C,1874—1946:An appreciation[J]. Educational Administration and Supervision,1946,32:321-323. 转引自郭明. 巴格莱的教育思想对我国教师教育改革的启示[J]. 洛阳师范学院学报,2007(4):153-154.

③ 巴格莱. 教育与新人[M]. 袁桂林,译. 北京:人民教育出版社,2005:94.

④ 巴格莱. 教育与新人[M]. 袁桂林,译. 北京:人民教育出版社,2005:21.

⑤ 巴格莱. 教育与新人[M]. 袁桂林,译. 北京:人民教育出版社,2005:94.

类对教育的忽视。[①] 由此可见，巴格莱对教育的功能具有深刻的认识，认为教育是人类社会发展的基石。

一个人受教育、学知识的目的是什么？美国进步主义教育学家普遍认为，个人受教育的目的是获得有用的，并且能直接为解决当前问题服务的生活本领，杜威把这种“获得有用的生活本领”概括为教育的“工具”价值。巴格莱对此持否定态度，他说：“知识具有高于和超越我们所设计的‘工具’价值。知识可以作为背景，同时也可以作为工具，它的价值可以是解释的，也可以是功利的。”[②]换言之，知识用作“工具”的价值不是其唯一的价值，在许多情况下人们获得的知识可作为其生活内容的“背景”，它影响人们的生活，但并不直接派上用场。以巴格莱之见，一个人受教育获得的知识技能超出其日后实际应用的知识技能，这不应说是浪费，因为日后人们到底能用到哪些知识技能是无法预测的。显然，巴格莱把教育视为一种长远的投资行为，并且不要求都有回报，这种认识比进步主义、实用主义教育理论所主张的急功近利的观点要深刻得多。

巴格莱认为，教育的最高目的在于对人的心智的训练，这种训练是以人类的共同文化要素为基本素材的，因为教育的本质在于传授人类遗传下来的共同经验和文化精神，这是人类社会得以存在、繁衍和发展的重要前提。他说：“在最广泛的意义上讲，教育则是传递这些知识的过程，或者说教育是传递人类积累的知识中具有永久价值的那部分的过程。”[③]无论人类历史多么悠久，各民族文化的差异如何巨大，就整个人类而言，总存在着所有民族都能接受并欣赏的共同文化和经验，即共同要素，它们远比个人单独积累的经验重要，因为它们经受了历史的检验和各民族的尝试，从而构成人类文明的精华，也成为人类教育的核心内容。他认为：“正规教育的一个最重要功能，特别是在民主社会中，是尽可能使文化中的共同要素部分提高，使民主社会中绝大部分人群都有共同的思想、共同的理解、共同的准则、共同的精神，最终能使群体产生集体思维和集体决策，并且达到最高标准。”[④]巴格莱指出，在这些共同要素中“民主的理想”是最为重要的要素之一，而对美国这样一个多民族的国家来说这一共同要素的传授是建立和巩固美国社会的保证，美国教育的首要功能就是保卫并强化美国“民主的理想”，

---

① 巴格莱.教育与新人[M].袁桂林，译.北京：人民教育出版社，2005：33.

② 巴格莱.教育与新人[M].袁桂林，译.北京：人民教育出版社，2005：62.

③ 巴格莱.教育与新人[M].袁桂林，译.北京：人民教育出版社，2005：37.

④ 巴格莱.教育与新人[M].袁桂林，译.北京：人民教育出版社，2005：107.

"这些民主的理想就是包括在要素主义者的纲领中最首要的要素"。[①] 这种观点突出了早期要素主义对公民道德培养的重视,也表明了其教育理论的政治倾向。

(2)教育应传授人类文化发展过程中的共同经验和知识

巴格莱宣称经过选择的学习内容应具有永恒性,特别应通过努力普及学校教育以将之永远传递下去。他解释道:"对于要素几乎不存在什么疑问,记录、计算和测量的技术一直为有组织的教育首先关心并非偶然。每个文明社会都建立在这些技术之上,并且一旦丧失了它们,文明就会衰落下去。超出个人直接经验之外的关于世界的知识一直被公认为全民教育的要素也并非偶然;了解人类的过去,尤其是一个国家的历史,至少很久以前就存在于普通学校的课程中。研究、发明和创造技术继承着我们的遗产。体育也是较低级学校的基本活动。自然科学的要素也有其地位。美术和生产技术都不应该被忽略。"[②]巴格莱认为包括这些要素在内的各门特殊学科的教学计划应当是民主教育制度的核心,[③]因此,要从人类文化的宝贵遗产中精选出具有永恒性价值的知识和经验,设计出稳定而系统的课程,如读、写、算、数学、物理、化学、历史、地理、外国语及古典语(拉丁文和希腊文)等。为加强学生的心智训练,他主张不得以任何借口取缔中学课程中的拉丁文、代数、几何学等精密而又要求严格的学科,"这些科目在课程中之所以占重要的地位,乃是由于人民相信掌握它们证明在很大程度上对于心智训练是有价值的。"[④]他还认为全国性的统一课程对美国有着特别重要的意义,因为美国是典型的移民国家,人口的流动性特别大,如没有共同的课程,将使美国人缺乏互相交流和理解的基础。

(3)学校教育过程中教师的角色及其关键作用

如上所述,巴格莱希望学校教育持续不断地"探讨确定人类文化中和民族文化中的共同要素"。[⑤] 为了真正发挥教育的这一重要功能,他指出:"很显然在全国的所有学校课程中,特别是在普通教育及其学校的课程计划中,需要包含很大

---

① 华东师范大学教育系,杭州大学教育系.现代西方资产阶级教育思想流派论著选[M].北京:人民教育出版社,1980:156,152.

② 巴格莱.要素主义者促进美国教育的纲领[J].教育行政与督导,1938(24).转引巴格莱.教育与新人[M].袁桂林,译.北京:人民教育出版社,2005:180.

③ 巴格莱.为教育中的要素主义辩护.[美]全国教育协会通讯(第31期)1941年10月.202.转引自赵祥麟.外国教育家评传:第二卷[M].上海:上海教育出版社,2003:672.

④ 华东师范大学教育系,杭州大学教育系.现代西方资产阶级教育思想流派论著选[M].北京:人民教育出版社,1980:152.

⑤ 巴格莱.教育与新人[M].袁桂林,译.北京:人民教育出版社,2005:114.

范围的共同要素”。[①] 这些共同要素应主要通过教师所负责实施的各门学科及其活动的系统的教学计划来传授。[②] 为此，巴格莱将学校教师的角色及其关键作用归纳如下：①教师在设计教学和教学活动过程中应发挥指导作用；②教师应根据其自身的判断在初等学校里开展以口语讲述为主的教学；③教师的作用应特别体现在用人类的经验教育学生，培养学生养成积极、热情的生活态度并使其加深对生活意义的理解；④教师的作用还在于发现各层次学生中特别具有“天赋”的学生，或发现学生能够具备的能力；⑤教师的影响作用有一部分是其“人格因素”决定的。[③]

可见，巴格莱在重视教师在学校教育过程中的关键作用的同时，也对教师自身的职责和素养提出了很高的要求。

2. 以造就“教师学者”为宗旨的巴格莱教师教育课程思想

从上述分析中不难发现，巴格莱要素主义教育哲学理论中包含着一个逻辑体系，其中有一个大前提和两个中心。“社会进化是知识不断积累和提炼的过程”这个基本观点是大前提，对教育的内容和功能的认识都以这个大前提为基础；而两个中心则是学科知识和教师，因为学科知识是社会进化的结果，是学生必须掌握的共同要素，因而也是教师教育的主要内容，社会进化过程中积累和提炼的人类经验能够成为下一代的精神财富，这完全有赖于教育功能的发挥，也有赖于教师根据学生的兴趣、特点和需要开启其心扉，使学生系统地掌握符合美国民主社会要求的共同文化要素。可以说，正是在上述大前提和两个中心的基础上，巴格莱全面阐述了其教师教育课程思想。

(1)关于“任教学科内容专业化”及“教师学者”

巴格莱针对20世纪美国教师教育课程的现状及问题提出了自己的改革主张，其一是强调“任教学科内容专业化”(professionalized subject-matter)，其二是主张未来教师应成为“教师学者”(teacher-scholar)型的人才。早在1917—1918年密苏里调查报告中，他就批评了美国教师教育课程存在着学术含量低和内容贫乏这类共同问题，并率先提出了教师教育课程应寻求“任教学科内容专业化”的观点。他虽然支持开设教育方法方面的课程，但认为这些课程应作为严格的智力训练课程，同时要与未来教师在中小学教授的具体学科密切联系起来。巴格莱对从任教学科内容中完全分离出来、只分析教育过程的“一般”方法的课

① 巴格莱.教育与新人[M].袁桂林，译.北京：人民教育出版社，2005：107.

② 巴格莱.要素主义者促进美国教育的纲领[J].教育行政与督导，1938(24).转引自巴格莱.教育与新人[M].袁桂林，译.北京：人民教育出版社，2005：181.

③ 巴格莱.教育与新人[M].袁桂林，译.北京：人民教育出版社，2005：139-140.

程持强烈的怀疑态度,在他看来,试图将学科内容与教育方法分离开来的教师教育是不充分的。根据他的理解,教师教育旨在使未来教师充分掌握任教学科知识,然后使任教学科内容专业化,这个过程要求未来教师除掌握任教学科知识外,还要形成其他多种能力。① 巴格莱指出这些能力主要包括:学生被教的及学生感兴趣的知识,献身于学术生活的涵养,致力于社会服务的精神,教育理论知识,教育历史知识,心理学知识,以及对教育在民主社会中至关重要的作用的深刻理解。②

在密苏里调查报告完成之后,巴格莱对这一问题的思考并未停止。1928年,他对"任教学科内容专业化"的提法作了进一步的解释和界定,指出"任教学科内容专业化"旨在"真正严肃地、努力地促使知识人性化,反映其真实含义,说明它如何从人类经验中演变而来,并如何有助于人们解决其问题,尤其要说明它如何能变成下一代人的经验。的确,正如我所主张的,任教学科内容专业化的全部目的是确保知识的脉搏随生活及其意义而跳动,并且尽可能以最有效的方式或最大限度地丰富尽可能多的人的生活……使知识真正成为男孩和女孩生活的一部分"。③ 巴格莱还对当时美国流行的两种教师教育课程模式作了如下归纳:第一种是文理学院的课程模式,对未来的教师实施普通教育,重视所教学科内容的学习,并附加一些教育理论和实践的专门课程;第二种是师范学校的课程模式,教师教育课程由基础理论学科和以教师需要为中心的专业学科组成。他认为这两种模式都不符合"任教学科内容专业化"的要求,如他批评道:"师范学校的学生所学的课程只是复习小学学过的知识,而不去学习那些全新的观点和前沿的知识,就这样来组织初等学校的学科内容是合理的吗? 这类师范课程能够提高学生的智力素质,并确保智力成长的水平与学院环境下那些公认的课程内容所提供的营养相提并论吗?"④换言之,巴格莱认为,未来教师应接受一种能满

---

① SHULMAN L. Knowledge and teaching:Foundations of the new reform[J]. Harvard Education Review,1987,57(1):1-22.

② BAGLEY W C,LEARNED W S,MCMURRY C A,et al. The professional preparation of teachers for American public school[R]. New York:Carnegie Foundation for the Advancement of Teaching,1920:231-247.

③ BAGLEY W C. Twenty years of progress in the professionalization of subject-matter for normal schools and teachers colleges[Z]. National Education Association Proceedings and Addresses,1928:906-907.

④ BAGLEY W C,LEARNED W S,MCMURRY C A,et al. The professional preparation of teachers for American public school[R]. New York:Carnegie Foundation for the Advancement of Teaching,1920:149.

足他们未来工作需要，并在教学中能够用得上的普通教育；未来教师既要接受良好的、内容广泛的普通教育，又要使这种普通教育体现教师的专业特点。

巴格莱之所以提出、思考和不断完善“任教学科内容专业化”的观点和建议，是因为他试图消除当时美国教师教育中学术学科和专业学科之间的鸿沟，促使师范学校更多地关注学科内容，减少教师专业科目的课程。他认为，不仅不应该减少师范生的任教学科知识，相反应根据中小学教学的需要重新组织和整合课程，以便强化师范生的学科知识。在主张“任教学科内容专业化”的基础上，巴格莱提出了将未来教师培养成“教师学者”的建议，希望通过教师教育将任教学科内容和教育专业内容融合在一起。为此，他对“研究学者”(research-scholar)和“教师学者”作了区分，指出前者旨在通过对新的真理的探索来发掘其学科领域的深度，而后者旨在拓展其学科领域的广度，从而使这门学科最重要的真理为更多有能力学习的人所掌握。① 巴格莱解释道，这并不意味着“教师学者”不如“研究学者”，“教师学者”也应与后者一样掌握其所在学科的研究方法，并通晓该学科的最新研究成果和动态。

巴格莱再三强调“任教学科内容专业化”和培养“教师学者”的主张，是因为有许多人批评当时美国教师教育所培养的教师在其将来要教授的学科方面的准备不充分，并且用太多的时间来训练脱离学科的教学方法，所以他试图努力解决这些批评所指出的问题。巴格莱认为，未来的教师既需要接受基础理论教育，也需要掌握他们将来要教授的学科知识，那些能够认识整个教育问题的人的确重要，但也需要“教师学者”型人才，用他的话来说，即“教师学者”型人才“了解其学科的方方面面和相关领域，不论从个人或感情投入来说都热爱他们的学科，并且他们生活的主要目的就是使别人认识并喜爱他们的学科”。② 因此，在教学工作中应用科学或教育技术的确有重要作用，但它们只起辅助作用，不可能取代教师的中心作用。在巴格莱看来，这种中心作用的发挥往往取决于教师的能力，而教师的能力大致可概括为如下几个方面：①完全掌握所学的知识；②敏锐地认识到这些知识对人类生活的意义；③有强烈的愿望使其他人了解并欣赏这些知识；④对学习者在掌握这些知识的过程中将要遇到的各种困难有一种共鸣性的认

---

① KANDEL I L. William Chandler Bagley: Stalwart educator[M]. New York: Kappa Delta Pi and Teachers College, Columbia University, 1961: 69. 转引自金传宝. 从乡村教师到教育领袖——巴格莱教育思想研究[D]. 保定：河北大学，2005: 88.

② KANDEL I L. William Chandler Bagley: Stalwart educator[M]. New York: Kappa Delta Pi and Teachers College, Columbia University, 1961: 69. 转引自金传宝. 从乡村教师到教育领袖——巴格莱教育思想研究[D]. 保定：河北大学，2005: 88.

识;⑤掌握克服这些困难所需要的技术。[①] 可见,巴格莱将掌握学科知识和教学艺术视为教师必备的专业条件,这也是对"教师学者"的基本要求。

(2)关于学术课程和教育专业课程之间的关系

如前所述,在 20 世纪美国的师范学校、文理学院等教师教育机构中,如何处理好学术课程或任教学科课程和教育专业课程的关系是一个具有普遍意义的问题,当时的教师教育课程体系多由任教学科课程加上教育哲学、教育史和心理学等几门教育专业课程所组成,但这种课程体系已开始受到人们的质疑和批评。巴格莱认为,"任教学科内容专业化"不能像某些师范院校已试图做的那样,采取削弱任教学科课程的方式,把教师训练限制在狭隘的心理学、教育史、一般教育方法和教学实习的范围内,也不能像从事教师教育的某些人所主张的那样,将学术训练课程完全放在中学或初级学院阶段。巴格莱所思考的核心问题是如何重构带有专业性质和目标的整个教师教育课程体系,他认为教师教育课程体系的重构取决于一个成功的教师所应具备的知识结构,因为他不仅必须懂得他所教授的学科知识,而且必须知道如何把这些学科知识教给学生,所以教师教育机构必须给未来的教师提供成熟的、达到本科学术水准的、内容不断更新的、与中小学教学实践紧密联系的任教学科课程。[②]

为了改变学术课程或任教学科课程和教育专业课程二元对峙的局面,巴格莱提出了调整任教学科课程的两个原则:①任教学科教师必须尽可能地与实验学校保持密切联系,不要对中小学课堂漠不关心,必须知道他的学生在实验学校做什么,学生试图解决什么问题,以及他所教授的课程应如何帮助他们解决这些问题;②所有教师教育机构必须从总体上废除那些分离的、孤立的教育方法课程,而将任教学科课程和教育方法课程结合起来共同开发。他认为只要遵循上述两个原则,通过师生双方不断共同参与实验学校的教学活动,完全有可能使教师教育的任教学科课程步入专业化的路径,从而完成教师教育课程体系的重构。

(3)关于教师教育课程

①教师教育课程开发的假设。

巴格莱在《培养城市教师》(*Preparing Teachers for the Urban Service*)[③]中

① BAGLEY W C. Teaching as a fine art[Z]. National Education Association Proceedings and Addresses,1930:789.

② NULL J W,RAVITCH D. Forgotten heroes of American education:The great tradition of teaching teachers[M]. Greenwich,CT:Information Age Publishing,2006:105-111.

③ NULL J W,RAVITCH D. Forgotten heroes of American education:The great tradition of teaching teachers[M]. Greenwich,CT:Information Age Publishing,2006:141-144.

提出了关于教师教育课程开发的假设，这些假设不是固定不变的教条，需要根据实际情况不断修订。其一，他相信教育的主要功能是保存和传授人类精神遗产中最宝贵的共同要素，所以教师教育有两个突出的功能：一是要确保未来的教师继承这些遗产；二是要使未来的教师学习如何把它们传授给学生。其二，他认为教学尽管在某些方面类似于工匠职业并在其他方面类似于应用科学，但在许多重要方面又不同于一般技术和应用科学而与艺术相似，换言之，教学更像是艺术。

根据以上假设，巴格莱进一步探讨和论述了如何有效地构建教师教育课程体系这一重要课题。他指出，从教学的角度来讲，教师教育机构的主要任务是教授学生将来要在中小学教的学科知识，这种知识不同于普通教育机构所提供的知识，它应在学生的整个学习阶段与专业的目的集合在一起。这就意味着要考虑学科的历史、人类进步的意义以及如何把学科知识教给未来学生的问题。从这个意义上来说，教师教育要比储备和传授一般学科知识的普通教育更为全面。因此，广泛地、全面地学习任教学科内容必须与中小学的教学工作紧密结合起来，未来的教师在中小学课堂里实习时不应当只是观察，而是从一开始就应当在有经验的老师指导下培养出服务学生的意识和责任感。

至于教育理论，巴格莱认为尽管不应贬低它的重要性，可是应当从一开始就让学生学会用它来解释教学实践的合理性，而不是用它来制定教条。关于教育问题的科学研究，他指出应当使用教育科学已经开发并经过证实的原则，这些原则也应成为课程的重要组成部分，但要使教育科学为教学艺术服务。显然，巴格莱关于教师教育课程开发的假设和建议是其“任教学科内容专业化”思想的具体应用和体现。

②教师教育课程的结构。

课程设计是教学过程的一个中心环节，任何教育思想都要体现到课程结构的设计中才可能转化为具体的实践成果。巴格莱对教师教育课程结构的论述，集中体现了他对教师素质的思考，具有明显的独到之处。他为未来教师设计的课程是综合、多样的，其中既有丰富的背景知识，又有专门的学科知识，还包含教育学、心理学和教学法的知识。在《一位教育者眼中的中学数学教师的理想准备》(*The Ideal Preparation of a Teacher of Secondary Mathematics from the Point of View of an Educationist*)一文中，他将教师教育 4 年的课程分成两部分：学科背景课程和学科内容课程。[①] 所谓学科背景课程，是指学生未来任教学

① BAGLEY W C. The ideal preparation of a teacher of secondary mathematics from the point of view of an educationist[J]. The Mathematics Teacher, 1933(26): 271-276.

科之外的课程,如英语、历史、文学、生物和自然科学课程。巴格莱希望这些课程“能为学生提供宽广的视野和丰富的文化背景”,有助于培养把握不同课程内容之间联系的“教师学者”型人才。他尽管希望把教育哲学、心理学等融入教师教育的课程结构中,但认为它们应扎根于学科背景课程之中。在这个理想计划中,巴格莱认为所有学科背景课程都应由各学科的教师来教授。

至于学科内容课程,则是指学生未来任教学科的课程。例如,巴格莱认为未来理想的数学教师必须接受30个学期时数(semester hours)①数学课的教学和训练。除了掌握较高水平的数学知识外,他认为学习这些课程的学生还应广泛阅读学术和专业文献。在他设计的教师培养计划中,他指出未来的数学教师不仅要阅读数学期刊,而且要阅读专门研究数学教学的期刊。值得一提的是,巴格莱主张每个学生应同时学习两门学科内容课程,如学习数学课程的学生可以同时学习历史课程。和学科背景课程一样,他期望所有学科内容课程都由各学科的教师来教授。

巴格莱认为尽管未来教师的任教学科知识极其重要,但仅仅具有任教学科知识仍然不能满足未来教师的需要,因为未来教师需要深刻理解教育哲学,牢固掌握教育史知识、教和学的心理学知识以及教学方法和技能。②巴格莱在密苏里调查报告的结语部分指出,下述教育专业课程是未来教师必须学习的内容:心理学,教育史,一般方法和教学原理,学校管理,观察、见习和教学实习。由此可见,巴格莱所提出的教师教育课程结构中包含学科背景课程、学科内容课程和教育专业课程三大块,这也说明他反对把任教学科课程和教育专业课程分离开来。因此,巴格莱始终鼓励教师教育机构中的任教学科专家将他们所教的内容专业化,正如他要求教育专家参与任教学科教学一样。

③理想的教师培养计划。

在对教师教育的培养目标和课程结构进行深入思考并形成了较成熟的认识后,巴格莱理想的教师培养计划也逐渐趋于成熟。在《一位教育者眼中的中学数学教师的理想准备》一文中,巴格莱勾画了自己希望在整个美国实施的教师培养计划。③ 他认为实施未来理想数学教师的培养计划的先决条件如下:a. 所有的

---

① 在当时的美国,所谓学期时数是指1学分小时,即在一学期内每周听课1学时、自习2学时。

② NULL J W. A Disciplined progressive educator:The life and career of William Chandler Bagley,1874—1946[D]. Texas:University of Texas,2001:414.

③ NULL J W. A disciplined progressive educator:The life and career of William Chandler Bagley,1874—1946[D]. Texas:University of Texas,2001:319-324.

未来教师都应在高中毕业后完成 4 年大学教育；b. 未来教师应从一流的高中毕业生中选拔录取；c. 理想的未来数学教师在读高中期间至少受过 3 年成功的数学教育，同时对教高中生数学真正感兴趣；d. 未来的数学教师就读的师范学院拥有良好的数学教学设施（包括适合演示数学模式的仪器）和一所条件优越的中学实验学校；e. 未来数学教师应由一支学术水平和能力极高、奉献精神极强、思想活跃并不断鼓励学生将教学当作终身职业的教师队伍来教育；f. 所有的高中教师都要求至少能教两门学科课程。

在这些先决条件的基础上，巴格莱的理想教师培养计划包括 120 个学期时数，其中学科背景课程占 40 个学期时数，学科内容课程占 60 个学期时数（平分为两门学科课程），剩余的 20 个学期时数则包括两年的外语学习和 12 个学期时数的教育专业课程。至于教学观察和实习，他希望在整个 4 年期间学生都要与实验学校保持密切联系。学生一旦完成 110 个学期时数，就要在实验学校进行至少 9 周的教学实习。此外，这个理想的教师培养计划还包括选修课，巴格莱认为学生修完以上课程后，接着可以选修自己感兴趣的其他课程。

上述计划反映了巴格莱教师教育课程思想的几个重要方面。首先，该计划贯彻了“任教学科内容专业化”的主张，也符合造就“教师学者”的宗旨和培养目标。其次，这个计划意味着所有参与教师教育的教师（包括各学科专家和教育学专家）都必须将学科内容和教学方法有机地结合起来。最后，巴格莱的计划揭示了学科知识在其教师教育课程思想中占有至关重要的地位。

3. 结语

以造就“教师学者”为宗旨的“任教学科内容专业化”的观点和建议贯穿巴格莱职业生涯的始终，深刻地体现了巴格莱要素主义教育哲学思想和理论的主要特色。正如坎德尔指出的，“任教学科内容专业化”和“专业化任教学科内容课程”作为教师教育的最重要的意见和观点，或将永远与巴格莱的名字连在一起。①

从 20 世纪初开始，美国教师教育机构中的各学科教授与教育专业教授常就未来教师应接受怎样的教育的问题争论不休。② 概而言之，前者代表“学术取向”的教师教育理念，认为教师教育应以任教学科的课程为主，主张“良师必为学

① KANDEL I L. William Chandler Bagley: Stalwart educator[M]. New York: Kappa Delta Pi and Teachers College, Columbia University, 1961: 69. 转引自金传宝. 从乡村教师到教育领袖——巴格莱教育思想研究[D]. 保定：河北大学，2005: 86.

② HODENFIELD G K, STINNETT T M. The education of teachers: Conflict and consensus[M]. New Jersey: Englewood-Cliffs, Prentice-Hall, 1961: 3.

者”;而后者代表“专业取向”的教师教育观点,认为教师教育应以教育专业课程为主,强调“学者未必良师”。巴格莱希望他提出的以造就“教师学者”为宗旨的“任教学科内容专业化”的建议能够平息这种争论,最终解决教师培养过程中的难题。然而,巴格莱也认识到其教师教育课程的思想和理念难以付诸实践,这是因为一方面学术专家只关心将他们的学科建立在纯智力的基础上,而不愿在其学科内容中掺杂教学方法等教育专业的内容,也不关心其学科的教育学意义;另一方面,教育专家往往拒绝传统的通识教育,他们希望保持完全独立的“教育专业”的特色,只教授与任教学科内容相脱节的教育学、心理学及一般方法课程。更重要的是,巴格莱的教师教育课程思想与当时美国居主导地位的进步主义教育思想对教师专业化的狭义化理解大相径庭。应该说,尽管巴格莱的主张和建议在他生活的时代无法实施,但他的教师教育课程思想切中了当时美国教师教育的弊端及要害,既富有现实意义,又具有前瞻性。

三、教师资格证书制度及教师教育认可制度对教师教育课程的影响

美国教师资格证书集权化趋势在进入 20 世纪以后进一步加强。同时,教师资格证书标准明显提高,综合性和短时性的特点开始改变。教师资格审核开始与涉及教师培养的各种“输入性评价因素”(诸如学分、学时、课程等)联系在了一起。另外,教师培训的地区认可制度开始出现,一些地区的认可组织纷纷建立,并成为教师培养认可的重要机构,它们主要通过对教师培训机构的学分认可来控制教师培养计划的标准。

(一)教师资格证书制度对教师教育课程的影响

1. 教师资格证书制度的发展

对教师从教资格进行审查,颁发资格证书,是教师职业成为专业的基础。19 世纪末到 20 世纪 40 年代,美国教师资格证书制度在前一个阶段发展的基础上有了明显的进展,开始出现了一些新的变化,具体表现为以下四个方面。

①各州在教师资格认可管理上集权的趋势加强。

从证书的管理来看,随着各州教育局的成立,教师资格证书逐渐由县级管理向州统一管理过渡。到 1898 年,有 3 个州建立了完全的州证书体系,即从证书标准的制定到证书的颁发都由州政府控制。进入 20 世纪后,这种趋势进一步加强。到 20 世纪 30 年代,各州相应建立起了州集权的教师资格认可管理制度,由州教育部统一发放教师资格证书成为一种惯例。

证书按照有效期限划分为短期(包括试用、初任)、专业、终身三种;根据严格职业范围的规定,又分为小学、中学、单科、职业技术、特殊教育等几种。除终身教师资格证书外,一般证书的有效期为4~5年。有些州也颁发1年的试用教师资格证书;对临时聘用的教师则颁发临时教师资格证书,有效期一般不超过1年。由于各州确定的教师资格标准不一,教师在各州之间的流动受到限制。因此,推动各州之间教师资格证书的相互认可,成为美国教师资格证书制度发展中的一个重要目标。1890年,纽约州制订了一个教师资格证书交换计划(Exchange of Certification),到1921年,全美有38个州加入了这一计划。此后,许多州之间制定了相互认可协议。①

②学历取代考试成为颁发教师资格证书的基本条件。

20世纪初,受第一次世界大战的影响,美国出现了历史上影响范围最广的教师短缺的现象,一些人认为,教师短缺的原因在于降低了教师资格证书的标准并颁发临时证书。要彻底改变这种状况,就必须增强教师的竞争力,提高教师的专业地位。在一些研究报告的督促下,各州开始提高颁发教师资格证书的标准并加强中小学教师的专业教育,学历取代考试成为颁发教师资格证书的基本条件。

从20世纪早期开始,通过考试获取教师资格证书的要求逐渐被取消,接受正规的教师教育成为颁发证书的基本条件。这一条件使教师资格证书的颁发开始建立在接受系统的学校培训基础上,并以一定的学历标准要求教师。与19世纪以考试作为获取证书的基本要求(大部分教师只受过短期培训)相比,以学历要求作为获取证书的条件使教师接受培训的时间延长了。以考试作为获取证书要求的取消和学历标准的提高,客观上延长了教师接受培训的时间。相应地,教师资格证书期限也延长了。

从20世纪初开始,各州逐渐取消了教师资格考试,高等师范教育机构的学历逐渐成为颁发教师资格证书的首要条件。1921—1922年,俄亥俄州的教师资格证书法令规定:公立教育督学可以向中学毕业并修完认可的师范学校或教师学院两年课程的申请者,颁发4年期的无须考试的临时小学教师资格证书;也可以向中学毕业并修完认可的师范学校或教师学院4年课程的申请者,颁发4年期的无须考试的临时中学教师资格证书。②

1923年以前,康涅狄格州由地方委员会审查教师资格并颁发证书。随着教

① 张维仪.教师教育:改革与发展热点问题透视[M].南京:南京师范大学出版社,2000:100.

② 郭志明.美国教师专业规范历史研究[M].北京:中国社会科学出版社,2004:71.

师资格证书管理的集权化,1923 年后该州新法律规定,师范学校的标准是教师职业培训的有效标准。20 世纪 30 年代,教师过剩为教师教育标准的提高创造了条件,许多人预测,在不久的将来所有的公立学校都将要求教师拥有人文学科的学士学位,这种观念随着教师教育的发展得到不断加强。1940 年,这一要求被写进康涅狄格州教师资格证书标准之中。

1924 年,马里兰州取消了通过考试获得证书的做法,证书只发给在被认可的教育机构接受过教育的申请者。各州废除以考试获取证书的要求的时间有早有晚,上述几个州比较早地用学校培训作为申请证书的条件,而大部分州到了 20 世纪 20 年代末甚至 30 年代末才废除以考试获取证书的做法。

③中学教师资格证书的"专门化"。

这一时期,教师资格证书制度的发展还表现在证书由综合性证书向"专门性"证书的转变上。19 世纪,证书的"专门性"特指特殊学科证书的颁发。1873 年,俄亥俄州最早要求颁发艺术、语言等特殊学科的资格证书,当时的"专门性"主要用于区别普通学科与特殊学科。在普通学科内,只有小学证书和中学证书、不同期限证书的区别。随着公立教育的发展,教学工作趋于复杂化,对不同种类教师的要求日益"专门化"。20 世纪 30 年代,教师资格证书制度改革主要体现在证书的颁发应建立在学科和专业培训的基础上,增加教师资格证书的种类使之与教学职位相适应等。20 世纪 30 年代,学者福兰克(Mike Frank)对当时的证书实践进行了大量的研究,他将这种改革总结为"专门性"或"差别性"证书原则。20 世纪以来,高中学科的范围急速扩大,教学专门化趋势明显,教师的培训被指定在专门领域或特定的学科范围,教学也要与之相适应,所以证书的专门化也就是证书的学科化。证书"专门化"遂成为当时调整中学师资培训的重要手段,而小学教师培养还是遵循综合化的原则。

俄亥俄州的法律规定,高中教师只能教证书上指定的学科。证书明确表明申请者的主修或辅修学科,这些学科成为未来教师未来从教的领域。证书规定,高中 4 年临时证书的获得者无须参加考试,但必须毕业于受认可的 4 年制学院,具有学院颁发的学位,同时有 24 个学时的专业学分。[①] 符合上述要求的申请者,在州教育部门对其档案进行审查后,获得指定学科的证书。1931 年的调查结果显示,俄亥俄州新教师的教学领域与培训学科呈现出较强的一致性。通过"专门化"提高教师资格证书的标准客观上提高了教学的专业性,这种证书"专门化"的趋势旨在使教师职业标准进一步提高与规范。

---

① 郭志明.美国教师专业规范历史研究[M].北京:中国社会科学出版社,2004:77-78.

④教师资格证书标准的补充手段——教师考试服务机构的设立。

20 世纪 30 年代，受经济危机的影响，美国在短时间内出现了教师过剩的情况。当时美国 49 个州中，只有 2 个州的教师供求基本平衡，有 7 个州教师短缺，24 个州教师过剩。总体上看，大多数州都存在教师过剩现象。而透过教师过剩这一表面现象，很容易发现真正接受过培训的合格教师很少。1928—1929 年，美国 49 个州教师接受培训的情况表明，这一时期教师素质参差不齐。因此，在教师过剩的 30 年代，通过开发有价值的考试体系来对众多持证的教师职位申请者进行筛选和分类，从而达到择优录用的目的是非常有必要的。而这一需求最终促使 1940 年美国全国教师考试中心的建立，这种考试制度也逐渐成为以教育背景为基础的教师资格证书制度的补充。①

2. 教师资格证书对教师教育课程的要求

19 世纪末，当教育学的学习成为未来教师训练项目的一个必要组成部分时，各州也对教师资格考试规则进行了修改，以便与对教育学科的重视保持一致，这与以前严格强调学术学科形成鲜明的对照。这反映在给大学毕业生颁发资格证书的要求中，其中最早的要求之一是学完“教的艺术和科学”的教育专业课程。在当时，教师教育机构所开设的教育专业课程的名称在全国是不统一的，如心理学和教学的理论与艺术这两门学科有不同的名称。

1906 年，大约有四分之三的州要求申请者无论获得哪一级别的教师资格证书，都学习一门教育学学科，其中经常提到的学科是教学的理论和艺术。偶尔提到的其他学科有学校法、心理学和教育史等。可在 20 世纪初之前这些课程很少作为申请教师资格证书的条件。

至于教育学课程方面考试科目的规定，各州的情况存在着较大差异。但从 1900 年起，扩展教育学学科内容的要求在各州已达成共识并趋于一致。当考试逐渐被学历证明所取代后，设计具体教育课程要求的学分总数已经成为惯例。②表 3-1 和表 3-2 为印第安纳州和亚拉巴马州对教师资格证书的专业要求。

---

① 张丹. 美国教师教育发展研究[D]. 武汉：华中师范大学，2007：30-31.

② ELSBREE W S. The American teacher：Evolution of a profession in a democracy[M]. New York：American Book Company，1939：352-354.

表 3-1　　**印第安纳州教师资格证书专业要求一览表**

规定的教育学学科			
1895年	1911年	1921年	1927年
教育科学	教育科学 印第安纳州学校法 教育心理学 实验心理学及儿童研究 教育史 欧美学校制度 教学原理	教育科学 印第安纳州学校法 教育心理学 实验心理学及儿童研究 教育史 欧美学校制度 教学原理	教学原理 心理学及其在教育中的应用 中等教育教学原理与 监督初中教学

注:该表不包括督导、校长资格证书要求的学科。

(资料来源:ELSBREE W S. The American teacher:Evolution of a profession in a democracy[M]. New York:American Book Company,1939:352-354.)

表 3-2　　**亚拉巴马州教师资格证书专业要求一览表**

规定的教育学学科			
1895年	1911年	1921年	1927年
教学理论与实践	教学理论与实践 教育史 亚拉巴马州学校法	教学理论与实践 教育史 亚拉巴马州学校法 学校管理 初级心理学	教学理论与实践 教育史 亚拉巴马州学校法 课堂管理 普通心理学 教育心理学 中学方法

注:该表显示1895—1927年亚拉巴马州教师资格证书要求的专业。

(资料来源:ELSBREE W S. The American teacher:Evolution of a profession in a democracy[M]. New York:American Book Company,1939:352-354.)

20世纪20年代,随着师范学校升格为师范学院,教师所接受的专业训练越来越正规,呈现出学历化的趋势,以学历取代资格考试的做法得到进一步的推广,教师资格考试由此走向衰落。各州在废除教师资格考试的同时,通过立法明确规定教师资格证书的获得者必须接受过教师教育,系统的学校培训开始被广泛用作获得教师资格证书的必要条件。

1929年的经济大萧条也未能阻挡这一趋势。大萧条带来的教师过剩,反而给各州提高教师标准、严把教师入职关提供了契机,越来越多的州以教师培养制度取代了以往的教师考试制度。同时,对教师的培养质量提出了更高的要求,这种要求在当时主要是通过延长教师的培养年限、提升教师学历水平的方式表现出来的。不少州都提高了教师资格证书获得者接受教育年限的标准，并作了具体的规定，使教师的资格认可建立在越来越高的学历标准的基础上，教师资格审核开始与涉及教师培养的各种“输入性评价因素”（如学分、学时、课程等）联系在了一起。1930 年，31 个州的法律规定申请教师资格证书的人至少须高中毕业和受过教师专业训练。1932 年，12 个州规定小学教师所需的通识教育课程量；有的州规定了具体学科的分配，如印第安纳州对中学教师资格证书的学科要求更具体；16 个州规定了主修和辅修的课程。

截至 1937 年，5 个州对教师资格证书申请者的要求是接受过 4 年大学教育；8 个州要求 3 年大学教育或师范教育；11 个州要求两年大学教育或师范教育，包括一些专业课程；8 个州要求一年大学教育；2 个州要求高中毕业和一些专业培训；6 个州要求高中毕业，不要求专业培训；8 个州没有限定正式教育要求。一些立法机构具体规定了专业培训的内容和教学实习的学分和学时。① 这一年，全美所有的州至少有一种教师资格证书是根据培养机构的学分发放的。28 个州取消了所有的教师资格考试，完全以接受教师教育作为授予资格证书的依据。有些州还具体规定了专业培训和教学实习方面的学分或学时，如小学教师资格证书平均需要大约 12 个学分。对所学习的课程也有所规定，如常设的课程包括小学教学法、教育测量、教育史、教育心理学、课堂管理、小学组织与管理、教育原理、小学课程论等，中学教师的课程通常包括教育心理学、教学实习、教学论、教育史、特殊教学法、管理学等。②

1938 年，全美所有州对其提供的至少一种或两种资格证书要求某些专业培训。初等教师资格证书需要大约 12 个学分的专业培训。对于小学教师来说，要求的专业课程主要包括初等学校教学法、教育测量、教育史、教育心理学、课堂管理、初等学校的组织与管理、教育原理和小学课程。对于中学教师来说，要求和建议的专业课程包括教育心理学、教学实习、教学原理、教育史、特殊方法、管理和组织。③

另外，依然坚持通过教师资格考试来颁发教师资格证书的主要是那些难以吸引人们从教或农村人口比例较大的州，在这些州农村小学教师资格证书的发放还是以通过教师资格考试为基本条件。教育专业工作者面对这种情况，采用

① ANGUS D L，MIREL J. Professionalism and the public good：A brief history of teacher certification[R]. Washington，D. C.：Thomas B. Fordham Foundation，2001：26-27.

② 洪明. 美国教师质量保障体系历史演进研究[D]. 福州：福建师范大学，2008：126-127.

③ ANGUS D L，MIREL J. Professionalism and the public good：A brief history of teacher certification[R]. Washington，D. C.：Thomas B. Fordham Foundation，2001：27.

的对策就是在不得不保留教师资格考试的基础上,尽可能提高对教师专业培训的要求,把参加教师专业培训作为参加考试的一个条件。

(二)教师教育认可制度对教师教育课程的影响

如何判断专业机构的资质及其所提供的教师教育的质量?西方发达国家为解决这个问题采取了"教师教育认可"的措施,制定了教师教育机构的认可标准,对教师教育机构进行专业规范,其中美国的发展较为成熟。从 19 世纪末开始,美国专业协会或团体开始参与教师教育计划的认可工作,但它们的作用在当时是很有限的。1885 年,美国国家教育协会师范部授权一个委员会来准备一份有关不同师范学校的课程和教学方法的报告,以便发现美国的师范学校应当采取什么样的协调行动来提高教学标准和教育成效。① 该委员会在 1886 年芝加哥会议上报告了其研究的头两个主题——组织和课程。它提出如下建议:"……师范学校应当就教授法原则达成一致并规定教授法原则;……师范学校应当坚持培养教师的完整学术……"②1899 年在加利福尼亚州的洛杉矶会议上,该委员会介绍了 2 年、3 年、4 年制师范学校项目的课程③,讨论了师范学校的目的(培养教师)、教职员工(品德、能力、学术、文化、专业精神和道德)、学生(身体的、心理的、情感的和学术的入学要求)、儿童心理学(包括在课程里)、社会(教育好公民)、家庭(父母亲交流)和学习课程等主题④,也概括了实习学校的 29 条标准⑤,这成为美国国家教育协会鉴定教师培训机构的开端。与此同时,教师培训的地区认可制度开始出现,一些地区认可组织纷纷建立,并成为教师培养认可的主要

① ROAMES R L. Accreditation in teacher education: A history of the development of standards utilized by the national council for accreditation of teacher education[D]. Akron: University of Akron, 1987: 85.

② ROAMES R L. Accreditation in teacher education: A history of the development of standards utilized by the national council for accreditation of teacher education[D]. Akron: University of Akron, 1987: 86.

③ ROAMES R L. Accreditation in teacher education: A history of the development of standards utilized by the national council for accreditation of teacher education[D]. Akron: University of Akron, 1987: 91.

④ ROAMES R L. Accreditation in teacher education: A history of the development of standards utilized by the national council for accreditation of teacher education[D]. Akron: University of Akron, 1987: 91.

⑤ ROAMES R L. Accreditation in teacher education: A history of the development of standards utilized by the national council for accreditation of teacher education[D]. Akron: University of Akron, 1987: 91.

机构。

当时的主要协会——新英格兰协会、东部协会、南部协会、中部协会等要求所属中学的教师必须毕业于其认可的大学或学院。1902 年，中北学院和中等学校协会(the North Central Association of Colleges and Secondary Schools)规定，凡参加该协会的高中教师必须毕业于该协会或相应专业团体认可的高等学校。1908 年，美国国家教育协会师范学校会议规定，小学师资培训应招收中学毕业生，学制 2 年；中学师资培训应招收中学毕业生，学制 4 年。小学师资培训应招收中学毕业生的规定给培养师资的师范学校造成了生存压力，不少师范学校被迫升格，成为中学毕业生接受教师教育的师范学院。

美国师范学院协会(American Association of Teachers Colleges，AATC)成立于 1917 年，由州立师范学院的院长组成。作为高等教育层次的教师培养机构的协会组织，其最为关心的问题是能否建立起符合高等教育规范的学术性课程，建立教师教育标准正是其目标所在。同时，该协会对当时的地区认可机构，即中北学院和中等学校协会介入教师培训机构的专门认可表示担忧和反对，认为由自己作为师范学院的代表对教师教育质量进行内部的审核比地区性机构的外部认可更有优势。① 1923 年，该协会制定了对州立师范学校和师范学院进行认可的 9 项标准，这些标准构成了对师范学校和师范学院进行认可的最低限度的要求，包括对 2 年、3 年和 4 年的课程的要求。具体而言，这 9 项标准包括学生入学的要求、课程设置、学生毕业的资格、教职工的准备、班级单位(class units)、训练设施、图书馆的条件、体育场所、财务运作。② 在制定了上述标准后，该协会未立即实施认可，而是到 1925 年与美国国家教育协会师范部合并后，才采纳实施了一系列标准和必要的框架。

1923 年，美国国家教育协会的学院标准委员会(Committee on College Standards)发表了有关初级学院的认可报告，该报告也涉及教师教育的标准问题，形成了一套师范学校和师范学院的标准和认可系统。不过，它所制定的师范学校和师范学院认可的标准和原则与美国师范学院协会制定的标准和原则十分相似。美国国家教育协会的标准不同之处在于要求更多的学生学习 4 年的项

① ROAMES R L. Accreditation in teacher education: A history of the development of standards utilized by the national council for accreditation of teacher education[D]. Akron: University of Akron, 1987: 125-126.

② ROAMES R L. Accreditation in teacher education: A history of the development of standards utilized by the national council for accreditation of teacher education[D]. Akron: University of Akron, 1987: 132-134.

目,规定了师生比,并强调“除非接受由认可组织正式指定的机构或中介的视察并形成报告,师范学校或师范学院的认可将不被接受”①。

在 1926 年 2 月 20 日举行的华盛顿会议上,美国师范学院协会颁布了新的教师教育认可标准,从 1927 年 9 月 1 日起实施这套新标准,并于次年公布受认可机构的名单。1926 年的标准比 1923 年的标准更全面,且更具描述性。1923 年的 9 项标准只含有简略概括性的陈述,1926 年的标准则包含以下 15 个经过充分界定和定量化的方面:师范学院的定义,入学要求,毕业标准,教职员工的规模,教师员工的准备,教职员工的教学工作量,训练学校和学生实习,课程的设置,图书馆、实验室设备,师范学院建筑的位置、结构和卫生状况,学生的限制和注册,财政支持,基本要求,师范学院的归类,师范学院的认可和分类。②

总的来说,美国师范学院协会 1926 年颁布的标准包括以往未曾涉及的四个领域:第一个领域涉及师生比,但它的定量标准是不完整的;第二个领域包括“教学专业方面”的“普通要求”和禁止师范学院提供“严格的中学学术课程”;第三个领域归纳出教师培训的三个大的分类;第四个领域概述了这个分类程序的不同。③

从 1926 年到 1932 年,美国师范学院协会几乎每年都在修改标准。如 1927 年增加了“学生的生活条件”的标准,涉及学生的安全和住宿情况。④ 1928 年美国师范学院协会的波士顿会议上,对 5 项标准作了修改,修改的内容包括:限制学生的扩展或函授课程,提出本科生至少一年的住校要求,允许有 10%的教职员工尚没达到有关教职员工培养方面的标准,对大学三年级的高级课程设定最低要求和厘定对学生注册的限制。除了涉及暑期学校注册的标准外,其他所有

① KIRKLAND J H,CASPER S E. Report of the committee on college standards[R]. The Educational Record 4,1923:138,140-142.

② ROAMES R L. Accreditation in teacher education: A history of the development of standards utilized by the national council for accreditation of teacher education[D]. Akron: University of Akron,1987:134-135.

③ ROAMES R L. Accreditation in teacher education: A history of the development of standards utilized by the national council for accreditation of teacher education[D]. Akron: University of Akron,1987:135.

④ ROAMES R L. Accreditation in teacher education: A history of the development of standards utilized by the national council for accreditation of teacher education[D]. Akron: University of Akron,1987:139.

的修改均获批准。[①]

美国师范学院协会不仅制定了教师教育标准，而且就教师资格证书问题表明了自己的立场，于20世纪20年代提出了建立教师资格证书制度应当坚持的11项基本原则。

①证书颁发应当继续由州教育委员会执行官员——州公共教学负责人负责。

②教学许可证书的颁发和更新都应当以教师培训机构的文凭为基础，这些教师培训机构应当是通过认定的，其颁发的文凭代表了该机构所提供的专业培训的水平，同时取消教师资格考试。

③教师应在其特定的教学领域方面接受专门的培养和选拔。

④州教育委员会应对教师培训机构进行分类定级，不同级别的机构采用不同的标准。

⑤证书申请者须提供当地医疗部门提供的健康证明。

⑥转换教学领域的申请者需要满足新的教学领域的全部所需条件。

⑦州应当根据教师所接受的教育和所持的证书来确定教师的最低工资。

⑧对其他州达到标准的机构应予以充分的信任，可灵活处理技术方面的差异。

⑨应当对一等以下的证书的有效期予以必要的限制，对这些证书的延期或更新应以后续的培训和成功的经验为基础。

⑩在后续培训和成功经验的基础上，教师应当能够获得由低到高等级的证书。

⑪由于公立学校中不同性质的工作很多，应当设有不同类别的资格证书，如管理者证书、中学校长资格证书、小学校长资格证书、高中教师资格证书、初中教师资格证书、常规中学教师资格证书、特殊教师资格证书（包括音乐、艺术、农业、家政、手工培训、体育等）和小学教师资格证书等[②]。

以上11条原则概括了教师资格证书制度几乎所有方面的问题，如教师资格证书的职能、类别、等级、州际互认以及证书颁发的机构权限等。其中最值得关注的一个问题就是美国师范学院协会提出将教师所接受的培养作为教师资格认

① ROAMES R L. Accreditation in teacher education: A history of the development of standards utilized by the national council for accreditation of teacher education[D]. Akron: University of Akron, 1987: 139-140.

② 洪明. 美国教师质量保障体系历史演进研究[D]. 福州：福建师范大学，2008:105.

可的基础,以对教师培养质量的鉴定取代过去的教师资格考试,把教师质量的保障机制直接建立在教师教育质量的认可制度基础上,从此正式开启了美国以课时、学分等“输入性”因素来衡量教师质量的时代。

在教师培训机构认定的过程中,起重要作用的是州教育部门和地区专业协会,在此基础上培训机构才能接受国家教育协会的鉴定,同时接受这种鉴定是出于自愿原则。20 世纪 30 年代左右,州教育部门主要通过对教师培训机构学分的认可来控制教师培训计划的标准。教师培训机构必须得到州教育部门的鉴定,这一鉴定工作主要是通过评估学生学分来进行的。学分评估是资格证书颁发的依据,也是机构认定的手段。所有州教育部门或颁发证书权力部门都有评估学院、大学和师范学校学分的任务,州教育部门通过确立自身的鉴定标准或者是地区认可协会名单上教育机构的学分来确定从什么机构获得的学分能得到承认。①

以华盛顿州和得克萨斯州为例,当时,华盛顿州教育部门认定的教育机构有 7 个,其中 5 个得到西北部协会的认可;得克萨斯州教育部门认定的机构有 30 个高级学院和 36 个初级学院,其中有 8 个高级学院和 5 个初级学院得到南部协会的认可。这说明州教育部门认定的教育机构与州所在地专业协会认可的有很多的不一致。必须承认的是,有一些好的学院未被指定的协会认可,这表明认可标准在这一时期尚未统一。由于师范学校、师范学院和地区认可委员会等专业协会的认可是一种自发的程序,它们对标准缺乏协调能力,因此这一时期教师培训机构的认可主要取决于州教育部门。

美国教师质量认可中注重课程、学时等“输入性”因素的倾向可以说在这一时期达到高峰。这种评估取向与师范学校向师范学院升格以及师范学院向大学教育学院或教育系转型的过程相吻合。师范学校向师范学院升格注重的是学生的入学资格和学习年限,甚至对此进行量化测定,如入学资格要达到高中学历,学习年限要满 4 年以上。而师范学院向大学教育学院或教育系转型注重的是课程的学术水准,在四年制的本科教师培养模式中,师范生的学科知识教育和通识教育是在大学文理学院完成的,教育学院或教育系开设的是教育专业课程,将教育专业课程提升到大学学术要求的水平是这一时期师范学院,特别是大学教育学院和教育系的重要任务。因此,提升教育学术水平成为这一时期教师培养机构的首要目标,并在各个层面表现出来:在培养目标上,表现为使师范生受到更为扎实的通识教育和学科知识教育,并要求师范生在教育理论和教学法知识方面得到更好的训练;在课程设置上,表现为通识课程、学科知识课程和教育专业

① 郭志明.美国教师专业规范历史研究[M].北京:中国社会科学出版社,2004:84-85.

课程并重；相应地，在对教师质量和教师教育质量的评估上，就更表现为注重课程、学时、学分等因素。

四、“专业主义”取向的教师教育课程设置

进入20世纪，教育科学有了长足的发展，教育科学开始分化成拥有许多学科群的学科体系。教育理论课程的普遍开设，增加了教师培训的内容，促使教师培训从2年延长到4年，师范学校纷纷升格，师范学院大批建立。在进步主义教育运动的影响下，师范学院时代的教师教育课程结构开始向专业训练方向偏移。除了普通高等学校的文理课程和任教学科的学术课程外，在教育专业方面开设了教育哲学、心理学、教育史、教育原理、学校管理等课程，系统的观察、见习和教育实习成为教育专业培训的重要环节，教育专业学科数量增加的倾向十分明显。

（一）“专业主义”取向的教师教育课程设置概况

在19世纪末有少量的师范学校转型成师范学院，而在1910—1920年，为了转型成州立师范学院，师范学校正式模仿大学的课程和课外活动[①]。在20世纪20年代至30年代，大部分师范学校已转型成师范学院。[②]

进入20世纪，教育科学有了长足的发展，开始分化成拥有许多学科群的学科体系，诸如教育测量学、教育统计学、教育心理学、教育社会学、教育哲学、教育史等都是这一时期出现的子学科。一般来说，教育学科对基础教育的推进是通过教师培训实现的。

第一次世界大战后，人们对师范学院课程的不满进一步加剧。各师范学院存在着一种在课程建设和改造上相互模仿的倾向。没有人从批判的角度来检验课程对师范教育的适宜性，并使它在初等和中等学校课程中产生重大的效果。《联邦教师培训研究》(*The Study of Teacher Training in the United States*)一书对教师在课堂、课外和社团等活动中的表现进行了细致的分析，按照分析的结果制定了一些标准，它们不仅可以用来评价现存的课程，而且可以设置新的课程。[③]

---

① OGREN C A. The American state normal school:“An instrument of great good”[M]. New York:Palgrave Macmillan,2005:5.

② OGREN C A. The American state normal school:“An instrument of great good”[M]. New York:Palgrave Macmillan,2005:2.

③ 布鲁柏克.教育问题史[M].吴训元,主译.合肥:安徽教育出版社,1991:491.

在20世纪的第一个25年,总体来说所有教师教育机构的职前课程都有更加固定的模式,每个州都有法律规定的课程,尽管在1916年后,出于战争的原因,教师教育课程标准出现了短暂的降低。到了1918年,受过良好训练的教师极其缺乏。但在1920年后,教师薪水有较大增加,中学教育扩展极大地促进了教师教育项目入学人数的增加,这主要是因为准备标准提高了,包括更加严格的资格证书要求、教育材料的增加、知识的提升、国家和地方专业协会的快速增加。①到1927年,教师开始盈余,但各种教师教育机构的招生人数不断增加且课程设置继续扩张,这主要是因为机构之间招生人数的竞争和机构期望维持完整的项目。1929年,许多教育工作者要求采取某种行动来提供教师培养课程和教师供需变化的信息。尽管1912年的《联邦教师培训研究》试图通过提供大量关于教师任务的资料来补充此类信息②,可资料范围有限,而且由于大萧条的出现,教师教育面临的问题开始变得更尖锐。③ 因此,1930年联邦政府教育署组织了针对全国各种类型的教师教育机构的调查来收集教师培养的必要资料。调查的结果形成了六卷本的报告——《全国教师教育调查》,它比《联邦教师培训研究》更全面。这个报告的结论:尽管教师教育课程的模式和结构变得更加一致,尤其是4年教师教育项目,可在教师教育机构里不断增加不同类型的教师教育项目和课程,而且分配给这些项目和课程的时间和内容有很大的不同。④ 这些变化发生在调查之前的若干年,反映了教师教育机构对任教学科课程和教育专业课程重要性的逐渐认可。⑤ 事实上,较之其他教师教育机构,师范学院的课程数量增加了两倍,这主要是由于师范学校转型成授予学位的师范学院。例如,师范学院的4年教师教育项目通过提供平均40到50门课程来培养50多种适应

---

① ELSBREE W S. The American teacher[M]. New York: American Book Company, 1939:146-148.

② CHARTERS W W, WAPLES D. The commonwealth teacher—training study[M]. Chicago: University of Chicago Press, 1929:68.

③ ANDERSON E W. "Teacher personnel-Part v-supply and demand," in Encyclopedia of Educational Research, 2nd Education[M]. New York: Macmillan and Co., 1950:1424-1427.

④ U. S. Office of Education. National survey of the education of teachers[R]. Washington, D. C.: U. S. Government Printing Office, 1933, Ⅲ:58.

⑤ U. S. Office of Education. National survey of the education of teachers[R]. Washington, D. C.: U. S. Government Printing Office, 1933, Ⅲ:51.

不同类型岗位的教师。[①] 1933 年的数据表明，自从 1900 年以来，文理学院和大学的教师教育课程分别增加了 217% 和 182%。[②] 课程的扩增（尤其是师范学院）主要是通过引进更多的学术内容来完成的，这些课程与一些指定领域的知识密切相关，与主修和辅修课程一起并驾齐驱。[③] 而且，到这个时候，几乎所有的师范学院都为每种类型的教学岗位提供了 4 年的培训项目，这些项目包含不断增设的任教学科课程和教育专业课程。大学和文理学院主要为中学教师提供 4 年教师教育项目，一些机构也提供了一些优秀的小学教师教育项目。[④] 与此同时，有几个机构正开设或在引进对幼儿园教师、小学教师和农村教师的扩展训练项目[⑤]，其中包括为 2 年向 4 年课程设置过渡的、培训小学教师的 3 年项目。

截至 1933 年，大多数教师教育机构开始把课程分为三部分：①任教学科课程，包括主修和辅修领域的一系列课程，这些课程有培养中学教师课程内容的深度和小学教师课程的广度；②教育专业课程，包括教育基础课、方法课和教学实习；③普通教育或通识教育课程，涉及传统学习科目，如英语、数学、外语、科学、历史等。《全国教师教育调查》介绍，49 所师范学院、301 所大学和 135 所文理学院在人类知识的主要领域开设了方向课或调查课程，但数学课程较少被强调。[⑥]

在这个时期，尽管每类教师教育机构的任教学科很相似，[⑦]但专业课程的情况比较复杂，很难准确区分每门课程的具体内容，其原因在于术语混淆、学科内容重叠和专业学习内容缺乏一致性。一方面，在一些机构里，提供了更多的观察、教学和方法课程；另一方面，一些机构根本不提供这类课程。例如，较之大学和文理学院，师范学院为未来的中学教师提供了两倍的教学实习时间，为未来的

① RUGG E U. Teachers colleges: A composite view[J]. School life, 1933, 18: 95-96; U.S. Office of Education. National survey of the education of teachers[R]. Washington, D.C.: U.S. Government Printing Office, 1933: 55, 62, 64.

② U.S. Office of Education. National survey of the education of teachers[R]. Washington, D.C.: U.S. Government Printing Office, 1933, Ⅲ: 177-178, 198-199.

③ U.S. Office of Education. National survey of the education of teachers[R]. Washington, D.C.: U.S. Government Printing Office, 1933, Ⅲ: 117.

④ U.S. Office of Education. National survey of the education of teachers[R]. Washington, D.C.: U.S. Government Printing Office, 1933, Ⅲ: 174.

⑤ U.S. Office of Education. National survey of the education of teachers[R]. Washington, D.C.: U.S. Government Printing Office, 1933, Ⅲ: 174.

⑥ U.S. Office of Education. National survey of the education of teachers[R]. Washington, D.C.: U.S. Government Printing Office, 1933, Ⅲ: 104, 213.

⑦ U.S. Office of Education. National survey of the education of teachers[R]. Washington, D.C.: U.S. Government Printing Office, 1933, Ⅲ: 57.

小学教师提供多于三分之一的教学实习时间。① 1933 年,几乎所有师范学校和师范学院都要求主修和辅修教学实习,但仍然有几个其他教师教育机构只把教学实习作为专业的选修课。②

更多的师范学校和师范学院已拥有实验学校,还在不断增加,尽管附属的公立学校仍然是主要的实习场所。在 1925 年,有五分之三的教师教育机构完全地或部分地依赖公立学校的帮助。③ 然而,由于缺乏适当的监督,许多合作教师没有为承担这种额外的职责做准备——指导师范生实习。大约 45%的教师教育机构使用实验学校,可在《全国教师教育调查》中调查的 258 所教师教育机构里,只有 36 所专门使用实验学校。另外,在 36 所大学或文理学院中,只有 11 所使用实验学校来进行实习。④

在大多数教师教育机构里,特殊方法课程与任教学科课程分开,通常由不同学术系的教师来承担其教学工作,当然,在大多数大学里这些课程由教育系教师承担。一般方法课程主要由每一类教师教育机构里的教育专业教师来讲授,它们通常与学校观察、见习和实习课结合在一起,⑤这弥补了方法课程的不足,即它们经常被指责与实践不相关,只是提供一些"花招"。此时,开始出现一种趋势,即教育专业课程被放在总项目的后面讲授,大多数机构把它们放在第 3 年或第 4 年。

1933 年前,有一种趋势是提供更多选修课,尤其在师范学院内。单一目的教师教育机构尽管在选修课方面受限制——大多数是针对 4 年的教师教育项目,但它比大学和其他师范学院(它们平均提供大约五分之一的课程供学生选修)更赞成提供更多的必修课。⑥ 诸如州立大学这样比较大的机构能够提供更多的选修课和差别大的任教学科课程,因为它们招生规模更大、设施更好。

---

① U. S. Office of Education. National survey of the education of teachers[R]. Washington, D. C. : U. S. Government Printing Office, 1933, Ⅴ: 6.

② U. S. Office of Education. National survey of the education of teachers[R]. Washington, D. C. : U. S. Government Printing Office, 1933, Ⅵ: 121.

③ ENGEMAN J O. A study of student in state normal schools and teachers colleges[J]. Elementary school Journal, 1925, 26: 256-263

④ U. S. Office of Education. National survey of the education of teachers[R]. Washington, D. C. : U. S. Government Printing Office, 1933, Ⅲ: 387-388.

⑤ U. S. Office of Education. National survey of the education of teachers[R]. Washington, D. C. : U. S. Government Printing Office, 1933, Ⅲ: 101-102.

⑥ U. S. Office of Education. National survey of the education of teachers[R]. Washington, D. C. : U. S. Government Printing Office, 1933, Ⅲ: 281.

由于相似的教师教育项目模式的发展，与同类型的不同机构之间相比，不同类型机构之间的课程变化较少，这导致了所有教师教育工作者必须面对同类型课程开发的问题。① 具体来说，需要解决的最突出的问题是：任教学科课程的时间分配，通识课程和专业课程的进度和性质，选修课和必修课的数量，把理论与实践融合在一起所需要的方法和措施。

1933 年《全国教师教育调查》反映出职前课程的总体情况，并汇总了教师教育面对的许多问题和不足。② 尤其值得注意的是，它暴露了师范学院和师范学校的学术教育匮乏的问题，并指出大学和文理学院不能解决教师教育的主要问题和不认可教学是一门专业。《全国教师教育调查》表明，教师教育机构做出了不少努力来提升课程质量，改善课程内容，引进新的训练方法，同时强调学术内容和专业的相关性。③ 尽管上述工作为提高教师教育标准做出了贡献，可是进展仍然受阻，其原因主要有：①经济大萧条导致经费不足，致使聘用的教师减少，从而导致班级规模扩大，教师教学任务加重；②由于 20 世纪 30 年代的社会和政治的剧变，这个时期成为教育目的和价值重构的时期。

美国国家教育协会在 1938 年建立了教师教育委员会，该委员会专门反思了教学方法的变化问题，其反思途径主要是通过机构之间的合作，试图启动对实践的全面修改，辨认目的和原则，鼓励民主程序。它肯定了把教师教育课程分为三部分——通识课程、任教学科课程和教育专业课程，并赞同把教育专业课程推迟到本科项目的第三年学习；它也支持由进步主义和人道主义理想激发的新关注点——个人发展、健康、课外活动和咨询，并讨论了教师对社会进步的作用，尽管没有通过实证研究把这种讨论与培养有效教师联系在一起。④

20 世纪 30 年代，在教师教育方面出现了若干新的动态，这体现为田野经验、教学实习、实验学校和一体化课程。学徒制开始被专业实验室所替代，后者的优势为同孩子接触的范围更广、时间更长，同学校的联络也更多。专业实验室

① U. S. Office of Education. National survey of the education of teachers[R]. Washington, D. C.: U. S. Government Printing Office, 1933, Ⅵ: 77.

② U. S. Office of Education. National survey of the education of teachers[R]. Washington, D. C.: U. S. Government Printing Office, 1933, Ⅵ: 35-36.

③ PEMBERTON S M. Institutional factors in the education of teachers: An historical preview[Z]. Washington, D. C.: National Institute of Education, 1974.

④ EVENDEN E S. "What courses in education are desirable in a four-year curriculum in a state teachers college? What should be their scope?" AATC 5th yearbook, 1926: 57-71; "What is the essential nature of an evolving curriculum of a teachers college?" AATC 17th yearbook, 1938: 5-16.

经历了一个好的变化——从狭窄的专业到更宽广的学习范围，这有助于使理论课和实践课融合在一起，并使诸如社会学、公民课程、教育心理学、儿童发展、政治和教与学的理论等课程变得更流行。

另外，几个革新项目也被引进。例如，在 1932 年建立的哥伦比亚大学的新学院里，人们试图把学术、教育理论和以进步主义理想来创建的专业实践融合在一起，由于用这种方式培养的学生缺乏就业机会，因此不到 10 年，这个项目就被迫终止，可它对其他教师教育机构有重要影响。① 再如，在哈佛大学，1936 年发起的教学硕士项目通过为人文学科毕业生增加第 5 年教育专业课程的学习，试图把学术课程和教育专业课程结合在一起。② 其他大学和文理学院也参加课程开发，许多研究生院开始在研究和创新方面起示范作用并处于领先地位，为教育理论的发展做出了重要贡献。

20 世纪 30 年代，教师教育职前课程经历了许多实验和变化。这 10 年间主要发展的理念是试图提供更加丰富的文化背景和对日常生活更清晰的理解，从而导致了一个转变，即从技术和程序到看法和解释。③ 这些趋势使得通识课程扩增，专业课程迟延，广泛地使用评估程序，教学实习机会增加，个人态度、价值、社会和感情稳定的教育原理课程受到特别关注。④

进入 20 世纪 40 年代，当新需求出现时，第二次世界大战对教师教育课程产生了严重的影响。为了满足国家应对战争的需要，中学教师教育项目关注不同方面，从而产生了对具体学科教师的更多需求。例如，在职母亲的增加意味着需要更多的幼儿教师，教育思想的混淆导致传统争论的重现和新挑战的出现，由于社会上许多人期望学校能提供解决世界问题的办法，因此关于教育和专业的目的以及教师作用的辩论继续展开。所有这些因素不可避免地对教师教育委员会的工作产生重要的影响。第二次世界大战也给教育带来了其他困难，尤其是各

---

① MCGEOCH D M. Continuity and change;30 years in the preparation of teacher educators at teachers college,Columbia University[J]. Course Descriptions,1965.

② COGAN M. Master of arts in teaching at Harvard University[J]. Journal of Teacher Education,1955,6(2):135-142.

③ SPRAGUE H A. A decade of progress in the preparation of secondary school teachers [M]. New York:Teachers College,Columbia University,1940:170.

④ BIGELOW K W. Some trends in teacher education[J]. Childhood Education,1941,17:393-395;WOOD H B. Trends in teacher education[J]. Educational Administration and supervision,1942,28:87-103.

个层次人力资源的减少。[①] 这个时期，学院和大学招生人数下降了60%。[②] 同20世纪30年代相比，人员的招聘和保留成为严重的问题，有7500个教学岗位空缺，而许多空缺由没经验的教育者来填补。[③] 而且，随着战争开始，教师(尤其是小学教师)的短缺问题十分严重，人们不得不通过短期训练来培训教师，这不可避免地导致教师教育的关注点回到强调数量，而不是标准。1945年后，由于幼儿出生人数激增，教师短缺问题更加恶化。

尽管缺乏受过良好训练的教师、资金、设施和资源，可到了第二次世界大战结束时，人们仍做出了极大努力来提高教师教育质量。对教学标准提高的关切主要反映在专业标准运动中，它是由美国国家教育协会组建的，也是国家教师教育和专业标准委员会的分支组织。[④]另一个有影响的团体是标准和调查委员会，它是由美国师范学院协会任命组成的，该委员会1948年出版的报告反映了其对教育理论和教学实习的专业关切，要求更多融合经历、模块实践和全天集中实习，并反对过多强调任教学科学习和教师培训形式化。

在师范学院时期，教学实习变化很快，其发展更多依靠公立学校的设施来进行，增加更多的全天实习，因为许多教育者意识到需要未来教师把教学原理直接运用到真实的教学情境里。1932—1952年，教师教育课程的教学实习平均学时增加了两倍，[⑤]同时也存在专业实验室通过校园扩张来更广泛地吸收不同年级的学生的情况[⑥]。在这个时期，几乎所有职前课程的发展都反映了进步主义理念的持续影响。在这一情况下，教师教育工作者过分关注对未来教师个人和专业的发展，这导致了健康、社会和情感意识观念的改变；学生服务的指导和咨询方面的课程广泛开设；课外活动仍然流行于大多数教师教育机构的本科生训练

---

① LOW C M. Recent changes in teacher education[J]. Teacher-education Journal, 1943, 5: 13-14.

② FRAZIER B W. Changing trends in the teacher shortage[J]. School life, 1947, 29: 3-6.

③ FRAZIER B W. Meeting the teacher shortage problem[J]. Journal of Teacher Education, 1943, 5: 15-20.

④ NEA. Committee on teacher preparation and certification, "Maintaining teacher supply during war and post-war emergency periods"[J]. Teacher-education Journal, 1943, 5: 21-22.

⑤ RUCKER W R. Trends in student teaching[J]. Journal of Teacher Education, 1953, 4(4): 261-262.

⑥ MCALLISTER J E. Glimpses form the past association for student teaching 41st yearbook, 1962: 3-26.

项目中;通识课程的扩增也在继续,可特殊方法课程越来越少。[①] 在这个时期,任教学科课程通过几个项目重组获得更大的融合,这缓解了课程内容重叠的问题并消除了与课程内容不相关的问题。[②] 20世纪40年代的课程变化似乎更强调民主的目标,这种变化带来的结果是产生了更多建立在社会理解基础上的训练项目,更多教师参与政策决定,学术与技术能力都成为教师教育关注的重点。[③]

(二)田纳西州立大学教师教育课程设置

田纳西州立大学始创于1912年,成立之初,名为田纳西农业和工业州立师范学校,其主要功能是培养黑人教师。[④]

1.田纳西农业和工业州立师范学校课程(1912—1922年)

美国学者莎伦(Samuel H. Shannon)指出,田纳西农业和工业州立师范学校从1912年夏季学期开始培养教师。当年9月16日,这个培养黑人教师的州立师范学校开始了第一个培养教师教育项目的常规学期。从类别上讲,这个黑人教师教育机构不同于其他州支持的学校。[⑤] 尽管它获得州的支持并作为职业训练及教师教育机构,可依据1909年的普通教育法案,[⑥]田纳西农业和工业州立师范学校(黑人州立师范学校)的主要目的是为公立学校准备有色人种的教师和管理人员。

从1912年开始,田纳西农业和工业州立师范学校创办了一所提供小学教育的训练学校,这所训练学校为实习教师提供教学实习,主要开展小学初级年级(1~4年级)和中间年级(5~9年级)的教学实习。[⑦] 这所训练学校工作的范围

① ANDERSON E W. General trends in teacher education[J]. National Business Education Quarterly,1949,17:9-14.

② MCGRATH G D. Harbingers of improvement in teacher education[J]. The Educational Forum,1950,14(2):157-162.

③ MONROE W S. Teaching-learning theory and teacher education 1890—1950[M]. Urbana:University of Illinois Press,1952:255.

④ TAYLOR S A J. The history of the teacher education program at Tennessee State University[D]. Nashville:Tennessee State University,1988:Ⅱ.

⑤ SHANNON S H. Agricultural and industrial education at Tennessee State University during the normal school phase,1912—1922:A case study[D]. Nashville:Tennessee State University,1974:139.

⑥ TAYLOR S A J. The history of the teacher education program at Tennessee State University[D]. Nashville:Tennessee State University,1988:34.

⑦ TAYLOR S A J. The history of the teacher education program at Tennessee State University[D]. Nashville:Tennessee State University,1988:38.

如下:①为实习教师准备从小学一年级到八年级的课程,包括阅读、算术、语言、地理、历史、自然课程、卫生、建设工作、绘画、拼写、书法、音乐;②为实习教师设计上课的类型,帮助实习教师解决在上课时遇到的问题;③在指导教师指导下,为实习教师准备不少于一年的教学实习。表 3-3 和表 3-4 介绍了田纳西农业和工业州立师范学校课程概况。

表 3-3　**田纳西农业和工业州立师范学校课程大纲一览表**

小学初级年级课程	小学中间年级和文法学校课程
Ⅰ.阅读——口语、语音和拼写 Ⅱ.语言——自然课程、图画课程、故事和诗 Ⅲ.艺术——绘画、手工训练、书写、剪纸、编织和篮子编织技艺等 Ⅳ.算术、地理	阅读-拼写、语言和语法-作文、算术、家政、历史、手工训练、卫生、音乐、缝纫、地理、艺术和绘画等

(资料来源:TAYLOR S A J. The history of the teacher education program at Tennessee State University[D]. Nashville:Tennessee State University,1988:40-41.)

表 3-4　**田纳西农业和工业州立师范学校学年课程简况表**

第一年	第二年	第三年	第四年
高级算术、初等代数、语法和作文、古代历史、农业、体育训练、自然地理学、贸易、手工训练、烹调和缝纫、拼写、绘画和书法、声乐	高等代数、修辞和写作、中世纪和近代历史、植物学和动物学、绘画和书法、声乐、体育训练、贸易、手工训练、烹调和缝纫、拼写	几何学、英国文学和作文、工业历史、物理、绘画和书法、体育训练、贸易、手工训练、烹调和缝纫、声乐、拼写	几何学、美国文学和作文、英国历史、贸易、手工训练、烹调、缝纫、声乐、学校管理、方法和教学实习、化学、教育史和阅读课程

(资料来源:TAYLOR S A J. The history of the teacher education program at Tennessee State University[D]. Nashville:Tennessee State University,1988:40-41.)

上述学习课程由田纳西农业和工业州立师范学校的学术系和师范或教育专业系提供。学术系的学习课程要求 4 年,每年 36 周,完成田纳西州和其他州的“县和市的不同年级课程”,这个系也为学生准备师范或专业课程。完成学术课程的人可以直接学习教师教育课程并有资格获得田纳西州免试的小学教师资格证书。① 师范或教育专业系为中学毕业生或学术系的毕业生提供 2 年课程,每年 36 周。表 3-5 为田纳西农业和工业州立师范学校师范或教育专业系师范课程简况表。

① TAYLOR S A J. The history of the teacher education program at Tennessee State University[D]. Nashville:Tennessee State University,1988:41.

表 3-5　**田纳西农业和工业州立师范学校师范或教育专业系师范课程简况表**

低年级	高年级
心理学、农业科学、方法、学校管理、贸易、手工训练、烹调和缝纫等	教育史、儿童研究、教学实习、经济学和社会学、应用农业、贸易、手工训练、烹调、缝纫、阅读课程、农业科学等

(资料来源:TAYLOR S A J. The history of the teacher education program at Tennessee State University[D]. Nashville:Tennessee State University,1988:41.)

学习师范课程的所有学生被要求选修以下领域的课程:农业、商业、家政、工业贸易、教学。这个项目旨在“为田纳西州所有有色人种的学校准备教师”。学生学完师范课程后即被授予毕业文凭,这个毕业文凭使毕业生有资格“不需考试、在州内任何一个县从事 5 年教学”。

在 1913—1914 年的学校公告中,“教师训练”这门课程把许多时间分配给教学的理论和实践。这门课的教学实践将在有经验的教师监督下在示范学校的课堂里进行,监督教师将评判实习教师的工作并训练他们有效地教学。①

2. 田纳西农业和工业州立师范学院课程(1922—1926 年)

1922 年,田纳西农业和工业州立师范学校升格为 4 年制的师范学院,被授权颁发学士学位。教师教育课程被扩展到 4 年项目并集中在科学或古典学科方面。录取的学生要求至少 16 岁,拥有良好的品德并具有展示学习学院课程的能力及愿望。田纳西州的教育部门规定了教师教育课程的具体内容。② 最初,英语是所有学生的唯一必修课程,其他课程是选修课程。然而,学生必须满足英语、社会科学和自然科学三个专业领域的要求。按师范学院的规定,学生必须获得 120 个学分。为了从田纳西农业和工业州立师范学院毕业,学生必须获得 240 个学分。到 1925 年,这些要求被分别缩减到 96 个和 192 个学分,学校行政部门被重组(包括各个系的主任),教师训练仍然是学院的主要目标。但是,小学和中学课程被保留了 10 年。③

---

① SHANNON S H. Agricultural and industrial education at Tennessee State University during the normal school phase,1912—1922:A case study[D]. Nashville:Tennessee State University,1974:38.

② SHANNON S H. Agricultural and industrial education at Tennessee State University during the normal school phase,1912—1922:A case study[D]. Nashville:Tennessee State University,1974:46.

③ Tennessee State University. Committee on contingency planning:Self-study report,april 1978[R]. Nashville:Tennessee State University,1978:3-4.

表3-6～表3-9为田纳西农业和工业州立师范学院大一到大四的主要学习课程。

表3-6　　田纳西农业和工业州立师范学院大一主要学习课程一览表

第一学期	第二学期	第三学期
大学代数	大学代数	三角法
新生修辞	新生修辞	新生修辞
西欧历史	西欧历史	西欧历史
无机化学	无机化学	无机化学
拉丁语-西塞罗、奥维德	拉丁语-西塞罗、奥维德	拉丁语-西塞罗、奥维德
法语语法	法语语法	法语语法
大学植物学	大学植物学	大学植物学
音乐和声	音乐和声	音乐和声

（资料来源：TAYLOR S A J. The history of the teacher education program at Tennessee State University[D]. Nashville：Tennessee State University，1988：47-48.）

表3-7　　田纳西农业和工业州立师范学院大二主要学习课程一览表

第一学期	第二学期	第三学期
英国文学	英国文学	英国文学
英国历史	英国历史	英国历史
经济	社会学	社会学
定量分析	定量分析	定量分析
大学物理	大学物理	大学物理
拉丁语Ⅳ	拉丁语Ⅳ	拉丁语Ⅳ
法语Ⅱ-故事	法语Ⅱ-故事	法语Ⅱ-故事
音乐理论	音乐理论	音乐理论
三角法	三角法	三角法

（资料来源：TAYLOR S A J. The history of the teacher education program at Tennessee State University[D]. Nashville：Tennessee State University，1988：47-48.）

表3-8　　田纳西农业和工业州立师范学院大三主要学习课程一览表

第一学期	第二学期	第三学期
表达和经典著作	表达和经典著作	表达和经典著作
批判的美国历史	黑人历史	黑人历史
定量分析	有机化学	有机化学
脊椎动物的动物学	脊椎动物的动物学	脊椎动物的动物学
法语Ⅲ	法语Ⅲ	法语Ⅲ
西班牙语Ⅰ	西班牙语Ⅰ	西班牙语Ⅰ
音乐历史	音乐历史	音乐历史
公立学校	公立学校	公立学校

（资料来源：TAYLOR S A J. The history of the teacher education program at Tennessee State University[D]. Nashville：Tennessee State University，1988：47-48.）

表3-9　　**田纳西农业和工业州立师范学院大四主要学习课程一览表**

第一学期	第二学期	第三学期
新闻和写报道	新闻和写报道	新闻和写报道
高级社会学	高级社会学	高级社会学
商业法	商业法	商业法
工业化学	工业化学	工业化学
西班牙语Ⅱ	西班牙语Ⅱ	西班牙语Ⅱ
伦理学	伦理学	伦理学
音乐-实践	音乐-实践	音乐-实践

(资料来源:TAYLOR S A J. The history of the teacher education program at Tennessee State University[D]. Nashville:Tennessee State University,1988:47-48.)

20世纪20年代是田纳西农业和工业州立师范学院的教师教育需求最大的时期,学院地位的提升和课程的扩展吸引了一批优秀的教师来学院工作,这个机构开始呈现出学院的特点[①]

3. 田纳西农业和工业州立学院的教师教育课程(1927—1945年)

1927年,田纳西农业和工业州立学院成立,其主要目的是为田纳西州培养公立学校中小学教师,为此其教育系为所有对教师教育感兴趣的学生提供教育课程,因为田纳西州规定学习教育课程是未来想成为教师的前提。教育系提供的教育课程包括普通心理学、教育心理学、课堂管理、教育理论及教学实习的方法。这些课程是4年接受教师教育项目学生的必修课程。[②]

1934—1935年度的学校目录显示:田纳西州第69届议会通过州教育委员会授权田纳西农业和工业州立学院开设硕士学位的小学、中学和职业教育的研究生课程。[③] 开设的教育学首批高级课程是教育501[④]和502,这些课程旨在教授学校管理者和监督者所必须具备的知识和技能。同时开设下列课程:心理学

① TAYLOR S A J. The history of the teacher education program at Tennessee State University[D]. Nashville:Tennessee State University,1988:49.

② The American Association of Teachers Colleges. The bulletin of Tennessee Agricultural and Industrial State Normal School, catalogue number: 1949—1950, with announcement: 1935—1936,40,No. 12(May 1950)[R]. New York:Bureau of Publications,Teachers College, Columbia University,1950:78.

③ The American Association of Teachers Colleges. The bulletin of Tennessee Agricultural and Industrial State Normal School, catalogue number: 1949—1950, with announcement: 1935—1936,40,No. 12(May 1950)[R]. New York:Bureau of Publications,Teachers College, Columbia University,1950:49.

④ 原文如此,可能是课程代码。本文后面出现的也一样。

503，训练学生在教育研究中使用不同的统计方法；[1]教育学511，面向成人教育；教育学512，旨在研讨农村教育；教育学513，涉及初等教育的研究；教育学503，针对美国的黑人教育。[2]

随着高等教育需求的增加，田纳西州议会在1941年通过了一个议案，该议案的名称是"为黑人提供与白人等同的教育设施"。这个议案为黑人提供了等同于白人的教育训练和教学，但这要在分离的机构中实施。该议案为学校硬件设施扩展、人员增加和教育项目的扩展提供了资金。1934—1935年，随着硕士学位的扩增，田纳西农业和工业州立学院的项目被极大地扩增。到1944年，下述学位被提供：理学士、文学士、理学硕士、文学硕士和教育硕士。[3] 本科生教育的另一个扩展是开设特殊教育的导论课，这门课程对于教育者来说变得越来越重要。1949年，新增加两门特殊教育课程：一是教育学482，针对异常儿童的教育诊断和处理；二是教育学485，面向特殊教育。

从1934年到1949年的15年间，学院的课程被重组。例如，1949年课程重组到下面十个主要分支学部：农业学部、商业学部、教育学部、工程和工业教育学部、历史和地理学部、家政学部、人类学学部、政治和社会学学部、科学学部、研究生学部。其中，教育学部被划分成艺术、小学教育、卫生和体育、音乐、图书馆服务、心理学六个系。教育学部除提供几门教育学的理学士学位的课程之外，把训练田纳西州公立学校的教师、督学和管理者作为其主要任务。在同州教育部的黑人教育部门的合作中，教育学部对教育问题的研究、教师和管理者的田野工作负有责任。[4] 另外，特殊课程或训练项目由农业、教育部门提供。

---

① TAYLOR S A J. The history of the teacher education program at Tennessee State University[D]. Nashville：Tennessee State University，1988：64.

② The American Association of Teachers Colleges. The bulletin of Tennessee Agricultural and Industrial State Normal School，catalogue number：1949—1950，with announcement：1950—1951，40，No. 12(May 1950)[R]. New York：Bureau of Publications，Teachers College，Columbia University，1950：103.

③ The American Association of Teachers Colleges. The bulletin of Tennessee Agricultural and Industrial State Normal School，catalogue number：1949—1950，with announcement：1950—1951，40，No. 12(May 1950)[R]. New York：Bureau of Publications，Teachers College，Columbia University，1950：92.

④ TAYLOR S A J. The history of the teacher education program at Tennessee State University[D]. Nashville：Tennessee State University，1988：69.

(三)基恩州立学院教师教育课程设置

基恩州立学院于1909年建立,1963年成为新罕布什尔州教育部的一个下属机构。1963年,它被正式命名为基恩州立学院,成为新罕布什尔州高等教育体系的一部分。州教育部和基恩州立学院的联合以及基恩州立学院同基恩市学区的结合的最重要结果是,基恩州立学院的几十年课程由学院的教职工和州政府官员共同计划。

1. 师范学校时期的教师教育课程

1909年基恩州立学院建立,它最初招收的学生是16岁左右的女生。[①] 这个机构把自身标榜为"训练女子成为教学专业人员的学校",它每年5月招收"临近镇的高中女生"。[②] 1916年设置了中学教师文凭计划后,该校开始招收少量男生。1926年工业教育项目开展之后,男生的招生人数大增。1923—1924年的大学目录显示:如果男生希望成为文法学校校长,他们必须注册初等学校文凭课程;如果他们希望在中学教书,他们必须注册学习中学课程。显然,男生们不想做初等学校教师。[③] 同时,在这个时期,基恩州立学院与大多数提供培养农村教师项目的州立教师机构联盟。[④] 基恩州立师范学校在成立时,其课程最突出的特征是强调"做""应用"或"体验"的学习。毫无疑问,这是当时美国"师范学校运动"的特点之一。[⑤] 表3-10显示了在基恩州立师范学校组建期间四种不同类型课程的相对学分权重。

---

① LEVIN R A. Preparing elementary teachers:The University of Pittsburgh and Keene State College in historical perspective[D]. Pittsburgh:Carnegie-Mellon University,1990:148.

② The American Association of Teachers Colleges. Catalogue and circular of information of the New Hampshire State Normal School at Keene for the year 1923—1924. Vol. Ⅵ[R]. Keene:Keene State College Printing Co. ,1916:128.

③ The American Association of Teachers Colleges. Catalogue and circular of information of the New Hampshire State Normal School at Keene for the year 1923—1924. Vol. ⅪⅤ[R]. Keene:Keene State College Printing Co. ,1924:142.

④ DEYOE G P. Certain trends in curriculum practices and policies in state normal schools and teachers colleges[M]. New York:Bureau of Publications,Teachers College,Columbia University,1934:30.

⑤ LEVIN R A. Preparing elementary teachers:The University of Pittsburgh and Keene State College in historical perspective[D]. Pittsburgh:Carnegie-Mellon University,1990:147-168.

表 3-10　　**基恩州立师范学校课程相对学分权重表**

课程类型	1915—1916 年	1923—1924 年
学术基础	15%	25%
亲身实践	40%	35%
教育专业基础	12%	15%
田野工作	33%	25%
亲身实践/田野工作总计	73%	60%
学术/教育专业基础总计	27%	40%

（资料来源：LEVIN R A. Preparing elementary teachers: The University of Pittsburgh and Keene State College in historical perspective[D]. Pittsburgh: Carnegie-Mellon University, 1990: 149.）

尽管像美国中西部师范学校一样以传统学术课程代替亲身实践的师范学校方法课程的趋势很明显，[①]但在这个阶段，基恩州立师范学校仍保持了其独创的课程特色。表 3-10 使用术语的说明如下：学术基础包括中学程度的学术学科，如数学和历史；亲身实践包括自然课程、绘画、音乐、手工和家政艺术；教育专业基础包括心理学和教育史；田野工作包括在教学实习之前的课堂观察和教学实习的实践。

新罕布什尔州一直是 20 世纪初中小学课程集权化的最著名的例子[②]，被视为率先直接地指导当地和农村学校的工作和教学方法的州[③]。1906 年，基恩州立师范学校的创立者莫里森（Henry C. Morrison）已经当了 5 年的公立学校督学，他把基恩市看作新罕布什尔州西南地区的教师教育的中心。当地学校主要由乡村学校（通常只有一间教室）组成。在这一年，他写道："无论如何，教师队伍的招聘是最中心的问题。"[④]1905—1906 年，比较完善的普利茅斯师范学校和早期的基恩州立师范学校只培养少数毕业生，它们的毕业生大约只占新罕布什尔

---

① HARPER C A. A century of public teacher education: Story of the state teachers colleges as they evolved from the normal schools[M]. Washington, D. C.: American Association of Teacher College, National Education Association, 1939: 97-150.

② BISHOP A E. The development of a state school system: New Hampshire[M]. New York: Bureau of Publications, Teachers College, Columbia University, 1930: 150.

③ LEVIN R A. Preparing elementary teachers: The University of Pittsburgh and Keene State College in historical perspective[D]. Pittsburgh: Carnegie-Mellon University, 1990: 150.

④ LEVIN R A. Preparing elementary teachers: The University of Pittsburgh and Keene State College in historical perspective[D]. Pittsburgh: Carnegie-Mellon University, 1990: 151.

州小学教师的 45%。[①] 但它们起着独特的作用,因为乡村小学比城市小学更缺乏受过培训的合格教师。

1915 年,基恩师范学校要求为中学毕业生提供两年课程和一年的教学实习,当时入学的主要是女生。1915—1916 年,基恩师范学校的女生学习十分紧张。在头三个学期,她们每周上 27 节类似中学水平的课程;在最后一个学期,她们进行 29 小时的教学实习。这种模式与 1923—1924 年的模式几乎保持一致。但是,在教学实习学期,基恩师范学校取消了指导教师会议,把教学实习减少到每周 20 小时;在最后一学期取消了手工艺术和音乐课。1923—1924 年,尽管新聘用的教职工开始拥有更高的学术学科文凭,但直到 1925 年后拥有高学历文凭的教师才对提高核心课程的质量产生影响。

基恩师范学校的教育史课程(2 学分)体现出传统的、学术的特征。心理学(6 个学分)课程强调"儿童本性的功能,而不是结构"。其他传统的学术学科如英语、地理、算术、历史和公民课程大约占教师教育课程的 15%。[②]家政和手工艺术(16 个学分)、"自然课程"(10 个学分)受到重视,这体现了进步主义教育对师范学校的影响。烹调、缝纫和手工艺术课程最初在基恩师范学校四个学期里开设,后来重组到三个学期中。烹调课程总共 18 周,每周进行 4 小时的"实验室工作"——包括食物储藏、罐头制造、果冻制作(使用学校花园的蔬菜和水果)、菜单学习、炊事的实践和成本估计等;缝纫是用一个学期时间学习;手工艺术被分配在两个学期学习。

1916 年后,手工训练是在为小学六年级、七年级和八年级的教师做准备。根据州的规定,小学必须为这些年级的学生开设手工训练课程。另外,家政课程被用来培养学生热爱整洁等习惯和对美的欣赏能力。

2. 师范学校时期的教学实习

虽然基恩师范学校把培养农村小学教师作为其宗旨,可直到 1924 年它都没有在农村学校安排完整的教学实习。在此之前,基恩师范学校与基恩市签订教学实习合作关系,它把教学实习主要安排在基恩市所辖学区的 14 个小学里。

1909—1922 年,基恩师范学校要求师范生必须有 36 个教学实习学分才能毕业。36 个学分分布如下:在最后一学期可获得 30 个教学实习学分,以前每学期可获得 2 个教学实习学分。以前每学期的 2 个学分中有 1 个学分是通过实习

---

① LEVIN R A. Preparing elementary teachers: The University of Pittsburgh and Keene State College in historical perspective[D]. Pittsburgh: Carnegie-Mellon University, 1990: 151.

② WARREN D. American teachers[M]. New York: Macmillian Publishing Co., 1989: 238-256.

生“观察”获得的，这种“观察”是由7～10个实习生组成的小组来实施。在不同的周，这些小组通过参观当地的学校来听不同学科教师授课。需要特别指出的是，观察阶段的有些活动是在农村学校进行的。另一个学分是通过“教学辅导”获得的，这个“教学辅导”是这样安排的：在第一学期辅导或教个别学生，在第二学期辅导或教若干名学生，在第三学期辅导或教比第二学期数量更多的学生。

1923—1925年，基恩师范学校的教学实习发生了较大变化，主要表现为教学内容减少30%，教学实习的时间也相应减少，辅导和小组教学实习被废除，在第一学年学生每周观察时间增加到2小时。发生这样变化的原因是基恩师范学校的任教学科内容在教师教育课程中的比例逐年增加，以及人们对教学实习没有以前那么重视。

特别值得注意的是，在这个时期，师范生在示范学校实习不是获得教学实习经历的唯一途径。1915—1916年，除了在示范学校实习之外，基恩师范学校的师范生被频繁地派到邻近的城镇作为替补教师，这项工作使师范生每周获得8～12美元。基恩市的临近城镇学校的替补教师由毕业班学生充当，因而每个女生被允许请四周假。在师范生当学校替补教师时，基恩师范学校的教师要去看望这些学生。这种形式的实践工作对提高学生教学技能是很有帮助的，也帮助女学生解决了经济困难。[①]

3.师范学校向师范学院转型时期的教师教育课程

早在1923—1925年，新罕布什尔州鼓励基恩师范学校和普利茅斯师范学校的未来小学教师专业提供一个可供选择的3年课程，因为这种类型的课程是城市的许多学校董事会要求的，它是为培养小学高年级和初中教师设计的。[②] 在1923年之前和之后的许多年，基恩师范学校有很多学生注册两年小学教师教育课程，这超过注册其他课程学生人数的总和。从1933年到1939年，新罕布什尔州要求培养小学教师的项目必须延长到3年，并将其作为师范学校升格的一种

① LEVIN R A. Preparing elementary teachers: The University of Pittsburgh and Keene State College in historical perspective[D]. Pittsburgh: Carnegie-Mellon University, 1990: 165.

② The American Association of Teachers Colleges. Catalogue and circular of information of the New Hampshire State Normal School at Keene for the year 1923—1924. Vol. XIV[R]. Keene: Keene State College Printing Co., 1924: 32.

要求。①

表 3-11 显示，师范学校转型前、转型中期到 1939 年转型为师范学院后，课程内容的急剧变化。

表 3-11　**基恩师范学校和师范学院培养小学教师课程内容比例一览表**

课程类型	1923—1924 年(两年制)	1933—1934 年(三年制)	1942—1944 年(四年制)
基础/普通课程，包括教育学导论、教育心理学、农村社会学等	15%	15%	10%
学科-田野课程，包括科学、社会科学、人类学、音乐和艺术欣赏	25%	55%	55%
亲自动手课程，包括手工和家政艺术、基于活动的音乐和艺术	35%	15%	10%
实践课程，包括教学实习和任何教学实习前的田野工作	25%	15%	15%
其他课程，包括体育和健康教育，书法等	少于 5%	少于 5%	10%

(资料来源：LEVIN R A. Preparing elementary teachers: The University of Pittsburgh and Keene State College in historical perspective[D]. Pittsburgh: Carnegie-Mellon University, 1990: 185.)

由表 3-11 可知，基恩师范学校的小学教师教育课程的教育专业课程占总课程的比例从最初的 50%左右转变为仅占学士学位总课程的大约四分之一。教育专业课程占学士学位总课程的大约四分之一，这一数据接近 20 世纪大多数时期的教师教育课程比，也接近文理学院机构的本科教师资格证书项目的专业课程比。例如，基恩师范学校的学校观察和实践课程继续从教师教育课程的中心位置下滑到更加边缘的位置。与基恩师范学校的最初两年教师教育课程相比，基恩师范学院 4 年课程减少了 40%的教学实习。另外，学科-田野课程让位于不断增加的、师范学校寻求大学地位的学术课程。

1923—1933 年，基恩师范学校的教师教育课程变化情况如下：数学课程成倍增加，扩展到“算术”课程以外，开设被称作“普通数学”的全年课程；文学课程增加了三倍，包括现代和古典文学；与以前相比，历史和经济课程的要求也增加了三倍；第一次世界大战后，美国历史和公民课程的内容大幅度增加，扩展到包

① The American Association of Teachers Colleges. Catalogue and circular of information of the New Hampshire State Normal School at Keene for the year 1933—1934 inspected and approved by the American Association of Teachers Colleges as a Class A Institution. Vol. XXIV [R]. Concord, N. H.: Evans Printing Co., 1933: 22.

括“文明史”的4个学分；取消艺术课程，原来用于学习它的一半时间转到学习文理课程；核心科学课程增加了50%；“自然”课程和普通科学课程大幅度增加。另外，基恩师范学校增设了生物学和工业艺术课程，家政课程仍然保留原来的6个学分。

1933—1944年，基恩师范学校的教师教育课程中文理学科课程所占的比例进一步增大，这是因为1933年基恩师范学校成为培养中小学教师的师范学校，而1942年又升格为师范学院。这一时期的教师教育课程变化情况如下：科学课程的学分要求增加了三分之二，如生物课程、自然课程都扩展了，但科学课程维持州的小学课程要求；社会课程领域的学分要求也增加了三分之二；“文明史”课程被“当代欧洲史”课程所替代；美国历史和地理课程的学分要求增加了两倍；大学水平的文学课程“古代名著翻译”被取消，并被“儿童文学”所替代；作为培养农村学校教师项目的一个重要部分，手工和家政课程分别减少到3个学分。需要特别注意的是，1938年艺术领域的课程增加了50%，它被分成“工作室”课程和“文理”课程，“工作室”课程内容包括不同媒介的技巧、试唱、音乐的基本创作、合唱的指挥等，“文理”课程内容包括被描述作为音乐和艺术作品和审美发展的知识。

4. 师范学校向师范学院转型时期的教学实习

基恩师范学校在1921年失去了在基恩市大多数小学实习的权利后，它把实习场所转到韦洛克（Wheelock）实验学校。该校的管理符合基恩师范学校与基恩市签订的教学实习的合作合同规定，这使得基恩师范学校的小学教师教育项目一直扩展到1933年。[①] 韦洛克实验学校给每个毕业班只提供一个教室实习，在正常年份里接受的实习生最多是60人。在经济大萧条的后半期和第二次世界大战期间，韦洛克实验学校能够满足学生的实习需求，可是在最繁忙的年代即从20世纪20年代中期到30年代早期，它还不能满足未来小学教师一半的实习需求。因此，为了弥补教学实习场所的不足，基恩师范学校开始在农村学校建立教学实习基地网络，这使得在师范学校向师范学院转型时期大多数师范生在农村学校实习。

基恩师范学校的农村学校实习制度创始于1924年，这个计划开创了送即将毕业的师范生去临近的农村学校实习的先河，师范生完全负责小规模的农村学校的教学工作，每个人要在那里实习9周。1924年，有11所农村学校接收师范生实习，实习生受到了家长们的欢迎。1928年，有16所农村学校为60名学生

① LEVIN R A. Preparing elementary teachers: The University of Pittsburgh and Keene State College in historical perspective[D]. Pittsburgh: Carnegie-Mellon University, 1990: 192-196.

提供实习场所,所以大多数要求到农村实习的学生都能被满足。1931年,有13所农村学校接收实习生,给52名即将毕业的师范生每人9周时间进行教学实习。这个计划为将任职于农村学校的师范生提前做准备,帮助他们克服在农村学校工作的困难,同时有助于缓解农村教师的短缺问题。①

从1924年到1933年,农村学校师范生实习计划延续了至少10年,基恩师范学校的大多数师范生参与了这项计划,如1926年有64人。随后,有许多师范生接受了这些农村学校的工作,并愿意在农村从教。而在这个农村学校实习生项目引进之前,基恩师范学校的毕业生不愿在农村学校找工作,反而在基恩市学校找工作,尽管基恩师范学校的宗旨是培养农村小学教师②。

1924—1934年,基恩师范学校的毕业生对新罕布什尔州的农村小学教师转型起到了重要作用。这个转型是指大多数农村小学教师从未受训练到都受过训练,再到几乎接近城市小学教师的水平。③ 这可以用以下数据来说明,即从1924年新罕布什尔州有80%的农村教师没有接受培训到1934年有75%的农村教师接受过培训。

需要指出的是,基恩师范学校在农村学校实习的学生受到农村学区和师范学校管理层的关心,如这些官员们每学期都要看望实习生许多次,这使实习生也愿意在农村学校实习。正如一位名叫法拉姆(Idella K. Farnum)的官员所说,“去看望这些学生是重要的事情,尽管实习生所实习的学校分布的地区很广,得花半天时间去一个学校,在夜间返回基恩的行程是350英里。”④她继续说道:“实习生一致宣称农村学校是学习管理和适应社区的最好地方,许多实习生在农村学校实习期间已决定留在农村学校工作。”⑤

---

① BROWN H A. Certain basic teacher education policies and their development and significance in a selected state: New Hampshire[M]. New York: Teachers College, Columbia University, 1937: 137.

② FARNUM I K. Keene rural cadet notes[J]. New Hampshire State Teachers Association Bulletin, 1926, VI(2): 7.

③ LEVIN R A. Preparing elementary teachers: The University of Pittsburgh and Keene State College in historical perspective[D]. Pittsburgh: Carnegie-Mellon University, 1990: 194.

④ LEVIN R A. Preparing elementary teachers: The University of Pittsburgh and Keene State College in historical perspective[D]. Pittsburgh: Carnegie-Mellon University, 1990: 195.

⑤ LEVIN R A. Preparing elementary teachers: The University of Pittsburgh and Keene State College in historical perspective[D]. Pittsburgh: Carnegie-Mellon University, 1990: 195.

小　结

在师范学院时期，杜威"专业取向"的教师教育课程思想和巴格莱"任教学科内容专业化"的教师教育课程思想对教师教育课程设置影响较大。杜威的教师教育课程思想的核心是实践工作。受杜威教师教育思想的影响，1948年美国师范学院协会决定将"教学实习"一词更换为"专业实验室经验"；师范学院在突出教育专业课程的模式中，教学实习也出现了新的组织形式，即实验学校的实习模式。巴格莱提出的以造就"教师学者"为宗旨的"任教学科内容专业化"的课程思想为缓解师范学院的学科学术课程和教育专业课程设置之间的矛盾做出了贡献。受巴格莱等人的影响，美国师范学院教师教育的学科课程和教育专业课程的设置保持了适当的比例，没有走向极端。

这一时期，教师教育认可制度开始对教师教育课程实施影响。在教师教育机构的认可过程中，起重要作用的是州教育部门和地区专业协会，在此基础上才接受全国性协会的鉴定。教师教育认可机构主要通过对教师教育机构学分的认可来控制教师培训计划的标准。获得教师资格证书的更高标准影响了教师教育课程的数量和质量。随着师范学校升格为师范学院，教师资格证书的发放则建立在未来教师接受专业教育的基础上，以学历取代资格考试的做法得到进一步的推广，教师资格考试由此走向衰落。各州在废止教师资格考试的同时，通过立法明确规定：教师资格证书的获得者必须接受过教师教育，系统的学校培训开始被广泛用作获得教师资格证书的条件。

受上述因素的影响，这一时期教育理论课程普遍开设，增加了教师培训的内容，同时职业课程也大量开设，促使教师培训从2年延长到4年，师范学校纷纷升格，教师学院大批建立。在卡内基教学促进基金会确立的教师教育课程结构中，这一时期设立的专业课程在小学教师培训中占到近1/2，在中学教师培训中占到近1/3。小学教师培训中的教育专业课程包括普通教学法、各科教学法、心理学、生理学、卫生学、课堂管理、心理测验、教学讨论、教育原理、学校制度、幼儿教育、教学参观与实习等26门课程。中学教师培训中的教育专业课程包括普通教学法、生理学、卫生学、心理学、各科教学法、课堂管理、心理测验、教学讨论、教育原理、学校制度、教育史、教学参观和实习等课程。

在师范学院时期，进步主义教育运动的"生活化"教育取向，直接影响教师教育课程的设置，其具体体现如下："生活化"取向的基础教育要求教师不仅关注上课的教材内容，而且要注重对学生发展进行科学研究，关注有关学生发展的所有重要活动，要了解儿童在各个发育阶段的学习兴趣和能力，了解儿童社会的、生理的和情绪的需要,强调对学生社会适应能力的培养,突出教学中学生的中心地位和教师的辅助和咨询作用,这些理念重视学生发展而忽视培养教师对课堂中特定知识和技能的掌握,突出教育学科的价值而忽视培养教师对任教学科知识的掌握。

总之,在师范学院时期,教师培养目标的泛化致使教师传统课堂的作用遭到削弱,教师的专业规范进入一个宽泛的教育学科培训时期,大量的教育学科课程开始设立,教师即将任教的学科知识不受重视,陷入了“教师专业化即教育学科专业化”的认识误区。对教育专业课程的重视,使教师教育课程的结构偏重于教育专业训练,忽视普通基础课程和任教学科课程的教学。总体而言,这一时期的教师教育课程呈现出“专业主义”的基本取向。

第四章　大学化时期的教师教育课程（1946 年至 20 世纪 70 年代）

> 假如要未来的教师成为一个受过教育的人，成为学生和一切人的榜样的话，就应该指望他能在得到学位以后继续自己教育自己。
>
> ——科南特(James Bryant Conant)[①]

第二次世界大战结束后，以苏联为首的社会主义阵营和以美国为首的资本主义阵营展开经济、科技及国防的竞争，世界进入冷战状态。第二次世界大战后到 20 世纪 70 年代末，国际竞争以及美国社会发展对美国这一时期的教育改革和教师教育产生了巨大影响。世界格局以及美国国内、国际政策的变化对教育提出了新的要求，促进了新一轮基础教育改革，而基础教育改革重心的转移也对教师培养提出了新要求。第二次世界大战后美国经济的发展促进了工业生产与管理系统的科学化，这导致技术人员和专业管理人员的需求急剧增加，科技领域的军备竞赛与文化领域的竞争，以及美国人口的激增给基础教育带来了巨大压力；而且，20 世纪 50 年代和 60 年代，国际教育和文化组织也在努力追求教师职业的专业化。这些都对教师教育产生了重要影响，促成美国政府与教师专业团体在教师培训方面展开积极尝试，并对教师教育及其课程进行新的调整。另外，知识总量的增加使教师教育的课程设置及其标准成为争论的焦点。到 20 世纪中期，师范学院几乎完全取代师范学校，教师准备项目日趋高标准化，中小学教师的培养开始要求按照大学水平的教师准备项目来进行。[②] 到 20 世纪 70 年代末，师范学院基本上被大学的教育学院和教育系取代，教师普遍在州立学院和大学接受培养。

---

① 科南特.科南特教育论著选[M].陈友松，主译.北京：人民教育出版社，1988：257.

② WELLER L D. A history of undergraduate teacher education programs at Iowa State University，1869—1968[D]. Ames：Iowa State University，1975：414-415.

一、中小学基础教育改革与教师教育改革

第二次世界大战结束后，在经济繁荣的大背景下，美国中小学基础教育实施了扩大教育机会与提高学业标准的改革，并对教师的数量和质量提出了更高的要求。美国也更加重视教师教育改革，以此来满足其对中小学基础教育的师资需求。

(一)中小学基础教育改革的新方向

1. 中小学基础教育的“学术化”取向

第二次世界大战后，美国科技与经济快速发展，因此需要大量掌握了系统科学知识和技术的中高级人才。要素主义教育思想顺应时代要求，显现出新的发展势头，它主张通过系统组织的和严密的教材对学生进行智力训练，强调教学过程中教师的中心地位，主张严格的学术标准和纪律要求，鼓励学生刻苦勤奋，重视学术成绩提高等。科学家科南特在要素主义教育哲学的基础上阐发了科学主义教育思想。

①以科南特为代表的科学主义教育思想。

1957 年，科南特对美国中学进行了广泛的调查研究。他共访问了 26 个州的 103 所中学，对中学教育提出了系统的改革意见。他在强调面向所有学生进行普通教育的同时，还非常重视对少数尖子学生进行天才教育。他两者兼顾的思想体现了进步主义教育面向大众、面向社会的理念，是对进步主义教育思想的发展，同时也是对 20 世纪前期精英教育的突破。

在以科南特为代表的一批改革家的影响下，1961 年美国教育协会政策委员会通过了《美国教育的中心目标》(*The Center Aim of American Education*)，要求把智力训练作为中学的基本职能。这个文件认为，学校教育的时间是有限的，不可能完成所有的目标，为此，学校应该突出其中心任务，即训练学生独立思考问题、理解问题和进行推理的能力。这个文件与 20 世纪 40 年代中学改革的指导性文件所强调教育的方向完全不同，它直接指导了美国 20 世纪五六十年代中学的教育改革，代表了基础教育改革的科学化方向①。

②结构主义教育思想与 20 世纪 50 年代末到 60 年代初的课程改革。

1959 年，美国教育科学院(Academy of Pedagogical Sciences)在教育学家布

① 郭志明.美国教师专业规范历史研究[M].北京：中国社会科学出版社，2004：127.

鲁纳(Jerome Seymour Burner)的主持下,召开由科学家、教育家、教育理论家以及各学科专家参加的会议,讨论怎样改革中小学学科尤其是科学学科的教学,以提高教育质量。会议以布鲁纳结构主义课程理论为指导,强调智能训练的价值,重视将课程、教材结构与儿童智力发展结构相吻合。在这一思想的指导下,20世纪60年代初,美国发起了一场由各科专家和学者负责制定课程体系和编写新教材的课程改革运动。课程改革中教材的编写偏重理论,内容的难度过高,因此改革成果很难在实践中应用。然而,课程改革思路与第二次世界大战后美国社会发展的要求相一致,与美国《国防教育法》的改革精神相吻合。它强调教学内容的现代化、理论化、统一化,并在可能的基础上逐级下放一些教学内容;加强现代化教学手段的使用;强调发现法,注重个别差异,提倡天才教育等。这些建议指明了这一时期中小学基础教育的"学术化"方向,虽然对当时的教育改革没有起到直接的指导作用,但对日后美国及世界各国教育的发展产生了重要影响。

1965年,美国颁布了《初等与中等教育法》,将上述改革思想用法律的形式确定下来。该法案强调,应加强小学的普通文化教育,为将来接受专业教育奠定基础;中学要为培养未来的学者、专家打基础,为向高校输送人才做准备。这就形成了与第二次世界大战前颇不相同的教育观,即重视学科知识的"学术化"教育取向。该法案在1968年有效期满后,经国会批准继续生效,对美国20世纪六七十年代基础教育的改革起到了指导和巩固作用。中小学基础教育的"学术化"取向对课堂教师提出了更多要求,提高课堂效率的教学专业化遂成为教师专业化的新方向。

2. 生计教育运动与"返回基础"改革运动

经过第二次世界大战后20多年的发展,美国教育在学校数量方面已跃居世界领先地位。但是,20世纪70年代美国教育又暴露出一些新的弊端,例如,中小学学生缺乏社会适应能力,受教育者离校后,由于经济不景气找不到工作,这一情况引起社会和家庭的普遍担忧;普通教育轻视基础训练,致使学生出现明显的基础知识薄弱问题。针对上述问题,20世纪70年代美国教育改革提出两个时髦的概念,即"生计教育"(career education)和"返回基础"(back to basics)。①

"生计教育"对缓解社会问题起到一定的作用,因为这种教育观主张通过普通教育与职业教育的结合,提高学生的社会适应能力,缓解社会的失业压力。但由于片面强调学生就业能力的提高,忽视基础知识教学,加剧了教育质量的下滑趋势,可以说它是进步主义教育"生活化"倾向在新的历史时期的表现形式。从

① 吴式颖.外国教育史教程[M].北京:人民教育出版社,1999:632-634.

20世纪70年代中期开始,美国教育界要求"返回基础"的呼声很高。1976年在美国基础教育委员会的倡导和推动下,掀起了一场"返回基础"的教育改革运动,它再次倡导学术化教育取向,成为20世纪70年代后期美国教育改革的主流。

"返回基础"主要是针对中小学出现的基础知识教学和基本技能训练薄弱这一问题而言,这项改革要求在小学阶段加强阅读、写作、算术等基本技能的训练,在中学阶段加强英语、自然科学、数学和历史课程的教学;强调教师的主导作用;加强纪律管理;严格学术要求;重新启用20世纪60年代初课程改革时编写的新教材,压缩选修课。为配合"返回基础"的教育改革运动,有些州开始重视师资质量提高的问题,美国公众普遍呼吁解聘那些不称职的教师,师范院校对那些没有表现出具备教师技能和专业知识的毕业生拒发文凭。1978年前后佛罗里达州、佐治亚州、纽约州、俄克拉荷马州、威斯康星州等地陆续出台了教师资格证书考试制度,有的州还要求刚参加工作的教师参加国家举办的教师考试[①],这些措施都与"返回基础"改革运动相配套。

"返回基础"改革运动实质上是美国的一种恢复传统教育的思潮,它否定了进步主义教育运动的基本主张,强调严格管理,提高教育质量,应该说是对1957年后兴起的教育改革运动的发展,但同时也参照了"生计教育"运动中出现的新的教学模式,在肯定传统基础课程的同时引进大量的先进技术,注重个别化教学。这次改革不是简单地重复历史,而是针对新问题进行改革和创新。

20世纪以来美国的教育历史表明,美国基础教育改革是围绕着"学术化"和"生活化"这对矛盾话题展开的,虽然周折迭起,但"学术化"的发展方向与"生活化"的价值取向已经开始打破二元对立的状况,朝着融合的方向发展。这些变化不断地强化对中小学教师学术水平和综合教育能力的要求,影响着教师专业化的发展。

(二)教师教育改革的新发展

1.第一次教师教育改革浪潮

第二次世界大战后,美国教师教育的第一次大变革发生在20世纪50年代末60年代初。这场改革以1957年苏联人造卫星发射成功为契机,以对教师教育传统理论与实践的批判与反思为基础,以培养"学者型教师"为中心开展,其实质是要求解决教师教育发展中的"学术性"与"师范性"的关系问题,寻求学术教育与专业训练在教师教育课程上的优化组合。

① 吴式颖.外国教育史教程[M].北京:人民教育出版社,1999:634.

(1)改革的背景

①对传统教师教育观的批判。

尽管第二次世界大战前的教师教育在实践上注重培养"教育工作者",偏重"如何教"的训练,但在理论上"学者未必良师"与"良师必为学者"两种教师教育观之争自师范学院有权授予学位起就始终存在着,只是由于政治上的激进主义与教育上的进步主义在这个时期一直在美国处于主流地位,作为杜威教育思想产物的注重方法的教师教育观在这场长期的争战中始终处于上风,并且左右着战前和战后相当一个时期美国教师教育的发展。①

1957 年苏联人造卫星发射成功使这场持续的争战更为激烈。美国舆论认为美国在军备和科技竞赛上落后于苏联的主要原因在于教育落后,人们纷纷将对教育的不满发泄到作为公共教育制度基础的中小学基础教育上;而在教育界内部,作为传统教师教育观(师范性)表征的师范学院成了最合适的"替罪羊",杜威成了最大的"替罪羊",而教育学院教授成了他的"陪斗"。②

当时社会舆论对教师教育的指责主要集中在"学者未必良师"的教师教育观及其指导下的教师教育实践这两个方面,如轻视文理基础,轻视学科专深知识,过分强调教学方法的训练;而教学方法的训练又陈旧落后,重复烦琐,脱离实际,不适应时代的要求。人们抨击,这种所谓体现"师范性"的教师教育所培养出来的既不是"学者",也不是"真正的教师",而是"教书匠"。③

②对教师教育实践问题的反思。

社会舆论对教师教育的指责,尽管措辞激烈,但并不是没有根据的。当时在教师教育的实践中暴露出来的主要问题如下:

第一,在决策、管理上排斥学术专家。国家层面上,在控制教师资格证书制度的全美教师教育认可委员会(NCATE)中,其成员几乎均为教师、学校行政管理人员和教育学教授的代表。在州一级,教师教育的决策往往由教师、行政管理人员组成的团体、教育学教授和州教育部官员组成的"教育同盟"所垄断,常由他们来决定学术教授参与教师教育的程度。④

第二,在教学安排上重教育轻文理。据统计,20 世纪 50 年代后期在大学的教育学院里,必修和选修的教育专业课程在培养中学教师的教学计划中平均占

① 马骥雄.战后美国教育研究[M].南昌:江西教育出版社,1991:179.

② 马骥雄.战后美国教育研究[M].南昌:江西教育出版社,1991:179.

③ 马骥雄.战后美国教育研究[M].南昌:江西教育出版社,1991:179.

④ CONANT J B. The education of American teachers[M]. New York: McGraw-Hill Book Company,1963:18,23,25.

22%,在培养小学教师的教学计划中占 41%。在师范学院,必修和选修的教育专业课程所占的百分比甚至更高些,在中学教师的培养计划中占 25%,在小学教师的培训计划中占 45%。尽管教育专业课程在整个教师训练计划中占了这么大的比重,但也不乏一些徒有虚名的课程,一些师范毕业生把这类课程贬为"米老鼠"(Mickey Mouse)课程。①

第三,教学方法陈旧。当时的师范学院大多依赖于传统的教学模式,课堂教学以讲座、自学为主,很少有讨论,其重点往往放在课本和阅读书目上,学生不认真,教师教学无热情。②

第四,师训机构与中小学缺乏联系。当时许多学校反映,教育学教授对课堂教师面临的实际问题既不了解,也不愿去了解。③

第五,教师资格证书制度混乱。各州颁发的教师资格证书在数量与规格上不统一,如新泽西州的教师资格证书多达 65 种,而在弗吉尼亚州只有 3 种。在美国当时的 630 多种不同的教师资格证书中,低于学士学位水平的有 85 种,要求具备学士学位的有 312 种,要求具备硕士学位的有 161 种,要求具备博士学位的有 6 种,还有其他规格的教师资格证书,这引起了教师资格证书制度的混乱。

第六,"不让贝多芬教音乐"。当时的教师资格证书制度尽管混乱,但在一点上是一致的,这就是要求每个公立学校教师资格证书的申请人必须满足州对教育学课程的要求。这种缺乏弹性的教师聘用制度,在第二次世界大战后最初 10 年教师奇缺的情况下,把许多想当教师(但未修教育专业课程)的文理学科毕业生拒之门外,"把一些没有证书的专家、学者拒之教学的大门之外"。④

第七,不合理地使用合格教师。由于中小学教师数量严重不足,当时滥用教师的现象极其普遍,许多合格教师并没有在其更能胜任的学科执教,而是被安排去教其他学科。这当然会导致教学质量下滑。⑤

第八,中小学师资不足、教师教育课程的学术标准低下。当时美国的教师教育不能适应中学教育改革的需要,不能培养出经济、政治和社会发展需要的人

---

① 奥恩斯坦.美国教育学基础[M].刘付忱,姜文闵,陈泽川,等译.北京:人民教育出版社,1984:317.

② CONANT J B. The education of American teachers[M]. New York: McGraw-Hill Book Company,1963:78.

③ 马骥雄.战后美国教育研究[M].南昌:江西教育出版社,1991:180.

④ CONANT J B. The education of American teachers[M]. New York: McGraw-Hill Book Company,1963:7.

⑤ CONANT J B. The education of American teachers[M]. New York: McGraw-Hill Book Company,1963:51.

才。由于师资力量不足,为了适应中学的需要,高等院校在教师教育课程设置方面,不得不让那些师范生同时学习多门课程,这就降低了对普通教育的重视度,而教育专业课程数量过多,也造成了当时美国教师教育的学术水平不高,无法满足当时美国经济、政治和社会发展的需要。

(2)改革的进程

①学术专家和教育专家双方首次合作、共商改革大计。

面对社会舆论的猛烈抨击,由教育学教授、教育行政管理人员和学校教师长期结成的"教育同盟",虽然在最初阶段进行了全力的辩解,但是显得理屈词穷。美国中小学教育及教师教育实践中所暴露的问题,使他们自己也觉得有必要对其长期控制的教师教育从理论到实践进行一次全面的检讨和深刻的反思。另外,学术专家也大大增强了他们对教师教育的参与意识,同时历史的经验告诉他们怀有偏见地相互攻击并不能解决实际问题,社会舆论的压力使他们认识到有必要与教育专家一起共商美国教师教育的改革大计。在此背景下,长期论战的双方终于走到了一起,1958—1960 年美国举行了三次具有重大影响的全国教师教育研讨会,在增进相互理解的友好气氛下,共同探讨教师教育发展中的一些重大理论问题,求同存异,为教师教育改革创造了条件。

a.鲍灵格代表大会。

1958 年举行的鲍灵格代表大会是由从幼儿园至研究生院有关各方代表参加的一次大规模的全国性会议。参加会议的代表除了作为"内行"的"教育同盟"之外,还有作为"外行"的州和全国性学术团体发言人。会议的主题是"如何培养出一个好教师"。讨论的具体问题有:与"教什么"和"如何教"有关的方法和学科内容,教师资格证书的认证和鉴定,教育专业训练、普通教育与任教学科教育三者的关系等。

大会取得了重大的突破,在以下几个问题上,各方取得了一致意见:第一,教师教育必须改进;第二,教师不仅要懂得所教的内容,而且要懂得如何教;第三,教师教育必须是由学院或大学的各部门共同担负的责任。其中就第二个问题达成的共识被看作这次会议成功的标志之一,因为这是在美国教师教育历史上,学术专家与教育专家第一次在教师教育的培养目标这一重大问题上达成共识。①

根据这一培养目标,与会代表还一致认为,为了使未来教师在"师范"与"学术"方面都有充分的准备,有必要把师资培训的年限延长到 5 年,但在 5 年的训练安排上产生了分歧。大多数学者主张采取"4+1"模式,前 4 年主要是普通教育和任教学科教育,最后 1 年主要进行教育专业训练,因为这样安排有利于加强

① 马骥雄.战后美国教育研究[M].南昌:江西教育出版社,1991:182.

教师教育中的普通教育与任教学科教育，有利于加强教学实习，提高教学专业的地位，便于更多文理学院的学生进入教学专业。这为后来 5 年制师训计划的发展构建了框架。[①]

b. 堪萨斯代表大会。

鲍灵格代表大会的结果，使许多学术专家与教育专家都大吃一惊，想不到双方竟然在一些基本问题上达成了共识。以此为基础，为扩大会议成果，1959 年又在堪萨斯召开了由双方共 1025 名代表参加的第二次全国教师教育研讨会。这次会议根据鲍灵格代表大会各方确定的一些基本目标，试图建立一个较为完善的教师教育新计划。

此次大会取得了重要进展。会上，与会代表一致认为对未来教师来说，增加 1 年的修业年限是必不可少的，并较一致地认为在整个教师教育计划中，大部分时间应用于普通教育，包括人文学科、社会学科和数学；所有的未来教师(不管是中学还是小学教师)都应该接受深度的任教学科教育。针对教育专业训练，大会还提出了一个获得普遍赞同的模式(表 4-1)。[②]

表 4-1　**堪萨斯代表大会教育专业训练计划一览表(单位：学分)**

学程	未来小学教师	未来中学教师
专业定向	1	1
心理学基础	6	6
社会学基础	3	3
课程、教材、教法	10	3
见习和教学实习	8	8
合计	28	21

注：一学期每门课每周授课 3 次为 1 学分，两学期为 6 学分，四学期为 12 学分。
(资料来源：马骥雄. 战后美国教育研究[M]. 南昌：江西教育出版社，1991：183.)

c. 圣地亚哥代表会议。

1960 年召开了圣地亚哥代表会议，主要议题是教师资格证书制度，讨论如何使渴望成为好教师的一些非师范毕业生有可能进入教学队伍，同时不让一些无能者有机可乘。与会代表最终较一致地认为应考虑在特殊情况下合理实施教师资格证书制度，如对待贝多芬和爱因斯坦这样特殊的人才，应采用特殊的考

① 马骥雄. 战后美国教育研究[M]. 南昌：江西教育出版社，1991：182.

② 马骥雄. 战后美国教育研究[M]. 南昌：江西教育出版社，1991：183.

试、试教，或通过短而精的教育专业训练来考查，从而确定是否给予证书。[①]

②五年制“教学硕士”学位课程的应用和发展。

从20世纪50年代到60年代中期，在社会舆论的推动下，同时在相关理论的指导下，以加强学术教育、培养“学者型教师”为中心的教师教育改革浪潮在美国不断推进。这场改革所采取的主要措施以及所反映出来的主要趋势有：a. 在教师教育管理上，采取由占相当比例的学术专家参加州师训管理机构和在校内新建有关各方广泛参加的“教师教育委员会”(Council or Committees on Teacher Education)的办法，来打破教学专家对教师教育的控制，扩大和加强学术专家对决策过程的参与度。b. 在教师培训机构上，学术声望较好的大学和文理学院逐渐取代学术声誉不佳的师范学院的中小学教师培训职能，许多单一目的的师范学院纷纷向多目的的州立学院或州立大学的方向发展。到20世纪60年代，据统计，由师范学院培养的中小学教师仅占全国师资培养总量的20%，80%的中小学教师由大学和文理学院教育系培养。c. 在教师培养计划上，或是对传统的四年制课程计划进行调整，精简教育专业课程，扩大学术教育的课时比重；或是采取延长修业时间的办法，采用“4+1”的新师训练模式，在不削弱教育专业训练的条件下，加强学术教育。d. 在教师资格证书标准方面，提高对普通教育和任教学科教育的要求，确保合格教师的学术水平。[②]在此过程中，改革教师教育课程计划始终是主流，而教师教育课程计划又以五年制的“教学硕士”学位课程的采用和发展为主要标志。

教学硕士教学计划(Master of Arts in Teaching Programs)也称“第五年教学计划(fifth-year programs)”，它招收各学科的本科毕业生，经过1年的教育专业训练后，授予学生教学硕士学位。这种“4+1”的教师训练模式于1936年由哈佛大学首创，当时是为了解决该校教师的短缺问题而提出的。直到20世纪50年代初，它才成为重组教师教育的试验方案，在“促进教育基金会”(the Fund for the Advancement of Education)的资助下，许多大学纷纷采用和发展这一新课程计划，很快形成全国性的改革浪潮。[③]

通过这一时期的教师教育改革，在培养师范学生的课程设置上，文理学科所

① 马骥雄.战后美国教育研究[M].南昌：江西教育出版社，1991：183.

② CONANT J B. The education of American teachers[M]. New York: McGraw-Hill Book Company, 1963: 36-37, 44, 46; WEISS R M. The conant controversy in teacher education[M]. New York: Random House, 1963: 166.

③ KOERNER J D. The miseducation of American teachers[M]. Baltimore: Penguin Books, 1965: 169-172.

占的比例增加,师范专业的“学术性”增强,应该说文理学科与教育学科通过讨论、争论,在培养教师的过程中形成了更加合理的比例。

2. 第二次教师教育改革

第二次世界大战后美国教师教育的第二次改革发生在 20 世纪 60 年代中期至 70 年代。这是美国科技迅猛发展、社会激烈动荡、主流文化受到严重挑战的时期。在这种社会背景下,改革以教育科研成果为指南、以现代教育技术为工具、以培养教师的能力为中心在全国蓬勃展开。这次教师教育改革的实质是试图通过运用现代教育技术来解决教师教育过程中长期存在的“知识与能力”“理论与实践”的完美结合问题。

(1)改革的背景

①美国社会问题与教师。

20 世纪 50 年代末,舆论将科技的落后归罪于教育,将 60 年代至 70 年代的社会不安定同样归罪于教育。当时的一些社会舆论把美国社会的动荡和“青少年问题”的出现,归罪于科技时代“非人格化”和缺乏创造性的教育,归罪于实际教育能力缺乏的教师。社会要求学校教师能在实际教学、教育环境中善于应对和处理各种各样的社会问题。[①]

②教育革新与教师。

1957 年之后兴起的旨在提高教学质量的改革运动,在 20 世纪 60 年代中期进入高潮;尽管之后的教育改革有成有败,但提高教学质量的改革目标始终未变。为了实现这一目标,在教育科研发展和教育技术进步的推动下,诸如“分组教学”“程序教学”“电视教学”和“计算机辅助教学”之类新的教学技能与方法开始广泛应用于教学实践中。这就要求教师能够在实际教学中灵活、熟练而有效地运用这些新的教学技能与方法。[②]

③教师教育中的新问题。

第一次教师教育改革,尽管使教师教育中的学术教育得到了一定的加强,但也出现了某些矫枉过正的现象,尤其是在大学和文理学院几乎接管了整个美国的教师教育之后,在教师教育的实施过程中重学术、轻教育以及教师教育机构重科研、轻教学的倾向有所抬头。[③]

---

① BIGELOW D N. The Liberal arts and teacher education:A confrontation[M]. Lincoln:University of Nebraska Press,1971:110.

② 马骥雄.战后美国教育研究[M].南昌:江西教育出版社,1991:189.

③ BIGELOW D N. The liberal arts and teacher education:A confrontation[M]. Lincoln:University of Nebraska Press,1971:110.

由上述内容可知,20世纪60年代中期之后,一方面,社会问题日益增多,学校中青少年教育任务日趋繁重;另一方面,新教师在教育和教学实际能力方面准备不足,这会引起社会舆论的强烈不满。在各种社会问题不断发生的20世纪六七十年代,人们的注意力自然会更多地偏向教育的社会功能,希望通过教育来改良和改造社会。与此同时,人们自然也希望未来教师不仅仅是某一学科的"学者",还应该是教育专业的"学者",应该是在教育、教学实践中善于处理各种实际问题的"临床专家"。这不仅是公众的希望,也是美国社会发展、现代教育技术发展和教学发展对教师及教师教育提出的要求。

(2)改革的进程

20世纪六七十年代出现了教师教育改革的一种新模式,即"能力本位"的教师教育(competency-based teacher education,CBTE),从而兴起了20世纪70年代最具影响力的教师教育改革运动。

①对"能力本位"的探索。

为了探索"能力本位"的教师教育,这一时期在大学中开展了不少有意义的教师教育探索。这些探索的基本特征是:大多注重应用现代科学技术的研究成果,尤其是控制论、系统论和信息论的研究成果,并以此来探索教学专业的发展规律,其中以福特基金会资助下的斯坦福大学的研究最为著名,它提出了"微型教学"(microteaching)这一概念,强调教学的专门技能,为后来"教师能力培训法"以及"操作本位"的教师教育(performance-based teacher education)的发展奠定了基础。[①]

这一时期,在联邦政府和私人基金会的资助下,建立了一个全国性的教育研究和发展网络。该网络由一系列地区教育科学实验室和附属于大学的教育科研与发展中心组成,其中有不少机构专门从事教学与教师教育的研究,它们认真探索并分析教学过程,试图把分析的模式应用于课堂教学的改进。这促进了"操作本位"的教师教育的发展。[②]

与此同时,在全国教育协会所属的全国教师教育和专业标准委员会(NCTEPS)的资助下,"州负责教学实习联合委员会"(Joint Committee on State Responsibility for Student Teaching)经过相当一段时间的研究之后,推出了一份题为《教学实习新秩序》的宣言。该宣言指出"新的教学实习应该是一种具有创

① 布什.师范教育改革:半个世纪来的教训[J].唐玉光,译.外国教育资料,1988(4):56-57.

② BIGELOW D N. The liberal arts and teacher education:A confrontation[M]. Lincoln:University of Nebraska Press,1971:57.

造性的完备实验”;同时,为了使实习生及其指导教师成为教学型学者,新的教学实习应提供诊断性的分析,其具体实习步骤是:从简单的观察以及短期与学生接触开始,通过微型教学来发展教学技能并通过不连续的教学行为,分析个人的技能和洞察能力,到在专业指导教师的分析诊断性监视下进行正常班级的实际教学,强调在各种真实的情景中对教学进行研习。这种新的教学实习观的贯彻,需要做出新的安排,需要改革行政管理结构,需要新的控制系统。①这一旨在培养教师能力的新教学实习宣言在当时广为传播,影响很大。这一时期,许多学者从对医生的培养模式中得到启示,诸如题为《教学医院:演变与当前的问题》等类似医生培训模式的研究论文大量出现。

②“教师能力培训法”的实施。

在理论研究的基础上,1968年联邦教育总署正式委托10所大学设计上述教师教育课程模式。在联邦政府的资助下,到20世纪70年代,这种“能力本位”的教师教育改革开始推向全国。1972年,有10个州已批准“能力本位”的教师教育计划和教师资格证书计划。次年,有125所教师培养机构实施了这一计划。到1975年,采用“能力本位”的教师教育计划的教师培养机构已多达228所(占全美教师培养机构总数的52%)。这种力图将现代科学技术运用于教师教育改革的大胆尝试和探索,直到80年代仍在继续进行中。②

这一新的教师培训模式与传统培训方式的根本区别在于:传统培训计划通过课程、讲座、阅读书目和演示来培训教师,无意中把教学活动分解成了较小的单元;而“能力本位”的教师教育模式则把未来教师从抽象议论的教学引向直接处理教学,把未来教师置于真实或模拟的课堂情景中,对教学行为不断进行纵向分析,使未来教师在整体上掌握实际教学和教育的能力。③

(三)教师教育培养机构概况

历史证明,从师范学校到师范学院的转型只不过是一个过渡阶段,因为在20世纪30年代,许多师范学院开始演变成多目的的州立学院,甚至是大学。因此,师范学院想升格为大学,不可避免地会引起反对,尤其是来自东北部高等教育机构的反对。与师范学校演变成师范学院的情况一样,许多这样的演变首先

① 马骥雄.战后美国教育研究[M].南昌:江西教育出版社,1991:191.

② 奥恩斯坦.美国教育学基础[M].刘付忱,姜文闵,陈泽川,等译.北京:人民教育出版社,1984:323-324.

③ 奥恩斯坦.美国教育学基础[M].刘付忱,姜文闵,陈泽川,等译.北京:人民教育出版社,1984:323-324.

出现在中西部。

正如1933年《全国教师教育调查》所指出的,师范学院继续演变成学院或大学的特点体现在:扩张普通教育和任教学科的内容,提高学术标准,引进研究生学习,增加研究设施和招生人数。在这些新学院里,由于教师需求急剧增加,未来教师实际培养的人数增加了。可是,同其他类型学生相比,由于非教师项目和其他学习领域的扩展,这些新学院培养的教师人数减少了。譬如说,在第二次世界大战之前,85%~95%的师范学院毕业生从事教师职业,但在1946年,由于军队对高等教育人才的需求,一部分毕业生进入军队工作,只有大约50%的师范学院毕业生成为学校教师。①

另外,机构名称中的"教师"两字逐渐消失。例如,1938年,93%的师范学院协会成员的名字包含"教师"这个词,可到了1956年,只有38%的学院使用它②。随着这些机构多样化的进展,州立学院害怕继续使用"教师"这个词会妨碍学校招生,因为很多学生不想成为教师。不过,这些变化确实带来了明显的益处,尤其是在设施和资料方面。在其后的几年里,大多数师范学院改名为"州立学院"。

师范学院转型的原因有很多。在面对新的政治压力、社会需求和教育哲学时,原有系的扩展和新系的创立是师范学院幸存必不可少的措施。教学专业化也需要教师教育成为高等教育的组成部分,需要每个教师都有学位。1931年,只有12%的小学教师有学士学位;可到了1953年,这个数字上升到60%。③1950年,全美各州都要求中小学教师具有学士学位,其中有四个州要求有更高的学位。④ 1972年,学士学位是所有教师必不可少的条件。到了20世纪70年代末,教师完全由本科高等教育机构培养。⑤

---

① LEARNED W S,BAGLEY W C,et al. The professional preparation of teachers for American public schools[R]. New York:Carnegie Foundation for the Advancement of Teaching,1920:74;DEYOE G P. Certain trends in curriculum practices and policies in state normal schools and teachers colleges[M]. New York:New York Bureau of Publications,1934:5-17.

② BIGELOW K W. The passing of the teachers colleges[J]. Teachers College Record,1957,53:409-412.

③ BORROWMAN M L. The liberal and technical in teacher education:A historical survey of American thought[M]. New York:Teachers College,Columbia University,1965:189.

④ BEGGA W K. The education of teachers[M]. New York:The Center for Applied Research in Education,Incorporated,1965:50.

⑤ U. S. Office of Education,National survey of the education of teachers[R]. Washington,D. C.:U. S. Government Printing Office,1933,Ⅵ:35-36;ORNSTEIN A C. Past and present trends in teacher education[J]. American Secondary Eduation,1981,11(3):10.

在1933年《全国教师教育调查》出版之后，根据新的教师教育认可制度和教师资格证书制度规定，师范学院面临提高学术要求、扩展功能的更大压力。在新组建的一些专业团体的帮助下，师范学院努力使培训项目适应新形势。在第二次世界大战之前，这是较容易的事情，因为教师数量充足，扩展多样功能并不困难。可是，在1946年之后，提高教师训练标准是很困难的事情，因为有资格的教师极其缺乏。然而，教学专业决定在扩大招生规模的同时维持教师训练标准。由于需要采取短期培训来培养教师，因此通过入学政策规定的标准来录取教师候选人是难以做到的。1946年之后，申请教师教育项目的大多数学生会被录取，只要他们达到最低要求。因此，大多数机构致力于提高教师教育项目的质量，尤其是增加学术课程的数目，以便学生获得学位。据统计，1950—1960年，在职教师从100万人增加到200万人，而具有学位的教师从十分之六增加到十分之九。①

既然需要如此多的教师，师范学院扩展其设施和增设其课程就成为必然趋势，也导致师范学院不可避免地受到许多批评，这主要是因为文理学院想保护它们的学术优越性，同时大学认为这些新机构缺乏研究和学术性。然而，这些新机构通过多样性能够吸引更好的教师和学生，开发更多学术性的课程并获得更高的学术地位，从而使改革后的学院能够更平等地同对手竞争。事实上，20世纪50年代，美国教育和教师教育不断受到攻击，尤其是在1957年苏联发射世界上第一颗人造卫星后，师范学院成了学术低劣的象征，许多人严厉指责师范学院，把它们看作国家的威胁、毁灭性的进步主义理想的温床。因此，为了避免和这种类型的谴责联系在一起，一些师范学院急切地想改变自身的地位。

促使更多人接受高等教育的压力也是转型的原因之一，这是因为通过接受高等教育来提高公民的素养是符合民主原则的。而且，许多教育专家和政策制定者认为教师在课堂之外要承担公民和社会成员的责任。除了通过专业准备使公立学校教师承担这些责任之外，教师还要获得良好的通识教育。实际上，在大多数大学和文理学院，本科生在第一年和第二年专门接受通识教育，这一过程通常在学术系进行，尽管大多数教育专家倡导融合的方法。因此，师范学院必须引进类似的多样化的任教学科专家和课程。综合以上原因，到20世纪50年代末，所有的师范学院都提供了更多的学术课程。几年之后，科南特公开支持这种变化。

另有一些经济原因促使师范学院转变成多目的的高等教育机构。与时代的

① EVERY I V. Teacher education meeting the needs of society：Past-present-future[J]. Kappa Delta Pi Record，1979，3：72-75.

政治、社会和理想发展相一致,州的相关部门认识到需要扩大提供高等教育的机会,但这将是一项花费较高的事业。因此,为了节省开支,改造现有的学院要比建新的学院更经济。于是,许多师范学院先改名字,然后演变成跟大学和文理学院没有区别的高等教育机构。依靠提供广泛且高质量的课程,以较低的花费来满足师范学院附近公民提升智力的需求,这种改革满足了人们对文理学院的要求。而且,学生将不必去离家乡很远的州立大学读书,也不用花费高昂的学费进入私立学院就读。

第二次世界大战后,师范学院加快了转型速度。1950 年,36 个师范学院已成功转型。[①] 到 1961 年,只有 15 个州仍然保留着师范学院。[②] 到 20 世纪 70 年代末,师范学院基本消失。

师范学院转型成多目的的大学机构在不同的州有不同的方式。例如,在加利福尼亚州,1921 年师范学校重组为师范学院,1938 年师范学院转变成州立学院。[③] 在俄亥俄州,事实上师范学院阶段曾被绕过。从 1920 年开始,师范学校可直接授予学位;1930 年师范学校变成州立学院;几年之后,州立学院变成州立大学。[④] 也许经过所有阶段的一个典型例子是西密歇根大学,它开始是西密歇根师范学校,1927 年成为西密歇根师范学院,1941 年成为西密歇根教育学院,1955 年成为西密歇根学院,最后在 1957 年成为西密歇根大学。[⑤]由此,一种新的机构出现了,尽管它的演进既不是一帆风顺的,也不是整齐划一的。总之,强调培养小学教师的最初的师范学校已经发展成提供广泛文理课程和教育专业课程的多目的的高等教育学院,甚至是大学。

从总体上看,美国教师教育已经发生了意义深远的变化。教师从最早没有受过专门培养的、没有技术的学校监护人变成现在受过良好教育的专业人员。在学术和教授法课程方面,他们接受了至少 4 年的高等教育。随着学士学位成为授予教师资格证的最低要求,培养教师的学术要求提高了。首批专职教师训

---

① HUGHES R H. Changing status of teacher education institutions[J]. Journal of Teacher Education,1951,2:48-52.

② WOODRING P. Century of teacher education[J]. School and Society,90,1962:236-237.

③ BIGELOW K W. The passing of the teachers colleges[J]. Teachers College Record,1957,53:409-412.

④ WOODRING P. The short happy life of the teachers college[J]. Saturday Review,1961,44:60-62.

⑤ WOODRING P. The short happy life of the teachers college[J]. Saturday Review,1961,44:60-62.

练机构(文实中学和师范学校)已演变成多目的、授予学位的学院和高等教育中心。大学和文理学院已经成为培养教师的主要机构。在大学和文理学院里，教育学院或教育系通过研究、出版和其他学术活动已提高了教学的地位和标准。在那里，建立在科学调查和实验知识基础上的教育研究已经成为受人尊敬的学科。然而，这些变化没有遵循一定的计划和目的。在过去，尤其是 1890—1930 年，由于公立学校入学人数的空前增加，因此要采取一切可能的方式满足这种需求，这意味着对师范生的数量的关注要甚于质量。例如，1916 年联邦教育署的一项研究发现：同与美国相似的国家相比，美国很少注意教师教育的要求[①]。可是，很明显，在最近几十年，教师训练项目的范围不断扩大，教师训练项目的质量也得到了很大改善，尽管第二次世界大战后，从总体上来说，教师是短缺的，教师教育课程的内容缺乏统一性。另外，教师资格证和认可规定有助于提高教师培养标准和产生更多统一性，尽管机构和项目采取消除差异的措施可能会削弱机构的自主性。为了培养更多有技术、知识和能力的教师，教师教育的趋势是"造就更多教师"和"让教师接受更多教育"。因此，教师教育机构提高了入学标准，招聘更多有资格的教学人员和提供更好的设施。教师教育已成为政治问题，导致州和联邦政府对机构变化和课程开发的拨款不断增加，这反映了公众对教师教育发展的关注。

二、大学化时期的教师教育课程思想

在教师教育中，未来教师应该接受什么样的教育长期以来都是一个争论不休的问题。第二次世界大战后，苏联和美国在军事、科技等领域展开竞争，1957 年苏联发射了世界上第一颗人造卫星，给美国带来了极大的震撼，引发了国民对教育的审视，最终引起了美国学术界对教师教育理论与实践的反思。自 20 世纪初以来，文理学科教授和学者与教师教育学者就教师应该受到怎样的教育问题一直发生争执。[②] 前者代表学术取向的教师教育理念，认为教师教育应以任教学科的学习课程为主，主张"良师必为学者"。后者代表专业取向的教师教育观点，认为教师教育应以教育专业课程为主，强调"学者未必良师"。到 1958 年，双方的争论被激化，彻底划分为两个对立的阵营，相互攻击，形成僵局。在这种情

① BAGLEY W C. Basic problems in teacher education[J]. Teacher Education, 1939(1): 100-105.

② HODENFIELD G K, STINNET T M. The education of teachers: Conflict and consensus[M]. New Jersy: Englewood-Cliffs, Prentice-Hall, 1961: 3.

况下，很多学术团体和专业协会合力邀请双方代表参加全国教育协会下属的全国教师教育和专业标准委员会的年度会议。1958年、1959年和1960年该委员会连续举办三次全国教师教育研讨会。尽管三次教师教育研讨会的主题不完全相同，但在反思前一时期进步主义教育思想及其影响的基础上，还是形成了较一致的意见：教师职业是由教育专业和任教学科构成的双重职业。换句话说，教师教育既应该重视教育专业课程的学习，又应该强调未来教师对任教学科知识的掌握。[①] 对教师职业性质的这种认识具有重要意义，它纠正了师范学院时期的教师教育不重视学科知识学习的传统。尽管三次全国教师教育研讨会促使学术学者与教育学者在教师教育问题上达成了一些共识，可关于教师教育最佳途径的争论并没有随之消失，相反，在美国社会变革和新一轮教育改革的影响下，学术取向、专业取向和社会取向的教师教育课程思想在这一时期都取得进一步发展。

如前所述，学术取向的教师教育课程思想主张将学科知识教育作为教师教育的重点。专业取向的教师教育课程思想主张被证实确实有效的教学行为和模式应成为教师教育的课程内容，教学的科学研究结果理应成为教师教育的基本内容。社会取向的教师教育课程思想体现在社会重建教师教育课程思想、多元文化教师教育课程思想和女性主义教师教育课程思想中；[②]社会重建教师教育课程思想认为，如果教师教育缺乏对学校在社会中所处地位的认真研究，缺乏对学校和社会互动关系的理解，未来教师就不可能认识到他们所从事的教育事业所蕴含的社会意义。为了达到这个目的，持这种课程思想的人极力主张在教师教育中开设"教育的社会基础"课程。此外，多元文化教师教育课程思想认为，教师需要接受培训来应对多元背景的学生，强调多元文化的课堂教学技术、知识及态度的培训，这种课程思想在20世纪70年代开始影响职前课程设置。女性主义教师教育课程思想认为[③]，整个教师教育课程都是以男性价值为中心，带有对女性的偏见，这使培训课程本身在一定程度上维护着性别偏见。持这种课程思想的人主张改革教师教育课程，其主要代表人物麦克库恩(S. McCune)指出教师教育课程的目的是培养教师成为教育者，使其成为尊重学生能力、兴趣、文化

---

① HODENFIELD G K，STINNETT T M. The education of teachers：Conflict and consensus[M]. New Jersy：Englewood-Cliffs，Prentice-Hall，1961：3-31.

② 刘静.20世纪美国教师教育思想的历史分析[M].北京：北京师范大学出版社，2009：151.

③ 刘静.20世纪美国教师教育思想的历史分析[M].北京：北京师范大学出版社，2009：164-165.

背景等的人,成为有能力设计和选择的研究者,能够在其研究中考虑到消除教育中的性别歧视,同时培养的教师还应当是教育与社会变化的动力,能够根据学生、教育机构和社会的需要来设计和实施其教学内容,因而教师教育应当增加与之对应的内容。这一时期的女性主义教师教育课程思想对教师教育课程的改革建议仅限于原则性的建议,并没有提出有关教师教育的具体改革措施。

(一)贝斯特的教师教育课程思想

贝斯特(Arthur E. Bestor)是美国历史学家、教育评论家、传统学科教育的倡导者和美国 20 世纪 50 年代反进步主义教育的领导人之一。[①] 1953 年问世的《教育荒原》(*Educational Wastelands*)是他的代表作,也是 20 世纪 50 年代最有影响力的教育方面的书籍。[②] 他在书中对当时的教师教育提出批评,并集中表达了自己的教师教育课程改革理念。

1. 贝斯特的教育理念:真正的教育就是智力训练

针对当时的公立学校没有培养出在读、写、算和普通知识方面受到足够训练的合格毕业生的情况,贝斯特指出“归根结底,造成我们公立中学平庸表现的原因,不在于缺乏努力而在于没有方向”,即美国教育缺乏正当的目标。[③] 在贝斯特看来,美国公立学校表现出一种“反智主义的歇斯底里症”,将教育的主要职能看成“生活适应”或经验的重组,将学校或大学当作为不努力学习的学生提供娱乐的场所。

贝斯特认为“基础学科”是中学课程和教师教育的核心。[④] 尽管他从来没有给基础学科下定义,可他认为基础学科等同于传统学科课程,包括科学、历史、经济和哲学。他认为中学和教师教育项目放弃传统学科课程,拥抱跨学科的、职业

---

① WELTMAN B D. Debating Dewey: The social ideas of American educators since World War Ⅱ, an examination of Arthur Bestor, Jerome Bruner, Paul Goodman, John Goodlad, and Mortimer Adler[D]. Rutgers: The State University of New Jersey, 1995: 3.

② WELTMAN B D. Debating Dewey: The social ideas of American educators since World War Ⅱ, an examination of Arthur Bestor, Jerome Bruner, Paul Goodman, John Goodlad, and Mortimer Adler[D]. Rutgers: The State University of New Jersey, 1995: 85-86.

③ 华东师范大学教育系,杭州大学教育系. 现代西方资产阶级教育思想流派论著选[M]. 北京:人民教育出版社,1980:177.

④ BESTOR A E. Educational wastelands: The retreat from learning in our public schools[M]. Urbana and Chicago: the University of Illinois, 1985: 13.

的和技术的课程，会使美国政治和文化处于危险中。[①]

贝斯特依据以下三个观点为传统学科作辩护。第一，通识教育所包含的传统学科是"人们通过几千年的努力形成的结果和能够设计的最有效的方法。它是用来解放和组织人的心智的。"[②]贝斯特认为传统学科是人类重要知识的结晶，通过学习传统学科，学生参与学术团体、提升自己在日常生活琐事以外的追求并实现作为人的潜力。第二，对于日常生活来说，传统学科是最好的训练。他声称"在整个历史中，对于公民来说，无论是在实际生活中，还是在专业训练中，智力学科在教育中一直被看作基础。"[③]同进步主义的主张相反，贝斯特认为对于生活适应、职业教育和大学准备来说，学术学科是最好的教育。智力学科的基本观点是："它们不仅能提升人的精神世界，而且能够装备人的大脑来改造物质世界。"[④]第三，传统学科是公民教育的最好形式。他声称传统教育始终是构建上层社会的基础之一，传统学科提供了广阔的视野并有助于人们理解社会，这对于统治阶级是必要的，在一个民主社会里政府是由人民选举产生的。因此，大众教育必须由传统学科组成。他谴责把大众文化屈尊于民众并反对传统学科的任何变化。他把民主教育定义为所有人都能接受上层阶级教育。[⑤]

贝斯特认为"学校的主要目的就是智力训练"。[⑥] 一种健全的教育制度应当提供充分的、基本的智力训练，学校不允许存在非智力活动，也不应该是适应生活或职业训练的机构，学校的目的完全是关于智育的，其他诸如道德行为、社会适应、公民义务教育等固然重要，但只能在学校所持有的智力训练的框架内进行。在他看来，所谓"智力训练"，就是审慎地培养思考能力，这与基本技能和基础学科紧密相关。读、写、算能力关系到能否掌握文明所需的各种复杂的技能、

---

① WELTMAN B D. Debating Dewey: The social ideas of American educators since World War Ⅱ, an examination of Arthur Bestor, Jerome Bruner, Paul Goodman, John Goodlad, and Mortimer Adler[D]. Rutgers: The State University of New Jersey, 1995: 86-87.

② BESTOR A E. Educational wastelands: The retreat from learning in our public schools [M]. Urbana and Chicago: the University of Illinois, 1985: 18.

③ BESTOR A E. Educational wastelands: The retreat from learning in our public schools [M]. Urbana and Chicago: the University of Illinois, 1985: 13.

④ BESTOR A E. Educational wastelands: The retreat from learning in our public schools [M]. Urbana and Chicago: the University of Illinois, 1985: 16.

⑤ BESTOR A E. Educational wastelands: The retreat from learning in our public schools [M]. Urbana and Chicago: the University of Illinois, 1985: 25-39.

⑥ BESTOR A E. Educational wastelands: The retreat from learning in our public schools [M]. Urbana and Chicago: the University of Illinois, 1985: 15.

技巧,是智力训练的重要内容;所谓基础学科,如历史、哲学、数学、化学等,这些学科是人类长期积累而且通过研究不断完善而形成的。他强调,"学科并不意味着事实的堆积,更重要的是它代表着思考问题的方法,而将这种训练有素的思考能力一代一代地传下去正是教育制度所要担负的首要的且不容回避的责任。"①

2. 贝斯特的教育教师课程改革理念

正是基于"真正的教育就是智力训练"这一理念,贝斯特将目光转向了教师教育,期望通过指出教师教育中存在的弊端改革教师教育,从而达到提高教育质量的目的。

(1)指责专业教育者的反智倾向

贝斯特指出专业教育者应该对公立学校中的反智主义倾向承担责任。他所谓的专业教育者(professional educationists)由三个相互联系的群体组成,它们是大学、学院的教授,当地公立学校的学监、校长和行政管理者,联邦教育部门和州公共教学部门的官员、"专家"和其他官僚。他将这三个联合起来掌控公立学校运作的群体比喻为"教育联盟"。他写道:"这本书所指责的对象是专业教育者,作为政策制定者,他们降低了公立学校的目标。由于目标被降低,教育的效率也不可能提高,从而也不能实现美国人民最初为公立学校教育所确立的目标。"②他批评他们故意将学校与科学和学术的原则相分离,"贬低和误传通识教育导致了反智主义歇斯底里的增长,这不仅威胁到学校而且威胁到自由本身。"③

贝斯特尖锐地指出专业教育者损害了教师教育的学术水平,"教师教育政策最能反映教育教授和学校管理者之间权力和利益的勾结。州教育官员凭借为教师资格证制定要求来控制教师教育计划,而这些计划通常包含大量的教育学课程。公立学校的督学和校长以这项条款来招聘和晋升教师,从而提高对教师教育学知识的要求。其结果是使教育教授成为受益人,因为他们通过开设教育专业课程拥有了稳定的生源……教育理论家准备要求州使用强制权力使未来教师学习大量具体的教育专业课程。"④他还认为,专业教育者将学者和科学家排斥

① 任钟印.世界教育名著通览[M].武汉:湖北教育出版社,1994:1594.

② BESTOR A E. Educational wastelands:The retreat from learning in our public schools [M]. Urbana and Chicago:the University of Illinois,1985:7-8.

③ BESTOR A E. Educational wastelands:The retreat from learning in our public schools [M]. Urbana and Chicago:the University of Illinois,1985:10.

④ BESTOR A E. Educational wastelands:The retreat from learning in our public schools [M]. Urbana and Chicago:the University of Illinois,1985:111-112.

在公立学校课程决策之外，他们怀着对学问和学术价值的敌视态度，共同谋划获取教师教育课程和教师聘用的控制权。

(2)教育教授和教师的定位：学科专家

贝斯特承认在大学课程（甚至研究生的课程）中教育学作为独立学科在其最初阶段是很有前途的，因为“教学方法的研究是在大学资助下由科学家和学者来实施的，他们都是在认可的学科领域接受教育，并且这些学科涉及许多教育问题。很多受过全面训练的心理学家、哲学家、历史学家、统计学家、语言学家及其他学者都获得了教育教授的头衔并承担发展教育的新责任，这些责任是明确的。教育教授应当是教育世界中较高级内容与较基础内容之间的协调者；作为大学社区中的成员，他们应该理解智力生活不断发展的复杂性并理解它对中学教育的意义；作为教师，他们应当将科学和学问的发展转变为课堂语言。另外，他们应该使学校的管理者理解不断提高的现代生活的智力要求，鼓励公立学校课程的发展并使它们的课程更加完善和严格（与过去马虎的课程相比）。教育教授最伟大的责任在于激发和鼓励整个学校系统提升严格智力训练的标准，利用他们在大学中的声望和地位来推进大学专注的自由教育的理想。”[①]显然，贝斯特对教育教授的定位是学术学者，他们的责任就是从学术角度对教育事务形成自己的判断，并将这种判断传递给学校管理者、学监、校长和课堂教师。

基于这种定位，贝斯特对当前大多数教育教授的学术知识水平感到失望，因为他们所接受的教育都是大学教育系的高级训练，并非真正意义上的教师教育课程。教育教授被要求解决教学问题的学科知识在极大程度上是基础性的和二手的，这些知识也通常是肤浅的、过时的，而这样的知识正在被传递给新一代的专业教育者；今天大多数教育学系提供的所谓“教育哲学”与生活的哲学思想没有联系，因为它主要被并非哲学专业出身、仅仅修习过其前任教师所开设的教育哲学课程的教育教授所掌控，哲学思想对教育问题的自由的、创造的思考已经被凝结为教育教条，这些教条被不沉思且只解释的教师代代相传。[②] 类似教育哲学的教学情况也发生在其他引起重要教育思考的重要学科中。例如，教育心理学的讲授内容是空洞的教育教条，它既不与它的母科紧密联系，也不与教育实践紧密结合。这是因为它是由教育系的教师讲授，不是由心理学家来传授。再如，教育史和教育社会学很少由历史学家或者社会学家来讲授，教育行政管理的教

---

① BESTOR A E. Educational wastelands: The retreat from learning in our public schools [M]. Urbana and Chicago: the University of Illinois, 1985: 107.

② BESTOR A E. Educational wastelands: The retreat from learning in our public schools [M]. Urbana and Chicago: the University of Illinois, 1985: 108.

授实际上与政治系里研究和教授公共管理的专家毫无联系，甚至具体的学科课程——数学、历史、英语等——都主要由教育学者来教授，而不是由数学家、历史学家或者英语语言和文学领域的其他学者来教授。[①]

贝斯特认为，所有的教师都应当视自己为某个学科领域的专家，他们应当把自己看作科学教师或社会课程教师。因此，学科知识是教师专业地位的基础。对于任何教师，不论是大学教师还是中小学教师，其专业独立性的最大体现就是具有某个得到承认的专业组织的身份。一个严谨、有能力的中学教师的天然的联盟者就是大学和学院同学科领域的同行。[②] 因此，教师只要具备良好的学科知识，就拥有了自己的专业地位。他认为专业教育者结成的"教育联盟"所要求的教育学课程阻碍了公立学校教师形成和发展自己的专业独立性。

(3)重建教师教育课程的建议

首先，贝斯特主张"教师教育的新课程应当牢固地建立在人文学科和科学之上，而不是仅仅建立于教学的职业技能之上"。[③] "在本科阶段，未来教师的教育应当是人文学科和科学的教育"，[④]而这应当是不证自明的。他强调通识教育的目的应该是培养具备训练有素的大脑、文雅的兴趣和广泛的基础知识的人。在我们的社会中，谁还能比教师更需要这些品质呢？我们认识到：如果医生、律师和工程师要获得真正的专业优势，那么他们一定要接受许多不直接与他们的专业相关的智力学科的平衡训练，同样，教师也需要这种训练。对教师来说，他所接受的基础的理智训练并非对其专业能力的补充，而是其专业能力的本质内容。[⑤] 至于教育学课程，贝斯特认为它将作为大学通识教育项目的一个补充，建议以选修课的形式让未来教师完成最少量的教育学课程，但教育系不应控制任何未来教师的本科生项目。

至于研究生水平的教师教育，他认为"研究生水平的教师教育的认可和目的

---

① BESTOR A E. Educational wastelands: The retreat from learning in our public schools [M]. Urbana and Chicago: the University of Illinois, 1985: 108.

② BESTOR A E. Educational wastelands: The retreat from learning in our public schools [M]. Urbana and Chicago: the University of Illinois, 1985: 117-118.

③ BESTOR A E. Educational wastelands: The retreat from learning in our public schools [M]. Urbana and Chicago: the University of Illinois, 1985: 147.

④ BESTOR A E. Educational wastelands: The retreat from learning in our public schools [M]. Urbana and Chicago: the University of Illinois, 1985: 138.

⑤ BESTOR A E. Educational wastelands: The retreat from learning in our public schools [M]. Urbana and Chicago: the University of Illinois, 1985: 138.

应该是对基础学术学科的继续学习”。① 它应该是一种既能满足最高学术标准，又能针对中小学教学中实际问题的项目。这种项目应当具有高深学术的特点，并且和真正地与公立学校教师被要求履行的智力任务相关。简而言之，学校教师所接受的研究生的学习应该是他在本科阶段接受的通识教育的延伸和拓展，大学应当给中小学教师提供继续接受通识教育的机会，而且应该用颁发适当学位的方式来奖励中小学教师有意识的全面深入学习。②

其次，贝斯特主张由学术学科教授负责教师教育课程的实施。他认为教不同学科的大学课程应该在与该科目直接相关的院系进行。在那里，教学问题将会由真正理解该学科的教师处理。例如，数学的教学课程应由数学系教师负责讲授，数学系应与教育系合作，而不是由教育系主办。尽管历史的教学课程由历史系负责，但社会课程的跨系课程就应该由历史系、政治系、经济系和社会学系教师共同负责讲授。而且，他坚持认为教育课程的教学工作也应由学术学科的教授来担任。他所提议的课程重组就是将这些碎片似的课程重新放到其本身所属的学科，如教育哲学应该以哲学的方式进行教授，教育历史应该以历史的方式进行传授，教育心理学课程应由心理学系来实施，公立教育行政管理必须与公共行政管理的其他课程一起由政治科学系来实施。③ 只有这样才能避免教育课程的专业主义和教条主义。

最后，贝斯特认为公立学校培养教师是美国大学最重要的功能之一，他主张教师教育组织制度改革应将教师培养作为所有大学的责任。他指责大多数文理学科的教师都没有认真地设计合理且适当的教师教育课程，这才让专业教育者乘虚而入。只有科学家和学者真正全心全意地投入公立学校培养教师的事业中，这种情况才能得到好转。④ 同时，他将教师教育课程重组的过程视为权力下放的过程，提出将教育学院承担的多种功能转移到已经存在的其他院系。根据教育学(pedagogy)的定义，涉及教学的艺术、实践或教学专业(特别对教学的原

① BESTOR A E. Educational wastelands: The retreat from learning in our public schools [M]. Urbana and Chicago: the University of Illinois, 1985: 138.

② BESTOR A E. Educational wastelands: The retreat from learning in our public schools [M]. Urbana and Chicago: the University of Illinois, 1985: 138-139.

③ BESTOR A E. Educational wastelands: The retreat from learning in our public schools [M]. Urbana and Chicago: the University of Illinois, 1985: 143-145.

④ BESTOR A E. Educational wastelands: The retreat from learning in our public schools [M]. Urbana and Chicago: the University of Illinois, 1985: 137-138.

则和方法进行系统的学习和教学)的系必须恢复使用教学系的名称。[①] 为了重建管理的职责,大学可能要新建一个培养教师的教师团队组织,这个组织有自己的委员和管理人员。教授教育硕士和教育博士课程的所有院系教师都属于这个新创立的教师团队。旧教育学院或系的大部分管理和公共关系的功能被转移到培养新教师的教师团队的委员会,它的功能不仅有管理课程,而且有管理教师安置。把教育系功能作为一个整体,大学应当通过这个新建立的教师团队直接管理它附属的实验学校。这种将现在的教育系功能转移到其他系的结果是会形成一个小的本科生"教学系"。这个新成立的系将提供几门普通原理课程的教学,监督教学实习并为没有经验的在职教师提供扩展项目。为教师开设的研究生水平的项目则由人文学科和科学学科的院系负责,提供新的教育硕士和教育博士项目。[②]

总之,贝斯特认为教师教育课程应建立在人文学科和科学学科的基础之上,这样有助于恢复公立学校的声望,也能确保教师不仅能在任教学科上得到充分的训练,而且能向其灌输对这些学科的尊重并以此来抵挡当时普遍存在的反智主义,从而有助于教学专业吸引更多有才华的青年,不必在教学技巧上浪费过多时间。[③]

美国学者卡瑞尔(Clarence J. Karier)对贝斯特的观点评析道:"他对教师教育的批判大多是正确的,问题在于他对教师教育并没有做出更深刻的探讨。当分析教育者工作时,他是现实的,但在看待文理学院时,则倾向于理想主义。"[④] 的确,贝斯特希望将教师培养作为所有大学的责任,要求学术学科教师更多地参与教师培养课程的实施,这些在当时均带有理想的色彩。尽管美国之后的教师教育发展也证明了贝斯特的教师教育课程理念很难完全实现,但至今他关于教师培养课程重组的某些看法仍然值得思考。

(二)科南特的教师教育课程思想

科南特是美国20世纪杰出的教育家,也是哲学家、科学家、政治家和作家。

---

① BESTOR A E. Educational wastelands: The retreat from learning in our public schools [M]. Urbana and Chicago: the University of Illinois, 1985: 142.

② BESTOR A E. Educational wastelands: The retreat from learning in our public schools [M]. Urbana and Chicago: the University of Illinois, 1985: 142-145.

③ BESTOR A E. Educational wastelands: The retreat from learning in our public schools [M]. Urbana and Chicago: the University of Illinois, 1985: 147.

④ BESTOR A E. Educational wastelands: The retreat from learning in our public schools [M]. Urbana and Chicago: the University of Illinois, 1985: 243.

他在第二次世界大战后美国的教育决策和教育改革中扮演了十分重要的角色，是第二次世界大战后美国最有影响力的教育家之一。他的教育思想对20世纪五六十年代的美国中小学教育改革和教师教育改革产生了积极且深远的影响。他“对五六十年代美国公共教育无可置疑地产生了比其他任何人都要大的影响”，他“也许是二十世纪中叶最有影响的美国教育家”。[①]

1.科南特教师教育思想的哲学来源——要素主义教育哲学

杜威在《民主主义与教育》这本教育哲学著作中指出：“如果我们愿意把教育看作塑造人们对于自然和人类的基本理智和感情的倾向的过程，哲学甚至可以解释为教育的一般理论……教育乃是使哲学上的分歧具体化并受到检验的实验室”。[②] 科南特教师教育思想的哲学来源是要素主义教育哲学，要素主义教育哲学的基本观点对科南特的教师教育思想的形成产生了重要的影响。

(1)文化观念

要素主义认为人类文化遗产中有“知识的基本核心”，即共同的、不变的要素，用要素主义者的话来说，即“文化的价值具有永恒性”。[③] “人类文化遗产里有永恒不变的、共同的要素，基础文化具有一种能够保证社会平衡的共同核心，这些是所有人都应当学习的；所有学校的首要目的或教育第一位的目的，就是认真对待这些核心要素，热情地、忠诚地传达它，以保存社会文明最优秀的传统，通过使学生修习这些作为理智行为根基的基础学科，促进个人智力的成长”。[④] 要素主义所认为的“文化的共同要素”“包括各种基本知识——数学、自然科学、人文科学以及本国语、外国语、各种技艺以及传统的态度、理想等”。[⑤] 要素主义把所谓“文化的共同要素”作为课程教材的核心，在课程教材的目标上和内容上都强调“文化要素”。在第二次世界大战后美国教育改革过程中，要素主义者强调要对课程与教材重新审查，要求课程与教材必须反映“人类文化中的共同要素”，剔除非要素的成分，并将这些文化的共同要素传递给下一代青年。

科南特在第二次世界大战后的中小学教育改革和教师教育改革中，强调普

① 科南特.科南特教育论著选[M].陈友松，主译.北京：人民教育出版社，1988：1.

② 杜威.民主主义与教育[M].王承绪，译.北京：人民教育出版社，1990：347-348.

③ 上海师范大学教育系编译组.外国教育发展史资料(近现代部分)[M].上海：上海人民教育出版社，1976：275.

④ 上海师范大学教育系编译组.外国教育发展史资料(近现代部分)[M].上海：上海人民教育出版社，1976：275.

⑤ 上海师范大学教育系编译组.外国教育发展史资料(近现代部分)[M].上海：上海人民教育出版社，1976：275.

通文化基础课程的学习，要求在中小学教育改革和教师教育改革过程中重视系统的学科专业知识的学习。正如有的文献所指出的，“科南特主张所有的中学生都应当学习各门学科的基本核心的东西，包括英语、社会研究、美国政府、数学和自然科学”。①

(2)教育观念

要素主义植根于美国的社会现实，为摆脱政治、经济的困境而提出，有很强的现实感，它强调教育的现实性。在教育观上，要素主义持有理性主义和社会进化论的观点，强调“个人对其物质环境和社会环境的适应。”②“学校的主要任务就好似要把这些文化的共同要素传授给青年一代。”③要素主义强调教育对外界环境的适应，强调学校在传递人类共同文化方面的重要责任，对科南特的教育观产生了深远的影响。

科南特认为“教育是一个社会过程”，他强调教育不是一个独立的过程，教育的发展必须适应当时美国经济、政治、社会、文化、国防等各方面发展的需要，教育对社会发展具有决定性的作用。持这种教育观的科南特注重天才教育，天才教育是科南特教育思想最显著的特征，它在一定程度上适应了第二次世界大战后美国教育、社会、经济、政治等各方面的需要。

(3)教学观念

要素主义主张学校要把学习、教材和教师作为中心，认为“学习是艰苦的工作”④，强调学生学习过程中纪律的重要性。在课程教材的组织上，要素主义也强调按照文化要素本身的逻辑系统来设置课程教材的结构或展开顺序，强调学习的系统性，提出“应恢复各门学科在教育过程中的地位，严格按照逻辑系统编写教材”⑤，强调“教育的核心是吸收规定的教材”，⑥教材要具有逻辑系统，主张教材要将人类的文化知识用系统的、结构的形式教授给儿童，认为“学校的主要任务就是要把这些文化的共同要素传授给青年一代。”⑦要素主义也强调教师是

① 上海师范大学教育系编译组．外国教育发展史资料(近现代部分)[M]．上海：上海人民教育出版社，1976：278.

② 黄济．教育哲学通论[M]．太原：山西教育出版社：1998：227.

③ 巴格莱．教育与新人[M]．袁桂林，译．北京：人民教育出版社，1996：154.

④ 黄济．教育哲学通论[M]．太原：山西教育出版社：1998：225.

⑤ 上海师范大学教育系编译组．外国教育发展史资料(近现代部分)[M]．上海：上海人民教育出版社，1976：277.

⑥ 黄济．教育哲学通论[M]．太原：山西教育出版社：1998：225.

⑦ 上海师范大学教育系编译组．外国教育发展史资料(近现代部分)[M]．上海：上海人民教育出版社，1976：275.

“整个教育体系的中心”，教育的主动权在教师，教师具有绝对的权威。

科南特提出的“新三艺”教学包括数学、自然科学、外语，他“主张所有的中学生都应当学习各门科目的基本核心的东西”。[①] 第二次世界大战后美国为了提高学校教育的系统性和结构性，以科南特为首的一批科学家对教材进行了重新编写，这次编写的教材在内容上过于精深，既未考虑到学生的接受能力和水平，又未考虑到教师的教学能力和水平。受要素主义哲学的影响，科南特提倡系统的学科知识的学习，主张教育过程中的主动性在于教师而不在于学生，应把教师放在教育体系的中心，充分发挥教师的“权威”作用。科南特关于教师教育的课程计划强调，未来教师应该具备高水平的教学知识、技能及艺术，必须能够善于解决教学中出现的各种实际问题，教师在整个教学过程中应具有绝对的领导权。

(4)主张学科中心的教育内容

科南特重视普通教育，他认为普通教育的根本目标是使年轻一代深刻理解并继承西方文化，为自由社会培养合格的公民。在哈佛大学委员会的报告书《自由社会的普通教育》(*General Education in a Free Society*)的导言中，科南特写道：“普通教育的核心问题，是使自由和人道的传统持续不断。单单获得知识，发展专门技能与专门能力，并不能为理解奠定宽广的基础，而理解恰恰是维护我们的文明的基本因素。”[②]科南特要求学校课程必须包括历史、哲学、文学、艺术等充分体现西方文化的学科，要在这些领域引导学生把理性思维和价值判断融合起来，形成正确的观念和理想。在他看来，自由社会要保持健康与活力，必须有一套共同的信念，普通教育正是使年轻一代树立并牢固这种信念的最佳途径。科南特相信，西方文化的精粹能够通过各门学科得到集中而全面的体现，因此，学校的一切活动必须以学科教学为中心。科南特学科中心的教育内容观体现了教育内容的预设性及社会经验高于个体经验的教育主张。

在中小学教育改革的课程设置中，科南特提出普通文化基础课程的设置必须占全部课程的一半，小学教师的学科专业课程必须达到 36 个学期时数，中学教师的学科专业课程必须达到 48 个学期时数。

2.科南特的教师教育课程及思想

1963 年，科南特发表了调查及报告《美国教师教育》(*The Education of American Teachers*)，他的教师教育课程思想主要体现在这篇报告里。他对教师教育课程的规定与他一贯坚持的普通教育课程思想以及高学术标准密切相

① 上海师范大学教育系编译组.外国教育发展史资料(近现代部分)[M].上海：上海人民教育出版社，1976：277.

② 赵祥麟.外国教育家评传：第三卷[M].上海：上海教育出版社，2003：146.

关,同时也与他对教育和教学的理解相一致。科南特强调大学教学与科研的协调平衡,因此在教师教育中主张由文理教授和教育学教授共同培养未来教师,既强调在文理各专业领域中的学术性,又注重教育职业的专业训练,尤其重视普通教育。科南特所倡导的教师教育课程主要包括普通文理课程、学科专业课程和教育学专业课程三部分。

(1)科南特所倡导的教师教育课程

①普通文理课程。

科南特主张教师教育学士学位课程计划中的普通必修科目的开设应该建立在如下的假设之上:第一,某些知识领域是所有未来教师都应熟悉的;第二,这些知识领域中有一些掌握该门科目的独特方法;第三,这些知识本身以及理解这些知识的方法都有其基本原理;第四,如果学得正确又教得正确,那么这些科目及从中发现的原理就能够促进"博雅教育"即通识教育[①]。科南特认为"未来教师的普通文理教育应该是包含广博的文理科目的学术性教育"[②]。他指出"广博的文理科目的学术性教育包括五种知识领域,它们只能在大学阶段学习,这就是哲学、社会学与人类学、经济学、政治科学和心理学"[③]。为了确保这些课程的学术水准,科南特主张"一个具有大学生水平的人,要在某个领域中受过训练并成为学者的人的指导下去探讨这些知识领域"[④]。显然,在科南特看来,多数情况下给未来教师介绍这些科目的教育系教师根本算不上哲学家、心理学家和社会学家。科南特要求未来教师的通识教育的学术学科应当由专门的学科专家来教授。

科南特主张通过提高标准来改进教师教育,他列举了很多适合大学生年龄和心理特点的学习方法,并且根据学科的特点选择最有效的教学和学习方法,同时配合其他方法如独立学习和考试。他不提倡采用传统的课程安排模式,不希望将"学期时数"作为唯一的教育衡量标准。在师范生的素质上,他提倡应在全国范围内从中学毕业班中最有才智的三分之一的人中招收学生,而对作为普通教育基本成分的文理科目决不可降低标准、放慢速度。虽然科南特承认教学能力和智能——即根据学习各门课程的成绩分数或学习能力倾向测验来衡量的智慧能力——之间的关系不是非常密切,但还是强调打好普通教育基础的意义,甚至要求教育行政人员也要通过普通教育来获得人类的共同经验。科南特敏锐地

① 科南特.科南特教育论著选[M].陈友松,主译.北京:人民教育出版社,1988:248.
② 科南特.科南特教育论著选[M].陈友松,主译.北京:人民教育出版社,1988:249.
③ 科南特.科南特教育论著选[M].陈友松,主译.北京:人民教育出版社,1988:253.
④ 科南特.科南特教育论著选[M].陈友松,主译.北京:人民教育出版社,1988:253.

把握了教师教育和中学教育的内在联系，认为改进教师教育不仅要提高招生标准，还要改进中学的课程计划，把教师教育培养的目标与中学的教学需要联系起来，协调不同阶段的课程计划以达到有序与有效。在普通教育方面，他建议为未来教师开设以下中学课程，如表 4-2 所示。

表 4-2　**科南特建议为未来教师开设的中学课程一览表**

学习时间	科目
4 年	英语（包括经常的写作练习）
4 年	外语（一门连续学习的外语）
3 年	数学（最好学习 4 年）
3 年	自然科学
3 年	历史和社会课程
2 年	艺术和音乐

（资料来源：CONANT J B. The education of American teachers[M]. New York: McGraw-Hill Book Company, 1963: 84.）

在大学中，关于培养教师的课程的深度和广度，科南特认为有三种形式的普通必修科目："第一种为实际指定的具体课程，如英语、历史或自然科学等科目，通常是所有大学生在大学头两年都必修的；第二种（也是最常见的形式）是指定某些领域或指定一系列课程，学生必修其中一定数量的科目；第三种是开设一系列综合课程或跨系课程，即打破系的界限，把若干领域的知识重新组合，如人与社会、现代趋势等都是跨系课程。学生必修其中全部或若干课程，跨系课程有时由大学各部门或学院自己的教师开设。"① 科南特认为，即使在中学已做了良好准备，大学期间普通教育课程的学习时间也要占学生 4 年学习时间的一半。对每一位教师来说，不仅在教室内，而且在和学生的谈话中均会涉及专业以外的知识。如果教师欲组成相互合作的学者集体，就应当具有尽可能多的共同知识和经验；教师要成为有学识的人并获得学术界人士的尊敬，就必须做好讨论高深问题的准备。科南特认为，大学学习 2 年的普通教育，旨在形成有关一般学术领域的学力，使教师在与这些领域任何一门专任教师同事的谈话中具有一定的自信，不论小学教师还是中学教师，这种学力信心是必要的。② 因此，未来教师的普通

① 科南特. 科南特教育论著选[M]. 陈友松，主译. 北京：人民教育出版社，1988：241-242.

② 科南特. 科南特教育论著选[M]. 陈友松，主译. 北京：人民教育出版社，1988：249.

教育应该是广博的文理学科的学术性教育。[①]尽管了解美国教师教育课程的多样性这一现实,科南特还是大胆地为未来教师的普通教育进行了规定,如表4-3所示。

表4-3　　科南特建议未来教师所接受的普通教育课程一览表

在中学已学过的科目	课程数/个	相当于学分小时数/个
英语和作文	2	6
西方世界文学传统	2	6
历史(至少一半不是美国史)	3	9
艺术欣赏和音乐欣赏	2	6
数学	2	6
自然科学(有序地学习物理科学和生物科学)	4	12
在中学未学过的科目	**课程数/个**	**相当于学分小时数/个**
普通心理学导论	1	3
社会学和人类学导论	1	3
哲学问题导论	1	3
经济学导论	1	3
政治科学导论	1	3

注:此表根据科南特规定的教师教育的普通教育课程的数量设计。

(资料来源:CONANT J B. The education of American teachers[M]. New York: McGraw-Hill Book Company,1963:99.)

科南特认为,通常在中学已经学过、在大学继续学习的领域有文学、历史、政治学、数学、自然科学、地理、艺术和音乐,作为普通教育的一部分,教师对这些科目的掌握程度应达到胜任12年级学生教学的能力。在所有科目中,科南特着重指出数理化和英语学习的重要性,尤其是数学,他认为,20世纪的科学几乎是数学性质的科学,因此,在数理化领域的学习,不过是在每天都和人类发生关系的领域进行的扫盲工作,这些课程的学习要采用能力测验。[②] 在未来教师4年学习时间的120个学期时数内,上述课程占60个学期时数,剩余时间用来学习主攻专修课程和教育学专业课程,如仍有节余,则用来学习选修科目,选修一些自

① CONANT J B. The education of American teachers[M]. New York: McGraw-Hill Book Company,1963:93-94.

② 科南特.科南特教育论著选[M].陈友松,主译.北京:人民教育出版社,1988:250-257.

己主修以外感兴趣的课程,以及拓宽知识领域的科目,这些都是合乎需要的。

②学科专业课程。

科南特非常重视未来教师对所教科目知识的学习。他说:"未来中等学校教师应该把大部分时间用来学习他要教的科目,关于这一点是无可争辩的,"①但他反对为了职业而集中精力对某个领域进行学习。他认为"一旦某个大学生有了钻研某一门科目的经验,他就更可能对这一科目产生兴趣,以至愿意去独立地继续进行研究——这一点是'有学识的人'的标志;同时也不大可能在致力于其他科目时缺乏自信,或者接受教条,或者赞同有关任何科目的胡说。"②科南特认为,理想的未来教师是掌握某个学科知识的、具有独立研究能力和思维判断力的学者。

关于未来教师的任教科目专门化问题,科南特首先介绍了当时的某些必修科目和各种具体的课程计划。大学生可以选择主修科目,集中专攻某一科目或在广泛的课程计划的若干范型中选择一种,如"领域主修""组类主修""普通课程""跨学科课程"等。集中专攻课程计划是针对中等学校教师培养的课程计划。未来中学教师不应只掌握肤浅的知识,而应在广博的知识背景中,利用大部分时间来学习任教科目知识,这就是科南特所提倡的"精深教育",在提到精深教育课程计划时,他采用"集中专攻"或"一个或若干领域的集中专攻程度"来替代"主修"和"副修"两个易混淆的学术名词。③

科南特认为,对未来小学教师来说,36 小时的集中专攻课程是四年制教师教育课程计划所能承受的极限;而对未来中学教师来说,其极限要比这个高,约 48 个学期时数。除了分量上的规定,在集中专攻课程的内容方面,科南特认为,计划要有连贯性、顺序性,或可采用综合测验来测评学习结果。他举例说明集中专攻化学和文学科目是有差别的,并断言:"一个集中专攻的课程计划,要么应当有顺序,以至学完最高级课程就能保证掌握以前所学的知识;要么就应该用综合考试来检验,并且经得起这种检验。一个经不起上述两种考验的所谓'主修',依我看就是一种不可靠的教育工具。"④

③教育学专业课程。

① 科南特.科南特教育论著选[M].陈友松,主译.北京:人民教育出版社,1988:261.

② 科南特.科南特教育论著选[M].陈友松,主译.北京:人民教育出版社,1988:262.

③ CONANT J B. The education of American teachers[M]. New York: McGraw-Hill Book Company,1963:106-107.

④ CONANT J B. The education of American teachers[M]. New York: McGraw-Hill Book Company,1963:109.

在讨论教育学专业课程时,科南特论述了发展教学技能需具备的四种心理因素:第一种是“民主的社会因素”;第二种因素要求教师对儿童在团体中的行为发展方式感兴趣,对儿童的行为发展具有某些经验;第三种因素是掌握儿童成长的适宜知识,当然,科南特指的不仅是身体上的生长;第四种因素可以称为教学原理,既适用于旨在发展班组儿童心智技能(intellectual skill)的教师,又适用于只教一个学生的教师。① 以上四种因素展示了科南特对教师素质的要求,即一个未来的教师,不仅要承担发展学生社会意识的责任,帮助学生养成品格,还要具备社会心理学家的素质,对儿童的各种社会行为进行研究,掌握儿童成长和教学原理的相关知识。他认为,不存在一门教育科学或一门教育学科是单独起作用的,同医学一样,教育建立在多种科学的基础之上。因此,在讨论与教师有关的学术性科目时,科南特把这些科目称为各门教育科学或学科。

科南特发现,教育学教授和文理学院教授一样,在教育学专业课程方面,除规定了学习时间外,其他方面并没有形成统一的意见。所有课程计划都包括一些常设课程,如教育心理学,应至少包含一门教学法课程,一门从哲学和历史角度来解释学校与社会关系的课程。每所院校都有教学实习,不仅内容不同、标准各异,而且开设的起始年级也五花八门。许多学生对这些教育学科的课程质量表示不满,认为多数是陈旧乏味、幼稚简单的“米老鼠”课程,讲授这些课程的人并非历史学家、哲学家或社会学家,因而没有实际内容,也不能从中推断出教学实践的规律,对未来教师尤其是师范生用处不大。但是,科南特不同意某些批评家取消教育学科并代之以普通文理课程的意见,相反,他承认教育学科的某些价值,主张精简教育理论课程,删去空泛重复的教材内容,增加切实可用的科学内容,以提高教育课程的学术水平。他认为学习这些课程是有益的,关键要慎重选择教师,由对教育感兴趣的哲学家、社会学家、历史学家和心理学家来教授,还提出在整个教育计划中小学教师必修的教育课程不超过所有课程计划的四分之一,中学教师则不超过八分之一。

科南特认为心理学与教学工作关系密切,他指出:“应用于教学的心理学原理正确与否,取决于我们能否根据这些原理推断出具体的预见。”②尽管教师运用的心理学在科学性方面还有局限,但对于教儿童的教师来说,可以从心理学中获得许多有价值的东西。心理学是一门必要的课程,至少对小学教师是必要的,而对中学教师来说,教育心理学的价值不大,教育测验和测量则更为重要,因此

① 科南特.科南特教育论著选[M].陈友松,主译.北京:人民教育出版社,1988:268.

② CONANT J B. The education of American teachers[M]. New York: McGraw-Hill Book Company,1963:135.

科南特建议所有教师都应学习一门普通心理学课程，并强调不管是心理学还是教育学或教学法课程，在内容上要协调一致，避免重复，以便把精力更多地投入对教学实习的指导和评价上。“教学实习”无疑是专业训练中最基本的因素。科南特按照斯坦福大学罗伯特·布什(Robert Bush)教授的意见，把这一称呼运用到教育领域，称指导教学实习的教育学教授为“教育临床教授”(clinical professor of education)，建议各院校担任指导和评定教学实习的教授应具有更多实践经验，其地位类似于医学院的临床教授。①

在教师教育的课程设置上，科南特不再仅仅关注各学科课程设置结构的比例问题，而是把关注的目光更多地投向教育专业的内容以及教学方法的革新上，这成为20世纪60年代末70年代初美国能力本位教师教育新模式的先导。

(2)科南特教师教育课程的学术性倾向

科南特的课程建议和主导思想，与先前的高等教育和中学教育改革建议一脉相承。他在大学教育和中学教育改革建议中表明了提高学术标准的主张，因此，对教师教育课程学术性的要求不仅反映了社会对教师教育的需求，也体现了他对中等教育和高等教育的关注。科南特强调应加强师范生的普通文理教育的基础，提高这些课程的学术标准，批评美国教师教育机构中那种散漫地、无系统地安排各类课程的不良倾向，指出普通教育必修科目的水平低于大学师范毕业生应该达到的水平。他认为未来教师的普通教育应该是包含广博的文理科目的学术性教育，也就是文学、历史、数学和各门自然科学、地理、艺术与音乐以及大学导论课程，如哲学、社会学、人类学、经济学、政治科学、心理学等。专业课程的集中训练，指的是师范生将来在中小学任教的那些专门科目，应制订任教学科课程计划，保证在学习时间上有所侧重，在课程顺序上更具系统性、连贯性。以主修历史为例，为保证未来兼任中学“社会研究”课程的教师能有足够的造诣，可设经济、地理、政治学，最好还设人类学、社会学、美国史等课程。在教育学专业课程的设置上，他主张废除杂乱无章、肤浅的导论性课程，增强教育学课程的学术性，由学术功底深厚、科学性较强的历史、哲学、社会学、心理学等各专业教授来承担教育史、教育哲学以及教育社会学课程的教学。这一主张不仅反映了科南特对这些专业科学性的怀疑及其对教育科学自身缺陷的认识，也反映出他希望在更广泛的社会科学领域展开对教育问题的研究，吸引各领域的专家关心教育科学，而不单是把推动教育科学发展的任务留给教育学教授。

科南特意识到，许多与中学有关的文理学术性课程依据内容深度分布在大学不同学期，而且学校允许优秀学生选修高级课程，这必然会影响对中学教师的

① 科南特.科南特教育论著选[M].陈友松，主译.北京：人民教育出版社，1988:291-296.

要求与培训。不管是对普通教育的要求,还是对集中专攻课程或教育学专业课程的规定,科南特一再声明,不要因为广度而牺牲深度。针对当时多样化的教师教育现状,他认为制定统一的课程是不可能的,但他相信提高学术标准和提升教师教育课程的教学质量是改进美国教师教育的有效途径。科南特主张用学期时数代替原来的计量方法,强调课程内容的有序性,主张采用综合测试与其他的测试手段结合的方式辅助教学。他也主张招收优秀中学毕业生作为未来教师,改进中学课程计划,选择30%的优秀大学生作为未来教师的培训对象。这些主张反映了科南特对提高教师教育课程学术性的迫切希望和要求。

为提高教育课程的学术水准,他反对因教师短缺只追求教师数量而忽视教师质量的做法,提出希望改组学区、改革教学形式以减少教师的实际需要量。在教师教育方面,他认为如果一个小型的师范学院不能满足师资培训的最低要求,第一种变通的办法是与邻近的学院或大学合作,借助邻近学院或大学的人力资源把人力联合起来;另一种可能的办法是与一所五年制或开设教学硕士课程的大学合作,形式不拘一格。他主张对小学教师和中学教师的培训的侧重点应有所不同,小学三年级以下的教师要比小学高年级和中学教师更擅长儿童心理学,对儿童活动的组织要精通,可以不设集中专攻课程,而对于小学高年级和中学教师,则必须设置集中专攻课程,因为科南特反对为了应付教师数量的不足而让教师兼职多个学科,尤其是毫不相干的学科,他认为这既不利于教师自身对专业深度的钻研,又不能保证教学质量的提高。

(3)科南特教师教育课程思想的实践性本质

通过分析科南特的教师教育课程计划和指导思想,可清楚地认识到他的教师教育观。他把教育看成一门和医学相似的学科,把教学更多地看成一种技艺,需要在实践中不断锻炼以提高技能。他引用马萨诸塞州教育董事会的董事们在建立美国一所师范学校之前签署的一项声明作为自己对教师职业的理解:“教学同其他艺术一样,也须有一套熟练的技能,这是毋庸置疑的。同样,在合理的范围内,可以把这种技能和本领作为一种科目,通过教学传授给别人。”[①]从教学技艺观出发,为培养合格的能胜任教学工作的教师,科南特对教学实习给予极大的关注,指出教师教育课程的实践性特点,重视教学基本功的训练,主张将教学基本功的训练与加强课程的学术性结合在一起为同一目的服务。科南特教师教育课程的实践性特点主要表现在他对教学理论与实践关系的论述以及对教学实习的特殊安排上。

---

① CONANT J B. The education of American teachers[M]. New York: McGraw-Hill Book Company, 1963:113.

在教学理论与实践的关系上，科南特重视理论对实践的指导作用。他认为，教师应该发展的教学技能建立在四种心理基础之上，即“民主的社会因素”“教师对儿童行为方式的兴趣与经验”“儿童身心成长的知识”“发展儿童心智技能的教学原理”。这四种心理准备主要在实践中发展而来，源于观察和实验，科南特认为教育科学不同于自然科学，但是，“如果把讨论的范围加以限制，依据观察和实验得出可以预见的通则，那么这两种科学就没有根本的不同。”①可见，他希望更多地运用自然科学的研究方法来提高教育学科的科学性，这与其自然科学家的身份有关，也与他重视观察和实验的研究方法密不可分。由于他在化学研究中重视定量分析，重视实验数据，因此他认为教育科学既是可以做出预测性通则的科学，又是一门价值判断的科学。教育科学基于自然科学的研究成果，以伦理、道德和宗教原理为前提，它的复杂性决定了有相当一部分通则依靠经验得出，因此教学的实践性特征要求加大实践的力度。科南特不仅不否认理论的指导作用，反而非常重视理论的应用，重视一定理论对实践的提升，他说：“由于推广了理论，才改变了实践，或者可以说，我们用根据广泛的科学通则进行逻辑推理所得出的预见，代替了根据尝试错误所得出的预见，而科学通则预见性的广度则是该门科学进步的尺度。”②在教师教育课程中，科南特对教育专业课程的选择非常谨慎，强调教育专业课程对提高教师实际教学能力的效用。基于这种考虑，科南特对教育专业课程的内容做了严格规定，剔除毫无作用的拼盘式课程，改革脱离教学实际的教材教法课程，慎重选择教学内容和教师，特别强调“在开第一门教育专业课程时，要使师范生得到这堂教学的实际经验，通过观察，对课堂教学、个别儿童或儿童集体行为有所了解。”③科南特希望在继续开设教育专业课程时，能给学生提供更多的教学实习机会，在专门教师的指导下，把所学的文理知识和教育原理应用到教学实践中去。

(4)科学主义的“教育临床教授”指导方案

在对当时存在的部分教育学课程的科学性和实用性解构之后，在其教学技艺观的基础上，科南特对教学实习给予了极大的关注，他对“教育临床教授”身份和价值的界定，又为教学实习的顺利进行提供了保障，这可谓是科南特科学主义教师教育模式的点睛之笔。

他肯定教学实习对培养合格教师的极端重要性，主张在培养师资的高等院

---

① CONANT J B. The education of American teachers[M]. New York: McGraw-Hill Book Company, 1963: 117.

② 科南特. 科南特教育论著选[M]. 陈友松，主译. 北京：人民教育出版社，1988: 273.

③ 科南特. 科南特教育论著选[M]. 陈友松，主译. 北京：人民教育出版社，1988: 281.

校设立指导实习的教育临床教授，与中小学的“协作教师”共同负责师范生的教学实习，并把教学方法的学习与对实习生教学实习的评价结合起来。科南特认为实习生的教学经验可以通过“协作教师”和实习指导教授两个方面获得。他主张实习学校的任课教师应是学校的行政领导，他们是各师范院校的教授以及州教育厅公认的有才能的、卓越的教师，他们既善于教中小学生也善于教实习生。科南特认为应该给他们足够的时间来帮助实习生，同时由于他们的特殊才能和重大责任，应该提高他们的待遇。[①] 科南特认为为了培养符合中学教学需要的教师，大学文理学院必须同中小学建立密切联系，而实习教授就是建立这种联系的人。“实习指导教授”是大学负责“教材教法课”的人，他们直接参与教学实习工作，是师范院校的工作人员，他们善于教学，是优秀的教师，同时他们也擅长教材教法，能够帮助实习生更好地完成实习的任务，“能够指导实习生熟悉本专业领域内的最好的教材和教具，帮助他们编写教学计划及进行试教。”[②]由师范院校擅长教材教法的人员对正在实习中的实习生进行教材和教法上的指导，这应该是实习生获得教学经验非常重要的一部分。科南特建议为每一个学科或密切相关的几个学科配备一位“实习指导教授”。“当时即使在最好的院校，教学实习也往往是由一位没有教学经验的本院教师来指导”[③]“许多小规模的学院也没有能力对教学实习作令人满意的安排”[④]。针对这种情况，科南特建议这些小规模的学院可以和其他规模较大、条件较好并且已拥有州政府所批准的教学实习场所的学院合作，再开设一学期的教学实习课程。

在科南特看来，教学实习的责任应由各学院、州政府和地方教育董事会来承担。他认为州政府在教学实习方面有不可推卸的责任，并相信由州政府对正在进行试教的实习生进行细致的考察是保证各州培养出合格教师的最有效的途径。同时，他认为为了保证教学实习的质量，州政府应该在财政上对地方学校董事会给予支持。

指导教学实习的教育学教授，类似于医学院的“临床教授”，他的职称是“小学教学理论与实践教授”或“数学教学(或其他科目)教授”，他既是学院或大学的教授，又是优秀的中小学教师，他负责和评价未来教师的教学实习，能够理解并接受学术专家的观点，并能在中小学连续的实践中通过具体的教学情境证明这些专家的观点。他的主要任务并不是从事研究、发表论文，而是要经常回到中小

① 科南特.科南特教育论著选[M].陈友松，主译.北京：人民教育出版社，1988：217-218.
② 科南特.科南特教育论著选[M].陈友松，主译.北京：人民教育出版社，1988：218.
③ 科南特.科南特教育论著选[M].陈友松，主译.北京：人民教育出版社，1988：333.
④ 科南特.科南特教育论著选[M].陈友松，主译.北京：人民教育出版社，1988：333.

学当一位任课教师，以不断更新教学经验。他在学院的工作可以是专职的，也可以是兼职的。[①] 他有丰富的教学实践经验，能及时了解教育研究的最新成果，并善于把这些成果应用于教学实践。科南特强调“教育临床教授”的设置既能提高未来教师教学实习的效果，也能提高任课教师的威望，是改善当时教育学教授尴尬处境的有效办法。

(5)科南特教师教育课程主张引起的反响和争议

《美国教师教育》一书的出版在美国社会引起了有关教师教育最广泛的争论，争论持续了两年多。一方面，在超过2000份对该书的评论中，科南特的教师教育立场受到赞赏；另一方面，由于科南特对许多人已接受的教育理论发起挑战，很多教育家在很多方面并不赞成他的主张。[②]

1967年，在《费·戴尔塔·卡本》(*Phi Delta Kappan*)期刊对科南特《美国教师教育》一书的社会反响所做的调查结果中发现，在科南特所有的建议中“临床教授”引起了最大关注，但10年后有关“临床教授”实施情况的调查显示，对“临床教授”的角色认同已大大降低。在调查的879所教育机构中，许多机构对是否接受调查持消极态度，因此只有62%的反馈率；有163所教育机构认为它们正在使用广泛意义上的“临床教授”的概念，但通过对“临床教授”的任务分析发现，大部分的“临床教授”仍然发挥着传统的监督作用，他们来自大学，与大学教师有相同的工资，所不同的是他们在中小学学校工作，也很少指导课堂教学。[③]

1969年，为评价该书对各个地方教育院系的影响，《费·戴尔塔·卡本》的编辑向美国教师教育学院协会(American Association of Colleges for Teacher Education，AACTE)成员中的教育系主任发放了问卷，对首批回应的320份问卷做了分析。尽管只有40%的院系主任承认该书有影响且只有几个机构承认该书的影响显著，但是几乎所有的机构都表明其教师计划并非停滞不动。当被问道“自从20世纪60年代以来，你的教师教育发生了什么明显的变化”的时候，大部分的问答表明变化明显的是提高了教师教育项目的标准和质量。[④] 值得注意的是，教师教育项目中的很多变化都与科南特的建议完全吻合。这引起了广

① 科南特.科南特教育论著选[M].陈友松，主译.北京：人民教育出版社，1988：296-297.

② WEISS R M. The conant controversy in teacher education[M]. New York: Random House，1969：4.

③ KAZLOV G K. Whatever happened to the clinical professor[J]. Journal of Teacher Education，1976，27(4)：340-341.

④ WEISS R M. The conant controversy in teacher education[M]. New York: Random House，1969：164-165.

泛的评论——科南特的建议中最有价值的部分正在被实践并获得机构的认可。例如,有52所学院报告说它们增加了教学实习时间,而只有4所学院报告说减少了教学实习的时间。有21所院校报告说增加了在通识教育上的要求,另有29所院校报告说增加了任教学科内容要求。[①] 此外,20世纪五六十年代,在福特基金会的支持下,科南特提倡的教学硕士计划得到广泛发展,许多大学采用了这一新模式,并很快形成全国性的改革浪潮。显然,科南特的教师教育课程改革建议对美国教师教育实践仍然产生了很大影响。

科南特主张的课程非常重视学术性,这和基础教育改革的主流一致。在师范性上,科南特并不单纯强调加强教育学科的教学,而是在实践的环节将学术性与师范性之间复杂的综合关系进行有机结合,既有学术的师范性,又有教育学科的学术性。但在学术性上,教育学科明显弱于文理学科和普通教育学科。有研究指出:"'二战'以后,在原哈佛大学校长科南特和麻省理工学院教授克尔纳的倡导之下,美国高师教育开始加强文理学科和普通教育课程,一些院校将教育史、教育哲学等理论性学科安排在研究生阶段进行,在本科阶段则以教育基础或教育导论等课程给予学生关于教育的背景和原理的知识,有的院校则淘汰一些空泛无用和缺乏科学依据的课程。"[②]可见,在理论层次上,科南特更强调普通教育学科的学术性。

另外,科南特教师教育课程思想的学术立场也遭到主张培养教师社会意识和赞成任教学科专业教育的学者的批评。在《美国教师教育》里,科南特严厉地批评学术教授,因为他们未能使其所教的学科成为培养教师项目更加有效的一部分。在这本书里,他又说专业教育唯一必要的部分是学生高质量的教学实习经历。[③] 尽管他试图在"博雅教育"和专业教育之间寻求平衡,但他对"博雅教育"的基本倾向使得很多评论者将他归为极端的学术性学者,认为其强调文理学科教育而主张消除或尽可能减少专业教育。例如,哈罗德·泰勒(Harold Tayor)批评科南特将教育视为在国际竞争中,尤其是美国与苏联的较量中,增强技术和发展后勤力量的工具。他认为科南特没有认识到教师仅仅通过教学实习培训是远远不够的。在泰勒看来,未来教师所需要的是直接体验政治、社会、道德

---

① WEISS R M. The conant controversy in teacher education[M]. New York:Random House,1969:165-167.

② 欧阳光华.高师学术性与师范性关系的透视[J].内蒙古师范大学学报(教育科学版),2004(7):16-19.

③ ANGUS D L,MIREL J. Professionalism and the public good:A brief history of teacher certification[R]. Washington,D. C.:Thomas B. Fordham Foundation,2001:38.

等方面的现实问题，他强调："让人不安的是，科南特的建议体现的是美国中产阶级白人新教徒的西方文化和价值，他丝毫没有怀疑这种文化价值是否还能以其当前的形式得以传递。在教学发展的循环中，中学生通过美国历史、英语和美国文学、科学、数学和一门欧洲语言的课程考试后，来到教师准备机构，继续用四年的时间学习几乎相同的学科。然后，未来教师又教在同样文化中成长的孩子。在这种培养模式里，没有打破这种循环和再审视这种文化的任何机会。因此，这是一种适应，而不是再创造的过程。"①

专业教育者批评科南特对临床经验的强调表明他将教育视为一种手艺或行业，而不是专业②，因为这种学徒制的培养将会使教学工作继续保留在非专业的地位和水准上。而且，科南特主张取消未来教师从教之前接受的具体的教育理论指导，这使未来教师在开始教学之前，不能获得具体的教育理论指导。因此，很多专业教育者认为他的教师教育课程建议无助于提高教学专业地位。

应该说，科南特关于教师教育的课程设置思想仍然摆脱不了要素主义的窠臼。虽然他在理论上对教师教育课程计划的建议算是考虑全面的，尤其是他对教育学专业课程的看法，但他的教师教育计划还是以加强未来教师的文理学科的学术性教育为主。科南特在实际的改革中并没有协调学术性和师范性的关系，而是更侧重于学术性的提高，他认为教育学专业课程在理论上还不成熟，没有必要对学生进行教授，对培养教师也没有特别大的作用；对于普通教育课程中关于教育学的导论课，他也认为是"拼盘式"的，需要加以取消；在教学法上，他认为只要对师范生进行专科教学法的传授即可，因为普通教学法只是专科教学法的重复。然而，他认为，对于未来教师而言，对其传授教学法是必要的，而教学理论也同样是必不可少的，因为只有掌握了教学理论，才能在遇到实际教学问题时，解决好教学过程中存在的困惑。从上述内容可知，虽然科南特在理论上强调了教育学专业课程的重要性，但在实际的操作过程中，科南特并没有正确处理教育学专业课程中教学方法和教学理论的关系，他在普通教学法和教学理论上的观点是不妥当的。另外，科南特没有把教育学看成一门严格的科学列入课程之内，忽视了教育学的科学价值。

(6)科南特教师教育课程思想的历史贡献

对教师教育的课程设置，关键是要处理好学术性和师范性之间的关系。在

① WEISS R M. The conant controversy in teacher education[M]. New York: Random House, 1969: 106.

② WEISS R M. The conant controversy in teacher education[M]. New York: Random House, 1969: 17.

处理这个问题时,考虑当时的政治、经济和社会发展的现状是至关重要的。科南特认为“教育是一个社会过程”“我们国家内部政治、社会与经济的发展与我国人对中小学、学院和大学所持观点的形成是紧密地联系的。”[①]换言之,教育必须适应政治、经济和社会发展的需要,为国家利益服务。当时美国的师范学院在培养师资上已经失去了优势和主导地位,师范学院逐渐被文理学院和大学的教育学院和教育系所取代,教师教育的体制发生了巨大的变化;社会上又存在着对教育学课程的错误看法,认为教育学课程毫无价值,应该取消它;同时大学中也存在着文理科教授和教育学教授之间的对立,他们在如何有效地设置教师教育课程的问题上争论不休。作为当时美国教育改革的关键人物,科南特深知责任重大,他要从美国的大局出发,制订适应发展需要的教师教育计划。针对当时美国教师教育中文理科目较少,所设教育理论专业课程不切实际和不实用,培养出来的教师文化素质和执教能力偏低的情况,他的教师教育课程计划既要求未来教师有文理普通教育的广博基础,又要有各专业学科的精深训练,还要保证教育理论专业课程的应有地位。在教师教育课程设置上,科南特提出要扩大普通教育的范围,加强精深专业学科教育并精简教育理论专业课程。他所提出的教师教育课程计划的目的在于提高教师教育的学术标准,这与当时美国政治、经济和社会发展的需要是相适应的。科南特能够从美国的实际需要出发,适应当时美国历史发展的需要,显示出一个政治家和学者的广阔胸襟。

20 世纪上半叶的美国,教育科学已经取得飞速发展,为教师教育的课程建构提供了可以利用的丰富资源,在教育学科的训练以及教师品质的养成方面逐渐成为世界各国的典范。教育学科有几十门,如教育哲学、教育史、教学原理、教材教法、教育心理学等,在教师教育的课程设置中占相当大的比例,以致课程门类繁多,内容重叠交叉,很多刚发展起来的学科不够完善,内容贫乏空洞,不能发挥有效的作用。正如美国比较教育学家坎德尔所指出的,与欧洲国家的教师相比,美国中学教师的最大弱点就是缺乏造诣深厚的学科知识。为消除教师教育的这一弊端,科南特大力倡导增强教师教育的学术性,除了提高课程的学术标准外,他还重视教学实习环节并强调“教育临床教授”在培养中小学教师中的作用。

科南特教师教育课程思想体现了当时欧美和世界的教师教育课程改革的潮流。当时在“开放的专业性”观念的影响下,许多欧美国家采取了一系列旨在通过促进教师的专业化来提高教师教育质量的改革措施,世界教师教育正朝着专业化的方向发展。所谓“专业化”包含以培养解决问题的专业能力为目标的有关科学与教育研究的理论学习,以及教育科学的学习与临床实践学习的结合。科

① 曹延亭.现代外国教育思潮[M].长春:东北师范大学出版社,1989:172.

南特提出在提高教师教育学术性的同时要注重教育专业学科的发展,并提出了“教育临床教授”的实习指导方案。他认为教师教育计划不仅应加强普通文化教育和精深专业学科的学习,而且必须维持教育学专业课程的地位。他注重教育科学的学习,但又对当时杂乱的、拼凑式的教育学专业课程设置进行了批判,要求设置有实际效用的教育学专业课程。此外,“教育临床教授”指导方案是科南特教师教育思想中的一个突出的特征。科南特主张将教育实习作为鉴定教师是否合格的重要标准之一,这种观点把教育科学的学习与教育实践紧密地联系在一起。科南特认为,负责指导教育实习的教师必须是精通教育科学理论和中小学教学实践的专家。“教育临床教授”是他在否定部分教育学课程之后对教育学教授的界定,也是对传统教师教育模式的突破。可以说,科南特看到了教师的专业性和学术性,并认为两者同样重要,这也是其教师教育思想在世界范围内产生持久而重要影响的主要原因之一。

总之,科南特提出的课程计划,既强调拓宽普通教育的知识广度,又注重普通文理课程与集中专修课程的学术基础,尤其强调未来教师的教学实习,至今仍有参考价值。

三、教师资格证书制度及全美教师教育认可委员会对教师教育课程的影响

第二次世界大战结束后,普及中等教育的需求以及高等教育大众化的发展,既促使了教师资格标准的提高,也为高标准的教师培训提供了条件。教师资格审查在前一阶段的基础上,获得了新的特质,即专业团体开始参与教师教育的审查工作,改变了由政府单一控制教师教育审查的局面,但这一时期专业团体所起的作用还很小。全美教师教育认可委员在这一时期开始对教师教育课程产生影响。

(一)教师资格证书制度对教师教育课程的影响

前一时期凡毕业于认可院校即可获得教师资格证书的做法,由于缺乏对教师培训质量的有效控制和监督而受到质疑。为了严格控制证书标准,教师资格证审查开始从外部条件——学历水平,转向规定教师培训的内容,教师资格证书标准进一步细化,对教师培训质量的监督和控制也逐渐深入。

1. 教师资格证书制度发展概况

颁发教师资格证书的主要依据是学历,这种做法自 20 世纪 20 年代开始便一直延续下来,主要通过审查教师的综合条件和完成教师教育计划的情况来颁

发教师资格证书,这种审查制度在第二次世界大战后有了进一步的发展。

具体来说,各州的要求大致可以概括为以下几个方面:年龄、健康状况、美国公民资格、忠于州和联邦政府、学业文凭、专业训练。许多学校要求新教师持有其母校的推荐书,对有教学经历的教师则要求持有其原任教学校的推荐书。以1962年为例,美国各州这一时期对教师综合情况提出的要求如表4-4所示。

表4-4　　**1962年美国各州颁发教师资格证书综合条件一览表**

一般要求	州数/个
学校或原受聘单位推荐书	41
最低年龄	34
美国国籍	32
忠诚宣誓	26
健康证书	23
特殊课程	15

(资料来源:陈振华.美国教师资格证书制度透视[J].高等教师教育研究,1996(2):77.)

各州对教学职位申请者的学历要求显示出:毕业于州教育机构或通过全美教师教育认可委员会的资格审查,即可申请教师资格证。被认可的教师教育机构的培训标准代表着教师的入职标准,因此教师资格审查实际上就是学历审查。1962年各州教师学历要求如表4-5所示。

表4-5　　**1962年美国各州颁发教师资格证书学历要求一览表**

必受的大学教育年限	州数/个	
	小学教师	中学教师
5年	2	3
4年	43	48
3～4年	1	11
2～3年	6	1
1～2年	1	0

(资料来源:陈振华.美国教师资格证书制度透视[J].高等教师教育研究,1996(2):77.)

第二次世界大战后,随着师范学院升格为综合性大学,美国教师资格证书在学历要求上走上了标准化的道路。到1945年,即在美国的专业标准运动即将开始之前,各州的教师资格证书审查标准虽然差别很大,但总的来说,要求均不高,主要原因有两个:其一,教师入职标准是保护性质的标准,是对教师入职资格的最低程度的限制，这类标准的性质决定了它的要求程度较低；其二，美国教师的地位长期不高，合格教师短缺是常态现象，这也对提高教师入职标准产生了制约。应急证书或临时证书的大量颁发也说明已有标准的落实和实施存在问题。20世纪40年代中期，美国的教师资格认可存在着以下问题：①在实践中尚未形成全国性的教师教育认可标准，各州的认可标准不能通用，妨碍了教师的流动。②对教师的学历要求尚处于偏低状态，只有18个州将学士学位作为小学教师证书的最低要求。③公立学校大约有14%的教师持有的是临时证书，美国教师入职的质量控制仍然较为松弛[①]。

20世纪50年代初，随着美国高等教育的迅猛发展，48个州和特区都建立了教师资格认可制度。多数州开始要求中小学教师必须拥有大学学士学位，同时对普通文理知识的学习也提出了较高的要求。学士学位水平的教师资格证书一般要求师范生必须完成约60个学分的普通教育课程的学习，而这大约占教师教育课程全部学分的一半。此外，在专业教育和训练上也不再仅要求学习几门教育专业课程，取得多少学分，而是制定了相应的专业标准。例如，马萨诸塞州对所有教师的专业训练提出了一个普通标准：①通晓证书所含的学科领域；②言语清楚、易懂、恰当；③根据学生的需要和兴趣设计教学内容以维持课堂秩序和取得良好教学效果；④运用各种评价手段评价各种教学效果；⑤平等、灵活、负责地对待所有学生。[②] 而且，每一项又具体细化了几项标准。

20世纪中叶，美国所有的州都对教师资格证书进行了直接管理，都要求公立学校的教师只有获得教师资格证书才能任教。除巴尔的摩、布法罗、纽约、波特兰等少数大城市是由城市自己发放教师资格证书外，其他全都由各州的教育厅负责发放教师资格证书。而且，通过各州的教师教育方案的认定，教师资格证书制度与教师培养制度完全并轨。到1952年，除马萨诸塞州外，所有州都规定：毕业于经州政府认可的教师教育机构的学生都可直接获得教师资格证书。[③]

经过长期的发展，到20世纪60年代中期，美国不同的州有不同的教师资格证书的类型和名称，甚至在同一个州里情况也十分复杂，只有依据不同的标准对其进行不同的分类，才能在宏观上加以把握。按照证书的有效期限来分，可将证书分为终身(life)、永久(permanent)、短期(limited)、继续(continuing)、临时或试用(provisional 或 probationary)5类；按培养水平可分为正规(regular)、标准(standard)、专业(professional)、应急或副标准(emergency 或 substandard)4

① 洪明.美国教师质量保障体系历史演进研究[D].福州:福建师范大学,2008:128.

② 李菲.二战后美国教师专业化发展研究[D].西安:陕西师范大学,2003:15.

③ 蒲阳.美国教师教育机构转型的历史研究[D].北京:北京师范大学,2006:28.

类;按教学岗位或教学任务可分为普通(general)或通用(blanket)、限域(endorsed)和特殊领域(special field)3 类。普通或通用证书对任教学科和年段不作任何限定;限域证书对所授科目和年段有限定;特殊领域证书不仅对任教学科和年段有限定,还有其他特别的规定。

除了依据不同的教学领域实施不同的培养标准外,美国在 20 世纪 60 年代也形成了有关教师资格证书方面的一般性或共同性要求,主要表现在以下几个方面:①达到州所规定的有关年龄、公民身份和健康方面的标准;②进行忠于美国或州的宣誓;③学习某些指定课程,如美国历史或州的发展史等;④有培养机构的推荐;⑤交纳一定的手续费。教育机构对资格证书的要求对象也逐渐从公立中小学教师扩展到更高层次和不同性质学校的教师。如在 20 世纪 60 年代,美国有 12 个州要求其公立初级学院的教师也要持有教师资格证书,有 4 个州要求州立学院的教师要持有证书,有 16 个州要求私立学校的教师也要经过资格认可。[①] 在 20 世纪 60 年代的美国,考试还不是获取教师资格证书的主要条件,但已经有少数州和一些大城市开始要求学生参加考试。有些是在要求满足其他培养条件之外进行的,有些则是以熟练性考试(proficiency test)取代了部分培养要求。有些州还根据学生的考试成绩给学生颁发不同年段的证书,通过了考试的学生将比没有达到考试分数最低限度要求的学生得到更高的起薪。当时,最为通行的考试就是“国家教师考试”(National Teacher Examination)。

20 世纪 70 年代后期,为了配合“返回基础”改革运动,许多州都开始重视师资质量的提高。一些州要求申请者在完成教育计划的同时必须通过一定的考试。当时,美国公众普遍呼吁解聘不合格的教师,教师教育学院也拒绝对未掌握教学技能和专业知识的部分毕业生颁发文凭。1978 年前后,佛罗里达、佐治亚、纽约、阿拉巴马、威斯康星等州都陆续出台了教师资格证书考试制度,有的州还要求刚参加工作的教师参加全国教师考试。[②] 这些都与提高教师专业水平的改革要求相吻合,积极地推动了基础教育的改革与发展,并为 20 世纪 80 年代以后教师资格审查中考试制度的发展奠定了基础。

总之,这一时期教师资格审查开始由学历审查转向对培训课时和学分的审查。但这种审查并不能证明未来教师掌握知识的程度和具有的技能水平,不能有效区别个体间的差异,无法监督和控制教师培训的效果,所以从院校毕业后自

① DODOS S. Teaching as a profession[M]. Columbus, Ohio: Merrill Publishing Company, 1968:50. 转引自洪明. 美国教师质量保障体系历史演进研究[D]. 福州:福建师范大学, 2008:159.

② 吴式颖. 外国教育史教程[M]. 北京:人民教育出版社, 1999:634.

动获得证书的外部规范性质仍然没有改变。

2. 教师资格证书对教师教育课程的规定

第二次世界大战后，美国各州当局在规定教师学历标准的同时，开始关注学历教育的内容及课时，即关注培训课程的范围、掌握某一学科所需要的学期时数等。

表4-6和表4-7显示出20世纪50年代末密苏里州中小学终身教师资格证书对教师培养学科的规定，从中可以看出教师资格证书对教师培养计划的具体要求。

表4-6 **20世纪50年代末密苏里州取得初等教员终身许可证书必修课程一览表**

科目	学分
普通教育——国语基础、现代世界背景、人类与科学世界、世界文学、健康社会诸问题、伦理、全球集会(assembly)和选修科目	41.4
任教学科——美术、音乐、健康教育及体育、语言与文学、数学、社会	48.5
必修科目(学生必须从下列科目中选修10学分)——读书教学法、自然资源的保护、野生动物的保护、农村教员必备知识、初等学校工艺和自然研究	10
教育专业科目——教育心理学、学校与地区社会的生活、初等学校的组织管理、初等学校课程和教学实习	20
选修科目——选修自己感兴趣的科目	4.1
总计	124

(资料来源：林木.世界各国教师教育课程[M].台北：台湾开明书店，1964：134-136.)

由下列科目组成：美术欣赏、日常生活之心理、音乐欣赏、艺术与人类、教学概论、日常生活问题、密苏里州州民及其问题、现代世界问题、现代世界的宗教力量、事实问题等。

表4-7 **20世纪50年代末密苏里州取得中等教员终身许可证书必修课程一览表**

科目	学分
普通教育——国语基础、现代世界背景、人类与科学世界、世界文学、健康社会诸问题、伦理、全球集会和选修科目	41.4
任教学科——主科、副科	40～64.6
教育专业科目——教育心理学、学校与地区社会的生活、中等学校的组织管理、教学实习(A)、教学实习(B)、主科教学法、中等学校的教育原理与教学法	20～23
选修科目——选修自己感兴趣的科目	满足总学分达到124学分以上的要求
总计	124学分以上

(资料来源：林木.世界各国教师教育课程[M].台北：台湾开明书店，1964：150-151.)

由下列科目组成：美术欣赏、日常生活之心理、音乐欣赏、艺术与人类、教学概论、日常生活问题、密苏里州州民及其问题、现代世界问题、现代世界的宗教力量、事实问题等。

中小学教师终身许可证书对必修科目的详细规定，与20世纪二三十年代教育部门对教师教育机构的学分认可不同。学分认可是以教师教育机构是否获得认可为标准来确认学分的有效性。而教师终身许可证书对教师必修课的要求，直接规定了教师教育中各州各类课程的学分和比例，反映出教育部门对教师教育课程干预力度的加大。

20世纪60年代中期，教师资格证书对教师职前培养的要求主要体现在以下三个方面：

(1)大学普通教育或通识教育

大学普通教育或通识教育方面，主要是对教师的学历水平提出要求。所有的州都要求中学教师的学历水平在学士以上。具体情况为45个州和哥伦比亚特区要求小学教师也要具有学士文凭。至少有10个州要求对中学教师实行五年制的培养，有8个州要求对小学教师也进行五年制的培养。有些州还将第五年的培养放在教师获得初始证书之后的某个阶段进行。大多数州要求管理人员和学监至少要达到研究生学历，有些州还要求他们接受6年的高等教育。可见，美国在20世纪60年代普遍对教师的学历水平提出了很高的要求。

(2)教育专业教育

在教育专业教育方面，美国这一阶段主要是在学期时数上作出规定，各州在这方面的差别极大。小学教师资格证书最低的只要求16个学期时数，高的则要求30个学期时数，平均在23个学期时数左右。中学教师资格证书的学期时数从12个到29个不等，平均为19个左右。这些数字都包含了从2个学分到8个学分不等的教学实习或直接教学(directed teaching)方面的经验。20世纪五六十年代，由于人们对教育理论的不信任，教育学院教师教育方案中那些被称为"方法"或"教育"类的课程面临着很大压力，与以往相比处于萎缩状态。

(3)任教学科教育

任教学科教育方面的要求也根据不同的州和学科领域而有很大的差异。首先，除艺术、音乐这些特殊学科外，对小学教师学科内容方面一般没有太高的学习深度要求。其次，对中学教师所修任教学科方面的要求差别很大。以英语学科为例，作为主修科目时，有的州要求40个学期时数，有的州只要求15个学期时数。作为辅修科目时，有的州要求36个学期时数，而有的州只要求9个学期时数①。

这一时期，凡毕业于教师教育认可委员会认可的院校即可获得教师资格证

① DODOS S. Teaching as a profession[M]. Columbus, Ohio: Merrill Publishing Company, 1968: 5. 转引自洪明. 美国教师质量保障体系历史演进研究[D]. 福州：福建师范大学，2008: 160.

书的规定受到质疑，因为这一规定被认为缺乏对教师培训质量的有效监督和控制。为了严格控制证书标准，教师资格审查开始从审查外部条件如学历水平转向规定教师培训的内容，而这种具体规定在各州之间往往表现出较大差异。下面以1951—1967年美国临时初等教师（包括幼儿园教师和所有的小学教师）资格证对教师教育课程的要求和20世纪70年代一些州教师资格证书规定的任教学科学期时数标准（表4-8）为例加以说明。

1951—1967年美国临时初等教师资格证对教师教育课程的要求为：①美国所有的州都要求教学实习。在有些州，教学经历可以替代教学实习。1951年，美国有15个州要求有6个学期时数的教学实习；1957年，有22个州要求有6个学期时数的教学实习；1964年，有20个州要求有6个学期时数的教学实习；1967年，有24个州要求需有6个学期时数的教学实习。在此期间，美国其他州对教学实习的要求是不同的，从没有具体学期时数到需有150小时的实习经历，再到12个学期时数；而在某些情况下，教学经历可代替教学实习。②通识教育核心课程。为了获得临时教师资格证书，申请人必须满足所在州规定的通识教育核心课程的要求。1951年，这种核心课程的总学期时数从24个到85个不等。从1957年到1964年，这种核心课程的学期时数平均为40个。1967年，这种核心课程的学期时数为40个。这样的课程安排有利于满足学生个性化的需求①。

另外，需要指出的是，从1951年到1967年，美国总的教育专业核心课程的平均学期时数从20个到29个不等，这样的课程安排符合教育专业核心课程的要求。

表4-8　**20世纪70年代美国若干州教师资格证书规定任教学科学期时数标准一览表**

学科	州	所需学期时数/个
英语	纽约	36
	乔治亚	6
数学	乔治亚	6
	密苏里	30
艺术	康涅狄格	40
	内布拉斯加	12
专业教育	内布拉斯加	8
	密西西比	36

（资料来源：郭志明.美国教师专业规范历史研究[M].北京：中国社会科学出版社，2004：138.）

① SIBIO D，ROBERT A. An analysis and comparison of certification requirements for elementary teachers in the United States[D]. Indiana：Indiana University，1973：86-87.

同时,还有一些州,如夏威夷、明尼苏达、内华达、北达科他、宾夕法尼亚、佛蒙特等,都没有规定具体课程所需要的学分。这些州只要求教师有一个主修领域,至于该领域所需要的学分则由教师培训机构自身决定,该领域需要学习什么课程往往也由教师培养机构来决定。这显示了各州在课程标准控制程度上的差异。而如何统一这种差异,是一项复杂的工程。美国的教师资格证书制度可以说从产生之日起,就在努力建立统一的标准,20世纪60—70年代,教师资格证书标准在各州内部的统一已基本实现,但各州之间仍然存在明显差异。

(二)全美教师教育认可委员会对教师教育课程的影响

教师教育认可制度是对教师培训质量进行有效监督的保证。全美教师教育认可委员会(National Council for Accreditation of Teacher Education, NCATE)于1954年成立,在半个多世纪的发展过程中,全美教师教育认可委员会不断制定和完善教师教育认可标准,旨在为教师教育机构和教师教育计划提供一种专业判断,从而保证教师教育的质量。

州教师资格证书制度和全美教师教育认可委员会认可具有不同的目的。州教师资格证书涉及是否可以颁发合格证书,全美教师教育认可委员会判断持证人所接受的培训的质量,前者关注的是教师个人,后者关注的是教师教育计划。证书颁发和计划认可在程序和目的上都有所不同。为了有效区分两者,20世纪60年代的研究者首次对一些基本概念作了界定。塞尔登(Selden)在1960年的研究中指出:认可、执照和证书的概念经常混淆。认可是一个过程,即一个组织或机构审查学院或大学的教育计划是否符合预先设定的条件和标准,这种认可一般是自愿接受的。执照意味着政府保护公众利益的法律责任。尽管认可、执照和证书是不同的,但它们又是彼此依存的。大部分州颁发证书的先决条件是完成认可的教育计划,还有一些州颁发证书在一定程度上是以全国专业机构认可的名单为依据。[①]

与其他国家不同,美国没有国家层面的教育行政部门和外部考试制度。为了弥补这一不足,美国成立了特殊的地区认可机构,它们在不同的时间以不同的方式通过认可来确立专业标准。地方分权体制下的这种非法律部门认可制度是美国建立和保持学术标准的重要手段。要取得全美教师教育认可委员会的认可,必须先得到地区级认可机构的承认,这些地区级认可机构主要包括美国东北地区、中部地区和西部地区的认可机构。在此之前,一般还要经过地方一级认可。因此,在事实上,美国的教师教育计划要经过地方、地区和国家三级的认可

① 郭志明.美国教师专业规范历史研究[M].北京:中国社会科学出版社,2004:140-141.

之后才能在全国范围内得到承认。美国各州公立学校的教师主要来源于各种类型的州立和私立的学院，因此培训教师的标准很不相同。自全美教师教育认可委员会成立以来，各州对教师培养机构的要求开始趋于统一，州政府通过地区认可机构来管理教师培养标准，进而提升教师职业的专业水平。显然，教师教育认可制度的建立提升了政府规范的专业性。

一般来说，认可制度的作用是为某一专业领域制定专业标准。全美教师教育认可委员会代表专业行会的利益和声誉，并具有自我鉴定和自我改善的特征。此前，州政府主要通过行政与法律手段规范教师职业，全美教师教育认可委员会的成立，促使政府控制与专业团体自律结合起来，增加了规范的灵活性，更重要的是促进了规范的专业性和独立性，这是教师专业化逐步走向完备、政府规范日臻科学化的体现。全美教师教育认可委员会的成立，标志着国家层面上教育专业力量与教师专业规范的发展。然而，全美教师教育认可机构作为一个非行政部门，它的认可以州教育行政部门的资格审查为基础，所以它的影响力和对教师职业的规范作用还十分有限。这一时期虽然全美教师教育认可机构还不是教师资格审查的主要力量，但它打破过去行政与法律手段在教师资格证规范中的垄断，成为下一阶段教师专业规范的先导。①

1. 全美教师教育认可委员会的成立、宗旨和成员构成

专业认可制度的建立是教学作为一个专业走向成熟的标志，也是教师教育各方民主参与专业决策的开端，因而可以称其为使教学成为美国的一个主要专业领域的具有象征意义的里程碑。②教师质量和教学专业化的诉求促成了全美教师教育认可委员会的诞生，也成为它进行专业实践和改革的力量源泉。第二次世界大战后，随着社会结构和市场经济的发展，教师在全美范围内流动频繁，因此在全美范围内对教师教育的课程标准和培养目标进行协调、平衡和制约变得日益迫切。

20 世纪 40 年代到 50 年代，美国已经出现了不同的教师教育认可和认定制度，其认可和认定工作也在逐步展开。例如，一项针对 1949—1950 学年的调查表明：美国从事教师教育的高等教育机构有 1217 所，在对其中的 1093 所进行调查后发现，有 246 所获得了专业认可，有 283 所没有获得专业认可但通过了州政

① 郭志明. 美国教师专业规范历史研究[M]. 北京：中国社会科学出版社，2004：143.

② National Education Association of the United States. Journey to now，1946—1961：the first fifteen years of the professional standards movement in teaching as reflected in keynote addresses of the executive secretaries of the National Commission on Teacher Education and Professional Standards[M]. Washington，D. C. ：National Education Association，1961：81.

府的批准，在这一学年，大约有超过一半的教师受教于获得认可或地区协会一般认可的教师教育机构。[①]

面对政府认定、地区认可和全国认可共存的局面，为了给所有从事教师教育的高等学校建立并实施一套全国教师教育标准，美国教育协会(the National Education Association)创建了美国教师教育和专业标准委员会(the National Commission on Teacher Education and Professional Standards)，第二次世界大战后它是促进教师资格证标准变化的最重要力量。但由于种种原因，这个新组织反而造成了教育人员对教师教育的过度控制、使州与州之间教师流动变得困难等，没有起到最初构想的作用。[②] 因此，1951 年 4 月一个有关教师教育机构认可的会议在美国教育协会的总部——华盛顿特区召开。来自美国教师教育学院协会 (American Association of Colleges for Teacher Education)、全美教师教育州负责人和证书协会(National Association of State Directors of Teacher Education and Certification)、美国教师教育和专业标准委员会、各州基础教育主管委员会(the Council of Chief State Officers)和全美学校董事会协会(the National School Boards Association)的代表提议和讨论组建一个新机构，即全美教师教育认可委员会。这次会议为全美教师教育认可委员会确立了两个目标：①认可将教学作为一个重要的专业。②确保所有开展教师教育的高等教育机构培养教学人员的质量。[③] 1954 年该机构成立，总部设在华盛顿特区。全美教师教育认可委员会成立后，直接面临着与全美认可委员会(National Commission on Accreditation)的关系问题。此前，全美认可委员会不承认全美教师教育认可委员会的前身组织——美国师范学院协会的地位。经过协商，全美教师教育认可委员会与全美认可委员会达成协议，全美教师教育认可委员会的认可地位最终得到了全美认可委员会的肯定。到 1956 年，美国联邦教育署、全美认可委员会、中等后教育认可委员会(the Commission Recognition of Postsecondary

① National Education Association of the United States. Journey to now，1946—1961：the first fifteen years of the professional standards movement in teaching as reflected in keynote addresses of the executive secretaries of the National Commission on Teacher Education and Professional Standards[M]. Washington，D. C. ：National Education Association，1961：69.

② ANGUS D L，MIREL J. Professionalism and the public good：A brief history of teacher certification[R]. Washington，D. C. ：Thomas B. Fordham Foundation，2001：30-33.

③ ROAMES R L. Accreditation in teacher education：A history of the development of standards utilized by the national council for accreditation of teacher education[D]. Akron：University of Akron，1987：211，215；LUCAS C J. Teacher education in America：reform agendas for the 21st century[M]. New York：St. Martin's Press，1997：197.

Accreditation)都正式认定全美教师教育认可委员会为教师教育认可的唯一机构，全美教师教育认可委员会于当年开始正式实施认可的职能。[①]

全美教师教育认可委员会成立的宗旨包括以下四方面：第一，为教师教育机构的质量提供专业判断；第二，借助认可标准和实际评鉴工作，鼓励教师教育机构不断提高质量；[②]第三，教师教育项目最终由教育者自己控制，而不是由州政府部门批准；第四，建立真正的全国教师资格证书互惠制度，便于教师流动。[③]全美教师教育认可委员会的代表由 21 名来自不同教育专业相关协会的成员构成。[④] 这些协会是各州基础教育主管委员会、全美教师教育州负责人和证书协会、美国教师教育和专业标准委员会、美国教师学院协会和全美学校董事会协会。这种组织机构体现了不同的机构对教师教育的关注。具体而言，其代表构成如下：①各州基础教育主管委员会成员 3 名；②全美教师教育州负责人和证书协会成员 3 名；③美国教师教育和专业标准委员会成员 6 名；④美国教师学院协会成员 6 名；⑤全美学校董事会协会成员 3 名。

从全美教师教育认可委员会实施认可的实际情况来看，截至 1959 年，有 17 个州对全美教师教育认可委员会的认可给予肯定，并在州政府的认定和全美教师教育认可委员会的认可之间实施互惠政策。1954 年，全美教师教育认可委员会认可了 284 个被美国教师教育学院协会认可的教师教育机构。1961 年，被全美教师教育认可委员会认可的机构只增加了 68 个，它认可的教师教育机构共有 352 个，每年的增长率只有大约 12％或 13％。[⑤] 1954 年至 20 世纪 70 年代中期，全美教师教育认可委员会的构成人员被重组 7 次，每次重组都削弱了课堂教师的影响力。

2. 全美教师教育认可委员会对教师教育课程的要求

(1)20 世纪 40 年代至 50 年代的“目标本位”认可标准

全美教师教育认可委员会成立时，泰勒评价理论正独领风骚，全美教师教育

---

① LUCAS C J. Teacher education in America：Reform agendas for the 21st century[M]. New York：St. Martin's Press，1997：197，199.

② 张德锐. 师资培育与教育革新研究[M]. 台北：五南图书出版有限公司，1998：41.

③ ANGUS D L，MIREL J. Professionalism and the public good：A brief history of teacher certification[R]. Washington，D. C. ：Thomas B. Fordham Foundation，2001：33.

④ ROAMES R L. Accreditation in teacher education：A history of the development of standards utilized by the national council for accreditation of teacher education[D]. Akron：University of Akron，1987：215.

⑤ ANGUS D L，MIREL J. Professionalism and the public good：A brief history of teacher certification[R]. Washington，D. C. ：Thomas B. Fordham Foundation，2001：33.

认可委员会认可标准的制定和实施即以泰勒的评价理论和方法为基础。因此，全美教师教育认可委员会在这个时期制定的认可标准被归纳为"目标本位"的认可标准。[①]

①全美教师教育认可委员会于 1955 年制定的认可标准。

从 1954 年到 1955 年，全美教师教育认可委员会使用的是美国教师教育学院协会曾使用过的"修改标准"，但做了少许修改。1955 年 7 月 2 日，全美教师教育认可委员会制定并使用了新的标准——"教师教育机构和方案认可标准"。与 1951 年美国教师教育学院协会的"修改标准"相比，全美教师教育认可委员会的标准定量性质较少，更具概括性。[②] 这套标准关于教师教育课程方面的规定主要体现在第五条和第六条。[③]

标准五：教师教育课程。这项标准主要涉及协调"教师教育课程的序列和模式"。尽管标准五没有详细地描述定量措施，但它要求教师教育课程应当提供普通教育、学科教育和专业教育三部分的内容，而且每个部分都应当有合理的学期时数并使这三部分的学期时数维持一定的平衡。因此，这项标准旨在确保对教师职前教育课程的控制，以免有些学生只是达到了教师资格证书所规定的专业教育课程的最低限度要求，而没有学习教师教育的正规课程。

标准六：未来教师的专业实验室经历。该项标准陈述专业实验室经历应当是学生职前教育中不可或缺的一部分，应当向拥有责任心的参与者提供机会，并提供多样化的教育情境并组建学生小组。这一标准与美国师范学院协会的相关标准相比，最大的变化就是不再强调教学实习一定要在学院开办的实习学校进行，而可以在专业实验室进行。专业实验室既可以是学院拥有的校园实验学校，也可以不是学院所拥有的。修改这一标准的目的在于为未来教师提供更多的职前经验，使他们接触具有不同社会经验和背景的学生，了解不同的教育哲学，感受不同类型的教学材料，体验各种不同的行政管理模式。根据该标准，学生的实习被看成是将教师培训机构与当地公立学校联系起来的纽带，努力让未来教师

① 周钧.美国教师教育认可标准的变革与发展——全美教师教育认可委员会案例研究[M].北京:北京师范大学出版社,2009:44.

② ROAMES R L. Accreditation in teacher education: A history of the development of standards utilized by the national council for accreditation of teacher education[D]. Akron: University of Akron, 1987: 225-227.

③ ROAMES R L. Accreditation in teacher education: A history of the development of standards utilized by the national council for accreditation of teacher education[D]. Akron: University of Akron, 1987: 231-232.

由此来接触社区及社区资源[①]，因此要求教师培训项目为学生提供适当的实验室经历，帮助学生通过阅读和讨论形成真实的概念，帮助学生应用正在形成的概念来培养技巧，并帮助学生识别他应当进一步关注的学习领域。这样的实验室经历是总的专业课程系列的必要组成部分，它不只限于教学实习。

②全美教师教育认可委员会在1957年确定的认可标准。

1957年确定的标准建立在1955年修订标准的基础上，是针对教师教育计划的认可标准，其有关教师教育课程的规定如下[②]：

标准五：关于教师教育课程。这项标准所说的课程包括学科专业课程和专业教育课程。教师教育机构提供的课程要与其设置的目标一致，每门课程需要根据中小学教师的共同需求以及岗位的特殊需求来设置，设置课程时还需考虑中小学不同教学岗位对学科专业知识和专业教育知识的不同要求。课程的设置应符合以下准则：a. 所有课程的设置，其目的都是使学生接受良好的教育。b. 为所有教师(包括小学、中学和职业学校教师以及教育管理人员和其他专业人士)提供学科专业知识和专业教育知识。c. 每一门课程在学科专业知识和专业教育知识的设置上要有所区别，各有侧重。d. 每一门课程要按一定的顺序来设置学科专业知识和专业教育知识，研究生层次的课程应有灵活性。e. 每一位学生要按照要求完成作业。f. 给有教学经验的教师、重新返回教学岗位的教师、没有接受过专业教育培训的大学毕业生设置的课程需要在学科专业课程和专业教育课程上都有特别安排。g. 一般常规课程应安排在大学校园内进行，这些课程通常需要有图书馆和实验室设备。如果是需要借助中小学和社区资源的课程，可以安排在校外进行。校外课程的学分总数应该加以限制，以保障全日制在校学生能够完成大部分的课程。只有本校课程设置所规定的校外课程，才可以使用其学分来申请学位。h. 为保证教师教育课程的质量，在录取全职人员修读课程时，需要在数量上进行限制。i. 需设置暑期课程供其他学生修读。暑期课程的设置需要考虑学科专业知识和专业教育知识的均衡。

标准六：关于实验室专业实习。实验室专业实习是教师培养过程中的一个重要内容，它包括所有直接与儿童、青少年、非专业人员和专业小组的合作活动，旨在实践如何做一名优秀的教师。教学实习是实验室专业实习的一部分，旨在

① ROAMES R L. Accreditation in teacher education: A history of the development of standards utilized by the national council for accreditation of teacher education[D]. Akron: University of Akron, 1987: 181-182.

② 周钧. 美国教师教育认可标准的变革与发展——全美教师教育认可委员会案例研究[M]. 北京：北京师范大学出版社，2009: 39-41.

了解教师的全部工作。大学指导教师是负责指导学生教学实习的大学教师。教学实习主任是负责安排学生教学实习的大学教师。实习学校是指用于教学实习或其他形式实习的中小学校,它们可在大学校园内,也可在大学校园外。

实习的本质和范围——实习的设计,包括教学实习设计,应通过阅读、讲座、视听辅助和讨论使实习生真正理解所教的概念,帮助实习生掌握和应用这些概念的技能,帮助他们明确这些概念对未来教学的重要性。实习与专业教育课程有密切的联系。专业实习包括系统观摩、部分参与和完全参与中小学的活动。专业实习应该是整个实习过程中至关重要的内容,所以,应根据“使学生真正理解概念”和“使实习学生学到教学技能”这两个准则来评判实习的本质和范围。

实验室专业实习的安排——教师教育机构应尽可能地提供高质量的实习。大学校园内的实习学校可用于开展试验、学生观摩和学生部分参与的活动。在大学校园内的实习学校所进行的教学实习应该是有明确限制的。大学校园外的实习学校在数量上应满足学生的实习需求。无论实习学校的地理位置和所属权如何,专业实习的安排应符合以下准则:a. 将学术和专业教育课程的安排和实习的安排结合起来,使学生有时间观摩、参与学校的活动和进行专业实习,在实习中运用专业教育课程所学到的知识,同时获得教学的经验。b. 大学和实习学校良好的合作关系是保证教师教育计划有效性的关键因素,这种合作有利于制订有效的实习计划,进行无障碍管理,为学生提供充足的指导,认真评估学生的实习。大学校园外的实习应该是高质量的,实习学校的教师也应该参与教师教育计划的制订工作。c. 实习学校的教师和学生数量要能够满足实习的需求。教学实习的课时数和其他实习活动不宜太多,不能影响实习学校的教育质量。d. 大学指导教师、实习学生和实习学校指导教师与教师教育机构的关系不能因为实习学校地理位置的不同而有所不同。e. 教师教育机构、实习学校和实习学校指导教师也应参与学生的其他实习活动。实习学校指导教师应该有能力胜任并乐于接受指导工作。f. 教师教育机构要安排合格的大学和实习学校指导教师,为学生提供充足的指导。大学和实习学校指导教师需明确分工、各司其职。g. 培养其他专业人员的课程和实习也应作出适当的安排,这些专业人员包括指导顾问、督学、行政管理人员。

显然,全美教师教育认可委员会把教师教育课程归纳为学科专业课程和专业教育课程两类,忽略了普通教育课程;对实验室实习十分重视,但忽视了实地实习,即在真实的教学场景中实习。

(2)20 世纪 60 年代至 70 年代中期的课程本位认可标准

1970 年,全美教师教育认可委员会制定和实施了新的认可标准——课程本位认可标准[①]。该标准分为两部分：第一部分是普通教师教育方案（basic teacher education programs）标准，适用于认可培养初任教师的方案，包括5年制方案和教学硕士方案；第二部分是高级方案（advanced program），适用于认可培养学士后水平的教师和其他专业人员的方案。有关教师教育课程部分的规定如下[②]：

①课程设置。

教师教育课程的设置以教师教育机构的目标为基础，此目标应反映教师教育机构的"教师角色观"。教师教育课程应包括普通教育、教育专业、教学科目、人文和行为科学、教学和学习的理论与实践、实习等几部分内容。

a. 普通教育。

普通教育的内容在各学校不尽相同。本目标对普通教育的内容只作最低要求的限制，其目的是鼓励教师教育机构超越这个限制。

根据普通教育的要求，教师教育课程中至少有1/3的课程是信息符号、自然科学、行为科学和人文学科。

b. 教育专业。

教育专业的内容与普通教育的内容截然不同。普通教育是所有学生都应接受的教育，不论他们将来所从事的职业是什么，而教育专业的内容是教师这个特殊职业所要求的知识和技能等。

c. 教学科目。

学科内容是教学科目的核心部分。教学科目包括要传授给中小学生的知识内容以及一些辅助性的知识，它们涉及学科内容和相关的领域等，这对于未来教师及其教学的灵活性是很有必要的。

d. 专业教育。

专业教育包括人文学科和行为科学。有关教育的本质和目标、课程、学校组织和管理体制、教学和学习过程等问题，可以从历史发展和哲学的角度来进行研究。这些属于人文学科的内容。教育的问题也可以从心理学、社会学、人类学、经济学和政治学的角度来讨论，这些属于行为科学的内容。

e. 教学和学习的理论与实践。

教学和学习的理论与实践标准——教学和学习的理论与实践包括系统地学习教学和理论知识，并进行实验室学习和临床实习。

---

① 周钧. 美国教师教育认可标准的变革与发展——全美教师教育认可委员会案例研究[M]. 北京：北京师范大学出版社，2009：101.

② 周钧. 美国教师教育认可标准的变革与发展——全美教师教育认可委员会案例研究[M]. 北京：北京师范大学出版社，2009：93-94.

f.实习。

实习是指在一段期限内的专业实践活动，这是一种由合格的大学和中小学教师指导，在一段时间内进行的教学活动，在该活动中学生检验并重新建构所掌握的理论知识，进一步发展他们的教学风格。教师教育机构应谨慎地选择中小学作为实习基地，双方通力合作建立有效的工作机制。

②参考全美学术团体和专业协会的指导纲要。

一些全美学术团体和专业协会对教师教育课程极为关注，其为改进教师教育计划作出了很大的贡献，其中一些机构制定了教师教育指导纲要。教师教育机构在设计课程时应参考这些指导纲要，尤其是参考专业教育的内容。

③对教师教育计划的控制。

教师教育机构应正式设立特别的单位来负责管理教师教育计划的设置、认可、评估和开发，其人员要有培养教师的经历，并愿意致力于此项工作。其他人员包括教师和管理职员，他们应积极参与到教师教育中。本标准不制定任何特别的组织结构形式，各单位可以采用任何形式，如各类委员会、系、学院和其他等。它的主要职责是设置、认可、评估和开发教师教育计划，教师教育者应该参与决策的制定。

全美教师教育认可委员会1970年的认可标准是以课程评价为核心的认可标准，它以教师教育课程为核心标准体系，其中教师教育课程框架包括普通教育、专业教育、教学科目以及实习四个部分。[①] 全美教师教育认可委员会1970年的认可标准中提出了普通教育课程和专业教育课程的建议，从结构上借鉴了教师教育和高等教育关于课程研究的最新成果。

四、"科学主义"取向的教师教育课程设置

第二次世界大战后，在反思前一时期进步主义教育思想及其影响的基础上，关于教师教育形成了较一致的观点，即教师职业是由教育专业和任教学科构成的双重专业，它改变了前一时期教师教育不重视学科知识的传统，确立了"学者型教师"的培养目标，而且开始从"学术性"和"专业性"两方面构建教师专业规范的理论与实践。"科学主义"取向的教师教育课程设置的最大特点是重新认识任教学科和教育专业学科之间的关系，突出各类课程不同的价值。

---

① 周钧.美国教师教育认可标准的变革与发展——全美教师教育认可委员会案例研究[M].北京:北京师范大学出版社,2009:101.

(一)"科学主义"取向的教师教育课程设置概况

1. 20世纪40年代

20世纪40年代，第二次世界大战对教师教育课程产生了严重的影响。例如，为了满足国家参战的需要，对中学教师项目不同方面的要求产生了对具体学科教师更多的需求，如需要更多的幼儿园教师；人们的理想和态度也在变；教育思想的混乱导致传统争论的重现并出现了新的挑战；由于社会上许多人期望学校能提供解决世界问题的办法，因此关于教育和专业的目的以及教师作用的辩论继续展开。这些因素不可避免地对教师教育认可委员会的工作产生重要的影响，从而影响教师教育课程设置。

战争也给教育带来了其他困难，最严重的是各个层次人力的减少。[①] 在这个时期，学院和大学招生人数大幅下降。[②] 同20世纪30年代相比，人员的招聘和保留成为严重的问题。[③] 而且，随着战争开始，教师(尤其是小学教师)短缺现象十分严重，人们不得不开展紧急训练来培训教师，这不可避免地导致教师教育的重心落到数量上，而不是强调标准或质量。1945年后，由于幼儿出生人数激增，教师短缺问题更加恶化。

尽管缺乏受过良好训练的教师、资金、设施和其他资源，但到第二次世界大战结束时，人们仍作出了极大努力来提高教师教育质量。对教学标准提高的关注主要反映在专业标准运动组织中，它是由国家教育协会组建的，也是国家教师教育和专业标准委员会的分支组织。[④] 另一个有影响力的团体是标准和调查委员会，它是由美国师范学院协会任命成立的，该委员会于1948年对教育理论和教学实习进行反思，要求组织更多融合经历、模块实践和全天集中的实习，并反对过多强调任教学科学习和教师培训形式化。实际上，在这个时期，教学实习变化很快，其发展更多的依靠公立学校的设施来进行，因为许多教育者意识到未来教师需要把教学原理直接运用到真实的教学环境里，增加了更多的全天学习。

---

① LOW C M. Recent changes in teacher education[J]. Teacher-Education Journal, 1943, 5:13-14.

② FRAZIER B W. Changing trends in the teacher shortage[J]. School Life, 1947, 29:3-6.

③ FRAZIER B W. Meeting the teacher shortage problem[J]. Journal of Teacher Education, 1943, 5:15-20.

④ NEA. Committee on teacher preparation and certification, "Maintaining teacher supply during war and post-war emergency periods"[J]. Teacher-Education Journal, 1943, 5:21-22.

1932—1952 年,教师教育课程的教学实习平均学时以前增加了两倍。[①] 同时也存在专业实验室通过校园扩张来更广泛吸引不同年级的学生的情况。

几乎所有职前课程的发展都反映了进步主义理念的持续影响。教师教育者一般维持对未来教师个人和专业的关注,这使得健康、社会和情感意识、学生服务的指导和咨询方面的课程以及课外活动在大多数教师教育机构的本科生训练项目中继续流行。通识课程不断扩增,但特殊方法课程越来越少。[②] 事实上,通常的方法是通过项目重组来使任教学科课程在更大程度上进行融合,从而解决课程内容重叠等问题。[③]

总之,20 世纪 40 年代的课程似乎更强调民主的目标。其结果是基于社会理解的训练项目传播更广泛,有更多教师参与教育决策,教师的学术与技术能力成为焦点。[④]

2. 20 世纪 50 年代

20 世纪 50 年代,国民的观点发生了变化,即对进步主义开始进行反思和批判。政治领导人、军事人员、媒体和公众开始批评学校和高等教育,他们认为学校和高等教育缺乏严格的学术学科。他们频繁地指责教师教育机构,因为他们认为教师教育机构应当为学校学业标准降低、专业人员没有能力处理技术变化、缺乏平等的教育机会和忽略有才能的人负责。一些团体如基础教育委员会指责教师以牺牲智力发展为代价过分强调生活适应教育这一做法。一些对教育持不同观点的人如贝斯特,甚至极力指责大多数专业教育者、学校管理者和州教育领导,认为他们对学术价值怀有敌意,在教师培养和雇用方面拥有太多权力,甚至指责他们正在颠覆国家。许多批评者倡导教师教育控制权应当交给大学,教育专业课程应当压缩。因为根据他们的评估,大多数教育课程依据的理论是不牢靠且缺乏学术性的,所以学习这些课程是浪费时间。几年后,大多数类似这样的观点和课程修改建议被科南特汇总在《美国教师教育》之中。

与此同时,大多数对教育的攻击主要是依据个人的观点和信念而不是科学

① RUCKER W R. Trends in student teaching[J]. Journal of Teacher Education,1953,4:261-262.

② ANDERSON E W. General trends in teacher education[J]. National Business Education Quarterly,1949,17:9-14.

③ MCGRATH G D. Harbingers of improvement in teacher education[J]. The Educational Forum,1950,14:157-162.

④ MONROE M S. Teaching-learning theory and teacher education 1890—1950[M]. Urbana:University of Illinois Press,1952:255.

的研究，但它们确实把焦点集中在学校教育，尤其是教师教育方面。在一定程度上，这些问题已成为重要的国家问题，以至于美国在1955年召开了一次白宫会议来研究教育问题。苏联成功发射第一颗人造卫星后，对许多美国公民来说，这似乎证实了那些保守人士观点的正确性。因此，1957年之后，政府机构在教育领域采取了一些行动。1958年颁布的国防教育法为联邦政府通过直接拨款的方式干预教育提供了先例，该法律要求急剧增加对一些学科如数学、外语和科学的投资，因为他们认为这些学科标准的提高对恢复美国的声望和霸主地位至关重要。[①]

为发展教师教育，来自外部机构的资金也增加了很多。大部分机构支持在职前课程里添加更具学术性的任教学科课程。福特基金会在大学和文理学院的教师教育项目上给予了很多资助，它在20世纪30年代曾支持过大学和文理学院的教学硕士项目的发展。从1951年起，大约200个机构（尤其是私立学院和大学）实施了教学硕士项目，教师教育的发展清楚地呈现出远离教育专业课程的趋势。[②]

另外，20世纪50年代的教师教育试图对技术快速发展、州教师资格证要求的变化、国家认可标准的引入做出反应，这一反应也与全美教师教育认可委员会的建立有关。也有团队通过教学等方面的创新和成立相关机构认可委员会来努力使教师教育项目内容与时俱进。这个时期的主要趋势是增加更多学术性的任教学科课程和文理课程。1953年，大约40%的本科生教师教育项目正致力于通识课程和广泛的教学专业领域的基础课程的学习。[③] 据报道，截至1957年，未来中学教师平均要花三分之一的时间学习通识教育课程，约二分之一的时间学习任教学科课程，只有六分之一的时间学习教育专业课程，尽管未来小学教师课程的学习时间较均衡。[④]

从学术角度来讲，在20世纪50年代出现了一些更长时间、更有挑战和更有效的教师教育项目，这些项目以更多学术内容、新学校课程和技术创新为基础，旨在满足国家的需求和社会的要求。同时，人们也不断注意到直接经历和理论

---

① GIBB E G. Education of teachers of mathematics[J]. National Council of Teachers of Mathematics 32nd Yearbook，1970：299-350.

② KEPPEL F. Master of Arts in teaching[J]. Saturday Review，1961，44：63-65.

③ AACTE. Then and now in the education of teachers[Z]. AACTE 6th Yearbook，1953：10-12.

④ SHARPE D M. Teacher education under fire[J]. Indiana Teacher，1957，102：72-74.

与实践的关系。[①]

3.20世纪60年代

20世纪60年代,由于诸如全美教师教育认可委员会这种专业团体的作用,教师教育机构的数量持续增加,并与教师教育项目标准强化保持一致。不过,关于资格证的认可规定在教师教育机构和认可机构之间产生了不少争议,而且科南特的报告强化了这种争议。专业协会通过赞助教师教育方面的出版物和召开会议以及关注政治事件来加强其对教师职前课程的影响。

这一时期,主要的教育问题是继续关注增强美国在世界中的影响力及其与此相关的信念,即孩子受教育应当是为"国家的利益",而不是仅为"自己的利益"。

然而,在很短时间内,政府和教育决策人员意识到,除了在新资源和设施方面投入资金和精力之外,还应加强对教师队伍的建设,因为教师队伍的知识和能力是提高智力标准必不可少的。政治家和教育者也开始发现,学校课程里增加过多的学术课程和标准化的材料不仅满足不了许多学生的需求,而且会在不同的民族和社会群体之间制造不平等并使一些学生学业受挫,这与美国民主的理想和机会自由理念相违背。因此,当保守的反应减少且苏联卫星发射事件的影响降低时,政府官员和教育管理者开始把他们的注意力和资源转向弱势群体、城市化和文化剥夺问题,这导致了美国第一个教育国家政策的出台。肯尼迪和约翰逊政府实行了一些创新和实验项目,尤其是旨在解决这些问题的学校项目,这些发展对教师教育课程产生了直接影响。据报道,截至1968年,四分之三的教师教育机构的未来教师在条件不好的地区学校进行教学实习,[②]有几个机构引入了多元文化课程。到20世纪60年代末,公众对新课程改革和维护平等原则的热情就像20世纪50年代早期一样,正被回归保守主义所侵蚀,这主要可归因于更加严峻的社会和经济形势,特别是利益集团的权势以及政治领导和公众对更多机构问责的要求。

20世纪60年代,在教师教育领域里存在两个相反的运动,这主要源于前10年的发展。一方面,增加学术学科和提高智力标准被持续强调,这反映在科南特的教师教育调查报告里。另一方面,试图使教师教育和普通教育更加现实并与学生及公共学校的需求紧密联系。更严重的分歧存在于学术人员和专业人员之间,这导致的结果是,像美国教师教育学院协会这样的专业组织又开始强调参与

---

① CARTWRIGHT W H. Post war revisions in teacher education in the United States (The yearbook of Education)[R]. New York:Harcourt,Brace and Word,1963:499-506.

② JOHNSON J A. A national survey of student teaching programs[R]. Dekalb,Illionois:Northern University,1968:87.

教师教育的所有教师之间需要紧密的协作。① 有许多例子表明这两方面同时存在但呈现对立的趋势。例如，教师教育机构在中学教师教育项目里维持着很强的学术性，更多大学和文理学院通过创新实践来参与小学教育，但小学教育以实践而不是学术为基础。许多州的资格证认可机构提升对数学和科学学科的要求，并为学习这些学科课程的在职教师加薪。然而，与此相反的趋势是，有些州持续强调教学实习，将更多方法课程与实践结合起来讲授。教学实习和早期田野经历(field experiences)的增加使课程与实践的联系更加密切，并允许学生在真实环境里有更多观察、参与和从教的机会，这有助于学生明白自己是否适合从教。

4.20 世纪 70 年代

20 世纪 70 年代，回归保守主义反映在教师教育项目中的表现为一些流行的教师培训方法的应用逐渐减少。例如，微格教学的应用在 20 世纪 70 年代的头几年达到高峰，分别有 77%和 61%的机构使用它们，可到了 1975 年，上述数字分别下降到 40%和 32%，这是因为通过使用诸如微格教学这样的教师培训方法使知识碎片化，不能给学生提供整体课程的综述。1970 年，美国联邦教育署资助了几个计划来开发教师教育项目，但在 70 年代中期对这种创新项目的关注呈下降趋势。②

这一时期另一种现象是，教师教育机构的学术教育人员和教育专业人员持续地减少协作，从而不能共同提高教师教育项目的质量。他们各自关注自身的专业，致使学术教育和专业教育观点的分歧继续扩大。例如，尽管在这个时期很少增加通识教育内容，可“回归基础”的运动集中在智力知识和学科知识教学。1960 年大一的未来教师很少与中小学接触，可到了这个时期末，98.7%的本科生准备项目包含与学生早期接触的某种形式，大约一半教师教育项目要求师范生较早地与中学接触，以便获取州颁发的教师资格证书。③ 而且，要教的方法和基础课程的概念进一步与田野经历相联系，许多教育心理学课程也进一步以课

① AACTE. Liberal arts colleges and teacher education：A survey of programs，practice，and problems(study series No. 7)[Z]. Washington，D. C. ：AACTE，1963：48.

② HOUSTON W R，NEWMAN K K. Teacher education programs(Encyclopedia of education Research，5th edition)[M]. New York：The Free Press，1982：1881-1893.

③ SHLER P，KAY R. “Exploratory field experiences：a survey of institutional practice”，in C. D. Webb，N. Gihrke，P. Ishler，Mendoza，A. Exploratory field experiences in teacher education[M]. Reston：ATE，1981.

程真实情况为基础。① 然而,教学实习仍然是获取直接经验最普遍的形式。根据传统的安排,几乎在所有的机构里教学实习是在项目结束时进行的。②

教学专业化的影响也反映在项目的扩展之中。同 20 世纪 50 年代相比,大多数扩展的项目以五年一体化的学习项目为基础,而不是只为文理学科学生增加一年教育专业课程。事实上,据报道,截至 1976 年,10%的教师教育机构至少提供了一种扩展项目。③ 另外,由于州资格证书规定和全国认可指导方针的影响,全美职前教师教育课程结构变得更加统一,为不同教学岗位和不同类型学生开设的选修课和必修课也在增加。例如,俄亥俄州立大学于 1981 年提供了 23 个不同的教育项目。④ 因此,对基础学科和专业标准的关注成为时代的趋势,教学专业化运动仍继续发展。

由于法律和资格证规定的变化,职前教师教育课程也要求进行某些重要的修改,这最初未能引起教育者的注意,而是被逐渐实施的。例如,许多机构缓慢地开发满足儿童特殊需求的课程及多元文化课程,于是联邦政府实施了相应的行动政策。到 20 世纪 70 年代中期,28 个州已经授权或正在授权实施,至少多元文化课程应当成为未来教师的必修课。⑤ 1977 年后,全美教师教育认可委员会也把多元文化课程包括在它的标准里并把特殊教育添加到 1982 年的修订版本里。关于多元文化教育,一些机构如印第安纳大学开始实施选择性项目来培训少数族裔教师,其他机构试图为所有学生提供此类课程来促使学生理解民族

---

① CLINEFELTER D C. Educational psychology's identity crisis[J]. Journal of Teacher Education,1979,30:22-25.

② WARNER A R,WHITE S C. Eroding autonomy for schools,colleges and departments of education[J]. Phi Delta Kappan,1980,62:144-145.

③ JOYCE B R,HOWEY K,YARGER S,et al. Reflections on preservice preparation:Impressions from the national survey(Part 1-First impressions)[J]. Journal of Teacher Education,1977,27:14-15.

④ HOUSTON W R,NEWMAN K K. Teacher education programs (Encyclopedia of education Research,5th edition)[M]. New York:The Free Press,1982:1881-1893;SHERWIN S S. Teacher education:A status report[R]. Washington,D. C. :AACTE,1974.

⑤ JOYCE B R,HOWEY K,YARGER S,et al. Reflections on preservice preparation:Impressions from the national survey(Part 1-First impressions)[J]. Journal of Teacher Education,1977,27:14-15.

差异。[①] 然而，仍需要一些时间才能让所有未来教师都受到上述两方面的训练。

20 世纪 70 年代，尽管有教师教育机构做了一些尝试来提高项目质量，可很少有项目产生了根本的变化，因此职前教师教育课程的总结构几乎没有变化。而且，许多项目的实施似乎只是受流行思想的指导，而不是受长期教育政策的指导。许多永久性的修改是出于社会和政治的原因。因而，教师教育改革和创新受到特定的政治形势、缺乏资金、公共支持程度不足、挑剔的社会舆论等多种因素的阻碍。

这一时期，某些类型的任教学科也发生了变化。例如，拉丁文和音乐学科已经不流行了，外语学习也边缘化了。这些变化主要是由政治和社会压力导致的。政治和社会压力对中学课程产生的影响主要表现在更强调数学、科学和技术学科；大多数主修和辅修学科与原始的文理学科很少有相似的地方，机构倾向于使用更为宽泛的概念。与之相应，机构引入了几种新的教学专业，它们与教学环境和学生团体相关。

(二)基恩州立学院教师教育课程设置(20 世纪 40—70 年代)

1. 小学教师项目发展过程中遇到的问题

在教师学院向州立学院过渡阶段，培养小学教师仍然是基恩州立学院的最大项目之一。在此阶段，基恩州立学院的项目和课程开发遇到了下述三个新问题[②]：

第一，韦洛克实验学校成为唯一可以掌控的教学实习场所。在这所学校，基恩州立学院可以完全控制未来教师工作的条件，可它在其他场所试图建立公立学校教师和实习教师之间合作小组的项目并不成功，直到 1972 年基恩州立学院与英国学校建立教学实习交换项目，这个项目持续了 10 年，30％的基恩州立学院的未来小学教师参与了这个项目。尽管基恩州立学院拥有把大学教师与韦洛克学校教师结合在一起的优势，但这阻止了更广泛的理论与实践结合的实验，因为教学实习场所过于单一。

---

① HOUSTON W R，NEWMAN K K. Teacher education programs(Encyclopedia of education Research，5th edition)[M]. New York：The Free Press，1982：1881-1893；MEADER J L. Normal school education in connecticut[M]. New York：Teachers College，Columbia University，1928：17-30.

② LEVIN R A. Preparing elementary teachers：The University of Pittsburgh and Keene State College in historical perspective[D]. Pittsburgh：Carnegie-Mellon University，1990：212-215.

第二，从 1946 年到 1971 年，小学教师项目维持基本的核心课程地位，这种核心课程只允许未来小学教师在整个 4 年的学习时间里选择两门选修课程。25 年来，基恩州立学院始终坚持核心课程具有重要价值的观点，无论是否需要这种核心课程，即使在整个教师教育最混乱的时期，它依然保留着这种核心课程。1971 年，当基恩州立学院的教师教育课程开放 90 个选修学分时，这些变化仍然是形式上的而不是实质的，因为它依然保留其基本核心课程。

第三，在这个时期，基恩州立学院不能重新发现和解释什么是“基础使命”。在基恩州立学院的创建阶段，基恩师范学校遵循进步主义教育理念提倡的“儿童中心”观点来为农村培养合格教师。对于应当怎样培养师范生，它表达了一个特别的观点，即应当把研究农村孩子的自然环境和日常生活的任务融合在课程里来让师范生学习学术知识。随着师范学校转型成设置文理学科的教师学院，后来又发展为多目的州立学院，基恩州立学院的课程在教学、学习和教育等问题上不再呈现特定的价值观，这从一个侧面反映出第二次世界大战后的基恩州立学院的小学教师项目已缺乏哲学的、社会学的基础。

2. 1946—1962 年的教师教育课程

1946 年，基恩教师学院的小学和中学教育课程的体系被并入大学体系。从 1946 年到 1962 年，未来小学教师的普通教育课程和专业课程内容建立在对知识的广泛调查的概念之上。①

这一年，基恩教师学院接受一定数量可能不愿从事教师工作的好学生，这是因为州教育部门要求基恩教师学院必须这样做。在入学后的 1～2 年里，这些学生可以选择所有的文理学科课程。在此期间，有的学生决定从事教学工作；有的转入其他学院或大学继续学习文理学科；有的进入其他专业接受训练，如法律、医学或商业管理。②在美国其他地区，大多数职前教师培养机构演变成多目的地区大学，这样能够就近服务学生。但是，直到 1963 年，在新罕布什尔州，花费低的、容易入学的地方公立大学限制了学生的专业教育的学位项目，因为这里的公立大学采用新英格兰的大学的模式，而不是美国其他地方公立大学的模式。因此，为了扩大州内大多数地区人们接受高等教育的机会，新罕布什尔州把基恩和普利茅斯师范学院作为地方大学，让其招收附近的学生，其中包括非教师专业的学生。

---

① LEVIN R A. Preparing elementary teachers: The University of Pittsburgh and Keene State College in historical perspective[D]. Pittsburgh: Carnegie-Mellon University, 1990: 215-222.

② Keene State College. Bulletin of Information and Catalogue of Courses, Keene Teachers College, 1948—1949[R]. Keene: Keene State College Publishing House, 1950: 32.

1948—1949 年，基恩教师学院和普利茅斯师范学院提供了各自面向未来小学教师的普通四年课程。1952 年，基恩教师学院对教师教育课程进行了一次重组，这更有利于培养从事基础教育的教师。① 普通的学术课程要求开始影响未来小学教师教育课程。这种课程覆盖的范围广泛，但不强调深度。例如，两学期的英语核心课程内容包括"书面和口头作文"，其中公共演讲、话剧创作、语言艺术、校正阅读、新闻和儿童文学占据了大部分内容；文学和莎士比亚课程的设置为 5 学期，开设有关美国文学不同阶段和类型的课程四门；人文学科课程包括从古代到现代的西方文化；社会课程包括经济的调查入门、美国四个地区的地理、美国及欧洲的历史、美国政府、现代亚洲和拉丁美洲的调查；两门其他的课程涉及当代世界问题和意识形态。②

在这个时期，基恩教师学院把有关自然现象的科学研究的"物理学调查"课程作为解决问题的方法课程。这门课程寻求通过调查和实验来帮助学生学习权衡价值和形成判断的习惯，针对未来教师的"偏见、误解和迷信"方面，它特别关注科学概念的获得，因为未来教师的工作将会激发学生学习科学知识的兴趣。

3. 1962—1970 年的教师教育课程

20 世纪 60 年代是基恩师范学院过渡的另一个阶段，它的发展受到 1963 年州立法的影响，这个立法旨在把师范学院变成有声望的州立学院。在这个时期，基恩师范学院重视普通课程和专业课程内容，这导致 20 世纪 70 年代更多学习项目的变化。例如，在文理学科领域，基恩师范学院依据学科分类，如生物、历史等，进一步划分其学术系，准备把教师培养成为不同学科的专家，因为 20 世纪 50 年代基恩师范学院课程的重组不能反映一个快速变化的社会环境。在这样的环境里，美国的学生和教师开始从事对选择的主题和问题进行批判的研究。在整个 20 世纪 50 年代，文理学科的设置被粗略的概况课程所主导，课程和教师的扩增使学术系把概况课程分成更加专业化的不同课程。③

在这个时期，学科进一步分化的趋势出现在未来小学教师教育的普通课程和专业课程的内容中。到 1962 年，10 个学分的普通小学方法概论被分成不同

---

① New Hampshire State Board of Education. State Board of Education Seventy-fifth Report 1950—1952(Public Education in New Hampshire)[R]. Concord: New Hampshire State Publishing House, 1953: 23.

② Keene Teachers College. Keene Teachers College Bulletin, Catalog Issue, Volume XXXVI, 1955—1956[R]. Concord: New Hampshire State Publishing House, 1957: 42-58.

③ Keene State College. Bulletin of Keene State College, Volume 42, 1967—1968[R]. Keene: Keene State College Publishing House, 1969: 56.

学科独立的方法课程,但保留了科学和社会课程作为一门综合的课程,这门综合课程到 1967 年又被拆分。普通学科最显著的变化是用一学期的植物学和一学期的动物学替代普通生物学,社会选修课程则逐渐增加。

4.1946—1971 年的教学实习

在这个时期,就像美国其他教师教育机构一样,依靠自己的公立实验学校和所在地区的实习学校,基恩州立学院小学教育系的教师寻求某种方式来创造富有成效的对话,即在实习生、课堂教师和教授之间开展对话。[①]

基恩州立学院小学教育专业学生人数不断增加:1946 年仅有 26 名学生;1951 年 50 名;1957 年 91 名;20 世纪 60 年代,学生一般稳定在 75～100 人之间。[②] 到 20 世纪 60 年代,实验学校的每个年级的两个班几乎可以容纳教育学院一半的实习生。但在这个阶段,基恩州立学院从来没有就教学实习同校外实习学校达成有效的合作,也未能同它自己的实验学校进行很好的合作。在这个阶段,小学教师教育项目尽力在其他的公立学校与更小规模的类似基恩州立学院的实验学校合作,可这种尝试未能成功。

20 世纪 40—60 年代早期,小学教育专业的学生在某一个单一的场所开展 18 周教学实习,后来基恩州立学院对这项实习做了修改,未来小学教师一般把他们的教学实习安排在两个不同的年级并在不同的场所实习,这样他们能接触不同年级的学生,以便将来更好地适应教学工作。

此外,20 世纪 60 年代,基恩州立学院实验学校恢复了 20 世纪 40 年代早期的一个实践。这个实践是在一间教室里由一位合作教师指导两名实习生,九周一轮换;同时这也是为了检验两个能力差不多的实习生是否能够相互教对方学习,或在某些情况下,能力较强的实习生是否能够帮助较弱的实习生获得成功的实习经验。基恩州立学院的教师说,这种实践方式获得了成功,因为在训练中,专业教师之间产生了专业对话;有些教师发现在实习期间,这种方式可促使实习生相互鼓励,尽管有的实习生喜欢独自在教室里实习,而有的实习生受到同伴批评时感到不舒服。然而,20 世纪 70 年代早期,这种成对的实习方式逐渐减少。

对于基恩州立学院这个时期的实习情况,也产生了许多不同的看法。有人

---

① LEVIN R A. Preparing elementary teachers:The University of Pittsburgh and Keene State College in historical perspective[D]. Pittsburgh:Carnegie-Mellon University,1990:232-236.

② Keene State College. Keene State College,Report to the National Council for Accreditation of Teacher Education,April 1968,Vol. Ⅰ[R]. Keene:Keene State College Publishing House,1968:89-91.

认为基恩州立学院和它的实验学校之间的关系有助于实验学校的课程创新以及建立实验学校同实习生之间的亲密关系；有人指出这两个学校之间的关系是不连贯的、有问题的；有人发现基恩州立学院的实习学校教师作为教育专业课程教师，不是该系的课程委员会成员，因此其不能发挥应有的作用；有人批评实习学校的教师整天忙于日常的教学任务，不能很好地承担对实习生的指导责任，也没有时间考虑这所学院的课程问题。

（三）得克萨斯大学教师教育课程设置（1945—1980年）

得克萨斯大学成立于1883年，其办学宗旨之一在于培养公立学校的教师。1891年，得克萨斯大学成立了教育学院，旨在培养中学教师。当时教育学院尚未开展小学教师教育，然而1945年小学教师教育成为教育学院的一个主要项目。[①]

1. 1945—1955年的教师教育课程

第二次世界大战的结束促使得克萨斯州的教育工作者重新审视教师教育项目。在第二次世界大战期间，从法律上讲，出现了合格教师的短缺，为了应付中小学对教师的发展需求，许多受教育少和专业教育不足的人被颁发临时教师资格证。1945年前强调美术、社会课程以及增加实际教学经历，这促使州和大学重新审定未来小学教师的资格证要求。1947年成立了州教育改革委员会，它旨在促进得克萨斯州的公立学校的重组和教育质量的提高。这个委员会提出了一个法案——格莱姆-艾肯(Glimer-Aikin)法案，它于1949年通过。该法案使得克萨斯州的教师教育中几个重要部分的内容发生了变化，其中就有得克萨斯州教师的新专业标准。1951年7月，在一次州的会议上，制定了州教师教育项目的新教师资格证书要求，进而促进了1955年的教师资格证法的产生。[②]

得克萨斯州新的教师资格证要求获取临时教师资格证书须完成学士学位项目，获取专业教师资格证书须修习30小时的研究生课程，上述新要求于1955年9月1日生效。新的教师资格证书和旧的教师资格证书要求的主要区别是教师资格证书将授予那些已经批准的教师教育项目，而不是依靠具体的学期时数来获得。教师资格证书新要求实施的结果是得克萨斯州在公立学校和教师教育机构建立了教育工作者合作研究小组来帮助制定教师教育项目标准。得克萨斯州

① ALDERSON J M. A history of elementary school teacher preparation at the University of Texas at Austin, 1891 to 1991[D]. Austin: the University of Texas, 1992: 46.

② HOUSTON W R. Teaching teachers and teacher education[J]. A Digest of the Studies, 1962, 37: 24-25.

的教师教育审查委员会将使用这些条款来审核和批准得克萨斯州的学院和大学项目。[①] 得克萨斯州的教师教育的新标准对于得克萨斯大学教育学院的小学教师教育项目的开发和发展具有重要意义,因为新标准是教师教育项目实施的依据之一,而这些标准能确保教师教育项目是高质量的。

2. 1955—1965年的小学教师教育课程

1955年,得克萨斯大学的小学教师教育课程旨在培养小学1～8年级的教师,它包括以下课程:

①任教学科课程——大约36个学期时数,这些课程为未来小学教师提供小学课程所需的知识和技巧,包括艺术、音乐、小学科学、儿童文学、语言艺术、健康和体育、家庭生活、工业艺术、演讲或创作戏剧、保护教育、地理、数学等。

②教育专业课程——大约12个学期时数,它包括小学教育的历史和哲学、心理学、儿童研究、小学教育的方法和技巧以及社区对课程开发的影响[②]。

与此同时,得克萨斯大学对小学教师教育课程提出以下教学要求:

①学生应当完全理解影响人类成长和发展的因素。在家里、学校和社区活动期间,对儿童有计划地观察应当成为课程的一部分。

②小学教育课程应当强调教和学的过程——尤其指影响教学材料的选择、组织、陈述和评价的教和学的过程。

③为学生的实验室经历提供良好的教学环境。负责监督实习生的教师应当具有同情心,以及具有客观的态度和富有建设性的想法。

④专业课程的学科内容和实验学校的经历应当使实习生学会在社区生活中和小学工作中扮演适当的角色。[③] 表4-9为1955年得克萨斯大学小学教育专业课程一览表。

表4-9　　**1955年得克萨斯大学小学教育专业课程一览表**

学科	学期时数/个
英语	12
演讲	6

① HOUSTON W R. Teaching teachers and teacher education[J]. A Digest of the Studies,1962,37:25.

② ALDERSON J M. A history of elementary school teacher preparation at the University of Texas at Austin,1891 to 1991[D]. Austin:the University of Texas,1992:53-55.

③ JOHNSON J A. Standards for programs of teacher education[M]. Austin:University of Texas,Education Publication,1955:42.

续表

学科	学期时数/个
教育	39
公立学校艺术	6
公立学校音乐	6
体育和健康教育	6
两门自然课	12(每门课程要求6个学期时数)
美国政治	6
社会课程(不包括历史和政治)	3
文化地理	3
美国历史	6
选修课(其中12个学期时数是除教育外的某一学科的高级课程)	24

(资料来源:ALDERSON J M. A history of elementary school teacher preparation at the University of Texas at Austin,1891 to 1991[D]. Austin:the University of Texas,1992:55.)

此外,得克萨斯大学小学教育专业学生必须通过演讲、听力和小学任教学科内容的考核才能毕业。如果未来小学教师不能通过这些考核,他们将不能被授予小学教育学位的理学士学位。

20世纪60年代早期,得克萨斯大学不断努力为未来小学教师提供最好的训练。例如,大学三年级的学生才能进入小学教育专业学习。所有本科生须完成60个学期时数的基础课程、1个学期时数的一个或多个领域的学科专业课程、至少18个学期时数的综合专业课程、30个学期时数的专业系列课程(其中包括9个学期时数的基本准备课程、12个学期时数的小学任教学科内容的集中强化学习和9个学期时数的教学实习)。所有的专业发展系列课程由教育学院的教师讲授。

总之,从1945年到1965年,得克萨斯大学的小学教师教育课程发生了明显的变化,这主要是因为1949年格莱姆-艾肯议案通过了得克萨斯州的教师资格证书的新标准。如果得克萨斯大学的教师教育项目想通过认可并获得州的资助,就必须符合教师资格证书的新标准。事实上,得克萨斯大学的小学教师项目超过了州的新标准,并为未来的小学教师提供在奥斯汀实验学校实习的机会。在这个时期,新的小学教师教育课程的开发也被鼓励。

3.20世纪60—70年代末的小学教师教育课程

这个时期,来自社会、联邦立法和州立法的新要求迫使得克萨斯大学重组和改造其小学教师教育项目。事实上，得克萨斯大学的小学教师教育项目变化的一个主要原因是联邦立法，即1958年的国防教育法①、1965年的中小学教育法、1968年的双语教育法等。② 这些法律都极大地影响了得克萨斯大学小学教师教育课程的设置。例如，20世纪60年代，得克萨斯大学小学教师教育课程要求增加专业教育的学期时数。1961年，得克萨斯大学小学教师专业的学生须学习63个学期时数的教育课程或相关课程。1971年，得克萨斯大学小学教师专业的学生须修习的教育课程的总数是48个学期时数。③

20世纪60年代，联邦政府用于教师教育方面的资金主要集中在数学、科学、阅读或语言能力的培养方面。为了教好这些学科，得克萨斯大学采用不同的方法来提升讲授这些学科所需要的技巧。在这个时期，这些学科的教科书按照其结构被重新编排，并力求用最新的科学知识来更新教科书的内容。同时，要求学生通过发现学习和记忆学习来掌握上述学科的知识，这有助于学生理解学科的相关结构、发展学生自己的假设并培养学生像科学家那样发现知识的能力。与联邦政府的要求一致，得克萨斯大学开发科学和数学项目以及新的教学方法，并引入了新的数学概念。学生阅读和语言能力的培养也是优先考虑的事情，这使得用于扩展教师教育项目的阅读和语言能力部分的资金不断增加，以便培养未来教师并帮助其掌握学科方法。借助联邦政府的专项资金，得克萨斯大学对教师教育课程进行了修改和更新，使小学阅读项目课程在教学系发展成为一门重要的课程，注册这门课程的学生大大增加，对学科结构的理解、批评思考和直觉判断受到重视。④

需要指出的是，1967年，小学阅读项目课程经历改革，改革后的小学阅读项目课程变成个性化指导阅读项目课程。这个项目课程扩展到奥斯汀的学校，使未来教师能与更多的学生长时间地在一起，这样有助于为在校园实验学校和不同地方学校参加教学实习的未来教师提供指导，从而使他们获得教学诊断技巧

---

① SPRING J. American education: An introduction to social and political aspects[M]. New York: Longman, 1989: 207.

② ALDERSON J M. A history of elementary school teacher preparation at the University of Texas at Austin, 1891 to 1991[D]. Austin: the University of Texas, 1992: 75-77.

③ WILLIAMS R C. Education gets a higher grade by giving a higher grade of education. Alcalde. September, 25-27, 1971: 25. In Joseph Michael Alderson. A history of elementary school teacher preparation at the University of Texas at Austin, 1891 to 1991[D]. Austin: the University of Texas, 1992: 80.

④ RICH J M. Foundations of education: Perspectives on American education[M]. New York: Merrill Publishing Company, 1992: 545.

和宝贵经验。

另外，20 世纪 60 年代，得克萨斯大学小学教育专业的小学语言艺术在一门方法课里被讲授。语言艺术课程在整个小学教师教育项目中一直被作为必修课程，在大四开设。小学数学教育课程被修改，以讲课的形式教授并受到教师培养创新项目的支持。

20 世纪 70 年代，得克萨斯大学小学教育专业的阅读和语言艺术课程被合并在一起，这有助于把教师和他们的才能很好地结合在一起并展现出来。另外，20 世纪 70 年代末，在得克萨斯大学小学教育的方法课程中，计算机的使用可以替代课本和讲课；小学教学方法如语言艺术或阅读方法仍然是所有未来小学教师的一门必修课程，同教学实习一样，它是教育专业课程的一部分。①

总之，从 20 世纪 60 年代到 70 年代末，得克萨斯大学小学教师教育课程的多次修改和改革反映了 20 世纪 60 年代联邦资金投入的影响。联邦资金帮助建立科学教育项目，其配套资金使得克萨斯大学装备了进行科学教育的设备，从而使未来小学教师可以使用大学的科学教育设备并充分利用实验学校。随着 1975 年得克萨斯大学新科学教育大楼的完工，未来科学教师有了学习的新设施。通过使用新科学教育大楼及其设施，未来科学教师从 1961 年依靠大学教师依据书本讲课获得科学教育知识过渡到 1975 年可自主开展探究性学习，学生更容易学习科学学科知识。由于科学技术的重要性，科学教育方法在教师教育中始终受到重视。联邦资金对中小学科学教师教育的持续发展始终抱着负责和支持的态度，例如，来自艾森豪威尔拨款的教育资金旨在帮助建立教师和学生的地区资源中心、发展不同学科的融合项目并充分体现教学技巧，这强化了科学教师的培养及中小学的科学教育。

小　　结

在教师教育大学化时期，贝斯特主张教师教育课程应建立在人文学科和科学学科的基础之上而排斥教育专业课程，希望将教师教育作为所有大学的责任，要求学术学科教师更多地参与教师培养课程的实施，而这些均带有理想的色彩，所以对当时的教师教育课程改革影响较小。科南特的教师教育课程思想对这个时期的教师教育课程改革有重大的影响。科南特主张的教师教育课程非常重视学术性，这与当时基础教育改革的主流一致。在教师教育课程设置上，科南特提

① ALDERSON J M. A history of elementary school teacher preparation at the University of Texas at Austin，1891 to 1991[D]. Austin：the University of Texas，1992：79-84.

出要扩大普通教育的范围,并深化学科教育和精简教育专业课程。就师范性而言,科南特并不单纯强调加强教育学科的教学,而是通过实践环节将学术性与师范性之间复杂的关系进行有机整合,这既有学术的师范性,又有教育专业的学术性。针对当时美国教师教育中文理科目较少,所设教育专业课程不切实际和不实用,培养出来的教师的文化素质和执教能力偏低的情况,科南特的教师教育课程计划要求未来教师既要有文理普通教育的广博知识,又要有各专业学科的精深训练,还要保证教育专业课程的应有地位。总之,科南特所提出的教师教育课程计划的目的在于提高教师教育的学术标准,这与当时美国政治、经济和社会发展的需要是相适应的。

这一时期,美国各州的教师资格证书在规定教师学历标准的同时还开始关注申请者所受教师教育的内容及课时,资格审查的作用开始从外部规范深入教师培养过程的内部,这为20世纪80年代以后教师资格审查制度和教师教育计划的结合埋下了伏笔。

总的来说,1970年以前的全美教师教育认可委员会及其认证标准对当时美国教师教育实践的影响很小。早期的全美教师教育认可委员会有关教师教育课程的内容包括学科专业课程、专业教育课程(主要是教学法课程)和教学实践,是与教学这一专业直接相关的内容。1970年后,全美教师教育认可委员会的认证标准是“课程本位”的认证标准,它构建了包括普通教育、教学科目、人文和行为学科、教学和学习的理论与实践以及实习在内的教师教育课程框架。它的认证重点从教师教育的目标转向了教师教育课程,而且其课程框架呈现出智力化的特征,蕴含了大学化的教师教育思想。这个时期,全美教师教育认可委员会更多地受到教师教育改革思想的影响,它本身的作用还没有突显出来。①

20世纪50年代中后期,针对第二次世界大战前实用主义和进步主义运动的影响,教师教育着眼于培养未来教师适应生活的能力,较多地强调培养“教学艺术”,而对文理学科知识的提高不怎么要求,呈现学科课业浅而广的特点,②美国教师教育确立了加强“学术性”的基本改革方向。为了纠正前一时期对学术教育的忽视,削减教育专业课程、增加学术学科课程比例是这一时期教师教育课程结构调整的重点。20世纪50年代末,教师教育加强“学术性”的思想在教育界产生了很大影响,大多数教师教育机构都在实践上进行了相应的探索与尝试,在众多改革之中又以五年制“教学硕士”计划最具代表性。20世纪60年代以后,

① 周钧.美国教师教育认证标准的发展历程及对我国的启示[J].比较教育研究,2007(2):86-90.

② 马骥雄.战后美国教育研究[M].南昌:江西教育出版社,1991:178.

随着科技的发展和社会问题的突显，美国社会对教育提出了新的要求。与此同时，教育科学进一步成熟，其学科地位日益稳固，教师教育开始反思前一阶段对任教学科的强调和对教育专业课程的削减问题，新的改革不断进行。但改革不再局限于对三类课程比例的调整，而是开始关注教育专业课程的内容与方法，"能力本位"的教师教育认证标准就是这一趋势的反映。

这一时期，教师教育课程渐趋丰富。教师教育主要在大学的范围里进行，而大学是一个包括文理学院、专业学院和研究生院在内的综合性学术机构，文理学院主要为师范生提供通识教育，专业学院则为师范生提供各种专业知识，研究生院则为师范生的进一步深造和发展提供了条件。教师教育课程借鉴了大学通识教育和专业教育两种传统，其学生在教育学院完成教育专业课程并通过教育实习，只有在各门课程和教育实习全部合格之后，才有资格领取教师资格证书，其后才能到中小学任教。综合性大学教育学院培养的师范生就其知识的广度、深度、结构及其专业的未来发展前景而言，都优于独立的师范学院。①

总之，大学化时期教师教育课程的特点可归纳为：其一，普通文化基础课程日益受到重视；其二，各学科专业知识课程正日趋专深；其三，教育专业课力求精简。② 科技发展对教育提出了新的要求，这与前一时期进步主义教育强调培养学生社会适应能力的教育思想有很大的不同。这一时期的美国教师教育崇尚科学，重视科学知识教育的科学主义思潮要求改变传统的教师教育课程设置，更新其教育内容，培养未来教师扎实的学科知识和相应的教学能力。鉴于此，这个时期教师教育课程的基本特征可概括为"科学主义"取向的教师教育课程。

① 苏真．比较师范教育[M]．北京：北京师范大学出版社，1991：27.

② 滕大春．今日美国教育[M]．北京：人民教育出版社，1980．134-135.

第五章　多元化模式时期的教师教育课程（20世纪80年代至21世纪初）

> 再没有比一个知识渊博、拥有教学技能的教师带给学生成绩的影响更大的教学因素了，而且，别的改革措施，包括为学生制定高标准、严格的测试和挑战性的课程都依赖于有技能的教师才能成功地实施。
>
> ——达林-哈蒙德(Linda Darling-Hammond) ①

20世纪80年代以来，美国出现了两股思潮：其一是人们从根本上对国家经济力量的基础重新评价；其二是人们对美国教育质量空前的关心。② 这两股思潮是相互关联的。进入20世纪80年代之后，美国几乎处于"大萧条"之后又一次最严重的衰退时期，美国的经济在一些后起的发达工业国家的挑战下，在国际竞争中逐渐失去优势，这使美国人感到他们确实处在危机之中。在此形势下，劳动力的素质、国家的教育质量之类的问题又被提到空前的高度，于是学校教育又一次成了"替罪羊"。舆论强烈呼吁必须改革美国教育，提出要使大部分学校毕业生达到长期以来被认为只有少数"精英"才能达到的程度，即把大众化教育提高到优秀的标准。在20世纪80年代掀起了一场关于教师教育的规模空前的改革浪潮。这场改革一开始就要求教师教育根据"全面提高教学质量"这一目标进行相应的改革，以提高师资培训的水准。③ 1983年，《国家处在危机中》的报告使美国的政策制定者和公民深入地审查学校的教育质量并将关注点集中在更新教

① DARLING-HAMMOND L. Professional development for teachers—Setting the stage for learning from teaching[M]. San Francisco: Jossey-Bass, 1999. 转引自徐红敏. 哈蒙德教师教育思想述评[D]. 福州：福建师范大学，2006：19-20.

② 瞿葆奎，马骥雄. 美国教育改革[M]. 北京：人民教育出版社，1990：193.

③ 瞿葆奎，马骥雄. 美国教育改革[M]. 北京：人民教育出版社，1990：194.

学专业上，它敲响了美国20世纪末教育改革的钟声。这次改革综合了以往历次改革的经验与教训，试图跨越经验与学术的两极钟摆，是以质量为核心的综合教育改革，以高质量的教师队伍建设来保证教育的发展成为这次改革的主要指导思想。21世纪初，面对全球化、知识经济、移民问题等的挑战，美国试图通过改革来解决公立中小学教育质量的问题，从而提高未来劳动力的素质和全球竞争力。美国政府已充分认识到，中小学教育质量的提高在很大程度上取决于教师的质量，而从根本上说是取决于教师教育的质量。在教师教育的改革与发展中，教师教育课程与教学的改革尤其受关注。

一、追求"学业优异"的中小学基础教育改革与教师教育改革

自20世纪80年代以来，美国教育改革一直围绕着如何提高教育质量这一主题。美国政府和社会各界人士都认识到要提高基础教育质量，必须提高教师质量，因此教师教育改革成为教育改革的重点之一。

(一)追求"学业优异"的中小学基础教育改革

"学业优异"是美国20世纪80年代以来教育改革的主要目标，其在很大程度上是通过课程改革来实现的。与20世纪50年代末课程改革不同的是，这次改革强调构建统一的核心课程体系，设定高质量的课程标准。

1. *确立核心课程，加强学术科目*

1981年，美国国家优异教育委员会在对全国基础教育进行调查的基础上，确立了包括英语、数学、自然科学、社会课程和计算机科学的5项新基础课程。[①]自1983年《国家处在危机中》的报告发布以来，各州纷纷扩大必修课程和基础课程的比例，改革取得了明显的效果，学术性课程门类增加，选修课难度加深。1985年制定了20世纪80年代后期至21世纪初期美国基础教育改革的基本计划，以及实现这些计划的具体步骤等。全国知名学者和教育工作者完成了1份总报告和5个专题报告。这份名叫《普及科学——美国2061计划》的总报告指出，美国青少年科学技术知识贫乏，在国际竞争中处于劣势，教育改革应该以学科课程改革为重点，让学生具备扎实的基础知识，培养学生的综合思维能力，使其能够适应信息社会生活的需要。5个专题报告分别是"生物科学和保健科学""数学""自然科学、信息科学和工程科学""社会科学和行为科学""技术"。这5

① 吴式颖.外国教育史教程[M].北京:人民教育出版社,1999:636.

个专题报告均阐述了某学科与其他学科之间的联系，特别强调了科学发展的最新成就和应用价值，成为学校课程教材改革的重要参考文献。[①] 1991年，美国政府提交的《美国2000年：教育战略》报告重申了1981年统一核心课程的要求。1993年，美国政府公布《2000年目标：美国教育法》，在5项基础课程的基础上又增加了外国语和艺术2门课程，这就形成了由国家确立核心课程的基本体系，即7门基础课程。

重视课程标准的设置是20世纪80年代以来美国历届政府改革教育的共同特点。随着改革的深入，政府对课程标准的设置思路越来越清晰。1991年发表的《美国2000年：教育战略》规定的6项目标中，最突出的是第4项目标所制定的世界课程标准，明确要求要使美国学生在自然科学和数学方面的成绩在世界上名列前茅。[②] 为了达到这一标准，报告还提出了具体的要求，包括加强数学和科学教育，而且要从初级阶段抓起，必须增加50%在数学和科学方面有很好学术背景的教师，尽力增加主修数学、科学及工程的本科生和研究生。

严格的学术标准建立在学生全面参与和发展的基础上，以提高学生的综合素质为宗旨，是这次改革不同于以往改革的特征。为了保证世界级标准课程的实现，《美国2000年：教育战略》同时也涉及了其他5项标准：①所有的美国儿童入学时乐意学习；②中学毕业率至少提高到90%；③美国学生在4年级、8年级、12年级毕业时，有能力应对英语、自然科学、历史和地理科学内容方面的挑战；④每个成年的美国人能读书识字，并具备在全球经济中进行竞争的本领；⑤每所美国学校杜绝毒品和暴力，并提供秩序井然的学习环境。[③]

2.提高入学标准，建立统一的考试制度

为了确保教育质量，《国家处在危机中》报告还建议，四年制学院和大学要提高录取标准，这些标准包括必修课程的成绩、5门基础课程的标准化测验成绩等。该报告强调要提高中学和大学的入学标准，必须严格考试制度，使学生在获得文凭或学位之前切实掌握一定的知识和技能。

为了推动统一的课程体系的实施，美国还致力于建立统一的考试制度来严格标准。国家教育目标委员会在20世纪80年代初决定为4年级、8年级和12年级制定5门主课的统一考试，这种考试以测验学习技能水平为目的。考试成

① 吴式颖.外国教育史教程[M].北京：人民教育出版社，1999：637.

② 国家教育发展研究中心.发达国家教育改革的动向和趋势(第四集)[M].北京：人民教育出版社，1992：546.

③ 国家教育发展研究中心.发达国家教育改革的动向和趋势(第四集)[M].北京：人民教育出版社，1992：546.

绩优异者，将获得总统嘉奖；对低收入家庭的优秀学生，总统还会争取国会批准设立特别奖学金，以资助他们完成中高等教育。[①] 美国在21世纪初通过立法如小布什政府《不让一个孩子掉队法》和奥巴马政府《改革蓝图》等继续推进这项改革，并取得了一定的成效。

(二)教师教育改革[②]

20世纪80年代以来，美国教师教育出现了第二次世界大战后的第三次改革浪潮。这次改革是在全社会要求提高美国教学质量的强烈呼声中，在师资短缺日益严重的背景下展开的，其中心是提高教师与教师教育的专业规格，其实质是试图解决教师教育发展过程中长期存在的质与量的问题。

1.改革的背景

(1)"国家处在危急中"的教师教育必须改革

20世纪80年代早期，美国出现了经济和社会危机，社会各界对教育质量进行指责，并且再一次将出现危机的原因归结为教师质量水平低下，要求对教师教育进行改革。1986年卡耐基教育和经济论坛"教学作为一门专业"(teaching as a profession)工作组发表了《国家为培养21世纪的教师作准备》(*A Nation Prepared*:*Teachers for the 21st Century*)，霍姆斯小组(The Holms Group)发表了《明天的教师》(*Tomorrow's Teachers*)。这2份报告书在美国掀起了第二次世界大战后的第三次教师教育改革浪潮。教师教育问题成为美国社会关注的焦点，教师专业化运动由此展开。

(2)教师教育面临的问题

从1983年之后提出的300多份不同的教育报告书中的批评来看，20世纪80年代美国教师教育面临的问题主要有以下几个方面：①师范生生源不佳，他们大多为中学毕业生和学院毕业生；②出现了偏重教育专业课程的倾向，在师资培训过程中往往以牺牲学科知识为代价来加强教育专业课程，在随后的小学教师的培训中更是如此；③学校教师的工作条件和工资待遇太差，不能吸引有才华的学生进入教学专业行列；④教师在科学领域准备不足；⑤师资短缺日趋严重。以上这些问题，严重影响着教育与教师教育的质量，尤其是最后一个问题，使得形势变得严峻。[③]

---

① 郭志明.美国教师专业规范历史研究[M].北京：中国社会科学出版社，2004:180.

② 王少勇，许世华.未来十年美国教师教育的改革战略——美国教育部《我们的未来，我们的教师》解读[J].比较教育研究，2012,34(8):62-66.

③ 马骥雄.战后美国教育研究[M].南昌：江西教育出版社，1991:194.

2. 改革的进程

(1)提出改革方案

为了配合旨在全面提高学生学业成绩的学校教育改革,解决教师教育发展中亟待解决的问题,从 20 世纪 80 年代中期开始,一些以教师教育改革为主题的研究报告书,在联邦教育部、各私人基金会和专业团体协会的资助下纷纷问世。其中,1985 年的《美国教师教育学院协会报告书》、1986 年的《卡内基报告书》、1986 的《霍姆斯小组报告书》是三份最有影响力的报告书。它们尽管侧重点不同,但都从不同的角度回答了“在师资短缺的情况下如何进行改革以提高教师教育质量”的问题。从上述三份报告书提出的改革方案中可以归纳出如下改革思路:

①以高标准、高水平的专业地位求得教师教育地位的提高。

从历史的经验和教训出发,这三个报告书都反对在现有的条件下用传统的办法,即用以牺牲质量为代价求得教师教育数量的发展的办法来解决目前已经存在且将日趋严重的教师供求矛盾。[①] 那么,如何来提高教师的专业水准呢?三份报告书都提出要把教师的教育专业训练建立在文理学术学位的基础之上。《霍姆斯小组报告书》提出,大学里本科的教育专业必须取消,把五年制“教学硕士学位”作为获取教师资格证书的必要条件。《卡内基报告书》提出,干脆取消教育专业的学士学位,把教师教育的修业年限延至 6 年,后两年为教育专业课程,强调以现场教育实习为主,结合学习教育理论。[②]

②以专业地位的优越求得教师社会地位的提高。

《卡内基报告书》指出:“假如我们不努力使教师成为一种有吸引力的职业的话,提高教师就职标准和改进教师专业训练是无济于事的。”[③]不言而喻,教师的专业地位与社会地位是相辅相成、互为条件的。因此,这三份报告书吸取历次教师教育改革都未能在提高教师社会地位上有所建树的教训,提出教师教育不能坐等其社会地位自然而然的提高,作为教育专业本身应着眼于提高自身的专业水平,从专业上体现教师教育和教师地位以及教师劳动的价值,这才是教育专业的有所作为之举,为此,三份报告书提出应改造教师专业队伍的结构,改善教学所需的专业环境与工作条件,来体现教师专业的优越性,以期提高教师的社会地位。

① 马骥雄.战后美国教育研究[M].南昌:江西教育出版社,1991:196.

② 马骥雄.战后美国教育研究[M].南昌:江西教育出版社,1991:196.

③ 马骥雄.战后美国教育研究[M].南昌:江西教育出版社,1991:197.

③提高专业水平要落实到课程改革。

《霍姆斯小组报告书》指出，教学要提高自身的专业地位，只能靠提高学生的成绩，深化学生的学习；同样，教师教育要提高自身的专业地位，只能靠颁发反映最高水平和严格训练的名副其实的教师资格证书。因此，提高教师教育和教师的专业水平最终要落实到教师教育的课程改革上，改革中既要提高文理基础知识和学科知识的水平，又要提高教育理论知识和技能水平。这三份报告书都较具体阐述了对这种旨在提高教师教育专业水平的课程改革的设想。

上述报告书所阐述的教师教育课程改革的设想，可概括为以下几个要点：a. 加强文理课程的完整性、连贯性和成熟性；b. 强调掌握任教学科的相关知识；c. 建立文理课程及学科课程的教育学基础；d. 把教育作为一门学科来研究；e. 加强学科教育学的研究；f. 加强对教师学习过程的研究；g. 加强对评价教学过程及评价教师工作表现的研究；h. 加强大学与中小学校的联系。

(2)传统教师教育(基于大学本位教师教育)的改革趋势

这三份报告书的公布，在社会上引起了很大的反响，并促进了对传统教师教育的改革，其改革趋势集中表现在以下几个方面：

①注重提高和保持教师教育计划的入学标准。全美教师教育认可委员会对教师教育的标准增加了两个要求：一是在总分为 4.0 的考试记分表上，教师教育入学者的平均积分点必须达到 2.5；二是必须对教师教育入学者进行能力测试，越来越多的州在教师教育的入学上增加了能力测试。

②教育学院加强了对师范生的考核，以了解学生完成教师教育计划的进展情况，这包括检查平均积分点、现场经验评估、教师的评估、对教育课程和主攻课程的学习加强测验。

③不少教育学院实施“延长修业年限”的教师教育计划。这些教师教育计划有些指望使师范生获得硕士学位，有些则否，但它们都把教师职前培训的年限延长到 5～6 年。在有些教师教育计划中，前 4 年不再安排教育课程；在另一些教师教育方案中，尽管在前 4 年安排教育课程，但要获得证书，则必须完成“延长年限”的教师教育计划。

④大多数州要求延长学校内部教师见习期时间。

⑤有些州已制订了“旨在帮助新教师头几年专业发展”的计划，全美教师教育认可委员会也把这一点作为大学、学院获得认可的条件，并规定获得全美教师教育认可委员会认可的学院必须在其专业领域跟踪新教师，并尽力在新教师第一年的教学活动中给予他们支持与帮助。

⑥教师教育培养目标的提升。美国教师教育改革的目标是满足基础教育改革对教师提出的新要求。鉴于教学标准的不断提高，美国教师教育对未来教师

的培养目标也不断演化。由20世纪70年代的"专家型""技能型"教师向"研究型""反思型"教师转化。美国普通教师教育的培养目标可概括为以下几点:a.培养既懂所教内容,又懂如何去教的人;b.培养具备一定的智能和足够的文理科目基础,并准备将来当教师的人;c.培养有扎实的文理基础知识,至少精深一门学科甚至是某一学科的"学者"的教师,即"学者型教师";d.培养教育"临床专家"。另外,了解和热爱儿童、善于与他人合作、善于处理人际关系、行为文明、举止端庄等也被列入教师应具备的素质①。

3.教师教育改革的另一种相反的趋势——教师教育解制

20世纪80年代以来,美国教师教育在以专业为主流的发展过程中,另一种教师教育改革的声音也悄然出现,即教师教育解制。教师教育解制的倡导者对现行的教师专业化进行了严厉的批评,并提出了新的教师职前培养和资格认可模式——选择性教师资格证书计划。教师教育解制派重视教师专业知识的观点得到了各级政府政策制定者的赞同,许多州把"修读学科专业学位"作为颁发教师资格证书的要求之一,教师教育解制派所倡导的非传统的教师教育模式在部分州也得到很好的实施。联邦政府在平衡教师质量和数量的压力中,对教师教育解制派提出的建议给予了支持。例如,美国国会在1998年颁布的《高等教育修正法》第2条中对选择性教师资格证书计划提供资助。联邦教育部在2002年4月发表的《迎接高质量教师的挑战》年度报告中,采纳了教师教育解制派的多项建议,提出简化教师资格证书认可要求,把重点放在学科专业知识和语言能力上,支持和改进选择性教师资格证书计划。② 教师教育解制一直伴随着教师专业化的产生和发展,二者成了美国教师教育改革中的两股对立的势力。

最后,需要特别强调的是,近年来美国教师教育改革出现了调和的趋势,即对美国教师教育改革中专业主义与解制主义之争的妥协和折中。奥巴马政府在2011年9月发布了《我们的未来,我们的教师》(*Our Future,Our Teachers*)③,它成为美国联邦政府在21世纪制定的第一个全面的、专门的、综合的未来10年的教师教育改革战略,旨在促进美国教师教育的改革和发展。这项改革同时支持通过美国传统教师教育计划和选择性教师资格证书计划来培养教师,这体现了

---

① 梁忠义,罗正华.教师教育[M].长春:吉林教育出版社,2000:137-139.

② 周钧.美国教师教育认可标准的变革与发展——全美教师教育认可委员会案例研究[M].北京:北京师范大学出版社,2009:249.

③ Our future,our teachers:The Obama administration plan for teacher education reform and improvement[EB/OL]. http://www.ed.gov/sites/default/files/our-future-our-teachers.pdf. 2011-11-10/2012-08-20.

对美国教师教育改革中专业主义与解制主义之争的调和。

(三)多元化教师教育模式概况

自20世纪60年代大部分教师学院重组之后,美国教师教育在机构上的调整基本结束。20世纪80年代以来教师教育制度主要体现在培训模式的变化上。各州教师执照和教师资格证书的不同要求以及提供教师准备项目的不同类型机构的差异使美国教师教育机构提供的培训模式也不同。① 教师培养模式主要有大学本位的教师培养模式(四年制计划、第五年计划、五年综合计划)、教师专业发展学校计划、选择性教师资格证书计划、城市教师驻校模式等。这些计划通常由全日制、非全日制的学院和大学教师、学监以及公立学校教师来设计和实施。

1. 大学本位的教师培养模式

(1)四年制计划

四年制计划是一种本科生计划,它包含普通教育、学科教育和专业教育以及教学实习,并为学习合格者颁发学士学位。这类计划由两年的普通教育和两年的专业教育组成:普通教育包括通识教育的基础课程和任教学科教育,专业教育课程包括有关人类发展和学习、教育的社会学和哲学基础、教学方法论。在教育实践中,这类计划主要有两种分配普通学科、任教学科和教育专业学科的方式:一种是把三类课程平均分配在四个学年中;另一种是在一、二年级学习普通学科,三、四年级学习任教学科和教育专业学科。

这类计划的批评者(以霍姆斯小组为主)认为,这类计划的毕业生没有掌握足够的学科内容知识从而导致教学的非专业化。但这类计划的倡导者认为四年制教育计划促进了普通教育、学科教育和专业教育的融合且比五年综合计划更具成本效益。② 20世纪80年代以来四年制教师教育计划有逐渐削弱的趋势,它主要在文理学院实施。

(2)第五年计划

第五年计划也被称作研究生计划,它要求未来教师在进入教师专业计划之前拥有一门学术学科的学士学位。学生的学术专业给他们提供教具体学科内容所需的知识、技巧。未来小学教师拥有广泛的文理学科知识,可以在更广的领域

① MOREY A I, BEZUK N, CHEIRO R. Preservice teacher preparation in the United States[J]. Peabody Journal of Education, 1997, 72(1): 4-24.

② MOREY A I, BEZUK N, CHEIRO R. Preservice teacher preparation in the United States[J]. Peabody Journal of Education, 1997, 72(1): 4-24.

深造;他们也可以主修儿童发展或文科和理科的某一领域。大多数第五年计划的时间是两学期(包括专业教育和教学实习)。[①] 第五年计划有不同的形式,它包括教学硕士计划和霍姆斯小组倡导的第五年计划等。教学硕士计划由常规的学术课程和相应的教学实习构成。霍姆斯小组倡导的第五年计划撤销了教育专业的本科生学位,这一改革方案集中在前四年加强文理基础教育,学习任教学科内容,重点解决"教什么"的问题;在第五年集中学习教育专业课程,重点解决"如何教"的问题。

(3)五年综合计划

五年综合计划是将本科教育计划、专业学习和教学实习结合在一起,强调田野经历要贯彻在整个教育计划中。该计划的倡导者认为,这类计划有利于理论与实践更有效的融合,促进更多的学科专家和教育学教师之间的对话。由于这种计划具有理论与实践融合的特点,因此许多大三或第五年计划的学生想转进这个计划就很困难。[②]

2. 教师专业发展学校计划

教师专业发展学校(Professional Development Schools,PDS)计划是美国教师教育的一种新的培养模式。美国教师专业发展学校是融教师职前培养、在职培训和学校改革为一体的学校形式,经过重新设计和调整,具有多重功能的合作伙伴关系。其主要目的是提供临床性的实践训练,提高教师职前培养水平,促进教师在职专业发展,提高中小学生学业成绩,组织教学和学习方法的调查研究,促进中小学和大学双方的改革与发展。与以往教师教育改革不同,教师专业发展学校具有共生性的特点,力求形成平等的伙伴关系,在相互的学习、探索中生成新的教学思想和教学改革模式。[③] 从20世纪80年代中后期开始,许多大学、学院、中小学和其他教师教育机构都纷纷与中小学合作,以中小学为基地,实施教师教育计划。

3. 选择性教师资格证书计划

20世纪80年代初期,在美国的加利福尼亚州、佐治亚州、纽约州等地,出现了一些为已获得除教育专业之外学士学位但未接受过教师训练的人提供教师教

① MOREY A I, BEZUK N, CHEIRO R. Preservice teacher preparation in the United States[J]. Peabody Journal of Education, 1997, 72(1): 4-24.

② MOREY A I, BEZUK N, CHEIRO R. Preservice teacher preparation in the United States[J]. Peabody Journal of Education, 1997, 72(1): 4-24.

③ 王颖. 美国教师专业发展学校(PDS)教育模式研究——兼谈对我国教师教育改革的启示[D]. 长春:东北师范大学, 2008: 7.

育课程和“临床指导”，使其成为合格教师的教师教育计划，这些计划与传统的教师教育方式不同，这些计划采用的是变通的方式，让受训人员接受从教知识与技能的培训，进而帮助他们获得从教资格证书。这种非传统的教师教育被称作选择性教师资格证书计划（Alternative Certificate Programs，ACP）。20 世纪 80 年代以来，选择性教师资格证书计划在美国发展迅速。据统计，1991 年全美已有 23 个州实施了选择性教师资格证书计划。[①]进入 21 世纪，选择性教师资格证书计划得到更快发展，因为《不让一个孩子掉队法》认可它可作为一种新的教师培养的有效方式。根据联邦教育部统计，截至 2006 年，开发、实施选择性教师资格证书计划的州多达 47 个，全美各式各样的选择性教师教育项目多达 124 个。其中一半由大学管理，21％由学区管理，6％由地区教育中心管理，5％由州教育部门管理，剩余的由其他组织实施管理。[②]选择性教师资格证书计划在 2007 年及其以后被广泛实施。选择性教师资格证书计划经过 30 多年的发展，已由最初解决师资短缺的“最后一招”，演变为如今美国教师培养的一种新路径，成为对传统师资培养模式的有效补充。[③]

4. 城市教师驻校模式

进入 21 世纪，美国的教师教育改革运动有了新的发展，继大学本位的教师培养模式、教师专业发展学校计划和选择性教师资格证书计划之后，又出现了一种新的教师培养模式，即“城市教师驻校模式”（Urban Teacher Residency Models，UTRM）。城市教师驻校模式是当前美国教育改革中新出现的一种教师培养模式，也是在针对美国传统的教师教育模式发展无力和美国教师资源短缺现状的背景下应运而生的。城市教师驻校模式代表了美国教师教育改革的新方向，它主要是针对城市学区优秀教师缺乏和新教师流失过大，而大学本位的教师培养模式、教师专业发展学校计划和选择性教师资格证书计划又无能为力的困境而开辟出来的教师教育新道路，其意义和效果主要体现在：①它通过 1 年的驻校期和 3 年左右的入职指导期，成功实现了职前与入职的一体化，提高了教师留任率；②它采取理论学习与临床实践相结合的方式，提高了师资培养质量；③它促进了中小学重组，优化了教师专业学习环境；④它为城市学区提供优秀师资资

---

① 郭玉霞.美国教学专业化运动的发展现况[A].台湾师范教育学会.教育专业[C].台北：师大书苑出版社，1992：339.

② HELTON J A. A historical analysis of teacher preparation program content beginning with teacher normal colleges in 1839 through school district alternaltive certification programs in 2007[D]. Orlando：University of Central Florida，2008：53-54.

③ 陈颖.美国选择性教师证书计划述评[D].重庆：西南大学，2008：9.

源,促进了教育公平。①

二、多元化模式时期的教师教育课程思想

这一时期学术取向、专业取向和社会取向的教师教育课程思想都有了深入发展。学术取向教师教育的支持者依然质疑教育的学术地位和教师专业的作用,建议取消教育学院或依照精英教育改革教师教育,培养教师成为学科专家。专业取向教师教育课程思想取得较大发展。从20世纪80年代中期开始,教学专业化成为美国教师教育领域的主流思想。在结构功能主义专业观和实践反思取向专业观的视角下,研究者形成了两种不同路径的教学专业化理念。在教学专业化的语境中,教师教育知识基础成为讨论的焦点。由于认识论的差异,关于教师教育知识基础的理论也呈现多元化格局。在社会取向教师教育课程思想中,多元文化和女性主义教师教育课程思想都有所发展,这一时期最重要的现象是批判取向教师教育思想的出现与发展。②

学术取向的教师教育课程思想主张加强职前教师的文理基础教育和增加任教学科的课程,强调学术知识的深入学习,主张将教师培养成学者和学科专家。例如20世纪80年代中期最有影响力的3份报告书对教师教育课程提出了如下建议:①1985年美国教师教育质量委员会(The National Commission for Excellence in Teacher Education)的报告书《改革教师教育的倡议》(*A Call for Change in Teacher Education*)建议未来教师的文理教育应包括社会学、人类学、文学、心理学、历史、艺术和语言知识等方面的课程,中学教师学习任教学科的学术知识及课程,小学教师也应深入学习小学的各种学科知识。②1986年霍姆斯小组报告书《明天的教师》(*Tomorrow's Teachers*)认为教师教育的课程必须从师范生的本科文理课程入手,强调文理课程的完整性、连续性和成熟性,严格规定教师教育的文理"核心课程";建议小学教师应主修一门小学教学科目,如语言与文学、数学、科学、社会课程、艺术,中学教师应取得某个学术学科的高级学位,在研究生期间至少应有三分之一的课程是任教学科的内容,同时还要辅修

① 周钧.美国教师教育的第三条道路:教师培养的驻校模式[J].全球教育展望,2010,39(9):75-78,56;屈书杰,商霄杰.职前教育与职后教育的一体化——美国"教师驻校培养计划"探析[J].外国教育研究,2011,38(10):48-52;陶青,卢俊勇.美国城市教师驻校计划的设计、实施及启示[J].比较教育研究,2011,33(11):27-31.

② 刘静.20世纪美国教师教育思想的历史分析[M].北京:北京师范大学出版社,2009:166-167.

一个与主修课程相关的领域。③1986年卡内基关于经济与教育的报告《国家为培养21世纪的教师作准备》(*A Nation Prepared*:*Teachers for the 21st Century*)提倡教师教育课程应包含历史、政治、科学技术、文学、艺术等课程,强调通过这些课程来提高未来教师在理解、计算、表达、分析、创作等方面的能力。

专业取向的教师教育课程思想首先主张教师教育课程应包括文理教育、学科教育、专业教育和实习4个部分,强调教师教育的专业性,认为教师除了具备学科专业知识外还必须具有坚实的专业教育基础。其次,它重视研究和学习教师教育知识基础。如教师应掌握有关不同年龄阶段儿童的思维和学习特征,懂得如何选择和使用适当的学习策略和材料,学会观察和分析不同背景学生的行为表现,学会发现学生的学习困难和个别辅导的需求等。最后,它赞同未来教师在模拟真实情景中进行教学实习,鼓励未来教师根据所学知识对教学实习进行分析和反思。①

20世纪80年代以来,社会取向的教师教育课程思想持续发展,表现形式也多样化,包括多元文化教师教育课程思想、女性主义教师教育课程思想和批判取向的教师教育课程思想。因此,下文分别从上述几个方面来归纳和总结。

多元文化教师教育课程思想主张通过融合的方式,将文化多样性贯穿到教师教育项目的课程和实践中,或者主张通过分离的方式,将文化多样性作为单个课程或作为几门课程讨论的主题,其他课程则不涉及文化多样性的问题。尽管学者们大多倾向于融合方式的多元文化教师教育,但分离方式的多元文化教师教育在实践中却居主导地位,与文化多样性相关的课程常常被作为选修课程而不是必修课程,这种情况非常普遍。②

女性主义教师教育课程思想主张将女性主义研究的结果运用到教师教育最具实践性的领域中,在课程选择、课堂管理和教学实践三方面发挥作用。③

第一,关于课程选择,教师教育项目中的课程研究应该帮助职前教师考察公立学校课程材料中包含的各种偏见以及这些偏见对女孩经历的忽视或刻板印象,并要求师范生说明教材选择的根本原因,通过这种方式,职前教师学会有意识地在课程材料中避免这些偏见。第二,关于课堂管理,教师教育课程中对课堂

① 刘静.20世纪美国教师教育思想的历史分析[M].北京:北京师范大学出版社,2009:190.

② 刘静.20世纪美国教师教育思想的历史分析[M].北京:北京师范大学出版社,2009:255.

③ 刘静.20世纪美国教师教育思想的历史分析[M].北京:北京师范大学出版社,2009:262-263.

纪律的讨论应该结合职前教师个人的经历、结合学校和课堂的文化环境来进行，提供机会让他们有意识地考察自身存在的对女性角色的消极与积极的看法，并且关注其对待不同类型孩子在态度上的差异，从而让职前教师能从中学会照顾每个学生的需求。第三，关于教学实践，教师教育者应鼓励职前教师运用教育基础课程中学到的理论来分析自己所处的教学实习环境以及自己的方法、途径。第四，希望职前教师能够在课程的学习中从社会性别、种族和社会阶层等层面重新定位自己，将自己看作特定的历史时期的社会背景下的教师。希望通过这些课程的学习，来理解教育制度以及其中的教学和学习方式是如何构建和复制不同群体的身份认同的。

批判取向的教师教育课程思想主张用全新的理念构建教师教育项目，这成为批判教育者迫切关注的问题。批判教育者从不同的角度对教师教育课程提出了改革建议：①构建文化政治的教师教育课程。教师教育项目"制作"文化政治的课程应将激进的社会理论与一系列既定的实践相结合，在这个过程中职前教师会拆解和质问占支配地位的教育话语。具体来说，作为文化政治形态的教师教育课程应围绕一系列核心课程，包括语言研究、文化研究、历史研究和权力研究，要求这些课程呈现出关于各种力量和关系的主要观点，师范生通过学习这些课程确定自己的身份并进行身份认同。②构建平等主义的教师教育课程。根据平等主义和批评教育学原理设计教师教育课程的学习过程，平等主义的教师教育课程应关注和探讨下列问题：第一，对话的教学；第二，批判能力；第三，情景性教学；第四，人种学和跨文化交流。[①]

(一)古德莱德的教师教育课程思想[②]

约翰·I.古德莱德是当代美国一位享有盛名的教育学家和改革家，他不仅在教育理论上颇有建树，而且广泛地参与各种教师教育活动。[③] 其教育改革思想曾在美国教育界引起了很大反响，其教育理论著作也曾获得美国教育界的最高荣誉奖。

① 刘静.20世纪美国教师教育思想的历史分析[M].北京：北京师范大学出版社，2009：273-276.

② 王少勇，许世华，单中惠.新进步主义教师教育的理念与路径——古德莱德教师教育课程更新思想探析[J].教育学术月刊，2013(9)：96-100；王少勇，杨献碧.把道德教育嵌入教师教育课程——试析古德莱德的教师教育课程思想[J].外国教育研究，2013，40(2)：49-56；王少勇，罗文青.教师教育更新的理念与路径——古德莱德教师教育课程更新思想探析[J].湖南第一师范学院学报，2012，12(2)：35-39.

③ 赵祥麟.外国教育家评传：第四卷[M].上海：上海教育出版社，2003：516-517.

1. 古德莱德的教师教育课程革新思想的理论基础

古德莱德的教师教育课程革新思想主要以新进步主义教育哲学为理论基础。20世纪70年代，美国出现了一种新进步主义，古德莱德是新进步主义的代表人物之一。新进步主义成员把自己描写成教育现实主义者，他们期望学校解决各种类型的社会问题，包括贫困、犯罪和社会公正，并主张使学校作为社会教育而不是应对社会变化的工具来恢复公众对学校的信心。① 他们认为旧式进步主义——杜威等人倡导的进步主义运动——的“根本问题”是试图把学校作为应对社会急剧变化的工具，如杜威等旧式进步主义人士认为学校能够改变现存的社会秩序，试图让学校承担改革社会的全部责任。新进步主义人士主张学校只有与其他社会组织如家庭、政府、企业等合作来共同致力于社会和教育变革，才能获得成功。

古德莱德主张通过相互支持的、合作的学校环境为学生提供全面的人的、社会的、情感的、智力的和职业的教育。同时，他重视改革的进程，声称第二次世界大战前的进步主义运动和随后的急剧改革失败的原因主要在于它们过分强调目标而忽略了改革的进程，因此主张改革目标应当在改革过程中形成。②

古德莱德希望教育能够有助于复兴美国的民主。作为课程专家，他提倡基于跨学科、多元文化，旨在培养民主社会公民的核心课程。作为教育改革家，他试图通过创立学校内部的参与过程和组织改革学校之间的学校联盟来复兴学校文化。③

(1)教育与民主社会的关系

古德莱德认为，教育作为一项道德事业，在民主社会中有着重要地位，学校通过培养公民并促进个人的发展来推动民主的发展，他还进一步指出，要从生态学的角度来看待学校与民主社会的关系。

① WELTMAN B D. Debating Dewey: The social ideas of American educators since World War Ⅱ, an examination of Arthur Bestor, Jerome Bruner, Paul Goodman, John Goodlad, and Mortimer Adler[D]. Rutgers: The State University of New Jersey, 1995: 387-388.

② GOODLAD J I. Principles are the key to change[J]. The Education Digest, 1976, 42(3): 32.

③ WELTMAN B D. Debating Dewey: the social ideas of American educators since World War Ⅱ, an examination of Arthur Bestor, Jerome Bruner, Paul Goodman, John Goodlad, and Mortimer Adler[D]. Rutgers: The State University of New Jersey, 1995: 483-484.

①教育在民主社会中的地位。

教育应培养什么样的人历来是教育问题的核心所在,一直以来对此存在着两方面的争论:一是认为教育应培养社会公民,这是教育的公共目的;二是认为教育应培养自然人,这是教育的个人目的。上述两种观点无论在过去、现在还是将来都是教育争论的焦点所在,任何关注教育的人都会面临这一两难的选择。古德莱德在这个问题上明确提出了自己的观点,他认为教育不仅能而且必须要同时培养"公民"和"个人",同时认为民主社会的教育将对民主社会的存在起到重要作用。

②民主社会的教育是一项道德事业。

民主社会的教育是一项道德事业,这是古德莱德从事教育研究和改革一贯信奉的基本理念之一,也是其新进步主义哲学在教育事业中的具体体现之一。古德莱德认为,"学校是国家负责培养青年一代适应政治民主社会的唯一机构。教师教育必须被专门地导向这个目的。"[①]因此,教学过程就是传递美国理想和培养公民民主政治观、价值观的过程。

③从生态学角度看美国民主社会与教育的关系。

在民主社会与教育的关系中,二者之间的联系是通过诸如社区、学校等的联系而实现的。古德莱德从生态学的角度出发,尤其重视学校、社区及其相关成员的相互影响。他依据生态理论指出,将学校、社区、社会联系起来的环节是儿童的成长,学校是儿童成长的地方,为此首要的是要进行学校变革;而实现学校变革最重要的手段是建立教师教育学院、公立学校以及文理科领域教育者之间的三重伙伴关系,它们之间通过相互合作可达到共同目的:使所有青年一代都能获得成功的可能性提高。[②]

(2)大学和中小学同时革新

古德莱德教师教育革新思想的核心理念是大学和中小学共同进步,同步革新。古德莱德及其同事认为,高等教育机构和与其合作的学校能共同改变和提高教师教育的各个方面,在这个环境中,每个合作学校就像一个附属医院,是一个见习的实验室,因为他们坚信"教师应该对他们的工作进行更多的反思,而学

① GOODLAD J I. Teachers for our nation's schools[M]. San Francisco: Jossey-Bass Inc., 1990: 48.

② SIROTNIK K A, SODER R. The beat of a different drummer: Essays on educational renewal in honor of John I. Goodlad[M]. New York: Peter Lang, 1999: 237-239.

校则应该成为不断探索教学实践的场所”。[①] 古德莱德宣称“好教师与好学校之间存在着一种自然的联系，这种联系一直以来在很大程度上被忽略。在学校改革不断开展的时代，也未能对那些于学校革新起重要作用的人们在其聘任、教育和支持上给予足够的重视，优秀的教师本身并不能保证优秀的学校，但是，那种认为即使学校的管理者准备不足，学校也能成为模范学校的想法是愚蠢的”[②]，因此，学校教育改革必须重视相应的教师教育改革，二者应同时进行，共同改进。

2. 古德莱德的教师教育课程革新思想的基本内容

基于新进步主义理念，在对美国中小学教育和教师教育历史和现状研究的基础上，古德莱德对美国教师教育课程的未来提出了独树一帜的革新设想和建议。

(1)开发和革新教师教育课程的指导思想

如果把教育定义为规范事业的话，教育制度则必须由规范目标驱使，也就是由价值驱使。因此，教学实践有道德层面，而我们教育制度里的教师就是道德代理人——无论他们是有意还是无意，成为一名专业教师即意味着成为一名道德代理人，他们拥有来自道德规则的道德责任。[③]古德莱德认为如果教学作为一个专业，教师必须满足四类广泛的期望：①教师必须理解民主社会对公民的期望和学校在帮助公民满足民主期望时的作用；②教师必须拥有广泛地参与人际交流并把它介绍给年轻人的智力工具；③教师必须拥有教育年轻人所需要的最适当条件的教学知识和技巧；④教师必须完全理解学校教育的司空见惯的事(如目标、顾客、组织、课程、评估等)、有希望的替代选择、健康学校的性质和怎样维持更新。[④] 很明显，从本质上讲，道德贯穿着这四类期望。

同时，古德莱德提出了教师教育项目的四类期望：①它们希望教师引导年轻人适应政治民主社会的文化；②它们将给教师提供必要的智力工具和学科内容知识；③它们将确保教师牢固地通晓早期的教学；④它们将使教师初步掌握管理

① 古德莱德.学校与大学在教育改革中的伙伴关系(特约稿)[J].苏智欣，施良方，译.华东师范大学学报(教育科学版)，1987(2)：6.

② GOODLAD J I. Teachers for our nation's schools[M]. San Francisco: Jossey-Bass Inc.，1990：xi-xii.

③ GOODLAD J I. Studying the education of educators: Values-driven inquiry[J]. The Phi Delta Kappan，1988，70(2)：8.

④ GOODLAD J I. Better teachers for our nation's schools[J]. The Phi Delta Kappan，1990，72(3)：185-186；LUCAS C J. Teacher education in America: Reform agendas for the 21st century[M]. New York: St. Martin's Press，1997：167-168.

学校所需的技巧和知识[①]。在古德莱德看来,教师教育课程要与教学的概念连在一起,而不是与人为划分的知识连在一起;每门课程的组成部分必须依据它对专业课程的贡献来开发,不能仅仅是为了满足特殊内容的需求。[②]

(2)教师教育课程革新的要求

鉴于教师教育对现实社会的重要性,古德莱德强调必须慎重地考虑能有效发展教师教育的必要条件。正是在对教师教育的历史、现状和理论进行探究的基础上,古德莱德于1990年提出了办好教师教育的19条基本要求。无论是培养小学教师还是中学教师,有关教师教育课程革新的基本要求如下[③]:

①教师教育计划必须保证其毕业生具有一定的文化素养及批判性思维能力,使他们不愧为受过良好教育的人。②教师教育计划必须提供充分的机会,使未来教师超越现有的知识水准,使之掌握向他人传授知识的方法和技能。③教师教育计划必须具有"社会化"过程的特点,使未来教师通过这个过程由"自我取向"(self-oriented)的教师转变为从他人角度出发思考问题的教师,从而体现出一种教学文化。④教师教育计划必须体现出为学习提供条件的所有特征,这样未来教师才能在他们自己将来的学校和班级里也体现出类似的特征。⑤教师教育计划必须引导未来教师探究教学和学校教育的本质,并把这种探究当作他们教育职业生涯中一个本质特点。⑥教师教育计划必须提供机会使未来教师思考学校教学中永远存在的问题和两难的困境,即一方面产生于家长和特殊利益集团的权益冲突,另一方面产生于学校在转化这种权益冲突中所扮演的角色。⑦教师教育计划必须使未来教师认识和致力于教师的道德义务,以保证从幼儿园到12年级的所有儿童和青少年都有平等接受教育的机会,并尽可能接受最好的教育。⑧教师教育计划必须使未来教师不仅了解学校的现状,而且理解学校的各种可能替代的形式及其基本假设,并研究如何对学校的现有组织形式、学生分组和课程等加以变革。⑨教师教育计划必须保证每个未来教师有机会利用实验室和示范学校等来进行观摩、实习、见习和住校学习,因此不应当过量招收学生,以避免这些设施超载。⑩教师教育计划必须使未来教师了解教育工作中真正起作用的,或已被接受为常规的东西与教育研究和理论所支持的那些方法和

① GOODLAD J I. Studying the education of educators: From conception to findings[J]. The Phi Delta Kappan, 1990, 71(9): 699.

② GOODLAD J I. Teachers for our nation's schools[M]. San Francisco: Jossey-Bass Inc., 1990: 290.

③ GOODLAD J I. Teachers for our nation's schools[M]. San Francisco: Jossey-Bass Inc., 1990: 286-303.

原理之间的不可调和的冲突和两难问题。

古德莱德认为,成功的教师教育课程依赖于个人和学校的独创性,以上这些基本要求是从规范角度提出的,并不具体规定要做什么,但它们是必要的。

(3)教师教育课程革新的内容

古德莱德建议教师教育课程集中于全球化的课程并建议把未来教师安排在实验学校中进行教学。依他之见,全球化的课程将给未来教师提供跨学科的课程和批判思考的跨学科方法,而未来教师在今后的教学中将会用这些方法来培养自己的学生;实验学校实习将给未来教师提供经验和改革的模式,从而使未来教师能将它们应用于自己所教的学校。[①]

古德莱德认为,教师教育的一部分就是安排未来教师学习与学校教育和教学有关的行为科学和人文科学,另一部分就是指导未来教师在那些与教师培训院校合作的重点学校和示范学校进行观摩和实习;[②]教授法课程必须聚焦于创新和改革,即"怎样在学校组织、学生分组、课程等方面进行必要的变革",并把广泛的"观察、亲身经历和住院医生实习期"的实验室环境结合在一起。[③]

古德莱德通过调查和研究发现,大多数教师教育者没有充分意识到他们有责任帮助未来教师超越学习科目的课程内容,教师教育者必须告知未来教师作为教师将要做什么,所以这种告知也应成为专业课程的重要组成部分。[④] 古德莱德认为,教师教育课程也应当包括研究平等和优异的话题、研究熟悉的观点的话题,以及研究教师和学校如何看待这些话题。[⑤] 他强调培养教师不能只依靠讲座式的课程和常规的书单来实施,培养教师也需要研究个案课程,这些个案课程应该由教师和技术专家组成的专业小组(也许是一个商业组织)来精心准备。[⑥] 此外,学校和教师在政治民主社会中的责任、父母和儿童的权利、教师作

---

① GOODLAD J I. The great American schooling experiment[J]. The Phi Delta Kappan, 1985,67(4):35.

② 古德莱德.一个称作学校的地方[M].苏智欣,胡玲,陈建华,译.上海:华东师范大学出版社,2006:358.

③ GOODLAD J I. The great American schooling experiment[J]. The Phi Delta Kappan, 1985,67(4):191-192.

④ GOODLAD J I. Teachers for our nation's schools[M]. San Francisco:Jossey-Bass Inc.,1990:290.

⑤ GOODLAD J I. Teachers for our nation's schools[M]. San Francisco:Jossey-Bass Inc.,1990:293.

⑥ GOODLAD J I. Teachers for our nation's schools[M]. San Francisco:Jossey-Bass Inc.,1990:294.

为专业人员的权利以及学习的权利等类似的话题都应成为教师教育课程的内容。[①]

古德莱德建议在教育专业课程中设置明确的教育专业基础课程，如教育心理学、教学方法等，此类课程应作为教育哲学的基础。此外，古德莱德认为，师范生应通过教育基本原理科目的学习，懂得教育目的和学校在社会中的作用。

古德莱德认为，小学教师非常需要接受通识教育，其内涵类似于对所有大学生都适合的文科教育，这种教育应该在教师的专业培训之前就进行或者与之同时进行[②]。

古德莱德还认为，学生应该学习有关人类的本质，社会、政治和经济制度，物质体系的世界，生物体系的世界，价值和信仰体系等知识。因此，他为初中教师推荐了通识教育课程，旨在通过广阔的知识体系扩大教学需求的知识宽度，以确保科目的宽度和深度。在学习文理学科知识的同时，古德莱德还推崇未来教师对现代教育技术的掌握，他说："孩子操纵着计算机，这样一来，他既学会一项最先进和最有力的技术，又了解科学、数学、智力模式建构艺术的一些最深层的理念。"[③]

(4)改革教师教育教学计划

在早期经历中，古德莱德的兴趣主要集中在教师教育的管理制度和教学计划方面。他认为，没有一个单独的系科能独立承担培养教师的任务，因而建议在文理学院里建立一个教师教育中心，该中心可以利用各系科的资源设计、协调和实施教师教育教学计划。[④]

古德莱德认为，教师教育教学计划必须由非教育专业的各学科学者、教育学家、教育临床专业人员共同设计和实施。与其他学者相比，古德莱德非常重视让师范生了解教育的社会功能和吸收实际的教学经验，并指出通过教育基本原理学科的教学，能使未来教师懂得教育目的和学校在社会中的作用。[⑤] 在古德莱德看来，在制订教学计划时，应把美国教育发展中的道德争论、入学难、人类发展和文化多样性等问题搜集起来，整合成某些专题，每个专题的开发应包括"领域

① GOODLAD J I. Teachers for our nation's schools[M]. San Francisco: Jossey-Bass Inc., 1990:293.

② 古德莱德. 一个称作学校的地方[M]. 苏智欣，胡玲，陈建华，译. 上海：华东师范大学出版社，2006:354.

③ 古德莱德. 一个称作学校的地方[M]. 苏智欣，胡玲，陈建华，译. 上海：华东师范大学出版社，2006:256.

④ 赵祥麟. 外国教育家评传：第四卷[M]. 上海：上海教育出版社，2002:532.

⑤ 赵祥麟. 外国教育家评传：第四卷[M]. 上海：上海教育出版社，2002:533.

体验”、案例研究、录像分析等，专题的内容应从教学和教室的观察中产生。学生们应调查所观察到的环境，从教师的理性诊断中寻找自己要做什么，有的专题可反复出现。古德莱德写道：“教师教育从任务到评估的各个方面必须以学校在民主社会中的作用的理念和这个理念对教师提出的要求为指导。这个要求就是教师应把所有学生培养成有责任心的、令人满意的公民。”[①]因此，教师教育的师资必须清楚地了解美国教育的目的——“引导青年人了解民主社会的自由和责任”。[②]

古德莱德在建议为未来教师提供类似医学前(pre-medical)的“教育前”(pre-education)的课程中，他认为最不适宜的是教学方面的一些课程。他遵循亚伯拉罕·弗莱克斯纳(Flexner Abraham)富于创意的医学教育报告里所提供的基本原理，即大学普通教育的头两年应提供相当多的选择，其中有许多来自人文学科的课程，有许多来自社会科学的课程。对于师范生来说，这些课程中的一部分比准备教的某些课程更合适，如伦理学课程可能有助于改正师范生在道德方面的缺点，因为作为未来学校教师的师范生应当拥有道德责任的意识。[③]

(5)改革教学实习或实践课程

20世纪60—70年代，为了促进学校改革的自我更新过程，古德莱德建议未来教师应在进行改革的中小学实习，以便他们将来能在工作的学校推行改革。未来教师应当与实习教师和教育教授合作，这样未来教师才能了解最新的教育发展动态，从而能促进学校的发展。[④]

古德莱德认为，从学校挑选课堂教师来指导实习教师的过程通常比较随便，这是大部分教育学院要克服的一个传统惯例。教师培训的成功与否取决于培训项目是否能使它们所培养的新教师不同于它们以前的教师，因为以前的教师使用的是原始而过时的教学方法和手段，[⑤]所以改革教学实习是迫切的事情。

---

① GOODLAD J I. Studying the education of educators: From conception to findings[J]. The Phi Delta Kappan, 1990, 71(9): 699.

② GOODLAD J I. Romances with schools: A life of education[M]. New York: McGraw-Hill, 2004: 308.

③ GOODLAD J I. A study of the education of educators: One year later[J]. The Phi Delta Kappan, 1991, 73(4): 311-316.

④ WELTMAN B D. Debating Dewey: The social ideas of American educators since World War Ⅱ, an examination of Arthur Bestor, Jerome Bruner, Paul Goodman, John Goodlad, and Mortimer Adler[D]. Rutgers: The State University of New Jersey, 1995: 467.

⑤ 古德莱德. 一个称作学校的地方[M]. 苏智欣，胡玲，陈建华，译. 上海：华东师范大学出版社，2006: 355.

古德莱德建议,聘用带头教师来兼任教师教育的实习教师,带头教师的资格应该要具有丰富的教学经验并在这个领域具有博士头衔。他指出带头教师是一种需要专门资格的教育职业,带头教师应当在全国范围内征募。古德莱德认为所有的带头教师应从事教学,就像一般任课教师那样,还要提供在职辅导、诊断棘手的学习问题等,同时这些带头教师还要兼任实践课的教师,培训教学队伍中的新教师。带头教师的聘用数量取决于中小学的规模以及学区是否愿意采取这种改善教学的措施。①

古德莱德认为,未来教师应在杰出的职业教师和带头教师的学校里实习。带头教师及少数有才华的职业教师将在教师教育学院兼任实践课程的教师;实习教师需先在中小学里做一段时间的初级教师,然后才可能升任为职业教师。②

古德莱德提议为师范生制定一套为期 2 年的职业培训,要他们先积累一些实践的经历,然后才让他们进入教学实习阶段,这样做是希望师范生在实习教师指导之下能够学到新的教学方法,他们可以在那些为教师教育服务而附属于大学的实习学校里尝试这些新的教学方法。在实习期间,他们必须演示一套完整的教学程序,每一个程序都力求在学校教育目标指导之下发展学生的能力。可以推测,在一个教师获得"职业教师"这个称谓之前,他使用这些程序的能力会在实习期间进一步得到评估。③ 古德莱德建议:"所有未来的小学教师应该至少实习 8 周,每天教课至少 3 小时;在这 8 周中,在合作教师指导和临床教授的监督下,独立带班必须达到 3 周。"④

(6)改革本科生教师教育课程

古德莱德建议,所有大一和大二对教学感兴趣的学生可选修一系列研讨会课程,这些研讨会课程使用共同的名称"教学入门"(an introduction to teaching),其被视作低年级选修课程。这些不多于 15 人的研讨会小组将参观社区内的学校和其他有教育意义的社会机构,同参观机构里的人员一起讨论感兴趣的话题。所有选修研讨会课程的学生每季度至少进行一次社会聚会。需要注意的是,选修低年级研讨会课程的学生最多可获得 3 学分。这些学分不抵消未来教

① 古德莱德. 一个称作学校的地方[M]. 苏智欣,胡玲,陈建华,译. 上海:华东师范大学出版社,2006:339-340.

② 古德莱德. 一个称作学校的地方[M]. 苏智欣,胡玲,陈建华,译. 上海:华东师范大学出版社,2006:356.

③ 古德莱德. 一个称作学校的地方[M]. 苏智欣,胡玲,陈建华,译. 上海:华东师范大学出版社,2006:356.

④ CONANT J B. The education of American teachers[M]. New York: McGraw-Hill Book Company,1963:162.

师的通识教育课程，因为研讨会课程是自愿的。这些课程有助于对教学感兴趣的学生决定是否成为教师教育候选人。[①] 古德莱德还建议，大一或大二的学生需要掌握未来教师必要的基础知识和技巧，教师教育机构必须加强对教育背景处于劣势的学生提供的指导服务，这样有助于他们将来顺利通过教师候选人的测试。[②]

改革后的教师教育课程主要由四部分组成：①任教学科课程。②小组（不超过 15 人）的田野经历，它伴随着讨论和阅读以及包括在第三年中至少五个月的独立教学。③一个 3 年系列课程，它与田野经历的计划系列紧密地结合在一起，主要涉及历史、哲学（尤其是道德和伦理）、社会、教育和学校教育的心理学（认知和心理发展）层面的课程，其第三年课程则集中在教学实践方面。④五部分一体化的高年级通识教育课程，它旨在给师范生提供一个全球的、环境的、经济的、政治的和多元文化方面的知识。教师教育课程的第四部分内容应当设计成等同于 25 个季度小时（quarter-hours）的传统课程，它的其他三部分的每一部分等同于 35～40 个季度小时的传统课程，3 年教师教育课程的总季度小时为 135 个。然而，田野经历和相关的研讨会加在一起可以替代教师教育课程最大部分的常规课程。[③] 4 年教师教育项目的本科生总季度小时为 180 个。

（7）设计学士后（或 5 年）教师教育培养课程

关于学士后（或 5 年）教师教育培养课程，古德莱德提出了 7 条建议：①注册教师教育项目学生的录取要求与本科生的要求相同；②他们的课程要求与本科生的课程要求相同；③要检查他们包括五部分的高年级系列通识教育要求；④通过考试展示学科能力；⑤可以用以前的社区服务或工作来缩短田野经历；⑥满一年的伙伴学校经历（这一年包括经常参加研讨会和至少有五个月教学经历）；⑦给完成令人满意的课程计划的学生颁发教育学学士学位。

古德莱德认为，未来教师在这 5 年的头两年里主要学习类似于美国国家人文学科基金会（the National Endowment for the Humanities）推荐的职前教育核心课程以及比较宗教、政府、艺术欣赏和美国历史方面的课程。同时要求未来教师自愿学习一门“教学入门”课程。要求高年级的学生增加五部分系列的通识

① GOODLAD J I. Teachers for our nation's schools[M]. San Francisco: Jossey-Bass Inc., 1990: 344.

② GOODLAD J I. Teachers for our nation's schools[M]. San Francisco: Jossey-Bass Inc., 1990: 344.

③ GOODLAD J I. Teachers for our nation's schools[M]. San Francisco: Jossey-Bass Inc., 1990: 345-346.

课程,这门课程旨在给未来教师提供全球的、环保的、经济的、政治的和多元文化的视角,有助于他们更好地把教育理论与实践融合在一起。学生取得第一个学士学位后,不要求其取得考研究生的考试资格。但在最后一年,学生必须朝获得专业学位的方向努力,主要是进行田野实践,同时伴随着阅读与反思。这个学士后课程同样要求学习普通系列课程,但不要求学生被研究生院录取,它以学生获得教学专业学士学位而结束。①

(8)设立教学中心

古德莱德认为,因为长时期地缺乏威信,教师教育学院没有积极地替未来教师安排大学文理基础和专业教育的学习,而这些正是他们今后工作很需要的。因此,教师教育学院必须依赖文理学院并与之合作来将这部分必备知识引入美国教师的职业知识范畴。另外,大学培训机构结交"教学实习"的伙伴关系学校或建立专门的职业发展学校的时机已经成熟。基于以上原因,古德莱德建议设立教学中心②,其中应包含实验室学校——伙伴学校,它由合作的学校和大学的人员来实施对教育的控制,对学校教育、学习、教学和教师教育的调查构成这个多样人员团体的活动的主要内容。③

根据为未来教师在教室里实习教学时所能提供的支持来看,古德莱德认为,建立能协调所有的实习伙伴学校与合作大学的教师教育工作的教学中心,也许是最好的解决方法,也是最好的操作方法,必须将基础教育、专业教育、教学方法和教学实习统一在同一个权力机构之下,由一组专门挑选出来的教师负责,这样才有可能设立有连贯性的教师教育项目。④

在这个教学中心,未来教师将被引导学习广泛的通识课程、深入地理解学科或广阔的课程领域、更全面地了解他们所居住地方的文化环境。在这里,教育基础课程和方法课程与教学实践不可分离,这些科目将主要在伙伴学校学习和讨论。在这里,未来教师不必去适应学校,因为他们被看作从事重新设计学校环境

① GOODLAD J I. Teachers for our nation's schools[M]. San Francisco: Jossey-Bass Inc., 1990:355.

② 古德莱德.一个称作学校的地方[M].苏智欣,胡玲,陈建华,译.上海:华东师范大学出版社,2006:434.

③ GOODLAD J I. Teachers for our nation's schools[M]. San Francisco: Jossey-Bass Inc., 1990:355.

④ 古德莱德.一个称作学校的地方[M].苏智欣,胡玲,陈建华,译.上海:华东教师大学出版社,2006:435.

的教学团队的一部分。①

教学中心的最重要的特点是由一个统一的教学团队来负责整个教师教育课程的教学，其主要任务和工作包括：①开发一个教育前的核心课程；②开发一个伴随的教学社会化的正式和非正式课程；③开发一体化的高年级专业课程；④开发一个由五部分组成的、贯穿通识教育的课程；⑤开发一个理论和实践融合在一起的课程；⑥创造示范的、更新的学校——伙伴学校；⑦确保所有学生都能学习所有课程内容。②

3. 结语

古德莱德在中小学的研究与实践中日益明白了教师教育的重要性，以及教师教育与中小学教育及其革新之间的关系，并最终提出了要建立教师教育与中小学教育之间的伙伴关系以促进其同步革新的观点。这成为古德莱德的教师教育改革思想的核心理念，标志着其中小学教育改革思想的进一步扩展和升华。

古德莱德非常重视教学中涉及的一些道德问题，认为在教学过程中要促进学生的社会化，提供平等获得知识的机会，建立良好的师生关系，引导学生的品德发展。③

古德莱德认为，教师教育计划必须由非教育专业的各学科学者、教育学家、教育临床专业人员共同设计和实施。与其他学者相比，古德莱德更加重视让师范生了解教育的社会功能，获得教育经验。他强调，通过教育基本原理学科的教学，未来教师能深刻洞察和把握教育目的和学校在社会中的作用。④

古德莱德的教师教育课程革新思想是在长期研究和实施中小学教育改革，在对教师教育的历史、现状和理论进行探究的基础上提出的，因此他的教师教育课程革新思想对实践有很强的指导意义。

(二)达林-哈蒙德的教师教育课程思想

达林-哈蒙德是美国当代著名教育教学专家，斯坦福大学教育学教授，美国教师教育专业化改革的领军人物。

---

① GOODLAD J I. Teachers for our nation's schools[M]. San Francisco: Jossey-Bass Inc., 1990: 355-356.

② GOODLAD J I. Teachers for our nation's schools[M]. San Francisco: Jossey-Bass Inc., 1990: 356.

③ 赵祥麟. 外国教育家评传：第四卷[M]. 上海：上海教育出版社，2003：534.

④ 赵祥麟. 外国教育家评传：第四卷[M]. 上海：上海教育出版社，2003：533.

1. 达林-哈蒙德教师教育课程思想的理论源泉

(1)杜威实用主义哲学与民主教育思想对达林-哈蒙德教师教育课程思想的影响

杜威强调真正的学习应当是从做中学，从经验中学，尤其从“反省经验”中学，这种观点在美国从20世纪上半叶对学生的要求转变为了20世纪70年代以来对教师的要求。① 达林-哈蒙德深受杜威教育思想的影响。

①杜威教育思想对达林-哈蒙德教育功能论的影响。

达林-哈蒙德教育功能论的本质与杜威教育思想一样，达林-哈蒙德是社会改良主义者，要求教育要为社会进步服务，即主要为完善的民主制度服务，她极为强调教育的社会功能。她认为，当代社会发展现状使得学习能力成为事关人们生存和成功的核心问题，接受教育的差异引发了许多社会问题，教育程度低的人更容易成为社会不稳定因素。她同样认为教育是社会改造的重要方法，很多社会问题的解决要靠对教育更多的投资来培养出高素质的教师，从而为每一个学生的发展提供机会，使每一个学生都能真正地接受教育。与杜威不同的是，达林-哈蒙德对“每一个儿童”有着更具体的说明，尤为强调少数族裔学生的教育。此外，达林-哈蒙德非常强调教学要从学生的兴趣、经验和能力出发，教师要特别注重因材施教，要全面了解每一个学生，结合其实际情况，促进他们的发展，使之拥有应对社会挑战的能力。②

②杜威教育思想对达林-哈蒙德重视实践教育主张的影响。

杜威强调从做中学、从经验中学，要求以活动性、经验性的主动作业来取代传统书本式教材的地位。这些活动既能满足儿童的心理需要，又能满足社会性的需要，还能使儿童对事物的认识具有统一性和完整性。在“从做中学”时，必须避免由外部强制或命令产生的行动。当代的教师教育研究者将杜威对学生的要求转移到“未来教师”的身上，认为培养教师尤其要重视理论联系实际。达林-哈蒙德认为，如何将课堂讲授的理论知识和实践中的经验知识结合起来是教师教育长期存在的一个问题。她批评有些教师教育培训方案中的培训者自身几乎缺乏任何实际的教学经验。她曾说道：“要独立学会教学理论是艰难的。教师能够用两年时间去记住一些理论，但在与学生接触时，突然遇到一种从来没有见过的情景，就不能用所记的理论解决突如其来的问题了”。③ 教师要学会从实践中学

---

① 洪明. 教师教育的理论与实践[M]. 福州：福建教育出版社，2007：2.

② 徐红敏. 哈蒙德教师教育思想述评[D]. 福州：福建师范大学，2006：11.

③ DARLING-HAMMOND L. Constructing 21st-century teacher education[J]. Journal of Teacher Education，2006，57(3)：300-314.

习，教师培养方案要为教师提供从实践中学习的机会，因而达林-哈蒙德极为重视教师教育培养方案中教学实习的安排，提倡应将进行教学实习的时间从旧有的几周时间延长到至少一年的时间。

③杜威对达林-哈蒙德“以学生为中心”思想的影响。

杜威认为，学校生活组织应该以儿童为中心，学校的一切主要是为儿童而不是为教师服务的。因为以儿童为中心是与儿童的本能和需要协调一致的，所以在学校生活中，儿童是起点，是中心，也是目的。在杜威“儿童中心论”的影响下，达林-哈蒙德认为学校的教学工作必须具备两个特点：一是“以学生为中心”(learner-centered)，教学要关注学生个体的学习需求、智力水平、能力以及语言和文化背景；二是“以学习为中心”(learning-centered)，教学要能够支持学生深入的学习，使之能有敏锐的思考和熟练的表现。①

达林-哈蒙德也特别强调教师对学生的了解，包括对学生学习方式和发展方式的总的了解，还包括观察每一个学生，对他们的能力、经验和兴趣有清晰的了解，明白学生存在的不同的发展需要，既要理解学生群体普遍的发展进程，又要了解学生个体的发展差异，还要理解和欣赏学生个体经验的差异，学会与家长和同事一起创设出良好的学习环境，支持学生的学习和发展。她还特别强调教师要关注学生因为族裔原因形成的语言差异。

(2)加德纳多元智能理论对达林-哈蒙德教师教育课程思想的影响

20 世纪 80 年代，加德纳的多元智能理论在教育界得到迅速的传播并被接受，这是因为它向传统的教育思想提出了挑战，为教育理论和实际工作者提供了一个新颖有力的理论依据，同时教育界不满于传统智力和成绩测验，追求平等而优异的多元化教育正在兴起，“以人为本”的新进步主义教育运动逐步壮大，加之美国文化和教育的根深蒂固的个人主义因素的影响，更加促进了多元智能理论的广泛传播。达林-哈蒙德深受加德纳多元智能理论的影响，对政府片面强调成绩测验的成效表示质疑，并非常重视美国多元化民众接受多元化的教育，在新教师培训标准中反复阐述理解多元化学生的不同的学习需要，包括语言使用的差异，同时强调联合家长、社区的力量进行合作教育。②

①多元智能理论对达林-哈蒙德智能观的影响。

根据多元智能理论，大多数人具有完整的智能，但每个人的认知特征又显示

---

① DARLING-HAMMOND L. Constructing 21st-century teacher education[J]. Journal of Teacher Education, 2006, 57(3): 300-314.

② 徐红敏. 哈蒙德教师教育思想述评[D]. 福州：福建师范大学，2006：13.

出其独特性,在八种智能[①]方面每个人所拥有的量是不同的,八种智能的组合与操作方式各有特色。20世纪60年代以来,美国越来越强调提高学生的学业标准,加强了学科教学,这势必会忽略对学生其他能力的培养和开发,从而贬低了其他认知方式的重要性。因此,学生的多种智能没有受到关注且无法得到发展,他们的特长也很难被发现。达林-哈蒙德认为传统标准的建立存在很大的弊端,忽视了学生的个体差异和个体需要。她肯定标准可以建立,但要建立个性化的标准,建立标准的目的是帮助学生实现身心的全面发展,而不是惩罚学生。这样的标准必须认识到智能的多样性和广泛性,并使培养和发展学生各方面的能力占据同等重要的地位,因为狭隘的智能观必然导致狭隘的教育内容,而狭隘的教育内容只可能培养出片面发展的学生,这在一定程度上会阻碍甚至扼杀学生多方面的潜在能力,从而限制学生顺乎自然的全面发展。[②]

②多元智能理论对达林-哈蒙德教学观的影响。

多元智能理论认为,每个人都不同程度地拥有相对独立的八种智能,而且每种智能都有其独特的认知发展过程。因此,教学方法和手段就应该根据教学对象和教学内容而灵活多样,因材施教。教师应当让学生积极地参与教学活动,并根据不同的教学对象和内容采取不同的教学方式,即使是同样的教学内容也可以通过不同的方式和手段来帮助学生理解和掌握,使学生成为学习的主人。学校和教师的任务在于运用适合学生特点的有效方法去促进每个学生全面充分发展。对教师而言,更为重要的是,要认识到他们能够为学生创设一个生活和学习的个性化的环境,让他们在积极、充满刺激和交互作用的环境里持续地获得心智和能力的发展。

达林-哈蒙德反复批评传统教学"教师讲,学生听"的形式,忽视不同学生在认知活动和方式上的差异。她认为教师不仅要支持学生全方位的发展,而且要明白每个学生发展的差异。要做到这些,教师就要仔细地对每个学生进行观察,对他们的发展做出评估并提供必要的支持。学习和发展互相影响,并受到文化背景的很大影响,教师必须理解和欣赏学生个体经验的差异,要学会和家长及同事一起创设学习环境,支持学生的学习和发展。

③多元智能理论对达林-哈蒙德评价观的影响。

根据多元智能理论,智力和教育测验应当通过多重渠道,采取多种形式,在不同的实际生活和学习情境下进行。教师应从多方面观察、记录、分析每个学生

---

① 所谓八种智能,是指数学逻辑智能、语言智能、音乐智能、空间智能、身体运动智能、人际智能、内省智能和自然认知智能。

② 徐红敏.哈蒙德教师教育思想述评[D].福州:福建师范大学,2006:14.

的优点和缺点，并以此为依据设计和采用适合每个学生特点的不同的课程、教材和教法，帮助学生"扬长避短"。测验的目的不应是对学生进行分类、排名次，或贴标签，而应该帮助教师和家长认识和了解学生的学习特点和需要，并采取适当的措施，帮助每一个学生充分发展其潜能。多元智能理论指出，人的智力是由多种能力组成的综合体，因此学校的评价指标和评价方式也应当多元化，使学生能够在智力测验中发现自我的价值，使教师能够通过这一过程更加充分认识和了解学生的不同潜能特征，从而把握和提供适合他们的教育途径和方法。

受多元智能理论评价观的影响，达林-哈蒙德认为教师必须拥有很多深入了解学生思维的工具，她用了一个很形象的比喻——就像电脑插头插入电脑主机一样，[①]并强调教师应该及时调整自己的教学方式，以满足学生的需要。新教师必须熟练使用各种评估方法和工具，同时也要了解如何帮助学生进行自评。最重要的是，教师必须学会使用从评估中得来的反馈信息来提高自己的教学能力。

2. 达林-哈蒙德的教师教育课程思想的内容

借鉴上述理论和学说，在对中小学教育和美国教师教育研究的基础上，达林-哈蒙德形成了自己独特的教师教育课程思想。

(1)教师应掌握的知识

达林-哈蒙德指出，日趋复杂的、基于知识的、多元文化的社会给教学带来了新的期望。为了帮助不同的学生掌握更具挑战性的知识内容，教师仅仅传授知识、做测试、评定等级是远远不够的，他们必须熟练地掌握学科知识，理解学生怎样思考。[②]"作为专业人士，教师应致力于学习能够帮助所有学生取得成功所需要的知识""专业教师不能再幼稚地声称'我的课教得很好，可没人能领会'。"[③]达林-哈蒙德等人通过总结50个州的教师资格证的要求归纳出教师应掌握的五个领域的知识：①人类生长和发展的知识，包括教育心理学、儿童发展、人类生长和学习、学习差异；②课程和方法知识，包括学科课程、方法、教材和技术、课堂管理、评价；③学校和社会知识，包括学校与社会、组织与管理、教育历史与哲学、社会学和人类知识；④学科专业知识；⑤文理知识，包括人文、艺术和科学。同时结

---

① DARLING-HAMMOND L, BRANSFORD J. Preparing teachers for a changing world: What teachers should learn and be able to do[M]. San Francisco: Jossey-Bass. 2005: 235.

② DARLING-HAMMOND L. What matters most: A competent teacher for every child [J]. The Phi Delta Kappan, 1996, 78: 193-200.

③ 杨硕. 有助于学生发展的教师学习——美国教育家琳达·达林-哈蒙德论教师教育[J]. 太原学院学报, 2009, 10(4): 65-67, 77.

合自己对有效教学的长期研究,达林-哈蒙德比较系统地阐述了教师应掌握的知识。

首先,教师需要深入地、灵活地掌握学科内容,从而帮助学生建立有用的认知图式。学科内容是教师所需掌握的最基本的知识,教学的成功与否在一定程度上取决于教师是否预先为学生理解学科内容做好了充分的准备。如果想要为讲授学科内容做好充分准备,就需要深入地了解内容本身,学习这些内容,了解学生在这些领域的思维特点。① 教师在充分掌握学科内容的基础上,还要知道如何解决他们向学生提出的问题,以及了解解决问题的各种不同的方法;必须能够预见学生在特定领域内可能出现的典型理解和误解形式,并对此做出回应;教师要了解科目结构,即该科目的主要理念和探究模式包括哪些。

其次,教师需要掌握儿童和青少年发展的知识及如何支持学生在不同领域发展(如认知、社会、生理和情感)的知识,从而才能理解学生的言行举止并形成有价值的经验。与学生相联系的教学方式要求教师了解学生因文化、家庭背景、智力发展和学习途径的不同而存在的差异。此外,在面对学生的作业以及学生书面表述或口头讲述他们的经验时,教师必须保持敏感且有耐心地倾听并仔细观察,如要启发学生的学习动力,就需要了解学生相信什么,关心什么,什么样的任务最有可能使他们成功从而更加努力地学习等。②

再次,教师需要掌握关于学习的各种知识,需要考虑学习各种材料对于不同的目标意味着什么,以及能够决定在不同背景下用哪种学习方式是有用的。教师必须能够用不同的教学策略完成各种教学目标,用不同的方式来评价学生的知识掌握情况及其学习方法,在总结学生的缺点时,教师要能够看到其优点。另外,教师要明白学生是如何获得知识的,从而才能建构语言技能和形成有效的学习经验。

最后,教师要了解,课程资源与技术可以使学生与信息知识资源相联系,从而使学生发表看法,获得并合成信息,形成方法并解决问题。此外,教师需要了解合作的相关知识:在学生之间如何形成相互作用,从而可以产生更强有力的分享式学习;如何与其他教师相互合作,如何同父母合作,从而使学生在学校和家庭中形成更有支持性的经验。除此之外,教师还要学会分析其教学实践,评估其

---

① 杨硕.有助于学生发展的教师学习——美国教育家琳达·达林-哈蒙德论教师教育[J].太原学院学报,2009,10(4):65-67,77.

② 杨硕.有助于学生发展的教师学习——美国教育家琳达·达林-哈蒙德论教师教育[J].太原学院学报,2009,10(4):65-67,77.

教学结果，精炼并提高其教学指导水平。[①]

(2)教师教育课程的内容

达林-哈蒙德指出教师必须以有效的方式呈现重要的观点，系统地组织学习过程，教学要适应学生不同的学习方式和背景。有经验的教师需要是机警的治疗者和灵活的计划者，能和学生建立起互惠的关系。学习和教学的复杂性决定了课程资源的不固定性，教师教育课程要为教师提供坚实的学科知识和教育学知识基础，确保他们获得持续的教学和专业发展机会。教师需要对教学的复杂性有着更深的理解，而不是被简单的模式和教学的常规所控制。基于以上分析，达林-哈蒙德认为，为实现成功的教学，教师教育课程必须包括以下知识，即对学生的认识、对所教课程和目标的理解、对教学的理解和对教学技能的掌握。

①对学生及其学习、发展获得的相关知识和技能的了解。

在达林-哈蒙德看来，教师应该了解学生是如何学习的。要了解学生的学习过程，就要理解下面四点：其一，学习建构性的本质——在学生已有经验和新知识之间架起桥梁；其二，认知过程——建立学生新旧知识之间的联系；其三，元认知——了解学生是如何掌控和调整自己的学习与思维的；其四，动机——了解哪些学习任务鼓励和支持学生持续不断地学习。达林-哈蒙德始终认为，学生学习是为了获得在复杂世界生存的能力，除规定的教学内容外，教师要自己选择一些相关的知识来传授给学生，要了解、选择和使用各种评估工具并为学生提供正确的指导，还要为学生提供互相学习和从家庭、社会学习知识的机会。

达林-哈蒙德认为，高质量教学是建立在对儿童发展和学习的理解基础上的，理解儿童的发展主要是用来指导教师管理课堂、选择适合的学习任务、指导学生学习进程、保持学生学习的动力。发展是全面的，包括身体、社交、感情、认知以及语言发展。教师要支持学生全方位的发展，就要了解各方面互相作用的方式，更要明白每个学生发展的差异。要做到这些，教师必须仔细地对每个学生进行观察，对他们的发展做出评估并提供必要的支持。学习和发展互相影响，并受到文化背景的巨大影响，教师必须理解和欣赏学生个体经验的差异，要学会和家长及同事一起创设学习环境，支持学生的学习和发展。另外，达林-哈蒙德认为，语言的使用对大多数教师来说几乎是无意识的；尽管新教师在语言使用上很熟练，但还是要经过了解学生的过程来获得语言技能的学习。

②对所教课程和目标的理解。

教师还必须了解他们将要教授的科目，明白如何组织课程学习来满足学生

① 杨硕.有助于学生发展的教师学习——美国教育家琳达·达林-哈蒙德论教师教育[J].太原学院学报，2009，10(4)：65-67，77.

的需要，实现教学所设立的目标。在课堂上，教师必须能够自己设计和创造一系列学习情境，做出大量决策，包括使用教学材料、选择教学任务、设计教学活动、进行教学评估等。为此，教师必须了解国家、州和学区的学生学业标准从而指导自己的教学决策，还要学会使用科技手段来帮助学生获得信息和资源进而促进其技能的发展，以便表达自己的思想。课程目标有很多，往往会分散学生的时间和注意力，如何平衡也是教师需要掌握的技能，教师要考虑包括掌握知识技能、承担社会发展责任以及作为个体的能力等种种目标。总的来说，教师要有清晰的目标，即要清楚要带领学生往哪个方向去，为什么要让学生去那里，自己和学生怎么一起去那里。

③对教学的理解和对教学技能的掌握。

达林-哈蒙德认为教师为了使学生实现课程目标，除了掌握具体科目的知识外，还要掌握其他四个领域的知识和技能，包括具体科目的教学法、教授多样化学生的技能、管理课堂的技能和评估的知识。

关于掌握具体科目的教学法，达林-哈蒙德指出教师只要对下面六个问题有清楚的认识即可基本掌握具体学科的教学法，这六个问题分别是：如何定义这门学科？教授这门学科的目的是什么？关于这门学科学生理解和获得成绩的具体表现是什么？教授这门学科的基本课程材料有哪些？在这门学科领域内教师如何评估学生的理解和表现？教授某个具体内容所产生的实际效果是什么样的？

关于掌握教授多样化学生的技能，达林-哈蒙德指出有色人种的学生目前占美国中小学生总数的40%，其中超过10%的学生是新移民。除了语言和文化背景上的多样化，学生在课堂上表现的学习能力也是千差万别的，越来越多的学生有着额外的教学需要。因此，新教师在接受培训时，必须考虑各类学生不同的学习需要。

关于掌握管理课堂的技能，达林-哈蒙德指出有效的课堂管理不单纯是指维持课堂纪律，处理学生的不端行为，更重要的是要开展有秩序的、有目的的活动和交流，给学生更多的学习机会。其一，新教师需要了解如何进行有意义的具有鼓动性和参与性的教学；其二，新教师必须学会在课堂营造一个学习的环境，使学生具有归属感和参与感，还有互相帮助的责任感；其三，新教师必须学会组织课堂，为学生提供一个有序的、有目的的环境，使学习时间最优化，使学生的走神最少化；其四，如果学生很调皮捣蛋，不遵守纪律，不尊重老师，教师需要了解如何去修正学生的行为。①

另外，达林-哈蒙德认为教师需要掌握评估学生的技能和通晓全国、州和学

① 徐红敏.哈蒙德教师教育思想述评[D].福州：福建师范大学，2006：23-25.

区评估中所使用的考试标准。

(3)未来教师应该如何获得必要的知识

达林-哈蒙德指出，没有最佳的单一方法能满足所有未来教师的需求，但所有的本科和学士后教师教育项目都必须确保未来教师理解学生学习和发展以及课程和教学的基础。未来教师必须接受专家教师指导，专家教师的指导主要体现在训练、模拟和监督课程开发、处理不同学生的需求等方面，未来教师通过这种指导能够获得足够的专门知识和监督技能。[①]

达林-哈蒙德认为，如何构建这种指导和如何使用未来教师已获得的知识来教学是传统和非传统教师教育项目应当注意的两个问题。这些问题不是教学独有的问题，可是它们影响专业教育。教师教育课程应当根据教师需要知道什么和教师怎样学来设计，这意味着课程内容的组织应当使未来教师获得涉及有效教学和影响学生学习的因素的心理地图。

在达林-哈蒙德看来，应依据未来教师怎样学来构建教师教育需要和利用教师发展来组织课程，这意味着教师教育课程设计应从集中在自我到集中在学生学习和从学习理论的基础再到理论在教学中的应用，这也意味着教师要能够通过具体应用使复杂的实践问题得到分析和处理。因此，初任教师需要一致的机会来应用他们正在学习的内容、分析所发生的事情并调整他们的工作，他们需要对学习、课程和具体学科内容的直接教学进行调查和反思。不管他们通过什么途径进入教师行业，所有的未来教师都需要这些机会，以便他们可以正式成为教师。

达林-哈蒙德强调，无论是通过传统路径还是选择性路径成为教师，教师教育课程设计的中心都是：教师不仅需要获得一套技巧，也需要成为“适应专家”(adaptive experts)——他们能够使用有效的常规策略或在非常规情况下寻找并使用新策略。因为教师教育不能给予教师将来需要的所有知识，所以它必须为终身学习打好基础。考虑到传统和选择性项目培养教师的时间相对比较短且不是任何知识都能传授，教师教育应当被设计来帮助教师在承担最初的教学责任时，学会从他们的实践中学习并从他人的深刻见解中学习。

(4)改革传统教师教育培养方案

美国为未来教师提供的培训计划多种多样、良莠不齐，但接受良好培训的机会也很多。他们可以参加正规的教师教育学院培养计划，学习儿童发展、青少年心理学、课堂管理和教育哲学等课程。他们有两种选择：第一种是高中毕业后直

① DARLING-HAMMOND L. A good teacher in every classroom: Preparing the highly qualified teachers our children deserve[J]. Educational Horizons, 2007, winter: 114-115.

接接受五年教师培训方案的学习,在整个本科阶段和研究生阶段学习专业课程和教学方法,同时还可以在当地的小学获得实习和接受指导的机会;第二种是在大学里进行两年本科阶段的学习,然后在集中进行课程和实践经验的教师培训方案里接受正规的培训,最终获得硕士学位。在开始进行教学工作的最初两年,他们将接受来自熟练教师的精心指导和支持,同时在教学工作中还可以获得来自其他教师的合作支持。随着教学的成熟,教师还会得到学区的认可并获得进行持续的专业学习的机会。这就是达林-哈蒙德描绘的教师专业发展的理想蓝图。

①传统的教师教育培养方案亟待改革的原因。

达林-哈蒙德指出传统的教师教育培养方案亟待改革的原因主要可归结为以下三点:

第一,现代社会高效教学的重要性不断增加,学习标准达到了历史上从未有过的高度,普通民众和工人也需要更多的知识和技能以在社会立足和取得成功。教育对个人和社会的重要性不断增加,越来越多的证据表明在所有的教育资源里,教师的能力对学生的学习最为重要,因而对教师的要求也在不断提高。教师不仅需要能够维持课堂秩序和为学生提供有用的信息,还需要能使多样化的学生学习更加复杂的内容和发展广泛的技能。现在人们期望他们为所有的学生提供过去为少部分学生进行的精英教育。

第二,许多普通民众和很大一部分政策制定者都认为任何人都可以教得好,进入学习机构最多只需要了解相关科目的一些知识,其余简单的诀窍完全可以在工作中获得。这些观念来源于对优秀教师实际所做的工作缺乏理解,以及默许太低的教学标准的存在,进而否认教师需要获得坚实的教育学知识基础,而且忽略教师所必需的实习活动。而更令人失望的是,这些教师往往还被分配去教授那些低收入群体中需求最高的学生,而对这类学生的教学恰恰需要最高效的教师才能胜任。

第三,满足如此广泛的学习要求的教学实践不仅是一项非常复杂的、知识密集的事情,而且需要教师具有非凡的专业技能,但是美国的教师教育学院却很少支持这种实践的发展。相比高度发达的欧洲和亚洲的教师教育学院,美国工厂模式的教师教育学院为教师提供的了解学生的机会更少,教师之间的合作也更少。正如美国教育学会教师教育委员会报告中所观察到的,“很多分析家都注意到，传统的美国教师教育学院与严肃的教学和学习需求之间联系很少”。[①]因此，达林-哈蒙德指出，“教师教育学院必须设计这样的教师教育培养方案，不仅能帮助未来教师深刻地理解关于学习、社会和文化背景、教学等方面的知识，更能够将这些知识应用到复杂多样的课堂里，而且这些教育培养方案能够改变新教师学会教学的环境设置，最后使其成为真正的教师。这意味着教师教育事业必须进一步远离大学，更紧密地与中小学联系起来，也意味着教师教育者必须承担起教育政策制定者和公众的责任，使他们明白要在今天的社会里进行有效的教学究竟意味着什么”。[②]

②新教师教育培训方案应注意的方面。

教师教育改革最难的是教师教育培养计划如何实施、如何进行对未来教师的教学，以及设计包括教学所需核心知识的课程，组织准教师进行教学体验以便他们能够在课堂中使用所学的知识。教师教育者不仅要考虑教什么，还要考虑如何教，以便使教学知识真正贯穿到教师的实践中，使他们成为具有适应性的专家，并能够进行持续的学习。针对上述困难，达林-哈蒙德强调要改革和优化教师教育方案并在方案的实施中注意以下三点：

其一，一致与整合(coherence and integration)，包括理论与课程以及理论课程与教学实习的一致与整合。许多研究者批评一些教师教育方案将课程设置与课程内容割裂开来。达林-哈蒙德认为优秀的教师教育方案应该是将理论课程的学习与未来教师的反思过程和在学校中的教学实习紧密结合，在这样高度连贯的培训方案里，重要的教学理念在课程学习中不断重复，整个理论框架能确保一致。整合方面做得不好，在很大程度上是因为各门课程不相关，没有关于教学和学习的整体概念，所以新的教师教育改革必须摆脱使培训目标偏离的因素，譬如部门的分化、准教师个体的经验和教师培训者的差异等，使其尽可能达到一致。

其二，理论联系实际，强调教学实习与理论课程的联系。传统教师教育模式需要彻底改革在这方面的严重缺陷，要重视与理论课程紧密联系的实习工作，要求未来教师学会能服务多样化学生的专门的实践技能。最有力的措施是改革要与新出现的教育研究取向密切结合，如对学习和教学的严密分析、案例教学、绩

① DARLING-HAMMOND L. A good teacher in every cassroom: Preparing the highly qualified teachers our children deserve[J]. Educational Horizons, 2007. 转引自徐红敏. 哈蒙德教师教育思想述评[D]. 福州：福建师范大学，2006：26.

② DARLING-HAMMOND L. Constructing 21st-century teacher education[J]. Journal of Teacher Education, 2006, 57(3): 300-314.

效评估和强调将理论和实践联系起来，将实践理论化，并形成学习实践的行为研究。改革后的方案至少要为未来教师提供一年的实习时间，在一个或多个熟练教师的指导下，为这些“学生教师”提供应对具有广泛学习需求的学生的专业性实践的范式，同时，这些未来教师要逐渐承担起独立的教学责任。很多研究证实，在培训的同时参加教学实践，将使未来教师能够更理解理论，并会应用他们正在学习的理论支持学生的学习。同时，教师研究教学实践案例，对自己的学习也是很有帮助的。

其三，与中小学建立新型合作关系。如果没有与中小学建立密切的合作关系，上面所提到的理论联系实际的种种策略就无法实现，单靠想象课堂情景是不可能教会学生如何教学的。在美国，一些非常有效的合作关系已经建立，如专业发展学校、实验学校和学校改革网络，这些合作学校本身的环境就为未来教师提供了一种学习体验。在这些学校里，“学生教师”或是实习教师参与学校工作的各个方面，从特殊教育到差生教育，从家长会到家访，从与社团中其他成员的讨论到参与学生获得平等的方案的制订，这些方方面面的参与有助于他们理解更广泛的教学和学习背景，并开始提高有效参与支持学校发展的能力。从这个意义上说，找到能够提供有效实践的中小学是教师教育改革的关键因素，也是最困难的事情之一。确立可以效仿的高质量的教学实践，要寻找学校中个别优秀的合作教师，同时也要寻求高质量的合作学校。因此，要创立专业发展学校，这些学校里的学生所面临的问题是一般化的，为未来教师提供优秀的学校实践模式和个体实践模式相对容易。一些研究也证实，毕业于与这些专业发展学校合作的教师培训机构的教师，感到自己的知识更加丰富，对所接受的培训满意度更高，学校和研究者对他们的评价也更高。①

③新教师教育培养方案应具有的特点。

达林-哈蒙德的教学观与教师观决定了她对教师应接受培训的认识，教师专业理念的重建决定了她所倡导的正规的教师教育培训方案所应具有的特点。

首先，她认为教学是一个复杂的过程，不是人们一般认为的“教师讲，学生听”这样一个简单的过程，也不是教师只需要通读全篇课文，将易于理解的讲稿连贯起来就足够的。不断发展的对人类认知和对学习的科学研究表明以往那种死板的教学方式已经不能帮助学生学好，学生只有在这样的情况下才能达到最好的学习效果：其一，新知识能够和已学过的知识、已有的经验联系起来；其二，

---

① DARLING-HAMMOND L，BRANSFORD J. Preparing teachers for a changing world：What teachers should learn and be able to do[M]. San Francisco：Jossey-Bass. 2005：236-238.

想要把新知识运用到解决现实世界的问题中；其三，学习是围绕着清晰的高目标进行的，贯穿着很多实践活动；其四，能体验到连贯的逐渐增加的学习机会；其五，学习的出发点是学生自己的兴趣。[①]

其次，她认为教师会受到成长过程中所积累经验的巨大影响，在教师教育培训阶段学到的专业的教学知识将会给教学带来很大影响。从小学到中学阶段，他们每天要接触不同的教师，这些教师的教学会给他们留下深深的印记。进入大学之后，他们开始进行专业学习，同时也会受到大学教师的教学理论和方法的影响。他们带着这些影响作为新教师参加工作后，要运用学习到的知识，或是独立应对各种教学环境，或是在别的更有经验的教师的帮助下来开展教学。作为从业教师，他们要面对每一个新学生以及每一个新学区或新学校带来的不同的挑战，而且还有不断出现的新的教学改革浪潮要求他们参与。其所积累经验的巨大影响和要面对的复杂教学情况使得教师学到的知识将会在很大程度上影响他们的效率，因此他们必须接受专业的教学培训。

最后，美国社会在人口、种族构成方面出现的新变化，以及现代信息技术的迅速发展，使得学生群体结构、教学模式和教学方法及手段等均与以往大为不同，致使对教师素质的要求更加全面，从而在客观上要求对教师素质重新加以审视。例如，从种族构成看，美国基础教育阶段学生中来自少数族裔家庭的学生数量已经超过三分之一，许多学生来自新移民家庭，这些学生的语言、文化和宗教背景独特，给教育带来了新的问题，而许多教师不了解这类学生及其家庭，导致这类学生无法接受适宜的教育，也使得学校的语言和宗教等问题日益突出。这就要求教师具备多文化的视野，尊重多样化和差异性。再如，以现代多媒体技术为特征的教育技术手段在中小学的广泛应用，也对教师应具备的素质提出了新的要求。

(5)大学与中小学合作的职前学习模式

达林-哈蒙德认为，“作为一个专业性的集体，教师教育者需要更努力地工作，为教师培训新模式的建立提供坚实的基础，提倡与中小学校建立更密切的关系，支持教师间的互相教学，帮助准教师学会教学，实现自己的发展，应对挑战，抵抗压力”。[②]

职前学习是教师从事教学工作的必要准备，职前学习不仅对新教师教学工作的起始阶段有重要的影响，其影响还将延伸到教师一生的职业生涯之中。因此，达林-哈蒙德十分重视教师的职前教育，她认为教学知识仅仅通过阅读和讨

---

① 徐红敏.哈蒙德教师教育思想述评[D].福州：福建师范大学，2006：20-21.

② 徐红敏.哈蒙德教师教育思想述评[D].福州：福建师范大学，2006：27.

论一些新的教学思想是远远不够的,作为一名教师,其所需的经验和他学生年代所经历的也是完全不同的。因此,依她之见,将学习、实践和反思相互结合是教师学习的最佳方式,同时还要与其他教师相互合作,更多关注学生和工作,并要学会分享知识和经验。在脱离实践的大学教室里和没有理论指导的中小学教室里,这种学习情景都是不会发生的,它必须将未来教师在大学教室里的学习与中小学教室里的教学实践相互结合。教育学院和中小学相结合这一最好的职前教师学习模式可以为未来教师提供大量的机会来进行研究和调查、试验和测试、讨论并评价教学和学习结果。达林-哈蒙德提倡建立由高校和中小学合作的专业发展学校,这些学校的目的在于为新教师的成长和老教师的专业进修提供场所,并支持合作式的调查研究。在专业发展学校中进行规划和教学的教师不仅要有大学教师,还要有中小学资深教师,这些资深教师在担任专业发展学校中的教员、研究的合作成员以及教师带领人的同时,也扩展了自己的知识层面。

这种学习模式的特色在于可以让未来教师进行研究学习,自己做案例调查,进行行动研究和具体的实践反馈。这一模式中的未来教师不仅要学习如何去教的知识,而且要从教学中学习,教师教育的工作是将教师有组织的、易感知的探究能力发展成为学习天性和教学效果。[①] 这就像杜威所说的知识生产的方式——通过让教师更深刻地理解复杂的局面从而给予他们更多的抉择权利,而不是试图通过简单的规则或者常规性的工作来控制教师。此外,如果教师可以亲自调查他们的教学对学生学习所产生的效果,或者如果他们了解到其他人学到了什么,他们会对各种变化更加敏感,更加清楚在特定的状况中什么样的工作是为了达到何种目的。这种训练还可以帮助教师学会从多重角度来看世界并利用这些知识来帮助不同的学习者。

这种未来教师学习模式使新教师在完成教师教育的同时,掌握了很扎实的教学技能,使大学课程与中小学教学实践联系起来,并延展到未来的教学之中,从而在研究和实践之间建立起一种新的关系。这一理论与实践相结合的教师教育模式的特点在于:①这种学习被具体的有批判性的教学和学习活动所环绕,包括课堂计划、学生学习评估、课程发展,而不是一些抽象的、概括性的活动。②这一学习模式是在对具体的案例、问题进行分析和评论的实践调查中完善起来的。③这种学习是建立在实质性的专业研究的基础上,通过不同方式培养价值观念和促进交流的同时,建立起同事关系和实践标准。这些要素是新教师在接受职前教育的专业发展过程中的重要组成部分,在就业的早期起着重要的作用,并延

---

① 杨硕.有助于学生发展的教师学习——美国教育家琳达·达林-哈蒙德论教师教育[J].太原学院学报,2009,10(4):65-67,77.

伸到其后的实际教学中。[①]

3. 结语

达林-哈蒙德坚持"专业化"的教师教育课程改革取向,她所进行的教育研究对当代美国教师教育课程改革起着举足轻重的作用,她所任职的教育机构对美国教师教育也产生了巨大的影响。作为一名社会改良主义者,在美国追求民主的社会氛围中,达林-哈蒙德的教师教育课程思想始终围绕着追求教育民主、消除教育不平等这一根本目标。

针对理论与实践割裂这一美国传统教师教育方案的弊端,达林-哈蒙德强调教师教育课程的理论课程必须与实践课程紧密联系在一起。她认为教师教育的理论与实践相结合体现在以下三方面:其一是在学习理论课程的同时研究教学实践案例,这对理论学习是一种应用,也是一种促进;其二是教师教育改革要与新出现的教育研究取向密切结合,如对学习和教学的严密分析、案例教学、绩效评估和行为研究;其三是要重视与理论课程紧密联系的实习工作。

针对长期以来美国教师教育课程偏重理论学习、文理课程在教师教育课程中占据较大比重的情况,达林-哈蒙德强调的参加教学实习、进行"临床实践"的教育主张在某种程度上改变了这种状况。她提倡新的教师培训方案至少要为未来教师提供一年的实习时间,并在一个或多个熟练教师的指导下,为这些"学生教师"提供应对具有广泛学习需求的学生的专业性实践范式,同时要逐渐承担起独立教学的责任。

三、教师资格证书制度及全美教师教育认可委员会对教师教育课程的影响

美国教师资格证书制度经过一个多世纪的发展,到 20 世纪 80 年代已相对稳定成形。然而,中小学教育改革的新要求促使教师资格证书制度进一步提高了其规范的专业化程度。同时,专业团体参与标准制定和资格审查的力度加大。尤其值得注意的是,20 世纪 60 年代以来,全美教师教育认可委员会在规范教师教育的过程中发挥着日益重要的作用。

① DARLING-HAMMOND L. What matters most: A competent teacher for every child [J]. The Phi Delta Kappan, 1996, 78: 193-200.

(一)教师资格证书制度对教师教育课程的影响

1.20 世纪 80 年代以来美国教师资格证书制度的现状与改革的趋势

(1)美国教师资格证书制度的现状

经过一个多世纪的发展,美国教师资格证书制度到 20 世纪 80 年代已相当完备。教师资格证书体系包括传统的教师执照(traditional licensure)、选择性教师执照/证书(alternative licensure/certification)以及全国委员会资格证书(national board certification)等。

进入 20 世纪 80 年代后,美国教师资格证的认可权在州政府,只要符合州政府规定的要求,即毕业于认可的教师教育机构,就可以申请获得由州政府颁发的教师资格证书,因此教师资格证书的管理和颁发的主要权力机构是各州教育行政部门。但是,随着改革的深入,教育界人士逐渐认识到,运用行政和法律手段管理教师资格证书的发放,不可避免会出现垄断性和非专业性的问题,因此各州相继建立了教学专业标准委员会或具有类似功能的专业团体,能在州教育当局的相关决策下起到咨询甚至独立自治的作用,使教师资格证书从外部管理走向内部规范。尽管专业团体的作用有限,但它已经打破了政府部门垄断证书的传统,在实现从行政管理向专业规范转变的过程中迈出了重要的一步。现阶段,美国教师资格证书的管理一般有两种模式:一种是计划批准模式,即由州教育委员会委托有资格的高等学校制订师资培养计划,学生学完四、五年课程(四年制教育计划和第五年计划)以后,直接由学校建议,州教育委员会签发教师资格证书,这就将培训与发证结合起来;另一种模式是直接由专业评价委员会签发教师资格证书。

美国教师资格证书体系很完备,总体上来看,教师资格证书按教学职责范围划分为七类:①幼儿园教师资格证书;②小学教师资格证书;③中学教师资格证书;④各科教师资格证书;⑤职业技术教师资格证书;⑥特殊教师资格证书:⑦指导教师资格证书。此外,按有效期的不同,大致分为 5 个级别:①短期教师资格证书:凡符合上述各类教师所规定的条件者,一般先发给短期证书,其有效期一般为 4 年,到期时若条件具备可再延长 4 年。②专业教师资格证书:凡取得短期教师资格证书、工作满 3 年且工作成绩良好、完成规定必修课程 18 个学分者,发给专业教师资格证书。③长期教师资格证书:凡拥有专业教师资格证书、工作满 5 年且做出良好成绩、完成必修课程 30 个学分者,发给长期教师资格证书。④终身教师资格证书:这是对长期从事教育工作者所作的具有荣誉性质的特殊规定。⑤临时教师资格证书:对未取得各类教师资格证书者,因工作需要,由学校提出申请,可发给该证书,有效期为 1 年,必要时再延长 1 年。

目前在美国，从事教师职业之前，必须获得教师资格证书，证书还是由州政府部门颁发。教师资格评估或证书颁发程序是：①接受人文教育和学术学科教育；②对未来教师的知识和技能进行评价；③接受教师教育；④接受教学知识评价——关于学习者和学习课程以及教学环境与目标的书面知识和相应能力评价；⑤符合条件者可获得实习执照；⑥在专业发展学校实习；⑦由现场指导教师对教学技能与意向进行现场评价；⑧符合要求者可接受由学科领域和特定学科层次提供的有关计划、教学、管理等教学技能的评价。成功完成上述要求者可以获得专业教师资格证书。①

(2)美国教师资格证书制度改革的趋势

如前所述，美国教师资格证书制度经过一个多世纪的发展，到20世纪80年代已相对稳定成形。然而，基础教育改革的新要求和教师专业化趋势使传统证书制度越来越不适应时代的发展要求，因此，美国中小学教师资格证书制度发生了一系列变化，出现了一些值得注意的新动向。

①提高教师资格认可标准，增加专业考试。

1986年5月，美国《卡内基报告书》提出建议，要求建立全国性教师资格审查机构，制定全国统一的、高质量的教师资格认可标准，所有教师必须经过研究生阶段(即教育学硕士学位课程)的培训，由独立的专业组织来确定教师资格证书标准并颁发证书。为了保证证书标准的专业性和发证的公正性，许多州都将有关权限和职责由州教育部门移交给某个公认的权威教师专业组织，如全美专业教学标准委员会(the National Board for Professional Teaching Standards, NBPTS)、美国州际新教师评估和支持联合会(the Interstate New Teacher Assessment and Support Consortium, INTASC)及全美教师教育认可委员会。为了选择更多优秀的合格教师，美国不断提高教师资格认可标准，认可标准综合了多项内容，不仅对教师的文凭、证书、学分等作出了要求，还对教师的素质、能力等作出了相应的要求，并与时代的发展紧密结合。有的州规定需要考核教师课堂组织、思想品德、教学技能熟练度等几个方面的内容；有的州规定教师不仅要在所授专业上表现优秀，还必须有较广泛的知识面，以满足通识教育发展的需要；有的州在教师资格认可标准中增加了有关教师要接受继续教育的规定。

增加由专业团体设置的考试是20世纪80年代后期以来教师资格证书制度的重要变化。在纽约、明尼苏达等州的带领下，美国各州的教师资格证书制度逐步改变了过去简单按学历选用教师的做法，开始根据教师的实际成绩来评定其

---

① 郭志明.从外部管理走向内部规范——20世纪末美国教师证书制度的专业化方向[J].比较教育研究，2004，(12)：76-80.

工资和待遇。在完成认定的课程学习后增加资格考试成为取得教师资格证书的必要条件,使用标准化测验来衡量教师质量的做法也开始流行起来。20世纪80年代末,已有半数以上的州要求未来教师进入教育专业学习前要参加选拔性考试,完成教师教育计划之后要接受评估性测验。在整个20世纪80年代,大多数州要求申请者参加由设在普林斯顿的"教育测试服务中心(ETS)"编制的全国教师测验(NTE),该测试的内容包括课堂交流技能、一般常识、教育专业知识、各学科的专业内容等。

②增设专业团体,加大专业人员的参与程度。

20世纪80年代以来,越来越多的州开始建立教学专业标准委员会,这些委员会直接参与教师资格证书标准的建立以及教师资格的审查,并发挥了重要的作用。20世纪80年代末,已有10个州建立了自治的专业委员会,数量比20世纪80年代初增加了3倍。[①] 明尼苏达州教学委员会是全美成立较早的专业委员会之一,该委员会拥有自治权利,由7位教师、1位校长、1位高校代表和1位非教育人员构成,[②]负责资格证书标准的建立和实施,在全国树立了榜样。尽管专业团体在美国教师资格证书制度中的作用还比较有限,但它毕竟打破了政府部门垄断证书的传统,在实现教师资格证书制度从行政管理向专业规范转变的过程中迈出了重要的一步。

③实现多个机构合作认可。

美国是一个地方分权制国家,各州都有自身的教师资格认可标准,随着社会的发展和教育要求的提高,各州的教育政策制定者的思路也发生了变化,他们开始把教师培训、教师认可和教师职业能力发展作为一个整体来考虑。各州教育管理机构普遍认为这三种机构——教师资格认可机构、教师团体和教师教育机构——应该在教师资格认可问题上采取一致的态度、计划和步骤,才能真正保障教师质量[③]。

④从外部审查到内部评估:资格审查与教师教育相结合。

20世纪90年代以来,突出教师实际教学能力、集资格审查与教师教育于一体的新评估方案产生。该评估方案包括:教育专业学生在第二年的中期或结束

① DARLING-HAMMOND L, WISE A E, KLEIN S P. A license to teach: Building a profession for 21st-century schools[M]. Boulder: Westview Press, 1995: 10.

② HOUSTON W R. Handbook of research on teacher education: A project of the association of teacher educators[M]. New York: Macmillan Publishing Company, 1990: 104.

③ New York State Board of Regents. Professional Development[R]. The State Board of Regents, 1998: 30-32.

时，进行基本学术能力测验；在学生完成教师教育计划后，进行有关任教学科和教育专业知识的测验；当新教师在他人指导下完成一个阶段的教学工作后，评价其课堂教学技能等。

20世纪90年代的新体系中，教师资格评估或证书颁发具有严格、规范的程序。大学或学院根据州教育行政的规定，订立各学科专业、各学术层次的教师培养方案；该方案经过州教育行政部门的审核认可之后，希望从事教师职业的人可直接向认可大学或学院提出申请；学生被录取后，学习规定的课程，达到规定的要求，然后接受教学知识评价——关于学习者及其学习、课程和教学环境的评价，符合条件者可获得实习执照，在专业发展学校实习，由现场指导教师对其教学技能与意向进行现场评价，符合要求者可接受由学科领域和特定学科层次提供的有关计划、教学、管理等教学技能的评估，成功地完成上述程序者可获专业教师资格证书。但各州甚至各校对教师的要求都各不相同。有些州要求学生通过各种考试和长短不一的教学实习；有些州要求学生在实习前进行见习；有些院校增加了“第五年”的学习时间；有些院校增加了入职培训期；也有些院校没有提供本科时期的教师教育专业，而只设立了本科后教师教育专业；有些州只要求初级证书；有些州则要求更高级的证书，即要求已获证教师参加终身继续教育或取得终身教师资格证书①。

上述程序表明将教师资格审查与培养过程以及新教师的见习过程相结合是20世纪90年代以来美国教师资格审查制度的突出特点，它突破了过去只关注课时、学分等外部指标的做法，将审查的重点转向对申请者已有知识和能力的考察，这就将教师资格审查与教师教育结合起来，将教师教育纳入了专业规范的程序之中。以专业标准审查申请者的知识与技能、规范教师教育，必然带来教师入职标准的提高和资格审查程序的科学化，使之真正起到了审查与把关的作用，从而标志着教师资格审查制度由外部控制转向内部评估，由非专业管理走向专业规范。

值得注意的是，上述程序显示了证书制度改革的基本路径，由于各州模式不统一，在具体实施上表现出很大差异。例如，有些州除了增加知识与能力测试外，还要求那些修完教育课程并取得临时教师资格证书的新教师至少要有一年的试用期；有些州还将资格考试的规定扩展到在职教师当中，禁止不合格教师在公立学校任教；在取消完成教育计划后即可自动取得教师资格证书的做法后，有些州又将“教学硕士”计划与教师资格证书制度结合起来，规定获得非教育专业

① DARLING-HAMMOND L, WISE A E, KLEIN S P. A license to teach: Building a profession for 21st-century schools[M]. Boulder: Westview Press, 1995: 109.

学士学位的申请者,在取得“教学硕士”学位后,也就具备了获得初级教师资格证书的资格。①

⑤选择性教师资格证书制度。

20 世纪 80 年代以来美国教师资格证书制度方面的改革还出现了一个新的动向,即选择性教师资格证书(Alternative Teacher Certification,ATC)制度的产生和蓬勃发展。选择性教师资格证书制度是相对传统教师资格证书制度所采取的各种变通措施。各种类型的选择性教师资格证书制度是相对于传统教师教育机构模式而开辟的各种培训合格师资的途径,它是教育改革呼吁高质量教师和人们主张舍弃应急教师资格证书和临时教师资格证书的结果。选择性教师资格证书的含义是:持有非教育专业本科学历的人员,无须经过传统教师教育院系的专业学习,在参加短期教师培训之后通过州教师资格考试就可获得证书。因此,选择性教师资格证书与传统教师资格证书不同之处在于申请者获取证书的途径不同,但他们最终所取得的证书都是州政府承认的正规的教师资格证书。从这个意义上讲,选择性教师资格证书制度是对传统教师培养模式的挑战与创新。虽然围绕这一新的证书制度的争论从来没有休止过,但毋庸置疑的是它给传统教师资格证书制度注入了新鲜血液,甚至在整个教育领域产生了深刻和广泛的影响。

⑥建立和实施全国专业性教师资格证书制度。

全国专业性教师资格证书制度的建立和实施堪称 20 世纪 80 年代以来美国教师资格证书制度改革的标志性成果之一。由于美国是由各州政府制定教师资格认可标准或教师资格证书颁发标准,各州之间的标准难免参差不齐,而且各州的标准一般偏低。另外,自 20 世纪 80 年代以来,美国教育出现了明显的“国家化”趋势,在基础教育领域出现了以国家课程标准的制定和推广以及一系列基于标准的改革为主要内容的课程改革运动。面向和服务于基础教育的教师也相应需要制定教师应该“教什么”和应该“怎么教”的全国统一的标准。因此,卡内基教学促进基金会于 1986 年发表了题为《国家为 21 世纪教师作准备》的报告,报告提出的 8 项有关教师教育的改革建议中的第一项就是建立全美专业教学标准委员会,负责制定教学的高标准,并为达到标准的教师颁发全国通用的教师资格证书。

目前,美国已经开始在自愿的基础上试行全国教师资格证书考试,实行由独立的专业组织来管理教师资格证书的统一发放,以推动全国性教师资格认可制

① 郭志明.从外部管理走向内部规范——20 世纪末美国教师证书制度的专业化方向[J].比较教育研究,2004,(12):76-80.

度的建立和实施。全国性教师资格认可制度的建立和实施，不仅有利于促进教育工作的横向交流和进一步规范教师的资格认可制度，还将有利于促进教师成为一个专门的职业。

2. 美国教师资格证书制度对教师教育课程的影响

(1)提高教育专业的入学标准

20 世纪 80 年代后期以来，越来越多的州开始建立专业标准委员会，这些专业标准委员会直接参与教师资格证书的标准制定和资格审查的有关工作。此前，教育专业的申请者在前期大学课程学习的平均积分达到 2.5 分(相当于学业成绩刚及格)即可进入教师教育学院学习，而且有些可算在积分之内的课程是大学的所谓"轻松"课程，但从 1999—2000 年起要求教育专业申请者至少要修完三个学期大学水平的文理课程，平均积分达到"B"等级才能被录取。如果没达到这个标准但仍想攻读教育专业的学生，则必须补修一学期或更长时间的课程才能达标，就像医学专业申请者要增加一学期科学课程来达到录取标准一样。同时，许多州还提高教育专业申请者的入学考试标准，如密苏里州的教师教育学院实施基本学术科目考试，考试内容考查学生对于核心课程知识的掌握程度及其是否具有跨学科技能，以便入学者能够进入教师准备计划。①

(2)学历要求和能力要求

由于美国实行开放型的教师培养体系，中小学教师由综合性大学培养，学生在完成 2 年的专业学习后或取得本科学历后再进行教育理论学习和教育实践的学习，也有的是专业学习和教育专业训练交叉进行。美国对中小学教师学历要求较高，普遍要求为本科及本科以上。近年来教师资格证书对学历的要求越来越高，各州对取得教师资格证书者的学历水平提出的标准也越来越高，这使得教师培养的重心逐渐从本科阶段向硕士研究生阶段转移。1986 年，美国提出将初任教师的资格由学士学位提高到硕士学位，至今已有 300 多所教师教育学院实行"4＋1"学制和双学位模式，即学生在大学本科 4 年任教学科的学习完全等同于同类专业，甚至就在同类专业院系受教，再增加 1 年学习时间有关教育方面的课程，毕业时可获得任教学科的学士学位和教育硕士学位。为了保证教师的能力水平，一般要求教师候选人修习一定学分的通识学科课程、专业学科课程和教育学科课程。通识学科课程让学生广泛涉猎各类学科以打下扎实的文理基础，这类课程包括英语、社会科学、人文科学、数学和自然科学、保健和体育等，占全部课程的 40％左右。专业学科课程按照师范生毕业后将要任教的学科而设置。

① 堪启标. 美国教师质量问题及其政策取向[J]. 外国教育研究，2002(3)：52-55.

教育学科课程则包括基础教育理论课程、教育方法与技能课程以及教师实践活动。①

(3)提高师范生的学业标准

各州主要通过两个方面提高师范生的学业标准。一方面,加强教育专业学生任教学科课程培训。以前教育专业学生任教学科课程的内容与同类专业相比少而浅,如宾夕法尼亚州数学专业学生必修的微分方程、高级微积分等课程可用数学史取而代之;现在则要求教育专业学生所学的任教课程至少要和同类专业的课程一致,并且应得到更深入、更全面的发展。另一方面,加强教育专业学生的教学实践。仍以宾夕法尼亚州为例,以前在宾夕法尼亚州各大学的教育专业教学中,主要是学生"坐着听课",教学实践可有可无;现在则要求学生从接受师资培训的第一天起就直接到中小学参与各种各样的教学实践活动,从而使他们的专业知识和课堂教学紧密结合,这有助于培养他们的教学技能和全身心投入的敬业精神和积极态度。②

(4)提高教资申请者获取初任教师资格证书的要求

美国现由各州教育委员会或教育厅负责教师资格证书的各项事宜,这类机构的其中一项职责是规定获取初任教师资格证书的要求,各州的要求大致分为四个方面:其一是申请者必须受过教育专业培训;其二是要有学士学位;其三是学过教育科目、参加过教学实践;其四是参加有关的考试并取得合格的成绩。③

(5)提高教师的能力标准

20 世纪 80 年代后,各州开始着力培养具有反思能力的研究者,因此,对教师的能力标准要求也发生了变化。以得克萨斯州为例,1995 年得克萨斯州成立独立的"教师资格证书委员会",负责教师教育与教师资格证书的颁发工作,强调教师的能力标准有五项:①知识标准——教师需要拥有关于课程内容、教育学等科目的丰富知识,以及为所有学生提供相关的、有意义的学习经验的技术;②指导标准——为了塑造一个具有反思、研究氛围的教师集体,教师之间必须能共同确认需要,共同确认计划,共同使用其他资源;③平等标准——教师应对不同的学生提供不同的指导;④交往标准——作为学生与学校的拥护者,教师应表现出有效的专业技能及人际交往技能;⑤专业发展标准——教师应致力于学生的进

---

① 谢美彬.美国教师资格证书制度研究[D].福州:福建师范大学,2004:18.

② 尹志梅.20 世纪 80 年代以来美国中小学教师资格制度的改革及对我国的启示[D].长春:东北师范大学,2006:11-12.

③ 尹志梅.20 世纪 80 年代以来美国中小学教师资格制度的改革及对我国的启示[D].长春:东北师范大学,2006:12.

步、成功，表现出学习的愿望，并要提高专业水准，保持专业信念与个人完整的人格。[①]

3. 威斯康星州中学教师资格证书制度对教师教育课程的要求

威斯康星州于1848年成为美国的一个州。在此之前，人们对教师的要求仅限于所教课程的范围和程度。威斯康星成为美国的一个州后，人们期望教师参加完夏季培训或完成一两年中学的教育后便可具备高等教学水平。直到1920年，该州才开始制定教师资格认可制度。第一次世界大战后，两年制的教师学校被四年制的教师教育学院代替，教师教育学院开始开设教育理论课程，教育心理学成为教育专业的基础学科。1937年，威斯康星州对担任中学各门课程的教师提出教师资格证书的要求。为了提高教师职业的地位，1971年威斯康星州要求中学教师具有学士学位，1983年，该州停止颁发终身教师资格证书，提出证书更新，要求所有的教师必须取得6个学分来更新五年制的教师资格证书[②]。

关于教师资格证书，威斯康星州政府制定了证书颁布条例(Licensing Rules)。该条例共有14部分，除了一般条款和证书的一般要求以外，按照幼教、小学、中学、特殊教育等分类规定了担任各种教育职能的教师资格标准。对于中学教师，该州规定有三种教师资格证书：初级教师资格证书(Initial Educator License)、专业教师资格证书(Professional Educator License)、高级教师资格证书(Master Educator License)。初级教师资格证书发给新教师，这类证书在5年期限内不可更新。为了更新证书，持证者必须写一份基于教师十大标准的专业发展计划，如攻读教育硕士或接受培养批判思维及问题解决能力的培训。在第3～5年之间接受专业发展评价小组的考核并合格后，凭评价小组对其作出肯定评价的报告书方可获得专业教师资格证书。专业教师资格证书的有效期也是5年，持有初级教师资格证书的教师需再获得教育学院的6个学分才能更新为专业教师资格证书。高级教师资格证书有效期为10年，是专门为那些具有出色职业能力且至少有5年教学经历的教师颁发的资格证书。

关于中学教师资格证书，威斯康星州要求获得中学教师资格者必须参加中学教师教育计划，并颁布了教师资格条例课程规定。中学教师教育计划课程一般可分成通识学科课程、专业学科课程和教育学科课程三部分。通识学科课程旨在使学生涉猎广泛的学科以打下扎实的基础。专业学科课程旨在为师范生提供将来所从事专业的教育。教育学科课程则包括教育理论、教学方法以及通过

① State Board of Education. Learn-Centered Schools for Texas[M]. Auslin: Vision of Texas Educators, Texas Education genda, 1995: 126.

② 吴志功. 美国威斯康星州中学教师资格认证[J]. 高等师范教育研究, 2000(4): 68-72.

教育实习所获得的教学经验。下文以威斯康星州中学数学教师为例来说明具体要求。

接受通识教育是获得教师资格证书的一个必要条件。在威斯康星州,规定要当中学教师必须修满 40 个学分的通识学科课程,其中在人文学科、社会学科和自然科学各领域必须各获得至少 9 个学分。通识教育的课程大部分由文学院和理学院开设,课程内容包括交流、定性推理/数学、人文学科、社会学科、自然科学等几个学科领域,各领域的具体科目和学分分布详见表 5-1。

表 5-1　**威斯康星州教师资格证书对通识教育课程科目及学分规定一览表**

学科领域	课程名称	学分要求
交流	英语、交流艺术、新闻学	3
定性推理/数学	数学、哲学	3
人文科学	文学(必修)、艺术(必修)、历史、音乐、戏剧、妇女研究等	9
社会科学	国家、州和地区政府、西方历史(美国史、欧洲史、俄罗斯史必修)、非西方历史(亚洲史、非洲史、拉丁美洲史、美国印第安人史)等	9
自然科学	生物学(必修)、物理学(必修)、实践科学、通识教育(选修)	9

(资料来源:吴志功.美国威斯康星州中学教师资格认证[J].高等师范教育研究,2000(4):68-72.)

专业学科要求至少获得 36 个学分。如果要申请中学数学教师的资格证书,申请人在申请参加教师教育课程之前必须已获得 22 个数学专业课程的学分,而在修习教师教育课程期间四个学期须再完成 14 个学分。

教育学科要求开设全日制连续四个学期的课程,同时要求师范生有一定的学校教学经验。教育课程要求甚严,必须连续上完四个学期。申请教师资格证书者必须参加每学期的有关课程,即便在别的学校学过类似课程,但如果要获得威斯康星州教师资格证书,则必须在该州教育部门认定的大学重修。在修习教育学科课程前,要求必须完成大部分专业和通识课程的学习。因为教育学科课程安排得很紧张,要求申请者全力以赴方能完成其全程学业。所有教育学科课程必须在要求的学期中完成。表 5-2 显示了威斯康星州中学数学教师四个学期修习教育课程的安排。

表 5-2　　威斯康星州教师资格证书中学数学教师课程要求一览表

学期	学科领域	课程名称	学分要求/分
第一学期	课程与教学	教学战略	3
	教育政策研究	学校与社会	3
	教育心理学	教育背景及青少年发展	3
	课程与教学	中学数学教学高级研讨班	3
第二学期	课程与教学	中学数学教学	3
	课程与教学	高中数学实习(教学实习要求一个学期,一般安排在 8 月底至 1 月中旬)	9
第三学期	课程与教学	中学课程的阅读与写作	3
	课程与教学	各类学生教学	3
	教育心理学	人类能力与学习	3
	课程与教学	中学数学高级研讨班	3
第四学期	课程与教学	中学数学教育	3
	课程与教学	高中数学教学实习	9

(资料来源:吴志功.美国威斯康星州中学教师资格认证[J].高等师范教育研究,2000(4):68-72.)

从威斯康星州教师资格证书的课程要求可以看出美国师资培训课程具有重视通识教育的特点,并重视教育理论与教学实践相结合。

随着时代的发展,威斯康星州教师资格证书制度也在不断的改革,20 世纪 90 年代以来,主要开展三方面的改革。首先,教师培养将从课程和学分定向转为行为和能力定向,以行为和能力为基础的教师培养,要求在教师培养项目中重点培养和发展教师的教学技能。而旧的教师培养体系虽保证了充足的课程、专业知识及教学实践,但未确定具体教学能力证明要求,如今为了获得教师资格证书,申请人须接受威斯康星州教师十大标准的考核。其次,根据教师职业的不同阶段设立三种教师资格证书,证书更新将以威斯康星州教师十大标准为指导,具有自我定向、计划周密的职业发展以及长期生涯的特点。再次,教师资格证书的类别和级别将更加宽泛,并以受教学生发展水平为依据,分为儿童早期、儿童中期、青少年早期、青少年中期。

依据上述内容,威斯康星州中学教师资格证书对教师教育课程的要求的特点大致可归纳如下:

第一,在课程设置方面,在重视专业知识的基础上强调教育教学理论,并特别注重教学实践。在威斯康星州要获得教师资格证书必须至少修满120个学分,其中专业学科36个学分,教育教学理论和实践46个学分,通识教育要求40个学分,由此可见,教育教学理论和实践的学分最多,要求最高。教育教学理论和实践学分不仅高于专业知识和通识教育的学分,而且要求很严格,这46个学分必须在州教育部门认可的大学教育学院获得,如果是在非教育部门认可的学院修得的同样学分则不予承认;教育教学专业理论与实践学分必须是有时限的,即在规定的两年四学期完成,否则无效。另外,突出强调专业教学实践,要求两年内必须有两个学期是在中学进行教学实习,而且必须是两个整学期,教学实习成绩以教育官员、大学教师、中学校长等的评价为根据,可见对教育教学理论与实践的重视程度。此外还要求,中学教师必须具备广博的通识教育知识,要求中学教师不仅要有坚实的专业知识,有较强的教育教学理论与实践的功底,同时要求具有人文、社会及自然科学的多学科知识。具体而言,中学教师必须在通识教育方面修满40个学分,通识教育的内容涉及生物学、人类学、文学、物理学、社会学、社会学与自然科学、人类学与自然科学、生物学与社会学、人类学与社会学,要求教文科的中学教师必须学习理科知识,教理科的中学教师也必须学习文科知识,这反映出威斯康星州既重视中学教师的专业素质,也强调中学教师的教育教学理论与实践经验,同时要求他们应具备广博的文理知识。

第二,中学教师资格认可操作规范、标准明确。在威斯康星州,法规详细规定了涉及中学教育的方方面面如概念、实施机构、课程设置与学分要求、各种专业教师的分类、各级教师的要求,应有尽有,有一套完善的法规和制度体系。这些法规和制度不仅完善,而且明确说明了其操作程序和方法,具有很高的可操作性。另外,威斯康星州面向下个世纪提出教师资格的十大标准,对教师在专业知识、教育教学能力和方法、教学监控能力、教师利用社会资源培养学生能力等方面都提出了明确的要求。

(二)全美教师教育认可委员会对教师教育课程的影响

1.20世纪80年代以来全美教师教育认可委员会的发展

(1)认可的性质和程序

20世纪六七十年代,教师教育认可主要是对教师教育计划进行认可;20世纪80年代以来,这一职能扩大为对教师教育机构进行认可。认可职能的扩大,标志着全美教师教育认可委员会对教师教育在更大的范围内进行专业监督和指导,认可标准是对教师教育机构发展方向的规范,认可程序则是对教师教育机构办学质量的审核过程。全美教师教育认可委员会通过制定教师教育机构的专业标准和对教师教育机构进行具体评估,从专业规范的角度实现政府对教师教育的间接管理和质量监督，调控教师职前培养的质量，同时还鼓励各类教师教育机构之间的公平竞争。① 自全美教师教育认可委员会成立到1998年，该委员会已经发展成一个拥有300万名成员、由30多个全国性专业团体组成的民间专业性组织，这些专业团体包括教师教育组织（如全国教师教育学院协会）、教师组织（如全国教育协会）、决策组织（如州教育官员协会）、学科组织（如全美数学教师协会）、以儿童为中心的组织（如天才儿童协会）、科技组织（如教育通讯技术协会）、专家组织（如全美学校心理学家委员会）、行政人员组织（如中学校长协会）和其他组织（如全国教学专业标准委员会）。② 这些组织的成员有教师教育者、中小学教师、州和地方政策制定者、专业学者等。可以说"所有与教师教育相关的机构都加入了全美教师教育认可委员会联盟"。③ 各个专业团体选出代表参加该委员会，共同制定政策、标准和认可程序。

教师教育机构可以申请全美教师教育认可委员会的两种认可：初步认可(initial accreditation)和继续认可(continuing accreditation)。④ 初步认可是指全美教师教育认可委员会和教师教育认可协会(Teacher Education Accreditation Council，TEAC)对教师教育机构的第一次认可，通过初步认可后，全美教师教育认可委员会和教师教育认可协会对教师教育机构每5年进行一次继续认可，确认教师教育机构是否对初步认可中的不足之处进行了改进，或是制定了新的改革措施并对其评价等，换句话说，鼓励认可单位不断改革、不断追求进步，是继续认可审查的最主要功能。有时，一个教师教育机构可以同时申请初步认可和继续认可。例如，一个教师教育机构的基础培养计划通过了初步认可，而高级培养计划没有通过初步认可，就可以在申请对基础培养计划的继续认可时，申请对高级培养计划的初步认可。一个教师教育机构从申请初步认可到通过继续认可，一般需经过以下几个重要认可程序：教师教育机构获得候选人地位之后，必须在2年内接受初步的实地审查，委员会对审查结果作出详细报告。经过初步审查后，还需要每5年接受一次继续认可审查，包括对培养方案的审查、年度报告的第三年评估、继续认可机构报告和实地考察。机构认可委员会就审查委员会提交的推荐报告做出最后的裁决：鉴定合格或继续鉴定合格；暂时鉴定合格或

① 郭志明.美国教师专业规范历史研究[M].北京：中国社会科学出版社，2004：204.

② 乔玉全.21世纪美国高等教育[M].北京：高等教育出版社，2000：131.

③ LUCAS C J. Teacher education in America：Reform agendas for the 21st century[M]. New York：Palgrave Macmillan，1997：197-199.

④ 教育部师范教育司.教师专业化的理论与实践（修订版）[M].北京：人民教育出版社，2003：184-191.

有条件地鉴定合格;延缓鉴定;鉴定不合格和取消鉴定等几种结果。这便是教师教育机构的认可过程。

全美教师教育认可委员会的评估每5年进行一次,在这5年内,学校每年要向认可委员会递交一份办学情况报告。全美教师教育认可委员会一般只对已获得地区性专业组织认可的教师教育机构进行评估鉴定。美国共有6个地区性专业组织,负责当地教师教育机构的认可工作。在接受全国性和地区性专业组织的鉴定和认可之前,教师教育机构必须接受州一级教育行政部门的检查与监督,只有获得州教育行政部门颁发的合格证书后,才有资格申请全美教师教育认可委员会的鉴定。州一级的检查认可,强调从宏观角度衡量申请学校的办学条件,评估它的招生、专业设置和科学研究等工作是否合格,能否为本州教育发展服务。州一级的鉴定可间隔几年进行一次,具体情况则各州各不相同。

设有教育院系的高等院校,接受全美教师教育认可委员会的鉴定是自愿的。经过半个多世纪的发展,该委员会制定的标准已被大多数院校所接受。能否获得该委员会的认可,标志着一所教师教育机构学术地位的高低。20世纪80年代以来,已有45个州要求设有教师教育类专业的公立院校必须通过全美教师教育认可委员会的评估其中有6个州还要求私立学校也要通过全美教师教育认可委员会的评估,以保证教师培养的质量。还有的州规定,大学教师教育学院、教育系必须通过该委员会的评估才能办学。1987年,经过全美教师教育认可委员会认可的教师教育机构共518所,其中515所可以授予学士学位,450所可授予硕士学位,112所可授予博士学位。[①] 1989年有14个州与全美教师教育认可委员会建立合作伙伴关系,在1996年达到40个州;到1999年,有45个州和哥伦比亚特区与全美教师教育认可委员会建立合作伙伴关系,37个州的州政府要求教师教育学院达到全美教师教育认可委员会的认可标准,或者达到州政府与全美教师教育认可委员会合作制定的标准。[②] 到2001年,已有46个州及哥伦比亚特区与全美教师教育认可委员会建立了合作伙伴关系,努力在认可标准和认可程序上保持一致。[③]到2005年,包括哥伦比亚特区和波多黎各地区在内的50个州都与全美教师教育认可委员会建立起合作伙伴关系。[④]

---

① 苏真.比较师范教育[M].北京:北京师范大学出版社,1991:29.

② 洪明.美国教师质量保障体系历史演进研究[D].福州:福建师范大学,2008:204.

③ 教育部师范教育司.教师专业化的理论与实践(修订版)[M].北京:人民教育出版社,2003:253.

④ NCATE,NCATE and the State,http://www.ncate.org/states.95.March 10,2005.2011-11-12.

(2)认可标准的发展趋势

教师教育机构获得认可的前提条件是教师教育机构的组织结构、职责、属性、教育计划、评估标准、理念框架等指标已经获得州一级和地区专业组织的认可。在这些指标中,教育计划是核心。计划的认可范围涉及五个方面:专业知识基础;教师教育与教育实践的关系;学生;教师教育者;管理和资源。这五个方面标准的制定遵循下列原则:确保学生获得较高的学术能力并对未来工作有正确的理解;确保专业课程中的临床和实践经验;确保入学标准能够吸引有不同文化背景的优秀学生;确保专业教育人员能够代表不同文化并出色地完成教育任务;确保所有的专业教育计划是统一的、有组织的,并和教育机构的任务是一致的。① 全美教师教育认可委员会的认可标准一般由教师教育研究者、教师培养单位的专业人员、教师组织代表等人员参与制定,然后经由民主程序提交"机构认可委员会"审核。认可标准随着美国社会的变化和教育重心的转移而适时调整,每次修订需两年。

20 世纪 90 年代,全美教师教育认可委员会进行了一系列改革。20 世纪 90 年代以来,专业标准的审定主要有两次,分别是 1995 年和 1997 年。1995 年的教师教育计划标准包括三个主题、一个重点。三个主题是指教师教育机构应善于使用 20 多年迅速发展起来的教育专业知识设计教师教育课程;教师教育机构应与中小学教育实践者以及大学中的其他同事形成伙伴关系,共同提高教师教育的质量;教师教育人员应具有反思的能力和献身精神。一个重点是"表现本位"的评估标准,即教师教育机构应能应用多种评价方式,来监督未来教师在教育过程中能力的表现及其进步情况。②

1997 年重新修订了 1995 年的标准,2000 年 5 月该标准获得全美教师教育认可委员会执行董事会表决通过,2001 年正式实施。该标准将认可标准转向教师教育机构的评价,即重点评估教师教育机构培养出来的学生是否具备教师所需的知识和技能,怎样评价这些知识和技能,教师教育机构能否证明自身的教育质量等。虽然标准还处在试验阶段,但它代表了教师教育在下一阶段的重点,即整个社会对教师教育成效的关注和重视,这也是教师教育改革的新方向。③ 2001 年教师教育的标准是以一定的理念和原则为根基的,其基本理念是坚信所有的儿童都能够并且应该学习,这与美国联邦教育部《不让一个孩子掉队法》的

① 郭志明.美国教师专业规范历史研究[M].北京:中国社会科学出版社,2004:206.

② 教育部师范教育司.教师专业化的理论与实践(修订版)[M].北京:人民教育出版社,2003:182-205.

③ 郭志明.美国教师专业规范历史研究[M].北京:中国社会科学出版社,2004:207.

改革主旨是一致的。新的教师培养标准将原来的 20 项类别简化为 6 项,全美教师教育认可委员会主要运用这 6 项标准来判断培养机构能否通过认可。这 6 项标准分别涉及教师候选人的知识、技能和意向;评价系统与培养机构的评估;教学实习和临床实践;大学教师的绩效与发展;培养机构的管理与资源。[①]全美教师教育认可委员会 2001 年的认可标准的改革有如下特点:[②]

①更加关注教师教育方案的理论基础。全美教师教育认可委员会成立以来至 1995 年,从未在认可标准中提及教师教育的理论框架(conceptual frameworks of teacher education)的概念,1995 年的标准虽然正式提出了教师教育的理论框架的概念,并将其确定为一项认可标准,但没有提出理论框架的具体内容。而从 2000 年开始,教师教育的理论框架成为全美教师教育认可委员会认可申请机构的一个至关重要的前提,各教师教育培养机构都必须建立完善的教师教育理论框架,阐述其培养未来教师的哲学思想,陈述该理论框架在专业教育运作方面的理论意义,以此指导教师教育机构的方案和课程设置、教学改革和发展。全美教师教育认可委员会所提的教师教育理论框架包括五个方面:其一,教师教育机构的使命;其二,教师教育机构的哲学思想、目的和目标;其三,知识基础,包括理论、研究、实践总结和教育政策;其四,学生水平与专业化标准相吻合;其五,常规的绩效评价体制。[③]显然,全美教师教育认可委员会重视教师教育的理论框架实际上就是重视教师教育中最重要、最精髓的要素,这不仅要考量有形和物质层面的内容,还要考察对教师培养工作具有导向和引领作用的精神和理念。

②进一步强调"结果本位"的评价。虽然早在 1970 年,全美教师教育认可委员会就提出了结果评价,但在当时的认可标准中,结果评价只是评价中的一个环节,不占主导地位。1990 年的认可标准只是要求教师教育机构要监控和评价学生的学业进步和成长,没有把结果评价作为一个评价内容。1995 年的认可标准虽然进一步强调了结果评价,但并没有把"学生的学习结果"作为一项独立的认可标准,也没有在认可标准体系中提出这项要求,对学生的评价还是注重入学资格、学生群体的构成和对学生的督导等方面。实际上,这套认可标准并不是一个彻底的"基于结果"的认可。从 2000 年开始,全美教师教育认可委员会明确宣称认可的重点为结果评价,即重视学生学习的实际成效,也称"表现本位认可"

---

① 洪明.美国教师质量保障体系历史演进研究[D].福州:福建师范大学,2008:198.

② 洪明.美国教师质量保障体系历史演进研究[D].福州:福建师范大学,2008:201-205.

③ 周钧.美国教师教育认可标准的变革与发展——全美教师教育认可委员会案例研究[M].北京:北京师范大学出版社,2009:183.

(Performance-Based Accreditation)。例如,师范生是否获得了从教所需的知识和技能并能有效地展示出来?教师教育机构是否能提供有力的证据来证明学生已经获得了应有的知识和能力等等。新标准不仅注重对师范生的技能和教师教育机构的办学能力进行"结果本位"或"表现本位"的评价,而且强调教师教育机构本身要建立完善的评价体系,自己收集、整理、分析各种反映专业培养情况的数据和资料,对机构自身的培养工作进行调整与改进。这一评估理念在全美教师教育认可委员会历史上也是第一次出现和实施。

③重视教师知识的全面性及反思能力的形成。全美教师教育认可委员会在2001年的认可标准中明确提出了对教师知识的要求,包括学科内容知识、学科教学法知识、教学法知识和专业知识。其中,学科教学法知识是指将学科专业知识和有效教学的策略结合起来,以帮助学生学习各门学科的知识;教学法知识包括关于有效教学的一般概念、理论和研究,与学科专业知识没有联系;专业知识是从历史、经济、社会学、哲学和心理学的角度来理解学校和教育,它还包括学习、多样化、技术、职业伦理、法律和政策、教学的专业责任和教师角色等方面的知识。全美教师教育认可委员会提出的教师教育理论框架吸取了舒尔曼等人对教师知识的研究成果,尤其是使用了"学科教学法知识"的概念,突出了教学专业的特殊要求。同时,全美教师教育认可委员会还对教师提出了学会反思的要求,这是以往的标准所没有的,这反映了20世纪80年代以来反思实践和反思性教学运动对教师教育的深刻影响。全美教师教育认可委员会要求的教师反思涉及多个层面,如对学科教学法知识、普通教学法知识和专业知识的反思,对教学实践的反思,对教学情境的反思等。此外,全美教师教育认可委员会还要求教师具有批判性思维能力和解决问题的能力,以及表现技能等。①

④注重对教师教育机构的多元主体合作的评价。全美教师教育认可委员会2001年制定的标准重视作为大学的教师教育机构与中小学之间的合作伙伴关系,其评价教师教育机构的许多指标不再像以往那样仅仅针对高校单方面,而是将合作培养师范生的单位即基础教育部门为教师教育提供的条件也纳入评价的内容,如对教师教育机构教师资格的要求不仅包括高等院校教师,还包括参与师范生培养的中小学各个阶段的教师;如果是由高等院校独自而不是与中小学共同安排师范生的现场经验和临床实践标准的话,便被视为不合格。这是全美教师教育认可委员会在认可标准中首次将大学和中小学教师的合作置于如此重要的地位。在此之前,全美教师教育认可委员会只是提出大学和中小学双方应共

① 周钧.美国教师教育认可标准的变革与发展——全美教师教育认可委员会案例研究[M].北京:北京师范大学出版社,2009:186.

同指导和评估教学实习,而 2001 年的标准则要求教师教育机构要在和中小学形成合作伙伴关系的基础上共同设计教学实习方案,改变了传统教师教育将后者置于次要和附属地位的状况,这也是全美教师教育认可委员会认可标准的一项重大变化。

⑤突出实践环节在教师教育中的地位和作用。全美教师教育认可委员会自创建以来一贯重视教师培养中的实践环节,而 2001 年的认可标准对教学实践的规定更为全面、具体。鉴于教师教育的大量研究已经充分表明实践环节在教师教育过程中的重要作用,无论是有经验的教师还是新教师都将临床经验等实践活动看作教师教育中最为有效和重要的因素。全美教师教育认可委员会 2001 年的标准不仅将师范生的现场经验和临床实践作为一项单独的标准,以表明现场经验和临床实践对教师教育的重要意义,而且对现场经验和临床实践做了更详尽的说明,将观摩和协助中小学教师开展工作、辅导中小学生、参加学校的会议、参与学校所在社区的活动、实施应用性研究、进行临床实践(包括教学和见习)等都包含其中。2001 年的标准还希望师范生能有机会在不同的场景中实习,以便他们能接触不同文化背景的学生,接触有特殊需求的学生,以及接触不同年龄段的学生,这无疑是对教学实习提出了更高的要求。全美教师教育认可委员会在 2001 年制定的教师专业发展学校的标准也进一步反映了该组织对教师教育实践环节的高度重视。

⑥关注并体现社会和科技发展对教师质量提出的新要求。这里指的是关注多元文化和教育技术问题。由于海外移民的大量增加,美国少数族裔学生的数量也越来越多,多元文化问题在美国日益突显。同时,学生的宗教背景不断多样化,天才儿童和学习有障碍儿童的数量也越来越多。基于上述现实,全美教师教育认可委员会充分意识到了教育的多样化问题,全美教师教育认可委员会在 1990 年强调要在满足文化和学习需求多样性的基础上,在 2001 年的认可标准中将多样性单独列为一个独立的标准,并要求在课程设置和课程教学方面帮助未来教师理解教学和学习过程中的多样化和平等问题。另外,随着信息技术在教育中的广泛运用,全美教师教育认可委员会愈发注重教育技术问题,强调要将教育技术在教师培养中的地位从边缘转移到中心,鼓励教师教育机构将教育技术整合到职前和职后教育中,使教师能够有效地应用教育技术辅助教学。为此,全美教师教育认可委员会在 2001 年的认可标准中明确提出,教师教育机构要提供有效的教育技术资源,使教师学会使用教育技术进行教学;教师教育者也应不断提高应用教育技术的能力。

⑦建立并加强与各州的合作。美国州一级教育行政部门负责本州的所有教育行政事务,其中包括对本州教师教育质量进行评估。州教师教育质量评估通

常由各州教育行政部门来执行，有时也由独立设置的专业标准委员会来执行。州的教师资格认可和教师教育方案认定都属于政府的法定质量审核，全美教师教育认可委员会的认可则属于专业质量审核。两者既是互相独立的教师质量保障系统，又存在着一定的联系。

全美教师教育认可委员会在1957年曾作出规定，教师教育机构须首先获得所在州的认可，方有资格向全美教师教育认可委员会申请对其的认可，把获得州教育行政部门的认定作为认证的一个先决条件，这一规则迄今未变。除此之外，双方并没有就教师教育的质量评估问题展开实质性的磋商与合作。各州在如何对待通过全美教师教育认可委员会专业认证的教师教育机构和方案方面的态度及做法也不尽一致，州教育行政部门的认定与全美教师教育认可委员会的认可基本上是两套各自分离的系统。

由于美国的教育管理制度是地方分权制度，州具有管理教育的法定权力，因此，在教师教育评估上，各州有权选择该州的教师教育机构是否需要接受全国性的专业评估。这意味着全美教师教育认可委员会要真正发挥自身的专业影响力就必须与州开展合作，在标准制定和认定过程中都必须争取州一级教育行政部门的认可、支持。全美教师教育认可委员会从20世纪90年代初开始进一步认识到与州建立密切合作关系的必要性和紧迫性，主动加强了与各州的联系，寻求与各州教育行政部门建立合作伙伴关系，共同审核教师教育方案，力求消弭政府认定和专业认证之间的不协调之处，使专业认证和政府法定审核保持协调。

全美教师教育认可委员会建立与州的合作伙伴关系既体现在评估标准的兼容方面，也体现在评估过程的合作方面。现分述如下：①评估标准的兼容——各州对该州的教师教育机构认可工作一般隔几年进行一次，具体的评估标准和程序各州不同。全美教师教育认可委员会在制定全国教师教育评估标准时，必须考虑与各州标准的兼容性。有些州同时使用全美教师教育认可委员会的教师教育机构和计划标准作为州一级评估的标准；有些州借用全美教师教育认可委员会的机构标准，另外使用自己制定的计划标准；有些州则有自己的机构和计划标准。为了节约时间和经费，大多数州希望与全美教师教育认可委员会建立合作伙伴关系，共同制定和使用教师教育评估标准。通常，每隔5年各州与全美教师教育认可委员会的合作关系要进行一次修订，此时各州必须将该州的评估标准呈交给全国专业协会审查，如果该标准和评估过程被认为与全国标准相当，全美教师教育认可委员会就认可达到该州认定标准的教师教育方案。②评估过程的合作——由于州与州之间情况不同，各州必须与全美教师教育认可委员会签署合作草案，规定在评估过程中双方的义务。通常，全美教师教育认可委员会在对教师教育机构进行实地考察时，必须取得教师教育机构所在州的教育行政部门的同意,并同意与与其有合作关系的州一起进行实地考察。全美教师教育认可委员会在作出评估结果前,必须经常与各州保持联系。因此,各州的教师教育机构在申请全美教师教育认可委员会认定时,必须了解本州是否与全美教师教育认可委员会有合作关系,以及具体的合作细则,如在一些州,全美教师教育认可委员会承认州一级的教师教育计划评价可以代替全国性的评估。在与全美教师教育认可委员会没有合作关系的一些州,全美教师教育认可委员会要求对教师教育方案进行全国性的评估。一些州明确要求该州的教师教育计划必须经过全国性的评估,评估的结果可以代替该州教育行政部门的评估。

具体而言,全美教师教育认可委员会与各州在评估过程中的合作至少存在四种不同的类型。其一,州的方案认证与全美教师教育认可委员会的认证分别进行,全美教师教育认可委员会进行机构认证,州进行方案认证,但两者常常同时进行并展开合作。其二,州的方案认证工作由州和全美教师教育认可委员会组成的小组共同负责,在州的标准的基础上进行州的方案认证,在全美教师教育认可委员会机构认证标准的基础上进行全国性的认证,并进行投票表决。其三,由一个共同投票的小组负责州和全美教师教育认可委员会的认证,该小组由州和全美教师教育认可委员会的代表共同组成,全美教师教育认可委员会的机构标准既用于全美教师教育认可委员会的认证,也用于州的认证。其四,对于那些选择全美教师教育认可委员会认证的机构,各州采用全美教师教育认可委员会的认证;对于未参加全美教师教育认可委员会认证的机构,各州采用全美教师教育认可委员会的机构标准作为方案认证的基础。[①]全美教师教育认可委员会所建立的这种合作伙伴关系,一方面使得各州政府承认了全美教师教育认可委员会的认可工作,肯定了全美教师教育认可委员会专业认可的地位,另一方面协调了全美教师教育认可委员会的专业认可和州政府的法定认可,从而更好地发挥双方在认可方面的作用。

2. 20 世纪 80 年代以来全美教师教育认可委员会对教师教育课程的影响

(1)全美教师教育认可委员会重建后的第一个标准于 1987 年公布并实施,这里选用经修正后的 1990 年"知识本位"的认可标准对课程的要求[②]。

标准 1:专业教育的知识基础。

标准 1. A:课程设计。专业教育机构确保其专业教育计划建立在知识、研究

① HOUSTON W R. Handbook of research on teacher education: A project of the association of teacher educators[M]. New York: Macmillan Publishing Company, 1990: 130.

② 周钧. 美国教师教育认可标准的变革与发展——全美教师教育认可委员会案例研究[M]. 北京:北京师范大学出版社, 2009: 150-152.

和专业实践的基础上，每一个计划需要经过系统的设计，要有明确的哲学思想和目标。专业教育的知识基础要宽泛，应包括传统的学术探究和有关专业实践理论的新发展。课程和实践之间、目的和结果之间要有一致性。普通教育课程、学科专业课程以及专业教育课程互为补充。

标准1.B：课程实施。专业教育机构确保在教学过程中体现知识基础，并在专业教育中实践这些知识基础。专业教育机构保证提供持续的高水平的教学，系统地向学生展示多样化的教学模式，建立严格的专业教学质量控制机制。在教学和评估中所应用的知识，与现有的课程设计、教学和评估的知识应完全一致。

标准1.C：课程内容——普通教育。专业教育机构确保为学生提供宽泛而深厚的综合性课程。注册高级计划的学生应具有坚实的普通教育基础，以利于专业学习和学科学习。

普通教育的课程内容需精心设计，包括社交、数学、科学、历史、哲学、文学、艺术等学科的理论和实践知识。专业教育机构需指导学生选择普通教育的课程，这些课程将为学生提供文理和普通教育方面的智力基础。讲授专业教育课程的大学教师和讲授普通教育课程的大学教师应通力合作，对普通教育进行规划和评估。

标准1.D：课程内容——学科专业教育。专业教育机构确保学生获得任教学科专业的高水平的学术知识和能力，包括学科结构、技能、概念、思想、价值观、事实以及探究方法。学科专业教育包括学术知识、方法论等，对这些内容的课程学习和实习顺序需进行适当安排。专业教育机构的大学教师和来自其他学术机构教授学科专业课程的大学教师应通力合作，对学科专业教育进行规划和评估。

标准1.E：课程内容——专业教育。专业教育机构确保学生接受专业培训，以便有效地从事专业活动。专业教育的内容涉及教育方面的知识以及如何将这些知识与中小学和课堂相联系，包括教育的社会学、历史和哲学基础知识，人类发展和学习理论，基于研究和经验的实践理论，技术和社会变化对中小学的影响，评价、探究和研究，以及教育政策等。这些内容为学生提供以下方面的知识：学习理论和技能，教育的目的和目标，文化对教育的影响，课程规划和设计，教学技能，教学计划和管理，课堂和行为管理，针对异常状况的教学策略，课堂和学校的社会系统，学校法律，教学技术，合作和咨询技能等。同时应促进学生以下方面的发展：独立思维，有效的交往能力，专业合作精神，有效地参与教育活动，价值判断能力，以及专业道德等。专业教育的课程和实习要建立在知识基础上，要具有多文化和全球化取向。

标准2：与实践的关系。

标准 2. A:临床和实地实习。专业教育机构确保临床和实地实习能够使学生有效地履行专业职责。专业教育机构要系统地组织临床和实地实习,为学生提供专业的指导和反馈,培养学生应用所学的理论和原则来诊断和解决问题。大学指导教师、实习基地指导教师和实习学生通力合作,共同完成实习任务。学生的教学实习应该是直接的、真实的和全日制的,时间至少为 10 周。专业教育机构要认真选择实习场所,包括其合作的中小学以及其他专业见习场地,使学生有机会接触不同文化背景和特殊群体的学生,为学生提供符合专业教育机构目标的实习。

标准 2. B:与毕业生的关系。专业教育机构保持其与毕业生的联系,包括对毕业生进行跟踪调查研究,对刚毕业的毕业生进行教学入门指导。专业教育机构采用最近推出的评价技术对毕业生进行常规化和系统化的评估,以判断毕业生在专业教育工作中的表现,并利用评估结果调整和改进专业教育计划。专业教育机构与学区合作,为第一年从教和从事其他专业教育工作的毕业生提供帮助,这一活动可以作为专业教育计划的扩展。

标准 2. C:与中小学的关系。专业教育机构与中小学保持积极的工作关系,一方面有利于提高专业教育者的培训效果,另一方面有利于改进中小学的教育质量,同时通过在实践中对教学进行合作研究,有利于进一步发展和巩固专业知识基础。鼓励专业教育的大学教师定期参与幼儿园、小学和中学的实践活动。

1990 年的认可标准明确要求教师教育机构以专业教育的知识基础为理论基础,依照此理论基础来设置课程。这是全美教师教育认可委员会重建后的一大进步,通过强调教师教育理论基础来提升教师的专业地位,也是巩固教师教育在大学中的学科地位的方法之一。

(2)全美教师教育认可委员会 1995 年"绩效本位"的认可标准对课程的要求①

标准 1:专业教育的设计。

标准 1. A:理论框架。教师教育机构应具有高质量的教师教育计划,这些计划要有清晰的、共享的、有条理的、以知识基础为本的、与大学目标一致的理论框架。教师教育计划应不断接受评价。

标准 1. B:普通教育。教师教育机构应确保学生修读了人文和科学方面的课程。普通教育包括艺术、交流、历史、文学、数学、哲学、科学和社会课程。普通

① National Council for Accreditation of Teacher Education (1995). Standards, Procedures&Policies for the Accreditation of Professional Education Units. Washington, D. C.:The author. 转引自张德锐. 师资培育与教育革新研究[M]. 台北:五国图书出版有限公司,1998:50-61.

教育应具有多元文化和全球的视角。

标准 1. C:学科专业教育。教师教育机构应确保学生掌握从教学科专业的学术知识和技能,包括学科专业的结构、核心概念、价值、事实、探究方法等。设计学科教育的内容要参考专业组织的课程指导纲要和标准。

标准 1. D:专业教育。教师教育机构应确保学生掌握教学的知识和技能,以便将来有能力从事教学。

标准 1. E:综合学习。教师教育机构应整合普通教育、学科专业教育、教学知识等方面的内容,为学生创造积极的学习环境。

标准 1. G:教学质量。教师教育机构的教学应与理论框架保持一致,同时还要吸收研究和专业实践所获得的知识,以提高教学质量。

标准 1. H:实践质量。教师教育机构应确保专业实践与理论框架一致,安排妥善、质量有保证。

标准 1. I:专业社群。教师教育机构应和专业社群中大学教师、中小学专业人员以及其他成员充分合作,设计、传授和更新培养计划,并提高中小学教育的质量。

全美教师教育认可委员会声称,随着美国跨入 21 世纪,认可标准以高质量的教师教育为依据来评价教师教育机构的有效性。评价模式的变化在认可标准中充分体现出来。在 2000 年以前,对机构的评价重在检查它为学生提供的服务,包括课程的质量和如何设置课程等;2000 年的认可标准将问责制推进到结果评价,从而迈出了重要的一步,并开始关注以下问题。学生作为一名教育者是否具备所需要的必要的知识和技能?学生是否能以可测量的方式展示这些知识和技能?教师教育机构是否提供有力的证据来证实学生的能力?学生是否能帮助中小学生的学习?①

(3)全美教师教育认可委员会 2002 年"绩效本位"的认可标准对课程的要求②

全美教师教育认可委员会 2002 年的标准要求教师教育机构陈述自己的理

① National Council for Accreditation of Teacher Education. Professional standards for the accreditation of schools, colleges, and departments of education[R]. Washington, D. C.: The author, 2002:8. 转引自周钧. 美国教师教育认可标准的变革与发展——全美教师教育认可委员会案例研究[M]. 北京:北京师范大学出版社, 2009:206.

② National Council for Accreditation of Teacher Education. Professional standards for the accreditation of schools, colleges, and departments of education[R]. Washington, D. C.: The author, 2002. 转引自周钧. 美国教师教育认可标准的变革与发展——全美教师教育认可委员会案例研究[M]. 北京:北京师范大学出版社, 2009:206-207.

论框架,即要申明其理论基础和指导思想。具体的标准如下:

标准1:学生的知识、技能和品性。它主要包括:①从教学科的专业知识;②学科教学法知识;③专业和教学法知识与技能;④学生的品性;⑤指导和评价中小学生的学习。

标准2:学生和机构的评价。它主要包括:①评价系统;②数据收集、分析和评价;③依据评价改进教师教育计划。

标准3:教学实习和临床实践。它主要包括:①教师教育机构与中小学的合作;②制定、实施和评价教学实习和临床实践;③实习学生在知识、技能和品性方面的发展和表现。

标准4:多样性。它主要包括:①课程和实习的制定、实施与评价要顾及所有的学生;②大学教师的多样性;③学生的多样性;④教学实习基地的中小学生的多样性。

标准5:大学教师的资格、表现和发展。它主要包括:①合格的大学教师;②优质的教学;③优质的研究;④优质的服务;⑤与大学、中小学同事的合作;⑥教师教育机构对大学教师的评价;⑦教师教育机构对大学教师专业发展的支持。

标准6:教师教育机构的管理和资源。它主要包括:①机构的领导和权威;②经费;③人事制度;④设备;⑤资源和技术。

全美教师教育认可委员会的标准从以下两方面体现出绩效的特征。第一,把认可的中心从"输入"评价转为"输出"评价。从2000年开始,全美教师教育认可委员会开始评价学生的学习结果,这是"输出"评价,即通过对学生学习结果的评价来对教师教育机构做出认可判断。第二,采用新的评价方法。新的评价方法重在考察学生的表现,要求学生展现他们掌握的学科专业知识,并知道如何有效地进行教学。例如,全美教师教育认可委员会通过设计评价活动,考查学生以下几个方面的知识和技能:发展批判性思维和解决问题的能力,采用正式和非正式的策略保证中小学学生努力学习,利用计算机和其他教育技术辅助教学,掌握课堂管理的技能,与家长和社区其他人员有效合作,了解和运用教学的研究成果等。[①]总之,全美教师教育认可委员会的认可标准注重评价大学教师教育学院或

---

① WISE A E. Moving toward performance-based system for the teaching profession. In: Roth, R. A. (ed). Role of the University in the Preparation of Teachers[M]. Philadelphia: Falmer Press, 1999: 155.

教育系是否给学生传授了合适的知识、教学策略等。①

进入 21 世纪，全美教师教育认可委员会提出了以学科专业知识、学科教学法知识和教育专业知识为主的“三元”知识框架。全美教师教育认可委员会认为，教师首先应掌握学科专业知识，包括核心概念、结构和工具。其次，教师在掌握学科专业知识的基础上应该学会如何把知识传授给学生，使每个学生都学会学习，这是教师应该具备的学科教学法知识。全美教师教育认可委员会对这些学科教学法知识进行了具体描述，包括创设适于多样化学生的教学机会，鼓励学生发展批判性思维、形成解决问题和展示自己的能力，创设学习环境以鼓励学生进行积极的社会交往、主动学习、自我激励，并根据学科专业知识、学生、家庭和社区背景进行教学设计，对学生的学业成绩、社会性发展和身心发展作出评价，并利用评价结果激励学生，使学生能够对自身的抉择负责，从而主动寻求专业发展的机会，与同事、家长和其他人员建立关系以支持学生的学习和良好的言行。总之，教师应该学会创造学习机会，支持学生在智育、社会性和个人方面的发展。再次，教师应该具备教育专业知识。全美教师教育认可委员会认为，教师应该理解并能够应用教育社会学、教育历史、教育哲学、职业伦理、法律和政策等方面的知识进行教学，掌握青少年学习和发展的特征，理解语言习得、文化背景对学习的影响，以及理解多元化的学生群体、家庭、社区、课堂和学校中的平等，利用教学研究成果和教育技术辅助教学，通过案例研究的方法分析学生的学习等。②

四、“学科融合”取向的教师教育课程设置

20 世纪 80 年代以来，美国教育界开始以教育质量为核心开发新的教师教育课程体系。新的课程设置主张学科间的整合，出现了诸如学科教育学、学科课程论以及教育理论与社会基础知识融合的趋势。由不同类型的课程构成的教师教育计划代替了过去由单一课程组成的课程体系，在教育学教授与任教学科教授之间建立了多重合作关系，打破了过去将任教学科课程与教学法、教育学、心理学等课程简单相加的做法。

---

① WISE A E，LEIBBRAND J A. Stands in the new millenium：Where are，where we're headed[J]. Journal of Teacher Education，2001，52(3)：244-255.

② 周钧. 美国教师教育认可标准的变革与发展——全美教师教育认可委员会案例研究[M]. 北京：北京师范大学出版社，2009：223-224.

(一)"学科融合"取向的教师教育课程设置概况

1. 教师教育课程改革

(1)文理基础课程的改革

自 20 世纪初教师教育课程的基本框架确立以来,文理基础课程的比例一直很稳定。任教学科课程与教育学科课程争夺课时的论战,对文理基础课程比例的影响也不大。20 世纪 70 年代末以后,加强大学基础课程改革的呼声进一步巩固了文理基础课程的地位,并在此基础上提出了改革文理基础课程内容和提高教学质量的深层要求。

1986 年,哈佛大学校长德里克·博克(Derek Bok)在他的《美国高等教育》(*Higher Education in America*)一书中,强调广博文理教育的重要性。1987 年,卡内基教学促进基金会主席博耶(Ernest L. Boyer)在《学院:美国本科生教育的经验》(*College:the Undergraduate Experience in America*)一书中指出:"我们最主要的敌人是'割裂':在社会中我们失去了文化的内聚力和共性,在大学内部是系科制、严重的职业主义和知识的分裂。"①他认为主要的解决方法是建立联系、确立共性和树立整体意识,学生要用更多的时间学习普通教育课程。《霍姆斯小组报告书》认为,教师培训课程的改革必须从本科文理课程入手,强调文理课程的完整性、连续性和成熟性,提出应严格制定教师教育的文理"核心课程"。《美国教师教育学院协会报告书》也提出,文理核心课程包括社会学、人类学、心理学、文学、历史、语言艺术等学科。《卡内基报告书》强调历史、政治、科学技术、文学、艺术等,强调通过这些课程发展学生理解、计算、表达、分析及创造的能力。上述三份报告书都强调小学教师应该同中学教师一样,掌握同等程度的文理知识。为了增进国际间的相互了解,早在 20 世纪 70 年代美国高等院校就开始重视国际文化课程的开设。卡内基教学促进基金会的调查资料显示,自 1970 年起,在四年制大学的普通基础课程中,西方文化、第三世界研究、国际教育等课程受到学生的普遍欢迎。80 年代以来,规定了这方面课程的院校明显增加。1985 年,约有 45%的院校要求学生至少在西方文化史科目中选修一门;14%的院校要求学生至少在国际或全球教育科目中选修一门;7%的院校要求学生至少在第三世界研究科目中选修一门。1989 年,约 77%的四年制大学和约 46%的两年制大学已经在普通教育课程中至少开设了一门有关国际内容的

---

① 转引自王英杰.美国高等教育的发展与改革[M].北京:人民教育出版社,1993:99.

课程。[①]

在加强文理基础课程教学的强烈呼声中，过去不重视广博的文理教育的现象有了很大的改观。但是，1989 年美国人文学科基金会调查后又发现，美国高等学校普通教育的课程松散，内容广泛、庞杂且不统一，不能达到通识教育的目的。这种“自助餐”式的选课方式，在改革中越来越受到怀疑，人们为此提出了种种改革的设想，其中博耶等人提出的“综合核心课程”引起了教育界的广泛关注。该课程旨在解决分科教学中文理基础课程的零散性、狭隘性、不适宜性等问题，为此划分了七个课程领域，使学生的学习与人类的共同经验领域相联系：①语言——最基本的联系工具；②艺术——美学素养；③渊源——生活的历史；④制度——社会结构；⑤自然——行星生态；⑥工作——职业价值；⑦认同——发现自身的存在及其意义。[②] 博耶等人强调文理教育要有明确的目标和计划，强调主客体的相互作用、主体的自主建构以及学习的智力要素等是认知科学不同于行为科学的主要特点，其对教师教育理论的影响主要体现在突出了教学过程中教师的主体地位和作用，强调教师的主观参与和价值判断以及对教学情景的自主建构，注重对教师进行全面的培养，进而影响教师教育文理课程设置。

(2)教育学科课程与任教学科课程趋于融合

前文提到的几份研究报告书在强调基础课程的同时，都批评传统教师教育中文理课程与主修课程长期以来缺乏教育学基础，忽视教育理论和教学方法对未来教师的影响的传统。报告书提出未来教师不仅要掌握文理知识和学科专业知识，而且要掌握这些学科的教育学理论，即掌握教师如何“教”和学生如何“学”的理论、技术和方法。在这些课程的改革中，报告书提出的建议明确肯定了“学科融合”以及教育理论研究应扎根于教育实践的发展趋势，这主要体现在：其一要认识到教育是一门艺术，也是一门科学，它包括五个有机组成部分，即学校教育与教学、学科教育学、课堂教学知识与技能、教师专业特有的价值观和道德责任感以及“临床”实践。其二要加强学科教育学的研究，把学科教学实践中的学术研究与临床研究成果纳入教育学的研究中，通过学科专家与教育学科专家的合作，修订文理基础和主修科目的本科课程，同时建设高级的研究生教育课程。其三要加强对教师学习过程的研究，这是改进教师教育的重要环节，也是长期以来没有得到重视的薄弱环节。其四要加强对教学过程和教师能力评价工作的研究，使教学工作建立在科学的基础之上。其五要加强大学与中小学的联系，招聘

---

① 强连庆. 中美日三国高等教育比较研究[M]. 上海：复旦大学出版社，1995：233.

② 国家教育发展与政策研究中心. 发达国家教育改革的动向和趋势[M]. 北京：人民教育出版社，1987：84-86.

有经验的中小学优秀教师参与大学的教师教育工作，同时鼓励大学教师到中小学参加实际工作，并在此基础上进行深入研究。基于这样的思考，报告书提出要推广教师专业发展学校的经验，指出专业发展学校不是建立新的教育机构，而是对传统的中小学职能的扩展，它是中小学在完成普通教育任务的同时，通过中小学与教师教育学院和大学的合作，使实习教师在实践锻炼中得到课堂教师和大学教师的指导，同时也为在职教师提供了与大学教师合作和交流的平台，这样中小学就为实习教师和在职教师的专业发展提供了场所，成为集培养学生和培训教师于一体的教育基地。

美国教师教育长期以来存在“学术性”与“专业性”之间的矛盾，这一时期两者表现出明显的融合趋势。新的课程设置中的学科课程、学科教学法、学科教育学等都体现了学科统一的思想。这种融合还表现在教育学与心理学、社会学、人类学等其他课程的融合过程中。教育学与心理学的融合除了体现在传统的教育心理学课程中以外，还体现在学习差异研究、儿童发展研究、学生的需要研究等具体的课程中；教育学与其他社会学科的融合体现在关于学校与社会、教育的社会基础以及民族与文化等课程中，这些课程旨在培养未来教师宽广的教育视野与具体的教学能力。这种融合是一个历史的发展过程，虽然它在20世纪80年代以来表现出越来越清晰的思路，但在教育实践中也存在着种种不同的观点，改革还在进行之中。

(3)教学实习的改革

教学实习长期以来一直是教育专业训练中最有价值的部分，20世纪80年代以来，教学实习的新理念更是为学科教学和专业教学的融合提供了新的途径。教学实习在这一时期的发展主要表现如下：

其一，增加实习前的见习，它包括参观学校、与教师一起讨论、课堂观察等。20世纪80年代以来，相当一部分院校在教学实习之前，都安排了见习活动，并把它作为教学实习的准备，由见习和教学实习构成的教学实践在教师教育计划中占有较大的比例。大多数州规定，教师资格证书的申请者除了参加教学实习以外，还应当在各种教学情景中通过见习获得实地教学经验。

其二，加强见习和实习中的指导。教学实习中长期以来存在的一个重要问题是学生在见习和实习中得不到应有的指导。其原因一方面是作为指导者的中小学教师缺乏指导实习的必要培训和准备，另一方面是指导教师之间缺乏合作和联系。缺乏指导的见习和实习易流于形式，也容易影响学生的积极性。因此，加强见习和实习中的指导，成为20世纪80年代以来教学实践改革的一个重要方面。一般认为，增加未来教师的见习与实习经验、加强教学实习的指导在20世纪80年代以后出现的教师专业发展学校中得到了很好的实践。

2. 教师教育课程结构及内容

从课程结构上来说，根据全美教师教育认可委员会认可的标准，美国本科水平的职前教师教育课程由普通教育课程、学科专业课程和教育专业课程三部分构成。

（1）普通教育课程

普通教育课程即通识课程，主要是给未来教师提供一些基础的文理课程知识。受"博雅教育"的影响，美国教师教育特别重视普通文理课程设置，认为未来教师对学术性知识的掌握是很有必要的，因为这可以提高未来教师普通文化知识的素养，同时也是当今社会教师专业化发展的必然要求。未来教师掌握了丰富的通识课程内容，可以增强他们在学习和工作中的适应性和应变能力，扩大未来教师的视野，打下坚实的基础，使其可以有目标地选择适合自己的专业。通识课程一般安排在大学一、二年级学习，包括四类课程：①大学入门课程；②哲学、社会科学和人文学科；③数学和自然科学；④体育和艺术修养。其中，哲学、社会科学和人文学科课程包括哲学、经济学、伦理学、人口生态学、历史、宗教社会学、社会学、宗教、人类学、英语与语言艺术、古典语文（如拉丁语、希腊语等）、演说、法律与哲学、文学概论、东西方文明、外语、戏剧、小说名著等；数学和自然科学课程主要包括高等数学、人类生物学、数理逻辑、化学、人体生理解剖学、物理、天文、地理、心理学、生命科学、计算机科学、地质科学等；体育和艺术修养课程主要包括艺术研究、体育基础知识和各种体育运动、音乐欣赏、美术基础知识、舞蹈等课程。美国通识课程很注重学生的综合发展，通识课程涉及多个领域，学生可在入校前两年根据自己的爱好选择课程，以确定自己的专业。[①]

（2）学科专业课程

学科专业课程是指未来教师将要从事教学科目方面的课程，在分科教学的过程中，对各个学科的教学提出了具体要求，指明了方向，给未来教师提供了学习将来要从事教学科目的机会，通过对与这一科目有关课程的学习，未来教师能更好地做好本职工作。因此，未来教师应该掌握好学科方面的专业知识，这也是教师教育的一个很重要的因素。未来教师只有把这些知识掌握好了，在将来的教学中才会发挥自如。未来教师所学习的科目一般与中学和小学所开设的科目相对应，例如，如果将来要做历史老师，就要学习相应的历史专业课程。此外，美国小学实施的是不分科教学，因而美国小学教师教育要求未来教师学习小学所开设的所有科目，还要求未来教师必须学习科学、数学、阅读、社会研究、音乐、艺

① 陈旭．中美教师教育课程设置比较研究[D]．西安：陕西师范大学，2010：20.

术等学科的教学法课程。

(3)教育专业课程

与通识课程不同,设置教育专业课程的目的就是为教师所从事的教学职业做准备,这类课程为学生提供教育教学的专业知识并使之掌握教学方法,在所有科目中占据着非常重要的地位,体现了教师教育课程的“师范性”特征。它由教育科学基本理论课程、教学法课程、教学实践课程构成。其中教育科学基本理论课程包括教育行政与管理、教育心理学、人的成长和发展、教学过程、教育技术、教育史、教育社会学、职业道德与法律等。通过这些课程的学习,未来教师可以了解青少年的心理发展,还可以了解一些教育基本理论知识,这不但可以培养未来教师分析教育现象的能力,还可以培养他们对教育教学工作的兴趣。教学法课程主要包括教学方法与策略、教学计划、课程的组织设计与评价、教育测量与评价等。通过教学法课程的学习,未来教师可以了解和掌握对自己将来工作有用的教学方法和技术,以便在将来的工作中更好地将所学知识运用于教学,从而取得更好的教学效果。教学实践课程通过见习、实习等方式进行,教学实践一直是美国教师教育课程中重要的组成部分,它是培养教师具备独立工作能力的一个中心环节,也是考核师范生是否能够毕业、取得学位和获得教师资格证书的必要前提。① 各个学校在教学实践的时间安排上长短不一,但都非常重视教学实践,把它放在很重要的位置。未来教师通过学习教学实践课程,包括在中小学见习、实习等,将所学理论知识运用于实践,为以后从事教学工作奠定坚实的基础。②

以上三方面课程的设置,一方面使未来教师了解到知识体系的广度,另一方面使未来教师的知识达到应有的深度,在向他们传授知识的同时也培养了他们的能力,使未来教师能够综合发展。

3. 教师教育培养方案及课程内容

美国教师教育在培养方案上有三种水平,即本科水平、硕士研究生水平和博士研究生水平。本书介绍培养中小学教师的本科水平、硕士研究生水平的方案及课程内容。培养方案的水平不同,开设的课程内容也不一样。

(1)本科水平的师资培养方案及课程内容

目前,四年制本科水平的师资培训课程在美国仍然占有重要地位。美国高等院校实行学分制,在教育学院进入本科水平的师资培养方案的师范生修满规

① 成有信. 十国师范教育和教师[M]. 北京:人民教育出版社,1990:134.

② 陈旭. 中美教师教育课程设置比较研究[D]. 西安:陕西师范大学,2010:21.

定学分即可获得学士学位，各教育学院对学分总数的要求不一，一般在120个学分左右。本科水平的师资培训课程分为三类：其一是普通教育课程，包括英语、社会科学、人文科学、数学和自然科学、保健和体育等方面内容，其在全部课程中占40%左右。其二是学科专业课程，根据师范生将来从事的教学科目而设置，一般来说，初等教育实施合科教学，而中等教育则实施分科教学，因而初等教育专业和中等教育专业在学科专业课程方面是不同的，而在普通教育课程方面基本上没有差别；初等教育专业以担任多学科教学为原则，中等教育专业以在中学担任1～2门学科教学为原则，实行主修与辅修的双修制，规定学生在主修学科与辅修学科上获得一定的学分后才能毕业，具体做法是主修一科、辅修一科或主修两科而不再辅修，学科专业课程占全部课程的40%左右。其三是教育专业课程，包括教育基础理论课程、教学方法与技能课程以及教学实践活动，这类课程在全部课程中占20%左右。①

(2)硕士研究生水平的师资培养方案及课程内容

目前，随着各州对取得教师资格证书者提出的标准越来越高，师资培训的中心也正在逐步从本科阶段向硕士阶段转移。综合性大学通常在教育研究生院开设为取得教师资格证书作准备的硕士计划，学制为1～2年；也有一些学校向非教育专业毕业生的学士学位获得者提供为期一年的教育硕士课程，使之具备申请教师资格证书的资格。硕士研究生阶段的师资培训计划有其明显的特征，它要培养的是具有一定的研究能力、能够解决教学中的疑难问题并提供咨询和指导的教学专家。这种以培养教学专家为目标的硕士计划授予的学位是“教育硕士”或“文学硕士”学位。教育硕士计划旨在帮助持有教师资格证书、有教学经验的学校教师获得更高的学位以便其在职位上得到更快的提升。教育硕士方案的申请者通常拥有一定的教学经验，希望有机会对当前在课程与教学法方面开展的研究及其成果作深入的了解和检验，其学习计划由两部分组成：一是20～26个学分的主修科目，包括所有硕士学位申请人必须修的核心科目、教学法方面的科目，以及中小学教师感兴趣的、经选择的专业理论科目；二是6～12个学分的辅修科目，集中在攻读教育硕士的学员以后任教学科的领域。文学硕士申请者最后还必须完成一篇论文。

除教育硕士方案外，还有一类硕士水平的教师教育方案，以帮助非教育专业的本科毕业生进入教师行列为目标，授予“教学硕士”学位。“教学硕士”计划的培养对象是尚未获得教师资格证书者，申请人不仅要有学士学位，还应达到州资格证书标准中关于普通教育必修课程和专修领域课程的学习要求；未达到标准

① 李其龙，陈永明．教师教育课程的国际比较[M]．北京：教育科学出版社，2002：18-9.

者必须补足上述课程的学分并通过面试,才有被录取的资格。攻读教学硕士的学员入学后需修满45～51个学分的研究生课程,包括核心科目、各科目领域的专业方法论、现场实习、模拟教学以及在中小学担任实习教师,整个培养计划偏重教学实践环节。[①]

(二)普林斯顿大学教师教育课程设置

在教师数量和质量问题的双重压力下,美国以大学教育学院或教育系为基地的传统教师教育正面临空前的危机,处于生死存亡的关键时期。各种替代传统教师教育模式的"选择性路径"应运而生。在各种"选择性路径"中,有相当一部分是由学区、社区学院、私立短期培训机构等为基地的,不属于以大学为基地的教师培养,这意味着教师培养正逐渐远离大学。在传统的教师教育学院模式走向式微之际,教师培养是否还应当成为大学的一部分正面临严峻的考验。20世纪90年代以来,普林斯顿大学联合美国教师教育院校联合会、全美教师教育认可委员会和新泽西教师教育联合会研究开发了教师培养方案。长期以来,普林斯顿大学未设教师教育学院,没有承担教师培养的任务。新的方案由普林斯顿大学各院系、地方学区、K12[②]学校共同合作实施,该方案是探索非教师教育学院模式的大学本位教师培养的一个典范。[③]

1. 培养方案的管理和实施对象

普林斯顿大学教师培养方案主要由新成立的教学委员会(faculty committee)负责管理和实施。该委员会设有主任(director)和副主任(associate director)以及三个方案管理人员(program administrator)职位,另设一个由各学院教授组成的执行委员会(executive committee)。

该方案的实施对象是各专业的在校本科生、本科毕业生和研究生。只要符合申请条件,就可以向教学委员会的主任或副主任提出申请。申请的条件是:在校本科生各科成绩平均积分点(GPA)大于或等于2.5;本科毕业生各科成绩平均积分点大于或等于2.75;大学教师或行政管理人员的推荐信。为了方便课程的学习,该方案要求在校本科生最好在大学一、二年级提出申请,本科毕业生和研究生在任何时候都可申请。

① 李其龙,陈永明.教师教育课程的国际比较[M].北京:教育科学出版社,2002:26-28.

② 所谓K12,是指从幼儿园、小学到高中的所有年级,其中幼儿园阶段不分年级。

③ 刘保卫.美国大学本位教师教育的新路径——普林斯顿大学教师培养方案研究[J].比较教育研究,2007,(11):23-26,31.

2. 培养方案的基本内容

普林斯顿大学教师培养方案要求师范生在大学打好文化基础，学习教育心理学理论知识，在 K12 学校进行教育实践，培养学生的反思能力，使他们成为反思型的教学专业人员。为此，普林斯顿大学和 K12 学区通力合作，努力为师范生专业发展提供教学反思和实践平台。普林斯顿大学教师培养方案的具体内容包括以下基本环节：通识课程的学习、学科专业课程的学习、教育专业课程的学习、教育实习、专业评估。

(1)通识课程

通识课程的学习一般从大学三年级开始。文科类师范生通识课程主要为人类和跨文化关系课程（A 组），含 11 类分支课程，每一类分支课程又由若干门具体课程构成，每个文科类师范生必须从 A 组的每一类分支课程中至少选择一门课程；理科类师范生通识课程为技术类课程（B 组），含 14 类分支课程，每个理科类师范生必须从 B 组的每一类分支课程中至少选择一门课程。各课程所需的师资从各学院统筹调配。具体课程设置情况见表 5-3。

表 5-3 **普林斯顿大学教师培养方案通识课程一览表**

文科类课程（A 组） （人类和跨文化关系课程）	提供可选修的 课程数/门	理科类课程（B 组） （技术类课程）	提供可选修的 课程数/门
非洲美国人研究	9	建筑学	2
人类学	10	化学工程	1
东亚研究	14	化学	1
生态进化学	1	土木工程	4
历史	19	电机工程	2
中东研究	5	环境研究	2
政治学	15	地球科学	2
宗教学	4	科学史	4
社会学	8	航空和航天工程	2
女性研究	4	分子生物学	2
道德规范与国家政策研究	1	实用量化分析	1
		心理学	1
		科学社会学	2
		科学与国家政策学	2

（资料来源：刘保卫. 美国大学本位教师教育的新路径——普林斯顿大学教师培养方案研究[J]. 比较教育研究，2007(11)：23-26，31.）

(2)学科专业课程

学科专业课程由执行委员会交由各学院执行,每个学生至少要修完8门本专业的课程才有资格申请该专业的教师资格证书。该方案要求各学院精心挑选所开设的课程,尽可能多地开设一些选修课让师范生选择,具体开什么课程由学院自己决定,但各学院都要参照美国职前教师教学知识与能力考试所规定的各学科的考试内容,因为只有通过这个考试,师范生才能获得教师资格证书。

(3)教育专业课程

教育专业课程包括对教学的思考(thinking about teaching)、教育心理学(educational psychology)的学习、教学研讨会(seminar on learning and teaching)的举办。在普林斯顿大学教师培养方案中,对教学的思考并非规范、有计划的教学或训练活动,而是个性化的思考,思考的问题包括:做教师意味着什么、我为什么要做教师、我要做什么样的教师等等。为此,普林斯顿大学教师培养方案要求师范生在K12学校观察一线教师上课,并与一线教师一起对课堂进行反思和讨论。

教育心理学的学习也不是通过正规的课程完成的,而是要求师范生自行阅读教育心理学教材,再思考这些理论适合应用于哪些特定的教学情景。为配合教育心理学理论知识的学习,普林斯顿大学教师培养方案要求学生至少要进行12小时的实地观察,观察的内容包括青少年学生青春期心理变化对学习方法的影响,学生在班级里表现出来的与学习动机有关的行为,班级组织对学生行为的影响以及学生之间的相互影响等。

教学研讨会包括每周80分钟的班级讨论会和80分钟的实验室座谈会。教学研讨会通常与教学观察同时进行,活动方式包括演讲、讨论、小组活动、看教学录像、彼此交流经验等。实验室座谈会则是在培训人员、教师、课程专家、学区行政官员的直接领导下进行的,这种会议是为了让实习生在读写、计算、特殊教育、语言与文化多样性等与教学有密切联系的方面获得亲身实践的教学工作经验。为了更好地进行实习准备,师范生还要在教育专家的帮助下参加18小时的各自学科的教学观摩,以学习各自学科的教学技巧、教学细节、教学方法。

(4)教育实习

教育实习是教师培养方案的最重要环节,该方案的教学委员会联合地方学区和K12学校共同帮助师范生进行实习。实习指导者包括来自大学各院系的专业人员和来自学区及学校的一线教师。师范生的教育实习在实习指导教师的帮助下进行,为期8～12周。教师培养方案的督导人员和一线的实习指导教师密切合作,共同观察、监督、指导实习生进行实习。对师范生教育实习的评估分为实习过半时的中间评估和实习结束时的终结评估。中间评估不合格的实习生将可能被要求延长实习时间，教师培养方案专家组成员将针对该实习生的具体情况制订个性化的实习补救方案。在师范生的档案里，还要求有体现师范生把教育实习和教学研究密切结合的书面材料。教育实习和教学研讨是同步进行的。

(5)专业评估

参加该教师培养方案的师范生必须参加美国职前教师教学知识与能力考试，以获得自己所在年级段和学科的教师资格证书。美国职前教师教学知识与能力考试又被称作普瑞克西斯考试体系(Praxis Series)，它包括三个部分的内容，分别是：系列Ⅰ，学业技能评价；系列Ⅱ，学科专业评价；系列Ⅲ，课堂行为评价。

3.培养方案的特点

(1)注重在反思实践中学习如何教学

普林斯顿大学教师培养方案十分重视反思在教师成长中的作用，力图把师范生培养成反思实践型教师。在教育专业课程学习阶段和实习阶段，新方案给师范生搭建了很多反思实践的平台，如班级讨论会、实验室座谈会以及实习生写的书面材料等。经过训练，师范生可以形成反思教学实践的思维习惯，这种思维习惯对师范生处理不确定的、变动不居的、独特的、包含价值冲突的教学情境具有重要意义。它有助于师范生意识到教学的艺术性，避免用固定的模式和整齐划一的方法进行教学，注重对教学具体情境的分析，更多地关注教学的不确定性和个性化特点，认真研究每个具体的教学对象和特定的教学情境，采用灵活变通的教育方法，审时度势地应对课堂上发生的新情况、新变化，使教学变得更加丰富多彩，更加个性化，使教学真正成为一门艺术。由于反思性教学目的与过程的内在一致性，师范生还会在教学中不时地反思自己教学实践的合理性，在一定的社会情境中探寻自身的行为框架，发现自身的模式假定与规范假定，从而不断提高自己的教学专业素质与教学能力。①

(2)注重教育实习

普林斯顿大学教师培养方案非常注重教育实习。从教育专业课程的思考教学、教育心理学的学习到班级讨论会、实验室座谈会，无不与教育实习紧密联系。更重要的是，为了保障实习质量，还专门进行实习考核，这样可以避免实习走过场的现象。首先，在实习中，师范生必须参与课堂观摩、课堂教学等一系列活动，在具体的情境中锻炼自己的教育教学能力，为将来成为一名合格教师打下坚实

① 武云斐.试析反思型教师的思维品质[J].中小学教师培训，2006(10)：6-8.

的基础,因而实习为师范生提供了一个锻炼自身、展现自己的舞台。其次,教育实习具有综合性特点,在教育实习中,师范生需综合运用自己的专业知识、教育学知识、各科教材教法等方面的知识来开展教育教学活动,解决他们所遇到的复杂问题。实习为师范生提供了理论结合实际的实践机会。最后,实习能提高师范生的综合素养,也能提高师范生的教育教学能力,还能提高他们的专业性。

(3)倡导合作理念

普林斯顿大学教师培养方案不仅注重教师培养的实践性和反思性,而且注重大学各学院与社会上的专业教育组织及中小学建立密切联系,表现出很强的合作理念。参加该方案的各种力量各有优缺点,譬如说美国教师教育院校联合会、全美教师教育认可委员会、美国优质教师教育协会和新泽西教师教育联合会这些教育组织,它们的社会联系面广,可以争取社会和政府对该方案更多的支持,但它们没有力量去具体实施该方案;普林斯顿大学各学院技术力量雄厚,有很强的教授队伍,但长于理论,缺乏实践基地;K12学区的中小学有很好的教育实习场所且有许多教学经验丰富的教师,但它们缺乏科学理论的指导。而普林斯顿大学教师培养方案很好地把各种力量整合到一起,培养方案的制订就是合作各方集思广益的结果,通识课程和专业课程的教学要求普林斯顿大学各学院之间通力合作,教育专业课程和教学实习更是教师培养不可或缺的组成部分,而不同方式的实习既不能仅仅通过理论上的想象来实现,也不能仅仅通过没有理论指导的经验进行,而应将两者紧密结合起来,这就要求大学应与中小学合作,形成伙伴关系,使教师培养的理论内容与实际教学紧密结合起来。新路径的合作理念表明,今后即便是大学本位的教师培养也将不再完全是大学自身的单独行为,而是需要与更多的机构成为合作伙伴,共同开展教师培养。①

(三)威斯康星大学麦迪逊分校教育学院教师教育课程设置

威斯康星大学麦迪逊分校教育学院(以下简称"威大教育学院")近些年来不仅在全美教育学院排行榜上连续居于前10位,而且是该分校专业学院的佼佼者之一。②

1.教师教育的专业类别与概况

威大教育学院的大多数学生在学习了2～3年的普通教育课程和学科专业

① 郄海霞.美国教师教育大学化的路径、理念及启示[J].现代教育论丛,2005,(3):47-54.

② 洪明.教师专业化:美国教师职前教育课程设置及借鉴——威斯康星大学麦迪逊分校教育学院实地考察[J].大学教育科学,2007(1):74-77.

课程后，经过申请可以进入教育学院学习教师教育专业。威大教育学院本科层次的教师教育专业有五类，专业方向有20余个，其概况如下：其一是初等教育专业，由课程与教学论系主办，初等教育专业又细化为“儿童早期到儿童中期”和“儿童中期到青少年早期”两个方向。其二是中等教育专业，也由课程与教学论系主办，其方向依据学科领域划分，主要有英语、健康（仅作辅修）、数学、科学、社会科学等方向。其中，科学包含的学科有生物学、自然科学（也称广域科学，Broad Field Science）、化学、地球与空间科学、物理学，社会科学包含的学科有广域社会研究（Broad Field Social Studies）、经济学、地理学、历史学、政治学、社会学。此外，中等教育专业的方向还包括法语、西班牙语、中文等多门语言教育类专业。其三是初等与中等教育联合专业，主要有四个方向，即艺术系开办的艺术教育方向，课程与教学论系开设的社交障碍方向和语言教育方向，运动科学系开设的运动科学教育方向（原来的体育方向），这四个方向既可面向中学也可面向小学。其四是特殊教育专业，由康复心理学和特殊教育系主办，它有“儿童中期到青少年早期”和“青少年早期到青少年”两个分支方向。其五是与其他学院合办的专业，包括和农业与生命科学学院合办的“农业教育”专业，和人文生态学院合办的“家庭与消费者教育”专业，和音乐学院合办的“音乐教育”专业等。

威大教育学院教师教育课程主要由三部分构成：通识教育课程、学科专业课程（包括辅修课程）和教育专业课程（包括教学实践和教学实习）。通识教育课程主要由该分校的人文与科学学院提供，中学教育专业的学科课程主要由各专门学院提供，教育学院承担的是教育专业课程。完成三部分课程的学习一般需要4年（8个学期），学生必须获得120个学分才能毕业。其中，通识教育课程占40个学分，这是所有的教师教育专业统一的标准。学科专业课程、辅修课程及教育专业课程的最低学分数根据各专业的特点和需要而定。中等教育专业的学科课程多数为34～36个学分。中等教育专业和初等教育专业完成教育类课程的学习年限略有差别，初等教育专业需要5个学期，中等教育专业为2年（4个学期）。

2.通识教育课程

威大教育学院开设的通识教育课程的内容涉及三大领域：其一是人文与艺术、社会科学、自然科学、生物科学等领域，由于这些学科所涉及的领域范围极广，因此也被称为“宽频课程”(breadth course)。其二是社交、批判性思维及分析推理能力培养领域。其三是多元文化反思能力培养领域。依据这三大领域，普通教育课程被分为六类，包括社交课程（3～6个学分）、量化推理课程（3～6个学分）、人文/文学及艺术课程（6个学分）、社会科学课程（3个学分）、自然科学课程（4～6个学分）、种族研究课程（3个学分）。以上六类课程总计提供了数百门的课程供学生选择。威大教育学院教师教育专业在普通教育课程的学习方面与学校是一致的,但在部分类别课程的最低学分要求上与学校有出入。

(1)社交课程(4～6 个学分)

社交课程被细化为 A、B 两个层次,即“语言熟练运用”和“高级语言熟练运用”两个层次,每个层次的课程各占 2～3 个学分,后一个层次是对前一个层次学习的递进,学生在学完前一个层次的内容后才可以学习后一个层次的内容。

(2)量化推理课程(3～6 个学分)

量化推理课程也分为 A、B 两个层次:A 层次主要与数学和形式逻辑有关,占 3 个学分;B 层次直接关涉量化推理,也占 3 个学分。两个层次间也具有递进关系,学生也要在学完前一个层次的内容后才能进入后一个层次学习。

(3)人文/文学及艺术课程(简称人文课程,9 个学分)

人文课程由文学、艺术和其他人文学科三部分构成,其中,文学占 2～3 个学分;艺术占 2～3 个学分,艺术包括美术、舞蹈、音乐、戏剧、非裔美国人研究、妇女研究、历史、英语等;其他人文学科课程也包括在该校课程表中,还有教育学院开设的小学和初中外语课程、经授权的美术课程等,学生可以从中挑选,累计修满 9 个学分即可。

(4)社会科学课程(9 个学分)

社会科学课程也由三部分构成:其一是有关“地方、州和国家政府”方面的课程;其二是有关“西方历史”的课程,涉及的范围包括美国、欧洲和俄国;其三是有关“非西方的历史”或“非西方的当代文化”的课程,包括亚洲、非洲、拉丁美洲、美国印第安人历史。学生可以从该校课程表中选修其他社会科学科目,合计达到 9 个学分即可。

(5)自然科学课程(9 个学分)

自然科学课程主要包括生物科学、物理学等。此外,还可以从学校课程表中任选其他自然科学课程修习。不过,威大教育学院要求学生必选修一门实验科学方面的课程。

3. 师范生的教育专业课程

威大教育学院教师教育专业教育类课程的最低学分要求是 34 个学分。由于教师教育专业的类别较多,不同的专业对教育类课程的学习有不同的要求,因此各专业在学科、学时、学分等方面的要求不尽一致,但其课程设计的总体思路是非常清晰的。分析其各专业教育类课程的内容和结构可以发现,有六大类课程横贯于教师教育类专业。

第一类是“发展”类课程,即有关儿童和青少年成熟与发展的课程。不同的儿童和青少年其成熟与发展的阶段可能不一样,这要根据培养对象所处的年龄段而定。如“儿童早期到儿童中期”方向学习“婴儿与儿童早期的发展”课程；“儿童中期到青少年早期”方向学习“从儿童到青少年的发展”课程；中等教育专业学习“教育环境中的青少年发展”课程。第二类是“学习”类课程，这类课程是有关人类，特别是儿童与青少年如何学习的课程。如“人类的能力与学习”这门课在几乎所有的教师教育专业的教育类课程中都有开设。第三类是“基础”类课程，即教育基础课程。在多数教师教育专业中，该课程都占 3 个学分。中等教育专业一般要求学习“学校与社会”课程。初等教育专业则向学生提供“学校与社会”“美国教育史”“当前教育社会问题”“教育社会学”4 门基础类课程，由学生从中挑选。第四类是“一般方法”类课程。这类课程在各教师教育专业中所占的比重较大，如在中学教育专业中，就设有“全纳学校教育策略”“因人而异的教学”等。第五类是“学科教学法”类课程。这类课程是根据学生主修的学科专业而定的，学科领域不同，所设的科目自然就不一样，如“中学科学教学法”“中学历史和其他社会科学教学法”等。第六类是“专业素养”类课程。在中等教育专业不同学科领域中，均设有“贯穿于中学课程的语言和素养”课。如音乐教育专业就设有“综合阅读教学与其他语言艺术”课等。除这六类课程外，其他课程的开设则完全根据专业的特点而定，如音乐教育中开设了针对特殊学生的“教育中的艺术”，初等教育专业要求学习“教育中的戏剧”，初等教育专业的“婴儿与儿童早期的发展”方向还开设“儿童早期教育”课程，等等。

威大教育学院教师教育最富特色的课程当属其多元文化教育方面的课程。威斯康星大学以其倡导多元文化和社会公平的理念而著称于世，是研究和推进多元文化的世界级大本营。威大教育学院中有不少这方面的著名学者，如阿普尔(Nicosia Apoel)教授即为倡导文化多元化的学者之一。在这种具有历史传承的大学学术和文化传统的影响下，威大教育学院专设了“多元文化教育和人类关系”课程及“解决冲突”课程。

4. 教学实践与教学实习

教学实践与教学实习是师范生专业教育的重要组成部分。在反思实践教师教育思想的推动下，威大教育学院素有注重教学实践的传统，很早就建立了教师专业发展学校，设置了系列课程，并注重将行动研究和反思性教学理念渗透其中，在让师范生通过现场的教学实践学会教学方面积累了丰富的经验。该院的教学实践和教学实习情况分述如下：

首先，教学实践活动被分成预备实习和正式实习，预备实习是正式实习之前的教学实践活动，正式实习是持续完整的全学期的实习。其次，对不同的教师教育专业依其性质或需要进行不同的设计。初等教育专业建立了预备实习的课程系列——“四级小学教学实习”系列。预备实习贯穿在正式实习前的全部四个学期中。第一学期的“一级教学实习”始于学生入学后的几周之内，一般要持续9周时间，课程是“社区本位”的设计，师范生每周用两个下午的时间去日托中心、社区中心、学校等参加一系列活动；第二学期的“二级教学实习”主要让师范生三两成伴去学校见习，时间为上午，每周三次；“三级教学实习”的时间既可以安排在上午，也可以安排在下午；“四级教学实习”安排在下午，每周三次。四个学期都安排了每周一次的研讨会，对实习中遇到的问题进行研讨。再次，实习的年段和时间依专业的性质不同而作不同的安排。初等教育专业的师范生根据自己所选专业的方向决定是在儿童早期到中期年段(出生至6岁)实习，还是在儿童中期到青少年早期年段(7～11岁)实习；中等教育专业的实习通常既要在初中年段进行，也要在高中年段进行，这意味着要参加两次教学实践和两次教学实习。在中等教育专业方面，教育专业课程的设计是4个学期，预备实习也是在学生入学不久便开始，每星期用三个上午的时间去中学实习。预备实习期间，师范生在中小学教师和大学教师的指导下，观察课堂活动，配合教师处理学校和班级的一些日常工作，与学生进行交流，进行小组教学等。他们经常要回到大学参加有关实习情况的研讨活动，有时还与教学课程结合起来进行。正式的实习是全学期和全日制的，即要按学区规定的学期制度经历一个完整学期的教学。在正式实习活动开展前，实习生、中小学指导教师和大学指导教师通常都要共同制订一个计划，对实习活动作一个全程的、总体的安排。实习生在有经验的教师的指导下开展工作，参加实习学校的教学小组活动，与其他老师一起备课、观摩、授课、评课、进行教学经验交流等，一般都会经历一个从定向、参与到独立教学的过程。

威大教育学院教师教育专业与课程设置具有鲜明的特点。首先，教师教育的专业设置十分齐全，为全方位、多层次地满足社会对教师的需求创造了条件。其次，依托该校普通教育的雄厚实力，通过对学生提出更高的学分要求，师范生的专业学习有着宽广而坚实的知识及素养方面的基础。再次，专业教育课程的设置以学习、发展、教育基础、教学方法、专业素养类课程为共同课程，辅之以针对各专业具体需要的专门课程，这样的课程设计分合有序，既可体现教育专业课程的共通性，又能满足不同专业的特殊需要。复次，立足于大学的学术传统和文化根基，多元文化教育渗透到教师教育的方方面面，形成了自身教师教育的文化特色。最后，注重教学实践，将教学实践分级，设计出具有连贯性和递进性的系列实践课程，并将之贯穿到教育专业学习的全部时段，这是威大教育学院教师教育专业和课程设置的最重要的特色，它是反思实践的教师教育思想的产物，已经在实践中产生了积极的效果。

小　结

20 世纪 80 年代以来，美国基础教育的质量改革将教师教育定位在教学专业化的方向上。美国教师教育在国内外形势对教师专业发展要求提高的背景下，出现了第二次世界大战后第三次改革浪潮。这次改革的中心是提高教师与教师教育的专业规格，其实质是试图解决教师教育发展过程中长期存在的质与量的问题。教师培养质量已成为美国教师专业发展的核心问题，而教师教育课程是教师培养质量的保障，因而成为普遍关注的焦点。

与此同时，学术取向、专业取向和社会取向的教师教育课程思想都有了深入发展，三种取向的教师教育课程思想体现了融合与多元模式的特征和发展趋势，构成了美国教师教育课程思想的基本图景，对当代美国教师教育课程改革有一定影响。古德莱德、达林-哈蒙德、克雷默(Rita Kramer)①、盖伊(G. Gay)②等人的教师教育课程思想是教师教育多元化模式时期课程思想的集中体现。美国教师资格证书制度已经相当完备，但随着社会和教育的不断发展，新时期的美国教师资格证书制度又呈现出一些新的特点与发展趋势，具体表现在：不断提高对中小学教师的学历要求；采取多元综合评估的方式鉴定教师资格；制定自愿遵守的较高的全国性教师资格认可标准。这些措施对教师教育课程的设置有重要的影响。随着美国基础教育改革和教师教育改革的推进，全美教师教育认可委员会的认可标准也在不断变化，对教师教育课程设置有较大影响。新的教师教育课程设置主张学科间的整合，出现了诸如学科教育学、学科课程论以及教育理论与社会基础知识融合的趋势。后现代主义强调差异性、偶然性和多元文化的思想，在教师教育中表现为强调学生批判能力的培养，使他们更深刻地了解社会，培养他们的社会责任感。在这些理念的影响下，教师教育课程增加了许多有关社会、文化、公民、国家、政府、社区、班级团体等内容的新课程，体现了 100 多年来进步主义关注社会进步和要素主义关注学术能力提高的思想的融合。

20 世纪初形成的教师教育课程结构主要由三类课程构成，即文理基础课程、任教学科课程和教育专业课程。20 世纪 80 年代后这一结构开始发生巨大

---

① 在克雷默看来，教育的目的是培养具备文化知识、科学素养和技术才能的公民，要达到这个目的，教师教育就应该为职前教师提供良好的通识教育和学科知识，培养他们尊重知识的态度。

② 盖伊在多年多元文化教师教育经验的基础上，提出多元文化教师教育的综合模式，即通过融合的方式，将文化多样性的关注贯穿到教师教育项目的课程和实践过程中。

的变化,由不同类型的课程构成的教师教育计划替代了过去单一的课程体系,在教育学教授与任教学科教授之间建立了多重合作关系,打破了过去任教学科与教学法、教育学、心理学等课程简单相加的做法,从而使不同专业(数学、物理等)刚刚毕业的和已经就业的教师资格证书申请者,可以选择不同的课程计划。这些针对不同申请者制订的特定的课程计划,与过去面向所有申请者的没有差别的课程体系具有本质的不同。另外,任教学科教授可以与教育学教授进行多方面的合作,从不同的角度解读该学科的教育学意义。

20世纪80年代以来,美国教师教育"学科融合"取向的课程标志着任教学科与教育学科融合的趋势加强了,它突出地表现为"学科教学知识"(pedagogical content knowledge)概念的提出。随着20世纪80年代后基础教育改革的深入,许多教师教育研究者都增加了对教育内容的关注,并逐渐认识到,学科知识既包括学科内容,也包括学科知识的逻辑结构,对学科知识结构的掌握直接影响教师传授知识的方法和效果。1985年,李·S.舒尔曼(Lee S. Shulman)在美国教育研究协会上将这种观点概括为"学科教学知识""它包括学科内容和它的可教性方面的知识","是特定的内容与教育学的混合物,是教师独特的领域,是他们专业理解的特殊形式",是学科知识在教学应用中的独特体现。这一概念突破了将学术学科与教育学科知识通过教学法课程简单相加的传统模式,强调学科知识与教育学知识在更深层次和更广范围上的融合。这一概念提出来后,引起了教育界普遍的关注,英语、数学、科学、社会研究和历史研究等学科领域都开始对该学科的教学方面的知识进行研究。霍姆斯小组建议取消教师教育本科专业,这是这种趋势在实践领域的具体表现。他们认为,教师教育应该提高本科各学科的学术标准,使学生真正理解知识的结构;教学法课程应以分科教学法为重点,使学生能够真正理解并胜任所教学科;未来教师不仅要掌握主修科目的内容,而且要掌握这些科目的目的、来源和知识结构,不仅要掌握文理知识和学科专业知识,而且要掌握这些学科的教育学理论,即掌握教师如何"教"和学生如何"学"的理论、技术和方法,不但要会讲,而且要会演示、会操作。霍姆斯小组的报告书发表以后,很快就有100多所教师教育机构根据报告书的建议,制定了提高主修学科课程标准和加强这些学科与教育学科融合的改革措施。1985年舒尔曼最初提出"学科教学知识"概念时强调的是转化,即如何将任教学科知识转化为可以进行教与学的知识;20世纪90年代以后,"学科教学知识"转而强调对学科领域教育学知识的研究,也就是说,在新的知识体系中又出现了普通教育学知识与特定学科领域中的教育学知识(subject-specific pedagogy)的对峙。但这种对峙已不是20世纪五六十年代任教学科知识与教育专业知识所代表的两个领域的对立,而是在两者融合的基础上出现的新矛盾,它已超越了哪类知识更有价值的讨论，代表着学术学科与教育学科知识如何融合、如何开展这两方面课程教学工作、如何帮助学生掌握这些知识等新的发展方向。①

总之，20 世纪 80 年代以来，美国的教师教育课程改革适应了美国基础教育发展的要求和世界性教师教育改革的潮流，体现了较高的教师教育课程研究水平，也反映出"学科融合"及多元模式的特点和发展趋势。具体来说，美国教师教育课程改革的趋势表现在：开展旨在教师终身专业发展的、以学习者为中心的教师教育课程改革；注重教师教育课程的前沿性、灵活性和实用性；注重模块式课程的开发和教育临床研究；注重以学生为中心的课程实施方法；注重质的评价和严格把关相结合的课程评价。②

① 郭志明.美国教师教育课程变迁与教师专业化[J].学科教育，2004(5)：1-7.

② 张文军，钟启泉.教师教育课程改革的国际趋势[J].教育发展研究，2012，32(10)：1-6.

第六章　回溯与分析

> 实现更平等、更公平和更公正社会的关键是每个儿童都应当受到世界一流的教育……实现这个目标将要求许多人的技能和才能，尤其是我们国家的教师、校长和其他学校领导的技能和才能。我们的目标是每一间教室都有优秀的教师，每一所学校都有优秀的校长。学生从进入学校的那一刻开始，决定成功的最重要的因素不是肤色抑或家庭收入，而是站在教室前面的教师。为了确保我们孩子的成功，我们必须更好地招聘、培养、支持、留任和奖励我们教室里的杰出教师。
>
> ——奥巴马(Barack H. Obama)①

美国是一个典型的移民国家，虽然只有 200 多年的历史，没有悠久的历史文化，但是美国善于借鉴和创新。在已有的 200 多年的时间里，美国不断改革、发展、创新，在教师教育方面取得了显著的发展，迅速发展成为教育"超级大国"。在建国初期，美国的教师一般是由一些未经任何训练的神职人员担任，当时美国也未设置培养教师的专门教育机构，因此教师质量很低。19 世纪 20 年代，由于美国经济和政治斗争的发展以及公立小学在全国各地的兴起，迫切需要一定数量的、经过专门教育训练的教师。美国文实中学开始引入教师教育的课程以来，美国的教师教育课程发展大约已经历了 200 年，通过对美国教师教育课程历史演进的考察可以发现在美国教师教育发展与变革的整个过程中，"专业性"与"学术性"、理论性与实践性、数量与质量等始终是教师教育发展的根本问题，美国教师教育变革的"钟摆运动"开始从两极走向中间，钟摆的幅度不断缩小，从极端化

① U. S. Department of Education, Office of Planning, Evaluation and Policy Development, ESEA Blueprint for Reform, Washington, D. C. ,2010[EB/OL](2011-5-7)[2012-1-12]. http://www2.ed.gov/policy/elsec/leg/blueprint/blueprint.pdf,2011-5-7.

走向合理化，而且这些变革逐渐由“头痛医头、脚痛医脚”的“治标”走向“治本”，开始抓住教师教育发展中的本质。[①] 美国教师教育及其课程变革是一个系统工程，承受并反映了回应外部的多重压力和因素，受到诸如教师教育专家、教育专业组织、人口、社会、政治、经济、科学等压力和因素的影响。

一、影响美国教师教育课程的诸多因素

美国教师教育是一项巨大的、复杂的事业，其发展一直受诸多因素的影响。它们既有政治的、经济的、社会的、意识形态的因素，也有教育的因素。人口膨胀、技术、通信、知识等创造了一个不断变化的社会。上述因素不可避免地影响了职前教师教育课程发展和课程的不同组成部分的内容及其平衡。

然而，同整个世界相比，美国教师教育及其课程演进比较慢且相对稳定，它只是断断续续地对社会发展做出反应。不过，传统在维护社会和机构准则方面仍然具有强有力的影响。相对于教育决策，教育者把这个演进过程看作“杂乱的渐进主义”，因为几乎不存在系统的或全面的教师教育课程的发展政策。总体而言，教师教育项目依靠四种课程传统——古典文理学院课程传统、专业学习的师范学校传统、德国的科研传统、服务社区和把知识应用于日常生活的美国理想传统。在不同的历史阶段，教师教育职前课程的演进依据不同的课程传统进行。[②]

由于理论和实践之间的争论、社会和政治力量的转移以及资格证书和认证标准的改变，教师教育的项目已经协同地发展；而且，在这个过程中，许多人和机构认为教师教育项目协同发展需要不断被质疑和接受调查。通过传播教育理想、控制课程内容和对当地管理人员提建议，教师教育者也许已经产生了最大影响。同时，教师教育者所属的专业协会和其他特殊利益集团不断加大对教师教育项目的参与力度，许多私人基金会也已在职前课程发展中发挥作用，尽管与专业协会和政府机构相比，它们的作用较小。另外，在整个项目发展的过程中，不同的教和学的理论影响了所有有关教师教育的政策和决定。

出于研究的目的，可以把影响美国教师教育课程的因素和力量大致分为经济因素、基础教育发展、文化传统、培养目标、教师专业化、教育理论、学术性与专业性争论、私人基金会、专业协会、政府机构的功能及教师资格证书制度和认证机构。

---

① 马骥雄.战后美国教育研究[M].南昌：江西教育出版社，1991：200.

② STINNETT T M. “Teacher education, certification, and accreditation,” in E. Fuller and Pearson (eds.), J. B. Education in the States: National Development since 1900 [M]. New York: Harvard University Press, 1969: 381-438.

(一)经济因素对教师教育课程设置的影响

教师教育课程具有社会制约性,社会变革是教师教育课程设计与实施的重要依据。这主要体现为社会生产力的发展不断地对新的劳动者和年轻一代提出新要求,需要未来教师掌握更多、更新的学识和更新他们的思想观念来跟上时代对劳动力素质规格与水平的新要求,于是不断提高教师学历要求、扩大和更新教师教育课程来适应社会对师资的需求遂成为教师教育课程发展的重要推动力。

教育,包括教师教育归属于上层建筑,因此在所有影响因素中,经济对教师教育课程设置的影响最大,这种影响具有决定性意义。[①]在农业、手工业发展时期,美国还没有正规的教师教育,只有家庭妇女等组织的一些简单的读写算教育;到了19世纪30年代,在这个以蒸汽机为生产力发展标志的时代中,美国出现了最早的师范学校,这时的师资培训内容也只是局限于读、写、算和一些实用科目;从20世纪初到20世纪50年代,随着电气的发展,美国的教育——包括教师教育——随之发展起来,师资培养有了专门的师范学院,此时教师教育课程开始强调要以儿童为中心,产生了初步的注重教学方法的意识;从20世纪中期至今,原子能、电子计算机和空间技术的发展以及初等、中等教育的普及对教师教育提出了新的要求,师资培养机构也从师范院校发展到了综合性大学的教育学院、教育系,师资培养的内容被分为通识课程、学科专业课程和教育专业课程。通识课程是为了拓宽教师的知识面,使教师拥有广泛、渊博的知识;学科专业课程是为培养精通某一学科的学者型教师而作准备;而教育专业课程是为了解决未来教师"如何教"的问题,其教学内容和教学时间是教师专业化程度的反映。

随着世界经济的发展,美国社会对教师的要求也越来越高,这势必会影响教师的培养。经济的发展要求教师必须提升自己的素质和专业水平,而素质和专业水平的提高又依赖于教师作为教育者对教育专业知识的掌握程度。在这种要求的驱使下,美国的综合性大学教育学院、教育系便承担起了教师教育的职能,专门负责提供教育专业课程,并且在课程中强调了教育理论、教学方法和教育实践,使培养出来的未来教师掌握教育规律、具备实践经验并且懂得"如何教",以顺应经济的快速发展对美国教师教育的要求。

(二)基础教育发展对教师教育课程设置的影响

基础教育发展是教师教育课程改革的直接动力,也是教师教育生存与发展

① 王泽农,曹慧英.中外教师教育课程设置比较研究[M].北京:高等教育出版社,2003:174.

的前提。教师教育课程担负着培养、造就中小学师资的任务，因此，切合国家基础教育的改革与发展是构建教师教育课程体系的基本依据。

教师教育的发展，直接与基础教育的师资需求相联系。基础教育的整体改革呼唤高素质的教师，要求教师教育在培养教师的质量与规格上作积极调整。现代教师全新的教育理念、整合的知识结构、切合学生需求的多种能力、健康的身心素质等都是通过完备的教师教育课程培养而达成的。依据密切联系中小学教育的实际需要来培训未来教师，是建构教师教育课程的现实依据，结合基础教育的课程改革动向来调整教师教育课程，也是教师教育课程改革的特征之一。美国教师教育课程的历史演进可以说明，基础教育发展与改革是教师教育课程发展与改革的直接动力和依据。

（三）文化传统对教师教育课程设置的影响

文化传统是教师教育课程变化的基础。文化对教育的影响最为直接，美国文化对其教师教育的影响亦是如此。美国是一个多元文化国家，这就意味着教师要面对学生文化的多样性。因此，这就要求美国的教师必须具备一定的多元文化背景的教育专业知识和教学能力，无论是普通教师的培养计划还是其他教育专业人员的培养计划，美国综合性大学教育学院都无一例外地开设了多元文化背景的相关课程，体现了美国文化对其教师和其他教育专业人员培养的影响。另外，美国是一个实用主义国家，这种文化传统也影响了美国综合性大学培养教师以及其他教育专业人员的课程设置，具体体现在培养教师和其他教育专业人员时，各综合大学教育学院很强调学生的实践能力。因此在培养计划中，各综合大学教育学院不是单单局限于理论课程的设置，而是均会开设较长时间的学生实习课程，并且在实习过程中有专门的指导教师手把手地帮助学生见习与实习，使学生真正地从实习中获得实践经验，具备实际的教学或其他的工作能力。

美国教师教育课程设置中，文理基础课程占有非常重要的地位。普通文理基础课程旨在拓宽未来教师的知识面，使其具备扎实的文理基础知识，注重文化知识的养成，增强师范生未来在教育教学工作中的适应性。现实的课程设置，特别是普通教育课程的设置不能说没有受到文化传统的影响。美国教师教育是在借鉴欧洲教师教育的基础上发展起来的，其教育思想体现着欧洲的教育文化传统的影响，它突出表现为重视教育的作用，通过通识教育内容来培养身心全面、和谐发展的人。

受欧洲通识教育传统的影响，维护通识教育的努力始终贯穿于美国高等教育的发展过程中。早在1930年，芝加哥大学校长赫钦斯就提出，大学生在四年大学期间，至少应阅读一百部古典巨著。1943年春，哈佛大学校长科南特组织了一个专门委员会来筹划哈佛大学的本科教育；1945 年，该委员会发表了以《自由社会中的通识教育》(*General Education in a Free Society*)为题的著名报告，俗称“红皮书”，要求在本科毕业生所要学习的 16 门课程中，应该有 6 门通识教育课程，其中在人文学科、自然学科、社会学科三大类中，各不能少于 1 门。[①]随着社会的变迁和经济、科技的迅速发展，知识总量剧增，学科领域和职业不断分化，人们日益重视和要求学习实用的、为一定职业做准备的知识与技能，这使古老的通识教育的文化传统受到冲击。尽管如此，重视人的全面发展的通识教育传统对美国的教育发展还是有巨大影响。为促进未来教师的全面和谐发展，设置内容丰富而全面的课程来培养教师也成为美国大多数教师教育机构的重要举措。

(四)培养目标对教师教育课程设置的影响

培养目标是教育活动的出发点和归宿，也是决定课程设置的因素之一。普通教师教育培养目标就是教师教育工作希望达到的预期结果，其反映了人们对教师教育的一种期望。

美国的教师教育在培养目标上既有争论，也有共识，共识主要表现为要培养既精通学科知识又懂得如何去教的教师，这决定了在培养教师时，除了设置普通文理知识、任教学科知识相关课程，还必须有专门的教育专业知识的讲授与实践。因此，美国综合性大学教育学院的教育专业课程的设置就要肩负这一重任，课程内容要注重教育基本理论、教学管理和教学方法知识的传授，以培养未来教师的实际授课技能和对学生的管理与组织等方面的能力。

美国的教师教育还希望培养教育的“临床专家”，这就决定了在培养教师时，不仅要注重专业理论知识的讲授，还要重视对学生实际操作能力的培养。因此，美国综合性大学教育学院在培养普通教师时都要开设实习课程，在所在州或学区内为师范生创造进公立中小学积累课堂经验的机会。除此之外，甚至有的理论课的讲授也与实际操作相结合，最大可能地丰富了学生的临床经验。

在培养其他教育专业人员时，美国综合性大学教育学院把具体的课程设置与培养目标紧紧地结合起来。美国综合性大学教育学院培养其他教育专业人员的目的非常明确，就是要瞄准不同的具体的职业，培养具有扎实的专业知识、熟练的专业技能的各种其他教育专业人员。在培养目标的设定上，美国综合性大学教育学院不是泛泛地指向一大类，而是在一大类中分成了具体的职业，根据这些具体的职业指向来确定课程的开设，课程紧紧围绕特定职业，为实现培养目标

① 李曼丽. 通识教育：一种大学教育观[M]. 北京：清华大学出版社，1999：63-64.

服务。学生在学完所有课程后基本上也就初步具备了所从事职业的专业理论知识与实践经验。因此,美国综合性大学教育学院培养其他教育专业人员的课程设置也在很大程度上受到培养目标的影响。[①]

(五)教师专业化对教师教育课程设置的影响

1. 教师专业化是教师教育课程变化的依据

第二次世界大战以后,特别是 20 世纪 60 年代以后,教师专业化成为一种强劲的思想潮流,并极大地推动了许多国家教师教育理念和新制度的建立。目前,教师专业化已成为促进教师教育发展和提高教师社会地位的成功策略。

在美国教育发展史上,师资短缺问题曾在一个很长的历史时期内阻碍着教育事业的发展,因而教师教育关注的一直是师资的数量问题而无暇顾及师资的质量问题,教师的培训仅被视为一种职业训练而非专业训练。美国独立战争后,教师质量问题开始受到重视,教师教育理论已见轮廓,为教师从事专业训练提供了理论上和实践上的依据,教学开始作为一门专业从其他行业中分化出来,形成自身独立的特征。随着教育的发展,教师的供应和选拔工作显得越来越重要和迫切。对进入公立学校的教师进行统一考核、统一发放教师资格证书,以确保他们掌握基本的教育教学知识和技能成为大势所趋。1825 年,俄亥俄州建立了美国最早的教师资格证书制度,正如有的研究所指出的,"1825 年俄亥俄州中等民事法庭授权各县任命 3 个普通学校教师考试官员,这 3 个官员的职责是考核教师并发放证书"。[②]当时教师教育落后,教师专业化水平低,只需在师范学校获得中等的通识教育即可获得教师资格证书。然而,教师资格证书制度的建立,标志着美国对提高教育质量及提升教师职业地位的认识在不断地加深,也推动了美国教师专业化的发展。

19 世纪后半期以后,中等教育的迅速发展对师资的数量和质量都提出了新的要求。各州纷纷提高了教师资格证书规定的最低学历的要求,师范学院逐渐取代师范学校,承担了培养师资的任务。这使教师认证官员认识到,教师教育不仅保障了教师的基本文化素质,还培养了教师的教育职业能力,因此开始允许师范毕业生不必参加考试就可直接获得教师资格证书。这一做法的直接影响是人们更加重视教师教育对培养合格师资的作用,教师教育课程发生了重大变化。为了确立新的课程体系,美国联邦教育署组织了为期 3 年的教师教育调查研究,

---

① 黄丽娜.美国综合大学中教育学院课程设置研究[D].保定:河北大学,2006:62.

② 陈振华.美国教师资格证书制度透视[J].高等师范教育研究,1996,(2):76.

哥伦比亚大学教育学院教授艾温顿(E. S. Evenden)主持了该项研究,并提出了改革教师教育课程的方案。提出的方案突出教育专业课程的学习,主张加强早期见习和教育实习,并提出了具体的专业课程设置:教育专业入门指导;教育专业基础知识,包括心理学、测量学和统计学;儿童智力、体力和社会特点的研究;教材与教法;学校与课堂管理和教育思想研究等。可见,这一时期的课程开设突出了教育专业课程,为培养专业化的教师奠定了坚实的基础。

随着高新技术的迅猛发展,国家间经济、科技竞争的日益激烈,教师专业化日益引起人们的普遍关注。20 世纪 50 年代以来,美国出台了一系列教育改革政策,其中引人瞩目的有 1983 年《国家处于危急之中,教育改革势在必行》、1986 年《卡内基报告书》、霍姆斯小组的报告书《明天的教师》、20 世纪 90 年代初布什政府和克林顿政府接连发布的指导全美教育改革的纲领性文件——《美国 2000 年:教育战略》和《2000 年目标:美国教育法》等。几乎每一份改革报告书都对美国现有教师队伍的素质和教学质量提出了批评,强调只有拥有最好的教师,国家才能解决教育问题。在这种背景下,教师理所当然地要以新的形象出现,"教师作为专家"成为美国教师教育的新理念,争取社会对这一理念的认可成为教师教育改革努力的方向,在这一理念之下全面提升教师的职业地位和素质也成为教师教育发展的重任。因此,为了确保教师队伍的优良素质,提高教学质量,美国许多州都对教师资格证书制度进行了改革,纷纷要求提高教师资格申请者的学历和能力标准。各州都要求教师资格申请者必须拥有学士学位,并通过教师资格考试。教师资格证书制度对教师教育课程的设置提出了比以往更高的要求。

可见,在美国,教师专业化的发展促进了教师资格证书制度的发展。同时,为了适应教育发展,教师教育课程也在不断变化并与教师资格证书制度一起推动着美国教师的专业化。

2. 教师教育专业化是教师教育课程变化的归宿

教师专业化必然要求教师教育专业化,要求每一个师范生必须经过有组织的、专门的培训,具备所教学科的知识,从而推动教师向具有较高教育素质方向发展。如前所述,美国教师教育先后经历了从中等师范教育到高等师范教育,从师范学院的独立培养到综合性大学的开放教育,以及大学后专门的教育学士、硕士、博士的教师教育体系,这一历程也是美国教师教育专业化的发展过程。在这一漫长的发展过程中,美国教师教育始终面临着如何处理"专业性"和"学术性"的问题,美国教师教育课程也随之不断发生变化。

在美国教师教育的发轫期,师范学校的学历年限短,教学水平比较低,所开设的课程几乎全是任教课程,教育专业课程极少,但这是美国的教师专业化发展的重要一步。20 世纪上半叶,师范学校不能适应义务教育层次提高的发展形势，于是纷纷升格为师范学院，既延长了师范生的学历年限，提高了师范生的学历层次，也加强了师范生的学科专业知识和教育专业知识的学习。这一时期，教师教育发生巨大的变化，拓宽了课程的范围并加深了课程内容，课程范围包括人文科学、社会研究、自然科学、艺术教育、教育哲学、教育心理、教育史等。

随着义务教育年限的延长，中等教育的普及，美国师范学院教师教育的学术性受到人们的质疑，人们纷纷要求师范学院向综合性大学看齐，于是师范学院很快转变为综合性大学，教师教育体系开放，由“定向型”教师教育转向了“非定向型”教师教育。综合性大学教育学院或教师学院负责开设教育专业课程，组织教育实习，与综合性大学内的其他学院共同负担培养中小学教师的任务。教育学院开设的教育专业训练有两种形式：第一种是四年制本科层次的教育专业训练，学生先进行两年的普通学习，后两年进行专业学习，其中专业学习包括专业学科和教育学科课程的学习以及教育实践。第二种形式是研究生层次的专业训练，学生在其他专业学院接受了4年的学科专业训练，然后到教育学院或教师学院接受1～2年的教育专业训练，这种形式通常以教学硕士或教育学硕士方式存在。在综合性大学教师培养模式中，美国教师教育课程借鉴了大学通识教育和专业教育两种传统，文理学院为学生教授通识教育，专业学院为学生教授各种专业知识，研究生学院则为学生的进一步深造和发展提供了条件。大学广博的知识和丰富的文化为教师教育提供了广阔的发展空间，使教师教育既包含了专业教育的内容，也包含了通识教育的知识。

20世纪80年代以后，美国教师教育专业化的水平不断提高。为兼顾“专业性”和“学术性”的问题，美国的教师培养明显分两个阶段进行，采用“4＋1”模式，即第一阶段进行广博的科学文化知识和精深的学科专业知识的大学本科教育，第二阶段进行教育科学的专业教育和教育实践的专业训练，并且美国现行的教师教育课程不断发生变化，具体体现为提高教育专业课程的比重，突出教育专业课程在教师教育中的地位和作用，增加教育实践机会，延长教育实践时间，重视师范生教育基本技能的训练，尤其是现代教育技术条件下的基本技能的训练，教师教育课程进一步得到拓展，包括教育学、心理学、教学法、教育史、教育哲学、指导与咨询、测试与测量、教育社会学、教育心理学、儿童发展、人类学、环境学、实验室技能等。教师教育作为一门专业的地位得到了进一步提升。

(六)教育理论发展对教师教育课程设置的影响

美国教师教育自产生以来，就受到国内外各种教师教育思想和理念的影响，同时这些思想和理念也促进了美国教师教育及其课程的发展。要使教师教育项目发生变化，不仅要有变化的理由，即它要与社会发展相匹配，而且教师教育者应经常通过创新项目使整个专业人员接受新变化。这种接受是不容易获得的，因为每个参与教师教育的专业人员对这个专业都有不同的观点和信念，他们对新观点的赞成与否通常有赖于提供的建议是否与他们的意识形态或设想相匹配。这些信念主要以哲学原理和来自类似心理学这类领域发现的解释为基础，它们不仅来自实践，而且来自关于教育目的和教与学的本质理论。这些理论使教师教育课程日渐丰富且促进了教师资格证书相关政策的发布。此外，这些理论通过出版、会议和公共演讲来传播，如果倡导人是手握实权的人或在专业界和公众心目中有威望，教师教育的其他人员就会认真考虑他们的观点。因此，教师教育领域里一些最有声望的领导常常被选来撰写这方面的报告，这些报告几乎总是以教师准备和教育的具体假设为基础。教育思想发展对职前课程设置有重大影响，因为它们对教师教育领域里最重要的决策者有循环的和持续的影响。

在美国师范教育早期，师范教育课程非常简单，主要是为教师作职业性的准备，开设的课程仅限于任教课程。如前所述，早在1825年，马萨诸塞州议员詹姆斯·卡特在波士顿发表文章，认为教师所受的训练不仅应包括文化知识，还应包括科学的训练方法。在这一思想的影响下，马萨诸塞州第一所州立师范学校除开设任教课程外，还开设少量哲学意义上的教育学课程。受裴斯泰洛齐教学理论的影响，美国师范学校在19世纪中期以后便开始普遍关注教育教学理论问题。19世纪60年代初，美国教育家贺拉斯·曼在师范学校中极力推广裴斯泰洛齐的教育理论。教育家谢尔顿在纽约奥斯威戈师范学校也大力推行裴斯泰洛齐的教学法体系，尤其重视实物教学和心理活动在教学中的作用。1865年，美国全国教育协会批准采用裴氏实物教学法，一些师范学校相继直接使用裴斯泰洛齐的教育理论。裴斯泰洛齐的教学理论影响美国教育30年之久，并在19世纪60—70年代达到高潮。裴斯泰洛齐关于儿童发展和教学过程的新理念改变了传统课堂的教学过程，也给师范学校的发展指引了新的方向。于是，心理学成为学校的引导性学科。随后，传播赫尔巴特思想的教育著作在美国连续出版，并很快产生赫尔巴特运动，他所提出的"教育学应成为一门科学"的论断对美国师范教育影响很大。根据赫尔巴特的教育思想，教育心理学被列为美国师范学校课程。① 另外，在19世纪末到20世纪初，达尔文进化论也对美国师范学校课程产生了较大影响。

19世纪，裴斯泰洛齐和赫尔巴特学说是影响教师教育的主要外来教育理论，它们最初是由一些独立机构如奥斯威戈、纽约师范学校和伊利诺伊州的杰出人士引进来的，这些创新又伴随着大学试图建立教育学科。例如，19世纪末，霍

① 李申申.简明外国教育史[M].开封:河南大学出版社,1997:272.

尔在约翰·霍普金斯大学创立了一个儿童心理发展研究中心，他提出了智力发展和成熟的新进化理论，其理论依据是对儿童的直接观察和收集的大量数据。在这个时期，这个领域的其他著名贡献者有詹姆斯（William James）、贾德（Charles H. Judd）等，这些学者试图把新的哲学原理应用到教与学。①

发端于19世纪后半期的美国进步主义教育运动主要的哲学依据是杜威的实用主义经验论、机能心理学。杜威提出了"教育即生活"和"学校即社会"的教育主张，因为生活就是发展，没有教育，就没有发展，就不能生活，最好的教育就是"从生活中学习""从经验中学习"。因此，教育就是儿童现在的生活过程，而不是生活的准备。进步主义教育的一个重要观点认为，最重要的教育内容应是在现实社会生活中发生的问题，因为解决实际问题的能力不能通过现有的学科学习来获取。突出的专业教育的思想与进步主义教育的理念相吻合成为这一时期教师教育的主导思想。这一思想反映在教师教育课程上则表现为任教学科知识薄弱，教育理论和教学实习烦琐，教师教育的专业性过浓而学术性不足。

20世纪早期，心理学与教育测量研究快速发展。1914年，推孟（Terman）提出斯坦福-比纳智力量表，强调把系统评估作为教育过程不可分割的一部分。华生和桑代克研究导致的行为主义革命也对美国教育有深远影响。到1920年，400多个学院和大学提供反映这门新科学的教师教育项目，试图把教与学分成不同部分的方法在《联邦教师教育研究》里有例证，同时在《全国教师教育调查》也有一定的反映。尽管这种研究提供了检验假设和理论的更有效的工具，但也引发了许多批评。例如，格式塔心理学者声称行为主义学者的教育哲学太机械，不能从整体上计划教与学并会使教育变成非人性化的事业。于是，桑代克试图通过将实验从实验室转入真实的课堂来回应这些批评。可是，其基本哲学假设和研究设计遭到了来自对学习本性持不同观点的人的反对，这些批评者和精神心理分析学者也对教师教育课程有深远影响。

同样，进步主义教育试图为教育提供哲学指引。20世纪20年代早期，像杜威、克伯屈、康茨等进步主义教育的倡导者攻击机械方法、许多学校中发生的智力退化现象和用"训练"替代"教育"的概念。他们认为教学是创造性的、实验性的过程，而不仅仅是学科知识的传递。进步主义教育尤其对教师教育有影响。许多像哥伦比亚大学师范学院这样的机构开始根据进步主义教育的理念开发项目，尤其是校园实验学校采用了进步主义教育方法。尽管它们比公立学校更有

① ROBARTS J R. "The education professoriate and the quest for a science of education,"in E. Johanningmeier(ed.). Science of Education and the Education Professoriate[M]. Boston: Houghton Mifflin, 1978: 7-15.

创造性,可它们经常采用与公立学校真实环境不相关的技术和实践来培养教师,因此招致许多来自真实学校环境的管理者和教师的批评,他们指责教育者(尤其是来自教师学院)把实验学校当作他们理念宣讲和实施的地方,让教师教育正在脱离课堂的现实;一些批评者指责培养教育能力最需要的基本技巧和学术科目被忽视;同时,其他批评者,尤其是政治家,怀疑教师和学校对社会改革的作用。

从20世纪30年代末起,进步主义教育开始发生分裂并失去它最初的声望。由于政治和社会力量的变化,它也逐渐受到怀疑。到1955年,由于保守主义教育的回归和对学术标准的关切,进步主义教育协会解体。然而,许多教育者仍然赞成它的一些基本要旨,1956年出版的《培养自由民族的教师教育》(*Teacher Education for a Free People*)[①]就是一个很好的证明。实际上,许多社会运动最好的方面都将会融进教师教育项目和学校改革中。例如,尽管教育方法仍然是传统的,可大多教师更人性化和民主化,因为他们意识到儿童的个性和社会发展及儿童个体差异的重要性。教师的作用也在变化,因为进步主义教育者把教师看作学生的指导者和学习的促进者,而不是传统意义上严格的学科教师。此外,进步主义教育者试图让教师更多地参与政策决策和课程开发。因此,各种类型的机构教学的观念被拓宽,教育者更加意识到考虑民主价值的需求、教育目的、学校的功能及与社会的关系等问题的重要性。

后来,上述教育思想迅速扩展到包括智力和测量在内的其他研究领域,试图解决实践问题和广泛聘用除管理者和专家以外的人员。这些研究反映了社会、教育变化的概念和对儿童不同看法的新态度。这些研究不断增加教学和课堂环境方面的内容,更加关注儿童成长的发展心理学以及注重对个性和动机进行调查,这些新动向和趋势促使新的领域出现,如特殊需求的儿童、社会不利条件和教育创新等。因此,研究的扩展丰富了教师教育课程,使之涉及更广泛的领域,而不限于任教学科内容的学习和"怎样教"。

另外,第二次世界大战后科技发展对教育提出了新的要求,因而科学主义成为最广泛的一种哲学思想,它突出地表现为崇尚科学,重视科学知识教育。科学主义教育家在反思前一时期进步主义教育思想及其影响的基础上,认为教师职业是由教育专业和任教学科构成的双重专业,这纠正了教师教育过去不重视学科知识的传统,开始从"学术性"和"专业性"两方面构建教师教育课程。科学主义教育家要求改革传统的教师教育课程设置,更新教育内容,培养未来教师扎实的学科知识和相应的教学能力。针对当时存在的问题,美国著名的科学家、教育

---

① COTTRELL D P. Teacher education for a free people[M]. New York: The American Association of Colleges for Teachers Education, 1956.

家科南特首先肯定了教师教育课程由普通教育、学术学科教育和教育专业训练三部分构成,但三部分的内容和比例不同于以前。他提出了拓宽基础课程、加深任教学科教育、精简教育专业课程、强化教学实习的改革措施。他批判进步主义教师教育对学术学科的忽视,批判其教育专业知识肤浅、空泛,强调教师应该具有学识。与1959年的教师教育课程结构相比,在科南特提出的教师教育课程计划中教育专业课程的比例略微减小,而普通必修课程的比例增大到50%,这充分表明了科南特重视普通教育课程的科学主义知识观。

然而,科学主义的课程最终并没有解决教师教育课程的根本问题,"学术性"和"专业性"之间的矛盾仍然非常突出。20世纪80年代以来,世界科技与学术发展出现了新的综合化趋势,而社会发展对综合知识的要求也需要学校重视不同学科知识的融合,因此,美国中小学课程出现了理科类课程与社会科目课程融合以及科学教育课程与人文教育课程融合的趋势。为适应基础教育课程的发展,在教师专业化思想的影响下,美国教师教育课程发生了很大的变化,不仅表现为学科专业课程和普通教育课程的融合,更主要表现为任教学科与教育学科之间的融合。

进入21世纪以来,融合课程成为美国教师教育课程设置的主流,这在一定程度上解决了美国教师教育课程"学术性"与"专业性"之间的矛盾,极大地促进了美国基础教育的发展。然而,较为狭义的教育观点又有所复兴。社会和公共机构要求更多问责和更高标准的压力(尤其是在基本技巧方面),已经鼓励教师教育者再度把注意力转向发展建立在行为主义原理上的教师教育项目。例如,课程创新包括能力测试、测验成绩的新工具和方法以及训练未来教师在教育过程中使用更有效的方法。

总之,教育理论对教师教育有直接影响,因为教师教育者和教育指导者通常把特定的理论和原则作为其研究设计、课程建议和决策的基础。事实上,在整个教师教育的历史上,主要的教育理论均存在两个相反的基本观点,即分别强调以"学术性"和"专业性"为基础,从而产生了教师教育的不同观念。在教师教育职前课程演进过程中,关于"学术性"和"专业性"的辩论或许是最持久的和最具影响力的因素之一。

(七)学术性与专业性争论对教师教育课程设置的影响

尽管学术性与专业性之间的争论一直以来都存在,可不同阶段、不同机构和项目之间学术性与专业性之间的课程差异在相当大的程度上是由范式来决定的。教师由"谁"和"在哪里"准备的问题也一直是与这个争论持久相关的问题。可这个争论主要关注训练项目的内容和方法,集中在学科学术课程和教育专业课程的概念以及涉及它们之间的关系及其在课程中的平衡,同时体现了关于学习过程、教师作用、学校功能等的不同理念。文理学科传统起源于这样的信念,即所有公民,尤其是教师,需要对确定智力学科内容有一个全面理解。赞成这个观点的人认为教育主要是获得知识,教学是一门不能仅通过训练就能学到的艺术。因此,他们相信几乎不需要除传递知识和培养学生理解能力之外的其他能力,只需要未来教师有学科专家所具备的知识和适宜的个性。教师教育职前课程应该由通识课程和任教学科课程组成,教育专业课程被认为经常挤占了基本的学术学科课程的学习时间,而且,许多文理学科支持者不认为教育本身是一门学科,因为他们坚持认为教与学的相关理论来源于传统学科知识,因而教育学不应当在大学或文理学院存在。然而,在这个传统里也有分歧,因为并不是所有赞成者都坚持一些极端的观点。教育学者所主张的专业教育观念:假定要成为一名优秀的教师,教师必须了解教学方法、学习过程、儿童和课堂以及所要教的实际内容,也需要有真实环境的直接经验、了解和理解学生、了解学校的社会功能并认识教育的目的和环境之间的关系。教育学者把教学看作科学和艺术,并且相信好的教师不是"天生的"。

在整个 19 世纪,学术性和专业性呈现出分离的状态。一方面,学院、文理学院和大学一般支持培养教师的学术课程,集中培养中学教师。另一方面,师范学校促进教育专业,主要培养小学教师。然而,到了 1900 年,这种争论逐渐减少,并且试图把这两派思想结合起来。如前所述,当师范学校演变成师范学院时,它们为中学教师引进了更多学术科目和课程。同时,其他教师培养机构引进了教育专业课程和小学教师项目。因此,教师教育课程总体上变得更一致。然而,文理学科课程和教育专业课程被分成很明显的两个学习领域,任何教师培养机构都对任教学科课程内容专业化不热情。而且,1933 年的《全国教师教育调查》已经提到,文理学院和大学对教育专业和学校问题缺乏兴趣。在研究驱动的和以职业道德为基础的专业化的影响下,美国赠地学院没有朝着政府最初所希望的方向发展,变得与公立学校没有联系,反而集中在对教育过程的调查和提升智力方面。[①]

20 世纪的第一个 25 年期间,那时的环境为"技术"教师教育课程的倡导者提供了他们对州教师资格证书和认证机构施加影响的机会,尤其是通过专业协会活动,专业教育发展成必修课。这种变化使文理学院和大学产生了很大矛盾,同时使教育系和其他教学人员进一步产生了分裂。而且,许多机构缺少讲授教

① DRAKE W E. Changes in the philosophy of teacher education in the post-war world [J]. Educational Theory, 1951, 1: 262-268.

授法课程的合格教员，并认为这些课程有损他们的声望，提供这些教学内容不是它们的目的。因此，为了争取教师教育课程体系中包含更多学术性的任教学科课程，一些学者和专家做出了反应。例如，弗莱克斯纳在他的教育学院报告里一方面要求大学应开设更多哲学、历史等科目的学术课程；另一方面，主张减少关于方法管理和社会化方面的课程。[①] 同样，1934 年，美国历史协会建议大量削减"技术"课程，重新强调教师作为学者应把教育与人类思想主流结合起来。[②] 有人声称：教育专业学生学术水平低，较低的教育课程的学术标准阻止了许多有才能的人加入教师教育项目。这些论点进一步削弱了教学的专业形象并弱化了公众对教师教育的支持。

进入 20 世纪 30 年代，学术的观点再次被强调，这可以用 4 年里教师教育项目中通识教育内容的扩张来证实。然而，由于进步主义教育思想的影响，专业学习也受到关注。进步主义教育思想倡导将实践经历和以课堂情境（不是依据学术学科）为基础的任教学科课程内容相整合。因此，学术与专业的争论再现。实际上，一些教育学者开始意识到需要形成关于教师教育课程的更全面的观点，并促使教师教育课程对不同成分重新进行整合。如 1936 年在科南特的领导下，哈佛大学通过引进教学硕士项目把学术和专业的因素结合在一起，尽管教育专业课程只被安排在第五年学习。[③]

20 世纪 40 年代，许多教师教育机构加强了实验项目的整合，增加了联络人员的任命。后者的职责包括通过重组课程满足学生的需求、培育校园和学校的公共关系以及调和教职员工之间的差异。[④] 教师教育委员会有助于实施一些发展，尤其是支持不同思想学派之间的紧密合作以及普通课程和专业课程之间的相互依赖。

学术性与专业性的争论在 20 世纪 50 年代达到高潮，这是由于极端保守主义浪潮的影响。1957 年苏联第一颗人造卫星发射之后，这种浪潮达到顶峰。这种状况导致随后 20 年里学术性和专业性课程呈分离式的发展，尽管一些专业协

---

① FLEXNER A. Universities: American, English, German[M]. New York: Oxford University Press, 1930: 96-110.

② American Historical Association. "Recommendations of the American Historical Association for a new teacher training", Report of the commission on the social studies[R]. New York: American Historical Association, 1934: 107, 110-114.

③ COGAN M L. Master of arts in teaching at Harvard University[J]. Journal of Teacher Education, 1955, 6: 135-142.

④ ARMSTRONG W E, et al. Emerging responsibility of collegiate institutions[J]. Educational Digest, 1945, 10: 40-42.

会试图做出努力把参与教师教育的各派团结在一起共同开发教师教育课程。事实上，一些机构拒绝提供教育专业课程，学术人员倾向于与非专业人士、工业家和媒体联盟，而教育学者主要受到教师、学校董事会和专业协会支持。1963年科南特的调查报告集中反映了上述情况，并试图调解教师教育学术性与专业性课程的争论。

在这一时期，通过教师教育合作委员会这样的专业组织，人们进行了几个重大尝试来调和两派之间的关系。成立于1943年的教师教育合作委员会是从15个自治协会合并来的，继续承担教师教育委员会的工作。这个委员会有助于维持不同团体之间的互动和使专业协会参与教师教育。另外，一些教师教育机构建立教师准备校园委员会。据报道，到1962年，有几百个这样的委员会出现。① 1967年，超过一半的培养教师的学院和大学提供某种形式的跨学科合作，②以便学术和专业人员共同承担教师教育项目，一起制订计划并使课程具有更多的共性。同时，这类委员会在一些机构获得了某些成功，改善了学术和专业人员之间的关系。另外，福特基金会资助的一些文理学院开始探索教师教育问题和引进新的专业课程，而某些其他类型的机构发展融合课程，使教授法课程更多地以学术学科为基础。多目的学院的扩张和1956年全美教师教育认证委员会的重组也缓和了对立派别之间的紧张关系。

1958年，在俄亥俄州的鲍灵格召开了以“如何培养一个好教师”为议题的全国教师教育会议，其目的是把各方面教师教育代表召集起来共同讨论如何改进教师教育。这次会议产生了一些重要结论，如职前教师教育课程由整个机构共同承担责任，教师教育课程不同组成部分都应受到同等重视。③ 1959年，在堪萨斯召开了全国教师教育研讨会，其目的是成立一项教师培养标准项目，可没有达到预期目的，不过，这次会议达成了以下共识：教师培养有必要增加一年；增加普通教育、任教学科教育和课堂实践的时间。这些共识说明不同思想学派之间的障碍是可以消灭的。然而，当第三次全国教师教育会议于1960年在圣地亚哥召开时，两派人员之间的合作热情似乎明显减退。在这次会议上没有对教师资格证书这个会议主题达成一致的意见，而且，在圣地亚哥会议后一周出版的《新视

---

① CARTWRIGHT W E. “Post War revisions in teacher education in the United States”, The yearbook of education 1963[Z]. New York: Harcourt, Brace, and World, 1963: 499-506.

② STILES L J, CARVER F D. Who makes policy for teacher education[J]. Teachers College Record, 1967, 60: 203-211.

③ HODENFIELD G K, STINNETT T M. The education of teachers: Conflict and consensus[M]. New Jersey: Englewood Cliffs, Prentice-Hall, 1961: 26.

野计划》(*The Plan of the Frontier*)让大多数人感到很失望,他们认为这个计划的结论具有教育专业偏向,与跨部门合作背道而驰,这与近3年来的三次全国教师教育会议的倡导合作不一致。[①]

到20世纪60年代末,怀疑和不信任导致冲突再起,这种趋势延续了10年。参与教师教育的人员之间的合作热情下降,他们倾向于关注各自的专业。尽管大多数参与教师教育的人员都认为掌握学术和专业课程均属必要,但同时存在着争论,即教师教育课程里每部分成分的相对重要性。20世纪80年代以来,培养教师的教育课程和任教学科课程的建议仍然反映了学术性与专业性争论。进入21世纪,这种争论继续影响美国教师教育课程设置,尤其是中学教师教育课程设置。

因此,学术性和专业性争论在美国教师教育发展和职前课程演进的过程中,尤其是关于项目组成部分的平衡和性质方面,仍然是一个主要因素。然而,一个有趣的现象是:一方面,私人基金会资助旨在增加职前教师教育项目中的学术学科和提高学术标准的实验和调查;另一方面,专业协会强烈地、一贯地支持扩展教育专业课程和实践经历的建议,这些建议通常以"技术"观点为基础。

(八)私人基金会对教师教育课程设置的影响

私人基金会和慈善组织通常通过提供解决特别问题和需求的资金来干预教师教育。它们能够承受起提供这种资金的风险,而政府或单个机构则难以承担这类风险。私人资助也有助于辨认和鼓励创新以及帮助产生新思想的更好项目的研究及其开发。可是,很明显,独立机构用特权来组织和选择那些它们感兴趣和符合其教育理念的项目。在过去,它们赞助与文理学科相关的项目。

1933年以来,几个重要的独立机构已经对教师教育提供了经济和道德支持。有三个私人基金会对教师教育特别感兴趣。它们分别是福特基金会、卡内基集团和埃克森(Exxon)教育基金会。20世纪50年代,福特基金会赞助了几个创新项目,卡内基集团资助了包括科南特的著作在内的一些出版物,其他一些私人基金会断断续续地参与教师教育项目。此外,支持教师教育的重要的私人基金组织还有皮博迪教育基金、联邦基金、21世纪基金等。

第二次世界大战后,私人基金会对教师教育的兴趣不断增加,尤其是福特基金会,该基金会在1951年开始提供教育促进基金。直到1957年,福特基金会的一半资助直接用于职前教师教育项目质量的提高,它参与教师教育的愿望不可

① HODENFIELD G K, STINNETT T M. The education of teachers: Conflict and consensus[M]. New Jersey: Englewood Cliffs, Prentice-Hall, 1961: 26.

避免地受到那个时代扩展改革要求的影响。福特基金会的目的集中在教师教育的基本问题,从而发起教师教育职前课程的革命。这种革命将会导致教师教育课程的根本变化和永久创新。事实上,它支持的“突破项目”将会改变课程基本结构,提高教师教育项目学生的入学标准,提升公众对教育的尊重和支持,使教学变成一个更加吸引人的职业。争取福特基金会的基金资助竞争激烈,项目选择和新课程项目设计受到当时社会对更多学术学科和文理学科要求的影响。福特基金会主要关注中等教师教育,集中在扩展学术知识和仔细的分级教学实习上。它赞助的最重要的计划是教学硕士、突破项目、加利福尼亚教师教育项目的第五年课程、文理和专业教育一体化的 4 年教师教育项目和重组阿肯色州教师教育项目。①

在私人基金会里,福特基金会也许是一个对教师教育新思想进行持续支持的组织。与只给某项研究提供资金的其他基金会相比,它是一个好的例子,体现了私人机构如何在更大程度上参与教师教育项目。因此,尽管许多私人资助项目倾向于跟随当代潮流和时尚以及可能缺乏支持性,可它们鼓励新思想并对教师教育课程的改进作出了贡献。然而,同专业协会相比,它们的影响较小。

(九)专业协会对教师教育课程设置的影响

一般来说,专业协会一直是教师教育“技术”课程强有力的支持者。它们不断增强对教师教育的影响,通过参与咨询委员会、工作小组和项目来传播其理念,从而逐渐扩大自己的影响。几乎所有专业协会都资助影响教育思想和政策的会议、活动和出版物。

全国教育协会和美国教师联合会是两个主要的教师劳工组织。这两个协会对国家和州的教育都有很大影响,要求所有成员支持它们的政策。尽管这两个协会在某些问题上有分歧,可它们都相信专业应当自治,教师应当在教育决策、学校和教师教育机构的课程开发中起重要作用。它们的目的是要建立一个教师教育者和教师都真正参与的专业,试图使教师教育者和教师指导、控制教育的所有方面。

在教师教育领域里,全国教育协会一直很活跃。从 1985 年成立以来,全国教育协会一直对教师教育职前课程有直接影响。这个协会也在争取立法来设立教师教育标准委员会。这样的教师教育标准委员会将会在每个州通过依法自治和获得权利来给教师发放资格证书和认证教师教育项目。在一些州,教师教育标准委员会已经建立;在另一些州,建立了咨询委员会来达到类似目的。第二次

---

① KEPPEL F. Master of Arts in teaching[J]. Saturday Review,1961,44:63-65.

世界大战以来，全国教育协会对教师教育的最大影响也许是发起建立国家教师教育和专业标准委员会(National Committee on Teacher Education and Professional Standards)。国家教师教育和专业标准委员会于1946年成立，在随后的大约20年里，其是影响教师教育的一个主要因素。在选择、招聘和培养教师，教师资格认证，教师在职教育和专业标准提高方面，它起到较大的作用，也推动了专业项目提高标准。国家教师教育和专业标准委员会成立的直接结果是提高了教师资格认证标准和项目的质量以及建立了机构之间的交流网络，促进了更多合作和思想交流。这些合作和思想交流促使地区和州的教师教育咨询委员会形成、全国教师教育国家会议召开，如前面提到的三次全国教师教育会议和当地教师教育、专业标准委员会的成立。到1949年，全美有27个这样的地方组织；[①]到1960年，这样的组织增加到52个。[②] 所有这些附属于国家教师教育和专业标准委员会的地方组织都实施它的政策和程序，这些地方组织的主要贡献是提高了教师资格认证的最低标准。专业协会在发展教师教育项目及提高其标准方面第一次显现了影响力。

除了专业协会外，也有其他关注教师教育的组织，其中最重要的两个是美国教师教育学院协会和教师教育者协会(Association of Teacher Educators)。在所有专业组织里，美国教师教育学院协会最具影响力，大约三分之二培养教师的学院和大学都是它的会员，它们培养了90%的专业教师并包括主要教师教育机构。[③] 要成为其会员，机构必须经过全美教师教育认可委员会或类似的组织认证。实际上，同全国教育协会一样，美国教师教育学院协会在全美教师教育认可委员会里有8名代表。美国教师教育学院协会成立于1948年，它是由三个教师教育领域里最重要的组织合并组成的。美国教师教育学院协会继续前面协会的工作，试图监控和影响国家行动和促进教师教育质量。这个协会对教师教育项目所建议的新观点和变化有广泛的一致性，因为它的代表主要是教师教育机构的主任和其他高级管理者。另外，根据机构大小，每个机构有3～7名代表。1972年以来，除了举行会议和出版《教师教育》刊物之外，美国教师教育学院协会赞助了许多教师教育调查并资助了一些教师教育方面的出版物。

---

① MONROE W S. Teaching-learning theory and teacher education 1890—1950[M]. Urbana: University of Illinois Press, 1952: 347.

② STILES L J, BARR A S, et al. Teacher education in the United States[M]. New York: Ronald Press Co., 1960: 77.

③ CLARK D C, MARKER G. "The institutionalization of teacher education" 74th yearbook of the National Society for the Study of education(Part 2)[M]. Chicago: University of Chicago Press, 1975: 53-86.

一些专业协会和学习组织也影响职前教师教育课程，如全美英语教师委员会(National Council for the Teacher of English)，出版其自身的课程指导和标准，并对全美教师教育认可委员会进行补充。实际上，有很多组织影响着教师教育，它们大多关注某个学科领域。1958 年成立的教师教育协会为这些组织提供了发表意见的论坛。在所有这些组织中，全国教育协会的作用也许一直是最显著的，因为它发起了教师教育领域里的几个计划。

专业协会和学习组织通过赞助调查、出版和发布报告对教师教育职前课程产生了持续的影响。它们的作用主要体现在以下几个方面：它们为成员提供交流渠道，以便统一地、有效地设置符合国家利益的教师教育职前课程；它们把学术和专业人员团结起来，把民间的和政府的利益结合在一起并鼓励向教师教育投资；它们保护专业不受过分的政治干预；它们持续不断地为提高标准而努力；它们支持试图在国家和地方层面提高教师资格认证标准；它们提供特定机构通过自我评估来提高自身的项目；自从它们为教师教育提供陈述和讨论近期国家发展的论坛以来，它们明显有助于传播创新思想和新教育实践。然而，它们缺乏法律根基，只能通过宣传、活动和委员会的代表来影响政府决策。要想改革教师教育，必须通过授权改革教师教育的法律，这些法律由政府机构起草和批准，然后改革的具体内容才能成为修改教师资格认证规定的一部分。

(十)政府机构的功能及教师资格证书制度对教师教育课程设置的影响

教育行政和法律手段对教师专业发展的调控是地方分权制适应市场经济需求的历史选择，也是教师专业规范基本范式形成的社会基础。政府机关通过法律对教师资格证书授予实施控制来影响职前教师教育课程。如果法律对教师资格证书的授予要求发生变化，那么教师教育者必须对职前教师教育课程做出相应的调整。

美国宪法第十条修正规定：教育是州政府的职责。可在美国教师教育历史上，联邦政府和地方政府具有不同程度的权力。自教师教育发端之日起，各级政府不断加强它们对教师教育发展的影响，这主要是通过教师资格证书规定来实现的。因此，尽管有许多组织和外部因素影响教师教育的发展，可大多数教师教育项目里看得见的重要变化一直是州和联邦政府控制扩张的结果。①

联邦政府能够在全国促进创新和鼓励改革，因此它能够克服地方保护主义

① DRUMMOND W H，ANDREWS T E. The influence of federal and state governments on teacher education[J]. The Phi Delta Kappan，1980，62：97-100.

和狭隘主义，能对国家重要事件作出反应且能够诱导课程变化来满足国家需求和利益。总之，它能影响教师教育课程的改革。1957 年以前，联邦政府对教师教育课程设置的影响主要表现在它收集了大量的教师教育机构的资料。1957 年以后，联邦政府通过立法、建议和经济资助来不断参与教育事业。1958 年国防教育法是第一部规定联邦政府干预教育的法律。此后，联邦政府颁布了一系列法案支持类似的政策，同时联邦资金也帮助州政府承担责任。从 20 世纪 50 年代末起，联邦政府发挥的最大影响体现在补助金的拨款和特殊项目的资助上。这些主要通过联邦教育署、国家教育协会和国家科学协会来完成。然而，有的学者指出，联邦政府的几个项目没有对教师教育产生长久影响，因为一旦经费用完，就没有后续研究。[①] 事实上，某些研究如综合小学教师教育模式研究从来没有完成。而且，自从 1980 年总统选举以来，联邦政府参与教师教育的项目减少。由于 1988 年的综合预算妥协法案，资金再分配导致了许多联邦项目终止和分块拨款替代分类补助金，全部责任再回到州政府，由州政府决定所有资金应当如何用，尽管这个政策的批评者认为，这些决定是以政治偏见而不是教育需求为依据的。

州政府对教师教育课程的影响一直是更直接和更重要的，因为每个州都有权力通过规定课程、批准项目和能力测试来制定和实施教师资格认证标准。州政府通过定期的法律和规定使这些要求合法化并与变化的环境保持一致，因为法律授权州政府管理教师教育。因此，州政府对教师教育课程的制定和实施拥有最大权力。尽管如前所述，它们通常寻求和接受许多团体建议，可州政府也可独自决定哪些机构能提供教师教育项目和给每个机构拨款多少。另外，它们还可以通过出版材料和选择课本，提供服务、设施和资源，倡导特殊课程，评估项目和资助学生来对教师教育课程实施影响。[②]

地方教育机构也通过招聘程序和提供教学实习设施对职前教师教育课程产生影响。大多数地方教育机构也与教师教育咨询委员会合作，但它们现在的影响比 19 世纪的影响小，因为那个时期它们控制教师资格证书的发放。另外，学区是教师教育机构产品的消费者，教育机构会根据社区的需求来聘任教师。一些学区要求录用职前教师要进行能力测试，其他的学区授权提高超过州最低要

① HOWSAM R B. Educating a profession[M]. Washington, D. C. : American Association of Colleges for Teacher Education, 1976: 46-50.

② STINNETT T M. "Teacher education, certification, and accreditation," in E. Fuller and J. B. Pearson (eds.), Education in the States: Nationwide Development since 1900[M]. New York: National Education Association, 1969: 381-438.

求来录用教师。所有这一切都不可避免地影响教师教育课程设置。

美国教师教育职前课程发展始终与教师资格证书实践和规定密切相联系。教师资格证书历史反映了不同要求和标准以及控制进入专业的复杂状况。一般来说，规定有助于提高未来教师的资格标准，确立一个受人尊重的专业和产生有效的从业者；同时，它们也起到保护未来教师利益的作用，使他们免受不正当竞争，即把不具备教学专业资格的人排除在外。①

在20世纪的头几十年里，伴随着学校教育发展、专业协会增加、州相关部门责任和义务意识增强，教师资格证书立法进程加快。通过财政刺激办法劝说地方学区把教师资格证书的控制权移交给州相关机构，这些改革促成了更高的效率，也与行政部门发展相匹配。最后，教师资格证书由州督学来控制。② 而且，终身教师资格证书逐渐被取消，执照考试也被下述方式所替代，即如果申请人的成绩单符合州的要求并持有他们所学习的机构的推荐信，那么申请人就能获得教师资格证书。③ 事实上，到1910年，一些州正采用认证项目政策，这意味着每个学生的成绩不必被审查，从而大大简化了程序，因为如果州政府批准了某个教师教育机构的课程，从这个机构毕业的学生将被自动授予教师资格证书。然而，在某些情况下，只有改变课程名称（而不是内容）才能满足州要求。④ 这种办法变得日益流行，尽管它受到科南特的严厉批评，因为它不能保障毕业生的质量，也不能促进有关个别课程规定的实施。⑤

1933年《全国教师教育调查》确立了取得教师资格证书的最低标准，通过考试获得教师资格证书的途径被逐渐取消。几乎所有州都在为特殊学科颁发教师

① U. S. Office of Education. National Survey of the Education of Teachers[R]. Washington, D. C.: U. S. Government Printing Office, 1933, V: 12.

② STINNETT T M. "Teacher education, certification, and accreditation," in E. Fuller and J. B. Pearson (eds.), Education in the States: Nationwide Development since 1900[M]. New York: National Education Association, 1969: 381-438.

③ LABUE A C. Teacher certification in the United States[J]. Journal of Teacher Education, 1960, 11: 167-172; Lawrence A. Cremin. The heritage of American teacher education[J]. Journal of Teacher Education, 1953, 4(2): 163-170.

④ STINNETT T M. "Teacher education, certification, and accreditation," in E. Fuller and J. B. Pearson (eds.), Education in the States: Nationwide Development since 1900[M]. New York: National Education Association, 1969: 381-438.

⑤ CONANT J B. The education of American teachers[M]. New York: McGraw-Hill Book Company, 1963: 45-48.

资格证书，尤其是分年级和不同教学岗位。[①] 在随后的许多年，根据这个调查建议，每个州都具体规定了专业课程(包括教学实习)的最低标准。1945 年之后，最低标准被提高，实践内容明显增加，这是州相关机构和专业协会协作来提高教师能力的结果。然而，1960 年，20 个州仍然在颁发终身教师资格证书；在另外 16 个州，通用教师资格证书仍然在使用，虽然具体学科和年级教师资格证书受到欢迎。[②]

教师资格证书始终是影响美国教师教育职前课程发展的主要因素，这已被大多数教师教育报告所证实。20 世纪以来，一直持续的趋势是颁发具体岗位资格证，减少执照的类型和批准项目，这些发展有助于创建统一的州项目。在提高教师学术和专业准备最低标准、引进合作教师和非教学人员的要求方面，州已经取得很大进步。然而，有许多人对州教师资格证书规定提出批评。最常见的批评是规则太严格和不灵活，阻碍了机构创新、实验和个性化。不过，一些州现在允许学院和大学更自治，强调教育行政部门与训练机构专业协会之间合作的重要性。这是因为州的领导相信政府管理人员应当是顾问和民主的领导，而不是独裁决策者。

尽管教师资格证书制度使州内教师教育职前课程更一致，可它们之间的标准和规定仍然有很大差异，这是从教师资格证书制度实施后就一直存在的问题。当教师队伍增加流动性时，相关问题更加突出。因此，州与州之间和教师教育项目的相互认证协议就变得很有必要。为了满足这种要求，州、地区和国家认证机构开始建立。

(十一)认证机构对教师教育课程设置的影响

教师教育认可制度是保证教师教育质量的重要手段。根据确定的方针和标准，认证涉及对教师教育项目的监管和评估；它确保课程质量并得到公众支持；它没有法律权限(州相关部门除外)，可有很大影响力；它鼓励教师教育机构达到最低标准和设立州相关部门、教师教育机构和项目达成更大程度的一致性；而且，它为州与州之间教师资格证书相互认证提供了可能性，这有助于州与州之间的教师流动。

认证分为州认证、地区认证和国家认证。几乎所有教师教育机构项目都由

① U. S. Office of Education. National Survey of the Education of Teachers[R]. Washington, D. C.: U. S. Government Printing Office, 1933, Ⅲ, 45; Ⅵ, 33.

② HODENFIELD G K, STINNETT T M. The education of teachers: Conflict and consensus[M]. Englewood Cliffs: Prentice-Hall, Inc., 1961: 99-116.

它们各自所在的州部门批准,85%的教师教育机构由地区认证。另外,不断增加的学院和大学由全美教师教育认可委员会、全美州教师教育和资格证主任协会(National Association of State Directors of Teacher Education and Certification)认证。大多数教育机构需获得地区或国家认证。[①] 州部门有权力来评估教师教育项目。因此,尽管从本质上讲,教师资格证书和教师教育项目认证程序有本质不同,可在实践中它们很相似,尤其当被批准项目是用来培养有资格教师时。教师资格证书和教师教育项目认证程序都涉及接受培养有资格教师的课程。然而,学院和大学协会没有权力审查,因而教师教育机构自愿接受这些专业组织的认证。因此,州认证倾向于规定性,而地区认证和国家认证更具描述性。然而,大约半数州已经采用全美州教师教育和资格证主任协会标准,而不采用自身的标准,这使得全美州教师教育和资格证主任协会标准在其实施地区具有法律效力。全美州教师教育和资格证主任协会经营跨州资格证协议,这为27个州教师资格证书的相互认证提供了法律基础。

州与州之间标准和规定不同的问题通过单个机构之间的互惠协议能首先得到处理。可是,当教师资格证书考试被取消时,州和地区协议开始变得不充分。许多教育者意识到需要某种全国认证使这个制度合理化和促进标准更一致,这有助于简化认证事务并更有效地缩小地区差异。然而,这是一个复杂的过程。自1910年以来,美国大学协会一直参与全国认证,可第一个试图对全国教师教育认证的机构是1926年的美国师范学院协会。那时,它采取了一套认证师范学院和师范学校的标准。到1977年,31个州和哥伦比亚特区有某种形式的认证安排。[②]

20世纪第一个25年,主要由文理学院和大学支持的6个地区认证协会覆盖美国各个地方,它们成立的时间和开始认证的时间不同。由于已获得授权,它们通常认证机构里的所有项目。至于教师教育项目,其认证倾向于集中在中学教师的普通教育和学术学科方面。

第二次世界大战后,由于社会情况发生了变化以及学术性和专业性的观点分歧似乎在扩大,包括所有教师教育机构认证的全国性互惠成为当务之急。1949年,7个高等教育机构协会自愿建立国家认证协会(National Certification

---

① CLARK D C,MARKER G. "The institutionalization of teacher education" 74th yearbook of the National Society for the Study of education(Part 2)[M]. Chicago:University of. Chicago Press,1975:53-86.

② ORNSTEIN A C. Past and present trends in teacher education[J]. American Secondary Education,1981,11(3):10-14.

Association),它的目的是调查全国和地区认证机构的政策和活动。可是,美国教师教育学院协会没有被包含在这一协会内,因为其284个会员中只有21个是大学和文理学院。然而,专业协会急切地处理全国认证问题。1950年国家教师教育和专业标准委员会年会关注并集中讨论了这个问题,其结论是专业自治比政府控制更适当。这次会议之后,1952年全美教师教育认可委员会成立,它于1954年正式开始行使职能。这个协会的成立表明学术和专业人员之间的分歧很大。全国教育协会几乎是由文理学院和大学代表组成,它的主要目的是限制专业认证机构的数量,而全美教师教育认可委员会成员代表专业协会和"技术"传统,[①]因此,这两个机构之间没有开展积极交流。

对于全美教师教育认可委员会的成立,有许多反对的声音,主要来自文理学院和大学,因为这个机构成立时几乎没有咨询它们且这个机构里没有它们的代表。尽管美国大学协会被邀请参加,但其拒绝参加,因为美国大学协会反对成立全美教师教育认可委员会认证。文理学院和大学认为这个新组织有很强的教育专业偏向,不愿意让学术性不如它们的代表来检查。实际上,大多数学术偏向的机构不需要全美教师教育认可委员会这样的机构,因为有全国教育协会和地区认证协会就已经足够了。全美教师教育认可委员会的结构、标准和程序继续受到批评和阻挠,这些批评和阻挠主要来自全国教育协会及其附属协会,因而全美教师教育认可委员会很难实施它的建议。于是,全美教师教育认可委员会需要更广的代表性。1956年,不同派系之间达成妥协,全美教师教育认可委员会进行重组,其结果是,文理学院和大学的代表占据大多数(共19名代表,它们有10名)。全美教师教育认可委员会重组的影响是全国教育协会承认它是一个正式认证机构。几年后,科南特对全美教师教育认可委员会提出批评,要求它有更多非专业和学术人员代表。自1956年以来,全美教师教育认可委员会在职前课程开发中的影响不断增强,它在项目机构方面形成了更多的统一规范,促进了教师资格证书标准的提高,并有助于提高入学要求和教师跨州自由流动。它从经济上和理念上获得大多数教师教育组织的支持,不过,它的权力确实很小。作为一个认证机构,它的影响是有限的,因而它试图通过间接方式影响决策过程来达到它的目的。尽管它的标准已经被教育者作为国家准则,可还没有获得全国互惠。[②]

---

① MAYOR J R,SWARTZ W C. Accreditation in teacher education:Its influence on higher education[M]. Washington,D. C. :National Education Association,1965:21.

② CLARK D C,MARKER G. "The institutionalization of teacher education" 74th yearbook of the National Society for the Study of education (Part 2)[M]. Chicago:University of Chicago Press,1975:53-86.

20 世纪 80 年代以来，认证日趋标准化，尽管有许多机构反对互惠协议。例如，一些州和机构对实行互惠很谨慎，因为它们担心来自外部组织的干预可能会影响传统权力和自由。其他州和机构把国家、地区和地方标准看作保守力量，因为它们认为这些标准限制创新和实验。有人认为机构太多，评估花费太高，标准很肤浅，会有太多来自政治集团(如教师协会)的干扰。

与此同时，教师教育职前训练项目已经受到一些不断增加的、有效的标准化机构的影响，尤其在国家层面，它们体现了所有参与教师教育人员为了提高教学专业标准、地位和训练体系的协作所做出的努力。20 世纪初以来，教师教育职前课程的一般模式几乎没有变化，国家一致性在加强，这是知识广泛传播和教师教育报告建议所起的作用，也是大多数机构提供类似项目和模仿其他机构的实践的结果。然而，这种表面相似却隐藏了关于教师教育课程及其内容和组成部分平衡的不同信念和承诺。关于教师教育的目的、有效的新教师需要的知识和技能以及如何满足社会和学校的需求等的争论仍然存在。合理的争论是促进职前教师教育课程变革的必不可少的因素，因为这种争论反映了不同的教育理论，也反映了学术性和专业性两极分化的观点。然而，这种情况不仅可能导致教育者之间的更大冲突，而且可能妨碍努力使职前课程协调和一致的措施的实施。

另外，全美教师教育认可委员会作为一种非政府机构，它的认可并不具有普遍的强制力，其影响力和涉及范围都非常有限。为了使教师成为与律师、医生相同的专门职业，从 20 世纪 80 年代后期开始，各州教学委员会建立并开始拥有一定的自治权。1987 年，美国教学专业标准委员会建立。在其倡导和影响下，美国掀起了一场教学标准大讨论并开始了教师资格审查制度的新一轮改革，在美国沿用了 100 多年的教师资格证书概念得到重新界定。例如，以“表现本位”为基础的执照和证书标准审查评估体系，规定未来教师在完成认可的教师教育计划和指导下的教学实习之后，必须通过知识和技能测试方可获得教师执照或证书。新的资格审查制度引入评估机制，通过对未来教师掌握知识和拥有技能的情况进行测试，将教师教育质量与资格审查标准统一起来，放弃了过去立法机构和教育行政部门对教师培训课程形式上规范而实质上放任的做法。认证机构现在是美国教师教育完整的一部分，其将会继续扩大对美国职前教师教育课程的影响，尤其在国家层面上。

除上述因素之外，影响职前教师教育课程的因素还有很多。如教学人员和机构控制所教课程的实际内容，管理者和教授(尤其来自更大机构)在设立标准和项目开发方面有很大影响。然而，机构代表许多利益集团和协会，它们经常对教师教育的改革和变化的需求做出缓慢的反应，因为机构人员对这些改革和变化缺乏一致的看法并有自己的成见。因此，合法政府机构也许对职前课程有最明显的影响，但它们也受不同组织和更多政治、经济、意识形态等根本因素的影响。

总之，教师教育课程的设置及其改革是一项复杂的系统工程，它的合理与否直接关系到教师教育能否培养出适应基础教育需要的合格教师这一核心问题。教师教育课程设置及其改革是受社会经济、政治与文化的变迁、个体发展、中小学教育改革实际等多方面因素制约的，这正是教育发展的普遍规律在教师教育课程上的具体反映。只有遵循教育发展的基本规律，才能为教师教育课程的不断完善找到有效的改革途径。

二、体现美国教师教育课程改革的价值观

美国师范学校自 19 世纪成立以来，三部分教师教育课程内容就已经存在，即“教什么”“如何教”“为什么教”，它们以不同的课程量、课程水平和课程层次呈现。关心教师教育的人们对教师教育课程的设置及改革的建议见仁见智，观点各异，各教师教育机构的改革活动也存在或大或小的差异；尤其进入 20 世纪，这些不同的改革建议和改革活动，呈现了不同的价值取向，构成美国教师教育课程改革的不同价值观，这些价值观主要包括学术主义价值观、社会效能价值观、发展主义价值观和社会改造主义价值观。

（一）学术主义价值观

学术主义价值观的教师教育课程思想源于教师“教什么”，其核心思想是强调教师文理科和学科专业知识的重要性。“学术性”与“专业性”之争是 20 世纪美国教师教育界一直难以解决的问题。在这场争论中，弗莱克斯纳、贝斯特、科南特、科尔纳（James D. Koerner）、博罗曼（M. Borrowman）和戴默尔（R. Damerell）是学术主义价值观的主要代表人物。学术主义价值观的基本特征是强调未来教师必须掌握学术性知识的重要性，贬低或否定教育学课程的价值。

准确地说，学术主义价值观的教师教育课程思想萌芽于 19 世纪中期，形成于 20 世纪早期。19 时期中期，师范学校作为培养小学教师的专门机构，为学生提供了一套包括教育学课程在内的课程。然而当时的一些学者却认为，培养教师最适宜的地点不是师范学校，而是实施文理科知识教育的中学，尤其是文实中学。进入 20 世纪早期，学术主义价值观的教师教育课程改革的观点逐渐系统化，弗莱克斯纳是最早对教师教育机构开设专门的教育学课程提出强烈批评的学者之一。他在 1930 年出版的《现代大学论——英美德大学研究》(*Universities:American,English,German*)一书中认为，未来教师掌握学术学科知识是最重要的，教育学课程“质量低劣”，学生的教育学成绩“并不重要”，同物理、化学和

政治学相比，教学讨论问题是"那么地不重要"。[①] 其后，贝斯特的《教育的荒地》(*Educational Wastelands*)(1953)和《失而复归的学问》(*The Lost and Return of Knowledge*)(1956)，科南特的《美国师范教育》(1963)，科尔纳的《美国教师教育中的误教》(*The Miseducation of American Teachers*)都表述了学术主义价值观的教师教育课程改革观点。

在20世纪美国教师教育课程改革史上，学术主义价值观的最著名实例是福特基金会在20世纪五六十年代倡导实施的"大学教师教育课程模式"计划。这项改革开始于阿肯色州，强调未来教师必须接受10年的文理学科的知识教育，减少教育学课程的科目及课时，并推出了教师学院、文学院、理学院联合培养中学教师的"教学硕士"计划(MAT计划)和特殊的"突破"计划。据萨克斯(R Saxe)的考察，福特基金会所倡导的这项改革为当时"许多大学所采纳"，某些基本的主张也为全美教师协会所采纳。[②]

20世纪80年代以来，学术主义价值观的教师教育课程思想分为两支：①注入式的学术主义教师教育课程思想，强调通过教师掌握文理学科和所教科目的知识结构并将其注入教师教育课程中来完善教师的知识体系，促使教师对课程知识融会贯通，使之具有宽广的视野以形成良好的教育判断力，这种判断力不仅表示普通意义的判断，还帮助教师判断如何表述和再现，把自己理解的知识转化为学生的知识，从而达到有效教学的目的；②常识论的解制主义教师教育课程思想，强调对教师进行充分的通识教育和所教科目的培训，使教师成为学者、专家，再结合实际的教学经验，获得有效教学，反对专业主义价值观的教师教育课程思想。学术主义价值观的教师教育课程思想为一些学者所极力推崇，[③]如戴默尔在其1985年出版的《教育的烟枪：师范教育是怎样摧毁美国教育的》(*Education's Smoking Gun: How Teachers Colleges Have Destroyed Education in America*)一书中，就呼吁回归学术主义价值观。在改革实践上，美国某些州限制教师教育课程中教育学课程的科目和课时，甚至允许几乎没有学过教育学课程的大学生进入教学领域。从某种意义上说，这一现象实际上强化了博罗曼于1956年提出的观点：如果未来教师的课程由大学提供，则必须加强文理科知识

---

① 王万俊，李化树. 20世纪美国师范教育课程改革的四大历史取向[J]. 高等师范教育研究，1992(6)：77-81.

② 王万俊，李化树. 20世纪美国师范教育课程改革的四大历史取向[J]. 高等师范教育研究，1992(6)：77-81.

③ 戴伟芬. 当代美国教师教育课程思想的三种价值取向分析[J]. 教育研究，2012，33(5)：147-153.

课程。

学术主义价值观和下文将论及的社会效能价值观，较之发展主义价值观和社会改造主义价值观，对20世纪美国教师教育课程改革有着更大影响。但是，学术主义价值观从一开始就受到不少学者的批评。批评主要来自以下几个方面：其一，女权主义者认为，学术主义价值观的教师教育课程改革具有唯理性主义色彩——重动脑而轻动手，重思考而轻行动，重理性而轻感性。女性主义者马丁(J. Martin)认为，唯理性主义的教育观对今日培养未来教师是不合理的。其二，舒尔曼、里克特(R. Richert)、威尔逊(S. Wilson)等人认为，持学术主义价值观的学者和教师教育改革者对教师如何理解教材知识缺乏关注，忽视了未来教师必须把握儿童认知发展规律。其三，科利(R. Coley)、凯佩尔(F. Keppel)等人认为，学术主义价值观实际上反映了西方人和中产阶级对文理科知识教育的偏爱，忽视了受经济压迫、文化多元的城市中心学校工作的教师的需求，忽视了不同儿童具有不同文化背景这一事实。

(二)社会效能价值观

社会效能价值观在20世纪20年代曾“大规模”地出现于师范学校和教师教育学院的课程改革中，被认为是一种旨在“将教育学家的主张合法化”的策略。社会效能价值观的倡导者的基本观点是：①要构建师范教育课程，首先必须对学校尤其是对中小学教学做科学的研究；②对教师的任务和品质的研究将为系统地确立未来教师的教学内容提供基础；③教师必须掌握与儿童学习有关的教学技术。

20世纪早期，社会效能价值观的倡导者主要是查特斯(W. Charters)、韦普尔斯(D. Waples)、克拉克(C. Clark)等。查特斯和克拉克的《美国教师培养模式》(*The Training Mode of American Teachers*)(1985)是社会效能价值观的代表性作品。查特斯和韦普尔斯作为社会效能价值观的早期倡导者，他们的研究工作集中在对教师的品质和活动作精细的分析和综合的描述上。具体地说，他们运用文献分析法和访谈法，确立了83种教师品质，如“深谋远虑”等，并把它们分为七类，如“课堂教学”“学校和班级管理”等，其中又包含1001种教师活动。当时他们的研究工作没有对教师教育课程的改革产生直接影响，但这种将教师教育课程系统地构建于对教师工作的精细分析基础上的观念，却得以坚持下来，并对20世纪60年代以后教师教育课程在某些方面的改革产生了巨大的影响。

在20世纪六七十年代美国教师教育课程改革中，社会效能价值观的典型代表是“能力本位的教师教育计划”。这项改革特别强调未来教师对与儿童学习有关的教育技能的掌握。在具体实施中该项改革采取两大关键性措施：一是预先规定未来教师要掌握的知识和技能;二是创立一种检验未来教师对教学技能掌握程度的评价制度。据桑德福(W. Sandeful)的研究,“能力本位的教师教育计划”的实施,始终以休斯敦大学和托莱多大学为基地,并扩展到与全国教师学院有联系的80余所机构。在当时,社会效能价值观取向的教师教育课程改革实例还有斯坦福大学的“微型教学”和美国西部太平洋沿岸地区教育实验室的“简易课程”。20世纪80年代以后,社会效能价值观再度出现于美国师范教育课程改革的行列中,密歇根大学的“教师决策计划”和佛罗里达大学的“超前计划”,都明显地具有社会效能价值观特征。

关于社会效能价值观的教师教育课程改革尤其是“能力本位的教师教育计划”,赞成者和反对者都有。希恩(R. Health)和尼尔森(N. Neison)尖锐地抨击了“能力本位的教师教育计划”所创立的检验未来教师掌握教学技能的评价制度,认为它在效果上是“有问题的”。阿普尔(M. Apple)批评能力本位的教师教育计划持有传统的政治倾向,即企图削弱教师教育所应有的改造主义的理想,并使不平等的学校和社会现状得以合法化。甚至就连“能力本位的教师教育计划”的某些倡导者也承认,他们并未实现自己所规定的培养未来教师教学技能的目标。

(三)发展主义价值观

发展主义价值观起源于19世纪末20世纪初,由霍尔发起的儿童研究运动促发,它与进步主义思潮有着密切的联系。帮瑟(G. Bonser)、米切尔(L. Mitchel)和施特罗(M. Stroh)是发展主义价值观的早期倡导者。帮瑟的《为新教育而训练教师》(*Training Teachers for the New Teacher Education*)(1929)、米切尔的《师生合作学校》(*The Cooperation School between Teachers and Students*)(1931)和施特罗的《无题》(*The Untitled*)(1931),是发展主义价值观早期倡导者的代表作。

20世纪二三十年代,发展主义价值观的提倡者主要有以下观点:第一,学习者的“自然发展”顺序和状况是教师教育机构确定教学内容的基础。米切尔特别强调对儿童行为进行研究,并以此为基础去设计师范学校的课程和环境。第二,教师教育机构必须为未来教师提供一种“获得支持”和“令人鼓舞”的受教育环境,而未来教师也应给他们的学生提供这种环境。施特罗等人批评当时大多数教师教育机构培养未来教师的方式是“机械的和无感情的”。第三,未来教师必须掌握指导儿童观察的技能和组织儿童活动的技能。显然,发展主义价值观不同于社会效能价值观,前者注重从儿童成长的角度来考虑未来教师的课程,而后者强调从教师工作的角度来设置未来教师的课程。

20世纪早期，发展主义价值观的教师教育课程改革的最大特征在于为进步主义学校服务。许多课程改革，如密尔沃斯师范学院和班克街道学院的课程改革目标，就是为进步主义学校培养一些对发展主义哲学和儿童成长模式有深刻认识的、富于创造性和想象力的教师。据佩龙(V. Perrone)的研究，发展主义价值观的早期提倡者提出的观点和推行的课程改革措施与他们对“教师”概念的理解有直接的关系。发展主义价值观的早期提倡者视教师为三种人，即“教师是博物学家”“教师是艺术家”和“教师是研究者”。为培养博物学家型的教师，发展主义价值观的提倡者强调未来教师必须掌握在自然的教学背景下观察和研究儿童行为所需要的技能，强调未来教师必须掌握并构建一种与儿童发展模式和儿童兴趣一致的课程；为培养艺术家型的教师，发展主义价值观的倡导者认为未来教师必须对儿童发展心理学有深刻的理解，以便为儿童提供一种令人鼓舞的学习和活动环境，并建议教师教育机构为未来教师开设舞蹈、戏剧演出、书写、绘画、讲故事等方面的课程；为培养研究者型的教师，发展主义价值观的提倡者特别重视培养未来教师对教育、教学实践的实验态度，培养未来教师热心于在今后的课堂教学中坚持不断地研究儿童的学习，并根据其所观察的来获得对旧的秩序持质疑的态度。

20世纪60年代晚期和70年代早期，发展主义价值观的教师教育课程改革再度在美国出现。佛罗里达大学的库姆斯(A. Combs)创制“行为主义”教师教育课程，提出“自我即工具”，这与早期的“教师是艺术家”的观点相似。同时，比较有代表性的改革实例还有得克萨斯大学的“个性化教师教育计划”。

20世纪80年代，最著名的发展主义价值观的教师教育课程改革是加利福尼亚大学伯克利分校的“发展教师教育计划”。该计划视教师为博物学家，坚信对发展规则的理解是教师培养中最重要的环节，并为未来教师提供了有关认知发展、道德发展、语言发展、社会发展等方面的课程。

(四)社会改造主义价值观

20世纪30年代的美国经济萧条、社会动荡，使人们对社会经济和政治制度的不满达到了空前的地步。社会改造主义思潮和社会改造主义价值观的教师教育课程改革，就是在这一背景下出现的。

1932年，康茨撰写了《学校敢于建设一个新社会秩序吗》(*Dare the School Build a New Social Order?*)一书，揭开了美国历史上社会改造主义价值观的教师教育课程改革的序幕。同年，霍姆斯发表《政治活动中的教师》(*The Teachers in Political Activities*)一文，稍后克伯屈发表《教育的新领域》(*The Educational Frontier*)(1933)、博德发表《博德博士的答复》(*Dr. Byrd's Reply*)(1935)，进一步强化了教师教育课程改革的社会改造主义观念。社会改造主义价值观的早期提倡者的基本观点是:①教师教育是实现社会改造的关键因素,教师教育机构的教师在改造美国社会中起重要作用;②教师教育的任务在于培养能“理智地参加他们所生活环境的管理”的教师;③教师教育必须培养未来教师批判地思考社会秩序的能力;④教师教育机构必须为公立学校提供一批热心改造,了解并批判地思考国家所面临的社会、经济和政治问题的工作人员;⑤必须改造在职教师,以保证教师能在社会改造中起重要作用。

那么,如何改造教师教育课程呢?“新学院”课程计划和“教育的社会基础”课程计划,便是社会改造主义价值观的提倡者推出的两个最有代表性的教师教育课程改革方案。“新学院”课程计划是哥伦比亚大学师范学院在1932—1939年确立和展开的,该计划特别重视将社会生活方面的直接经验引入课程体系,并鼓励学生直接参加社会生活,积极参加校内外的政治活动。例如,该计划规定,每个学生在其学习期间必须至少利用一个夏天在农场工作和生活,必须至少利用一个夏天参加野外旅游和在纽约工业界工作。“教育的社会基础”课程计划是哥伦比亚大学师范学院推出的另一项课程改革方案,它创立于1935年左右。“教育的社会基础”课程为学生展示了学校、社会和文化的基本问题,有助于学生确立一种在未来社会担当教育政策制定者所需的社会哲学和教育哲学思想。但在20世纪四五十年代,推进教师教育机构开设“教育的社会基础”课程的主要力量已转移到伊利诺伊大学。在当代美国教师教育课程改革中,社会改造主义价值观者主张将“对话教学”“跨文化接触”等内容引入教师教育课程。

需要强调的是,当代美国教师教育课程体现出了融合与多元模式的思想特点和发展趋势。融合与多元模式是指三类课程(通识教育课程、学科专业课程和教育类课程)的不同融合。有学者指出,由于各种融合的侧重点不同,形成了三种价值取向、六种思想流派的多元认识论模式,即专业取向下,训练论的技术理性主义和构建论的整合主义教师教育课程思想;学术取向下,常识论的解制主义和注入式的学术主义教师教育课程思想;社会取向下,批判论的批判主义和融入式的多元文化主义教师教育课程思想,这种的元认识论模式构成了当代美国教师教育课程思想的基本图景思想。[①] 必须指出的是,在世界教师专业化的大背景下,专业取向的教师教育课程思想仍是美国教师教育的主流。

---

① 戴伟芬.当代美国教师教育课程思想的三种价值取向分析[J].教育研究,2012,33(5):147-153.

三、美国教师教育课程的主要特点及其存在的问题

总的来说，美国教师教育受诸多因素的影响，渗透并体现出各种不同的价值观，加之其他客观条件，使得美国教师教育课程走在世界前列并有很多优势，主要体现在以下几个方面：其一是美国教师教育非常注重普通文理课程的设置；其二是课程突出师范性；其三是课程内容符合基础教育实际；其四是重视教育实践性课程等方面。但是，美国教师教育课程设置也存在一定的局限性，突出表现在实践课程的效能、课程模块的融合、多元文化课程的开设等方面仍需要进一步的完善和提高。

（一）美国教师教育课程的主要特点

1.普通教育课程注重广博性，有利于拓宽学生的知识面

受"博雅教育"传统的影响，美国教师教育非常注重普通文理课程的设置，为师范生提供广泛而又实用的人文学科、自然学科以及社会学科课程，拓宽其知识面，使其具备扎实的文理知识基础。美国各个大学的教育学院或教育系规定，无论学生今后的专业方向是什么，入学的头两年都要完成必修的普通文理课程学习，这也是学习教育教师专业必要的知识与获得教师资格证书的基础。大多数准备从事教育工作的未来教师都是在其大学本科阶段的第二或第三学年才开始学习与教育有关的专业知识。一般来说，有90%以上的大学和学院中所有的学生必须学完英语和数学以及至少一个学期的外语，此外还应从自然科学、社会科学、人文科学等领域中选择若干门导论性科目进行学习。

2.课程突出师范性，有利于提高学生的教育理论水平和教育教学技能

通过师范性课程的设置，可以使学生了解和掌握教育教学的基本理论，培养师范生的教育教学技能，并进一步培养师范生对教育工作的兴趣与爱好。美国对师范性课程设置予以特别重视，以此来提高师范生的专业技能和知识水平。

在美国教师教育课程设置中，师范性课程的内容都比较丰富，并占据着较大的比例。具体而言，美国教育专业课程包括以下几个方面：①教育专业指导：教育概论。②教育专业基础课程：心理学与发展科学、学习论、教育社会学（或教育原理）、课程与教学、教学评估等。③教育专业课程：学科教育理论如语言与阅读教育、数学教育、科学教育、美术教育、音乐教育等。④临床实践和现场实践。

3.课程内容符合基础教育实际，有利于培养学生在未来工作中的适应能力

高等院校的学科专业课程直接为学生未来的工作做准备，教师教育课程设

置的主要功能就是为学生未来的教育教学工作提供一定的理论基础和方法指导。在美国，师范教育课程内容十分注重课程的实用性，以使学生在未来的实际工作中，能够随时运用所学知识，使所学知识在日常教育教学工作中更具有可操作性。通过这些课程的开设，对学生顺利地完成向教师角色的转变大有帮助。

4. 重视教育实践课程，有利于增强学生的未来教学能力

教育实践课程是师范性课程最突出的体现，是师范生向教师转化最关键的实践环节。美国非常重视教育实践课程，早在1918年，佛罗里达州就通过了一项法律，它规定了未来教师能力培养的三个方面，其中之一就是规定师范生必须完成州教育行政机关建议的一年实习后，方能获得一张正式的证书，并把教育实习和实习教师的切身利益结合起来，把实习表现和就业考察结合起来，[①]从教育实习的时间、内容、管理等许多方面，为师范生制订了详尽的实习培养计划。

美国教育实践课程在时间安排上十分充裕，而且在课程的内容与形式方面也是丰富多样的。美国的教育实践课程有着鲜明的类型多样化、内涵丰富化的特点。这主要体现在：美国教育实践课程包括各种观察和教学经验，如开设教育专业课程之前安排的现场经验、与专业课相联系的现场经验、教育实习和见习等；美国已经建立大学与中小学合作培训教师的联合体——专业发展学校；美国有些学生要花15周在专业发展学校里实习；实习教师除正常的教学实习外，还要参加实习学校的一切校内外活动，如帮助准备开放日教室布置，参加学校的教职员工会议和在职活动的训练，出席家长-教师会议以及根据课程委员会的安排做其他工作；实习教师还要参加课外辅导，负责一些额外的诸如管理课程之类的特殊项目，替在职教师顶岗（如教师进修时）等。这样的教育实践课程使实习教师可以运用各种各样的教育手段来学习关于学校常规以及课外活动方面的知识，以便他们适应将来的教学工作岗位。因此，当他们正式从事教学工作时，对自己作为专业人员所应具有的知识和技能就会更加充满信心。

（二）美国教师教育课程存在的问题

1. 实践取向的课程效能不高

受实用主义哲学和进步主义教育运动的影响，美国中小学重视生活经验甚于理论学习，重视能力锻炼甚于知识追求，重视“从做中学”甚于书本学习，重视职业准备甚于升学准备。这一切在教师教育课程设置上表现为专业基础不足、教育科学和教学实习烦琐、教师教育的师范性过浓而学术性不足。美国教师教

① 朱永新，杨树兵．英美师范教育实习的特点及启示[J]．常熟高专学报，1999(6)：1-3.

育课程设置中，普通教育课程和教育专业课程在总课时中所占比重约为60%。显然，这种课程结构设置只能靠压缩学科专业课程来实现。在美国教师教育的历史上，教师教育院校也曾不重视学科专业知识学习，导致未来教师学术水平降低，最终影响美国基础教育质量而受到了人们的严厉批评。

美国政府和用人单位十分重视教师培养的实效性，教师教育课程中开设了大量的教学法课程、应用课程和实践课程。从理论上讲，这类课程应该能够促进教师教育教学能力的提高。但是，美国一些具有影响力的个人和团体认为，美国传统的教师教育计划在培养教师适应课堂教学方面缺乏效率，“因为他们没有实现教育改革提出的目标——准备足够的合格教师，教师准备课程经常太‘理论化’，无法向学生提供足够的‘真实世界’的经验”。[①]在这些批评中，受诘难较多的是教学法课程。不少人认为，学校教学法课程分量过重，内容贫乏、空洞，既不能引起未来教师的兴趣，又不能够解决教学情景中的具体问题。从教育学院毕业的学生进入具体的教育场景往往不能独立地应对具体事件，如对特殊儿童的教育问题、对较难学科的讲授问题、对学生的鼓励问题、课堂纪律的维持问题、指导学生解答难题的问题等。未来教师不能通过书本和教师讲解真正理解和掌握这些能力，因为书本或教师讲解的内容常常与有经验的教师的做法相差甚远。

2.课程板块之间缺乏融合

受“博雅教育”传统的影响，美国教师教育课程在开设范围和内容方面广泛而丰富。美国职前教师教育课程不管以哪种模式设置，在有限的时间内，开设学习内容广泛的各类课程导致大多数课程缺乏系统性和深度。很多课程只是对某方面知识的介绍，学生对课程知识只能做到一般性了解，不能进行系统的、深入的学习。因此，美国师范生尽管可能学到较广博的知识，但大都非常肤浅，这种状况必然导致学科之间缺乏融合，知识显得庞杂、肤浅。这主要体现在普通课程、文理课程和教育专业课程的设置上，其具体表现为许多学校的普通、文理课程比照普通本科生的要求，开设科目虽然众多，但往往只强调数量而不重视质量，学科之间缺乏科学合理的整合，人文、自然、社会等繁杂的知识常常以“拼盘”的形式呈现给学生；同样，教育专业课程的开设也具有种类繁多、知识琐碎的弊端。1989年美国人文学科基金会的调查也发现，普通高等学校教育内容庞杂、课程零散、缺乏系统性和融合性，这造成学生知识混乱、肤浅。美国教育家科南特曾经一针见血地指出，许多学校教育专业课程的开设仅仅是为了满足州政府的规定，而不是经教育专家论证后得出统一的观点。

① 朱旭东.国外教师教育改革动力分析[J].高等师范教育研究，2000(6):71-75.

3. 多元文化课程未被充分重视

美国社会在经济急剧增长的同时，学生的结构也在悄然变化。据统计，由于少数族裔和移民的增加，2000 年美国少数族裔和移民学生占学生总量的三分之一。学生结构的变化无论对学校的管理还是教师的教学都是一个较大的挑战：一方面，这些学生中有相当一部分不会或不能很好地运用英语进行表达，对美国文化缺乏了解；另一方面，不同民族或国度的学生由于自身文化的"先构性"，必然会自觉或不自觉地把本土文化带进校园中进行交汇和碰撞。这种多元异质文化的融入迫使广大教师和教育管理者不仅要具备必要的学术知识和专业知识，还要秉持多元文化的教育理念，以建立平等、多元、和谐的校园文化为己任。但是，在美国现实的教师教育课程中，多元文化课程还没有被充分重视。不少师范毕业生表示，他们的课程不能很好地为多元文化教育做准备，走上工作岗位后，面对不同肤色和文化传统的学生，往往不知所措。①

四、美国教师教育课程改革的动向和趋势

教师教育质量已成为 20 世纪 80 年代以来美国教师专业发展的核心问题，教师教育课程是教师教育质量的重要保障，因而成了关注焦点。学者们普遍认为，变革现存的教师教育课程是改善教师教育的有效方式之一。美国在教师教育课程改革方面推出了不少举措，其中能反映未来动向和趋势的举措主要体现在以下几个方面：

(一)大学和中小学的有效合作

美国大学"重研究，轻教学"的奖励机制，形成了教授"不发表学术论著就站不住脚"的社会现实，这种现实促使大学教师轻视教学实践，偏重理论研究和成果发表。这种境况是导致美国实践取向的教师教育课程实效性低下的主要原因之一，也与美国教师教育课程所一贯秉承的教育理念"学生的教学实践是最重要的部分"相违背。为了使学生把课堂上学到的理论转换成实际的技能，教师教育机构和业内人士想方设法为学生提供教育情景和实践机会。20 世纪 80 年代以来，一些高校开始与地方学区合作制订见习教师的培养计划，提倡把教师教育有机地渗透到真实的课堂情境之中，使教育课程凸显针对性和实效性。1986 年，霍姆斯小组在《明天的教师》中，要求大学教师、中小学指导教师与师范生要加强

---

① 杜静. 流变与走向：美国教师教育课程的检视[J]. 教育科学，2007(3)：84-87.

合作与联系。1990年，霍姆斯小组在《明日之学校》中继续倡导，要重新设计教师教育课程，使大学与中小学通力合作，共同提高教师专业学习的质量。1995年，霍姆斯小组又发表了《明日之教育学院》的报告，对教育学院没有很好地将教师教育与中小学的教学实际联系起来的现状进行了批评，并提出了若干加强实践性课程的改革建议。目前，美国大多数教师教育的实习课程都由大学教师和中小学教师合作完成，其中最为典型的合作模式当推教师专业发展学校。在教师专业发展学校中，由中小学教师和临床教授共同负责实习生的教学。大学和中小学的合作比较有效地克服了实践课程低效的弊端，为学生的理论学习与实践活动架起了"接轨"的桥梁。

（二）教师教育课程的学科融合

从美国目前教师教育课程的改革来看，各州的课程方案都显现出了一个共同的趋势——学科知识的渗透和融合。美国教师教育要求教师要有广博的基础知识、扎实的任教学科知识和宽广的教育视野与实践能力。这些知识和能力虽然已经反映在课程模块之中，但是在课程设置中三大模块不能简单按照"基础知识课程＋学科知识课程＋教育知识课程"的方式进行组合。课程专家认为，为了避免知识的过碎、过杂，必须倡导三大模块知识的相互渗透，实现学科的多维融合。这些融合既包括学科知识与邻近学科知识的融合，也包括学科知识与教育学、心理学知识的融合；既包括学科知识与教育技能的融合，也包括学科专业知识内部的融合。唯有如此，方能建立合理的模块化的课程体系。所以，20世纪80年代中期，以舒尔曼为首的一批研究者开始致力于教师专业基础知识的研究，并经过大量的试验和探讨提出了学科教学知识的概念。他们认为，教师的专业基础知识不是学科知识，也不是学科知识和教育知识的简单相加，而是普通教育学与任教学科的结合以及教育学知识在任教学科中的具体应用。这引起了广大课程专家的极大关注，人们开始大力强调知识的连贯性和融通性，在课程设置上采取综合设计的理念，以打通各类教师教育课程的学科疆界，形成多维融合的课程网络。目前，广域课程、综合课程、交叉课程、综合实践课程等一些新型的课程形式开始不断出现在美国教师教育课程的框架之中。不少学校把一些相近的课程组合为课程模块供学生选学，还有不少学校在一门课程中融合了在传统课程中被视为不同领域的综合知识。

（三）教学头几年必要的幸存技巧成为美国教师教育课程不可或缺的组成部分

大量的研究表明，教师职业生涯的头几年是决定其一生专业素养的关键时期。正如一位美国教育学者所说,“头几年的教学工作经验对新教师来说是至关重要的,它不仅决定教师是否会在教学领域内继续工作下去,而且决定他们将会成为什么样的教师。”①尽管未来教师不可能学习所有的他们需要的知识——在他们成为正式教师之前,可他们需要更多的机会来获得比现在更多的关键技巧。在成为正式教师之前,更多的田野经历将会使未来教师广泛地感受不同的教学方式、更多的课堂管理技巧和不同年级之间的管理上的差异。在学习教育专业课程的每学期里,未来教师应当总结课堂经验。②

(四)入职教育成为美国教师教育课程的组成部分

新教师的流失率(通常指那些具有三五年教学经验的教师)一直停留在20%~30%,在城市这一比率高达50%。新教师不再从事教师职业的原因很多,如工资低下、工作环境不好等,但经常被提到的是缺少支持。“质量计算2000”(Quality Counts 2000)中提到,研究表明没有接受过入职教育的新教师在从事教学的第一个3年内离开教学岗位的比例是接受了入职教育的教师的两倍。那些接受过入职教育的教师不仅更有可能留在教学岗位上,而且能更好地将注意力从课堂管理问题转移到关注教学。因此,为新教师的入职教育提供支持是将新教师留在教学岗位上的一个重要手段。现在美国开始为新教师提供入职教育计划,解决他们在头几年教学工作中遇到的问题和困难,探索帮助他们顺利有效地完成从新手教师向熟练教师过渡的途径。③

(五)教师在职进修课程成为美国教师教育课程的组成部分

随着“终身教育”理念日益深入人心,美国的教师教育早已吸纳了终身教育的理念,呈现为职前与职后教育一体化的“大师范教育”体系。教师教育在课程上不仅关注教师的职前培养,构建出较为宽泛而又职业化的课程体系,而且对于教师的职后培训也有系统建设。围绕着教师个人的当前需要与兴趣,培养教师的大学机构为在职教师提供了个别化、多样化的进修课程,以期满足各个学校及各个教师的需要。举办关于教育的专题课程、开设教育学以外的课程及公开的讲座、提供教育硕士与博士学位的课程计划、与企业及政府联合建设“教师专业

① 李琛.关于美国教师专业化发展的初步研究[D].福州:福建师范大学,2003:14.

② HELTON J A. A historical analysis of teacher preparation program content beginning with teacher normal colleges in 1839 through school district alternaltive certification programs in 2007[D]. Orlando:University of Central Florida,2008:178-179.

③ 陆曙毅,庄丽君.美国教师入职教育探索[J].外国中小学教育,2007(7):41-43.

进修中心”以开发和检验教与学的新方法、推行远距离教育计划等都是大学为承担提升在职教师水平这一任务而开办的多种形式的课程。

(六)多元文化教育课程的增设

美国是一个移民国家，在多元文化相互激荡和教育全球化浪潮悄然涌起的时代，不同民族文化的交汇与碰撞，形成了多元文化并存的发展理念。针对学生结构的变化和教师多元文化理念缺失的弊端，为了体现文化的多元性，帮助学生获得跨文化社会中所需要的信念、知识和能力，美国教师教育课程已开始设置更多的课程时数用于教师的多元文化教育。大量资料表明，美国教师教育课程与20世纪80年代之前相比，多元文化教育课程的开设有了较大的改善。1989年，大约77%的四年制大学和46%的两年制大学在普通教育课程中至少开设了一门有关国际教育的课程，[①]而目前，许多学校都开设了不止一门的多元文化课程。这些课程有多元文化教育、多元社会中的教育、多元文化的教育哲学、多元文化教育与研讨、多元文化教育与人类关系以及解决冲突等。一些学校还专门设有多元文化教育的课程方向，为有志于从事多元文化教育的未来教师搭建知识平台；还有一些学校已经开设或准备开设有关非西方文化的课程，向未来教师介绍一些亚洲、非洲、南美等地区的文化背景、地理环境、社会政治经济等知识。此外，为了提高学生应用多元文化教育观念的实践能力，不少学校还在教育实践和实习中开展一些相关问题的专题讲座或讨论课程。这些专题讲座、讨论课程为师范生走上工作岗位后，用多元文化的视角引导和教育不同肤色和民族的学生奠定了宽广、坚实的知识基础。

(七)强调社会需要的重要性

学校教育与教师教育是实现社会公正的重要因素，学校应与其他进步势力结合起来规划重建美国社会，教师教育要把教师培养成重建美国社会的人。因此，教师教育的课程设计与安排要重视社会的需要，使未来教师能形成适当的社会哲学、教育哲学并有从事社会改革的热忱，不能只重视教学艺术而与社会需要脱节。随着现代教育国际化潮流的兴起，美国州政府官员还应为教师提供更多的机会，使他们学习更多的外国地理、世界史、外语等知识。

(八)教育技术成为美国教师教育课程的重要部分

21世纪人类全面进入信息化社会，21世纪的教育必须适应信息化社会的需

---

① 强连庆. 中美日三国高等教育比较研究[M]. 上海：复旦大学出版社，1995：223.

求。传统的教育思想、教育内容、教育方法、教育手段、教育模式、教育过程面临着新的挑战。教育技术作为教育、教学改革的“制高点”和“突破口”，反映了对教学资源、教学过程进行设计、开发、利用、管理和评价的理论及其实践。教育技术更注重利用现代教育思想和信息技术的成果，拓展教学信息资源和学习空间，探索新型教学方法和教学模式，更强调发挥学生的主体性和创造性。应该说，教育技术提供了解决教育问题的系统方法和整合技术，极大地促进了教育现代化的进程。因此，21 世纪的合格教师不仅要有深厚的专业知识，精通教学内容，更要掌握现代学习理论和信息技术，不断提高自身的教育技术素养。正如美国国际教育技术协会执行总裁奈热可(Don Knezek)所言，“今天的教师必须乐意成为学生以及全世界同行的合作学习者，要作为动态学习共同体的一员主动前进，而不是被迫前行。数字化时代的教师必须具有将新技术引入教育和提升他人技术技能的远见。”[①]目前，教育技术已成为美国教师教育课程不可或缺的一部分。

(九)专业学科课程更具实践性和实用性

美国职前教师的专业教学实习和实地经验是师资培养计划中重要的组成部分。实地经验是教学实习的前奏。全美教师教育认可委员会早在 20 世纪 70 年代就颁布了教师教育认证标准，把实地经验作为职前教师教育的必备环节。最早的实地经验可以安排在第一学年，学生通过充当课堂教师的助理，获得辅导学生、批改作业甚至课堂教学的实地经验。实地经验不仅可以使学生有机会应用和检验理论，也可以让学生亲身体会教师职业，帮助他们重新思考自己的职业选择。与实地经验相比，教学实习有更完善的制度。美国的一些高等院校从 20 世纪 80 年代开始就试行与地方学区合作制订实习计划，学生攻读了有关教学法的课程并获得一定的实地经验后，在大学三年级时就可以提出书面申请，并接受面试，从而取得见习教师的资格。在教学实习期间，实习生应全面履行一名教师的应尽职责。

(十)普通教育课程更具通识性和广博性

20 世纪 80 年代以来，美国先后出现了三份有影响力的报告书，它们都提出了教师教育课程通识性和广博性的问题。其一是霍姆斯小组的报告书，其认为教师教育课程的改革必须从本科文理课程入手，强调文理课程的连续性、完整性和成熟性，严格制定教师教育的文理“核心课程”；其二是美国教师教育学院协会

---

① 秦炜炜. 面向教师的美国国家教育技术标准新旧版对比研究[J]. 开放教育研究，2009，15(3)：105-112.

的报告书，其提出文理核心课程应该包括人类学、社会学、心理学、文学、历史、语言艺术等；其三是卡内基教学促进基金会的报告书，其要求通过政治、历史、科学技术、文学、艺术等课程发展学生理解、计算、表达、分析及创造的能力。三份报告书都认为中小学教师应该掌握一定程度的文理知识，并强调文理教育要有明确的目标和计划，以及强调这些课程在学习中的持续性。

美国教师教育课程经过200多年的发展积累了很多具有美国特色的经验和教训，这些对我国教师教育课程建设有重要参考价值。我国教师教育课程在今后的发展过程中也可能遇到美国教师教育课程曾经遇到的问题和挑战。但由于国情不同，直接移植美国教师教育课程是行不通的，因为课程是一个有机体，它会随着时代变迁、空间转移而不断变化发展，而且课程发展不是孤立的，它与一个国家的政治、经济、文化等因素密切相关。杜威曾经指出："一国的教育绝不可能胡乱模仿别国。为什么呢？因为一切模仿都只能学到别国的表面种种形式编制，绝不能得到内部的特殊精神。况且现在各国都在逐渐改良教育，等你们完全模仿成功时，他们早已暗中把旧制度逐渐变换过了。你们还是落后赶不上。"[①] 要学习美国教师教育课程，就必须把它放到美国的背景下去研究，深入其自身的发展脉络中去解读。正如著名学者陆登庭所说："我们的目标不是将已存在的一种模式或一种理论方法简单地移植到另一处，而是要尽量理解产生于一定环境中的问题，再去寻找适当的解决办法。"[②]

---

① 杜威．杜威教育论著选[M]．赵祥麟，王承绪，编译．上海：华东师范大学出版社，1981：443.

② 陆登庭．哈佛校长坦言挑战[EB/OL]．(2012-05-13)[2023-03-11]．http://www.doc88.com/p-371887566025.html.

参考文献

一、中文部分

(一)中文书籍

[1] 奥恩斯坦,丹尼尔.教育基础[M].杨树兵,等译.8版.南京:江苏教育出版社,2003.

[2] 奥恩斯坦.美国教育学基础[M].刘付忱,姜文闵,陈泽川,等译.北京:人民教育出版社,1984.

[3] 阿特巴赫.比较高等教育:知识、大学与发展[M].人民教育出版社教育室,译.人民教育出版社,2001.

[4] 博耶.美国大学教育:现状·经验·问题及对策[M].复旦大学高等教育研究所,译.上海:复旦大学出版社,1988.

[5] 巴格莱.教育与新人[M].袁桂林,译.北京:人民教育出版社,2005.

[6] 布鲁贝克.高等教育哲学[M].王承绪,郑继伟,张维平,等译.杭州:浙江教育出版社,2001.

[7] 布鲁柏克.教育问题史[M].吴元训,主译.合肥:安徽教育出版社,1991.

[8] 金.西方教育史[M].任宝祥,吴元训,主译.北京:人民教育出版社,1985.

[9] 博耶.关于美国教育改革的演讲[M].涂艳国,方彤,译.北京:教育科学出版社,2002.

[10] 白亦方.课程史研究的理论与实践[M].台北:高等教育文化事业有限公司,2008.

[11] 陈锡恩.美国大学课程的改造[M].檀仁梅,廖汉,译.北京:商务印书馆,1949.

[12] 陈玉琨,代蕊华.课程与课堂教学[M].上海:华东师范大学出版社,2002.

［13］ 曹延亭.现代外国教育思潮［M］.长春：东北师范大学出版社，1989.

［14］ 成有信.十国师范教育和教师［M］.北京：人民教育出版社，1990.

［15］ 陈永明.现代教师论［M］.上海：上海教育出版社，1999.

［16］ 陈永明.国际师范教育改革比较研究［M］.北京：人民教育出版社，1999.

［17］ 杜威.思维与教学［M］.孟宪承，俞庆棠，译.北京：商务印书馆，1936.

［18］ 杜威.我们怎样思维·经验与教育［M］.姜文闵，译.北京：人民教育出版社，1991.

［19］ 杜威.民主主义与教育［M］.王承绪，译.北京：人民教育出版社，1990.

［20］ 戴伟芬.美国教师教育课程思想30年［M］.北京：北京师范大学出版社，2012.

［21］ 韦布.美国教育史：一场伟大的美国实验［M］.陈露茜，李朝阳，译.合肥：安徽教育出版社，2010.

［22］ 厄本，瓦格纳.美国教育：一部历史档案［M］.周晟，谢爱磊，译.北京：中国人民大学出版社，2009.

［23］ 富兰.教育变革新意义［M］.赵中建，陈霞，李敏，译.北京：教育科学出版社，2005.

［24］ 佛罗斯特.西方教育的历史和哲学基础［M］.吴元训，等译.北京：华夏出版社，1987.

［25］ 国家教育发展研究中心.发达国家改革的动向和趋势(第四集)：《美国2016计划》《美国2000年教育战略》等［M］.北京：人民教育出版社，1992.

［26］ 郭志明.美国教师专业规范历史研究［M］.北京：中国社会科学出版社，2004.

［27］ 国家教育发展与政策研究中心.发达国家教育改革的动向和趋势［M］.北京：人民教育出版社，1987.

［28］ 古德莱德.一个称作学校的地方［M］.苏智欣，胡玲，陈建华，译.上海：华东师范大学出版社，2006.

［29］ 古得莱德.学校的职能［M］.赵晓燕，译.兰州：甘肃文化出版社，2005.

［30］ 郭德红.美国大学课程思想的历史演进［M］.北京：中央编译出版社，2007.

［31］ 顾明远.教育大辞典［M］.上海：上海教育出版社，1990.

[32] 霍尔姆斯，麦克莱恩．比较课程论[M]．张文军，译．北京：教育科学出版社，2001．

[33] 胡森．国家教育百科全书：第二卷[M]．贵阳：贵州教育出版社，1990．

[34] 黄济．教育哲学通论[M]．太原：山西教育出版社：1998．

[35] 华东师范大学教育系，杭州大学教育系．现代西方资产阶级教育思想流派论著选[M]．北京：人民教育出版社，1980．

[36] 洪明．教师教育的理论与实践[M]．福州：福建教育出版社，2007．

[37] 赫钦斯．美国高等教育[M]．汪利兵，译．杭州：浙江教育出版社，2001．

[38] 贺国庆，王保星，朱文富，等．外国高等教育史[M]．北京：人民教育出版社，2003．

[39] 贺国庆，华筑信．国外高等学校课程改革的动向和趋势[M]．保定：河北大学出版社，1999．

[40] 贺国庆．德国和美国大学发达史[M]．北京：人民教育出版社，1988．

[41] 黄崴．教师教育体制国际比较研究[M]．广州：广东高等教育出版社，2003．

[42] 季苹．美国公立学校的发展研究[M]．北京：高等教育出版社，2002．

[43] 教育部师范教育司．教师专业化的理论与实践（修订版）[M]．北京：人民教育出版社，2003．

[44] 靳希斌．教师教育模式研究[M]．北京：北京师范大学出版社，2009．

[45] 谌启标．教师教育大学化的国际比较研究[M]．福州：福建教育出版社，2008．

[46] 科南特．科南特教育论著选[M]．陈友松，主译．北京：人民教育出版社，1988．

[47] 克雷明．学校的变革[M]．单中惠，马晓斌，译．上海：上海教育出版社，1994．

[48] 克雷明．美国教育史 1：殖民地时期的历程（1607—1783）[M]．周玉军，苑龙，陈少英，译．北京：北京师范大学出版社，2003．

[49] 克雷明．美国教育史 2：建国初期的历程（1783—1876）[M]．洪成文，丁邦平，刘建永，等译．北京：北京师范大学出版社，2002．

[50] 克雷明．美国教育史 3：城市化时期的历程（1876—1980）[M]．朱旭东，等译．北京：北京师范大学出版社，2002．

[51] 克伯雷．外国教育史料[M]．任宝祥，任钟印，主译．武汉：华中师范大学出版社，1991．

[52] 李曼丽.通识教育:一种大学教育观[M].北京:清华大学出版社,1999.

[53] 刘静.20世纪美国教师教育思想的历史分析[M].北京:北京师范大学出版社,2009.

[54] 来安方.美国概况[M].2版.上海:上海外语教育出版社,1994.

[55] 刘捷.专业化:挑战21世纪的教师[M].北京:教育科学出版社,2002.

[56] 李其龙,陈永明.教师教育课程的国际比较[M].北京:教育科学出版社,2002.

[57] 刘新科.国外教育发展史纲[M].北京:中国社会科学出版社,2002.

[58] 瞿葆奎,陆亚松,李一平.教育学文集:课程与教材[M].北京:人民教育出版社,1988.

[59] 林玉体.美国教育思想史[M].北京:九州出版社,2006.

[60] 拉格曼.一门捉摸不定的科学:困扰不断的教育研究的历史[M].花海燕,等译.北京:教育科学出版社,2006.

[61] 联合国教科文组织总部.教育:财富蕴藏其中[M].北京:教育科学出版社,1996.

[62] 李申申.简明外国教育史[M].开封:河南大学出版社,1997.

[63] 梁忠义,罗正华.教师教育[M].长春:吉林教育出版社,2000.

[64] 李剑虹.大转折的年代:美国进步主义运动研究[M].天津:天津教育出版社,1992.

[65] 林克,卡顿.1900年以来的美国史:上册[M].刘绪贻,等译.北京:中国社会科学出版社,1983.

[66] 马骥雄.战后美国教育研究[M].南昌:江西教育出版社,1991.

[67] 布莱克.美国社会生活与思想史:上册[M].许季鸿,聂文杞,等译.北京:商务印书馆,1994.

[68] 马什.理解课程的关键概念[M].徐佳,吴刚平,译.北京:教育科学出版社,2009.

[69] 派纳,雷诺兹,陶伯曼,等.理解课程:上册[M].张华,等译.北京:教育科学出版社,2003.

[70] 派纳,雷诺兹,陶伯曼,等.理解课程:下册[M].张华,等译.北京:教育科学出版社,2003.

[71] 邱兆偉.美国教育改革研究[M].台北:师大书苑有限公司,1991.

[72] 全国比较教育研究会.国际教育纵横[M].北京:人民教育出版社,1994.

[73] 强连庆.中美日三国高等教育比较研究[M].上海:复旦大学出版社,1995.

[74] 乔玉全.21世纪美国高等教育[M].北京:高等教育出版社,2000.

[75] 齐世荣.15世纪以来世界九强的历史演变[M].广州:广东人民出版社,2005.

[76] 任钟印.世界教育名著通览[M].武汉:湖北教育出版社,1994.

[77] 单中惠.现代教育的探索:杜威与实用主义教育思想[M].北京:人民教育出版社,2002.

[78] 单中惠.西方教育思想史[M].太原:山西人民出版社,1996.

[79] 单中惠.外国中小学教育问题史[M].济南:山东教育出版社,2005.

[80] 单中惠.教师专业发展的国际比较[M].北京:教育科学出版社,2010.

[81] 单中惠.西方教育问题史[M].北京:人民教育出版社,2011.

[82] 苏真.比较师范教育[M].北京:北京师范大学出版社,1991.

[83] 上海师范大学教育系编译组.外国教育发展史资料(近现代部分)[M].上海:上海教育出版社,1976.

[84] 坦纳D,坦纳L.学校课程史[M].崔允漷,等译.北京:教育科学出版社,2006.

[85] 滕大春.今日美国教育[M].北京:人民教育出版社,1980.

[86] 滕大春.美国教育史[M].北京:人民教育出版社,1994.

[87] 滕大春.美国教育史[M].2版.北京:人民教育出版社,2001.

[88] 滕大春.外国近代教育史[M].2版.北京:人民教育出版社,2002.

[89] 滕大春.外国教育通史:第四卷[M].济南:山东教育出版社,1992.

[90] 滕大春.外国教育通史:第三卷[M].济南:山东教育出版社,2005.

[91] "外国教育丛书"编辑组.师范教育的现状和趋势[M].北京:人民教育出版社,1979.

[92] 王保华.国际教师教育机构认证制度研究[M].武汉:华中师范大学出版社,2007.

[93] 王长纯.教师发展学校研究[M].北京:北京师范大学出版社,2009.

[94] 王承绪,顾明远.比较教育[M].3版.北京:人民教育出版社,1999.

[95] 王泽农,曹慧英.中外教师教育课程设置比较研究[M].北京:高等教育出版社,2003.

[96] 王英杰.美国高等教育的发展与改革[M].北京:人民教育出版社,1993.

[97] 王桂.当代外国教育:教育改革的浪潮与趋势[M].北京:人民教育出版社,2001.

[98] 王定华.走进美国教育[M].北京:人民教育出版社,2004.

[99] 刘新科.国外教育发展史纲[M].北京:中国社会科学出版社,2002.

[100] 吴式颖.外国教育史教程[M].北京:人民教育出版社,1999.

[101] "外国教育丛书"编辑组.六国教育概况[M].北京:人民教育出版社,1979.

[102] 项贤明.泛教育论:广义教育学的初步探索[M].太原:山西教育出版社,2002.

[103] 夏之莲.裴斯泰洛奇教育论著选[M].北京:人民教育出版社,2001.

[104] 袁振国.当代教育学[M].北京:教育科学出版社,1999.

[105] 科恩.美国高等教育通史[M].李子江,译.北京:北京大学出版社,2010.

[106] 余家菊.师范教育[M].上海:上海中华书局,1926.

[107] 里帕.自由社会中的教育:美国历程[M].於荣,译.8版.合肥:安徽教育出版社,2010.

[108] 杨生茂,陆镜生.美国史新编[M].北京:中国人民大学出版社,1990.

[109] 中国对外翻译出版公司,联合国教科文组织.世界教育报告2000:教育的权利[M].北京:中国对外翻译出版公司,2001.

[110] 张德锐.师资培育与教育革新研究[M].台北:五南图书出版有限公司,1998.

[111] 张燕镜.师范教育学[M].福州:福建教育出版社,1995.

[112] 张维仪.教师教育:改革与发展热点问题透视[M].南京:南京师范大学出版社,2000.

[113] 周钧.美国教师教育认可标准的变革与发展:全美教师教育认可委员会案例研究[M].北京:北京师范大学出版社,2009.

[114] 张斌贤.社会转型与教育变革:美国进步主义教育运动研究[M].长沙:湖南教育出版社,1998.

[115] 赵曙明.美国高等教育管理研究[M].武汉:湖北教育出版社,1992.

[116] 钟秉林.教师教育转型研究[M].北京:北京师范大学出版社,2009.

[117] 朱旭东,等.教师教育思想流派研究[M].北京:北京师范大学出版社,2017.

[118] 台湾中国教育学会. 师范教育研究[M]. 台北:正中书局,1962.

[119] 赵祥麟,王承绪. 杜威教育名篇[M]. 北京:教育科学出版社,2006.

[120] 赵祥麟. 外国教育家评传:第二卷[M]. 上海:上海教育出版社,2003.

[121] 赵祥麟. 外国教育家评传:第三卷[M]. 上海:上海教育出版社,2003.

[122] 赵祥麟. 外国教育家评传:第四卷[M]. 上海:上海教育出版社,2003.

[123] 范斯科德,克拉夫特,哈斯. 美国教育基础:社会展望[M]. 北京师范大学外国教育研究所,译. 北京:教育科学出版社,1984.

(二)中文硕博论文

[1] 鲍文丽. 我国教师教育课程存在的问题及对策研究[D]. 长春:东北师范大学,2007.

[2] 白苗苗. 职前教师教育课程质量调查研究——以 N 大学学生满意度为例[D]. 兰州:西北师范大学,2018.

[3] 陈旭. 中美教师教育课程设置比较研究[D]. 西安:陕西师范大学,2010.

[4] 陈亚辉. 美国早期教师及其培养研究[D]. 开封:河南大学,2014.

[5] 陈颖. 美国选择性教师证书计划述评[D]. 重庆:西南大学,2008.

[6] 杜秀萍. 美国师范教育机构转型研究[D]. 开封:河南大学,2008.

[7] 但柳松. 美国公共学校运动研究[D]. 天津:天津师范大学,2014.

[8] 范牡丹. 战后美国基础教育课程改革的历史研究与启示[D]. 西安:陕西师范大学,2005.

[9] 樊睿. 美国职前教师教育实习探析[D]. 重庆:西南大学,2010.

[10] 郭爱丽. 美国 20 世纪 50—70 年代教师教育改革研究[D]. 广州:华南师范大学,2007.

[11] 郭德红. 20 世纪美国大学课程思想演变[D]. 保定:河北大学,2005.

[12] 郭爱芳. 巴格莱教师教育思想研究[D]. 上海:上海师范大学,2010.

[13] 郭成英. 职前教师教育课程设计研究[D]. 上海:华东师范大学,2008.

[14] 高磊. 公立学校运动与美国公共教育的现代化(1830—1860)[D]. 上海:华东师范大学,2008.

[15] 洪明. 美国教师质量保障体系历史演进研究[D]. 福州:福建师范大学,2008.

[16] 胡雅瑾. 中美两国教师教育课程比较[D]. 苏州:苏州大学,2007.

[17] 黄丽娜. 美国综合大学中教育学院课程设置研究[D]. 保定:河北大学,2006.

[18] 黄小平.教师教育的改革——反思性教学和反思型教师教育研究[D].南昌:江西师范大学,2004.

[19] 黄俊丽.美国教师培养认证委员会(CAEP)认证模型研究[D].曲阜:曲阜师范大学,2018.

[20] 金传宝.从乡村教师到教育领袖——巴格莱教育思想研究[D].保定:河北大学,2005.

[21] 贾国锋.战后美国教师教育专业标准演进研究[D].保定:河北大学,2014.

[22] 简海燕.美国职前教师教育项目设计研究[D].上海:上海师范大学,2007.

[23] 靳夏丽.约翰·古德莱德教师教育思想及实践的研究[D].沈阳:沈阳师范学院,2015.

[24] 罗娜娜.20 世纪 90 年代美国基础教育国家课程标准探析[D].沈阳:沈阳师范大学,2007.

[25] 孔翠薇.美国 20 世纪 80 年代以来教师教育发展对我国中小学教师继续教育改革的启示[D].长春:东北师范大学,2005.

[26] 李琛.关于美国教师专业化发展的初步研究[D].福州:福建师范大学,2003.

[27] 赖艳.论以教师专业化为导向的教师教育模式建构[D].长沙:湖南师范大学,2006.

[28] 李强.美国教师专业发展学校中教育实习的研究及其启示[D].长春:东北师范大学,2008.

[29] 李朝阳.古德莱德的师范教育改革与思想研究[D].开封:河南大学,2007.

[30] 李菲.二战后美国教师专业化发展研究[D].西安:陕西师范大学,2003.

[31] 刘向平.专业化趋势下美国教师培养模式的变迁[D].济南:山东师范大学,2007.

[32] 罗晶晶.贺拉斯·曼的师范教育思想研究[D].上海:上海师范大学,2018.

[33] 骆琤.中美教师教育实践课程比较研究[D].上海:华东师范大学,2009.

[34] 刘超楠.北美殖民地时期清教徒的教育活动及其影响[D].保定:河北大学,2018.

[35] 刘向荣.科南特教育思想研究[D].保定:河北大学,2006.

[36] 蒲阳.美国教师教育机构转型的历史研究[D].北京:北京师范大学,2006.

[37] 秦立霞.美国教师资格认证制度及其效应研究[D].西安:陕西师范大学,2008.

[38] 饶武.美国教师教育课程演进及其对我国的启示[D].南昌:江西师范大学,2006.

[39] 田宝军.美国教师专业发展学校(PDS)研究[D].保定:河北师范大学,2004.

[40] 王颖.美国教师专业发展学校(PDS)教育模式研究——兼谈对我国教师教育改革的启示[D].长春:东北师范大学,2008.

[41] 王秀珍.基础教育课程改革与教师教育改革协同发展研究——以美国20世纪末教育改革为例[D].天津:天津师范大学,2010.

[42] 王凤玉.美国师范教育机构的转型:历史视野及个案研究[D].上海:华东师范大学,2007.

[43] 王海燕.当代俄美高等师范教育课程比较[D].北京:首都师范大学,2000.

[44] 王萍.美国中小学教师教育发展研究[D].武汉:华中师范大学,2012.

[45] 王美君.20世纪50年代至90年代美国教师教育课程改革[D].天津:天津师范大学,2012.

[46] 王清媛.20世纪上半叶美国教师教育思想发展研究[D].开封:河南大学,2014.

[47] 王晓岚.教师教育课程设置与实施的问题及对策研究——以S省三所院校为例[D].临汾:山西师范大学,2018.

[48] 徐红敏.哈蒙德教师教育思想述评[D].福州:福建师范大学,2006.

[49] 许柳青.试论科南特的教师教育思想[D].福州:福建师范大学,2005.

[50] 谢美彬.美国教师资格证书制度研究[D].福州:福建师范大学,2004.

[51] 尹志梅.20世纪80年代以来美国中小学教师资格制度的改革及对我国的启示[D].长春:东北师范大学,2006.

[52] 刘杨.美国面向中小学教师的教育技术标准研究[D].重庆:西南大学,2009.

[53] 谢赛.儿童学习结果取向的美国教师教育课程研究[D].上海:华东师范大学,2012.

[54] 张晓莉.美国五年一贯制教师教育模式研究[D].长春:东北师范大学,2010.

[55] 张立萍.二战后美国教师教育课程改革“学术性”与“师范性”之争[D].济南:山东师范大学,2014.

[56] 张奎明.建构主义视野下的教师素质极其培养研究[D].上海:华东师范大学,2005.

[57] 赵华兰.美国教师教育多元化模式研究[D].开封:河南大学,2009.

[58] 张丹.美国教师教育发展研究[D].武汉:华中师范大学,2007.

[59] 邹海燕.十九世纪的美国师范教育[D].武汉:华中师范大学,1986.

[60] 张惠.我国新时期高师本科课程的历史演进、现存问题及对策研究[D].重庆:西南大学,2008.

(三)中文期刊论文

[1] 布什.师范教育改革:半个世纪来的教训[J].唐玉光,译.外国教育资料,1988(4):55-60.

[2] 陈振华.美国教师资格证书制度透视[J].高等师范教育研究,1996(2):75-80.

[3] 陈向明,赵康.从杜威的实用主义知识论看教师的实践性知识[J].教育研究,2012(4):108-114.

[4] 陈紫天.英美大学与中小学合作促进教师专业发展的经验和启示[J].河北师范大学学报(教育科学版),2007(1):90-93.

[5] 陈晓端,闫福甜.当代美国教育改革六次浪潮及其启示[J].陕西师范大学学报(哲学社会科学版),2007(6):95-99.

[6] 蔡慧琴.论美国中小学教师的培养模式[J].江西教育学院学报(社会科学),2005(1):49-51.

[7] 丁邦平.论美国教师教育的改革与创新——教师专业发展学校及其对我们的启示[J].首都师范大学学报(社会科学版),2001(2):93-99.

[8] 杜静.流变与走向:美国教师教育课程的检视[J].教育科学,2007(3):84-87.

[9] 戴伟芬.当代美国教师教育课程思想的三种价值取向分析[J].教育研究,2012,33(5):147-153.

[10] 董新良,闫领楠,赵越.教师教育课程一体化构建:问题、理念及对策——以地方高师院校为例[J].教师教育研究,2020,32(1):1-7.

[11] 冯锐,缪茜惠.高效学习与理解性教学——对话《高效学习》作者

Linda Darling-Hammond 教授[J]. 现代远程教育研究，2010(3)：10-14.

[12] 古德莱德. 学校与大学在教育改革中的伙伴关系(特约稿)[J]. 苏智欣，施良方，译. 华东师范大学学报(教育科学版)，1987(2)：1-7.

[13] 郭志明. 从外部管理走向内部规范——20 世纪末美国教师证书制度的专业化方向[J]. 比较教育研究，2004(12)：76-80.

[14] 郭志明. 美国教师教育课程改革[J]. 国家教育行政学院学报，2004(1)：96-101.

[15] 郭志明. 美国教师教育课程变迁与教师专业化[J]. 学科教育，2004(5)：1-7.

[16] 全国教育科学规划领导小组办公室. 全国教育科学"十五"规划教育部重点课题"国外教师专业化历史走向与我国教师教育创新研究"成果公报[J]. 当代教育论坛，2009(4)：5-9.

[17] 郭明. 巴格莱的教育思想对我国教师教育改革的启示[J]. 洛阳师范学院学报，2007(4)：153-154.

[18] 谷晓红. 地方高校教师教育课程设置之重构[J]. 哈尔滨学院学报，2017，38(5)：138-141.

[19] 洪明. 教师专业化：美国教师职前教育课程设置及借鉴——威斯康星大学麦迪逊分校教育学院实地考察[J]. 大学教育科学，2007(1)：74-77.

[20] 郝德永. 关于课程本质内涵的探讨[J]. 课程·教材·教法，1997(8)：6-11.

[21] 黄雪娜，许明. 专业发展学校与美国教师教育的发展[J]. 福建师范大学学报(哲学社会科学版)，2002(4)：149-155.

[22] 靳世荣. 国外中小学教育改革的方向与重点[J]. 外国教育研究，1999(4)：23-25.

[23] 靳玉乐. 论基础教育课程发展的新理念[J]. 教育理论与实践，2002(4)：21-26.

[24] 靳玉乐，肖磊. 教师教育课程改革的价值诉求[J]. 教育研究，2014，35(5)：121-127.

[25] 谌启标. 美国教师质量问题及其政策取向[J]. 外国教育研究，2002(3)：52-55.

[26] 孔锴. 浅谈 20 世纪 80 年代以来的美国基础教育课程改革[J]. 外国教育研究，2006(2)：46-51.

[27] 陆曙毅，庄丽君. 美国教师入职教育探索[J]. 外国中小学教育，2007(7)：41-43.

[28] 连莲,许明.对美国选择性教师教育的反思和前瞻[J].外国教育研究,2003(10):47-52.

[29] 连莲,许明.美国选择性教师教育的若干特点[J].教育评论,2003(4):101-104.

[30] 刘保卫.美国大学本位教师教育的新路径——普林斯顿大学教师培养方案研究[J].比较教育研究,2007(11):23-26,31.

[31] 李昂,张斌贤.参与奠定美国公共学校制度的历史基础——1642年马萨诸塞殖民地教育法研究[J].河北师范大学学报(教育科学版),2019,21(1):59-66.

[32] 李素敏,张炜.美国基础教育的课程改革及其特点[J].天津师范大学学报(基础教育版),2003(3):31-34.

[33] 陆兴发.80年代以来的美国课程改革[J].外国教育资料,1993(3):35-41.

[34] 李爱秋.美国教师教育课程设置特色与启示:以美国伊利诺大学(UIC)教师教育课程设置为例[J].教育科学,2009,25(3):79-84.

[35] 陶青,卢俊勇.美国城市教师驻校计划的设计、实施及启示[J].比较教育研究,2011,33(11):27-31.

[36] 毛新勇.专业发展学校在教师教育中的应用的个案分析:美国三一大学的教学硕士(MAT)培养方案的评估[J].高等师范教育研究,1999(1):73-78.

[37] 牛道生.80年代"教育危机"以来美国基础教育的实质性变化[J].教育研究,1998(7):31-36.

[38] 欧阳光华.高师学术性与师范性关系的透视[J].内蒙古师范大学学报(教育科学版),2004(7):16-19.

[39] 蒲阳.美国教师教育转型中师范院校地位变迁的启示[J].外国中小学教育,2009(12):19-24,54.

[40] 秦炜炜.面向教师的美国国家教育技术标准新旧版对比研究[J].开放教育研究,2009,15(3):105-112.

[41] 屈书杰,商霄杰.职前教育与职后教育的一体化——美国"教师驻校培养计划"探析[J].外国教育研究,2011,38(10):48-52.

[42] 邱敏,田玉萍,张秀平.教师教育课程现状中的问题与优化措施研究[J].黑河学院学报,2020,11(8):92-94,100.

[43] 钱小龙,汪霞.美、英、澳三国教师教育课程改革动向分析[J].外国教育研究,2012,39(1):81-89.

[44] 荣艳红.赫尔巴特教育思想的传播及其对美国初等教育课程与教学

论的影响[J].河北大学学报(哲学社会科学版),2007,37(2):71-75.

[45] 苏振芳.21世纪全球学校道德教育的走向与跨世纪中国学校道德教育的思考[J].福建师范大学学报(哲学社会科学版),1999(1):47-53.

[46] 单中惠.美国公立学校运动新论[J].教育评论,2000(3):58-61.

[47] 王晓阳.当前美国教育改革的观念与趋势[J].教育研究,2012,33(3):140-145.

[48] 王万俊,李化树.20世纪美国师范教育课程改革的四大历史取向[J].高等师范教育研究,1992(6):77-81.

[49] 邬雨刚.美国教师资格证书制度的历史考察[J].内蒙古师范大学学报(教育科学版),2006(3):22-24.

[50] 吴志功.美国威斯康星州中学教师资格认证[J].高等师范教育研究,2000(4):68-72.

[51] 王少勇,许世华.未来十年美国教师教育的改革战略——美国教学部《我们的未来,我们的教师》解读[J].比较教育研究,2012,34(8):62-66.

[52] 王少勇,杨献碧.把道德教育嵌入教师教育课程——试析古德莱德的教师教育课程思想[J].外国教育研究,2013,40(2):49-56.

[53] 王少勇."基于实践工作"的教师教育课程思想研究——杜威教师教育课程思想初探[J].金华职业技术学院学报,2012,12(3):1-6.

[54] 王少勇,罗文青.教师教育更新的理念与路径——古德莱德教师教育课程更新思想探析[J].湖南第一师范学院学报,2012,12(2):35-39.

[55] 王少勇,许世华,单中惠.新进步主义教师教育的理念与路径——古德莱德教师教育课程更新思想探析[J].教育学术月刊,2013(9):96-100.

[56] 王宪平,唐玉光.教师资格制度与教师教育制度关系研究[J].教师教育研究,2004(5):22-26.

[57] 许明,胡晓莺.美国基础教育课程标准述评[J].教育研究,2002(3):78-83.

[58] 徐春妹,洪明.解制取向下的美国教师培养新途径——"为美国而教"计划的历程、职能与功过探析[J].外国教育研究,2007(7):25-27.

[59] 肖朗,王少勇.巴格莱与20世纪美国教师教育课程思想[J].天津师范大学学报(社会科学版),2012(3):65-71.

[60] 姚艳杰.美国选择性教师培养途径述评[J].基础教育参考,2007(4):30-32.

[61] 杨硕.有助于学生发展的教师学习——美国教育家琳达·达林-哈蒙德论教师教育[J].太原学院学报,2009,10(4):65-67,77.

[62] 杨献碧,王少勇."任教学科专业化"的教师教育课程思想——巴格莱教师教育课程思想探析[J].教育科学,2012,28(2):31-36.

[63] 杨献碧,王少勇."移动的或巡回的"师范学校——美国教师学校探究[J].辽宁师范大学学报(社会科学版),2013,36(3):369-375.

[64] 郑渊方.对我国高师教师教育改革的思考[J].全球教育展望,2011,40(5):50-54.

[65] 赵中建.美国80年代以来教师教育发展政策述评[J].全球教育展望,2001(9):72-78.

[66] 张斌贤,陈露茜.赫尔巴特在美国[J].教育学报,2006,2(5):21-28.

[67] 朱永新,杨树兵.英美师范教育实习的特点及启示[J].常州高专学报,1996(6):1-3.

[68] 周钧,李小薇.美国教师教育专业的宏观结构分析[J].比较教育研究,2009,31(1):76-80.

[69] 周钧.美国教师教育认证标准的发展历程及对我国的启示[J].比较教育研究,2007(2):86-90.

[70] 周钧.美国教师教育的第三条道路:教师培养的驻校模式[J].全球教育展望,2010,39(9):76-78,56.

[71] 朱旭东.国外教师教育改革动力分析[J].高等师范教育研究,2000(6):71-75.

[72] 张秋慧,郭志明."学生中心课程论"与教师——杜威课程思想中的教师观[J].天津师范大学学报(基础教育版),2008,9(4):24-27.

[73] 张拴云.教师教育课程设置:美国的经验与启发[J].外国中小学教育,2005(1):31-33.

[74] 钟启泉,王艳玲.从"师范教育"走向"教师教育"[J].全球教育展望,2012,41(6):22-25.

[75] 张文军,钟启泉.教师教育课程改革的国际趋势[J].教育发展研究,2012,32(10):1-6.

[76] 周飞.高校教师教育课程设置问题及对策研究[J].黑龙江教育学院学报,2019,38(1):25-27.

[77] 张燕.教师教育课程一体化建设问题与策略分析[J].牡丹江教育学院学报,2021(11):49-51.

(四)其他文献

[1] 于溯.2030,我们应该培养什么样的教师——庆祝第三十三个教师节

暨2017·中国教师发展论坛综述[J].民主,2017(11):19-21.

[2] 中共中央 国务院关于全面深化新时代教师队伍建设改革的意见[EB/OL].(2018-01-31)[2018-11-25].http://www.gov.cn/zhengce/2018-01/31/content_5262659.htm.

[3] 阿祖莱,赖德,福尔,等.受教育权亦即拥有合格教师的权利[EB/OL].(2018-11-16)[2018-12-05].http://unesdoc.unesco.org/images/0026/002657/265734c.pdf.

[4] 联合国教育、科学及文化组织.教育造福人类与地球:为全民创造可持续的未来[EB/OL].(2017-05-16)[2017-08-11].http://unesdoc.unesco.org/images/0024/002457/245745c.pdf.

[5] 习近平谈教育发展:教育兴则国家兴,教育强则国家强[EB/OL].(2018-09-10)[2018-10-11].http://cpc.people.com.cn/n1/2018/0910/c164113-30282062.html.

[6] 顾明远.习近平教育思想指引中国教育改革和发展前进方向[EB/OL].(2017-07-27)[2018-06-21].http://www.china.com.cn/opinion/theory/2017-07/27/content_41293389.htm.

[7] 中共中央、国务院印发《中国教育现代化2035》[EB/OL].(2019-02-23)[2019-03-11].http://www.moe.edu.cn/jyb_xwfb/gzdt_gzdt/201902/t20190223_370857.html.

[8] 中共中央办公厅、国务院办公厅印发《加快推进教育现代化实施方案(2018—2022年)》[EB/OL].(2019-02-23)[2019-03-11].http://www.gov.cn/xinwen/2019-02/23/content_5367988.html.

[9] 教育部关于大力推进教师教育课程改革的意见[EB/OL].(2011-10-08)[2018-06-21].http://www.moe.edu.cn/srcsite/A10/s6991/201110/t20111008_145604.html.

二、外文部分

(一)外文图书

[1] ARMSTRONG W EARL,HOLLIS,ERNEST V,et al. The college and teacher education[M]. Washington,D. C.:American Council on Education,1944.

[2] ANDERSON L W. International encyclopedia of teaching and teacher education (second edition)[M]. New York:Pergamon Press,1995.

[3] AMDERSON E W. "Teacher personnel-Part v-supply and demand," in encyclopedia of educational research, 2nd education[M]. New York: Macmillan and Co., 1950.

[4] ANGUS D L, MIREL J. Professionalism and the public good a brief history of teacher certification[M]. Washington, D. C.: Thomas B. Fordhan Foundation, 2001.

[5] BORROWMAN M L. The liberal and technical in teacher education: A historical survey of American thought[M]. New York: Bureau of Pub, 1956.

[6] BUTTON H W, PROVENZO E F. History of education and culture in America[M]. New York: Prentice-Hall, 1989.

[7] BARNARD H. Normal school and other institutions, agencies and means designed for the professional education of teachers[M]. Hartford: Case, Tiffany and Company, 1851.

[8] BIGELOW D N. The liberal arts and teacher education: A confrontation[M]. Lincoln: University of Nebraska Press, 1971.

[9] BESTOR A E. Educational wastelands: The retreat from in our public schools[M]. Chicago: The University of Illinois, 1985.

[10] BURKE P J, HEIDEMAN R G. Career-long teacher education[M]. Springfield: Charles C Thomas Publisher, 1985.

[11] BORROWMAN M L. Teacher education in America: A documentary history[M]. New York: Teachers College Press, 1965.

[12] BEGGA W K. The education of teachers[M]. New York: The Center for Applied Research in Education, Incorporated, 1965.

[13] BRUBACHER J S. A history of the problems of education[M]. New York: McGraw-Hill Book Company, 1965.

[14] BARZUN J. Teacher in America[M]. Boston: An Atlantic Monthly Press Book Little, Borrow and Company, 1945.

[15] BISHOP E A. The development of a state school system: New Hampshire[M]. New York: Bureau of Publications, Teachers College, Columbia University, 1930.

[16] BROWM H A. Certain basic teacher education policies and their development and significance in a selected state: New Hampshire[M]. New York: Teachers College, Columbia University, 1937.

[17] BOONE R G. Education in the United States: Its history from the earliest settlements[M]. New York: D. Appleton and Company, 1880.

[18] BIESTA G, BURBULES N. Pragmatism and educational research [M]. Oxford:Rowman & Littlefield Publishers,Inc. 2003.

[19] CLARK D C, MARKER G. "The institutionalization of teacher education" 74th yearbook of the National Society for the Study of education (Part 2)[M]. Chicago:University of Chicago Press,1975.

[20] COTTRELL D P. Teacher education for a free people[M]. New York:The American Association of Colleges for Teacher Education,1956.

[21] CONANT J B. The education of American teachers [M]. New York:McGraw-Hill Book Company,1963.

[22] CREMIN L A,SHANNON D A,TOWNSEND M E. A history of teachers college, Columbia University[M]. New York: Columbia University Press,1954.

[23] CHARTERS W W,WAPLES D. The commonwealth teacher-training study[M]. Chicago:University of Chicago Press,1929.

[24] CUBBERLEY E P. The history of education [M]. New York: Houghton Mifflin Company,1920.

[25] COHEN S. Education in the United States:A documentary history [M]. New York:Random House,1974.

[26] LUCAS C J. Teacher education in America:Reform agendas for the 21st century[M]. New York:St. Martin's Press,1997.

[27] CUBBERLEY E P. Public education in the United States:A study and interpretation of the American educational history[M]. Boston:Houghton Mifflin Company,1919.

[28] CUBBERLEY E P. Readings in public education in the United States[M]. Boston:Houghton Mifflin Company,1934.

[29] COHEN R M, SCHEER S. The work of teachers in America:A social history through stories[M]. New York:Routledge,1997.

[30] COMBS A W. The professional education of teachers:A perceptual view of teacher preparation[M]. Boston:Allyn and Bacon,1970.

[31] COMBS A W,BLUME R A,NEWMAN A J, et al. The professional education of teachers: A humanistic approach to teacher preparation[M]. Boston:Allyn and Bacon,1974.

[32] CREMIN L A. The transformation of the school:Progressivism in American education,1876—1957[M]. New York:Alfred A. Knop,1961.

[33] DARLING-HAMMOND L,WISE A E, KLEIN S P. A license to

teach:Building a profession for 21-st century schools[M]. Boulder: Westview Press,1995.

[34] DEYOE G P. Certain trends in curriculum practices and policies in state normal schools and teachers colleges[M]. New York: New York Bureau of Publications,1934.

[35] DUNKIN M J. The international encyclopedia of teaching and teacher education[C]. New York:Pergamon Press,1987.

[36] DEWEY J. Significance of the school education[M]. Carbondale: Southern Illinois University Press,1924.

[37] DEWEY J. Democracy and education[M]. New York: The Free Press,1997.

[38] DEWEY J. The quest for certainty[M]. New York: Minton,Balch & Company,1929.

[39] DEWEY J. How we think[M]. Chicago: Henry Regnery,1933.

[40] DEWEY J. Professional spirit among teachers[M]. Carbondale: Southern Illinois University Press,1924.

[41] ELSBREE W S. The American teacher:Evolution of a profession in a democracy[M]. New York:American Book Company,1939.

[42] ELAM S. Improving teacher education in the United States[M]. Bloomington:Phi Delt Kappa,1967.

[43] EDARDS N. The school in the American social order[M]. Boston: Houghton Mifflin Company,1963.

[44] FLEXNER A. Universities: American, English, German[M]. New York:Oxford University Press,1930.

[45] FULLER E, PEARSON J B. Education in the states: Nationwide development since 1900[M]. New York:National Education Association,1969.

[46] Fackenthal, Frank D. Columbia University and teachers college: Documents and correspondence[M]. New York: Teacher College, Columbia University,1915.

[47] Frank Brown Dillcy. Teacher certification in Ohio[M]. New York: Bureau of publications,Teachers College Press,Columbia University,1953.

[48] FRASER J W. Preparing America's teachers: A history[M]. New York:Teachers College Press,2007.

[49] FINN C E,RAVITCH D,FANCHE R T. Against mediocrity:The humanities in America's high schools[M]. New York: Holms & Meier Pub-

lishers,1984.

[50] GOODLAD J I. Teachers for our nation's schools[M]. San Francisco:Jossey-Bass Inc. ,1990.

[51] GUTEK G L. An historical introduction to American education [M]. New York:Thomas Y. Crowell Company,1970.

[52] GROSSMAN P L. The making of a teacher: Teacher knowledge and teacher education [M]. New York: Teacher College, Columbia University,1990.

[53] GOODLAD J I. Romances with schools:A life of education[M]. New York:McGraw-Hill,2004.

[54] GOODLAD J I,TYLER R W,GOLUB J S. Facing the future:Issues in education and schooling[M]. New York: McGraw-Hill,1976.

[55] GOODLAD J I. Educational renewal:Better teachers,better school [M]. San Francisco:Jossey-Bass,1998.

[56] GOODLAD J I. In praise of education[M]. New York:Teachers College Education,1997.

[57] GOODLAD J I,MACMANNON T J. The public purpose of education and schooling[M]. San Francisco:Jossey-Bass,1997.

[58] GRFFIN G A. The education of teachers[M]. Chicago:The University of Chicago Press,1999.

[59] GERALDINE J,JAMES W G. The ED school:A brief professional education[M]. Chicago:The University of Chicago Press,1988.

[60] GRIMMETT P P, ERICKSON G L. Reflection in teacher education [M]. New York:Teachers College Press,1988.

[61] GAGE N L. The scientific basis of the art of teaching[M]. New York:Teachers College Press,1978.

[62] GINSBURG M B. Contradictions in teacher education and society: A critical analysis[M]. New York:The Palmer Press,1988.

[63] HILLESHEIM J W, MERRILL G D. Theory and practice in the history of American education: A book of readings[M]. Washington, D. C. : University Press of American,Inc. ,1980.

[64] HALL S H. Lectures on school keeping[M]. Boston:Richardson. Lord & Holbrook,1829.

[65] HOFSTADTER R,SMITH W. American higher education:A documentary history[M]. Chicago:The University of Chicago Press,1961.

[66] HODENFIELD G K, STINNETT T M. The education of teachers: Conflict and consensus[M]. Englewood Cliffs:Prentice-Hall Inc. ,1961.

[67] HOWSAM R B,et al. Educating a profession[M]. Washington,D. C. :AACTE,1976.

[68] HOUSTON W R. Handbook of research on teacher education: A project of the association of teacher educators[M]. New York:Macmillan Publishing Company,1990.

[69] HOUSTON W R, NEWMAN K K. Teacher education programs (encyclopedia of education research, 5th edition)[M]. New York: The Free Press,1982.

[70] HOLMES M J. The present provision for the education and training of secondary teachers in the United States[M]. New York: NSSE 4th Yearbook,1905.

[71] HOUSTON W K,HABERMAN M,SIKULA J. Handbook of research on teacher education [M]. New York: Macmillan Publishing Company,1990.

[72] HARPER C A. A century of public teacher education[M]. Washington,D. C. :AATC,1939.

[73] HABERMAN H K,SIKULA J. Handbook of research on teacher education[M]. New York:Macmillan Publishing Company,1990.

[74] HERBST J. And sadly teach: Teacher education and professionalization in American culture [M]. Madison: The University of Wisconsin Press,1989.

[75] JOHANSON J H. American education[M]. Iowa:Brown Company, 1982.

[76] JONCICH G,GUTHRIE J W. The ED school:A brief professional education[M]. Chicago:The University of Chicago Press,1988.

[77] KOERNER J D. The miseducation of American teachers[M]. Baltimore:Penguin Books,1965.

[78] KOEMER J D. Who controls American education? A guide for laymen[M]. Boston:Beacon Press,1968.

[79] KILPATRICK W H. The educational frontier[M]. New York:The Century Company,1933.

[80] KERR C. Trouble times for American higher education:The 1990s and beyond[M]. New York:State University of New York Press,1994.

[81] KANDEL I L. The new era in education[M]. London: Harrap, 1955.

[82] KANDEL I L. Studies in comparative education[M]. Boston: Houghton Mifflin, 1933.

[83] KANDEL I L. History of secondary education[M]. Boston: Houghton Mifflin, 1930.

[84] LASSONDE C A, MICHAEL R J, RIVERA-WILSON J. Current issues in teacher education[M]. Springfield: Charles C Thomas, 2008.

[85] LEE, Edwin Augustus. The development of professional programs in education in six selectd universities of the United States[M]. New York: Teachers College Press, 1925.

[86] LABAREE D F. The trouble with Ed schools[M]. New Haven: Yale University Press, 2004.

[87] LARKIN J M, SLEETER C E. Developing multicultural teacher education curricula[M]. Albany: State University of New York, 1995.

[88] LONG D, RIEGLE R. Teacher education—the key to effective school reform[M]. Westport, CT: Bergin and Garvey, 1999.

[89] LEMLECH J, MARKS M B. The American teacher: 1776—1976 [M]. India: The Phi Delta Kappa Education Foundation Bloomington, 1976.

[90] LUCAS C J. Teacher education in America: Reform agendas for the 21st century[M]. New York: St. Martin's Press, 1997.

[91] MEADER J L. Normal school education in connecticut[M]. New York: Teachers College, Columbia University, 1928.

[92] MONROE W S. Teaching-learning theory and teacher education 1890—1950[M]. Urbana: University of Illinois Press, 1955.

[93] MAYOR J R, SWARTZ W C. Accreditation in teacher education: Its influence on higher education[M]. Washington, D. C.: National Education Association, 1965.

[94] MCMURRY D. Herbartian contributions to history instruction in American elementary schools[M]. New York: Bureau of Publications, Teachers college, Columbia University, 1946.

[95] MONROE P. Founding of the American public school system[M]. New York: The Macmillan Publishing Company, 1940.

[96] MATTINGLY P H. The classless profession: American schoolmen in the nineteenth century[M]. New York: New York University Press, 1975.

[97] National Education Association of the United States. Journey to

Now,1946—1961:The first fifteen years of the professional standards movement in teaching as reflected in keynote addresses of the executive secretaries of the national commission on teacher education and professional standards [M]. Washington,D. C. :National Education Association,1961.

[98] NULL W, RAVITCH D. Forgotten heroes of American education: The great tradition of teaching teachers[M]. Greenwich,CT:Information Age Publishing,2006.

[99] OGREN C A. The American State Normal School—"An instrument of great good"[M]. New York:Palgrave Macmillan,2005.

[100] PAYNE W H. Syllabus of a course of lectures on the science and art of teaching[M]. Adrian,MI:Charles Humphrey,1879.

[101] PAYNE W H. The education of teacher[M]. Richmond,VA:B. F. Johnson Publishing Co. ,1901.

[102] PANGBURN J M. The evolution of the American teachers college [M]. New York:Teachers College,Columbia University,1932.

[103] PEARSON A T. The teacher:Theory and practice in teacher education[M]. London:Routledge,1989.

[104] POPKEWITZ T S. Critical studies in teacher education:Its folklore,theory and practice[M]. New York:The Falmer Press,1987.

[105] PULLIAM J D. History of education in America[M]. Columbus: Merrill Publishing Company,1982.

[106] PELLEGRINO J W, MCDOWELL S. Teachers and teacher education in the United States:Perspectives from members of the Japanese-United States teacher education consortium[M]. Mahwah:Lawrence Erlbaum Associates,1997.

[107] RUSSEL J E. The function of the university in the training teachers[M]. Columbia University Quarterly,1899.

[108] RYAN K. Teacher education:The 74th yearbook of the national society for the study of education[M]. Chicago: The University of Chicago Press,1975.

[109] RUDOLPH F. Curriculum:a history of the American Undergraduate course of study since 1636[M]. San Francisco:Jossey-Bass,1978.

[110] ROTH R A. The role of the university in the preparation of teachers[M]. London:Routledge,1998.

[111] REESE W J, RURY J L. Rethinking the history of American edu-

cation[M]. New York:Palgrave Macmillan,2005.

[112] STILES L J. Teacher education in the United States[M]. New York:Ronald Press,2005.

[113] SIRING J H. The American school,1642—2000[M]. New York: McGraw-Hill,2001.

[114] STONE J C,SCHNIEDER F W. Readings in the foundations of education[M]. New York:Thomas Y. Crowell Company,1971.

[115] State Board of Education. Learn-centered schools for texas[M]. Austin:Vision of Texas Educators,Texas Education Genda,1995.

[116] WEBB C,GEHRKE N,ISHLER P,et al. Exploratory field experiences in teacher education[M]. Reston:ATE,1981.

[117] SPRAGUE H A. A decade of progress in the preparation of secondary school teachers[M]. New York:Teachers College,Columbia University,1940.

[118] SHEN J. The school of education:Its mission,faculty and reward structure[M]. New York:Peter Lang Publishing,1999.

[119] STONE J C. Breakthrough in teacher education[M]. San Francisco:Jossey-Bass,1968.

[120] SOCKETT H T,DEMULDER E K,LEPAGE P C,et al. Transforming teacher education[M]. Westport:Bergin & Garvey,2001.

[121] SQUIRES G. Teaching as a professional discipline[M]. London: Routledge,1999.

[122] SMITH E R. Teacher education: A reappraisal[M]. New York: Harper & Row,1962.

[123] GIDEONSE H D. Teacher education policy: Narratives, stories, and cases[M]. Albany:State University of New York Press,1992.

[124] SOLOMN B M. In the company of educated women: A history of women and higher education in America[M]. New Haven: Yale University Press,1986.

[125] SCHON D A. The reflective practitioner:How professionals think in action[M]. New York:Basic Books,Inc. ,1983.

[126] SOLTIS J F. Reforming teacher education: The impact of the holmes group report[M]. New York:Teachers College Press,1987.

[127] STILES L J. Teacher education in the United States[M]. New York:Ronald Press,1960.

[128] TABACHNICK B R, ZEICHNER K M. Issues and practices in

Inquiry-oriented education[M]. New York: The Falmer Press, 1991.

[129] The Commission on Teacher Education. The improvement of teacher education[M]. Washington, D. C. : American Council on education, 1946.

[130] National Study Commission on Undergraduate Education and the Education of Teachers. Teacher education in the United States: The responsibility gap[M]. Lincoln: University of Nebraska Press, 1976.

[131] VALLI L. Reflective teacher education: Cases and critiques[M]. Albany: State University of New York Press, 1992.

[132] WEISS R M. The conant controversy in teacher education[M]. New York: Random House, 1969.

[133] WESLEY E B. NEA: The first hundred years[M]. New York: Harper and Brothers, 1957.

[134] WARREN D. American teachers: Histories of a profession at work [M]. New York: Macmillan Publishing Company, 1989.

[135] WICKERSHAM J P. A history of education in Pennsylvania[M]. Lancaster: Pa Inquirer Publishing, 1886.

[136] WEBB L D. The history of American education: A great American experiment [M]. New Jersey: Prentice Hall, 2005.

[137] HARTLEY D, WHITEHEAD M. Teacher education: Major themes in education (Volum 1)[M]. New York: Routledge, 2006.

[138] HARTLEY D, WHITEHEAD M. Teacher education: Major themes in education (Volum 2)[M]. New York: Routledge, 2006.

[139] HARTLEY D, WHITEHEAD M. Teacher education: Major themes in education (Volum 3)[M]. New York: Routledge, 2006.

[140] HARTLEY D, WHITEHEAD M. Teacher education: Major themes in education (Volum 4)[M]. New York: Routledge, 2006.

[141] HARTLEY D, WHITEHEAD M. Teacher education: Major themes in education (Volum 5)[M]. New York: Routledge, 2006.

(二)外文硕博论文

[1] ALPERN M E. A successful experiment in teacher education: The founding and the early years of the Albany Normal School[D]. Ithaca: Cornell University, 1996.

[2] AHAGON C. The influence of the Oswego movement upon Japanese education, through Hideo Takamine in early Miji Japan, 1860's—1880's[D].

Albany:State University of New York,1994.

[3] AUSTIN D S. New literacies: Are Colorado teacher education programs preparing pre-service teachers to use technology in their learning environments? [D]. Denver: University of Denver,2004.

[4] ALDERSON J M. A history of elementary school teacher preparation at the University of Texas at Austin,1891 to 1991[D]. Austin: The University of Texas,1992.

[5] BIGGS A M. Teaching teachers: How teacher educators view the curriculum of teacher education[D]. Ashland: Ashland University,2009.

[6] BENDER D S. Pre-service teacher training in Massachusetts colleges and universities: The impact of teacher education standards[D]. Provindence: Johnson & Wales University,2002.

[7] BUCHANAN H W. Teacher education programs in the college of education, University of Nevada, Reno: 1954—1998[D]. Reno: University of Nevada,2003.

[8] BOWLER G W. Integrating and modeling technology into teacher education: A case study of Dakota state university teacher education technology program[D]. Laramie: The University of Wyoming,2001.

[9] BUSHMAN J D. The development of preservice teacher's constructivist beliefs: A comparison of two teacher education programs[D]. Los Angeles: University of California,1996.

[10] BRAUD H N. "Easier said than done": Pre-service teachers and multicultural education[D]. Austin: The University of Texas,2007.

[11] BAKER J M. An organization analysis of Pennsylvania's normal school transition to teachers college status[D]. Cambridge: Harvard university,1987.

[12] BECKER S M. Beyond content and pedagogical knowledge: A qualitative examination of a teacher preparation program through the eyes of its preservice teachers[D]. Philadelphia: Temple University,2008.

[13] BUGAIGHIS E T. Liberating potential: Women and the Pennsylvania state normal schools,1890—1930[D]. Park: The Pennsylvania State University,2000.

[14] BEIER C A. Changes in preservice teacher conceptualizations of the integrated curriculum[D]. Tucson: The University of Arizona,1994.

[15] BREAULT R A. Educational reform from 1945 to 1980: Implications for teacher education[D]. DE Ralb: Northern Illinois University,1990.

[16] BACEVICH A E. Building curriculum for teacher education: A study of video records of practice [D]. Ann Arbor: University of Michigan, 2010.

[17] BURKS B D. What was normal about Virginia's normal schools: A history of Virginia's state normal schools, 1882—1930[D]. Charlottesville: The University of Virginia, 2002.

[18] CLIFFORD S Y. With the highest ideals: The Florida State Normal College at DeFuniak Springs, 1887—1905[D]. Miami: Florida International University, 1996.

[19] CRUIKSHANK K A. The rise and fall of American Herbartianism: Dynamics of an educational reform movement[D]. Madison: University of Wisconsin, 1993.

[20] CESAR D T. Norman. Reformation of the teaching profession: A genealogy of the Oklahoma commission for teacher preparation as a regulatory standards board[D]. Stillwater: University of Oklahoma, 2006.

[21] COLLINS L P. Venturing out: Students at Eastern Kentucky State Normal School, 1910—1924[D]. Lexington: University of Kentucky, 2008.

[22] COHEN D L. Traditional and alternative teacher certification programs: A national comparison[D]. Austin: The University of Texas, 2004.

[23] CARTER S A. Object lessons in American culture[D]. Cambridge: Harvard University, 2010.

[24] CONLEY S H. From teachers colleges to state colleges: Aspects of change in Massachusetts public higher education from 1945 to 1970[D]. Boston: University of Massachusetts Boston, 2007.

[25] DI SIBIO R A. An analysis and comparison of certification requirements for elementary teachers in the United States[D]. Indiana: Indiana University, 1973.

[26] EWERT J H. An analysis of pre-service education of teachers in eight North Central colleges of South Dakota[D]. Laramie: University of Wyoming, 1957.

[27] EDMUNDSON J S. Translating theory into practice: Investigations toward the design of a model for a cultural-ecological teacher education program[D]. Portland: Portland State University, 2003.

[28] ELLIS P D. An analysis of six major reports on teacher education in the United States, with special reference to their recommendations for the pre-

service curriculum (1933—1983)[D]. Columbus: The Ohio State University,1984.

[29] EXNER P A D. Teacher education reform and accountability: A study of the Louisiana Blue Ribbon Commission on teacher quality[D]. Baton Rouge: Louisiana State University,2001.

[30] FORST A C. From normal school to state college: The growth and development of Eastern Connecticut State College from 1889 to 1959[D]. Storrs: The University of Connecticut,1980.

[31] FINN V L. Alternatively-trained versus traditionally-trained teachers: The principals' perspective[D]. Austin: The University of Texas,2009.

[32] FLOWERS R D. The"Great Experiment"and the Michigan state normal school: An institutional history and analysis[D]. Ypsilanti: Eastern Michigan University,2006.

[33] FRY D M. Normal in transition: Fire and rebuilding at Warrensburg[D]. Warrensburg: Central Missouri State university,2002.

[34] GO S. The rise and centralization of American public schools in the 19th century[D]. Davis: University of California,2009.

[35] GREENE P J K. Role of the teacher: Historical perspective on the works of John Dewey[D]. Nashville: Peabody College for Teachers of Vanderbilt University,1995.

[36] GEOBEL V. Preparing teachers for diversity: A study of two university teacher education programs in Indiana[D]. Louisville: The University of Louisville,2005.

[37] HRONEK P C. Women and normal schools: Tempe Normal, a case study,1885—1925 (teacher's colleges, Arozona)[D]. Tempe: Arizona State University,1985.

[38] HAYES J L. A descriptive analysis of the alternative licensure program at Wichita State University[D]. Wichita: Wichita State University,2004.

[39] HEAD A H. Ripples of hope: Rethinking how we prepare teachers to work for equity, diversity and social justice[D]. Boulder: University of Colorado at Boulder,2008.

[40] HARTNETT S D. A Deweyan analysis of beginning secondary teacher socialization[D]. Washington, D. C.: Gonzaga University,1999.

[41] HELTON J A. A historical analysis of teacher preparation program content beginning with teacher normal colleges in 1839 through school district

alternative certification programs in 2007[D]. Orlando: University of Central Florida, 2008.

[42] ISLAM M S. Teacher education through university/school partnerships: Their impact on institutions of higher education[D]. Flagstaff: Northern Arizona University, 1999.

[43] JOHNSON W F. The laboratory school: Yesterday, today, and tomorrow[D]. Orangeburg: South Carolina State University, 2006.

[44] KORN R L. The responses to Darwin in the normal school science and educational methods curriculum: 1870—1930[D]. Boston: University of Massachusetts Boston, 2009.

[45] KJETSAA M A L. Technology education trends in preservice teacher education between 1980 and 1999 as reflected in dissertation research [D]. South Orange: Seton Hall University, 2002.

[46] KLINE M J. The development of the city normal schools in Cleveland and Akron, Ohio: 1874—1936[D]. Akron: University of Akron, 1992.

[47] KROWS A J. Preservice teachers' belief systems and attitudes toward mathematics in the context of a progressive elementary teacher preparation program[D]. Norman: University of Oklahoma, 1999.

[48] KILLION J M. Teacher education programs and data driven decision making: Are we preparing our future teachers to be data and assessment literate? [D]. Los Angeles: University of Southern California, 2009.

[49] LAMBERT R. An analysis of the curriculum of the Teachers College of the University of Cincinnati [D]. Cincinnati: University of Cincinnati, 1944.

[50] LOGAN L L. Territorial normal and training school, 1895—1931: An institutional history of public teacher education in Hawaii[D]. Honolulu: University of Hawaii, 1989.

[51] LYNCH K A. Sisterhood and social capital: Teacher preparation in an order of catholic teaching nuns, 1920—1970[D]. Providence: Johnson & Wales University, 2004.

[52] LEVIN R A. Preparing elementary teachers: The University of Pittsburgh and Keene State College in historical perspective[D]. Pittsburgh: Carnegie-Mellon University, 1990.

[53] LUNSFORD C G. Accommodating differences: Multicultural education courses in Michigan's teacher preparation programs[D]. East Lansing:

Michigan State University,2008.

[54] MAIDEN M G. History of the professional training of teachers in Virginia[D]. Charlottesville:University of Virginia,2004.

[55] MCANINCH A C. The case method in teacher education:Analysis, rational,and proposal[D]. Urbana-Champaign:University of Illinois,1989.

[56] MYCK-WAYNE J. Linking theory and practice in teacher education:An analysis of the reflective-inquiry approach to preparing teachers to teach in urban schools [D]. Los Angeles: University of Southern California,2007.

[57] MCINERNEY D. The education legacy of James Bryant Conant [D]. Rutgers:State University of New Jersey,2008.

[58] MURPHY J. Professionalism through teacher training:A case study of Tennessee A. &I,1930—1940[D]. Nashville:Vanderbilt University,2009.

[59] MASON K O. Teacher involvement in preservice teacher education [D]. Menomonie:University of Wisconsin-Stout,2009.

[60] MORGAN A E. Family and parent involvement components in K-12 teacher education:A study of how universities,colleges,schools,and departments of education (UCSDEs) in a southeastern state prepare future teachers for work with families and parents[D]. Santa Barbara:Fielding Graduate Universtiy,2008.

[61] MCGHEE G M. Historical review of alternative certification programs for teachers[D]. Houston:Texas Southern University,1995.

[62] MURPHY F S. A history of teacher training in the city of Boston and the role of the laboratory school as an integral part in the preparation of teachers[D]. Amherst:University of Massachusetts,1989.

[63] MUCHER S S. Subject matter and method in the preparation of high school teachers:Pedagogy and teacher education at the university of Michigan,1871—1921[D]. Ann Arbor:University of Michigan,2003.

[64] NAPOLI D. Transforming reform into practice:The enactment of standards-based teacher preparation and university school partnerships in clinical practice activity settings[D]. San Diego:University of California,2010.

[65] NULL J W. A disciplined progressive educator:The life and career of William Chandler Bagley, 1874—1946 [D]. Austin: University of Texas,2001.

[66] ORAL S B. Teaching as consummatory experience:The aesthetic

dimension of experience in the later works of John Dewey and its relevance to teaching and teacher education[D]. Ames:Iowa State University,2007.

[67] OVERBY G R. A critical review of selected issues involved in the establishment and functioning of the national council for accreditation of teacher education from its origin through 1965[D]. Tallahassee:Florida State University,1966.

[68] OGREN C A. Education for women in the United States:The state normal school experience,1870—1920[D]. Madison:University of Wisconsin-Madison,1996.

[69] PRESENT W. Education reform in the United States and the impact of the No Child Left Behind Act[D]. Saratoga Springs:State University of New York Empire State College,2010.

[70] PERRAULT P G. The evolution of teacher certification and the qualifications to teach in four states,1890—1930[D]. Ann Arbor:University of Michigan,2010.

[71] RICCIO J F. Content area literacy and preservice teacher education:Preparing preservice science teachers to view literacy in service of science teaching[D]. New York:Teachers College,Columbia University,2008.

[72] ROAMES R L. Accreditation in teacher education:A history of the development of standards utilized by the national council for accreditation of teacher education[D]. Akron:University of Akron,1987.

[73] SKOPHAMMER R A. Technological literacy in K-12 teacher preparation:A review of course requirements at accredited education institutions [D]. Norfolk:Old Dominion University,2009.

[74] SIMMONS B J W. A historical analysis of the development of teacher training at the State Normal School,Farmville,Virginia,1884—1924 [D]. Williamburg:College of William and Mary,1988.

[75] SHEEHAN J J. The influence of progressivism on the development of the state normal college at Ohio University,1902—1920[D]. Athens:Ohio University,1998.

[76] SEGER M. A study of special preparation and training needs of middle school teachers[D]. Portland:Portland State University,1995.

[77] THOMPSON J A. Distinguishing a western women's college:A history of the curriculum at Colorado women's college,1909—1967[D]. Denver:University of Denver,2010.

[78] TIMMONS C. Preparation for teaching in urban schools: Perceptions of the impact of traditional preparation programs[D]. Jacksonville: University of North Florida, 2010.

[79] TYLER K D. The educational life and work of Charles A. Mcmurry: 1872—1929[D]. Dekalb: Northern Illinois University, 1982.

[80] TAYLOR S A J. The history of the teacher education program at Tennessee State University[D]. Nashville: Tennessee State University, 1988.

[81] THORNBURG L D. Faithful labor: The life work of Julia Anne King, 1838—1919[D]. East Lansing: Michigan State University, 2004.

[82] VASCELLARO S. "The long trip" at bank street: An example of progressive teacher education[D]. New York: Teachers College, Columbia University, 1999.

[83] ALI-WILLIAMS S, SURAZYA B. Shaping the quality of public education teachers in the United States of America, 1830s—1950s[D]. Minneapolis: Capella University, 2007.

[84] WYATT N K. Into the promised land: The transformation of eastern and western Kentucky normal schools into teachers colleges, 1906—1922 [D]. Lexington: University of Kentucky, 1999.

[85] WEST L. Teacher education for Americanizing immigrants in the public schools, 1871—1920: The Rhode Island normal school programs[D]. Storrs: University of Connecticut, 1995.

[86] WILLIAMS N L S. A hermeneutic exploration: Designing grassroots Montessori teacher education courses for resource-limited communities[D]. San Francisco: University of San Francisco, 2002.

[87] WELLER L D. A history of undergraduate teacher education programs at Iowa State University 1869—1968[D]. Ames: Iowa State University, 1975.

[88] WELTMAN B D. Debating Dewey: The social ideas of American educators since World War Ⅱ, an examination of Arthur Bestor, Jerome Bruner, Paul Goodman, John Goodlad, and Mortimer Adler[D]. Rutgers: State University of New Jersey, 1995.

[89] ELLIS P D. An analysis of six major reports on teacher education in the United States, with special reference to their recommendations for the preservice curriculum (1933—1983)[D]. Columbus: Ohio State University, 1984.

(三)外文期刊论文

[1] ARMSTRONG W E,et al. Emerging responsibility of collegiate institutions[J]. Educational Digest,1945(10):40-42.

[2] ANDERSON E W. General trends in teacher education[J]. National Business Education Quarterly,1949(17):9-14.

[3] MOREY A I,BEZUK N. Preservice teacher preparation in the United States[J]. Peabody Journal of Education,1997,72(1):4,10-11.

[4] ANDREWS L O. A curriculum to produce career teachers for the 1980's[J]. Theory into Practice,1967,6(5):32-35.

[5] ALILUNAS L J. Conant's clinical professor concept[J]. Peabody Journal of Education,1969, 47(3):78-82.

[6] ASHBAUGH E J. Some sidelights on teacher education[J]. Educational Research Bulletin,1958,37(1):65-68.

[7] ANDERSON C J,EDSALL W. Observation and practice in courses for training rural teachers[J]. The School Review,1917,25(1):16-25.

[8] ALMACK J C. History of oregon normal schools[J]. The Quarterly of the Oregon Historical Society,1920,21(2):66-69.

[9] ASHTON P T. Improving the preparation of teachers[J]. Educational Researcher,1996,25(9):21-35.

[10] BOLTON F E. A lost opportunity in training high-school teachers [J]. The School Review,1946,54(6):342-350.

[11] BUTSCH R L C. The preparation of teachers[J]. Review of Educational Research,1934,4(3):273-280.

[12] BREWER T M. The "grand paradox" in teacher preparation and certification policy[J]. Arts Education Policy Review,2003,104(6):45-47.

[13] BAGLEY W C. Basic problems in teacher education[J]. Teacher education,1939(1):100-105.

[14] BIGELOW K W. The passing of the teachers colleges[J]. Teachers College Record,1957,53:87-103,409-412.

[15] BUETOW H A. Historical overview of catholic teacher training in the United States[J]. School and Society,1972,100:165-172.

[16] BIGELOW K W. Some trends in teacher education[J]. Childhood Education,1941,17:87-103.

[17] BROWN H A. Do teachers' colleges need reorganization? [J].

The Elementary School Journal,1931,32(2):33-35.

[18] BURNHAM E. A decade of progress in training rural teachers[J]. The Elementary School Journal,1915,16(4):181-189.

[19] BROWN D W. Clinical professors for teacher education[J]. Improving College and University Teaching,1965,13(1):78-81.

[20] BUCHMANN M,FLODEN R E. On doing philosophy of teacher education[J]. Oxford Review of Education,1990,16(3):65-68.

[21] BURGESS W R. The education of teachers in fourteen states[J]. The Journal of Educational Research,1921,3(3):161-172.

[22] BAGLEY W C. The profession of teaching in the United States[J]. Bulletin of the American Association of University Professors,1929,15(5):74.

[23] BIGELOW K W. How about general education for teachers? [J]. The Journal of General Education,1947,1(2):99-106.

[24] BARR A S. Research and the professional education of teachers[J]. The Journal of Educational Research,1934,27(5):364-366.

[25] BROWN H A. New standards for teachers' colleges[J]. The Elementary School Journal,1926,27(1):48-59.

[26] BROWN H A. Do teachers' colleges need reorganization? [J]. The Elementary School Journal,1931,32(2):97-110.

[27] BACHMAN F P. Divided and continuous curricula for the education of elementary teachers[J]. Peabody Journal of Education,1934,11(4):154-163.

[28] BARNARD E. On teaching teachers[J]. College Composition and Communication,1955,6(1):48.

[29] BROWNELL W A. State requirements for high-school teachers [J]. The School Review,1926,34(4):295-299.

[30] BROWN H A. Some next steps in establishing standards for teachers' colleges[J]. The Elementary School Journal,1924,25(3):211-226.

[31] BOLTON F E. The preparation of high-school teachers:What they do secure and what they should secure[J]. The School Review,1907,15(2):97-122.

[32] BROWN H A. The normal-school curriculum[J]. The Elementary School Journal,1919,20(4):276-284.

[33] BROWN H A. Professional courses in the state normal school[J]. The Elementary School Journal,1920,20(5):359-368.

[34] BERRY B. The future of teacher education[J]. Journal of Teacher Education,2005,56(3):272-278.

[35] BARROW L H. A brief history of inquiry:From Dewey to standards[J]. Journal of Science Teacher Education,2006(17):78-82.

[36] BOHAN C H,NULL J W. Gender and the evolution of normal school education:A historical analysis of teacher education institutions[J]. Education Research,2007,8:34-37.

[37] BULLOUGH R V. Thoughts on teacher education in the USA[J]. Journal of Education for Teaching,2002,28(3):233-237.

[38] COCHRAN A S. The development of teacher education at Morris Brown College[J]. The Journal of Negro Education,1947,16(2):246-251.

[39] COGAN M L. Patterns in the education of teachers in the United States of America 1968[J]. International Review of Education,1968,14(4):390-405.

[40] COGAN M L. Master of arts in teaching at Harvard University[J]. Journal of Teacher Education,1955,6:135-142.

[41] CLINEFELTER D C. Educational psychology's identity crisis[J]. Journal of Teacher Education,1979,30:22-25.

[42] CREMIN L A. The heritage of American teacher education[J]. Journal of Teacher Education,1953,4(2):163-170.

[43] COLSON E M. The negro teachers' college and normal school[J]. The Journal of Negro Education,1933,2(3):284-298.

[44] COLE N M. The licensing of schoolmasters in colonial Massachusetts[J]. History of Education Journal,1957,8(2):68-74.

[45] CARRINGTON J W. How one laboratory school system attacks its problems[J]. Peabody Journal of Education,1947,24(6):76-81.

[46] CHARTERS W W. A serious charge[J]. The Journal of Higher Education,1937,8(7):351-356.

[47] CLIFT R T. Structures,curriculum and teacher education[J]. Curriculum and Teaching Dialogue,2009,11(1&2):73.

[48] CLIFFORD G J. The formative years of schools of education in America:A five-institution analysis[J]. American Journal of Education,1986,94(4):427-446.

[49] CORNBLETH C. Ritual and rationality in teacher education reform[J]. Educational Researcher,1986,15(4):5-14.

[50] ANDERSON K E,SMITH H A. Preservice and inservice education of elementary-and secondary-school teachers[J]. Review of Educational Research,1955,25(3):213-226.

[51] CROSS B E. Learning or unlearning Racism:Transferring teacher education curriculum to classroom practices[J]. Theory into Practice,2003,42(3):203-209.

[52] DIENER D. The intellectual climate of the late nineteenth century and the fate of American normal schools[J]. American Educational History Journal,2008,35(1):86-89.

[53] DARLING-HAMMOND L. Constructing 21st century teacher education[J]. Journal of Teacher Education,2006,57(3):34-38,41-46,56.

[54] DOANE K R. A study of the professional curriculum requirements for the preparation of high school teachers in the United States[J]. The Journal of Experimental Education,1947,16(1):66-99.

[55] DUNKEL H B. Herbartianism comes to America:Part I[J]. History of Education Quarterly,1969,9(2):202-233.

[56] DEWEY J. Democracy in education[J]. The Elementary School Teacher,1903,4(4):46-49.

[57] DRUMMOND W H,ANDREWS T E. The influence of federal and state governments on teacher education[J]. The Phi Delta Kappan,1980,62:97-100.

[58] DARLING-HAMMOND L. A good teacher in every classroom:Preparing the highly qualified teachers our children deserve[L]. Educational Horizon,2007,56:114-115.

[59] DARLING-HAMMOND L. What matters most: A competent teacher for every child[J]. The Phi Delta Kappan,1996,78:194,100-200.

[60] DRAKE W E. Changes in the philosophy of teacher education in the post-war world[J]. Educational Theory,1951,1:262-268.

[61] DARLING-HAMMOND L. A future worthy of teaching for America[J]. The Phi Delta Kappan,2008,89(10):730-736.

[62] DAVIS C O. The training and experience of the teachers in the high schools accredited by the north central association[J]. The School Review,1922,30(5):335-354.

[63] DOUGLASS H R. Integration of courses in education[J]. The Journal of Educational Research,1941,34(9):665-668.

[64] DUDDERAR D. Putting service learning experiences at the heart of a teacher education curriculum[J]. Educational Research Quarterly, 2003, 27(2):45-50.

[65] DENEMARK G. Preparing tomorrow's teachers[J]. Theory into Practice,1967,6(5):76-79.

[66] DONOVAN H L. Educating the teacher for the progressive public school[J]. Peabody Journal of Education,1932,9(5):35-40.

[67] DUNKEL H B. Herbartianism comes to America:Part II[J]. History of Education Quarterly,1969,9(3):36-45.

[68] DAVID M, CALLEJO P. Teacher education and research:Imagining teacher education between past and future[J]. American Educational History Journal,2008,35(1):19-40.

[69] DAVIS J. The nature and boundaries of curriculum history:A contribution to dialogue over a yearbook and its review[J]. Curriculum Inquiry, 1977,7(2):157-168.

[70] DICKSON G E,RICHARDS R,ANDERSON E W. The status of college teachers of education in Ohio[J]. Educational Research Bulletin,1957, 36(8):245-266,272.

[71] DIGBY A D,GARTIN B C, MURDICK N L. Developing effective university and public school partnerships[J]. The Clearing House, 1993, 67(1):37-39.

[72] DENEMARK G W,MACDONALD J B. Preservice and in-service education of teachers[J]. Review of Educational Research, 1967, 37(3): 233-247.

[73] EURICH A C. The "breakthrough" in teacher education[J]. The High School Journal,1960,43(5):56-58.

[74] EDGAR W K. The story of teacher training[J]. The High School Journal,1927,10(7):194-202.

[75] ERTMER P. Transforming teacher education: Visions and strategies[J]. Educational Technology Research and Development, 2003, 51(1): 124-128.

[76] EISNER E W. Preparing teachers for schools of the 21st century [J]. Peabody Journal of Education,1995,70(3):99-111.

[77] EHRLICH T. Reinventing John Dewey's "Pedagogy as a University Discipline"[J]. The Elementary School Journal,1998,98(5):489-509.

[78] ENGLANDER M E. Educational psychology and teacher education [J]. The Phi Delta Kappan, 1976, 57(7): 440-442.

[79] ENGLEMAN J O. A study of student teaching in state normal schools and teachers' colleges[J]. The Elementary School Journal, 1925, 26 (4): 256-263.

[80] ELAM B Y. Learning to teach: Enhancing pre-service teachers' awareness of the complexity of teaching-learning processes[J]. Teachers & Teaching, 2009, 15(1): 87-107.

[81] ENGEL J B. Preserving quality: Teacher training from a liberal arts perspective[J]. The Phi Delta Kappan, 1989, 70(6): 475-477.

[82] EDMUNDSON P J. A normative look at the curriculum in teacher education[J]. The Phi Delta Kappan, 1990, 71(9): 717-722.

[83] FEN S. The professional and liberal education of teachers[J]. Peabody Journal of Education, 1967, 45(3): 158-161.

[84] FAGAN E R. Conant on teacher education: A critical analysis[J]. The Clearing House, 1965, 39(8): 461-466.

[85] FENSTERMACHER G D. The place of alternative certification in the education of teacher[J]. Peabody Journal of Education, 1990, 67(3): 155-185.

[86] FULTZ M. Teacher training and African American education in the south, 1900—1940[J]. Journal of Negro Education, 1995, 64(2): 196-210.

[87] FULTZ M. African American teachers in the south, 1890—1940: Powerlessness and the ironies of expectations and protest[J]. History of Education Quarterly, 1995, 35(4): 401-422.

[88] FITZGERALD K. A rediscovered tradition: European pedagogy and composition in nineteenth-century midwestern normal schools[J]. College Composition and Communication, 2001, 53(2): 224-250.

[89] FEIMAN S. Technique and inquiry in teacher education: A curricular case study[J]. Curriculum Inquiry, 1979, 9(1): 63-79.

[90] FRANK J O. The preparation of high-school teachers in Wisconsin normal schools[J]. The School Review, 1923, 31(1): 75-77.

[91] FOX W, GA G. Integrating multicultural and curriculum principles in teacher education[J]. Peabody Journal of Education, 1995, 70(3): 64-82.

[92] FRITSCHEL A L. The 1979 NCATE standards: Implications for teacher education programs[J]. Journal of Teacher Education, 1978, 29(1): 9-12.

[93] FANTINI M D. The reform of teacher education: A proposal for New York state[J]. The Phi Delta Kappan, 1972, 53(8): 476-479, 482.

[94] FRAZIER B W. Meeting the teacher shortage problem[J]. Journal of Teacher Education, 1943(5): 15-20.

[95] FRAZIER B W. Changing trends in the teacher shortage[J]. School life, 1947(29): 3-6.

[96] GERALD L M. The American Herbartian: A portrait from his yearbooks: Part II[J]. History of Education Quarterly, 1963, 3(4): 187-197.

[97] GOODLAD J I. Rediscovering teacher education: School renewal and educating educators[J]. Change, 1999, 31(5): 28-33.

[98] GOODLAD J I. A study of the education of educators: One year later[J]. The Phi Delta Kappan, 1991, 73(4): 311-316.

[99] GOODLAD J I. The great American schooling experiment[J]. The Phi Delta Kappan, 1985, 67(4): 35, 191-192.

[100] GOODLAD J I. Studying the education of educators: From conception to findings[J]. The Phi Delta Kappan, 1990, 71(9): 698-701.

[101] GOODLAD J I. Better teachers for our nation's schools[J]. The Phi Delta Kappan, 1990, 72(3): 184-194.

[102] GOODLAD J I. Studying the education of educators: Values-driven inquiry[J]. The Phi Delta Kappan, 1988, 70(2): 104-111.

[103] GOODLAD J I. The national network for educational renewal[J]. The Phi Delta Kappan, 1994, 75(8): 632-638.

[104] GOODLAD J I. An emphasis on change[J]. The Education Digest, 1975, 48(8): 26.

[105] GOODLAD J I. Principles are the key to change[J]. The Education Digest, 1976, 42(3): 32.

[106] GRIFFIN G A. Curriculum decision making for teacher education[J]. Theory into Practice, 1990, 29(1): 36-41.

[107] GRIMMETT P P, MACKINNON A M. Craft knowledge and the education of teachers[J]. Review of Research in Education, 1992, 18: 385-456.

[108] GAGE L. Introduction to the slow growth of professionalism[J]. Peabody Journal of Education, 1942, 20(3): 151-156.

[109] GREENE M. Review: Conant and the perilous profession: A review essay on the education of American teachers by James Bryant Conant[J]. The Journal of Higher Education, 1964, 35(2): 104-109.

[110] GRAHAM C M. Methods are important[J]. The Phi Delta Kappan,1951,32(5):229.

[111] HUGHES R H. Changing status of teacher education institutions [J]. Journal of Teacher Education,1951,2(1):48-50.

[112] HEATH R W,NIELSON M A. The research basis for performance-based teacher education[J]. Review of Educational Research,1974,44(4):463-484.

[113] HARRY S N. Some trends in teacher education[J]. Educational Research Bulletin,1958,37(6):87-103.

[114] HOFFMAN N. "Inquiring after the Schoolmarm": Problems of historical research on female teachers[J]. Women's Studies Quarterly,1994,22(1/2):104-118.

[115] HOTZ H G. A history of the College of Education University of Arkansas[J]. The Arkansas Historical Quarterly,1948,7(4):257-278.

[116] HANSEN D T. Dewey's conception of an environment for teaching and learning[J]. Curriculum Inquiry,2002,32(3):267-280.

[117] HOGAN D. Modes of discipline:Affective individualism and pedagogical reform in New England,1820—1850[J]. American Journal of Education,1990,99(1):1-56.

[118] HASKEW L D. Preservice preparation of teachers[J]. Review of Educational Research,1949,19(3):201-209.

[119] HALLECK R P. The professional preparation of high-school teachers[J]. The School Review,1907,15(7):489-507.

[120] HINER N R. Herbartians,history,and moral education[J]. The School Review,1971,79(4):590-601.

[121] HILL G E. Integration of professional courses in a five-year program[J]. The Journal of Educational Research,1941,34(9):658-664.

[122] HIGHSMITH E M. Departments and schools of education in southern baptist colleges[J]. Peabody Journal of Education,1933,10(5):303-308.

[123] IMIG D G,IMIG S R. The teacher effectiveness movement:How 80 years of essentialist control have shaped the teacher education profession [J]. Journal of Teacher Education,2006,57(2):167-180.

[124] JOHNSON E. Reform in teacher education:The response to accountability is collaboration[J]. Education,1999,119(3):381.

[125] JACKSON R E. Rise of teacher-training for negroes[J]. The Journal of Negro Education,1938,7(4):540-547.

[126] JACKSON R E. A proposed revision of a two-year curriculum for training elementary teachers in negro colleges[J]. Journal of Negro Education, 1936,5(4):602-611.

[127] JAMRICH J X. Current practices in courses for the preparation of secondary-school teachers[J] The School Review,1953,61(5):283-289.

[128] JAMRICH J X. A study of current practices in conducting general methods and related courses in the preparation of secondary school teachers [J]. The Journal of Educational Research,1954,48(1):57-65.

[129] JOYCE B, HOWEY K,YARGER S,et al. Reflections on preservice preparation: Impressions from the national survey(Part 1-First impressions)[J]. Journal of Teacher Education,1977,27:14-15.

[130] JOYCE B. Method and methods in teacher education: Geist, substance,and form[J]. Curriculum Theory Network,1968,1(1):11-27.

[131] JOYCE B,CLIFT R. The phoenix agenda: Essential reform in teacher education[J]. Educational Researcher,1984,13(4):5-18.

[132] JOHNSON W R. Empowering practitioners: Holmes,Carnegie, and the lessons of history[J]. History of Education Quarterly,1987,27(2):65.

[133] NEISLER O J. How does teacher education need to change to meet the needs of America's schools at the start of the 21st century? [J]. Journal of Teacher Education,2000,51(3):248-255.

[134] JUDD C H. The Carnegie survey of normal schools[J]. The Elementary School Journal,1920,21(1):47-51.

[135] KIM M M,ANDREWS R L,CARR D L. Traditional versus integrated preservice teacher education curriculum: A case study[J]. Journal of Teacher Education,2004,55(4):341-356.

[136] KNIGHT E W. The story of the training of teachers[J]. The High School Journal,1927,10(6):164-167.

[137] KOOPMAN M. A laboratory school evaluates its contributions to teacher education[J]. Educational Research Bulletin,1944,23(1):7-13.

[138] KERSEY H A. Michigan teachers' institutes in the mid-nineteenth century:A representative document[J]. History of Education Quarterly,1965,5(1):40-52.

[139] KATZ S J. Towards a new history of teacher education: A view

from critical pedagogy[J]. American Educational History Journal,2008,35(1): 41-49.

[140] KLAPPER P. Teacher education: A forward look[J]. Bulletin of the American Association of University Professors,1945,31(1):36-47.

[141] KRIDEL C. General education as a component of teacher education [J]. The Journal of General Education,1986,38(2):134-143.

[142] KANDEL I L. Current issues in expanding secondary education [J]. International Review of Education,1959,5(2):155-165.

[143] KANDEL I L. On the Harvard report[J]. School and Society, 1945,1614(62):76.

[144] KANDEL I L. The outlook in education[J]. Studies & Reports, 1933,2.

[145] KAZLOV G. Whatever happened to the clinical professor[J]. Journal of Teacher Education,1976,27(4):340-341.

[146] KOHN S. The whys and wherefores of John Goodlad's "A study of schooling," an interview with John Goodlad[J]. The National Elementary School Principal,1980,59(4):19-23.

[147] KEPPEL F. Master of arts in teaching[J]. Saturday Review,1961, 44:63-65.

[148] KNIGHT W E. Century of teacher education[J]. Educational Form,1945(9):149-161.

[149] KENT R A. University preparation of teachers for high schools [J]. The School Review,1919,27(3):172-185.

[150] KOERNER J D. Conant reports on teacher education: Proposals for radical reform[J]. The Phi Delta Kappan,1963,45(1):7-10.

[151] LYON R M. The laboratory schools and the education of teachers [J]. Peabody Journal of Education,1947,24(6):343-348.

[152] LURRY L L. Teacher preparation and curriculum change[J]. The High School Journal,1964,48(1):34-41.

[153] LIFE F M. Practice teaching for high-school teachers[J]. The School Review,1918,26(9):671-683.

[154] LUKER A H. A determination of relative values of topics for undergraduate courses in psychology for the education of teachers[J]. The Journal of Educational Research,1951,44(9):687-694.

[155] LAMB P M. The laboratory school: An historical perspective[J].

The Journal of Educational Research,1962,56(2):107-109.

[156] LOW C M. Recent changes in teacher education[J]. Teacher-education Journal,1943,5:13-14.

[157] LABUE A C. Teacher certification in the United States: A brief history[J]. Journal of Teacher Education,1960,11(147):167-172.

[158] SHULMAN L S. Knowledge and teaching: Foundations of the new reform[J]. Harvard Education Review,1987,57(1):1-22.

[159] LINS L J. Origin of teacher improvement services in the United States[J]. The Journal of Educational Research,1945,38(9):697-707.

[160] LANDIS J T. The sociology curriculum and teacher training[J]. American Sociological Review,1947,12(1):113.

[161] LEVY T. First in his class: The many contributions of Samuel Read Hall[J]. OAH Magazine of History,1991,6(2):38-41.

[162] LISTON D P,ZEICHNER K M. Teacher education and the social context of schooling: Issues for curriculum development[J]. American Educational Research Journal,1990,27(4):610-636.

[163] LUCAS C J. The foundations of education component in state regulations governing teacher preparation and initial certification[J]. Educational Studies,1970,10(1):1-29.

[164] MCKEAN R C. General education for the secondary school teacher[J]. The High School Journal,1967,50(6):302-308.

[165] MCCARREL F. An abstract of the development of the training school[J]. Peabody Journal of Education,1934,11(5):212-215.

[166] METTLE M. Taking the next step: Connecting teacher education, research on teaching, and programmed assessment[J]. Teaching & Teacher Education,2008,24(4):1098-1111.

[167] MOREY A I,BEZUK N, CHEIRO R. Preservice teacher preparation in the United States[J]. Peabody Journal of Education, 1997, 72(1): 4, 10-11.

[168] MCGRATH G D. Harbingers of improvement in teacher education [J]. The Educational Forum,1950,14:157-162.

[169] MCDONNELL J H. Postview: Teacher education: Radical reform or recycling of the past[J]. Peabody Journal of Education, 1988, 65(2): 214-221.

[170] MURRAY F B. Reforming teacher education: Issues and the joint

effort of education and liberal arts faculty[J]. The History Teacher,1998,31(4):503-519.

[171] MOORE K D, HOPKINS S. Knowledge bases in teacher education:A conceptual model[J]. The Clearing House,1992,65(6):381-385.

[172] MILLER E L. Teacher education:Pre-service and in-service[J]. The Clearing House,1983,56(8):364-367.

[173] MOREY A I,BEZUK N, CHIERO R. Preservice teacher preparation in the United States[J]. Peabody Journal of Education,1997,72(1):4-24.

[174] MESSERLI J C, JAMES G. Carter's liabilities as a common school reformer[J]. History of Education Quarterly,1965,5(1):14-25.

[175] MURRAY F B. Teacher education[J]. Change,1986,18(5):126.

[176] MURRAY F B. Goals for the reform of teacher education:An executive summary of the Holmes Group report[J]. The Phi Delta Kappan,1986,68(1):28-32.

[177] MARSH C,PEERS J. Developing an alternative curriculum for preservice teachers: A recent evaluation study[J]. Educational Evaluation and Policy Analysis,1981,3(3):67-74.

[178] MADSEN I N. The normal-school curriculum through the eyes of its graduates[J]. The Elementary School Journal,1928,29(3):181-188.

[179] MCNEIL J D. Forces influencing curriculum[J]. Review of Educational Research,1969,39(3):293-318.

[180] MYERS A F. Education of teachers for the schools of tomorrow[J]. Journal of Educational Sociology,1934,7(9):569-574.

[181] MYERS N R. American Pestalozzianism revisited Alfred Holbrook and the origins of object-based pedagogy in 19th century America[J]. American Educational History Journal,2007,34(1):85-96.

[182] NELSON E M. Content and administration of student-teaching in elementary teacher-education curricula[J]. The Journal of Experimental Education,1937,5(4):116.

[183] NULL J W. Is there a future for teacher ed curriculum? An answer from history and moral philosophy[J]. American Educational History Journal,2008,35(1):3-18.

[184] NOLL V H. Implications for policy of the national council on measurement in education of Conant's "The Education of American Teachers"[J]. Journal of Educational Measurement,1964,1(1):73-78.

[185] NEA. Committee on teacher preparation and certification, "Maintaining teacher supply during war and post-war emergency periods"[J]. Teacher-education Journal, 1943, 5: 21-22.

[186] NEWCOMB R S. The present status of the training of high-school teachers in normal schools and teachers' colleges[J]. The School Review, 1923, 31(5): 380-387.

[187] NULL J W, BOHAN C H. Teacher education curriculum: What, how and why[J]. Curriculum and Teaching Dialogue, 2005, 39(49): 39-49.

[188] OGREN C A. "A Large Measure Of Self-Control and Personal Power": Women students at state normal schools during the late-nineteenth and early-twentieth centuries[J]. Women's Studies Quarterly, 2000, 28(3/4): 211-232.

[189] OGREN C A. Rethinking the "nontraditional" student from a historical perspective: State normal schools in the late nineteenth and early twentieth centuries[J]. The Journal of Higher Education, 2003, 74(6): 640-664.

[190] OGREN C A. Where coeds were coeducated: Normal schools in Wisconsin, 1870—1920[J]. History of Education Quarterly, 1995, 35(1): 1-26.

[191] OPPENHEIMER J J. Implications of the public school curriculum for the education of teachers[J]. Peabody Journal of Education, 1936, 14(3): 134-145.

[192] ORNSTEIN A C. Past and present trends in teacher education[J]. American Secondary Education, 1981(11): 10-14.

[193] PELLET H H. Professional development schools: A model for effective P-16 physical education partnerships[J]. The Journal of Physical Education, Recreation & Dance, 2009, 80(1): 31-38.

[194] PAYNE W H. Normal training[J]. The Michigan Teacher, 1868, 3(9): 303.

[195] PEIK W E. The preservice preparation of teachers[J]. Review of Educational Research, 1943, 13(3): 228-240.

[196] PHILLIPS C A. The history of teacher training in the south[J]. Peabody Journal of Education, 1925, 2(6): 313-325.

[197] PRESTON J A. "He Lives as a Master": Seventeenth-century masculinity, gendered teaching, and careers of New England schoolmasters[J]. History of Education Quarterly, 2003, 43(3): 350-371.

[198] POWELL A G. University schools of education in the twentieth

century[J]. Peabody Journal of Education,1976,54(1):3-20.

[199] PITMAN J A. The Salem Normal School: Past, present, and future[J]. The Elementary School Journal,1930,30(6):416-430.

[200] PLATT C S. Training teachers for modern education: The preservice program of New York University[J]. Journal of Educational Sociology, 1947,20(5):287-310.

[201] PAYNE J C. Twenty-five years of curriculum growth in the school of education[J]. Journal of Educational Sociology,1948,22(2):86-105.

[202] PHI DELTA KAPPA INTERNATIONAL. The famous twenty-seven[J]. The Phi Delta Kappan,1964,45(9):440-442.

[203] PITTMAN M S. Preparations of teachers at South Georgia Teachers College[J]. Peabody Journal of Education,1939,16(6):409-415.

[204] PRESTON J A. Domestic ideology, school reformers, and female teachers: School teaching becomes women's work in nineteenth-century New England[J]. The New England Quarterly,1993,66(4):531-551.

[205] PEIK W E. The preparation of teachers[J]. Review of Educational Research,1940,10(3):191-198.

[206] PÉREZ D M C. Teacher education and research: Imagining teacher education between past and future[J]. American Educational History Journal, 2008,35(1):19-40.

[207] PARK C B. A new program in teacher education[J]. The High School Journal,1960,43(5):64.

[208] PAYNE E G. Sociological basis of the normal school curriculum [J]. Journal of Educational Sociology,1927,1(1):1-10.

[209] PARKER F W. An account of the work of the cook county and Chicago normal school from 1883 to 1899[J]. The Elementary School Teacher and Course of Study,1902,2(10):752-780.

[210] PORET G. The establishment of the first permanent chair of education in an American university[J]. Peabody Journal of Education, 1936, 14 (1):20-28.

[211] PHI DELTA KAPPA INTERNATIONAL. Is "The Education of American Teachers" influencing the education of teachers? [J]. The Phi Delta Kappan,1964,45(9):433-439.

[212] RUCKER W R. Trends in student teaching[J]. Journal of Teacher Education,1953,4:261-262.

[213] RUCKER W R. Student teaching in universities, teachers colleges, and general colleges[J]. The Journal of Educational Research, 1955, 48(9): 679-685.

[214] REISNER E H. The integrated course in the foundations of education at teachers college, Columbia University[J]. The Journal of Educational Research, 1941, 34(9): 102-108.

[215] ROBERT V B. Pedagogical content knowledge circa 1907 and 1987: A study in the history of an idea[J]. Teaching and Teacher Education, 2001, 17: 655-666.

[216] ROMANOWSKI M H, OLDENSKI T E. Challenging the status quo of teacher education program[J]. The Clearing House, 1998, 72(2): 111-114.

[217] ROBARTS J R. The quest for a science of education in the nineteenth century[J]. History of Education Quarterly, 1968, 8(4): 431-446.

[218] ROWLAND A L. A teachers college should be a teachers college [J]. Peabody Journal of Education, 1941, 18(6): 328-333.

[219] REAGAN G M. Liberal studies and the education of teachers[J]. Theory into Practice, 1990, 29(1): 30-35.

[220] REAVIS W C. The determination of professional curriculums for the training of teachers for secondary schools[J]. The School Review, 1924, 32(1): 27-35.

[221] ROBINSON G A, NELSON N. Interdisciplinary education for teachers[J]. Improving College and University Teaching, 1963, 11(2): 101-102.

[222] ROBB F C. Review: The academic preparation of teachers: Conant's proposals[J]. Science, New Series, 1963, 141(3586): 1166-1168.

[223] STOKER S. Progress in certification standards[J]. The Journal of Educational Research, 1940, 33(5): 351-356.

[224] SMITH C B. Why should professional education of teachers resist its basic subject matter? [J]. Peabody Journal of Education, 1958, 36(3): 139-145.

[225] STILES L J. Pre-service education of high-school teachers in universities[J]. The School Review, 1946, 54(3): 162-165.

[226] STILES L J, CARVER F D. Who makes policy for teacher education[J]. Teachers College Record, 1967, 60: 203-211.

[227] SHARPE D M. Teacher education under fire[J]. Indiana Teacher,

1957,102:72-74.

[228] SCHLECHTY P C,GEORGE J R, WHITFORD B L. Reform in teacher education and the professionalization of teaching[J]. The High School Journal,1978,61(7):65-68.

[229] SMITH D C. The urgent agenda: Reform of preservice teacher preparation[J]. The Clearing House,1988,61(7):77-79.

[230] STUTZ F H. The Cornell University Junior High School Project [J]. The High School Journal,1960,43(5):188-191.

[231] SMITH E R. The Brown Plan of teacher education[J]. The High School Journal,1960,43(5):283-293.

[232] SMITH M C. The problem of teacher education[J]. Journal of Teacher Education,2004,55(4):295-299.

[233] STINNETT T M. Certification requirements and procedures among the states in 1960 [J]. Journal of Teacher Education, 1960, 11 (2): 173-184.

[234] SMITH W R,O'BRIEN F P, BAYLES E E. The value of professional training in education[J]. The High School Journal,1934,17(3):46-47.

[235] SHULMAN L S. Those who understand: Knowledge growth in teaching[J]. Educational Research,1986,15(2):4-14.

[236] SCHUTZ R E,BAKER R L. Programed learning and the teacher education curriculum[J]. Audio Visual Communication Review,1963,11(6): 253-259.

[237] SPEARMAN M O L. Davis,Jr. ,and the history of teacher education[J]. Curriculum and Teaching Dialogue,2009,11(1 & 2):36.

[238] SHULMAN L S. Theory, practice, and the education of professional[J]. The Elementary School Journal,1998,98(5):511-526.

[239] TOZER S E. The liberal education of teachers: Remarks on the Holmes agenda[J]. Visual Arts Research,1988,14(1):17-31.

[240] THORPE C. Education curriculums of teacher-training institutions of the north central association[J]. The Elementary School Journal, 1933,34(4):286-297.

[241] THORNTON S J. Educating the educators: Rethinking subject matter and methods[J]. Theory into Practice,2001,40(1):98-101.

[242] TYLER R W. Trends in the preparation of teachers[J]. The School Review,1943,51(4):207-212.

[243] TETEBAUM T J,MULKEEN T A. Designing teacher education for the twenty-first century[J]. The Journal of Higher Education,1986,57(6):621-636.

[244] TRAVERS E F, SACKS S R. Joining teacher education and the liberal arts in the undergraduate curriculum[J]. The Phi Delta Kappan,1989,70(6):470-474.

[245] TOM A R. The practical art of redesigning teacher education: Teacher education reform at Washington University,1970—1975[J]. Peabody Journal of Education,1988,65(2):158-179.

[246] TOPP R F. Professional education of teachers is still essential![J]. Peabody Journal of Education,1955,33(1):31-36.

[247] TOM A R. The clinical professorship: Failure or first step[J]. The High School Journal,1974,5(76):65-71.

[248] TANSIL R C. Steps in the history of standardization of normal schools and teachers colleges[J]. Peabody Journal of Education,1929,7(3):164-167.

[249] UNRUH A. What's needed in teacher education[J]. The Phi Delta Kappan,1956,37(6):258-261.

[250] VALL L,RENNERT-ARIEV P. New standards and assessments? Curriculum transformation in teacher education[J]. Journal of Curriculum Studies,2002,34(2):56-59.

[251] VILLEGAS A M, LUCAS T. Preparing culturally responsive teachers: Rethinking the curriculum[J]. Journal of Teacher Education,2002,53(20):86-90.

[252] VALENTIN A. Teacher training versus teacher education[J]. The Modern Language Journal,1938,23(3):67-69.

[253] VAN E I. Teacher education meeting the needs of society: Past-present-future[J]. Kappa Delta Pi Record,1979,3:72-75.

[254] WOODRING P. The short, happy life of the teachers college[J]. Saturday Review,1961,44:60-62.

[255] WIGGINS S P. The American teachers college revisited[J]. Journal of Teacher Education,1967,18(2):227-232.

[256] WOODRING P. Century of teacher education[J]. School and Society,1962(90):149-161,236-237.

[257] WILLIAM C B. The ideal preparation of a teacher of secondary

mathematics from the point of view of an educationist[J]. Mathematics Teacher,1933(26):271-276.

[258] WOOD H B. Trends in teacher education[J]. Educational Administration and supervision,1942,28:87-103.

[259] WARNER A R,WHITE S C. Eroding autonomy for schools,colleges and departments of education[J]. Phi Delta Kappan,1980,62:144-145.

[260] WILLIAM D. The elementary school today[J]. American Educator,1998,46(2):56.

[261] WISE A E,LEIBBRAND J A. Standards in the new millenium: Where we are,where we're headed[J]. Journal of Teacher Education,2001,52(3):244-255.

[262] WEBB H A. To train a teacher[J]. Peabody Journal of education,1959,37(3):132-144.

[263] WAGER R E. Trends and problems in state-supported teacher-training institutions[J]. Peabody Journal of Education,1925,3(1):54-59.

[264] WOELLNER R C. Professional training required for an initial secondary-school teacher's certificate[J]. The School Review, 1939, 47(4): 280-283.

[265] WANDA F,GENEVA G. Integrating multicultural and curriculum principles in teacher education[J]. Peabody Journal of Education,1995,70(3):64-82.

[266] WARREN D. Learning from experience:History and teacher education[J]. Educational Researcher,1985,14(10):5-12.

[267] WRIGHT F W. The evolution of the normal schools[J]. The Elementary School Journal,1930,30(5):363-371.

[268] WRIGHTSTONE J W. Preparation of teachers[J]. Educational Research Bulletin,1940,19(6):138.

[269] WINDROW J E. The laboratory school in the teacher education program[J]. Peabody Journal of Education,1942,19(6):305-318.

[270] WILLING M H. The program in education at the University of Wisconsin[J]. The Journal of Educational Research,1941,34(9):70.

[271] WOODY C. Some next steps in teacher education[J]. The Journal of Educational Research,1944,37(9):670-683.

[272] WHITCRAFT L H. The professional training of high-school teachers[J]. The School Review,1924,32(3):218-223.

[273] WOELLNER R C. Teacher certification[J]. Review of Educational Research,1949,19(3):250-253.

[274] WALKER V S. African American teaching in the south:1940—1960 [J]. American Educational Research Journal,2001,38(4):751-779.

[275] WAGENHORST L H. The function of the campus laboratory school of a state teachers college[J]. Peabody Journal of Education,1946,23(5):269-273.

[276] ZEICHER K M,LISON D P. Theme:Structuring teacher education:Traditions of reform in U. S. teacher education[J]. Journal of Teacher education,1990,4(2):67-72.

(四)其他文献

[1] ANGUS D L,MIREL J. Professionalism and the public good:A brief history of teacher certification[R]. Washington, D. C. : Thomas B. Fordham Foundation,2001.